《集韻》《廣韻》比較研究

雷勵 著

不煩悉箸凡姓望之出舊皆廣陳名系既乘字訓復類譜
牒今之所書但曰某姓惟不顯者則略著其人凡字有成文相
因不釋者今但曰闕以示傳疑凡流俗用字附意生支既無
可取徒亂真偽今於正文之左直釋曰俗作某非是凡字之
翻切舊以武代某以亡代汪謂之類隔今皆用本字述夫宮
羽清重篆籀後先總括包并種別彙聯列十二凡著于
篇端云字五萬三千五百二十五 新增二万七千三百三十一字 分十卷
詔名曰集韻
平聲一
東第一 都籠切 獨用 冬第二 都宗切 與鍾通 鍾第三 諸容
　　　　　　　　　　　　　　　　　　　　　　　　　　　　　　　　　　　　　　　切 古雙切

國家社會科學基金西部項目（批准號：12XYY015）結項成果

序

《集韻》是韻書史上的一座高峰，規模宏大，內容賅博，因其"務從該廣，經史諸子及小學書更相參定"的編纂原則，將經史諸子及所見小學書、漢籍音義書包羅殆盡，所以和《廣韻》地位相匹，都是中古音研究的基石，在漢語史研究中具有不可替代的重要價值。

近若干年來，研究《集韻》的學者甚多，如邱啓錫、邵榮芬、趙振鐸等，皆頗有建樹。然《集韻》材料來源複雜，其書有無一完整音系？其音系是對《切韻》《廣韻》等中古音系的承襲，還是包羅古語時音及四域方言的雜湊？至今懸而未決。若欲解決此問題，必須對《集韻》的材料來源詳加考訂並與《廣韻》音系全面比對。以《集韻》爲研究對象，立足與《廣韻》對比，顯然是一個難度很大的題目，不僅爲前述《集韻》之學很有成績，而且因《廣韻》的研究更爲成熟。面對大家都熟悉的題目，如非利用計算機技術，將《集韻》與《廣韻》的各種要素進行全面詳細的比較，恐難有創獲。

雷勵同志利用《集韻》的三個宋刻本（明州本、潭州本、金州本）都已陸續影印出版的有利條件，通過校勘建立《集韻》《廣韻》數據庫，製作韻書輸入、查詢及比較軟件，藉助計算機技術，綜合比較兩部韻書的內容、體例、小韻、反切、字音、字形、訓釋等多個方面，歸納總結了二韻書的異同，並通過探討《集韻》如何把來源於不同時代、地域的音讀材料納入其音系，挖掘了書中隱含的客觀語言事實。其研究無論是方法步驟，還是觀點結論，均是可取的。例如，通過《集韻》《廣韻》反切上字的開合口分佈統計分析，發現宋代魚、虞韻開合對立的現象，爲漢語語音史研究中魚、虞韻分合的實質，提供了較爲扎實的文獻統計資料。

雷著統計數據詳明，列表清楚，通過《集韻》和《廣韻》的比較，主要得到以下六個方面的認識：

（一）《集韻》的體例與實用性。《集韻》是一部因科舉考試判卷而起，並以科考爲服務目的的韻書，其編著有"必有所據、務求全面、體例規整、精準簡潔"等四個方面的要求，在體制上比《廣韻》更嚴整，又帶有較濃厚的經學色彩。

（二）《集韻》對《廣韻》的繼承與發展。統計分析資料表明，《集韻》音系基本上承自《廣韻》，仍是《切韻》系韻書中的重要一員，當然這並不是說《集韻》完全等同於《廣韻》，小韻的增刪併改轉以及字音的歸併中，都有具體的例子反映了濁音清化、通用韻音類混併等宋初通語及方音的語音演變。

（三）《集韻》主要通過並立字頭以字組形式來溝通字際關係。釋文没有對字頭作細緻縝密的字形分析,收字術語失之於籠統,功用有限,各類術語的使用規範不細緻。《集韻》收字術語不宜用作判斷字際關係的形式標記。

（四）《集韻》對漢字的收録與整理也代表了一個時期的學術水準。《集韻》以字組的形式區分字用功能,同前代字書相比,已體現編著者對字、詞關係有了新的認識。以"書作某"區别漢字書寫與功能關係,並通過術語指示字形異同,説明編著者對漢字結構也有了進一步的認識。

（五）韻書比較研究應區分小韻與反切的功能。韻書音類間的差别就體現在小韻的對立中,《集韻》繼承了《廣韻》的這種對立關係,也就繼承了《廣韻》的音系框架。反切所體現的音類混同,並不影響小韻形式上的對立。《集韻》對不同來源的音切多有折合,折合的過程就是尋找同音字的過程。

（六）韻書比較研究應區分小韻與字音的功能。《廣韻》的小韻在《集韻》韻部中對應位置保留,但原小韻收字會轉移到其他小韻。通過《集韻》《廣韻》的字音比較,可以考察出語音的演變。

雷勵同志校勘完成了 37 萬餘字的《集韻》數據庫,22 萬餘字的《廣韻》數據庫,完成了《集韻》《廣韻》字際關係數據庫表,《集韻》同分佈字組表,《集韻》《廣韻》小韻、反切對照數據庫表,編寫了具備輸入、查詢、字際關係整理等功能的程序,編譯完成了軟件,極大方便了音韻、文字研究學者,還探索了韻書之間小韻反切比對、字音檢索比對、字際關係分佈整理與比對等方面的計算機算法,同時通過 VB 語言,實現了其功能。這些均為將來韻書比較研究的繼續拓展積累了有效的經驗。雷著針對"《集韻》有無完整音系,其音系是對《切韻》《廣韻》等中古音系的承襲,還是包羅古語時音及四域方言的雜湊"這一學界懸而未決的問題,用翔實的資料和具體的文獻材料做出了解答。同時利用《集韻》並立字頭的方式溝通字際關係的收字體例,通過《集韻》收字在字組中的分佈狀態,提出韻書同分佈字組概念,並揭示其研究價值與方法,整理出 1951 條同分佈字組,得出了衆多有效數據,為韻書文字研究提供了新的範式。

雷勵自 2011 年 7 月到北京師範大學做博士後研究,從我遊學兩年,在其博士論文的基礎上,完成出站報告《〈集韻〉異體字研究》。這部《〈集韻〉〈廣韻〉比較研究》書稿是以博士論文和出站報告為基礎的國家社科基金項目的結項成果,得到評審專家和有關部門的良好評價。

學術研究的創新,往往離不開學者的學術品質。通過觀察友生雷勵的研究經歷及其成長,我認為要做一名具有學術潛力的學者,應該具備以下七個方面的學術品質：

（一）寬闊的學術視野。不斷拓寬的學術視野能使研究者在思考問題時更為全面,能不斷拓展研究的邊界。讀書的興趣與學術興趣是兩股絞在一起的繩,正因為雷勵多年來對電腦方面的興趣和愛好，積累了實踐的經驗，才可能在韻書比較研究中打開思路。

（二）敏銳的學術眼光。學術研究總是站在前人的基礎之上，但要突破前人觀點的窠臼，需要細緻的觀察、縝密的分析，從前人研究的縫隙中掏出一個洞來。《集韻》研究的大家輩出，成果汗牛充棟，怎麼才不落舊套，怎麼才能有學術創新？利用現代信息技術的手段實現傳統研究方法的創新或爲一端。學術的創新總是建立在新的發現之上，留心於別人未發掘之處，總是會碰到機遇的。

（三）深厚的文獻功底。所有的研究都應該重視前人的成果。對於人文社科研究而言，材料、方法、觀點的創新是學術創新的生命綫，而這個生命綫是靠文獻閱讀來維繫的。作爲學者，既要有全域的把握，也要有細節的考究，對於學術前沿和材料、方法、觀點的發展脈絡都要有深入的認識。水之積也不厚，則其負大舟也無力，亦可言於斯。

（四）嫻熟的研究方法。語言的研究要探求規律，講求科學，不經過嚴格的學術訓練，確實難以寫出令人信服的論著。語言研究的方法既有考據之學，也有數理統計，不能熟練運用這些方法，研究很難進行。現代語言學者的研究，往往以數據庫取勝，得益於工具方法之新。研究方法的掌握是研究者立身之本。

（五）創新的研究思維。學術研究的目的是爲了知識創新，而且這種創新是有賴於人類知識和經驗的。人們在評價學術成果時，常常會用"填補空白"一詞來讚譽，多數人以之爲畢生研究的追求。這當然是可取的。不過，容易走偏的是把"填補空白"變成了"填空"，如果所謂的"填補空白"僅僅是換個地方思維複製，那是不能推動學術發展的。

（六）嚴謹的治學態度。尊重語言事實，尊重語言歷史，尊重科學精神。有一分證據，可以做十分猜想，但只能説一分話。科學的研究本是大膽猜想、小心求證的過程，語言學的研究尤其如此。黎錦熙先生説："例不十，法不立。"西方邏輯學史上，歷來也有歸納法與演繹法孰優孰劣的爭論。着力於證據的充分性及正確性和論證方法的邏輯性，才能得出較爲可信的觀點，絶不能爲了自己的猜想去網羅勉強支撐的材料，更不能生造材料、違背學術良知地修改資料。誠實守信，何嘗不是研究者的立德之本，學術成果的立言之本。

（七）堅韌的學術定力。"板凳要坐十年冷，文章不寫一句空"，不慕名利，不逐浮華，是學術研究者的本色。不因旁人著作等身而欣羨，不因旁人選題一挖便是富礦而舉身搖擺，既然經過了前輩學者在方向上的引導和前期多年積累和學術選題的論證，就應該堅信再往前挖一米便能見到水源。若想攀登學術的高峰，要把尖鎬扎得再深一點，脚下踩得再實一些，目標定得再高一些，準備做得再充分一些。百年大樹，風刮不倒，學術之根要深扎。

李運富

2019 年 7 月 2 日

目　　錄

序 ··· 李運富 001

緒　論 ·· 001
　第一節　《集韻》音韻研究價值 ·· 001
　第二節　《集韻》文字研究價值 ·· 007
　第三節　《集韻》音韻研究述評 ·· 011
　第四節　《集韻》文字研究述評 ·· 022
　第五節　研究範圍與內容 ·· 030

第一章　材料與方法 ·· 035
　第一節　《集韻》的成書 ·· 035
　第二節　《集韻》的版本、校勘 ·· 044
　第三節　二書的內容、體例 ·· 050
　第四節　研究方法概述 ·· 062

第二章　《集韻》《廣韻》小韻異同及考索（上） ·· 074
　第一節　引　論 ·· 074
　第二節　填補空格類小韻 ·· 094
　第三節　新增重出小韻 ·· 106
　第四節　新增特殊小韻 ·· 120

第三章　《集韻》《廣韻》小韻異同及考索（下） ·· 131
　第一節　删、併小韻 ·· 131
　第二節　轉移小韻 ·· 149
　第三節　改動反切 ·· 160
　第四節　關於反切改良的問題 ·· 180

·001·

第五節　關於《集韻》異讀的研究 …………………………………… 201

第四章　《集韻》收字概述 …………………………………………… 210
　　第一節　《集韻》收字統計 ……………………………………………… 210
　　第二節　《集韻》《廣韻》收字比較 …………………………………… 216
　　第三節　《集韻》收字術語 ……………………………………………… 224
　　第四節　所收字音比較 …………………………………………………… 239

第五章　《集韻》字樣的提取與整理 ………………………………… 252
　　第一節　字樣提取與字符編碼 …………………………………………… 252
　　第二節　字頭分佈與字組繫聯 …………………………………………… 260

第六章　《集韻》同分佈字組中的異體字 …………………………… 277
　　第一節　字組關係概說 …………………………………………………… 277
　　第二節　同分佈字組分析 ………………………………………………… 285
　　第三節　同詞異構關係 …………………………………………………… 293
　　第四節　同字異寫關係 …………………………………………………… 307

結　語 …………………………………………………………………… 313

附錄一：《集韻》同分佈字組表 ……………………………………… 318
附錄二：《集韻》小韻表 ……………………………………………… 385

參考文獻 ………………………………………………………………… 464

後　記 …………………………………………………………………… 467

緒　論

第一節　《集韻》音韻研究價值

《集韻》詔修於景祐元年（1034），距大中祥符元年（1008）《廣韻》的頒行僅僅相隔了 26 年。魯國堯《〈集韻〉——收字最多規模宏大的韻書》一文對《集韻》全貌做了很好的概述，總結出《集韻》的七大作用，文章還指出該書編纂的總原則即體現爲"務從該廣，經史諸子及小學書更相參定"①。宋王之望嘗評《集韻》道："《廣韻》《集韻》普收奇字，務爲該洽。"（《漢濱集·看詳楊樸禮部韻括遺狀》卷五）

《集韻》徵引富贍、內容賅博，又係爲訂正《廣韻》訛誤而作，曾以茲爲科場寶典，極具參考價值。宋洪适則云："小學不絕如綫，字書行於世者，篇莫加於《類篇》，韻莫善於《集韻》。"（《隸續·防東尉司馬季德碑》卷一）又宋李燾亦曰："《切韻》《廣韻》皆莫如《集韻》之最詳。"（《經外雜抄·新編許氏説文解字五音韻譜序》卷一）

北宋前期，朝廷以詩賦取士。大中祥符元年（1008）初，時參知政事馮拯曾言："進士以詩賦進退，不考文論，且江浙舉人專業詞賦，以取科名。"[（宋）孫逢吉《職官分紀·貢院》卷十]因御試時舉人詩賦多誤使音韻，判卷時有司論難，而《廣韻》因"多用舊文，繁略失當"（《集韻·韻例》），不足以據，故宋祁、鄭戩在景祐元年（1034）三月判御試進士卷後奏請重撰。《集韻·牒文》亦載："《廣韻》《韻略》所載疏漏，子注乖殊，宜棄乃留，當收復闕，一字兩出，數文同見，不詳本意，迷惑後生。欲乞朝廷差官重撰定《廣韻》，使知適從。"四月丁巳（29）日，宋仁宗詔宋祁、鄭戩、王洙等共同刊修，命丁度、李淑詳定。寶元二年（1039）九月《集韻》書成，九月十一日呈奉鏤板，慶曆三年（1043）八月十七日雕印成，奉命頒國子監施行。

《集韻》是韻書史上的一座高峰，規模宏大，內容賅博。有的學者認爲《集韻》同於《廣韻》，有的學者認爲《集韻》是《切韻》音系與時音音系疊置的產物。因此，我們對《集韻》到

---

①　魯國堯：《〈集韻〉——收字最多規模宏大的韻書》，《魯國堯語言學論文集》，江蘇教育出版社，2003 年，第 310 頁。

底有哪些與《廣韻》相同,哪些與《廣韻》相異,應該做出更明晰的解答。同時,深入了解《集韻》如何折合來源不同的音切,也是我們揭開《集韻》面紗的一個重要步驟。

《集韻》是一部因科舉考試而起,又以科考爲其服務目的的韻書,本身帶有科考考綱的性質,而《集韻·韻例》所述的幾大編撰要求又使其帶有濃厚的經學色彩。《集韻》廣收博徵,新增字音較多,後世學者多以《集韻》爲考求字音等的依據。《集韻·韻例》亦自云:"凡經典字有數讀,先儒傳授,各欲名家,今並論著以粹群説。"如《廣韻》"從"字收有3音:(1)鍾韻疾容切,(2)鍾韻七恭切,(3)用韻疾用切;而《集韻》"從"字收有11音:(1)東韻鉏弓切,(2)鍾韻書容切,(3)鍾韻七恭切,(4)鍾韻將容切,(5)鍾韻牆容切,(6)江韻鉏江切,(7)董韻祖動切,(8)腫韻足勇切,(9)用韻足用切,(10)用韻似用切,(11)用韻才用切,其中"鉏弓切"、"祖動切"下注"鄭康成讀"。新增字音來源何處,是否可信,編著者又是如何整理的?這些值得我們深入研究。再如"嗛"字,《廣韻》不收,《集韻》口朗切,注:"嗛,咳嗽聲也。"今漢語南方方言中"咳嗽"多説 [kʰɔŋ/kʰaŋ],而北方方言多未見。《集韻》所收此類不標注通行區域,而實際在現代漢語方言中還被使用的詞甚多,此不贅述。那麽,《集韻》增收這些方言土語詞,會對《集韻》音系的性質産生影響嗎?

一、韻書結構層累

周祖謨《〈切韻〉的性質和它的音系基礎》一文指出:"這個(按,即指《切韻》)音系可以説就是六世紀文學語言的語音系統。所以研究漢語語音的發展,以《切韻》作爲六世紀音的代表,是完全可以的。"[1] 又《廣韻》可作爲《切韻》音系的代表,已經成爲學界的共識。據筆者統計,《集韻》在《廣韻》基礎上新增了672個小韻,又删併了《廣韻》61個小韻,《集韻》開合口通用韻間有111個轉移小韻,而二書之間有3703個小韻能完全對應。從音系框架上來看,我們可以説《集韻》與《切韻》音系一脈相承。魯國堯《〈盧宗邁切韻法〉述論》一文考證出宋人楊中修《切韻類例》及盧宗邁《切韻法》同係《集韻》系韻圖,而《集韻》系韻圖的四十四圖與《韻鏡》《七音略》等《廣韻》系韻圖相比,主要差别在於《集韻》系韻圖新增幽黝幼韻一圖,我們現在所見到的韻圖也都是層累的結果[2]。這也説明《集韻》系韻圖的骨架仍没有變(或有微調),只是所依傍的韻書不同,例字有不同,同時也可以作爲《集韻》仍以《廣韻》音系爲框架的旁證。只是宋代《集韻》系韻圖今佚未見,《切韻類例》及《盧宗邁切韻法》具體在細節上是如何處理《集韻》小韻的,我們已不得而知。

當然這並不是説《集韻》完全等同於《廣韻》,通過比較,我們發現《集韻》删併小韻反映

---

[1] 周祖謨:《〈切韻〉的性質和它的音系基礎》,《問學集》,中華書局,1981年,第473頁。
[2] 魯國堯:《〈盧宗邁切韻法〉述論》,《魯國堯語言學論文集》,第326-371頁。

了濁音清化、通用韻音同或音近等語音問題。此外,從字音異讀的微觀層面來看,我們還能同樣得出二書等同的結論嗎?

《集韻》繼承了《廣韻》的音系框架,主要是從小韻的角度來講的。對於體例完整的韻書,一般的理解,一個小韻即表示一組同音字,小韻的對立即表示讀音不同,也就是説一個韻部内的任意兩個小韻間都反映了某種語音對立,韻書音類間的差别就體現在這些對立中。《集韻》繼承了《廣韻》的這種對立關係,也就繼承了《廣韻》的音系框架。反切是附着於小韻上的,切上字與切下字分别是聲類、韻類的代表。如《中原音韻》就不標反切,只通過小韻來區分音類。反切誕生在先,韻書在後,這已是音韻學常識,不需贅證。那爲何又説反切是附着於小韻上的呢?

這是因爲體例完整的韻書本身就是一個系統,小韻的地位就已經標明了小韻所收字的身份,而這些字一旦脱離了韻書的環境,就需要有反切來證明其身份。如《集韻》紙韻狣（甚尒切）、是（上紙切）二小韻反切上字都同爲禪母字,而這兩個小韻又没有合併,這説明小韻反切所體現的音類混同,並不影響小韻的對立。我們對比《集韻》與《廣韻》,知道《集韻》狣、是小韻的對立承自《廣韻》。《廣韻》"狣"小韻作神旨切,切上字"神"爲船母字,"是"小韻作承紙切,切上字"承"爲禪母字。假使我們把《集韻》《廣韻》狣、是二字的反切分别抄注到其他音義書中,若以《廣韻》作注,則能因狣、是字的反切上字所代表的音類不同而區分這二字的音讀;若以《集韻》作注,則會因切上字音類混同而不能區分。通過考察《集韻》新增小韻的來源,可以發現,《集韻》對不同來源的音切多有折合,亦即尋找同音字的過程。同時大部分新增小韻也是在《廣韻》音系結構下,利用音系中的音節空格來表現其獨立的身份。還有一些因《集韻》編著者刻意所爲,獨立於《廣韻》音系結構之外。因此,《集韻》小韻的分合與反切所體現的音類混同等問題值得我們進行更深入的探究,同時也只有這樣才能更好地把握《集韻》的語音實質。

二、字音歸併創新

一般認爲,韻書反映音類的聚合、組合等關係,而不反映具體的音值。但儘管根據某字在韻書的位置,不一定能清楚知道該字在韻書編著年代的實際音值,而該位置所反映的聲、韻、調等音類特徵還是清晰的。《廣韻》某小韻在《集韻》中,其位置未空,但原小韻收字有轉移的情況。如《廣韻》旨韻有蕊小韻如壘切,而《集韻》旨韻有瀢小韻汝水切,據反切,應係二書同韻對應的日母合口三等小韻,但實際《廣韻》旨韻蕊小韻所收蕊、甤、繠三字,在《集韻》中已被轉移到紙韻蘂小韻乳捶切中。僅從小韻位置及其反切來看,没有什麽異常的情況,若進一步考察小韻内收字的情況,通過蕊、甤、繠等字在二韻書中所在小韻的不同（韻類有差别）情況,可以發現紙、旨二韻同聲母及等呼的小韻間字音有混同的演變。

《集韻》所收字音蘊藏着豐富的信息，通過與《廣韻》的字音比較，能發現更多的問題。異讀字問題是通過同字形多個字音的比較，考察語音的演變，也是字音比較研究的一個方面，我們正在並將繼續對《集韻》的字音進行深入研究。既然是爲了真正了解《集韻》的本來面目，就得"摸清家底"，拿《集韻》與《廣韻》作全面的比較。《集韻》小韻及反切相較於《廣韻》而言，有增、删、併、改、轉等五種修訂，我們試以具體實例說明。

（一）增音例

《廣韻》東韻有34個小韻，而《集韻》東韻收39個小韻，與《廣韻》相比，增加了5個小韻，如"嚛"小韻火宮切。《廣韻》曉母與東韻一等拼合有"烘"小韻呼東切，《廣韻》未收與"嚛"小韻火宮切音韻地位相同的小韻（按，宮爲東韻三等字）。《集韻》因新增"嚛"字火宮切一音而使得東韻新增了一個小韻。

（二）删音例

《集韻》因不收《廣韻》支韻"翍"字匹支切而删除了《廣韻》支韻的一個小韻，但只是暫時增加了音系中的音節空檔。又《集韻》昔韻不收《廣韻》"蒦"字之役切音而删除了昔韻一個小韻，不過同時也删除了《廣韻》音系中的一條聲韻拼合關係（按，此即《廣韻》章組昔韻合口三等僅此一字）。

（三）併音例

《廣韻》紙韻有"案"小韻力委切，旨韻有"壘"小韻力軌切。《集韻》把這兩個小韻合併爲旨韻"壘"小韻魯水切，係通用韻音同或音近的反映。

（四）切字改用例

《廣韻》軫韻"泯"小韻"武盡切"，《集韻》改爲"弭盡切"（按，《集韻》"泯"小韻被轉移至準韻），係類隔反切改音和切。

（五）轉移小韻例

《廣韻》真韻有"巾"小韻居銀切、"墐"小韻巨巾切、"銀"小韻語巾切等，諄韻無見組開口三等小韻。《集韻》平聲真韻無見組開口三等小韻，而諄韻有"巾"小韻居銀切、"趣"小韻渠人切、"繄"小韻乞鄰切、"銀"小韻魚巾切等，這些都是開口三等小韻，與《廣韻》相比，《集韻》把真韻見組開口三等小韻轉移到了諄韻。

我們將通過全面詳細地比較《集韻》《廣韻》字音、字形，對其異同進行歸納分析，並了解二書各自收字、收音的傾向和重點，以及《集韻》對《廣韻》有哪些修訂、發展，還有哪些缺失。同時，還要考察增、删字形和字音對音節配合關係及音系結構的影響。通對《集韻》在新收字形、字音的探源考究中，可以得到如下兩個方面的信息。

第一，新收字對小韻增删的影響。

(1)《集韻》新增"竜、龟、龖、龟"4字，但均作爲鍾韻"龍"小韻力鐘切所收"龍"字的異體字，並列於該字組。新增的這4個字在《集韻》中只此出現了一次，也没有引起《集韻》鍾韻小韻的增加。

(2)《集韻》洽韻新增譺字五洽切，注："五洽切。詀譺，語笑皃。文二。""譺"小韻另收"睞"字，注："媫睞，戲謔皃。"《廣韻》"睞"字係"睫"字之異體字(見《廣韻》葉韻即葉切接小韻)，而《集韻》又被用作聯綿詞，媫睞、詀譺同。

上例第(1)則材料，《集韻》所增收的字對音系並無影響。第(2)則材料則剛好因爲增收字音而使得洽韻新增了一個小韻。我們十分有興趣查明《集韻》新增字中到底有多少僅僅是增添了異體字，還有哪些添字增音的情況影響了音系結構。

第二，新收字於音類分合的體現。

(1)《集韻》咍韻柯開切"該"小韻收"隑"字，注"《方言》：'隑，陭也。'江南人呼梯爲隑"，而《廣韻》咍韻"該"小韻不收"隑"。

(2)《集韻》尾韻舉豈切"蟣"小韻收"鬿"字，注"南方之鬼曰鬿，一説：吴人曰鬼，越人曰鬿"，《廣韻》尾韻"蟣"小韻不收"鬿"。

(3)《廣韻》"喋"字收有三音：①徒協切，注"便語"；②丁愜切，注"血流皃，又田叶切"；③丈甲切，注"啑喋，鳧鴈食也。啑，所甲切"。

(4)《集韻》"喋"字收有四音：①達協切，注"血流皃；一曰多言"；②又的協切，注"血流皃，或作涉"；③直甲切，注"啑喋鳥食皃"；④去涉切，注"江南謂吃爲喋"。《集韻》於去涉切下新增"喋"字一讀。

上述材料中的新增字音，《集韻》均標明方音的通行區域，而這些字音的收入，究竟有没有引起音類的變化，或者《集韻》又是如何把方言土語折合入其音系之中？深入發掘其中所隱含的語音信息，有助於我們了解漢語語音史的演變。

説到底這兩個問題就是一個問題——收字增音有没有影響到音系。只是我們需從兩個角度出發來考慮問題，這兩個問題還要同"全面詳細地比較《集韻》《廣韻》的小韻及反切"綜合起來看。我們首先得比較《集韻》《廣韻》，實證二書的音類或整個音系結構是否有差異，若有的話，差異又在哪裏。既而再探討《集韻》是如何把來源於不同時代、不同地域的音讀材料納入音系中的。這也是我們想要還原《集韻》歷史真面目的第一步，同時也是本研究將要踏出的第一步。然後才是通過《集韻》的收字收音，在共時語音平面的基礎上重新建構歷時的語音層面。

三、異讀貯藏演變

《集韻》通過共時層面的字音貯藏展示了歷史層面的字音收集整理,並充分體現在異讀中,因此,通過對《集韻》《廣韻》所收異讀字(或又音)做統計分析,並對同義異讀字多個反切的聲、韻、調分佈分別歸納總結,從而揭示出《集韻》異讀的具體表現與類型;通過《集韻》與《廣韻》之間異讀的全面比較,揭示出《集韻》在反映異讀方面的繼承與發展;通過探討《集韻》異讀的來源,考察古、今、雅、俗及方音在《廣韻》《集韻》中的具體反映,重新認定其對於語音史研究的價值;通過具體解剖《集韻》的新增異讀,進一步認識《集韻》在繼承《廣韻》的同時所體現的宋初時音的變化,同時也期待能更多地了解宋初通語及方言的語音面貌。試舉例簡單説明如下:

(一)濁音清化例

1. 據筆者檢索數據庫並統計,《集韻》新增其聲爲精母的字音共 576 個,而其中《廣韻》與之同韻的該字又作從母音者共 62 個。例如:

例(1) 《集韻》咍韻"豺"字有將_{精母}來切、牆_{從母}來切二音,皆訓《方言》注"𥷚也"(按,《方言》作"麴")。《廣韻》咍韻"豺"字僅昨_{從母}哉切一讀,注"麴也"。

按,《切三(S2071)》《王一》《王三》咍韻豺字都僅有昨_{從母}來反一讀,均注"麴"。《宋本玉篇·麥部》"豺,俎來切,麴也",隋曹憲《博雅音·釋器》卷八"豺,疾災(反)",《廣韻》俎、疾均爲從母字。又《龍龕手鑒·麥部》"豺,正音才_{從母咍韻},麴也",疑《集韻》豺字將_{精母}來切音即宋初時音全濁聲母清化的反映。

2. 有些新增字音,我們通過考查文獻,找到了它們的來源,其性質與上例(1)有所不同,但歸根結底又反映了全濁聲母的清化。例如:

例(2) 《集韻》先韻"箋"字有將_{精母}先切、才_{從母}先切二音,均注"蔽絮簀"。《廣韻》先韻"箋"字僅昨_{從母}先切一讀,訓釋爲:"《説文》曰:'蔽絮簀也。'"

按,《切三(S2071)》先韻無箋字。《宋本玉篇·竹部》:"箋,才田、子田二切。《説文》曰:'蔽絮簀也。'又昨鹽切。"《廣韻》才爲從母字,子爲精母字;田字徒年切,在先韻。《集韻》箋字將先切音與《玉篇》子田切同。

例(3) 《集韻》鐸韻"㟄"字有二音:①即_{精母}各切,注"山牛";②疾_{從母}各切,注"牛名,重千斤,出華陰山"。《廣韻》鐸韻"㟄"字僅在_{從母}各切一讀,注"山牛"。

按,《王三》鐸韻無㟄字。《王二》鐸韻㟄字在_{從母}各反,注"山牛"。《宋本玉篇·牛部》:"㟄,子各切。牛,肉重千斤,出華陰山。"子爲精母字,則《集韻》㟄字即各切音與《玉篇》子各切同。

（二）之、哈韻系兩讀例

《廣韻》：犛（里之切／落哀切），儗（魚記切／五漑切）。

《集韻》：誒（虛其切／呼來切；於記切／於代切），頤（盈之切／曳來切^{領也}_{關中語}），䚡（新兹切／桑才切），犛（陵之切／郎才切），改（苟起切／己亥切），儗（魚記切／牛代切），倳（相吏切／先代切）。

按，上列皆爲同義異讀字，除犛、儗二字外，《廣韻》都僅有一音。《集韻》之、哈韻異讀情況就反映了上古音之、哈同部，同時與《廣韻》相比，《集韻》之、哈韻系間異讀增加了不少。我們還發現，這些異讀又不全是同一時代同一地域語音的反映，有對前代經師音注的直接繼承，也有對宋代方音的反映。

第二節　《集韻》文字研究價值

《集韻》分十卷，其序稱收 53525 字，但實際收 53871 字[①]，小韻 4486 個，全書共約 37 萬字（《廣韻》實際收字 25335 個，小韻 3875 個，全書共約 22 萬字），僅以數字看，《集韻》收字、小韻、篇幅比《廣韻》均大有增加。據作者所建數據庫統計，《廣韻》收 19556 個不同的字形，而《集韻》爲 30774 個，超過成書於它之前的所有字書，彙集了大量漢字形音義資料，自應作爲漢字學研究的重要對象[②]。

一、收字注音宏富

《集韻·韻例》云："凡古文見經史諸書可辨識者取之……凡舊韻字有別體，悉入子注，使奇文異畫湮晦難尋，今先標本字，餘皆並出，啟卷求義，爛然易曉。"《集韻》廣收奇文，甄采郅備，保存了豐富的漢字字形、字音以及訓詁材料，完全有必要從文字學角度對其深入挖掘。

《集韻·東韻》終小韻（之戎切）收"終、曑、冬、曐、夊"6 字，"終"字後並列五形，而"終"字在《廣韻》中只立"終"一形。《集韻·灰韻》靁小韻（盧回切）收"靁"字 8 個字形，即"靁、䨻、䨎、畾、䨄、䨓、䨏、雷"，《廣韻·灰韻》"雷"字僅收"雷、䨕"2 字形。又如《集韻》收

---

① 潭州本《集韻·薛韻》"箾"小韻注"文十一"，實收僅 10 字，而明州本"箾"小韻尾重收"箾"字，釋義同，故潭州本可能以之爲重字而刪減。若以明州本計則爲 53872 字。
② 據王立軍對宋代雕版楷書的實際用字量統計，宋代文本的用字量在 5000 字左右。參見王立軍：《宋代雕版楷書構形系統研究》，上海教育出版社，2003 年，第 22 頁。

録了"苴"字14種讀音：(1)魚韻千余切，(2)魚韻子余切，(3)魚韻臻魚切，(4)虞韻莊俱切，(5)模韻宗蘇切，(6)肴韻班交切，(7)麻韻咨邪切，(8)麻韻徐嗟切，(9)麻韻鋤加切，(10)語韻子與切，(11)姥韻摠古切，(12)馬韻側下切，(13)馬韻展賈切，(14)御韻將豫切；而《廣韻》僅具4種。又《集韻》訓釋多收"一曰"義，今檢索《集韻》數據庫有4459條。例如：

獥獩猲獢，短喙犬。或作獩猲獢。　　　　　　　　　　　　　　(《曷韻》許葛切)
猲獥，短喙犬。一曰恐逼也。或从歇。　　　　　　　　　　　　(《乏韻》气法切)

《說文解字・犬部》："猲，短喙犬也。"《廣韻・曷韻》："短喙犬。又恐也。又音歇。"又《廣韻・乏韻》："恐受財。《史記》云：恐猲諸侯。起法切，又呼葛切。"《集韻》"猲"字各詞條義項與《廣韻》《說文》互有異同。楊小衛認爲引申、假借與通假是《集韻》"一曰"義的重要來源，透露出宋人對語義系統性的認識，而"一曰"義也應是漢語詞彙史研究的重要材料[①]。

當然，《集韻》對《廣韻》《玉篇》等字書的收字也並非毫無考證地全然承襲。例如，《廣韻・尤韻》搊小韻（楚鳩切）收"搊"字，注"手搊"，其下又收"捊"字，注"俗，餘仿此"。即表明"捊"爲"搊"之俗體字，且聲符"芻"俗體常類此。《集韻・尤韻》"搊"小韻（初尤切）不收"捊"字，"搊"字下注："《博雅》：'搊，拘也。'俗作捊，非是。"又《廣韻》《集韻》均收"雛"字而不收"雛"字，但《集韻・虞韻》"雛、鶵"字下却注"俗作雛，非是"。此外，虞韻所收"犓"、"蒭"二字亦如是。

如果説《一切經音義》廣泛收錄佛經文用字俗寫字形，對整理後世俗用字具有重大的參考價值[②]，則謂《集韻》廣泛收錄儒家經典用字正、俗字形，對後世梳理漢字字形、字用變遷具有重要意義，亦實爲不虛。《集韻》兼收並蓄，唯恐有所漏略，且存有不少疑難字，如楊寶忠[③]、鄭賢章[④]等學者便對部分疑難字做了考辨。鄭賢章在考釋《集韻》疑難字時進而指出："《集韻》不少新增的來源不明的字可見於佛典，這爲今後校理《集韻》提供了新的途徑。"[⑤]這同時也反映了《集韻》收字來源的多樣性。

二、字學材料廣博

《集韻・韻例》云："凡字有形義並同，轉寫或異，如坪、𡊄、峜、氕、心、忄，水、氵之類，今但

---

① 楊小衛：《〈集韻〉〈類篇〉"一曰"義初探》，《江漢大學學報》2016年第3期，第103-108頁。
② 王華權：《〈一切經音義〉文字研究》，上海師範大學2012年博士學位論文（指導教師：徐時儀），第27頁。
③ 楊寶忠：《〈集韻〉疑難字考辨》，《中國語文》2011年第1期，第80-96頁。
④ 鄭賢章：《〈集韻〉疑難字例釋》，《語言科學》2011年第5期，第544-550頁。
⑤ 鄭賢章、姚瑶：《漢文佛典與〈集韻〉疑難字研究》，《語文研究》2011年第3期，53-57頁。

注曰或書作某字。"例如："甕"、"䚋"、"䚇"3字《廣韻》均不收，《集韻·江韻》惷小韻（丑江切）則收"甕、䚋"，而"䚇"爲"甕"之異寫字，《集韻》又於"甕"下注"亦書作䚇"。可以看出，《集韻》編著者正有意區別異構、異寫字。

《集韻》有時還對《廣韻》所收字形的構件進行了調整改換。例如：《廣韻·仙韻》緜小韻（武延切）收"瞑"字，注"瞳子黑。又瞑眇，遠視"。《集韻·仙韻》作"矊"，注"矊矊，目瞳子黑"，改聲符"綿"作"絲"。按，《廣韻·仙韻》"絲"、"綿"二字音、義同，綿字注"上同"，即與"絲"字同。

同時《集韻》還對字際關係及字用職能進行了整理。例如：

《廣韻》烏侯切"謳"小韻收"櫙"、"藲"二字，作"刺榆"解，小韻内無"樞"字，而《集韻》烏侯切"謳"小韻有：

櫙、樞、藲，木名。《爾雅》：櫙，荎。今刺榆也。或作樞、藲。

宋王應麟《詩考·魯詩》："藲，毛樞。"《詩考·逸詩》："蓲，山有樞。"清段玉裁《詩經小學·山有樞》卷一云："《魯詩》作藲，《毛詩》作櫙，亦作蓲，相承讀烏侯反，《唐石經》訛爲'户樞'字而俗本因之。"雷按，"作櫙"應爲"作樞"。《說文》無蓲、櫙二字，艸部有"藲，艸也"，木部有"樞，户樞也"。《爾雅·釋木第十四》"蓲，荎"，《漢書·地理志第八下》卷二十八下引作"山樞"，顏師古注："樞，音嘔。"《經典釋文·爾雅音義下·釋木第十四》卷三十："蓲，烏侯反，《詩》云'山有樞'是也，本或作藲同。"從以上材料看，讀爲烏侯切音時，或借"藲"寫作"山有藲"，或借"樞"寫作"山有樞"，而蓲爲後起字，加艸表示區別，《唐石經》本不誤，而樞之作蓲，唐已然，至宋則蓲、櫙不分（參看清胡承珙《毛詩後箋·山有樞》）。

《集韻》以《爾雅》爲解，以從木之"櫙"爲本字，又據《毛詩》《魯詩》同收"樞"、"藲"，並通過3個字頭的並立，溝通了字際關係，同時這也反映出其編著者着實對《詩經·山有樞》中"樞"的本字作了考證。

《集韻》往往從字形的字用職能出發，用字頭的並立以及釋形、釋義的順序等形式標記區別其字用職能。例如：

竟境　界也。或作境。　　　　　　　　　　　　　　　　　　（《梗韻》舉影切）
竟　　《說文》樂曲盡爲竟。　　　　　　　　　　　　　　　　（《映韻》居慶切）

《說文·音部》："竟，樂曲盡爲竟。從音、從人。"段玉裁注："曲之所止也。引伸之凡事之所止、土地之所止皆曰竟。毛傳曰：疆，竟也。俗別製境字，非。"可見"竟"由曲盡引申爲土地盡,又"竟"字被借表疆界義,經典中多通用,後給疆界義重造了本字"境"。因爲"境"字不表曲盡義,所以《集韻》釋"竟"曲盡義時,沒有在字組中並立"境"字。

　　　　戚鏚　《説文》戉也。或从金。戚,一曰近也。亦姓。　　　（《錫韻》倉歷切）

　　按,"戚"字從戉、尗聲,見《説文·戉部》。《詩·大雅》:"弓矢斯張,干戈戚揚。"毛傳:"戚,斧也。"《玉篇·戉部》:"戚,戉也。或作鏚。又親也。"《廣韻·錫韻》:"戚,親戚。又姓。漢有臨轅侯戚鰓。"又《廣韻·錫韻》:"鏚,干鏚,斧鉞。本亦作戚。"則"鏚"字當爲"戚"之後起本字,因不表"近"義,故《集韻·錫韻》"戚鏚"釋文中"或从金"置於"一曰"前。通檢《集韻》釋文,其中往往注有"一曰"標識不同的義項,而"一曰"釋義與或从某、或作某等釋形的順序也常區別某字與並立字形的字用。

　　凡此種種,不一而及。總而言之,《集韻》作爲一部官方組織修訂的權威規範字書,是專家系統整理後的英華,因而具有較高的文字學研究價值,我們對於《集韻》所收字形、字音來源的考訂,以及字際關係與字用職能的整理等各方面的研究,都大有可爲,甚至字典辭書的編纂也離不開《集韻》。例如:《漢語大字典》的編纂便頗得益於《集韻》,趙振鐸在《〈集韻〉研究五十年》一文中記錄了編纂期間的一次討論,主編李格非教授指出:"《集韻》收了五萬多個字,如果能夠把這些字的來龍去脈弄清楚,也許工作進度能加快。"① 事實上,《漢語大字典》也抄錄了《集韻》相當部分的字音字義。據筆者統計,《漢語大字典·寸部》援引《集韻》21次。

　　以往學者多因《類篇·跋》所言"今修《集韻》添字即多,與顧野王《玉篇》不相參協,欲乞委修韻官將新韻添入,別爲《類篇》,與《集韻》相副施行",而認爲《集韻》《類篇》近同。《類篇·序》亦曰:"凡《集韻》之所遺者皆載於今書也。"然則二書編著者、體例各異,二書通過並立字頭所溝通的字際關係不同,二者之間的研究不能相互替代。例如:

　　《集韻·東韻》"通"小韻、"同"小韻均收有"狪、狪、狪"3字,都並立爲一個字組,而《類篇》"狪"、"狪"、"狪"3字分別收於豕、犬、豸部。

　　又《類篇》既對《集韻》收字有所增减,且對《集韻》字形有所變異,即説明二書收字及字形本有不同②。

　　我們認爲,整理《集韻》所收字,考訂所收字形的來源,探討《集韻》編著者對於字際關係的溝通和字用職能的梳理,對文字學研究仍然是大有裨益的。而且,我們還可將《廣韻》《玉

---

① 趙振鐸:《〈集韻〉研究五十年》,《中國語言學》第1輯,山東教育出版社,2008年,第80頁。
② 參看沈祖春:《〈類篇〉與〈集韻〉〈玉篇〉比較研究》,華東師範大學2010年博士學位論文(指導教師:臧克和),第215、303頁。

篇》《類篇》文字研究與《集韻》文字研究相參互,彼此相發明,進以考證宋人對字際關係認同以及文字觀等方面的異同。

第三節 《集韻》音韻研究述評

元明《集韻》之學不顯。明人宋濂曾説:"近代書肆喜簡而惡繁,《集韻》罕而《廣韻》獨盛行。"(宋濂《宋學士文集·新刻廣韻後題》卷三十八)清初朱彝尊得《集韻》影宋鈔本,付曹寅刊刻後,很快得到學界的關注,《集韻》校本一時蜂出。王念孫曾説:"愚竊以爲《集韻》當先治其紕繆處,如'許九'訛爲'許元'之類。表而出之,則廓清之功已甚偉矣!"(《王石臞先生遺文·致陳碩甫書》卷四)。段玉裁也曾對《集韻》做過校勘,其後陳奂、馬釗等人亦有校本存世。流傳至今的《集韻》校本中,方成珪《集韻考正》影響最大,孫詒讓譽之爲"蓋非徒刊補曹本之訛奪,實能舉景祐修定之誤一一理董之"(《籀廎述林·集韻考正跋》卷六)。

張渭毅曾撰《〈集韻〉研究概説》一文,對《集韻》的流布、研究情況等作了全面、詳細的述評①。該文以1931年白滌洲《集韻聲類考》一文的發表爲界,把《集韻》研究劃爲兩期,此前以校勘、考證爲主,此後以音系研究爲主,並根據研究材料或研究對象的具體範圍及目的,把《集韻》的音系研究劃分爲"編製《集韻》韻圖"、"音系的專題研究"兩大類,以及"施則敬的《集韻表》"、"《集韻》的聲母研究"、"《集韻》的韻母研究"等9小類。張文對前人研究成果進行了歸納分析,進一步探討了前人成果的學術價值,同時也闡明了張氏自己的觀點②。我們認爲:如果從學術發展史的角度梳理《集韻》的研究方法發展演變,也不失爲一種新的嘗試。因此笔者以《集韻》的研究重點爲綫索,着重把握研究方法的發展脈絡,並從以下三個方面來概括《集韻》的音韻研究。

一、《集韻》本體研究

(一) 韻圖式聲韻表

韻圖是音類系統的圖解表達方式,其本質就是音節配合關係表。宋代就有《集韻》系韻圖,如《盧宗邁切韻法》、楊中修《切韻類例》,可見《集韻》的韻圖式研究最早出於宋代,不過

---

① 張渭毅:《〈集韻〉研究概説》,《語言研究》1999年第2期,第129-153頁。
② 張渭毅指出:"《集韻》音系的問題大部分已經提出,並得到了部分的解決。由於長期以來對《集韻》性質認識上的偏差,過多强調了《集韻》跟《廣韻》的共同點,而多少輕視了《集韻》自身的特點,《集韻》音系内部的一些問題,没有圓滿的解決。這也是我們繼續《集韻》研究的動機所在。"鑒於張文評述,本書僅就有關《集韻》音系及《集韻》《廣韻》比較研究略作論述,其他方面不再贅述,具體見前引《〈集韻〉研究概説》,第149頁。

其圖今已佚未見①。給《集韻》編製韻圖，也就是要把《集韻》內在的音系結構以二維關係表的形式揭示出來。因此，《集韻》韻圖式研究應該在製圖之前便對材料做充分的研究，先驗式的圖式只會造成削足適履感與混亂。

施則敬在《集韻表·自序》中説："等韻之學，肇始宋元，法取韻書之字，依字母次第而爲之圖，定開合四等，《切韻指掌圖》其最著者也。"②他實際是想參考《切韻指掌圖》等韻圖的形式給《集韻》配製韻圖。施則敬有以韻圖解析《集韻》的首創之功，但也因其以今律古，抹殺喻三、喻四的區别，任意删削重紐等做法而被邵榮芬③、張渭毅④等學者批評。從施氏的自序中可以隱約窺出，他既以《切韻指掌圖》爲參照，則是承認《集韻》是宋代音系的代表。邵、張等學者評價施氏以今律古，則從側面反映邵、張二人仍認同《集韻》爲代表中古音的《切韻》系韻書。

黄侃《集韻聲類表》也是參照《切韻指掌圖》圖解《集韻》⑤。儘管《集韻聲類表》保留重紐，區分喻三、喻四，但正如張渭毅所評價的一樣，"按照《切韻指掌圖》的音系框架填充《集韻》的小韻反切，必然矛盾重重"，黄表以入聲兼配陰陽，"以古律今，同樣是不科學的"⑥。潘重規《集韻聲類表述例》以《集韻》《類篇》本爲一家，司馬光（温公）既據《集韻》以編《類篇》在前，又據《集韻》以編《切韻指掌圖》，並云"然則温公自序謂因《集韻》而成《指掌圖》，其言信不誣也"⑦。潘氏以韻書與韻圖的關係入手，證黄侃《集韻聲類表》以《切韻指掌圖》圖解《集韻》之由，實際也同施則敬一樣，並未解決《集韻》與《切韻指掌圖》的音系基礎等問題。

佐佐木猛《集韻切韻譜》也是韻圖式的反切譜，分三十六母、平上去入四聲及四等，與《韻鏡》《七音略》等韻圖的做法類同⑧。《集韻切韻譜》中承認重紐，如保留"碧／兵彳切"、"辟／必益切"重紐三、四等的地位⑨，對於《集韻》其他重出小韻，一列於表中，一列於表格的天頭上，如薛韻"揭／騫列切"列於"第二十三開"圖見母三等入聲，而把"紇／九傑切"列於"第二十三開"圖見母正上方的天頭⑩，但如"跛／皮咸切"仍列於"第四十五"圖銜韻並母二等⑪，"凡／符咸切"仍列於"第四十六圖"凡韻三等而又没有加以解釋⑫。這説明佐佐木猛對於《集韻》的小韻，只是參考其中古音韻地位並在韻圖中給它們找了一個相應的位置，而没有

---

① 魯國堯：《〈盧宗邁切韻法〉述論》，《魯國堯語言學論文集》，第326-370頁。
② 施則敬：《集韻表》，來薰閣書店，1935年。
③ 邵榮芬：《〈集韻〉音系簡論》，《邵榮芬音韻學論集》，首都師範大學出版社，1997年，第346-347頁。
④ 張渭毅：《〈集韻〉研究概説》，《語言研究》1999年第2期，第134頁。
⑤ 黄侃：《集韻聲類表》，開明書店，1936年。
⑥ 張渭毅：《〈集韻〉研究概説》，《語言研究》1999年第2期，第135頁。
⑦ 潘重規：《〈集韻〉聲類表述例》，《新亞書院學術年刊》1964年第6期，第146頁。
⑧ [日]佐佐木猛：《集韻切韻譜》，（福岡）中國書店，2000年，第1頁。
⑨ [日]佐佐木猛：《集韻切韻譜》，第77頁。
⑩ [日]佐佐木猛：《集韻切韻譜》，第45頁。
⑪ [日]佐佐木猛：《集韻切韻譜》，第89頁。
⑫ [日]佐佐木猛：《集韻切韻譜》，第91頁。

對《集韻》的小韻、反切及其音類做進一步考證。也就是説，《集韻》一些特殊小韻並不切合《切韻》音系，佐佐木猛並未在韻圖中真正解釋這些小韻的來源及性質。

以上三種韻圖都有不盡如人意之處①，王力《評黃侃〈集韻聲類表〉、施則敬〈集韻表〉》一文論述翔實，多有發現，故不贅言。總之，若不先對材料進行一番考證，剥離《集韻》一書中的異質成份，並瞭解其聲類、韻類和調類，而直接套用、改造已有的韻圖，則不管何種方式都會有不合理的地方。另外，這種韻圖格式，如果没有適當的編排説明，則其體例就會不甚明朗。

（二）利用反切繫聯法研究音類

白滌洲《集韻聲類考》最早利用反切繫聯法來討論《集韻》的聲類②。白氏首先利用基本條例中的同用、互用、遞用繫聯反切上字，而《集韻》字頭下不互注又音，補充條例中的"又音互見"自然就派不上用場了，白氏認爲："仔細將同義異讀的字找出，比一比它（按，原作牠）們的上字，也可以證明幾組不相繫聯的實同一類，其功效與互注切語相等。"③如見類"堅"與"吉"不相繫聯，但"兼"堅嫌切（二十五沾）又吉念切（五十六㮇），因而"堅"、"吉"二系實同類④。這實質是分析條例的變相運用，利用不矛盾規律來幫助繫聯，即反切下字不同，則反切上字相同。但此方法的前提欠周全，反切下字不同，反切上字不一定相同。如《集韻》"㩻"字有哿韻許我切、箇韻口箇切二音，均釋"擊也"；"褑"字齊韻遣禮切、實韻充哯切二音，均釋"開衣也"；"鬐"字有哈韻桑才切、志韻疏吏切，皆注爲"多須皃"。三字的各兩個音切之間，聲、韻都不同。白氏也意識到了這點，因此，他提出"分際"原則，即"利用同義異音的字繫聯聲類，只限定在三十六字母中原屬同類的字"⑤。邵榮芬對白氏的繫聯法提出了批評，並認爲"繫聯法對考求《集韻》的聲韻母來説，是更不合適的"⑥。

邱榮鐊《集韻研究》考察聲類時繼續全盤采用白滌洲所用繫聯的方法，其文自云："今據同義異音之兩切語比較以考實同類而不相繫聯之音系。"⑦如幫類"補"與"必"系不相繫聯，"'筆'補弭切（四紙）並又必至切（六止），則補與必二系實同類也"⑧。且不論《集韻》"筆"字此二切語下注釋並不全同以及必至切在去聲至韻，其方法適同如上分析，也是靠不住的。同樣的方法，白氏得出 39 類，而邱氏得出 41 類。邱氏在考察《集韻》韻類時，對繫聯中兩兩互

---

① 王力《評黃侃〈集韻聲類表〉、施則敬〈集韻表〉》一文對《集韻聲類表》在歸字入等、開合問題、眉批得失等方面，以及《集韻聲類表》以今律古等問題辨析入微，具體可參看此文。此文見於《王力文集》（第二十卷），山東教育出版社，1991 年，第 346-363 頁。
② 白滌洲：《集韻聲類考》，《中研院歷史語言研究所集刊》第三本第二分册，1931 年，第 159-236 頁。
③ 白滌洲：《集韻聲類考》，《中研院歷史語言研究所集刊》第三本第二分册，第 162 頁。
④ 白滌洲：《集韻聲類考》，《中研院歷史語言研究所集刊》第三本第二分册，第 163 頁。
⑤ 白滌洲：《集韻聲類考》，《中研院歷史語言研究所集刊》第三本第二分册，第 162 頁。
⑥ 邵榮芬：《〈集韻〉音系簡論》，《邵榮芬音韻學論集》，第 349-351 頁。
⑦ 邱榮鐊：《集韻研究》，臺北卓少蘭影印稿本，1974 年，第 69 頁。
⑧ 邱榮鐊：《集韻研究》，第 70 頁。

用而不相繫聯者,則利用陳澧反切繫聯法補充條例中的"四聲相承"法,但邱氏沒有像聲類一樣具體列出詳細的考證過程,只是"參照江永《四聲切韻表》,蘄春黃先生《集韻聲類表》之歸類"等①,製出《〈集韻〉四聲韻類表》,且邱氏不承認重紐。

孔仲溫《類篇研究》考察聲類、韻類的方法時也用了這種"四聲相承"法。孔文指出:"陳師(新雄)以爲四聲相承之韻,其每一韻紐之聲母必亦相承,則可以使兩兩互用不能繫聯之同類聲母,得以繫聯。"②如幫類"邊"與"補"不相聯,"但由疋部邊卑眠切屬先韻,其相承上聲銑韻編作補典切,則邊補聲同類"③。但是四聲相承這種"'模擬推理'只能得出'或然性'的結論,而不能得出必然性的結論"④,如何確認四聲相承,其準確性怎樣,邱、孔二文都語焉不詳。

反切繫聯法由於缺少了"互注又音"這根拐杖,先期同用、互用、遞用甚易,對於後期兩兩互用而不相繫聯者的處理則舉步維艱,連白滌洲也說:"所苦的不過是要仔細找而不能一目了然。"⑤反切繫聯法基本條例利用同一律,從邏輯上來說,是較科學的,《集韻》反切繫聯的難度,也可以說所有反切材料的難度,在於兩兩互用不相繫聯而實相聯者。從嚴格意義上來說,繫聯法主要應用於同質材料的歸納分析,則運用繫聯法研究《集韻》是否合適,還得先從源頭上說起。也就是,我們先得探討《集韻》的編著方式,這樣才能判斷繫聯法在研究《集韻》音系時的適用性⑥。

二、與他書比較研究

(一)利用反切比較法研究音類

正因爲反切繫聯法的上述癥結所在,邵榮芬《〈集韻〉音系簡論》轉向反切比較法,他提出:"對考求《集韻》的聲韻類來說,繫聯法並不是很理想的方法。我們還是認爲反切比較法比較合適。……《集韻》是《廣韻》的增訂本,兩書語音系統相去不遠。拿《集韻》與《廣韻》相比較,從比較中求出《集韻》的聲韻類別,不僅是方便的,而且也是科學的。"⑦

在"相去不遠"的前提下,邵文提出反切比較法的三點主要原則:

> 凡是《廣韻》某一聲類或韻類的字,《集韻》都用本聲類或韻類的字作切,則《集

---

① 邱榮鐈:《集韻研究》,第211頁。
② 孔仲溫:《類篇研究》,(臺北)學生書局,1987年,第268頁。
③ 孔仲溫:《類篇研究》,第269頁。
④ 耿振生:《20世紀漢語音韻學方法論》,北京大學出版社,2004年,第39頁。
⑤ 白滌洲:《集韻聲類考》,《中研院歷史語言研究所集刊》第三本第二分冊,第162頁。
⑥ 雷勵:《試論〈集韻〉的編著及音系的解讀方法》,《廣西社會科學》2013年第4期,第153-156頁。
⑦ 邵榮芬:《〈集韻〉音系簡論》,《邵榮芬音韻學論集》,第351頁。

韻》的這個聲類或韻類跟《廣韻》的相同；凡是《廣韻》某一聲類或韻類的字，《集韻》所用的反切有規律地分爲兩類，則《廣韻》的這一聲類或韻類《集韻》分化爲兩類；凡是《廣韻》某兩個聲類或韻類的字，《集韻》所用反切字有互混現象，則根據混用的多少並參考其它條件定其分合。①

並得出《集韻》聲類爲40類的觀點②；該文對《集韻》開合、洪細、轉移小韻等16個方面與《廣韻》作了比較，總結出11條與《廣韻》不同的情況，通過這些差異又考證出106個韻母③。張渭毅則認爲《〈集韻〉音系簡論》把喻三歸入匣母結論不妥，韻母分類也需補正④。

還有幾條意見，我們覺得有補充的必要：第一，《集韻》較《廣韻》新增611個小韻（按，此係《集韻》4486個小韻減《廣韻》3875個小韻所得數，據筆者統計，《集韻》實際新增小韻672個），這種對比是不對稱的，如要拿大於參照系韻書（乙）的另一韻書（甲）來作音系比對，一種做法可先用反切繫聯法的基本條例得出甲韻書聲類和韻類，然後再與乙韻書進行比較，另一種做法也可以僅就二韻書共有的小韻作音系的比較；第二，反切比較法講求"可比對之字的可比對之音"，即字形相同（或者爲異體字）且意義相同，讀音相當才有可比性⑤，而字形雖同，但意義迥別的同形字則不具備可比性；第三，對材料使用要全面，不能先拋開不符合規律的材料作演繹式分析研究，然後再對所謂符合規律的部分進行解釋。下面我們試對第三條意見舉例説明。

邵榮芬《〈集韻〉音系簡論》用一章來先行討論重出小韻，並分之爲：重紐、音變（只限於常船、崇俟、端知母內）、非語音對立的重出（即讀音上無區別）三類。非語音對立的重出小韻共108對，占全部重出小韻（145對）的74%。而事實上，這種"非語音對立"並不是完全没有區別的，例如，邵文認爲《集韻》賄韻"磊／魯猥切"、"累／路罪切"爲"非語音對立"重出小韻，但查檢反切下字，猥爲影母賄韻字，罪爲從母賄韻字，猥、罪二字韻相同，但聲母清濁對立，匆忙定爲讀音無別似有先入爲主之嫌。此類"非語音對立"重出小韻還有很多，再如，賄韻"猥／鄔賄切"與"倄／於罪切"、代韻"倅／倉愛切"與"菜／倉代切"、麻韻"鷓／展賈切"與"䋌／竹下切"、麻韻"若／人奢切"與"㨅／儒邪切"，等等。

邵文首先對這些音切材料的排除，是以《切韻》音爲背景的，所以僅據聲調而忽視了其聲母的清濁。但在宋代濁音已經清化，清濁很有可能已經影響到了聲調。由此，全以《切韻》的語音背景來處理《集韻》的語音材料，其間可能會出現時代的不統一。我們只有先對聲、韻、

---

① 邵榮芬：《〈集韻〉音系簡論》，《邵榮芬音韻學論集》，第351-352頁。
② 邵榮芬：《〈集韻〉音系簡論》，《邵榮芬音韻學論集》，第394頁。
③ 邵榮芬：《〈集韻〉音系簡論》，《邵榮芬音韻學論集》，第432-436頁。
④ 張渭毅：《〈集韻〉研究概説》，《語言研究》1999年第2期，第129-153頁。
⑤ 耿振生對此問題有評述，見氏著《20世紀漢語音韻學方法論》，北京大學出版社，2004年，第49頁。

調類全面考求,或者對《集韻》如何處理小韻有更深刻瞭解的情況下,再對這些"非語音對立"重出小韻作詳細考察才較爲穩妥,如果一開始便排除這些可能,就很容易漏掉一些重要的語音綫索。邵文的比較是建立在《切韻》音系的基礎上的,並以《廣韻》爲代表,從既定的《廣韻》音類出發,考察《廣韻》《集韻》反切的差異,從而進一步討論《集韻》對《廣韻》音類的分合。我們也可以説,邵文所提出的反切比較法是框架式的宏觀比較法,並非從微觀的角度全面地對《廣韻》《集韻》的小韻及反切進行研究。因此,也就會漏略如上所討論的這些細微差別。

(二)《集韻》音韻特點專題研究

《集韻》音韻特點的專題研究,自然可以涵蓋張渭毅《〈集韻〉研究概説》一文所歸納的音系研究第二類——"音韻的專題研究"中的第 2、3、4、5、6 點[1]。當然,如果要談特點,那就少不了比較。白滌洲《集韻聲類考》最早就《集韻》反切上字改用同調、同等呼字以及類隔反切改音和切等一系列問題做了考察,但白氏僅列舉反切,沒有展開討論[2]。此後,不少學者也通過《集韻》的特點來探討聲韻特徵和音系。下面我們就探討的方向對前人的研究稍做總結。

1. 從問題到材料,專題式的特點研究

(1) 介音問題

龍宇純《從集韻反切看切韻系韻書反映的中古音》一文針對"三等韻母是否爲顎化"、"四等韻是否有介音"、"三等韻重紐究竟差別何在"三個問題,對比《切韻》《廣韻》《集韻》反切上字在四等中的不同分佈,重點分析了九個四等俱全且有重紐的聲母所用的切上字。其文主要利用韻類之間的反切用字的相混情況,以資料統計的形式討論了三、四等切上字與重三、重四等切上字的關係,一二四等與三等之間仍保持分組的格局,而重紐 A、B 類分別與普通三等、四等關係密切,同時在排除重紐 A、B 類屬聲母、主元音的區別對立的情況後,確認二類之間的不同在於介音 -j- 與 -i- 的不同,但介音的不同不屬於顎化與不顎化的對立[3]。

邵榮芬《論〈集韻〉的洪細》一文對《集韻》866 個反切上字與《廣韻》作了分佈、分組的比較,認爲一二四等與三等有分組趨勢,三等韻有 i 介音,四等、二等喉牙音都用細音做反切上字,也有 i 介音[4]。

楊軍《〈集韻〉見、溪、疑、影、曉反切上字的分用》一文也對《集韻》牙喉音聲紐反切上字在不同等第的韻類中的分佈情況做了統計分析,與邵文不同的是,楊氏在統計時預先對韻及

---

[1] 張渭毅:《〈集韻〉研究概説》,《語言研究》1999 年第 2 期,第 129-153 頁。
[2] 白滌洲:《集韻聲類考》,《中研院歷史語言研究所集刊》第三本第二分册,第 159-236 頁。
[3] 龍宇純:《從集韻反切看切韻系韻書反映的中古音》,《中上古漢語音韻論文集》,(臺北)五四書店,2002 年,第 131-156 頁。
[4] 邵榮芬:《論〈集韻〉的洪細》,《吕叔湘先生九十華誕紀念文集》,商務印書館,1995 年,第 206 頁。

切上字進行了分類，如韻分"一二等開口韻"、"一二等合口韻"等 7 類。楊文根據其統計的資料，提出如下觀點：分用的趨勢説明《集韻》打破了一二四等與三等分組的格局，而《集韻》受等韻影響大，已不屬於《切韻》系韻書①。

張渭毅《〈集韻〉的反切上字所透露的語音信息》一文從反切出發，透視、分析了《集韻》所有改動反切上字的凡 2287 個反切，通過對反切上字類隔改音和所體現的開合對立、洪細特徵、同調同呼同等的分析。張文分《集韻》改動《廣韻》的反切上字所屬 14 個聲母爲"牙喉音和唇音"、"齒頭音"、"半舌音"三組，分別考察了其反切上字在四等中的分佈，指出唇牙喉音、齒頭音反切上字一二四等與三等已無分組趨勢，大致一等、二等、普三、重三爲一組，普四、重四爲一組，對介音構擬同龍宇純《從集韻反切看切韻系韻書反映的中古音》一文。最後張文指出"《集韻》反切上字審音所依據的北宋讀書音"聲母與《廣韻》不同，輕重唇分化，開合與《廣韻》一致，"介音系統跟《廣韻》大不相同，跟《廣韻》介音没有傳承關係，聲調系統跟《廣韻》一致"②。

張渭毅對《集韻》重紐研究又作了詳細的總結，認爲"《集韻》的重紐現象，學者一般看作《切韻》或《廣韻》的影子，間或用以引證和闡明《切韻》或《廣韻》重紐現象中某些不能解决的問題"③。因此，張氏《〈集韻〉重紐的特點》一文從《集韻》收録《廣韻》重紐字音與折合《廣韻》以外重紐字音的特點集中考察了重紐小韻歸字的特點④，認爲《集韻》維繫《廣韻》重紐辨類標準的同時還采用了時音的標準⑤。《集韻》重紐小韻與重出小韻都值得討論，邵榮芬提出了非語音對立重出小韻，却全部合併處理。我們認爲還可以通過反切的細微差別來繼續探討非語音對立重出小韻所透露的語音信息。

從龍、邵、楊、張等四人的文章來看，切上字分用統計所依賴的聲、韻類的分置不同，對統計資料影響較大，龍、邵二文均利用《切韻》音系的音類爲預置分類，統計切上字在各類之間的分佈，所得出的結論基本一致，而楊、張二人之文在改變預置分類後再作統計，結論則有了明顯的不同。因此，以何爲統計分析的預置分類對結論至關重要，或者可以説，統計分析的參照基準在反切比較中是重要的因素。

(2) 轉移小韻

較早關注到《集韻》轉移小韻的有清代梁僧寶，如其所撰《四聲韻譜》卷八真韻開口三等見母欄巾紐，注"《集韻》此紐改入諄部，有抻、觩、弫、艱四字"，溪母欄爲○⑥，注"《集韻》

---

① 楊軍：《〈集韻〉見、溪、群、疑、影、曉反切上字的分用》，《貴州師範大學學報》1995 年第 2 期，第 46-50 頁。
② 張渭毅：《〈集韻〉的反切上字所透露的語音信息》，《中古音論》，河南大學出版社，2006 年，第 121-177 頁。
③ 張渭毅：《〈集韻〉研究概説》，《語言研究》1999 年第 2 期，第 142 頁。
④ 張渭毅另撰有《論〈集韻〉折合字音的雙重語音標準》討論《集韻》折合字音有《廣韻》與時間兩個標準，見《中古音論》，第 97-107 頁。
⑤ 張渭毅：《〈集韻〉重紐的特點》，《中古音論》，第 108-120 頁。
⑥ 《韻鏡》稱韻圖中"有聲無形"與"無聲無形"處爲列圖。

鼜字乞鄰切,位當在此而入諄部";又諄韻開口三等見母欄爲〇,注"巾字居銀切,《廣韻》在真部,《集韻》改入此,又有抎、觓、弲、齦四字",溪母欄鼜紐,注"《集韻》增"①。張渭毅認爲梁氏即以《廣韻》爲宗,按《廣韻》的音韻結構考慮小韻在韻譜中的音韻地位②。又張文在述評《集韻》轉移小韻研究後總結出三個問題:第一,《集韻》的轉移小韻是否客觀存在,其根據是什麽;第二,《集韻》的轉移小韻的分佈及其語音性質如何;第三,應該解決轉移小韻構擬問題③。張氏《〈集韻〉轉移小韻新探》一文中對比分析了《集韻》所轉移的《廣韻》164個小韻,進一步探討了他提出的上述三個問題,指出《集韻》轉移小韻的"實質是根據《廣韻》的開合系統和時音的開合系統對開合韻小韻所作的必要調整"④。

邱榮鐊統計出《集韻》十三個通用韻共有轉移小韻102個,並列《廣韻》小韻及反切以相比較,其中有80個小韻的切下字與《廣韻》同。同時邱氏以《切韻指掌圖》《禮部韻略》爲參照,主要從《集韻》同部來分析轉移小韻,他認爲《集韻》轉移小韻系由通用韻音近混同所致⑤。

邵榮芬《〈集韻〉音系簡論》分《集韻》轉移小韻爲三種情況:(一)痕魂、歌戈類,(二)寒桓類,(三)真諄、欣文類。邵文主要以《集韻》轉移小韻的音變條件與現代漢語方言的讀音作比較,指出痕魂、歌戈類與今西南官話、江淮官話及吳語等相應,寒桓類則與今閩語相應,真諄、欣文類則無現代漢語方言的實例,係承《切韻》舊規而已⑥。邵文把《集韻》轉移小韻分爲三類,同時得出這三類分別有不同的來源,似有割裂《集韻》系統性之嫌。

張渭毅《〈集韻〉轉移小韻新探》對其《〈集韻〉研究概說》針對轉移小韻所提出的三個問題進行了回應,進一步探討了轉移小韻的實質。張氏窮盡性統計出《集韻》轉移小韻共164個,對《集韻》轉移小韻作了明確的範圍限定,這也是建立在與《廣韻》的詳細比較上的。張文根據所涉及的通用韻之間的開合關係,及被切字與切下字所在韻的開合,把轉移小韻分爲兩大類四小類,同時總結了轉移小韻的四個特點,文章還指出《集韻》轉移小韻的"實質是根據《廣韻》的開合系統和時音的開合系統對開合韻小韻所作的必要調整"⑦。根據張氏的論述,我們可總結出其文思路:"《集韻》轉移小韻是客觀存在的,而這種轉移又是發生在開合分立的通用韻之間的;這裏還有一個前題,那就是通用韻的主要元音相同,而其區別在於介音的開合;這樣,討論《集韻》轉移小韻的開合系統便是解決問題的關鍵,《集韻》的開合系統不同於《切韻》音系開合系統和朱翱反切材料的開合系統,是北宋初期的第三種語音開合系

---

① 見梁僧寶:《四聲韻譜》影印本,古籍出版社,1957年。
② 張渭毅:《〈集韻〉研究概說》,《語言研究》1999年第2期,第143頁。
③ 張渭毅:《〈集韻〉研究概說》,《語言研究》1999年第2期,第146頁。
④ 張渭毅:《〈集韻〉轉移小韻新探》,《漢語新探》,崇文書局,2007年,第300-350頁。
⑤ 邱榮鐊:《集韻研究》,第433-440頁。
⑥ 邵榮芬:《論〈集韻〉的洪細》,《呂叔湘先生九十華誕紀念文集》,第399-404頁。
⑦ 張渭毅:《〈集韻〉轉移小韻新探》,《漢語新探》,第300-350頁。

統,《集韻》保留轉移小韻在《廣韻》中的反切或音韻地位,體現了在《廣韻》音系框架下的兩種不同語音開合系統的迭置。"

實際上,《廣韻》真、諄韻系也不是絕對的開合分立,則《集韻》把真韻的開口小韻移入諄韻,也不必爲合口韻,何況《王三》也沒有完全分立真與諄、寒與桓、歌與戈等韻系。而張文並沒有明確指出《集韻》所據"時音"的基礎方言,其時音音值則是在不知其基礎方言的情況下構擬的①。

王爲民《北宋寒韻系字的銳鈍分化與元代北方方言"寒山"與"桓歡"分韻之間的關係》一文以《聲音倡和圖》以及與現代吳、客家、贛、粵、晉等方言及元代北方爲參照,指出其將寒韻"安"字(牙喉音平聲)列入一等("開"行),將"丹"字(舌齒音平聲)和"山"字(二等)列入二等("發"行),造成寒韻舌齒音音節與牙喉音音節的分等,並指出"這是歷史文獻中寒韻系字韻母因聲母銳鈍分化的源頭","《集韻》將'寒'上聲和去聲的舌齒音字移入'桓'韻是其編纂者對當時正在發生的音變的反映"②。

《集韻》轉移小韻的問題自明確提出後,學者們不斷深入挖掘分析了《集韻》的內部材料,但同時我們也不難發現,選用不同的參照系,得出結論亦可以截然不同。因此,面對要深入研究的問題,如何歸納分析材料,如何選用基本的參照系,對得出語音史研究中的正確結論顯得極爲重要。

2. 從材料到問題,全面比較反切異同

較早地從《集韻》與《廣韻》小韻及反切比較出發,歸納總結其異同情況的學者要數邱榮鐋,其《集韻研究》對《集韻》類隔改音和例、反切用字改同調同等同呼例、統一切下字例等現象做了歸納分析。同時提出了"删音例"與"增音例",主要說明了其體例及增音的來源,只不過沒有全面考察删音與增音的具體情況。另外,邱氏對《集韻》小韻按聲組排列做了基本的分析,但也沒有做更深入的討論③。

臺灣張尚倫的碩士學位論文《〈廣韻〉〈集韻〉切語下字異同考》以陳澧的繫聯法離析《集韻》的韻類,其考證則"首列二書下字異同表,次明韻目、韻次,韻類之分析,及切語下字之開合等第聲調,再考下字之異同,並校其舛謬,末列《集韻》增加字"④。臺灣應裕康亦撰有《〈廣韻〉〈集韻〉切語上字異同考》⑤。

趙宏濤碩士學位論文《〈廣韻〉〈集韻〉反切比較研究》認爲《集韻》是《廣韻》的增訂本,兩書的語音系統相去不遠,"采取了反切比較法,對同韻部中兩書的各小韻、通用韻中的轉

---

① 雷勵:《重探〈集韻〉轉移小韻》,《廣西社會科學》2012年第4期,第145-149頁。
② *The Journal of Chinese Linguistics* vol. 44, no. 2 (June 2016): 415-450.
③ 邱榮鐋:《集韻研究》,第55-61頁。
④ 張尚倫:《〈廣韻〉〈集韻〉切語下字異同考》,文化大學中國文學研究所1969年碩士論文。
⑤ 應裕康:《〈廣韻〉〈集韻〉切語上字異同考》,《臺灣師範大學國文研究所集刊》第四號,1960年。

移小韻以及《廣韻》未收、《集韻》增收或《廣韻》收錄、《集韻》未收及合併了的小韻進行比較"①，並認爲"《集韻》的作者在改良《廣韻》的音切時，是以適應時音的變化爲目的的"②。趙文只是對二書小韻和反切作了初步比對，簡略地條陳了《集韻》對《廣韻》原有小韻的增、删、併、改、轉等情況，而没有就《集韻》新增小韻的來源與性質，以及《集韻》對《廣韻》所做刊修處的語音史研究價值等方面全面深入地探討。

徐陶的碩士論文《從〈集韻〉與〈廣韻〉小韻的比較看〈集韻〉音系的特點》同趙文類似，另外，文章從"取消類隔"、"唇音分化"、"反切改良"等幾個方面對《集韻》《廣韻》反切上字調、等、呼作了比較，認爲聲類可分爲42類（按，與張渭毅《〈集韻〉研究概説》同），同時還對反切下字也進行了調、等、呼的比較，認爲韻母仍然遵從《廣韻》，又説："我們可以把它（按，它指《集韻》）看作是語音從中古音到近代音變化的一個環節，從中發現一些新的語音變化現象，但不能把它作爲一個相對純正的時音音系來研究。"③

三、《集韻》微觀方面

據筆者目力所及，《集韻》《廣韻》所收字音的全面比對至今還没有學者做過（或者已經做過，但未公開發表），要全面瞭解《集韻》，這也是一個不可或缺的方面。《集韻》部分新增字音還造成了小韻的增加，如"碹"字，《廣韻》只有户冬、乎宋切二音，而《集韻》有丘弓、乎攻、酷攻、胡宋等四切，碹字新增丘弓、酷攻切二音。《集韻》又因增收碹字酷攻切音而增加了一個新的小韻。

張渭毅《〈集韻〉異讀研究》《關於〈集韻〉的異讀的層次分析的問題》等文討論了《集韻》的語音層次問題。張氏提出："《集韻》的異讀字可以看作反映古今語音演變的化石，呈現在我們面前的這個化石，把遠自先秦近至北宋的不同時期形成的不同層次的字音壓縮到一個異讀字平面上。揭示《集韻》的異讀層次，總結出不同層次的異讀的演變規律，從而達成對《集韻》音系性質的總體認識，是研究《集韻》異讀的目的。"④

在材料搜集上，《〈集韻〉異讀研究》是利用《集韻》述古堂本（上海古籍出版社1985年影印本）、潭州本（中華書局1989年影印本）後的索引查找異讀字，不過這樣容易產生漏略、訛誤，如張文就列舉了"弓"字，述古堂本後索引三見，潭州本後索引僅一見。又張氏在討論異讀的語音層次時只舉單個字例來説明，並非利用語音演變條件相同的多組字音來綜合分

---

① 趙宏濤：《〈廣韻〉〈集韻〉反切比較研究》，陝西師範大學2005年碩士學位論文（指導教師：胡安順），第7頁。
② 趙宏濤：《〈廣韻〉〈集韻〉反切比較研究》，第34頁。
③ 徐陶：《從〈集韻〉與〈廣韻〉小韻的比較看〈集韻〉音系的特點》，蘇州大學2009年碩士論文（指導教師：張玉來），第50頁。
④ 張渭毅：《關於〈集韻〉的異讀的層次分析的問題》，《中古音論》，第73頁。

析,如討論"詞彙擴散式音變形成異讀"時僅舉《集韻》"曲"字顆羽切、區玉切①。《關於〈集韻〉的異讀的層次分析的問題》也是以單個字來考證異讀的語音層次問題,如該文通過"鮨"字蒸夷切、渠伊切、市之切、研計切四個反切來確立四個語音層次②,這樣自然就有"從理論上講,不同來源的異讀因反映了不同時地的語言特徵而體現爲不同的音韻層次,有多少個異讀來源,就應該有多少個異讀層次"的結論,以及"爲了較合理地駕馭《集韻》異讀的語音層次,我們嘗試采用異讀的音變規律作爲劃分異讀層次的標準"方法論的探討③。通過這些討論,張文得出"《集韻》是迭置多種音系成份的綜合音系"④。何九盈在《中古音論·序》中委婉地表達了這樣一個觀點:"我們還沒有辦法以《集韻》音爲根據,建立一個完整的《集韻》時音體系,所謂'迭置多種音系',還只是一種籠統説法,因爲多種'成分'不等於'多種音系'。"⑤

我們認爲還可以補充兩點:第一,可以通過《集韻》同義異讀的現象來探討語音層次的問題,但應該是同音或者相同語音演變條件的多組字音;第二,不能本末倒置,我們應該先通過《集韻》同義異讀所反映的音類的異同,再結合同義異讀的來源具體考察音變規律及漢語語音史的發展。值得我們注意的是,對《集韻》同義異讀的研究,也是深入發掘《集韻》所收録的文白異讀等情況的重要研究工作,這對研究漢語語音演變發展及漢語方言間的接觸、融合具有很高的價值。

四、可突破的方向

學者們普遍認爲《廣韻》是《切韻》系韻書的代表,音系結構與之相同,對《集韻》《廣韻》做一個全方位的比較實屬必要。此舉既可洞明二書的異同,也可深入理解《集韻》及宋代的語音面目,二書相同之處是前後繼承之處,相異之處則是《集韻》的創新之處。從《集韻》研究現狀來看,大部分研究者限於精力,往往抓住某個問題,各個擊破,這樣就容易出現顧此失彼、前後矛盾的問題。當然,我們絶不反對化繁爲簡、條分縷析的研究方法,但科學研究是一個系統性的工作,研究《集韻》的某個問題時,一個結論經常是建立在另一個基礎上的。由是,不作通盤考慮,恐有立論不穩之虞,根基不牢,大廈就容易傾覆。

從上文的材料來看,一方面可以專題式地就《集韻》的某語音特點與《廣韻》比較,如討論反切上字的分組規律、重紐等,另一方面還可以先全面比較《集韻》《廣韻》小韻、反切及音系的差異,總結《集韻》對《廣韻》小韻及反切的增、删、併、改、轉等情況,然後再結合其性質,繼續深入地分析所反映的語音規律。我們認爲,全面比較小韻、反切及音系,全面、深入地掌

---

① 張渭毅:《〈集韻〉異讀研究》,《中古音論》,第62頁。
② 張渭毅:《關於〈集韻〉的異讀的層次分析的問題》,《中古音論》,第73頁。
③ 張渭毅:《關於〈集韻〉的異讀的層次分析的問題》,《中古音論》,第81頁。
④ 張渭毅:《〈集韻〉異讀研究》,《中古音論》,第39頁。
⑤ 張渭毅:《中古音論》,第2頁。

握二韻書的異同尤爲有效可行。

張渭毅以前的多數學者,因認爲《集韻》與《廣韻》無較大差別,所以不管反切繫聯法也好,反切比較法也好,目光多集中在《集韻》音類或其具體音韻特點的研究上,而張渭毅則開始向異讀的語音層次進軍。不過,我們不能把語音層次看成一個個單字的考證,否則就會只見樹木不見森林。《集韻》異讀研究應是一個系統的工程,我們先要瞭解《集韻》的編著原理,釐清其編者是如何把歷時層面置入共時層面的,然後再用共時層面的信息重構歷時層面。我們知道,對語言規律的認識是建立在比較與差別的基礎上的。因此。只有在全面分析《集韻》異讀間的音類差別及其聯繫後,以其與《廣韻》作比較,並通過考察異讀的來源,及與最接近《集韻》面貌的基本參照系反復衡量,才能更深刻地認識《集韻》的語音史價值。

第四節 《集韻》文字研究述評

歷代字典辭書向來是文字研究與整理的重要部門。易敏《石刻佛經文字研究與異體字整理問題》一文曾指出:"歷代字典辭書是社會文字使用、流通的記載,能夠在一定程度上反映不同歷史時期異體字的存廢情況,其中包含對前代積累的異體字形整理規範的成果。"[①]對於《集韻》來說,學者主要着重音韻研究,系統研究《集韻》詞彙與文字的成果不夠豐贍。就筆者所掌握的材料來看,利用漢字構形學理論系統整理、研究《集韻》收字的專門論著較難找見,全面對比分析《廣韻》《集韻》關於字際關係、字詞關係的論著更是少見。下面我們就《集韻》詞彙與文字研究做簡要的概括,並試對古代字典辭書文字研究的基本情況及預計可能有所突破和創新的方面做一些探討。

一、《集韻》本體研究

趙振鐸《集韻研究》對其所收集的《集韻》材料進行了梳理,主要以辭書學和文獻學的角度分別對《集韻》的撰人、結構、收字、注音、釋義、版本等七個方面做了研究[②]。

于建華《〈集韻〉及其詞彙研究》則主要從詞彙、訓詁學的角度對《集韻》進行研究,主要篇幅用於對《集韻》與詞彙、訓釋相關體例的闡釋、字詞考辨疑誤的總結歸納以及字際關係認同的典型性錯誤[③]。馮慶莉《〈廣韻〉和〈集韻〉方言詞比較研究》將《廣韻》全書所收179條

---

① 易敏:《石刻佛經文字研究與異體字整理問題》,《北京師範大學學報(社會科學版)》2006年第1期,第82-87頁。
② 趙振鐸:《集韻研究》,語文出版社,2006年。
③ 于建華:《〈集韻〉及其詞彙研究》,南京師範大學2005年博士學位論文(指導教師:董志翹)。

方言詞、《集韻》597條方言詞，歸納爲歷史來源、反映時音兩類，其中《集韻》反映時音的材料240條，並對唐宋方言區劃作了初步探討[①]。

楊寶忠《〈集韻〉疑難字考辨》[②]，鄭賢章《漢文佛典與〈集韻〉疑難字研究》[③]、《〈集韻〉疑難字例釋》[④]等文章對《集韻》部分疑難字形、音、義進行了考釋，同時也對考察《集韻》收字來源提供了參考。柳建鈺《〈集韻〉〈類篇〉失誤例證》亦屬對《集韻》疑誤的考索研究[⑤]。曹永華《〈集韻〉古文考源》對《集韻》所收古文考鏡源流，驗證其來源的真實性[⑥]。劉珊珊《〈集韻〉古文研究》對《集韻》所輯錄的976條古文條目進行了窮盡性統計分析，亦用字書、傳世文獻、出土文獻等材料考索《集韻》所收古文的真實性，且進一步分析468條可考古文條目，探究其與字頭的字際關係。該文提出，《集韻》多數古文與字頭是同詞異體關係，其中多數只是古今形體不同[⑦]。

楊小衛認爲《集韻》《類篇》同《廣韻》《玉篇》一樣，屬於"雙軌制"辭書，不應該孤立地研究《集韻》，韻書與字書的研究應該相互參協[⑧]。楊小衛《〈集韻〉和〈類篇〉的俗字初探》一文主要對二書所收172個俗字的演變歷程及形成途徑作了分析研究，總結出簡省、增繁、偏旁改換、訛變、書寫變易、全新創造、借用等7種俗字形成途徑，通過《集韻》俗字研究可反映出簡化、形聲化、字形訛變等漢字系統發展的趨勢[⑨]。沈祖春《〈類篇〉與〈集韻〉〈玉篇〉比較研究》對《集韻》《類篇》收字進行了比較，列舉《類篇》增補、減併《集韻》字形，着重分析了二書共有而形異之字，歸納出構件換用或增減、隸定或書寫差異等情況，而對《集韻》《類篇》的異體字未進行系統深入的研究[⑩]。

與《集韻》相參協的《類篇》的研究則主要集中於文字方面。孔仲溫《類篇研究》[⑪]、李海濤《〈類篇〉異體字研究》[⑫]、劉寶恒《〈類篇〉重文研究》[⑬]等都對《類篇》異體字結構類型、收字來源等進行了整理。

以往學者多因《類篇·跋》所言"今修《集韻》添字即多，與顧野王《玉篇》不相參協，欲乞委修韻官將新韻添入，別爲《類篇》，與《集韻》相副施行"，而認爲《集韻》《類篇》近同。然則二

[①] 馮慶莉：《〈廣韻〉和〈集韻〉方言詞比較研究》，首都師範大學2008年碩士學位論文（指導教師：馮蒸）。
[②] 楊寶忠：《〈集韻〉疑難字考辨》，《中國語文》2011年第1期，第80-86頁。
[③] 鄭賢章、姚瑤：《漢文佛典與〈集韻〉疑難字研究》，《語文研究》2011年第3期，第53-57頁。
[④] 鄭賢章：《〈集韻〉疑難字例釋》，《語言科學》2011年第5期，第544-550頁。
[⑤] 柳建鈺：《〈集韻〉〈類篇〉失誤例證》，《南陽師範學院學報》2009年第4期，第31-33頁。
[⑥] 曹永華：《〈集韻〉古文考源》，臺灣大學1978年碩士學位論文（指導教師：龍宇純）。
[⑦] 劉珊珊：《〈集韻〉古文研究》，北京師範大學2011年碩士學位論文（指導教師：李運富）。
[⑧] 楊小衛：《雙軌制辭書〈集韻〉〈類篇〉比較研究述評》，《三峽大學學報》2015年第9期，第88-91頁。
[⑨] 楊小衛：《〈集韻〉和〈類篇〉的俗字初探》，《湖南工業大學學報》2009年第4期，第111-113頁。
[⑩] 沈祖春：《〈類篇〉與〈集韻〉〈玉篇〉比較研究》，華東師範大學2010年博士學位論文（指導教師：臧克和）。
[⑪] 孔仲溫：《類篇研究》，（臺北）學生書局，1987年。
[⑫] 李海濤：《〈類篇〉異體字研究》，山東大學2006年碩士學位論文（指導教師：徐超）。
[⑬] 劉寶恒：《〈類篇〉重文研究》，福建師範大學2008年碩士學位論文（指導教師：林志強）。

書編著者不同、體例各異，二書異體字之研究仍不能相互替代。又如《類篇》既對《集韻》收字有所增減，又對《集韻》字形有所變異①，即説明二書收字及字形本有不同。《類篇·序》亦曰："凡《集韻》之所遺者皆載於今書也。"再如《集韻·東韻》"通"小韻、"同"小韻都收有"狪狪狪"3字，均並立爲一個字組，而《類篇》"狪""狪""狪"3字分别收於豕、犬、豸部。不過，《類篇》異體字研究可以作爲重要的參照，並可以此反觀《集韻》所反映的文字現象。

二、異體字研究

文字異形是漢字發展史上常見的現象，梁東漢《漢字的結構及其流變》指出："異體在漢字系統裏是普遍存在的，可以這樣説，幾乎每一個字都有異體。"② 東漢許慎《説文解字》收録"重文"1163個，其中就有部分是形體變異的字形③。異體字既給社會書寫用字帶來了繁複的規範工作，同時其形體結構及書寫變易的差别也爲漢字發展的研究提供了豐富的實證材料，異體字是漢字發展演變的記録④。1955年12月22日文化部、中國文字改革委員會發布《第一批異體字整理表》以來，異體字研究與整理取得了前所未有的成績，積累了大批學術成果。劉延玲《近五十年來異體字研究與整理狀況綜述》全面梳理了建國後至20世紀末異體字理論研究、異體字整理等内容，對深入研究和系統整理異體字的新趨勢做了分析，並總結出異體字研究應以字形結構分析、字際關係考證，以及認同别異的系統整理與字形規範等作爲研究的新方向，同時還强調了信息時代古籍數字化對異體字研究和整理提出了更迫切的要求⑤。

異體字研究的深入與漢字理論的發展是密不可分的，漢字理論是異體字整理與研究的基礎，亦即具有方法論意義的指導性原則。異體字研究首先關注的是異體字的界定，而各家的分歧和爭論亦主要集中在"異體字究竟是同詞異形還是同字異體"這個焦點上。

王寧在《系統論與漢字構形學的創建》中提出，科學的漢字學應是對漢字字形的研究，對字形所進行的認同整理應是基於記詞功能之上的，而字形結構與書寫變異是對同詞異形下字形的再分析⑥。漢字作爲表義的構形系統，有其自身的構形元素及結構，王寧《漢字構形學講座》一書探討了漢字形體構成和演變的規律，分析研究了漢字的構形元素、結構組合層次與組合模式，並把漢字共時關係中職能相同（即音義相同或記詞功能一致）、字形不同的情

---

① 沈祖春：《〈類篇〉與〈集韻〉〈玉篇〉比較研究》，第141-310頁。
② 梁東漢：《漢字的結構及其流變》，上海教育出版社，1959年，第64頁。
③ 沈兼士指出："許書重文包括形體變異、同音通借、義通换用三種性質，非僅如往昔者所謂音義悉同形體變易是爲重文。"（見沈兼士：《漢字義讀法之一例——説文重文之新定義》，《沈兼士學術論文集》，中華書局，1986年，第239頁）蔣善國《説文解字講稿》認爲："説文裏的重文就是異體字。這種'重文'字形雖異，可是音義完全相同，是一個字的兩種寫法。"（見蔣善國：《説文解字講稿》，語文出版社，1988年，第31頁）
④ 王繼洪：《異體字與漢字學研究》，《上海大學學報（社會科學版）》1999年第4期，第50-57頁。
⑤ 劉延玲：《近五十年來異體字研究與整理狀況綜述（上）》，《辭書研究》2001年第5期，第35-44頁；劉延玲：《近五十年來異體字研究與整理狀況綜述（下）》，《辭書研究》2001年第6期，第21-29頁。
⑥ 王寧：《系統論與漢字構形學的創建》，《暨南學報》2000年第2期，第15-21頁。

況區別爲異寫字、異構字①。這兩類也就是我們通常意義上所說的狹義異體字。李運富《論漢字的字際關係》一文又指出："漢字的字際關係應該分別從文字系統（構形系統）和文獻系統（字用系統）兩個角度來描述。"而從文字系統來說，異體字即指本用職能相同並記錄同一詞位（或語素）而形體不同的字。異體字一般又分爲構形屬性或理據不同的異構字和構形屬性相同而寫法不同的異寫字②。李運富《關於"異體字"的幾個問題》進一步提出，異體字應在字樣、字構、字用三個範疇內來限定異體字，全部"異體字"的共同屬性是"同用"和"異形"，而通過"同詞"、"異詞"、"同構"、"異構"、"包含"、"交叉"等屬性便能把所謂狹義異體字、廣義異體字在不同的屬性層次界定清楚③。

在漢字構形學理論提出後，利用該理論研究專書或漢字某歷史時期中異體字的學者甚眾，湧現出大批研究成果，對描寫、闡釋漢字歷時演變作出了較大貢獻④。同時這也表明，只有在漢字構形學理論的指導下，異體字研究才能更加深入、徹底。李帥《蔣斧本〈唐韻〉殘卷異體字研究》⑤、曹志國《裴務齊正字本〈刊謬補缺切韻〉異體字研究》⑥、張曉鳳《〈廣韻〉異體字研究》⑦等不少研究論文以漢字構形學爲理論基礎，歸納字際關係表述體例，整理出異體字表，並從異構、異寫兩類分析變形體之間的異同，總結漢字演變的發展規律，或探索異體字的演變源流與辨析其文獻用例。這些研究豐富了漢字研究材料，特別是字料庫與異體字編（表），既可以爲字際關係整理提供佐證，又能爲文字異形、異用的規範提供參考。

三、俗字研究

唐顏元孫《干禄字書·序》指稱俗字爲："所謂俗者，例皆淺近，唯籍帳、文案、券契、藥方，非涉雅言，用亦無爽；倘能改革，善不可加。"⑧俗體字存在於漢字發展的各個歷史時期，翻開各種傳世文獻，並不難發現其中的俗字。俗字一開始可能不常見於文章對策而流行於民間，但隨着時代的變遷，這種正、俗字之間的更替使用變得習所常見，因而俗字的使用具有時代性的特點⑨。如《集韻·僊韻》"然"小韻（如延切）下注："古作爇，通作蘸。俗作燃，非

---

① 王寧：《漢字構形學講座》，上海教育出版社，2002年。
② 李運富：《漢字漢語論稿》，學苑出版社，2008年，第117-136頁。
③ 李運富：《漢字漢語論稿》，第137-148頁。
④ 鄭振峰對王寧所提出的漢字構形理論評價甚高，稱其是對漢字"六書"理論的升華與提高，是漢字本體研究在20世紀的重要進展。這一理論以字形爲中心，探討漢字發展的內在規律，它堅持了系統論的觀點，提出了描寫漢字這個符號系統的具體操作模式與量化標準，使漢字研究與現代科學的研究方法有機地融合在一起，具有重大理論價值。見鄭振峰《"六書"理論在當代的發展——兼評王寧先生的漢字構形理論》，《湖北師範學院學報（哲學社會科學版）》2002年第22卷第3期，第35-39頁。
⑤ 李帥：《蔣斧本〈唐韻〉殘卷異體字研究》，河北大學2006年碩士學位論文（指導教師：楊寶忠）。
⑥ 曹志國：《裴務齊正字本〈刊謬補缺切韻〉異體字研究》，河北大學2006年碩士學位論文（指導教師：楊寶忠）。
⑦ 張曉鳳：《〈廣韻〉異體字研究》，湖南師範大學2011年碩士學位論文（指導教師：蔡夢麒）。
⑧ 施安昌：《顏真卿書〈干禄字書〉》，紫禁城出版社，1990年，第9-11頁。
⑨ 張涌泉：《敦煌俗字研究》，上海教育出版社，1996年，第2-4頁。

是。"今"燃"字用作"燃燒"義,而"然"多用作連詞或詞尾。顏元孫《干禄字書》、釋行均《龍龕手鑑》等均係辨證正俗體字之字書。

劉復、李家瑞《宋元以來俗字譜》取《古列女傳》《大唐三藏取經詩話》《京本通俗小説》《古今雜劇》《全相三國志平話》等十二種宋元明清民間通俗文學刊本所收俗體字,輯得1604組共計6240字編訂成字表,首次成體系地收集整理近代漢字①,能基本反映出宋元以來漢字的俗字演變源流情況②。蔣禮鴻《中國俗文字學研究導言》提出研究俗文字學的三個步驟:輯録、辨析、致用,並指出敦煌寫本的俗字在當時還没有人輯録過,應該大力提倡,通過敦煌俗文學寫本材料,分析出俗字形成的來由大致有:形誤、別體(另造新字)、簡化、同音通用、古字、草化、累增等七種③。張涌泉《漢語俗字研究》《敦煌俗字研究》等重要著作仍以"輯録、辨析、致用"爲綱,歸納出"偏旁增減、偏旁改換、偏旁易位、書寫變易、整體創造、正字蛻變、異形借用、類化、簡化、繁化"等十個俗字類型,並總結出"審辨字形、類比例句、比勘異文、佐證文獻、審察文義"等五種俗字辨識方法④。俗字理論研究在前輩學者的努力下已趨成熟,近年來唐宋韻書、字書的俗字研究,主要是在這個理論框架下進行的。

艾東門《〈廣韻〉俗字研究》收録整理了《廣韻》375個俗字,對《廣韻》俗字收録情況及模式作了概述,把所收俗字歸納爲"簡省、增繁、改換、類化、楷化、音近更代、變化結構、古字隸定、綜合類"等十個類型,並與《干禄字書》《大廣益會玉篇》俗體字形做了比較⑤。紀雅茹《〈宋本廣韻〉俗字叢考》輯録《廣韻》所收俗字376個,並對其源流演變進行考證⑥。譚翠《〈唐五代韻書集成〉俗字研究》則主要以《唐五代韻書集成》所收俗字與《干禄字書》《正名要録》等字書在正俗字的辨析方面一一比較,同時也對所收俗字源流演變進行考證⑦。

字典辭書正字觀念的不同,往往在辨析區別正俗體字時有所體現。張民權、田迪《宋代韻書中的俗字標識與文字觀念研究》一文認爲《集韻》與《廣韻》嚴格區分俗字不同,在正字、異體和俗字問題上相混淆,列字時異體字、俗字以及假借古字等多個形體並出,容易造成用字混亂,有失典範,如"貍狸貐狹"之"事物概念名稱與文字異體混淆"例,以及"憐怜"正俗體考證之例⑧。《廣韻》《集韻》《禮部韻略》編著的年代、人員、體例均有所不同,因而在輯録正俗字時各有異同。

---

① 劉復、李家瑞:《宋元以來俗字譜》,中研院歷史語言研究所單刊,1930年。
② 朱軼:《〈宋元以來俗字譜〉俗字研究》,福建師範大學2007年碩士學位論文(指導教師:林志强),第51-52頁。
③ 蔣禮鴻:《中國俗文字學研究導言》,《杭州大學學報》1959年第3期,第129-140頁。
④ 張涌泉:《漢語俗字研究(增訂本)》,商務印書館,2010年。
⑤ 艾東門:《〈廣韻〉俗字研究》,雲南大學2014年碩士學位論文(指導教師:羅江文)。
⑥ 紀雅茹:《〈宋本廣韻〉俗字叢考》,青島大學2010年碩士學位論文(指導教師:史冠新)。
⑦ 譚翠:《〈唐五代韻書集成〉俗字研究》,湖南師範大學2007年碩士學位論文(指導教師:蔣冀騁、鄭賢章)。
⑧ 張民權、田迪:《宋代韻書中的俗字標識與文字觀念研究》,《南昌大學學報》2013年第3期,第128-135頁。

四、構形方式研究

在傳統觀念中,漢字的研究涵蓋形、音、義三個部分,隨着語言文字學科的深入發展,漢字學理論也有重要突破。唐蘭《中國文字學》曾深刻指出:"我們可以知道文字學本來就是字形學,不應該包括訓詁和聲韻。一個字的音和義雖然和字形有關係,但在本質上,它們是屬於語言的。嚴格說起來,字義是語義的一部分,字音是語音的一部分,語義和語音是應該屬於語言學的。"① 漢字構形學理論提出者王寧明確強調,"漢字本體的研究必須以形爲中心,而且必須在個體考證的基礎上探討其總體規律",在漢字學研究中"只有在弄清個體字符形體變化的基礎上,考查出漢字構形系統的總體演變規律,並且對這種演變的内在的和外在的原因作出符合歷史的解釋,才能稱爲漢字史",而"歷代字書都不區分字形的歷史層面,提供不出一批經過整理的系統字料,創建科學的漢字構形學便更加難以起步"②。

漢字可以進行構形系統的分析,每個歷史時期的漢字都可以進行斷代研究,拆分出一批基礎構形元素,這些基礎構件之間按一定的模式和層次組合,在構形過程中,構件的功能也是可以在構形系統中進行分析的。自甲金文至近代楷書文字,漢字的構形方式經歷了演變與發展。自 1990 年至 2002 年,北京師範大學漢語言文字學學科點先後十幾位博士,利用漢字構形學理論對"甲骨文、西周金文、春秋金文、戰國楚文字和一部分東方文字、睡虎地秦文字、居延漢簡、馬王堆帛書、東漢碑刻隸書、魏晉行書、隋唐五代碑志楷書、宋代雕版楷書、明代石刻佛經文字、清代民間手寫與宫廷文字進行了認真整理,對其構形系統進行了一一的描寫",並作爲《漢字構形史叢書》陸續出版③。

王立軍《宋代雕版楷書構形系統研究》以宋代 20 萬字的雕版楷書文本語料爲對象,共整理出 4856 個單字,與《集韻》龐大的收字量相比,突顯出《集韻》對各歷時平面漢字的貯存與累積,並以灰韻所收 401 個字形在樣本文獻中測查,有 300 多個字形處於貯存狀態,很少實際應用,《集韻》對於異讀字、同形字、同音假借等字詞、字際關係的溝通體例,對用字測查也會造成干擾④,據此,王立軍認爲《集韻》不適合作爲斷代文字研究對象⑤。同時,在對宋代雕版楷書文本用字基礎構件的測查中發現:473 個表義部件共參構 5118 次,1218 個示音部件

---

① 唐蘭:《中國文字學》,上海古籍出版社,2005 年,第 4 頁。
② 王寧:《系統論與漢字構形學的創建》,《暨南學報(哲學社會科學)》2000 年第 2 期,第 15-21 頁。
③ 見王寧《漢字構形史叢書·總序》,摘於羅衛東《春秋金文構形系統研究》,上海教育出版社,2005 年,第 7 頁。其中,李國英《小篆構形系統》於 1996 年由北京師範大學出版社出版,李運富《楚國簡帛文字構形系統研究》於 1997 年由嶽麓書社出版,王貴元《馬王堆帛書漢字構形系統研究》於 1999 年由廣西教育出版社出版。
④ 鄭振峰認爲:"研究漢字結構類型,不必非把漢字的記錄功能揉合進去,並不需要針對漢字在文獻中的不同用法作出不同的處理。"見鄭振峰:《"六書"理論在當代的發展——兼評王寧先生的漢字構形理論》,《湖北師範學院學報(哲學社會科學版)》2002 年第 22 卷第 3 期,第 37 頁。
⑤ 王立軍:《宋代雕版楷書構形系統研究》,第 21-25 頁。

共參構3945次,義音合成字3939個,占所測查的宋代楷書文本用字81.21%,構形層次主要爲二層和一層,占全部字數的78.01%①。

黃德寬《漢字構形方式:一個歷時態演進的系統》②《漢字構形方式的動態分析》③提倡動態研究漢字構形,區分漢字結構類型和構形方式,通過甲骨文、西周金文、戰國文字、小篆、楷書等不同歷史時期的構形方式對比,發現指事、象形、會意以形表意類構形方式式微,而形聲構形方式快速發展,殷商以後,指事、象形的構字功能逐漸喪失,到西周時期,形聲已成爲主要的構形方式④。張素鳳《漢字結構演變史》依據《通用規範漢字表》,選取3500個常用字作爲現代楷書字料,上連對應小篆字形2989個,並與1552個古文字(甲骨文、金文、秦篆)相比較,利用計算機數據庫技術,對不同時代構形系統的基礎構件、結構模式及其分佈窮盡性對比分析,以定量研究得出:商周文字到秦篆,含象形、標志構件的字所占比例下降,含表義、示音、記號的字所占比例上升;小篆到現代楷書,含象形、標誌構件的字所占比例繼續下降,含表義、示音的字所占比例也呈下降趨勢,而含記號構件的字所占比例大幅度上升⑤。

五、漢字職用研究

李運富在《漢字學新論》中談道:"漢字是用表意構件兼及示音和記號構件組構單字以記錄語素和音節的平面方塊型符號系統。"⑥在對漢字的定義中,涉及三個維度的問題:形體、結構、職用。李運富在此基礎上,開闢出漢字形、構、用三個平面的研究,由此可演變出漢字形體學(簡稱字樣學)、漢字結構學(簡稱字構學)、漢字職用學(簡稱字用學)三個新的分支學科,從而構成新的漢字學體系。"形、音、義三要素說"把語言的音、義納入了文字學範疇,一定程序上漢字形自身的發展。漢字的外部形態與內部結構是同一系統的不同角度,而漢字的功用——記詞功能,亦即"形"與"音義"之間的關係,是漢字的核心價值之一,體現了文獻中字詞、字際、詞際關係,也可以說,漢字的職用是漢字的本質屬性⑦。

在漢字"形、構、用"三個平面的應用研究中,李運富《楚國簡帛文字構形系統研究》已啟其端,在對楚簡帛文字字形進行楷定時,從筆畫對應、構件對應、功能對應三個角度來考察字

---

① 王立軍:《宋代雕版楷書構形系統研究》,第37-46頁。
② 黃德寬:《漢字構形方式:一個歷時態演進的系統》,《安徽大學學報(哲學社會科學版)》1994年第3期,第62-71頁。
③ 黃德寬:《漢字構形方式的動態分析》,《安徽大學學報(哲學社會科學版)》2003年第4期,第1-8頁。
④ 毛遠明認爲:"秦漢之交經過文字系統內部的激烈競爭和外部社會的人爲干涉,形聲字迅猛發展,並且逐漸取得決定性勝利。西漢可以看作形音體系漢字確立的過渡期,出土帛書如《老子》甲乙本、《戰國縱橫家書》、武威漢簡《儀禮·喪服》中仍然還有大量的假借用字。"見毛遠明:《漢字假借性質之歷時考察》,《西南大學學報(社會科學版)》2010年第4期,第176-180頁。
⑤ 張素鳳:《漢字結構演變史》,上海古籍出版社,2012年。
⑥ 李運富:《漢字學新論》,北京師範大學出版社,2012年,第17頁。
⑦ 李運富:《"漢字學三平面理論"申論》,《北京師範大學學報(社會科學版)》2016年第3期,第52-62頁。

形轉寫,筆畫、構件對應屬於字符對應,功能對應主要考察字符的記詞功能,屬於字用對應,在構形系統研究中,既要考慮字符對應,又要考慮字用對應①。在字詞考證時,漢字職用學理論依然是十分實用的,如《論出土文本字詞關係的考證與表述》一文強調字詞之間的對應關係可能會比較複雜,從而文字考證要重點關注字符職能屬性的考證,要考辨"字符在文本特定語境中所實際記錄的詞語和義項",應該捋清字詞關係、字際關係和詞際關係②。

李運富先生在其後一系列文章中,不斷完善"漢字形、構、用三個平面"研究理論,如《論漢字的職能變化》《論漢字的記錄職能》《漢字語用學論綱》《漢字性質綜論》《漢字演變的研究應該分爲三個系統》《"漢字學三個平面"申論》等,這些論著大多收錄在《漢字漢語論稿》③《漢字職用研究·理論與應用》④《漢字職用研究·使用現象考察》⑤等書中。陳燦《"字用學"的構建與漢字學本體研究的"三個平面"》、郭敬燕《漢字研究從"形音義"到"形意用"》、何余華《漢字"形構用"三個平面研究的回顧與展望》等文章均重點評述了"漢字三個平面研究"。

利用"漢字學形、構、用三平面理論"研究字典辭書所收字字際關係以及字詞關係、詞際關係的典型範例還比較少,通過韻書所溝通字際關係的異同比較,應該爲韻書文字的研究方向尋找一個新突破。

六、可突破的方向

漢字的存在狀態主要有兩種:一是使用狀態,一是貯存狀態。《集韻》作爲按韻排列的字書,爲後世字詞考證和辭書編纂之圭臬,顯然應作爲貯存漢字的重要寶庫。據《集韻·韻例》所論,其編著者廣泛輯錄,對歷時古今字形多有累積,字形來源複雜,有承襲自前代韻書的字,也有來自文獻文本使用領域的字,還有一些抄錄自音義訓注中無從考證其使用情況的字。同時,《集韻》編著者又依經史、諸名儒大家所論,對所收字儘量做到定形、定音、定用,而其對形義關係的考證,以及字際關係的溝通,在字頭的並列組合中多有體現。

《集韻》收字53781個,實際字形30774個,大大超過之前的字典辭書。柳建鈺《字書新收字整理研究芻議》認爲可以通過與前代字書的比較,離析字書新收字,分析其構形理據,特別是異構字偏旁換用情況、異寫字俗寫訛變情況,考辨字際、字詞關係,考察新收字在文獻文本中的使用情況。針對字書新收字,一方面開展漢字造字理論研究,對漢字創制原因、材料、理據、模式、原則、方法等問題深入研究;另一方面則針對新收字展開漢字行廢的研究,探討

---

① 李運富:《楚國簡帛文字構形系統研究》,嶽麓書社,1997年,第24-26頁。
② 李運富:《論出土文本字詞關係的考證與表述》,《古漢語研究》2005年第2期,第74-81頁。
③ 李運富:《漢字漢語論稿》,學苑出版社,2008年。
④ 李運富:《漢字職用研究·理論與應用》,中國社會科學出版社,2016年。
⑤ 李運富:《漢字職用研究·使用現象考察》,中國社會科學出版社,2016年。

行廢的原因,爲漢字整理與規範提供參考①。徐秀兵《近代漢字的形體演化機制及應用研究》從字體種類、構形演變、不同載體的漢字形體和字用等角度分别評述了近代漢字的研究情况,指出"異體字、正俗字等文字現象一時成爲近代漢字研究的熱點",並主張今後研究:首先,要注重"字形研究與字用研究相結合",把握字際關係與字詞關係的考證;其次,要注重"微觀研究與宏觀研究相結合",把個體字形與演變源流和漢字譜系結合起來;再次,要堅持"定量與定性"、"共時描寫與歷時比較"、"理論研究與應用研究"相結合②。

《集韻》收字訓釋中所引書證、文獻例證較少,對漢字職用研究來説,帶來了很多障礙,但令人欣喜的是,《集韻》溝通字際關係的分佈形式又給我們的研究帶來了便利,我們可以通過《集韻》字料庫和計算機編程統計分析出字際關係的大致分佈情况。這方面的研究,學界研究成果罕見,這也正是我們可以主攻的突破方向。

第五節　研究範圍與内容

本書的研究目的並不是爲了貪求大而全,既然是爲了真正瞭解《集韻》的本來面目,就得"摸清家底",拿《集韻》與《廣韻》做全面的比較。而面對龐大、複雜的材料,我們應該統籌規劃,因爲韻書是一個系統,各部分材料有内在的邏輯聯繫和結構,所謂"牽一髮而動全身"。本書着重從音韻、文字以及數據庫比較方法三個方面來重點研究《廣韻》《集韻》,可以梳理成以下幾方面内容。

一、研究内容

(一)全面比較《集韻》《廣韻》的體例,總結《集韻》的創新與不足,以及它對韻書發展史的貢獻。

(二)全面詳細地比較《集韻》《廣韻》的小韻、反切,對小韻、反切的增、删、併、轉、改等情况做通盤的歸納分析,進一步探討《集韻》的新增小韻,揭示其所反映的語音層次。總結二書音類的異同以及《集韻》所做修改的語音史價值。

(三)全面詳細地比較《集韻》《廣韻》所收字音。考察增、删字音對全書音系結構的影響,分析《集韻》是如何把來源不同的方言土語折合入音系框架中的。

(四)對《集韻》《廣韻》所收同義異讀字多個反切的聲、韻、調分佈分别歸納總結,揭示

---

① 柳建鈺:《字書新收字整理研究芻議》,《海南大學學報(人文社會科學版)》2012年第4期,第63-67頁。
② 徐秀兵:《近代漢字的形體演化機制及應用研究》,知識産權出版社,2015年,第20-39頁。

二書異讀的具體表現與類型；通過探討《集韻》異讀的來源，考察古、今、雅、俗及方音在《廣韻》《集韻》裏的具體反映。

（五）歸納《集韻》收字體例，整理《集韻》字表及異體字表；對《集韻》所收異構字進行構形分析和比較，總結異構字的構形規律，即横向整理共時的文字體系與結構規律；對《集韻》所收異寫字進行歷時比較分析和字體比較分析，總結異寫字書寫變異規律，即縱向分析構字部件及其體系的歷史層次問題與文字演變源流；考察《集韻》所收異體字的來源以及分析《集韻》編著者對字際關係梳理情況，總結《集韻》對前代韻書的繼承與發展，並探討宋人文字觀。

（六）從系統論和方法論上來探討韻書比較的研究方法，以求建立一套行之有效的方法及程序，總結韻書比較過程中編寫計算機程序的原則和技巧。完善《集韻》《廣韻》數據庫，優化韻書數據庫輸入、查詢、比較軟件，探討如何利用資料庫和軟件程序設計實現大型韻書的全面綜合比較。

二、《集韻》文字研究範圍

本書的研究是在利用漢字構形學理論研究歷代楷體字書的大背景之下展開的，主要針對宋初所編《集韻》進行專書研究。《集韻》是宋初專家整理後的字書，一方面通過對《集韻》收字體例的分析，可探知《集韻》收字原則及字形整理與認同的原則；另一方面通過對《集韻》字形整理與認同結果的分析，又可豐富漢字學、漢字史材料，以及探知宋初文字整理規範的水平及得失。因此，從學史的角度以現代漢字學理論——漢字構形學理論客觀分析《集韻》收字及其對字際關係的整理與認同是十分有價值的。在對字書收字的整理研究中，對字形異體關係的考證，集中體現了字形整理與認同的成就與水平，同時又鑒於筆者時間、精力以及專業主攻方向的關係，故選定《集韻》所收異體字進行整理研究。

（一）異體字的定義及其範圍的界定

本書主要研究《集韻》一書中的異構、異寫字，並合稱此二者爲異體字。異構字主要是造字階段的產物，而異寫字則主要是在書寫階段產生的變異。通過對此二者的討論，即可在構形系統理論下，從源和流兩方面就《集韻》收字所反映的字形演變與發展做出較爲科學的總結，且符合文字整理及規範的需要。

（二）《集韻》體例與異體關係的確認原則

《廣韻》《集韻》都收有不少異體字，《廣韻》一般先單立本字爲字頭，後又另立其異體字，而《集韻》常把有異體關係的字並立於一個字組，其本字位於該字組之首。例如，《廣韻·齊韻》苦奚切"谿"小韻下收有"谿"字,注:"《爾雅》曰:'水注川曰谿。'"其下又立"嵠、溪、磎"3字為同一字組,注"並上同","嵠、溪、磎"與前面的"谿"字為異體關係。《集韻》的處理與《廣韻》則不同,齊韻牽奚切"谿"小韻下,"谿、溪、嵠、磎"4字並列為一個字組,注:"《説文》:'山瀆無所通也。'一曰水注川曰溪。或从水,从山、石。"同時又在其釋文中另作説明,如上"或从某"。

案《切三(S2071)》齊韻僅收"谿"字,《王三》齊韻收"谿"字,注:"苦稽反。亦作溪磎。"《説文》小徐本:"谿,山瀆無所通者。從谷,奚聲。臣鍇曰:俗作溪。"《左傳·文公十六年》:"子越自石溪,子貝自仞以伐庸。"《釋文·春秋左氏音義》卷第十六:"石溪。苦兮反。本又作谿。"又傅氏雙鑑樓藏宋刊本《龍龕手鏡·山部》卷第一:"嵠,音溪。巖嵠也。與磎亦同。"《玉篇·山部》卷第二十二:"嵠,户佳切。溪谷名。亦與溪同。"又《爾雅·釋獸第十八》:"今交阯封谿縣出猩猩。"《釋文·爾雅音義下·釋獸第十八》卷第三十:"磎,音溪。本今作谿。"《文選·長笛賦》卷第十八:"臨萬仞之石磎。"六臣注本云:"《五臣》作谿字。去夷反。"則《廣韻》《集韻》所收義作"溝、瀆"的"谿、溪、嵠、磎"4字及其異體關係,皆有所據。

宋賈昌朝《群經音辨》卷四:"蠰谿,土蠶也,吉兮切。《爾雅》:土蠶,蠰谿。郭璞曰:似蝗而小。又音奚。"《廣韻》不收其義為"蠰谿、土蠶"的"谿"字,《集韻》則同《群經音辨》,又堅奚切、弦雞切,均釋作"蠰谿,似蝗而小"。但《集韻》讀為堅奚切或弦雞切,並釋作"蠰谿、土蠶"之"谿"字均無"溪、嵠、磎"字與之並立。

《集韻》中並非與字頭並列者均為異體字,其術語也並不一定標注為異體關係。如《集韻·支韻》渠羈切"奇"小韻下"奇、觭、畸"3字並立於字組,注:"《説文》:'異也。'或作觭、畸。又姓。"案《説文》:"奇,異也。一曰:不耦。"《王二》《王三》《廣韻》渠羈切"奇"小韻均無"觭、畸"二字。

案《説文》:"畸,殘田也。"段玉裁注:"殘田者、餘田不整齊者也。凡奇零字皆應於畸引申用之。今則奇行而畸廢矣。"《釋文·莊子音義上·大宗師》卷第六:"畸人,居宜反。司馬云:不耦也,不耦於人,謂闕於禮教也。李其宜反,云奇異也。又《説文》:"觭,角一俛一仰也。"段玉裁云:"觭者,奇也。奇者,異也。一曰不耦也,故其字從奇。《公羊傳》:匹馬隻輪無反者。《穀梁》作倚輪。《漢·五行志》作觭輪。此不耦之義之引伸也。《周禮》觭夢,杜子春讀為奇偉。此異義之引伸也。"則《集韻》同"奇"之"觭、畸"二字均非本字本用,則"奇、觭、畸"三字不為異體關係。

《集韻》常用"或作"、"或从"、"或省"、"亦作"、"亦从"、"亦省"、"古作(按,也作'古从'、'古文')"、"籀作(按,也作'籀作'、'籀文'、'籀文')"、"篆作(按,也作'篆从'、'篆省')"等術語説明字際關係。筆者對《集韻》注中的這些術語做了簡單的統計(見表0-1)。

表 0-1　術語使用頻率統計表

	或作	或从	或省	亦作	亦从	亦省	古作	籀作	篆作
《集韻》	4605	3551	679	384	107	114	987	137	13

從上表數據看,《集韻》偏用“或作”、“或从”類。《集韻》對“或作”、“或从”並未完全區別使用。例如,東韻“同”小韻下“曈”字注“或作哃”,而相同小韻下“鮦”字注“或从童”,東韻“叜”小韻下“豵”注“或从犬”,而東韻“馮”小韻下“縫”注“或作摓”。同爲形聲字或聲符不同、或形符不同,但使用術語並無區別。《集韻·東韻》“悤”小韻(麤叢切)下並列“聰、聦”二字於字組,注:“《説文》:‘察也。’一説耳病。晉殷仲堪父患耳聰。古作聦。”聰、聦爲異體關係,而《説文》本作聰,《正字通·耳部》“聦,俗聰字”,則《集韻》所謂“古作某”或“古从某”之術語亦待深入考證。“籀作某”、“篆作某”亦同理。

因此《集韻》的收字體例和釋文中所使用的術語並不能完全作爲確認異體關係的標記,由此對《集韻》字際關係的分析及異體字的確認還需建立一套行之有效的機制。而我們在整理《集韻》收字及字際關係時,一方面因本書既是從學史的角度來考察《集韻》收字及對異體字的整理,則仍需通過體例與形式標記繫聯並整理《集韻》各字頭之間的關係;另一方面也需參考所收字的文獻用例及《説文》《類篇》《龍龕手鏡》及《漢語大字典》等字書辭典,考察分析《集韻》所認定的字際關係。

(三)主要研究材料的範圍限定

爲使結論更爲客觀,我們將繼續限定重點討論的材料範圍,主要分析研究《集韻》中同記詞功能且同分佈的字組。即《集韻》同記詞功能的某一字組中,甲字出現之處乙字必出現者,反之也成立,則認爲《集韻》編著以該組字爲異體關係。同時我們再以漢字構學形理論,輔以其他材料,對這些字組進行深入研究。例如,《集韻·東韻》他東切“通”小韻收“狪狪貆”字組,注:“獸名。《山海經》:‘泰山有獸,狀如豚而有珠,其鳴自呼。’或从犬从豸。”又徒東切“同”小韻也均收“狪狪貆”字組,注:“野彘。或从犬,从豸。”

按,《説文》無“狪、狪、貆”三字。《山海經》本作“狪”。《王二》徒紅切“同”小韻收“狪”字,注“獸名,似豕,出泰山”。《王三》徒紅切“同”小韻收“狪”字,注“獸名,似豕,出泰山。或从豸作貆”。《廣韻》徒紅切“同”小韻收“狪”字,注“獸似豕,出泰山”,他紅切“通”小韻收“狪”字,注“獸名,似豕,出泰山。又音同”。余迺永認爲:“是字當从豕、同聲;俗書寖盛,遂因‘豕’與‘豸’、‘犭’形近而衍生或體。”[①]《集韻》又收“貕豯”、“豶豮”、“豨狶”、“豵豵”等

① 余迺永:《新校互注宋本廣韻定稿本》,上海人民出版社,2007年,第561頁。

多組異體字，《說文》收有"貅、䝯、豨、豵"等字，《集韻》承《說文》均以從"豕"之字形爲本字。若以《山海經》爲據，本當以"狪"爲本字，疑《集韻》以其義與豕相關，以"狪"爲本字。

《集韻》對構字部件相同而位置不同的異寫字，一般不列於字組，只在釋文裏説明，常用術語"書作某"，如"桐"的異體字"槑"，《集韻》不並列"桐"與"槑"，東韻同小韻（徒東切）下"桐"字注"書作槑"。對僅見於釋文的這部分異寫字，則暫不列入主要研究範圍。

《集韻》所收古文字隸定形與楷書文字處於同一韻書這個共時平面時，本書仍將根據異構、異寫字的定義對其作認同與辨析。例如，《集韻·支韻》爲小韻（于嬀切）下"爲、𦥮"二字並立，注："古作𦥮，象兩母猴相對形。"按，《説文》："𦥮，古文爲。象兩母猴相對形。"從字形上分析，"爲、𦥮"二字因結構屬性不同而應視爲異構字。

對於《集韻》全書字際關係的考證，仍需深入研究同形字的認定問題。如《集韻·蕭韻》"驍"小韻（堅堯切）下"憿、激"二字並立於字組，注："《説文》：'幸也。'亦作激。通作僥、徼。"《説文》："激，水礙衺疾波也。从水、敫聲。"檢《經典釋文·周禮音義下·特牲饋食禮第十五》卷第十："作激，古狄反。一本作浮。劉本作徼，音敫。"又《説文解字繫傳·心部》"憿"字徐鍇注："今多作徼。"① 則當以《集韻》據《釋文》而認爲"激"同"憿"，並通"僥、徼"。《漢語大字典·水部》"激"字又同"徼"，其書證引《集韻》"驍"小韻"憿、激"字條，若據《漢語大字典·凡例》，"激"字與"憿"、"徼"字爲非全同異體關係，也不在筆者所論嚴格意義上的異體關係範圍内。《説文》"激"字音義與"憿"字不同，如以《集韻》同"憿"字之"激"字與表"水礙衺疾波"義之"激"字爲同形字，則《集韻》"驍"小韻之"憿、激"二字當爲異體關係。疑"激"字即有可能爲"憿"字之訛寫，但因目前材料之闕，無法確證。《集韻》類似情況的還有"忾、愒、慢、憿"等字。

---

① 《説文解字注·心部》"憿"字段玉裁注："俗作僥倖、徼倖、憿倖皆非也。"

第一章　材料與方法

第一節　《集韻》的成書

《集韻》詔修於景祐元年（1034），距大中祥符元年（1008）《廣韻》的頒行僅26年。魯國堯《〈集韻〉——收字最多規模宏大的韻書》一文對《集韻》概貌做了很好的總結，並指出《集韻》編纂的總原則就是"務從該廣，經史諸子及小學書更相參定"①。那麽，爲何《廣韻》頒行僅僅26年又要另修一部韻書呢？平田昌司②、魯國堯③、寧忌浮④等學者都有討論。我們將把《集韻》放到北宋詔修韻書這段特定歷史中，並綜合諸家觀點來進行考察。

據筆者目力所及，北宋歷史上，共有四次由皇帝詔修大型語文詞典的情況：第一次是太平興國二年（977）五月丁亥，宋太宗詔太子中舍陳鄂等五人同詳定《玉篇》《切韻》；第二次是雍熙（984—987）中，宋太宗召直史館勾中正、吳鉉、楊文舉修《新定雍熙廣韻》，端拱二年（989）書成，並詔付直史館刊行；第三次是景德四年（1007）十一月戊寅，真宗詔頒《校定切韻》，大中祥符元年（1008）又經再次校讎增損、質正刊修後，逐更名爲《大宋重修廣韻》；第四次便是景祐元年（1034）四月丁巳日，宋仁宗詔宋祁、鄭戩、王洙、賈昌朝等同修《集韻》，由丁度、李淑典領，寶元二年（1039）九月成書。宋李燾《新編許氏〈說文解字〉五音韻譜序》對北宋韻書的刊修亦有記載："所謂《廣韻》……故在本朝太平興國及雍熙、景德皆嘗命官討論，大中祥符元年改賜新名，曰《廣韻》，今號《集韻》則又寶元改賜也。"（《經外雜抄·新編許氏說文解字五音韻譜序》卷一）

將這四次纂修工作聯繫起來看，《集韻》《廣韻》相隔時間最長，且《集韻》刊修所花的時

---

① 魯國堯：《〈集韻〉——收字最多規模宏大的韻書》，《魯國堯語言學論文集》，第310-316頁。
② ［日］平田昌司：《〈廣韻〉與〈集韻〉》，《中國文學的多層面探討國際學術會議論文集》，臺灣大學，1996年，第81-100頁。
③ 魯國堯：《從宋代學術史考察〈廣韻〉〈集韻〉時距之近問題》，《魯國堯語言學論文集》，第623-628頁。
④ 寧忌浮：《古今韻會舉要及相關韻書》，中華書局，1997年。

間也是較長的。

一、官韻的地位

《宋史·選舉志一》記載："凡就試，唯詞賦者許持《切韻》《玉篇》。"① 科場以《切韻》《玉篇》爲準繩，士子爲文用韻以二書爲金科玉律。而且，官方一般不允許民間私自刊修的《切韻》流布：

  杭州進士吳鉉嘗重定《切韻》，及上親試，因捧以獻。既中第，授大理評事，史館勘書。鉉所定《切韻》，多吳音，增俗字數千，鄙陋尤甚。尋禮部試貢舉人，爲《鉉韻》所誤，有司以聞，詔盡索而焚之。

  ——（宋）李燾《續資治通鑒長編·太平興國八年》
（按，後文簡稱《長編》）卷二十四②

翻檢《廣韻》，輯得明確注明是吳人方言的凡18條，如："韝，吳人靴勒曰韝。"同時《廣韻》也收了不少俗字，如東韻收"蘴、忩"等字，江韻收"窓"字，都注"俗"。則可證吳音、俗字絕非《鉉韻》僅有。按，王應麟《玉海·藝文·乾德韻對》卷四十五亦云：

  吳鉉（一作吳銳）《重定切韻》，興國八年（983）殿試日捧以獻，七月五日戊午令入史館校定字書（鉉多以吳音，作俗字數千增之，貢士爲鉉所誤，詔焚之）。

科舉考試中官修韻書才是指定的參考用書，而吳鉉太平興國八年（983）所獻《重定切韻》（即前所述《鉉韻》）當年即被太宗詔焚之③。待至景德二年（乙巳，1005），戚綸與禮部貢院上言：

  舊敕止許以《篇》《韻》入試，今請除官《韻略》外，不得懷挾書策，令監門巡鋪官潛加覺察，犯者即時扶出，仍殿一舉。 ——李燾《長編》卷六十④

由此，場屋中《切韻》的地位終於被《韻略》所替代，就當時社會的韻書標準而言，形成一正一副的局面。這裏的官《韻略》當爲《雍熙廣韻》的略本，因爲當時《雍熙廣韻》已經頒行，而

---

① （元）脫脫：《宋史》，中華書局，1977年，第3605頁。
② （宋）李燾：《續資治通鑒長編》，中華書局，1995年，第547-548頁。
③ 按，吳鉉在雍熙（984-987）年間又參與了《雍熙廣韻》的刊修，而吳鉉太平興國八年（983）所獻《切韻》已焚，因此，我們認爲，吳鉉《重定切韻》與《雍熙廣韻》應爲兩本不同的韻書。
④ （宋）李燾：《續資治通鑒長編》，第1352頁。

《廣韻》又未刊修,而且《切韻》原來就被允許帶入科場。那爲什麼還要用一個略本呢？原因恐怕是《雍熙廣韻》有一百卷,臨場用試,使用和攜帶皆爲不便,而用官《韻略》這樣的略本就要方便得多。按,王國維《觀堂集林·藝林八·唐〈廣韻〉宋雍熙〈廣韻〉》卷八云:"然《玉海》引《崇文目》'《雍熙廣韻》一百卷',則殆《韻海鏡源》之流,是類書而非韻書。且卷帙過巨,不易頒行,故景德有重修之舉。"①《崇文總目·小學類》卷二"《雍熙廣韻》一百卷,【闕】",《雍熙廣韻》被列於"《切韻》"條及"《大宋重修廣韻》"條間。《通志·藝文略·小學類第四》卷六十四亦列《雍熙廣韻》於韻書類中。故本書暫仍以《雍熙廣韻》爲韻書。

二、官韻的頻修

歷史上韻書的詔修往往與科考緊密聯繫在一起。我們從宋代官韻刊修與科考時間的關聯,以及官韻刊修與科考人數的關係兩方面來考察爲何北宋初官韻需頻頻刊修。

(一) 官韻刊修與宋代科考時間的關聯

北宋皇帝第一次下詔刊修韻書,在宋太平興國二年(977):

> (春正月戊辰)上御講武殿,內出詩賦題覆試進士,賦韻平側相間依次用,命翰林學士李昉、扈蒙定其優劣爲三等,得河南呂蒙正以下一百九人。——李燾《長編》卷十八②

五月丁亥則詔太子中舍陳鄂等同詳定《玉篇》《切韻》③。

北宋第二詔修韻書在端拱二年(989):

> (三月壬寅)上御崇政殿試合格舉人,得進士閩中陳堯叟,晉江曾會等一百八十六人,並賜及第。——李燾《長編》卷第三十④

而至該年六月丁丑,《雍熙廣韻》既修成⑤。再來看幾段史料:

> 上嘗謂直史館勾(按,原作句,下同)中正曰:"卿深于字學,凡有聲無文者幾

---

① 王國維:《觀堂集林》,中華書局,1959年,第385頁。
② (宋)李燾:《續資治通鑒長編》,第393頁。
③ 引自(宋)李燾《續資治通鑒長編》卷十八,原文下注:"《藝文志》載鄂等重詳定《篇》《韻》在雍熙中,與《本紀》《實錄》不同,恐《志》誤也,今不取。"見(宋)李燾:《續資治通鑒長編》,第406頁。
④ (宋)李燾:《續資治通鑒長編》,第678頁。
⑤ (宋)李燾:《續資治通鑒長編》,第680頁。

何？"中正退，條爲一卷以上。上曰："朕亦得二十餘字，可并錄之。"因命中正與史館編修吳鉉等撰定《雍熙廣韻》。六月丁丑，《廣韻》成，凡一百卷，詔書嘉獎焉。

——李燾《長編》卷三十①

（端拱二年六月丁丑）字學之書，歷代編錄，雖討論而粗備，且訛謬以實多，淄澠詎分，魚魯相庪，俾別加於刊正，用彰示於將來。太常博士直史館勾中正、著作佐郎史館編修吳鉉、大理寺丞史館編修楊文舉，盡瘁文林，服膺儒業，考古今之同異，究篆隸之根源，損益得中，闕漏咸補，書成上奏，勤亦可佳，自予無外之朝，永著不刊之典，其《新定雍熙廣韻》一百卷，宜付史館。勾中正等仍特與酬獎。

（《宋朝大詔令集·政事三·行〈雍熙廣韻〉詔》卷一百五十）②

此次編修緣於宋太宗增入"有聲無文者"，但又與科考密切相關。從詔令來看，《雍熙廣韻》編者做了大量的校勘、增損、質正等工作，並欲以之爲永著不刊之典。

北宋第三次詔修韻書，緣起於景德四年（1007）陳彭年等上書改革科舉考試。

（閏五月壬辰）龍圖閣待制陳彭年上言："請令有司詳定考校進士詩賦、雜文程式，付禮部貢院遵行。又請許流內選人應宏詞拔萃科，明經人投狀自薦策試經義，以勸儒學。"詔貢院考較程式，宜令彭年與待制戚綸、直史館崔遵度、姜嶼議定，餘令彭年各具條制以聞。

——李燾《長編》卷六十五③

（冬十月乙巳）翰林學士晁迥等上《考試進士新格》，詔頒行之。……所取士不復揀擇文行，止較一日之藝，雖杜絕請託，然寘甲等者，或非人望，自彭年始也。

——李燾《長編》卷六十七④

至景德四年（1007）十一月戊寅，宋真宗下詔頒布新的韻書，並規定了其在科考取士中的作用。

詔頒行《新定韻略》，送胄監鏤板，先以舉人用韻多異，詔殿中丞丘雍重定《切韻》，陳彭年言省試未有《條格》，命晁迥、崔遵度等評定刻於《韻略》之末。

（《玉海·藝文》卷四十五）

---

① （宋）李燾：《續資治通鑒長編》，第680頁。
② 見（宋）宋綬、宋敏求編，司義祖校點：《宋朝大詔令集（附校記）》，中華書局，1962年，第555頁。
③ （宋）李燾：《續資治通鑒長編》，第1461頁。
④ （宋）李燾：《續資治通鑒長編》，第1497頁。

（頒《校定切韻》詔）四聲成文，六書垂法，經籍資始，簡册攸存。自吴楚辨音，隸古分體，年祀寖遠，攻習多聞，偏旁由是差訛，傳寫以之漏落。討論未備，教授何從？爰命刊修，務從精當，俾永代而作則，庶後學之無疑。宜令崇文院雕印，送國子監依九經書例施行。　　　　　　（《宋朝大詔令集·政事三》卷一百五十）①

陳彭年作爲此次編修工作的主要發起人，不僅促使宋真宗下詔重修韻書，並主持了此次編修工作，而且也使朝廷改革了科舉制度。此次改革基本奠定了北宋初期科考取士的主要方式和方法。景德四年（1007）十二月，宋真宗命翰林學士晁迥、知制誥朱巽、王曾、龍圖閣待制陳彭年同知貢舉。大中祥符元年（1008）三月庚辰日：

晁迥等上合格進士、諸科八百九十一人，免解一百八十六人。
　　　　　　　　　　　　　　　　——李燾《長編》卷六十八②

大中祥符元年（1008）六月，宋真宗改賜《校定切韻》名爲《大宋重修廣韻》。《廣韻》卷首載《頒〈校定切韻〉詔》，同時又載大中祥符元（1008）年六月五日牒：

道有形器之適，……爰擇儒臣，叶宣精力，校讎增損，質正刊修，綜其綱條，灼然敘列。俾之摹刻，垂於將來。仍特換於新名，庶永昭於成績，宜改爲《大宋重修廣韻》。

寧忌浮先生認爲《大宋重修廣韻》所據爲景德四年（1007）《校定切韻》，《景德韻略》係取《校定切韻》要字而成書③。

以上三次詔修或頒行都在當年的殿試之後，而景德四年（1007）《校定切韻》的刊修，我們也可以看成是爲科舉改革作準備的。

北宋第四次詔修韻，即《集韻》的刊修也在景祐元年（1034）三月殿試之後。

丙子（3月18日），詔御試進士題目書所出（按，其考題爲《房心爲明堂賦》《和氣致祥詩》《積善成德論》，參《（寶慶）四明志》《宋會要輯稿》），……戊寅（20日），御崇政殿，試禮部奏名進士。己卯（21日），試諸科。辛巳（23日），試特奏名。……四月丁巳（4月29日），詔直史館宋祁、鄭戬、國子監直講王洙同刊修《廣韻》《韻略》，

---

① （宋）宋綬、宋敏求編，司義祖校點：《宋朝大詔令集（附校記）》，第556頁。
② （宋）李燾：《續資治通鑒長編》，第1529頁。
③ 寧忌浮：《〈禮部韻略〉再討論》，《漢語的歷史探討》，中華書局，2011年，第83頁。

仍命知制誥丁度、李淑詳定。　　　　　　　　——李燾《長編》卷一百十四①

再看金州本《集韻》卷十所載牒文：

> 景祐元年三月，太常博士直史館宋祁、三司户部判官太常丞直史館鄭戩等奏：昨奉差考校御試進士，竊見舉人詩賦多誤使音韻，如敍序、座坐、底氐之字，或借文用意，或因釋轉音，重疊不分，去留難定，有司論難，互執異同，上煩聖聰親賜裁定。蓋見行《廣韻》《韻略》所載疏漏，子注乖殊，宜棄乃留，當收復闕，一字兩出，數文同見，不詳本意，迷惑後生。欲乞朝廷差官重撰定《廣韻》，使知適從。

則宋祁、鄭戩乞修之議必在景祐元年（1034）三月戊寅日之後，乞修的直接原因是朝廷以詩賦定去留，稍有落韻、失對，即遭貶黜，而有司判卷時有爭議，《廣韻》又不足以據。按律考生及有司對用字、用韻有疑的都應上請②，因此牒文説"上煩聖聰親賜裁定"。如此則將《廣韻》《韻略》予以刊修便勢在必行，亦即刊定景祐《集韻》《韻略》。

（二）官韻刊修與宋代科考人數的關係

平田昌司認爲科舉人數以及進士試卷的遞增同時也使得上請增多，這就必然要增修作爲評判標準的韻書③。此外，筆者再舉一組數字④，從北宋建隆元年（960）二月至開寶二年（969）二月，朝廷開貢舉 10 次，共取進士 101 人；開寶四年（971）、五年（972）兩次貢舉共取進士 21 人。再對比《長編》卷十六中所記錄的南唐貢舉取士情況，開寶八年（975）：

> 是月（按，即二月），江南知貢舉、户部員外郎伍喬放進士張確等三十人。自保大十年（952）開貢舉，訖於是歲，凡十七牓，放進士及第者九十三人，九經一人（此據十國紀年。王師已至城下，而貢舉猶不廢，李煜誠不知務者，故特書之）。
> ——李燾《長編》卷十六⑤

宋太祖朝，雖開考次數較多，而所取進士較少，南唐情況與之相仿。至宋太平興國二年

---

① （宋）李燾：《續資治通鑑長編》，第 2671-2674 頁。
② ［日］平田昌司：《〈廣韻〉與〈集韻〉》，《中國文學的多層面探討國際學術會議論文集》，第 93 頁。
③ ［日］平田昌司：《〈廣韻〉與〈集韻〉》，《中國文學的多層面探討國際學術會議論文集》，第 81-100 頁。
④ 以下科考取進士數字統計來自（宋）李燾《續資治通鑑長編》，並參考了《宋史》《宋會要輯稿》等文獻資料。參見（宋）李燾：《續資治通鑑長編》，第 9、39、64、86、124、149、167、189、200、217、261、280 頁。
⑤ （宋）李燾：《續資治通鑑長編》，第 336 頁。

(977),得進士 109 人,一年之數超過太祖朝前十年的總數,而剛好此年宋太宗詔修《玉篇》《切韻》。端拱二年(989)取進士 186 人,且端拱元年(988)也有開考,《長編》卷二十九記載:

  先是,翰林學士、禮部侍郎宋白知貢舉,放進士程宿以下二十八人,諸科一百人。牓既出,而謗議蜂起,或擊登聞鼓求別試。上意其遺才,壬寅,召下第人覆試於崇政殿,得進士馬國祥以下及諸科凡七百人,令樞密院用白紙爲牒賜之,以試中爲目,令權知諸縣簿、尉。……上既擢馬國祥等,猶恐遺材,復命右正言王世則等召下第進士及諸科於武成王廟重試,得合格數百人。丁丑,上覆試詩賦,又拔進士葉齊以下三十一人、諸科八十九人,並賜及第。————李燾《長編》卷二十九①

《長編》卷二十八還記載:"雍熙初,貢舉人集闕下者殆踰萬計,禮部考合格奏名尚不減千人。上自旦及夕,臨軒閱試,累日方畢。"②宋仁宗天聖(1023—1032)年間每開貢舉,所取進士更多。這也説明此時士人仕舉業以求科名者甚眾,朝廷也注重從中吸納人才,於是造成舉業繁榮。同時又因北宋前期以詩賦取進士,則作爲考試標準的韻書自然也需不斷刊修。士子們尊官韻爲寶典,亦是與自己的人生命運聯繫在一起的。宋代皇帝攏絡士人,大興科舉,士子們則趨之若鶩。

三、《集韻》的失寵

  宋神宗熙寧四年(1071)王安石改革科舉前,基本是以詩賦取士,詩賦重於策論。范仲淹慶曆四年(1044)轟轟烈烈的"慶曆興學"僅一年就被廢止了,他諫言的先考策論、後考詩賦作參考也未能得以施行。朝廷在興學失敗後又恢復了舊制,因而興學並未影響到慶曆六年(1046)的考試。

  景德四年(1007),陳彭年等倡導科舉改革,大中祥符元年(1008)科考更是取進士、諸科 891 人。景祐元年(1034)正月癸未宋仁宗詔:"天下士鄉學益蕃,而取人之路尚狹,或棲遲田里,白首而不得進。其令南省就試進士、諸科,十取其二。"③擴大所取進士名額,對傾慕仕途的舉子們來説,不啻爲一個極好的消息,但同時也擴大了魚目混珠的比例。因此,《集韻·牒文》所錄"去留難定,有司論難,互執異同,上煩聖聰親賜裁定"的情況也不是偶然所致的。

---

 ① (宋)李燾:《續資治通鑒長編》,第 654-655 頁。
 ② (宋)李燾:《續資治通鑒長編》,第 640 頁。
 ③ (宋)李燾:《續資治通鑒長編》,第 2661 頁。

舉人誤使音韻、文字等問題的加劇暴露,其原因還有景德四年(1007)科舉改革"止較一日之藝",更着重於詩賦取士有關。我們看幾段改革前後的材料。

1. 景德二年(1005)

先是,迪與賈邊皆有聲場屋,及禮部奏名,而兩人皆不與,考官取其文觀之,迪賦落韻,邊論"當仁不讓於師",以師爲眾,與注疏異,特奏令就御試。參知政事王旦議落韻者,失於不詳審耳;捨注疏而立異論,輒不可許,恐士子從今放蕩無所準的。遂取迪而黜邊。當時朝論,大率如此。　　　　　——李燾《長編》卷五十九①

2. 大中祥符元年(1008)

馮拯曰:"比來省視,但以詩賦進退,不考文論。江浙士人,專業詩賦,以取科第。望令於詩賦人(按同上書應作'詩賦合格人')內兼考策論。"上然之。
　　　　　——李燾《長編》卷六十八②

3. 天聖五年(1027)春正月己未

仁宗詔:"禮部貢院比進士以詩賦定去留,學者或病聲律而不得騁其才,其以策論兼考之諸科,毋得離摘經注以爲問目。又詔進士奏名,勿過五百人,諸科勿過千人。"
　　　　　——李燾《长编》卷一百五③

4. 慶曆三年(1043)九月

(范仲淹等奏)其取士之科,即依賈昌朝等起請,進士先策論而後詩賦,諸科墨義之外,更通經旨。使人不專辭藻,必明理道,則天下講學必興,浮薄知勸。……及御試之日,詩賦文論共爲一場,既聲病所拘,意思不達。或音韻中一字有差,雖生平苦辛,即時擯逐;如音韻不失,雖末學淺近,俯拾科級。
　　　　　——李燾《长编》卷一百四十三④

---

① (宋)李濤:《續資治通鑒長編》,第1322頁。
② (宋)李濤:《續資治通鑒長編》,第1522頁。
③ (宋)李濤:《續資治通鑒長編》,第2435頁。
④ (宋)李濤:《續資治通鑒長編》,第3435-3436頁。

第一則材料中李迪所試賦落韻，賈邊舍注疏而立異論，最後取李迪進士第一而黜賈邊。雖爲特例，但對比天聖二年（1024）歐陽修應隨州試落韻被黜①，歐陽修沒有李迪幸運，可能也有考試制度上的原因。以詩賦定去留，落韻即被黜，到仁宗朝發展到最高潮，同時，反對聲也越來越多。事實上宋仁宗也感覺不妥了，明道二年（1033）冬十月辛亥，上諭輔臣曰："近歲進士所試詩賦多浮華，而學古者或不可以自進，宜令有司兼以策論取之。"②其實，舉人們作詩賦一方面要恪守官韻，一方面還要得到考官的賞識，實屬不易。

士子們課業是跟着朝廷科舉制度的指揮棒走的，范仲淹主持的慶曆興學給憑詩賦定去留的科考制度以沖擊，但可惜"慶曆興學"僅行一年就夭折了。此後的"熙豐興學"、"崇寧興學"又繼續改革科舉考試，進士以詩賦定去留之制被革。洪邁《容齋三筆·詞學科目》卷十載："熙寧罷詩賦，元祐復之，至紹聖又罷，於是學者不復習爲應用之文。"③

因此，在《集韻》頒行後至南宋滅亡期間，雖《禮部韻略》時有增修，但再也沒有詔修類似《集韻》這樣的大型韻書了。

四、成書的條件

既然景祐元年（1034）宋祁、鄭戩歷數了《廣韻》的不足之處，故而需要重修，亦即爲其後之《集韻》。但是《集韻》又要修成什麼樣子呢？這在《集韻》的牒文和韻例裏都有說明，兹不贅述。然而爲什麼會修成這個樣子，魯國堯從學術史的角度做了詳細的考察與論證，認爲《集韻》是"作"，且"並非在《廣韻》的基礎上修修補補，而是旨在另編一本新型韻書"④。平田昌司認爲"《集韻》代表仁宗朝進士對真宗朝文人的批評、古文和經學的復興、北人對南人的反攻"⑤。其實，這兩種觀點是各自從不同的角度來談的，二者之間並不矛盾。至於修書的條件，宋初建崇文院，校勘了不少書籍，而且還詔修了多種類書，如《太平御覽》《太平廣記》《文苑英華》等，加之至仁宗朝經濟文化繁榮，大儒輩出，又景祐元年（1034）至寶元二年（1039）間無戰事所擾，《集韻》得以順利修成⑥。

韻書是針對科考中出現的音韻、文字等問題，並試圖解決這些問題而編修的，《集韻》的特點也正好體現了其針對宋祁、鄭戩等人之議所做的努力。《集韻》是對北宋初期詩賦考試中音韻、文字等問題的階段性總結和集大成之"作"。

---

① 按，魏泰《東軒筆錄》卷十二載："歐陽文忠公年十七，隨州取解，以落官韻而不收。"見（宋）魏泰：《東軒筆錄》，中華書局，1983年，第138頁。
② （宋）李燾：《續資治通鑒長編》，第2639頁。
③ （宋）洪邁：《容齋隨筆》，中華書局，2005年，第539頁。
④ 魯國堯：《從宋代學術史考察〈廣韻〉〈集韻〉時距之近問題》，《魯國堯語言學論文集》，第626頁。
⑤ ［日］平田昌司：《〈廣韻〉與〈集韻〉》，《中國文學的多層面探討國際學術會議論文集》，第98頁。
⑥ 楊小衛：《略論〈集韻〉〈類篇〉成書的條件》，《湖北社會科學》2009年第11期，第128-131頁。

景祐四年（1037）六月丙申，國子監先行頒布《禮部韻略》以適科考所需①。寶元二年（1039）九月《集韻》書成，九月十一呈奉鏤板，慶曆三年（1043）八月十七日雕印成，奉頒國子監施行。關於《集韻》撰人，邱棨鐊②、趙振鐸③等學者多有討論，此處不再做詳細論述。

第二節　《集韻》的版本、校勘

一、版本情況

研究《廣韻》版本的論著不少，其中論述最爲詳備、系統的是朴貞玉、朴現圭《廣韻版本考》。《廣韻》詳本可分兩大類，"即以閩地爲主之私刻鉅宋本與以浙地爲主的監刊大宋本"④。

現通行鉅宋本有宋孝宗乾道己丑五年（1169）建寧府黃三八郎書鋪本，上海古籍出版社曾據上海圖書館藏本於1983年影印出版⑤，現存宋刊監本有俄藏黑水城殘卷、南宋高宗間紹興浙刊本、南宋孝宗間浙刊巾箱本（四部叢刊初編影印本、萬有文庫影印本、江蘇教育出版社2002年影印本⑥）、南宋寧宗間浙刊覆高宗本（初刻本、遞修本）。余廼永把宋刻本分北宋版（俄藏黑水城殘卷）和南宋版，南宋版又分三系：高宗本、寧宗間初刻本及遞修本爲一系，其祖本爲俄藏北宋本，巾箱本與鉅宋本各爲一系⑦。聶鴻音認爲俄藏黑水城殘卷係巾箱本祖本，與黃三八郎書鋪本（按，即鉅宋本）屬於同一系統⑧。《廣韻》清刻本主要有康熙四十三年（1704）張士俊澤存堂本、光緒十年（1884）黎庶昌《古逸叢書》本。按，康熙四十五年（1706）揚州使院刊有曹棟亭本，其入聲卷爲元槧略本補。

魯國堯、吳葆勤《關於〈廣韻〉和〈韻鏡〉——〈宋本廣韻·永禄本韻鏡〉合刊影印本

---

① 時《集韻》未成，先行頒布《禮略》以應科考之需。按，寶元元年（1038）三月甲寅，御崇政殿試禮部奏名進士（見（宋）李燾：《續資治通鑒長編》，第2867頁）。景祐《禮部韻略》與《集韻》的關係請參考甯忌浮《古今韻會舉要及相關韻書》中相關的章節（見甯忌浮：《古今韻會舉要及相關韻書》，第73-74頁）。景德四年（1007）《新定韻略》亦係大中祥符元年（1008）科考前頒行。
② 邱棨鐊：《集韻研究》，第14-25頁。
③ 趙振鐸：《集韻研究》，第1-5頁。
④ 朴貞玉、朴現圭：《廣韻版本考》，學海出版社，1986年，第5頁。
⑤ 按，此本五卷中缺去聲一卷，取南宋巾箱本補足，今日本内閣文庫藏本爲全帙。
⑥ 《宋本廣韻·永禄本韻鏡》弁語云"這次江蘇教育出版社影印《廣韻》，選擇巾箱本爲底本"，"把補配缺頁的澤存堂本抽換成南宋高宗紹興浙刊本和孝宗乾道鉅宋本，如此就可當'宋本'之名而無愧了"，"這樣處理過的巾箱本實際上成爲一個地地道道的南宋高宗、孝宗兩朝的刻本，比目前市面上所能見到的《廣韻》刻本更近於宋本原貌"（見魯國堯、吳葆勤：《關於〈廣韻〉和〈韻鏡〉》，《古漢語研究》2002年第4期，第25-28頁）。
⑦ 余廼永：《新校互注宋本廣韻定稿》，上海人民出版社，2007年，第4頁。
⑧ 聶鴻音：《俄藏宋刻〈廣韻〉殘本述略》，《中國語文》1998年第2期，第148-150頁。

弁語》曾說："澤存堂本在目前的學術界使用者最多，影響也最大。"①余迺永《〈互注宋本廣韻〉校本·原序》也提道："《廣韻》詳本，世推清張士俊澤存堂翻刻宋本最爲精備。近人周祖謨承清儒及後來學者所校，踵事增華，故而流傳獨盛也。"②黎氏古逸叢書本用張氏澤存堂本以事校勘，"從張本十之八，從原本十之二"（黎庶昌《宋本〈廣韻〉校札》），足見張本訛誤少於黎氏所據底本。澤存堂本刻版在黎氏《古逸叢書》本、曹楝亭本之前（按，曹刻本的印本較少），又經精加校讎，因此流傳較廣。另檢《中國古籍善本書目·經部》，其中著録以張氏澤存堂康熙四十三年（1704）刻本爲底本的校本就有十二種之多，澤存堂本流布之盛，可窺一斑。

關於張氏澤存堂本《廣韻》的版本問題，周祖謨《廣韻校本·序言》云："涵芬樓所藏景寫南宋監本與黎氏校札所言宋本相同，與張氏澤存堂本亦極相近，由是始知張黎兩本所據同爲南宋監本，因以澤存堂初印本爲底本，參照各本，以復宋本之舊。"③余迺永有詳細的論述，並認爲澤存堂本底本據南宋監本寧宗遞修本（按，余文認爲黎氏《古逸叢書》本據寧宗初刻本，而遞修本優於初刻本。余文觀點與朴貞玉、朴現圭《廣韻版本考》同），且推張氏用以補足其底本缺帙所借潘耒影宋鈔本必爲巾箱本④。

"《廣韻》雖爲韻書，實兼字書之用，乃唐以前文字訓詁之總匯，欲一一校訂無誤，亦非易事"⑤。周祖謨、葛信益、余迺永等先生校勘《廣韻》用力甚勤，因此，本書根據周祖謨《廣韻校本》、余迺永《新校互注宋本廣韻》，選取張氏澤存堂本作底本，參校諸本，並多吸納采用周祖謨、葛信益、余迺永等學者的研究成果。

"靖康之難"後，南宋高宗時《集韻》便不易見，《（嘉泰）會稽志·求遺書》卷十六記載："建炎三年，因考求字訓而有司言'止有《廣韻》，俟求訪得《集韻》'。乃可盡見其散亡乃至於此。"淳熙丁未十四年（1187），田世卿在金州本《集韻·跋》中也說："搜訪積年，竟未能得，皆云此板久已磨滅，不復有也。"

林之奇（1112—1176）《拙齋文集·記聞下》卷二云："明州《集韻》煞有理會得音韻真來歷處。"田世卿《集韻·跋》亦云："世卿前年蒙恩將屯安康，偶得蜀本，字多舛誤，間亦脱漏，……繼得中原平時舊本，……舊本雖善而書字點畫亦有謬誤。"可證在金州本之前就有明州本、蜀本及"中原平時舊本"。明州《集韻》是否即今行明州本，不得而知，蜀本及"中原平時舊本"均已佚。李燾（1115—1184）《新編許氏說文解字五音韻譜序》："自《集韻》《類篇》

---

① 魯國堯、吳葆勤：《關於〈廣韻〉和〈韻鏡〉》，《古漢語研究》2002年第4期，第26頁。
② 余迺永：《新校互注宋本廣韻定稿》，第16頁。
③ 周祖謨：《廣韻校本》，中華書局，2004年，第2頁。
④ 余迺永：《澤存堂本〈廣韻〉之版本問題》，《語言研究》1999年第2期，第154-158頁。
⑤ 周祖謨：《廣韻校本》，第6頁。

列於學官而《廣韻》《玉篇》微矣。然小學放絶,講習者寡,獨幸其書具存耳。"①

今行宋刻《集韻》有南宋孝宗間潭州刻本(按,現藏中國國家圖書館,1989年中華書局影印出版)、南宋初年明州刻本(按,現藏上海圖書館,1996年文物出版社影印出版)、南宋孝宗淳熙丁未十四年(1187)金州軍刻本(按,現藏日本宮内廳書陵部,2001年綫裝書局影印出版)②。

元明兩朝,《集韻》没有再行刊刻,宋濂曾云:"至於宋祁《景祐集韻》之出,復增二萬七千三百三十一字,而《廣韻》微矣。近代書肆喜簡而惡繁,《集韻》罕傳而《廣韻》獨盛行。"(宋濂《新刻〈廣韻〉後題》)顧炎武《音學五書·音論》卷上云:"今《集韻》不存而後人所祖述者,皆本之《韻略》耳。"宋刻《集韻》都藏於皇宫貴邸,貴爲至寶,無怪乎顧炎武以爲《集韻》已失傳。待至清康熙間,朱彝尊得毛氏汲古閣影宋鈔本《集韻》,付曹棟亭(寅)刊刻印行[按,中國書店於1983年據康熙四十五年(1706)揚州使院重刻本影印出版],於是《集韻》廣爲流傳,校本蜂出③。此後,嘉慶十九年(1814)顧廣圻重修曹刻本,光緒二年(1876)姚覲元又刻《集韻》於川東官舍,收入"姚氏三種"。

二、《集韻》的校勘

欲治《集韻》,應先治其紕繆。顧廷龍在《影宋鈔本〈集韻〉跋》中也曾說:"倘能組織人力,參考各家之校語,覆勘引書之原文,訂正字畫,辨析異文,成一《集韻》之定本,豈不盛歟!"④本書《集韻》選取潭州本(據1989年影印本)爲底本(按,此本爲宋刻本,又影印流布甚廣,較爲易得),對校明州本(據1996影印本)、金州本(據2001影印本)、述古堂影宋鈔本(據1985影印本)等,並參校《集韻考正》《類篇》及《方言》《説文解字》,對《集韻》做了初步的校勘工作⑤。

朱桂芳在《關於宋刻本在古籍中的價值問題》一文中談道:"宋刻本雖以其版本最早見長,但我們不可盡信,更不可盲信,可以把它作爲古籍校勘中的依據,而不可以凡宋刻本即視爲權威本,應該進行甄别,考鏡源流,從仔細綜合校勘中發現問題,解決問題。"⑥事實上,我們在從事《集韻》校勘時,把潭州本、明州本、金州本放在同等重要的位置上,三個宋刻本

---

① 按,李燾,眉州丹棱(今四川省眉山市丹棱縣)人,長年於蜀爲官,疑李燾所見《集韻》亦爲蜀本。
② 可參看趙振鐸:《集韻研究》,第160-170頁。另可參看顧歆藝金州本《〈集韻〉影印説明》。
③ 趙振鐸:《集韻研究》,第182-209頁。
④ 原文載於上海古籍出版社1985年影印述古堂本,第798頁。
⑤ 清儒從事《集韻》校勘時,大多選取曹棟亭刻本爲底本,此係當時印刷技術的局限,宋刻本無法如當今影印出版,且爲當時權宜之策。據趙振鐸先生考證:"對比之下,可以發現曹氏所根據的原本應該就是這個宋刻本(按,即潭州本)。"並指出:"今天能見到宋刻本(按,即潭州本),不論用它校曹刻本,或是用它校錢本,都有許多發現,如果用它作爲校理的工作底本也是可行的。"而金州本缺第一卷,明州本又有版面漫漶不清的問題,筆者再三權衡,遂選取潭州本做工作底本(見趙振鐸:《記古逸叢書三編影印宋刻本〈集韻〉》,《古籍整理研究學刊》第1、2期合刊,1995年)。
⑥ 朱桂芳:《關於宋刻本在古籍中的價值問題》,《鄭州大學學報(哲社版)》1996年第5期,第121-124頁。

相互對校,並參考其他校本,擇其善者而從之,並附注校記,疑者謹依潭州本,各本情況並作說明。

至於《集韻》潭州本、明州本、金州本之間的關係,趙振鐸《集韻研究》①、顧歆藝《金州本〈集韻〉影印說明》②都有論述,本書不再贅述。又冀淑英在明州本《影印〈集韻〉說明》中指出:"此本(按,即明州本)實爲傳世最早之本,亦通行諸本之祖本。"③我們再試舉二例,以補充說明潭、明、金州本屬同一系:

其一,卷三蒸韻間承切夌小韻,潭、明、金州本廎字上均有空白處(見圖1-1)。

潭州本　　　　　金州本　　　　　明州本

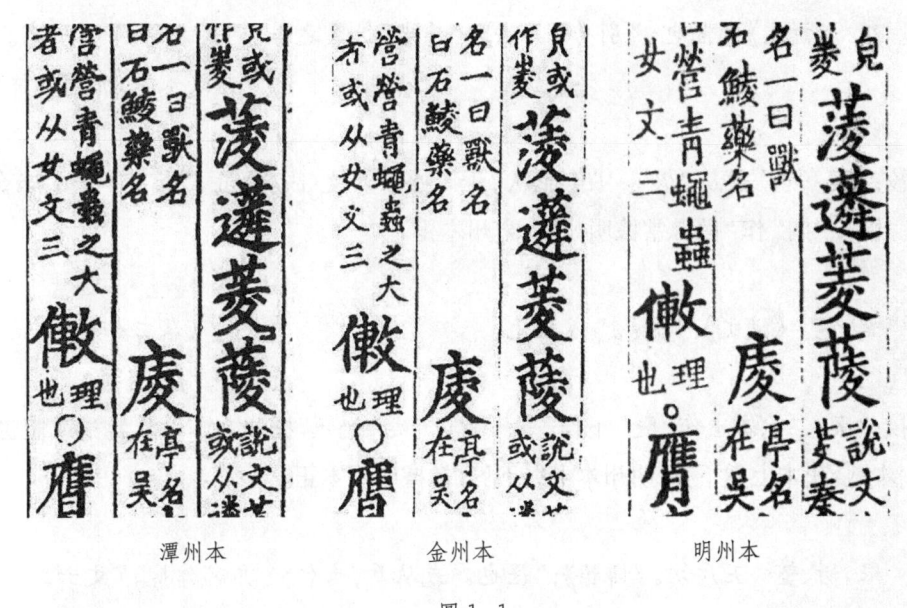

圖1-1

又卷七綫韻古倦切眷紐之㲋字下,各本都留有空白,與此例類似。

其二,卷七隊韻蒲昧切佩小韻,潭、明、金州本皆注"文三十",而各本該小韻收字實際都只有29字。

周煇《清波雜志·板本訛舛》卷八云:"印板文字,訛舛爲常。蓋校書如掃塵,旋掃旋生。"④鑒於時間、精力、財力及筆者目力有限,《集韻》之校勘,巨細俱難悉究。因此,本書僅來得及重點對《集韻》字頭、反切等做校勘,出校近2000條,其餘以待來日,望能日臻完善。

---

① 趙振鐸:《集韻研究》,第160-170頁。
② 原文見於綫裝書局2001年影印金州本。
③ 原文見於文物出版社1996年影印金州本。
④ (宋)周煇撰,劉永翔校注:《清波雜志》,中華書局,1994年,第334頁。

兹舉數條校記如下：

　　陳、阵　地鄰切。《說文》："宛丘，舜後嬀滿之所封。一曰布也，一曰堂下徑，又姓，古作阵。"文十七。　　　　　　　　　　　　　　　　　　（卷二《真韻》）

　　方校（方成珪《集韻考正》）："按，'池'訛'地'，據宋本正。"雷按，明州本、金州本皆作"池鄰切"，潭州本誤，當據明州本、金州本正。

　　炘　《說文》："闇也。"引《司馬法》："善者，忻民之善，閉民之惡。"亦州名。
　　　　　　　　　　　　　　　　　　　　　　　　　　　（卷二《欣韻》許斤切）

　　方校："案，'忻'訛从'火'，'閉'訛从'干'，據宋本及《說文》正。"雷按，明州本、金州本"炘"作"忻"，"閈"作"閉"，當據明州本、金州本正。

　　髡、髨　《說文》："鬎髮。"或从元。　　　　　　（卷二《魂韻》枯昆切）

　　方校："案，二徐本上作'髡'下作'髨'，當以'髡'爲正，據注文本以从元爲或體也。"雷按，潭州本、金州本上髨下髡，明州本上髡下髨，當據明州本正。

　　垠、圻、㙬　五斤切。《博雅》："厓也。或从斤，古作㙬，亦書作垦。"文六。
　　　　　　　　　　　　　　　　　　　　　　　　　　　　　　（卷二《魂韻》）

　　方校："案，'斤'當从宋本及《類篇》《韻會》作'根'。"雷按，潭州本、金州本作"五斤切"，明州本作"五根切"，《類篇》作"五根切"。

　　盆、瓫　步奔切。《說文》："盎也。又姓。或作瓫。"文十。　（卷二《魂韻》）

　　方校："案，宋本及《類篇》《韻會》'步'皆作'蒲'，今據正。"雷按，潭州本、金州本皆作"步奔切"，明州本作"蒲奔切"。

　　患　獎也。　　　　　　　　　　　　　　　　　　（卷二《删韻》胡關切）

方校:"案,'罼'下'糛'上奪,據宋本及《類篇》補以足'還'紐'文三十'之數。"雷按,潭州本、金州本奪"患"字,當據明州本補。

srqj　傍丁切。玲srqj,行不正也。通作俜。文十八。　　　　　（卷四《青韻》）

方校:"案,'傍'當從宋本及《類篇》《韻會》作'滂'。"雷按,潭州本、金州本作"傍丁切",明州本作"滂丁切",當據明州本正。

䰟　丘廢切。闕。《周禮》"朱總"鄭康成曰:"故書總或爲䰟。"李軌讀。文二。
（卷七《廢韻》）

方校:"案,'兵'訛'立',據《類篇》及《周禮·春官·巾車》鄭注、《經典釋文》正。宋本作'丘'亦誤。"雷按,潭州本、金州本、明州本皆作"丘廢切"。《經典釋文》:"爲䰟,戚云:檢《字林》《蒼雅》及《説文》皆無此字,衆家亦不見有音者,唯昌宗音廢,以形聲會意求之,實所未了,當是廢而不用乎？非其音也。李'兵廢反'。本或作總,恐是意改也。"當據《經典釋文》作"兵廢切"。

蘆　州五切。艸名。可作履。一曰:艸死曰蘆。文六。　　（卷五《姥韻》）

方校:"'州'當從《類篇》作'忖'。"雷按,潭州本、金州本"忖"訛"州",明州本"忖"訛"利"。《類篇》作忖五切,《廣韻》作采古切,應據《類篇》《廣韻》作忖五切。

璣、璣　珠不圓者。或作璣。　　　　　　　　　（卷七《未韻》其既切）

方未出校。雷按,潭州本、金州本"璣"訛"璣",當據明州本、《類篇》正。

揭　壅也。　　　　　　　　　　　　　　　　　（卷九《曷韻》何葛切）

方未出校。雷按,潭州本、金州本"堨"訛"揭",當據明州本、《類篇》正。

第三節　二書的内容、體例

一、二書韻目比較

《廣韻》《集韻》同分平、上、去、入四聲，206韻，"雖爲韻書，實兼字書之用"[①]。從二書韻目來看，《集韻》有改動之處，兹列如下（"/"前爲《廣韻》韻目，後爲《集韻》韻目）：

平聲：魂／䰟，仙／僊，肴／爻，豪／豪，添／沾；

上聲：麌／噳，拯／抍，厚／厚，寑／寢，敢／欿；

去聲：暮／莫，泰／兊，恨／佷，霰／綫，笑／笑，橬／㧛，釅／驗，鑑／鑒；

入聲：屑／屑，薛／薜，昔／㫺，盍／盇。

《集韻》韻目除（出）之、（亝）齊、（屍）尾、蠏等韻外，皆用正文字組首字，蠏字正文作蠏。按，爲行文方便，我們在下文稱引《集韻》韻目時統一使用《廣韻》韻目用字。二書韻目所標反切相同者平聲14條、上聲16條、去聲24條、入聲11條，共65條，僅占206韻的31.6%。《廣韻》韻目所標反切與正文所注不同者平聲6條、上聲18條、去聲23條、入聲7條，共55條[②]，《集韻》不同者僅去聲恨韻1條。《廣韻》韻目與正文所注反切不同者，其正文所注反切與《集韻》韻目所標反切同者平聲1條、上聲3條、去聲11條、入聲1條，共16條，占《廣韻》韻目、正文反切不同之55條的29.1%，占206韻之7.8%（具體參看該節末尾表1-1韻目對照表）。《集韻》分十卷，平聲四卷，上聲、去聲、入聲各兩卷。《廣韻》《集韻》分卷及韻目次序見表1-1。

二、内容及體例比較

《集韻》卷首《韻例》云："今所撰集，務從該廣，經史諸子及小學書，更相參定。"其中分訓釋、收字、注音等條陳凡例十二。我們先引述其凡例，以其爲綱目，然後對舉《廣韻》《集韻》正文中的實例，並略作說明。二書異同，則皆可一目了然。凡十二條今分列如下：

（一）凡字訓悉本許慎《説文》，慎所不載，則引它書爲解。

1. 引自《説文》例。例如：

[①] 周祖謨：《廣韻校本》，第6頁。
[②] 《廣韻》除真韻正文注"側鄰切"與韻目"職鄰切"音韻地位不同外，其餘各條之音韻地位無變化。

《廣韻》：恫 痛也。 痌 上同。　　　　　　　　　　　　　　　（《東韻》他紅切）
　　　　　恫 憁恫,不得志。　　　　　　　　　　　　　　　　（《送韻》徒弄切）
《集韻》：恫痌恿 《說文》:痛也。一曰呻吟。或作痌、恿。他東切。　（《東韻》他東切）
　　　　　恫 痛也。　　　　　　　　　　　　　　　　　　　　（《董韻》吐孔切）
　　　　　恫 憁恫,不得志。　　　　　　　　　　　　　　　　（《送韻》徒弄切）

"恫"字在《廣韻》中只有兩音,在《集韻》中有三音。《集韻》他東切"通"小韻之"恫"字先引《說文》,其他義項並列於後。《集韻》"恫"字吐孔切、徒弄切並非引自《說文》大徐本音,則該字下不標注引自《說文》[①]。《說文·心部》大徐本卷十:"恫,痛也。一曰:呻吟也。從心同聲。他紅切。"《集韻》恫字他東切音與《說文》大徐本所注音同。

2. 引自它書例。例如：

《廣韻》：弒 《字林》云:大力兒。　　　　　　　　　　　　　（《職韻》雨逼切）
《集韻》：弒 《字林》:大力兒。　　　　　　　　　　　　　　（《職韻》越逼切）
　　　　　弒 《博雅》:方也。一曰大也。　　　　　　　　　　（《職韻》忽域切）
《集韻》：蜴 《字林》:蟲名。　　　　　　　　　　　　　　　（《昔韻》之石切）

《說文》不收"弒"字,《廣韻》《集韻》均標注引自《字林》,《集韻》又引《博雅》音忽域切。隋曹憲《博雅音·釋詁》卷一"弒,火逼反",《集韻》弒字忽域切與曹憲《博雅音》所注"火逼反"音同。《說文》《廣韻》皆不收"蜴"字,《集韻》注引自《字林》。

（二）凡古文見經史諸書可辨識者取之,不然則否。

1. 取辨識者例。例如：

《廣韻》：法 則也;數也;常也;又姓。……方乏切。二。 灋 上同。　（《乏韻》方乏切）
《集韻》：灋法佱 弗乏切。《說文》:"刑也。平之如水,从水;廌,所以觸不直者;去之。"一曰:則也。亦姓。或省,古作佱。文四。　（《乏韻》弗乏切）

《說文·廌部》大徐本有"灋、法、佱"三字,"法"字下注"今文省","佱"字下注"古文"。段玉裁於"法,今文省"下注云:"許書無言今文者,此蓋隸省之字。許書本無,或增之也,如屮部本有茷無折。"（《說文解字注·廌部》第十篇上）《廣韻》不收"佱"字。《集韻》與《說文》

---

① 可參看趙振鐸《集韻研究》及劉芹《〈集韻〉所引說文與徐鉉〈說文解字〉注音比對》（《寧夏大學學報（人文社會科學版）》,2010年第3期）二文。

大徐本同,又《集韻》以"灋"字爲字頭,與《廣韻》排序不同。

"灋"字,見《周禮·天官冢宰》卷一"以八灋治官府"。檢《釋文·周禮音義上·天官冢宰第一》卷八"灋,古法字"①,則以"法"字爲通用字,"灋"爲古字,與《説文》以"灋"爲正體不同。又《宋本玉篇·水部》"法"字下又另出"灋"字,注"古文"。《集韻》收"灋"字,但並未同《釋文》及《玉篇》以"灋"爲古文。

《宋本玉篇·人部》卷三"佱"字注"古文法",《説文》大徐本、《玉篇》《集韻》均以"佱"爲古"法"字。《漢書·賈鄒枚路傳》卷五十一:"孔子曰:齊桓公法而不譎。"《風俗通義·皇霸第一·五伯》:"齊桓正而不譎。"清宋翔鳳《論語説義·七·子路憲問》:"'法',古文作'佱'。是《班書》所引'法而不譎'爲《魯論語》。今作'正'者,蓋《古論語》本作'佱',後人罕見'佱'字,就法有正義,遂改'佱'爲'正'(《風俗通》引作正已是改本)。"②則經籍中本亦載"佱"字,《集韻》編著者或見之,而版本流傳中的訛誤,使得現存文獻中"佱"字不常見。

2. 不取未辨識者例。例如:

《廣韻》:嘼 獸,犠。亦作畜。　　　　　　　　　　　　　　　　　　（《宥韻》許救切）
《集韻》:嘼畜獸《説文》:犠也。象耳、頭、足厽地之形。古文嘼,下從厽。或作畜,亦从犬。　　　（《宥韻》許救切）

《爾雅·釋畜第十九》疏云:"《字林》'畜'作'嘼'。"《廣韻》注"亦作畜",但許救切"獸"小韻下未收"畜"字,而《集韻》"畜"與"嘼"並立。"古文嘼,下從厽",引自《説文》。《説文》"嘼"字段注:"言此者,謂古文本從厽。象足蹂地。小篆雖易其形。特取整齊易書耳。故以古文之形釋小篆。"(《説文解字注·第十四篇下·嘼部》)《説文》不收"嘼"字之古文,即下從厽者,《集韻》亦未於字組中並立之。

(三) 凡經典字有數讀,先儒傳授,各欲名家,今並論著以稡群説。

唐陸德明《經典釋文》采録了不少諸先儒經師所注經音,今查《集韻》收録字音多與《釋文》所載相合。例如:

《廣韻》:訌 潰也。《詩》曰:蟊賊內訌。　　　　　　　　　　　　　　　（《東韻》户公切）
《集韻》:訌《説文》:讃也。引《詩》:蟊賊內訌。通作虹。　　　　　　（《東韻》胡公切）
　　　　訌 訟言相陷也。《詩》:蟊賊內訌。鄭康成讀。　　　　　　　　（《東韻》沽紅切）

---

① 《釋文》即陸德明《經典釋文》之簡稱,爲行文簡便,文中不再另作説明。
② 又見(清)劉寶楠:《論語正義》,中華書局,1990年,第571頁。

訌讀也。　　　　　　　　　　　　　　　　　　　　　（《送韻》胡貢切）

《説文》大徐本"訌"字音户工切，與户公切、胡公切音同，《集韻》胡公切"洪"小韻下"訌"字標注引自《説文》。《釋文·毛詩音義下·蕩之什第二十五》："内訌，户工反。潰也。徐云：鄭音工，爭訟相陷入之言。"宋賈昌朝《群經音辨》卷一曰："訌，潰也（户工切。《詩》：蟊賊内訌）。訌，爭訟相陷入之言也（古紅切。《詩》：蟊賊内訌。鄭康成讀）。"《集韻》沽紅切"公"小韻下收"訌"字，取鄭康成説，與《釋文》所録"鄭（康成）音工"音同。再如：

《廣韻》：跬 舉一足。丘弭切。四。　　　　　　　　　　（《紙韻》丘弭切）
《集韻》：跬 却垂切。敞跬，用力兒。李軌説。文一。　　　（《支韻》却垂切）
　　　　 跬 半步曰跬。　　　　　　　　　　　　　　　（《佳韻》空媧切）
　　　　 赹跬頃頍窺蹞 犬縈切。《説文》：半步也。司馬法：凡人一舉足曰跬。跬三尺也。兩舉足曰步。步六尺也。或作赹、頃、頍、窺、蹞。文十三。　　　　　　　　　　　　　　　　　　　　　　　　　　　　（《紙韻》犬縈切）
　　　　 跬 敞跬，疲也。一曰分外用力兒。　　　　　　　（《屑韻》先結切）

《釋文·莊子音義中·莊子外篇駢拇第八》："跬，徐丘婢反。郭音屑。向崔本作赹，向丘氏反，云：近也。司馬同。李却垂反。一云：敞跬，分外用力之貌。"又《釋文·儀禮音義·鄉射禮第五》："與跬，丘藥反。劉闕彼反。一舉足曰跬。"另《方言》卷十二曰："半步爲跬。"《集韻》"跬"却垂切與《釋文》所録李軌音"却垂反"同，先結切音與《釋文》所録郭象"音屑"同。《廣韻》"跬"字只收紙韻丘弭切一音。

（四）凡通用韻中同音再出者，既爲冗長，止見一音。

《集韻》常把通用韻間同聲母、等第、開合口的兩個小韻合併爲一個小韻，然後只收於其間某一個韻中。例如：

《廣韻》：繚 繚綾，經絲。出《字林》。　　　　　　　　（《蕭韻》落蕭切）
　　　　 繚 繚繞，纏也。　　　　　　　　　　　　　　（《篠韻》盧鳥切）
　　　　 繚 繚繞。力小切。九。　　　　　　　　　　　（《小韻》力小切）
《集韻》：繚 纏也。　　　　　　　　　　　　　　　　　（《蕭韻》憐蕭切）
　　　　 繚 繞也。　　　　　　　　　　　　　　　　　（《宵韻》離昭切）
　　　　 繚繆 《説文》纏也。或作繆。　　　　　　　　　（《篠韻》朗鳥切）
　　　　 繚 闕，人名。《莊子》有黃繚。　　　　　　　　（《小韻》爾紹切）
　　　　 繚 繞也。　　　　　　　　　　　　　　　　　（《笑韻》力照切）

《廣韻》"繚"字上聲筱韻、小韻兩收，二音皆屬來母，且釋義同。《集韻》"繚"字收有五音，其朗鳥切音同《廣韻》盧鳥切，而筱韻與小韻本通用，《集韻》編著時則按《韻例》未收《廣韻》"繚"字力小切一音。《廣韻》力小切"繚"小韻所收之字，在《集韻》中被併入筱韻朗鳥切"了"小韻中。《集韻》上聲小韻無來母開口三等小韻，但平聲宵韻又有"燎"小韻離昭切，去聲笑韻有"尞"小韻力照切，與平聲不相承。再如：

《廣韻》：黲 暗色。《説文》曰：淺青黑也。又倉敢切。　　　　　　（《感韻》七感切）
　　　　 黲 日暗色。倉敢切。一。　　　　　　　　　　　　　　（《敢韻》倉敢切）
《集韻》：黲《説文》：淺青黑也。一曰敗也。　　　　　　　　　　（《感韻》七感切）

　　《廣韻》"黲"字上聲感韻、敢韻兩收，二音皆屬清母開口一等，訓釋並同；《集韻》只收感韻七感切音。因感韻與敢韻本通用，所以《集韻》在敢韻中沒有再收"黲"字。《廣韻》倉敢切"黲"小韻僅收"黲"一字，而在《集韻》又被併入感韻七感切"慘"小韻中。《集韻》敢韻無清母開口一等小韻，但平聲談韻又有"笘"小韻七甘切，入聲盍韻有"囃"小韻七盍切，與上聲不相承。

　　（五）凡經史用字類多假借，今字各著義則假借難同，故但言通作某。
　　1.《廣韻》注"通作"者凡六條。今列如下：

《廣韻》：韱 韱細。又山韭也。今通作韱。凡從韱者傚此。　　　　　（《鹽韻》息廉切）
　　　　 散 散誕。《説文》作㪔。分離也。又作散。雜肉也。今通作散。又姓。《史記》：文王四友散宜生。蘇旱切。又蘇汗切。十一。　（《旱韻》蘇旱切）
　　　　 网《説文》曰：再也。《易》云：參天网地。今通作兩。良獎切。八。（《養韻》良獎切）
　　　　 㪔 分離也。布也。《説文》作㪔，分離也。又散，雜肉也。今通作散。又蘇旱切　（《翰韻》蘇旰切）
　　　　 暴 侵暴。猝也。急也。又晞也。案《説文》作暴，疾有所趣也。又作曓，晞也。今通作暴。亦姓。漢有繡衣使者暴勝之。薄報切。九。　（《号韻》薄報切）
　　　　 辥《説文》：辠也。凡從辥者，經典通作薛。　（《薛韻》私列切）

　　"韱、散、㪔、暴、辥"凡五字，《廣韻》注"通作"皆示作別體。《説文》"网"、"兩"有別，又"网"字《説文》段注："凡物有二，其字作'网'不作'兩'。'兩'者，二十四銖之偶也。今字'兩'行而'网'廢矣。"（《説文解字注·网部》第七篇下）《廣韻》分立"网"、"兩"爲兩個字頭，"兩"字注："上同。《説文》曰：二十四銖爲一兩。"意指"网、兩"同，而據《説文》應分。
　　《集韻》分立"网（里養切。《説文》：再也。引《易》：參天网地。通作兩。文十五）"、"兩（《説文》：二十四銖爲一兩。从一从网平分）"二字，與《説文》同，"网"字下注"通作兩"，應指"网"、"兩"爲假借關係。

2.《集韻》注"通作"者 1737 例。例如：

《廣韻》：洛 水名。《書》曰：導洛自熊耳。《漢書》作雒。　　　　　　　（《鐸韻》盧各切）
　　　　　雒 《字林》：鵋䳢，鳥。又姓。駱、絡、雒，並出《姓苑》。（《鐸韻》盧各切）
《集韻》：洛 歷各切。《說文》：水，出左馮翊歸德北夷中，東南入渭。古書作溶。通作雒。文六十一。（《鐸韻》歷各切）
　　　　　雒 鳥名。《說文》：鵋䳢也。　　　　　　　　　　　　　　（《鐸韻》歷各切）

《集韻》"洛"字注"通作雒"，表明其與"雒"字爲假借關係，假借字不出現在字組中。

（六）凡舊韻字有別體，悉入子注，使奇文異畫湮晦難尋，今先標本字，餘皆並出，啟卷求義，爛然易曉。

《集韻》廣收奇文異體，亦是不可多得的字書。例如，《東韻》之戎切"終"小韻收"終、曻、夈、㚇、夊（之戎切。《說文》：絿絲也。一曰盡也。又姓。古作曻、夈、㚇，隸作夊。文二十七）"。一般來說，《集韻》會在注中標注字際關係。《集韻》在"終"字後並列五形，而"終"字在《廣韻》中只立"終"一形。

1. 並立《廣韻》字頭所收各字形。例如：

《廣韻》：仆 倒也。又蔔、覆二音。匹候切。五。踣 上同。趕 僵也。　（《候韻》匹候切）
《集韻》：仆踣趕 匹候切。僵也。或作踣、趕。文八。　　　　　　　（《候韻》匹候切）

"踣"字《廣韻》注"上同"，與"仆"字注同，而《集韻》"仆"、"踣"並出。《集韻》對《廣韻》所收異體字有整理。

查《釋名·釋姿容第九》卷三云："仆，踣也。頓踣而前也。"又《釋文·莊子音義下·外物第二十六》曰："踣，徐芳附反、普豆反，《字林》云：僵也。李云：頓也。郭薄杯反。"另"趕"字，《玉篇·走部》卷第十曰："趕，蒲比、孚豆二切。僵也。或作踣。"《說文》"趕"字段注："此與足部之踣音義並同。未審孰爲本字。孰爲後增。"（《說文解字注·走部》第二篇上）

此處《集韻》"趕"與"仆"、"踣"並立，認爲"仆"又可作"踣"、"趕"。

2. 並立《廣韻》僅出現於注文之字形。例如：

《廣韻》：氍 《聲類》曰：氍毹，毛席也。《風俗通》云：織毛褥謂之氍毹。亦作斔。　（《虞韻》其俱切）
《集韻》：氍斔毲 織毛蓐曰氍毹，或从㲋、从㲄。　　　　　　　　　　　　　　（《虞韻》權俱切）

"甗"字係"甗"之異體字,於《廣韻》僅出現在注文中,其字並不立作字頭。《集韻》將"甗"字並立於"甗"字後,爛然易曉。

(七)凡字有形義並同,轉寫或異,如坪、㘸、㕣、吅、心、忄,水、氵之類,今但注"曰"或"書作"某字。

1. 二書標記不同例。例如:

《廣韻》:鶇 鶇鶋,鳥名,美形。出《廣雅》。亦作彙。　　　　　　(《東韻》德紅切)
《集韻》:鶇 鶇鶋,鳥名。美形兒。一曰鵃名。或書作彙。　　　　(《東韻》都籠切)

"鶇"、"彙"爲異體字關係,《廣韻》注用"亦作"標識,《集韻》用"或(亦)書作"標識,均不另立"彙"字,也不並立於字頭。

2. 二書所取不同例。例如:

《廣韻》:鷽 《爾雅》曰:鷽斯,鵯鶋。郭璞曰:雅烏也,小而多羣,腹下白。　(《御韻》羊洳切)
《集韻》:鵯 鵯鶋鳥名。《說文》:卑居也。或从隹。亦書作鷽。　　　　　(《御韻》羊茹切)

"鷽"與"鵯"爲異體字關係,《廣韻》用"鷽",而《集韻》用"鵯"作正體,並在注文中另外標注其異體"鷽"。

3. 《廣韻》不收例。例如:

《集韻》:瞢 瞢睨《說文》:視不明也。一曰直視。或从巷。亦書作䁖。　(《東韻》之戎切)

"瞢"、"睨"、"䁖"三字,《廣韻》均不收,《集韻》以"瞢"爲正,注文又標注"亦書作䁖"。

以上三例所論異體字之間的關係,都僅其構字部件的位置不同,亦即所謂異寫字,和上文第(六)條所論實有不同。按,異構、異寫字的區別,具體可參看王寧、李運富等先生的相關論著,本書不再贅述。《集韻》並陳此條入《韻例》而加以說明,則可云編著者有意區別異構、異寫這兩類異體字。

(八)凡一字之左舊注兼載它切,既不該盡,徒釀細文,況字各有訓,不煩悉著。

《廣韻》在注文中一般標注某字"又音",而《集韻》概不注又音。例如:

《廣韻》:蝀 蝀蝀,虹也。又音董。　　　　　　(《東韻》德紅切)
　　　　　蝀 蝀蝀,虹也。又音東。　　　　　　(《董韻》多動切)

《集韻》：蝀 《爾雅》：蝃蝀,虹也。　　　　　　　　　　　　　　　　（《東韻》都籠切）
　　　　蝀 蝃蝀,虹也。　　　　　　　　　　　　　　　　　　　　　　（《董韻》覩動切）
《廣韻》：曄 曄曄。又筠輒切。　　　　　　　　　　　　　　　　　　（《緝韻》為立切）
　　　　曄 光也。筠輒切。又為立切。七。　　　　　　　　　　　　　（《葉韻》筠輒切）
《集韻》：曄熠爗皣 曄曄,光也。或作熠、爗、皣。　　　　　　　　　（《緝韻》域及切）
　　　　爗曄皣 域輒切。《說文》光也。或作曄、皣。文九。　　　　　（《葉韻》域輒切）

　　一方面,標注又音容易漏略,所以《集韻》乾脆省去不標;另一方面,如某字有異讀,不注又音也不利於查找其異讀。若以我們的研究來說,《集韻》不標注又音,或許更有助於研究宋代的語音。理由是:《集韻》並非編自一人之手,既不統計又音,則如此龐雜的內容對於編者們來說,自是難於逐字考校其全部讀音和來源,與此同時,眾位編著者的失誤及時音的反應可能相比會更多,這或許對於研究宋初語音來說也是一次機會。

　　（九）凡姓望之出,舊皆廣陳名系,既乖字訓,復類譜牒,今之所書,但曰某姓,惟不顯者則略著其人。

　　《廣韻》注釋對姓氏引證比較多,《集韻》適當做了刪減,對姓氏一般略去不引,僅用"亦姓"標注。例如（"/"前為注釋總字數,後為姓氏引證字數）:

《廣韻》：東（229/178）　　　　　　　　　　　　　　　　　　　　　（《東韻》德紅切）
《集韻》：東（30/2）　　　　　　　　　　　　　　　　　　　　　　　（《東韻》都籠切）
《廣韻》：盧（152/137）　　　　　　　　　　　　　　　　　　　　　　（《模韻》落胡切）
《集韻》：盧廬（27/2）　　　　　　　　　　　　　　　　　　　　　　（《模韻》龍都切）

　　再如,《廣韻》"公"字注長達837字,其中有關姓氏、爵名等的部分有796字。而《集韻》"公"字注釋僅35字,姓氏、爵名等只注"一曰封爵名"5個字[①]。
　　另外,一些《廣韻》不著的姓氏,《集韻》也有簡單的引證。例如：

《集韻》：頜 姓也。《春秋傳》有頜氏。　　　　　　　　　　　　　　（《合韻》過合切）

[①] 據筆者初步統計：A.《廣韻》全書字頭的注釋共25232條,其中注10字（含）以下共20820條,占總條數的82.51%,注20字（含）以下共23693條,占總條數的93.90%;《集韻》全書字頭的注釋共40631條,其中注10字（含）以下共31229條,占總條數的76.86%,注20字（含）以下共38772條,占總條數的95.42%。B.《集韻》注50字（含）以上的共53條,注釋字數最多的是"侯"（共88字）;《廣韻》注50字（含）以上的共297條,注釋字數最多的是"公"（共837字）。可見,《廣韻》《集韻》的注釋應該詳略相當,只是說《集韻》對《廣韻》注文中少數字數較長的條目進行了刊削。

（十）凡字有成文，相因不釋者，今但曰闕，以示傳疑。

《集韻》注"闕"者多用於人名。例如：

《廣韻》：偳 人名。又多丸切。　　　　　　　　　　　　　　　（《桓韻》他端切）
《集韻》：偳 闕。或曰人名。他官切。　　　　　　　　　　　　（《桓韻》他官切）

《廣韻》《玉篇》"偳"字皆注"人名"，但未援引書證作説明。《集韻》注"闕"，以示其亦不知有何來源。據筆者統計，《集韻》注"闕"者有211條，只有少數幾個不是用於姓、名之用。再如：

《集韻》：俈 闕。帝高辛之號。亦通作嚳。　　　　　　　　　（《沃韻》枯沃切）
　　　　　䎞 闕。人名。晉有庾䎞，字玄默。　　　　　　　　（《屋韻》式竹切）
　　　　　搜 闕。人名。《莊子》有王子搜。　　　　　　　　　（《候韻》於候切）
　　　　　嫩敫 闕。人名。《史記》齊有太史嫩。或省。　　　（《嘯韻》吉弔切）

以上"俈、䎞、嫩"諸字，《廣韻》均不收；又"搜、敫"二字，《廣韻》不收其音、義。

（十一）凡流俗用字，附意生文，既無可取，徒亂真偽，今於正之左直釋曰：俗作某，非是。

檢《廣韻》注"俗作"者凡169條，其中有56條《集韻》作爲異體字並立於字組中。《集韻》對《廣韻》注"俗作"者，多數做了辨正、分析。例如：

《廣韻》：䃚 鼓聲。䃚俗作礱。（礱未立字頭）　　　　　　　（《東韻》力中切）
《集韻》：䃚礱 鼓音。䃚礱或作礱。　　　　　　　　　　　　　（《東韻》良中切）
《廣韻》：頾 《説文》云：口上須。俗作髭。（髭未立字頭）　（《支韻》即移切）
《集韻》：頾髭頿 《説文》：口上須也。或作髭。亦省。　　　（《支韻》將支切）

《廣韻》"頾"字下注"俗作某"，且不另立字頭，而《集韻》並立其於字組中，下注"或作某"，這説明《集韻》把正、俗字關係統一於異體關係之下。《集韻》對《廣韻》所收俗字也有不取者，並注"俗作某，非是"。《廣韻》有三種情況與之對應。今舉例説明如下。

1.《廣韻》分立字頭，並注"俗"。例如：

《廣韻》：怱 遽也。倉紅切。十五。悤俗。　　　　　　　　　（《東韻》倉紅切）
《集韻》：怱悤 麤叢切。《説文》：多遽怱怱也。古作怱。俗作念，非是。文三十。（《東韻》麤叢切）

《廣韻》：叢聚也。徂　藂　　　　　　　　　　　　　　　　　（《東韻》徂紅切）
　　　　　紅切。五。俗。
《集韻》：叢徂聰切。《說文》：聚也。　　　　　　　　　　　（《東韻》徂聰切）
　　　　　俗作藂，非是。文十五。

2.《廣韻》不分立字頭，注"俗作某"。例如：

《廣韻》：匹偶也。配也。合也。二也。《說文》云：四丈也，　（《質韻》譬吉切）
　　　　　从八、匸，八揲一匹。俗作疋。譬吉切。四。
《集韻》：匹僻吉切。《說文》：四丈也。从八、匸，八揲　　　（《質韻》僻吉切）
　　　　　一匹。一曰偶也。俗作疋，非是。文七。
《廣韻》：麥《白虎通》曰：麥，金也。金王而生。火王而死。又姓。　（《麥韻》莫獲切）
　　　　　隋有將軍麥鐵杖，嶺南人。俗作麦。莫獲切。八。
《集韻》：麥莫獲切。《說文》：芒穀秋種厚薶，故謂之麥。麥，金也。金王而生，（《麥韻》莫獲切）
　　　　　火王而死。从來，有穗者从夊。亦姓。俗作麦，非是。文十八。

3.《廣韻》分立字頭，未注"俗"字。例如：

《廣韻》：菑《說文》曰：不耕田也。《爾雅》曰：田　甾上同。又《說文》　（《之韻》側持切）
　　　　　一歲曰菑。側持切。又音栽。十五。　　甾曰：東楚名缶曰甾。　菑亦同。
《集韻》：菑甾莊持切。《說文》：不耕田。引《易》：不菑畬。徐鍇曰：从艸　（《之韻》莊持切）
　　　　　《田，田不耕則草塞之。或省。俗作菑，非是。文二十四。

關於"俗作某，非是"的來源，今查《說文》大徐本也有"俗作某，非是"的術語。例如，《集韻》真韻悲巾切"份"小韻收"份、彬"，注："《說文》：'文質備也。'引《論語》'文質份份'。古从彡、林。俗作斌，非是。"

查《說文解字·人部》大徐本"彬"字徐鉉注："古文份，從彡、林。林者，從焚省聲。臣鉉等曰：今俗作斌，非是。"[1]《集韻》同《說文》大徐本用"俗作某，非是"。

（十二）凡字之反切，舊以武代某，以亡代茫，謂之類隔，今皆用本字。

宋初時音輕脣音聲母（非、敷、奉、微）已經從重脣音聲母（幫、滂、並、明）中分化出來，有輕、重脣音兩組不同的聲母，以輕脣音切重脣音或以重脣音切輕脣音就成了所謂"類隔"切。《廣韻》承襲《切韻》系韻書，輕重脣不分。一般認爲，輕脣音分化的條件是脣音合口三等。類隔切改音和切例又主要是輕重脣類及舌音類。

據我們統計，(1)《集韻》反切上字類隔切改音和切共113例[2]；(2)承《廣韻》類隔切上字而未作改動者共11例；(3)對《廣韻》類隔切上字有改動，但未改作音和切者共5例；(4)改《廣韻》音和切爲類隔切者3例。例如：

---

[1] 本書所據《說文》大徐本係張元濟輯《續古逸叢書》之《宋本說文解字》（影印日本岩崎氏靜嘉堂藏宋本）。
[2] 《廣韻》切上字作丁字而《集韻》改爲知母其他字者共5例。因丁字有中莖切音，所以本書沒有計入統計數據。

《廣韻》：緜	武延切
《集韻》：緜綿	彌延切
《廣韻》：明	武兵切
《集韻》：朙明	眉兵切
《廣韻》：麼	亡果切
《集韻》：麼	母果切
《廣韻》：免	亡辨切
《集韻》：免	美辨切
《廣韻》：滅	亡列切
《集韻》：滅𪵩	莫列切

綜合以上十二條凡例的材料，文字、音韻、訓詁等方面都有涉及，而《集韻》的體例相對於《廣韻》來說，明顯有四個方面的要求或特點：

其一，必有所據，其所收字形、字音，必求於經史小學所載，如上文第（一）、（二）條；

其二，務求全面，搜羅畢至，力使其材料不復闕漏，如上文第（三）條；

其三，體例規整，其術語的區分使用，體現了宋人的文字觀，如上文第（五）、（六）、（七）條；

其四，精準簡潔，考校辨正，去冗存精，缺乏例證則直書闕疑，如上文第（十）、（十一）、（十二）、（四）、（八）、（九）。

以上只是以《韻例》爲綱，列舉參證，對二書的體例，還可作進一步的探索和研究。

附　表

表1-1　韻目對照表

平聲		上聲		去聲		入聲	
《廣》	《集》	《廣》	《集》	《廣》	《集》	《廣》	《集》
德紅 東獨用	東 都籠切 獨用	多動 董獨用	董 覩動切 獨用	蘇弄 送獨用	送 蘇弄切 獨用	烏谷 屋獨用	屋 烏谷切 獨用
都宗 冬鍾同用	冬 都宗切 與鍾通	湩𪀄附 見腫韻	湩 𪀄附 見腫韻	蘇統 宋同用	宋 蘇綜切 與用通	烏酷 沃與燭通	沃 烏酷切 與燭通
職容 鍾	鍾 諸容切	之隴 腫	腫 主勇切 獨	余共 用*余頌	用 余頌切	之欲 燭	燭 朱欲切
古雙 江獨用	江 古雙切 獨用	古項 講獨用	講 古項切 獨用	古巷 絳獨用	絳 古巷切 獨用	古岳 覺獨用	覺 訖岳切 獨用
章移 支脂之同用	支 章移切 與脂之通	諸氏 紙旨止同用	紙 掌氏切 與旨止通	支豉 寘至志同用	寘 支義切 與至志通		
旨夷 脂	脂 蒸夷切	職雉 旨	旨 軫視切	之利 至*脂利	至 脂利切		

---

① 《腫韻》"湩"下注"此是冬字上聲字"，"𪀄"注"莫湩切"。

续表

平聲		上聲		去聲		入聲	
《廣》	《集》	《廣》	《集》	《廣》	《集》	《廣》	《集》
止而之	之真而切	諸市止	止切市	之志^{職吏}*	志職吏		
無非微_{獨用}	微無非切_{獨用}	武匪尾	尾武斐切_{獨用}	無沸未	未無沸切_{獨用}		
語居魚_{獨用}	魚牛居切_{獨用}	魚舉語*_{魚巨}	語魚舉切_{獨用}	魚據御*_{牛倨}	御牛據切_{獨用}		
遇俱虞_{同用}	虞元俱切_{與模通}	虞矩麌	麌五矩切_{與姥通}	愚樹暮_{同用}具	遇元具切_{與莫通}		
莫胡模	模蒙脯切	莫補姥	姥滿補切	莫暮	暮莫故切		
徂奚齊_{獨用}	齊前西切_{獨用}	徂禮薺_{獨用}	薺在禮切_{獨用}	子計霽_{祭同用}	霽子計切_{與祭通}		
				子例祭	祭子例切		
				他蓋泰	泰他蓋切_{獨用}		
古膎佳_{皆同用}	佳居膎切_{與皆通}	鞋買蟹*_{胡買}	蟹下買切①_{與駭通}	古賣卦_{怪夬同用}	卦古賣切_{與怪夬通}		
古諧皆	皆居諧切	諧楷駭*_{侯楷}	駭下楷切	古壞怪	怪古壞切		
				古邁夬②	夬古邁切		
呼恢灰_{咍同用}	灰呼回切_{與咍通}	呼猥賄*_{呼罪}	賄虎猥切_{與海通}	徒對隊_{代同用}	隊徒對切_{與代廢通}		
呼來咍	咍呼來切	呼改海	海許亥切	徒戴代*_{徒耐}	代待戴切		
				方肺廢_{獨用}	廢放吠切		
職鄰真_{諄臻同用}*	真之人切_{與諄臻通}*側鄰	之忍軫_{準同用}*	軫止忍切_{與準通}*章忍	職刃震_{稕同用}*章刃	震之刃切_{與稕通}	之日質_{術櫛同用}	質職日切_{與術櫛通}
之純諄*_{章倫}	諄朱倫切	之準準	準主尹切	之稕	稕朱閏切	食律術*_{食聿}	術食律切
側詵臻	臻緇詵切	齔字附見隱韻	齔字附見隱韻	齔字附見焮韻	齔字附見焮韻	阻瑟櫛	櫛側瑟切
武分文_{欣同用}	文無分切_{與欣通}	武粉吻_{隱同用}	吻武粉切_{與隱通}	無運問_{獨用}	問文運切_{與焮通}	文弗物_{獨用}	物勿切_{與迄通}
許巾欣③	欣許斤切	於謹隱	隱倚謹切	許焮*_{香靳}	焮香靳切	許迄_{獨用}	迄許訖切
語袁元_{魂痕同用}	元愚袁切_{與魂痕通}	虞遠阮_{混很同用}	阮五遠切_{與混很通}	魚怨願_{慁恨同用}	願虞怨切_{與慁恨通}	魚厥月_{沒同用}	月魚厥切_{與沒通}
戶昆魂④	魂胡昆切	平本混*_{胡本}	混戶袞切	乎困慁	慁胡困切	莫勃没	没莫勃切
戶恩痕	痕胡恩切	平懇很*_{胡墾}	很下懇切	乎艮恨	恨下艮切*_{胡艮}	麧字附見沒韻	麧字附見沒韻
胡安寒_{桓同用}	寒河干切_{與桓通}	河滿旱*_{胡笴}	旱下罕切_{與緩通}	乎旦翰*_{侯旰}	翰侯旰切_{與換通}	胡葛曷_{末同用}	曷何葛切_{與末通}
平官桓	桓胡官切	胡管緩	緩戶管切	乎喚換	換胡玩切	莫割末	末莫葛切
所姦刪_{山同用}	刪師姦切_{與山通}	山板潸*_{數板}	潸數板切_{與產通}	古諫諫_{襉同用}	諫居晏切_{與襉通}	胡八黠_{鎋同用}	黠下八切_{與鎋通}
所間山	山師間切	所簡產	產所簡切	古莧襉	襉居莧切	胡瞎鎋	鎋下瞎切
蘇前先_{仙同用}	先蕭前切_{與僊通}	先典銑*_{蘇典}	銑蘇典切	蘇見霰_{線同用}*	霰蘇見切_{與線通}	先結屑_{薛同用}	屑先結切_{與薛通}
相然仙	僊相然切	息淺獮	獮息淺切	私箭線	線私箭切	私列薛	薛私列切
蘇彫蕭_{宵同用}*	蕭先彫切_{與宵通}*先彫	蘇鳥篠_{小同用}*先鳥	篠蘇鳥切_{與小通}	蘇弔嘯_{笑同用}	嘯蘇弔切_{與笑通}		
相焦宵*_{相邀}	宵思邀切	私兆小	小思兆切	私妙笑	笑仙妙切		
胡茅肴_{獨用}	肴何交切_{獨用}	苦絞巧	巧苦絞切_{獨用}	平教效*_{胡教}	效後教切_{獨用}		
胡刀豪_{獨用}	豪乎刀切_{獨用}	平老晧*_{胡老}	晧胡老切_{獨用}	乎到号_{獨用}	号後到切_{獨用}		
古俄歌_{戈同用}	歌居何切_{與戈通}	古我哿_{果同用}	哿賈我切_{與果通}	古賀箇_{過同用}	箇古賀切_{與過通}		

① 《集韻》正文作"蠏"。
② 《廣韻》正文注古賣切,誤。
③ 《廣韻》鉅宋本文、欣分別注"獨用",韻目"欣"作"殷"。
④ 《廣韻》正文韻目作䰟。

續 表

平聲		上聲		去聲		入聲	
《廣》	《集》	《廣》	《集》	《廣》	《集》	《廣》	《集》
戈古禾切	戈古禾切獨用	果古火切	果古火切	過古臥切	過古臥切		
麻莫霞切	麻謨加切獨用	馬莫下切	馬母下切獨用	禡莫駕切	禡莫駕切獨用		
陽與章切唐同用	陽余章切與唐通	養余兩切*餘兩	養以兩切與蕩通	漾余亮切宕同用	漾弋亮切與宕通	藥以灼切鐸同用	藥弋灼切與鐸通
唐徒郎切	唐徒郎切	蕩徒朗切	蕩徒朗切	宕杜浪切*徒浪	宕大浪切	鐸徒各切*徒落	鐸達各切
庚古行切耕清同用	庚居行切與耕清通	梗古杏切	梗古杏切耿靜同用	映於命切*於敬①	映於慶切與諍勁通	陌莫白切麥昔同用	陌莫白切與麥昔通
耕古莖切	耕古莖切	耿古幸切	耿古幸切	諍側迸切	諍側迸切	麥莫獲切	麥莫獲切
清七情切	清親盈切	靜疾郢切	靜疾郢切	勁居正切	勁堅正切	昔私積切*思積	昔思積切
青倉經切獨用	青倉經切獨用	迥户鼎切*户頂	迥户茗切獨用	徑古定切獨用	徑古定切獨用	錫先擊切獨用	錫先的切獨用
蒸諸仍切登同用	蒸與登通	拯蒸之上聲等用	拯與等通	證諸應切嶝同用	證與嶝通	職之弋切德同用*之翼	職與德通
登都滕切	登都滕切	等多肯切	等得肯切	嶝都鄧切	嶝丁鄧切	德多則切	德多則切
尤羽求切侯幽同用	尤于求切與侯幽通	有云久切	有云九切與厚黝通	宥尤救切*候幼切②	宥尤救切與候幼通		
侯胡鈎切*户鈎	侯胡溝切	厚胡口切*胡口	厚很口切	候胡遘切	候胡遘切		
幽於虯切	幽於虯切	黝於糾切	黝於糾切	幼伊謬切*伊謬	幼伊謬切		
侵七林切獨用	侵千尋切獨用	寢七稔切	寢七稔切獨用	沁七鴆切	沁七鴆切獨用	緝七入切獨用	緝七入切獨用
覃徒含切談同用	覃徒南切與談通	感古禫切	感古禫切與敢通	勘苦紺切闞同用	勘苦紺切與闞通	合胡閤切*侯閤盍同用	合胡閣切與盍通
談徒甘切	談徒甘切	敢古覽切	敢古覽切	闞苦濫切	闞苦濫切	盍胡臘切	盍轄臘切
鹽余廉切添嚴同用	鹽余廉切與沾嚴通	琰以冉切忝儼同用	琰以冉切與忝儼通	豔以贍切㮇釅同用	豔以贍切與㮇釅通	葉與涉切帖洽同用	葉弋涉切與帖葉通
添他兼切	沾他兼切	忝他點切*他玷	忝他點切	㮇他念切	㮇他念切	帖他協切	帖託協切
咸胡讒切銜凡同用	咸胡讒切與銜凡通	豏下斬切	豏下斬切與檻范通	陷户韽切	陷呼韽切與鑑梵通	洽侯夾切狎同用	洽洽夾切與狎通
銜户監切	銜平監切	檻胡黯切*胡黯	檻户黯切	鑑格懺切	鑑古懺切	狎胡甲切	狎轄甲切
嚴語驗切凡同用	嚴魚杴切	儼宜儉切③	儼魚檢切	釅魚欠切	釅魚欠切	業魚怯切乏同用*魚劫	業逆怯切
凡符咸切	凡符咸切	范防錽切	范父錽切	梵扶汎切	梵扶泛切	乏房法切	乏扶法切

説明：＊號後表示正文所注反切。

第四節　研究方法概述

　　若要較爲全面地考察《廣韻》《集韻》二書，則材料處理所需的工作量也是非常大的。所幸當今時代的科學技術不斷飛躍發展，計算機技術爲我們提供了解決問題的良好途徑。衆所周知，韻書中記載的字音所反映的是一個音韻系統，既然是系統，就有其内在的

---

① 《廣韻》正文作"於敬切"，巾箱本韻目亦作"於敬切"。
② 《廣韻》巾箱本作"于救切"。
③ 《廣韻》鉅宋本、巾箱本《儼韻》"儼"下注"魚掩切"。上、去、入聲末尾六韻次第及同用，參見戴震《考定〈廣韻〉獨用同用四聲表》(《聲韻考》卷二)。

結構,這與數據庫的内涵是非常契合的,我們完全可以根據音系的聚合、組合關係建立起一套數據結構模型和計算機數據庫實體。利用計算機來完成如此複雜的數據處理和統計分析,並且以恒定的品質不斷重複執行繁複的檢索工作,或快速輸出所需要的材料和統計數據,這能使讓皓首窮經而不得其頭緒的風險降到最低,並大大減輕研究者的勞動強度,使其能騰出大量的時間和精力用於學術思考和研究成果的整理,以及相關學術問題的更深入研究。

當然,語料庫的問題關鍵在於數據的準確性。爲儘量減少統計分析中出現的誤差,我們編寫設計了標準化輸入程序界面和數據檢驗流程。爲適應語料庫校勘的複雜性,本課題數據庫也做到了内容的校改不防礙其後統計結果的快速更新,以適應實時需求。研究所需羅列的數據和材料還可以標準化輸出,以快速得到我們想要的文本格式。

一、材料及錄入

(一)《廣韻》先以周祖謨《廣韻校本》爲底本輸入數據庫[①],再校以他本;《集韻》以潭州本爲底本輸入數據庫[②],再對校明州本[③]、金州本[④],並參校他書。

(二)計算機操作系統我們選用的是 MS Windows[⑤]。材料的輸入方式主要采用鍵盤錄入,中文超大字符集内的字多利用海峰五筆和逍遥筆輸入。一些超大字符集裏也没有的字,就采取 UNICODE 轉換的方法。比如,我們可以在 WORD 軟件裏先輸入這些字的 UNICODE 編碼,然後按 ALT+X 可獲得所需的字。

(三)字符編碼使用 UNICODE,主要采用平面爲 Plane 0(BMP)、Plane 1(SMP)、Plane 2(SIP)、Plane 15(PUA)。PUA 主要用於 BMP、SMP、SIP 中都没有的字(在 ISO/IEC 10646:2003 中未編碼),即我們通常所説的電腦中無法輸入的生僻字。字符編碼格式可實現 UTF-32、UTF-16、utf8mb4 轉换。

字體顯示:BMP 用 Windows 自帶宋體,SMP、SIP 選用海峰宋體超大字符集(即 Sun-ExtA, Sun-ExtB)。PUA 使用自造宋體,TTF 格式(即 Truetype),編碼采用 UTF-32 格式,制作軟件爲 High-Logic FontCreator 6.0(見圖 1-2)。字體在操作系統中的注册表裏進行關聯。

[①] 周祖謨:《廣韻校本》,中華書局,2004 年。
[②] (宋)丁度:《集韻(潭州本)》,中華書局,1989 年。
[③] (宋)丁度:《集韻(明州本)》,文物出版社,1996 年。
[④] (宋)丁度:《集韻(金州本)》,綫裝書局,2001 年。
[⑤] 筆者在開展課題研究時,主要采用 windows NT 平臺開發,後期《廣韻》《集韻》數據庫應用系統采用 B/S 結構,目前已搭建好 Linux 平台(centos),ngix+apache+tomcat web 服務負載平衡,所有《廣韻》《集韻》數據已導入 Mysql 數據庫,兼容显顯示擴展字符集字,利用 php/jsp/java 綜合平臺應用系統正在開發之中。

圖 1-2 PUA 自造字圖影

二、數據庫設計

（一）建立《廣韻》《集韻》全文數據表等，編寫韻書輸入、查詢軟件。數據庫使用 MS Access 2007（圖 1-3），它的數據存儲爲 UTF-16 格式，但對 BMP、SMP、SIP、PUA 的編碼字符都能識別和顯示（4 字節字符通過 surragate pair 表示），具體可參看第五章第一節。Mysql 數據庫字符編碼設置爲 utf8mb4，以便支持超大字符集。

（二）《廣韻》《集韻》采用相同的字段結構設計（表 1-2）。

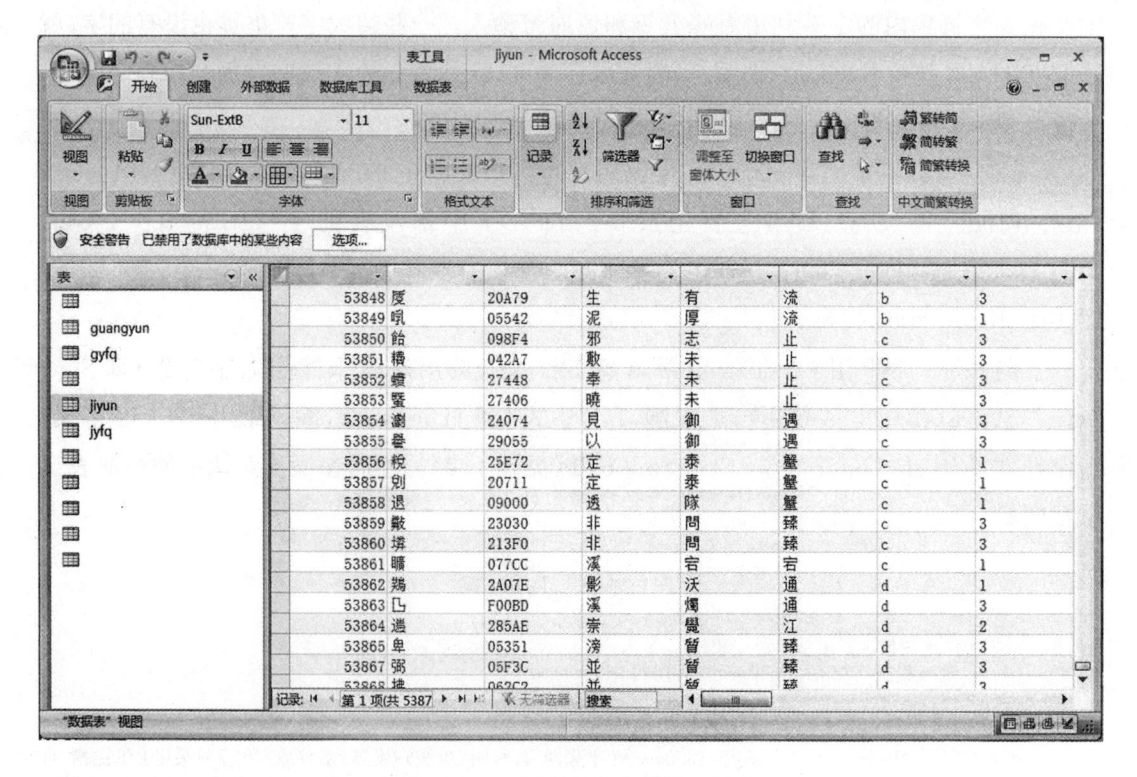

圖 1-3 Access 數據庫字符顯示圖影

表 1-2　《廣韻》《集韻》字段設計表

字段名稱	字段說明	數據類型	字段大小
ID	序號	自動編號	
ZITOU	字頭	文本	255
ZTUNI	字頭 UNICODE	文本	255
SHENG	聲	文本	255
YUN	韻	文本	255
DENG	等	文本	255
SHE	攝	文本	255
DIAO	調	文本	255
KH	開合	文本	255
QZ	清濁	文本	255
FQ	反切	文本	255
SHZ	反切上字 UNICODE	文本	255
XZ	反切下字 UNICODE	文本	255
ZS	注釋	備注	
JZ	校注	備注	
ZISHU	小韻字數	數字	雙精度
YEMA	頁碼及行	文本	255
ZZT	是否字組字頭	是/否	
FQID	反切編號	數字	雙精度

三、程序設計

（一）程序編寫使用 MS Visual studio.net 2005，主要用 VB、C++ 等語言編寫。.net 有較好的兼容性及穩定的平臺，且它支持 UTF-32 編碼格式，功能較多。本課題所用程序爲框架式及功能模塊式設計，便於今後的維護、更新（見圖 1-4）。

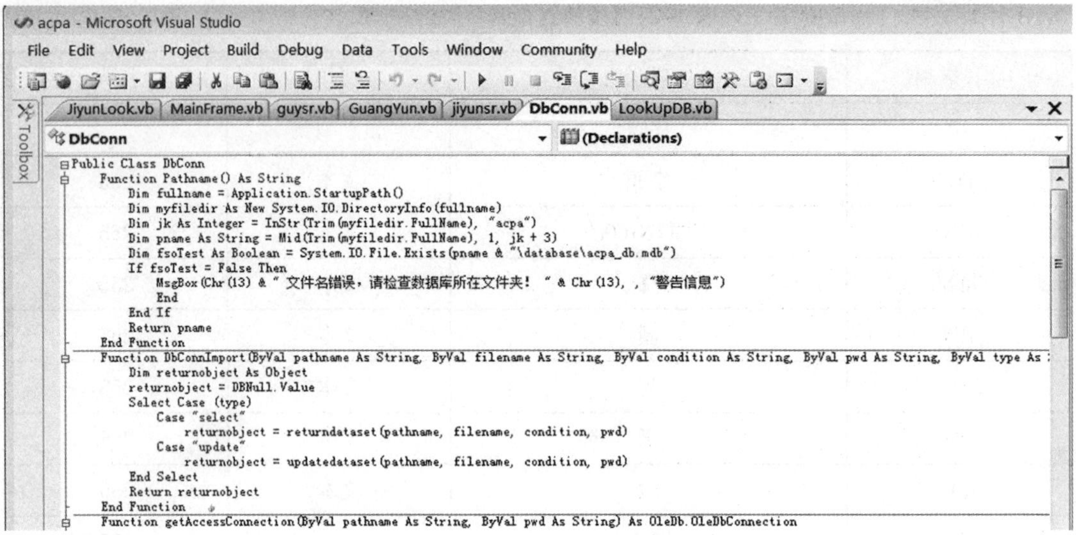

图1-4 .net 程序设计窗口图影

（二）数据库口接口类采用 ADO.NET，ADO.NET 是 .net Framework 内在类，Data Providers 用 OLE DB，Namespace 用 System.Data.OleDb。下例举二函数代码：

例（1） 数据库连接程序

Function getAccessConnection(ByVal pathname As String, ByVal pwd As String) As OleDb.OleDbConnection

  Dim dbConnectionString As String = "Provider=Microsoft.Jet.Oledb.4.0;Jet OLEDB:Database Password=" & pwd & " ;User ID=admin;Data source=" & pathname

  Dim dbConnection As OleDb.OleDbConnection = New OleDb.OleDbConnection(dbConnectionString)

  Try

    dbConnection.Open()

  Catch Ex As Exception

    MsgBox(Err.Description)

  End Try

  Return dbConnection

End Function

例（2） 数据库读取程序

Function returndataset(ByVal pathname As String, ByVal filename As String, ByVal condition As String, ByVal pwd As String) As DataSet

```
        Dim sqlStr As String = condition
        Dim DataAdapter As New OleDb.OleDbDataAdapter
        Dim dataSet As New DataSet
        Dim DataGridView As New DataGridView
        Dim dbConnection As OleDb.OleDbConnection = getAccessConnection (pathname, pwd)
        If dbConnection.State.ToString = "Closed" Then
            MsgBox(Chr(13) & " access 数据库连接失败" & Chr(13), , "警告信息")
        End If
        DataAdapter.SelectCommand = New OleDb.OleDbCommand(sqlStr, dbConnection)
        Try
            DataAdapter.Fill(dataSet, filename)
            DataGridView.DataSource = dataSet.Tables(filename).DefaultView
        Catch Ex As Exception
            MsgBox(Err.Description)
        Finally
            dataSet.Dispose()
            DataAdapter.Dispose()
            dbConnection.Close()
            dbConnection.Dispose()
        End Try
        Return dataSet
    End Function
```

（三）數據查詢、分析等都以UNICODE復驗，以確保結論的可靠。下例爲字符與UNICODE互轉函數代碼：

例（3） 字符與UNICODE互轉函數

```
Function MultiUniLookUp(ByVal condi As String, ByVal weishu As Integer, ByVal lenth As Integer, ByVal type As Integer) As String
        Dim cbytes() As Byte = System.Text.UnicodeEncoding.UTF32.GetBytes(Trim(condi))
        Dim dfg As Integer = cbytes.LongLength - 1
```

```
Dim n, m, kl, ko As Integer
n = weishu - 1
m = 4 * (lenth / 5)
Dim uni As String = ""
Select Case type
    Case 1
        Dim textbytes(3) As Byte
        If Not cbytes Is Nothing And cbytes.Length <> 0 Then
            Dim qq1, qq2, qq3 As String
            For ko = 0 To (Len(condi) / 5 - 1)
                qq1 = "&H" + Mid(condi, 5 * ko + 4, 2)
                qq2 = "&H" + Mid(condi, 5 * ko + 2, 2)
                qq3 = "&H" + Mid(condi, 5 * ko + 1, 1)
                textbytes(0) = CInt(qq1)
                textbytes(1) = CInt(qq2)
                textbytes(2) = CInt(qq3)
                textbytes(3) = 0
                uni = uni + System.Text.UnicodeEncoding.UTF32.GetString(textbytes)
            Next
        End If
    Case 2
        If Not cbytes Is Nothing And cbytes.Length <> 0 Then
            For ko = n To n + lenth - 1
                For kl = 4 * ko + 2 To 4 * ko Step -1
                    If cbytes(kl) < 16 And (kl - 4 * ko <> 2) Then
                        uni += "0" + Hex(cbytes(kl))
                    Else
                        uni += Hex(cbytes(kl))
                    End If
                Next
            Next
```

            End If
        End Select
        Return uni
End Function

（四）程序界面及最後程序打包等用 VB 語言編寫（見圖 1-5、1-6）。

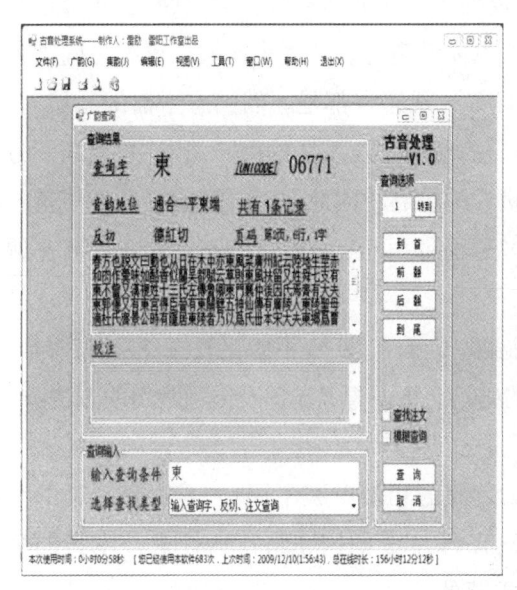

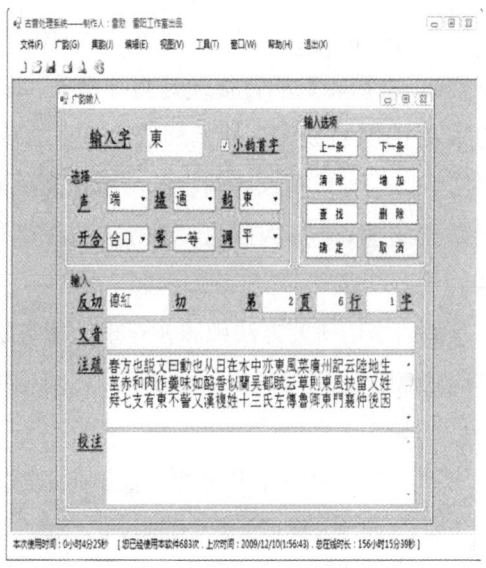

圖 1-5　程序查詢、輸入界面圖影

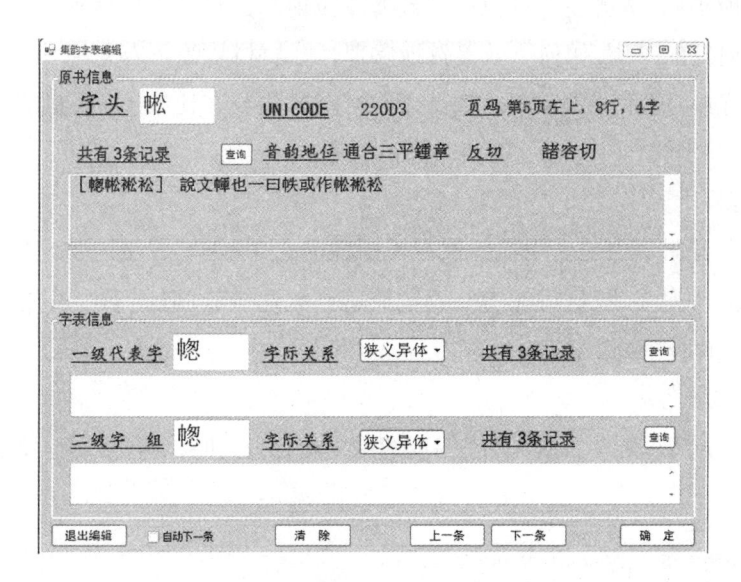

圖 1-6　字際關係整理程序介面

四、音韻研究方法

"研究漢語史的最佳方法,或者最佳方法之一是'歷史文獻考證法'與'歷史比較法'的結合"[①]。魯先生所提倡的"新二重證據法"是我們研究漢語語音史在方法論、哲學層面上總的指導原則。語言研究追求的是語言事實的真實性和語言演變的規律性,二者不可偏廢。在研究中,《廣韻》《集韻》比較所得異同,可能反映了宋時通語和方音的問題,要解釋這些語言現象和總結音變規律,既需歷史文獻的佐證,也需漢語方言的歷史比較。事物之間總是存在聯繫的,事物聯繫的背後便是規律所在,而且每一種語言都是一個動態平衡的系統,在語言的發展中,其各要素之間始終蘊含着對立統一的關係。在漢語的歷時演進中,通語和方音之間當然也包含了共性與個性的交織以及網狀式的發展。因此,在方法論上,我們還需把握好局部與整體、分析與綜合、歸納與演繹等多方面的結合,這樣,研究的結論才不會偏執一端。

具體的學術研究方法應該在尊重上述方法論原則的前題下,不僵化教條,根據實際情況,有創造性地開展工作,以得到客觀、科學、可信的結論。下面再簡單提及幾種常用的方法:

1. 比較法

比較法是通過觀察和分析,找出研究對象之間的相似點與不同點,是認識事物的一種基本方法。通過《集韻》與《廣韻》的比較,揭示《集韻》的內在特徵與性質是本書的基本出發點,因此,比較法在本書的研究中占有最重要的地位。不同的研究對象,采用的比較方法與手段或有所不同,本書便大量使用了數據庫技術和計算機程序處理,力求客觀與高效。材料是漢語史研究的基礎,如何高效優質地處理、總結材料,絕不容忽視。

音韻學研究中,還有一類反切比較法,即類比法,主要在比較《集韻》《廣韻》小韻、字音反切時使用[②]。

2. 數理統計法

數理統計在音韻學中的應用價值還在不斷探討之中,不容置疑的是它的參考價值和輔助性作用。在本研究中,我們可能需要大量使用到數理統計,但其不作爲唯一的評判標準,一切將以語言事實爲依據[③]。

3. 反切繫聯法

反切繫聯法爲清代陳澧首創[④]。在對反切用字進行分析時,多音字用作反切上、下字的情

[①] 魯國堯:《魯國堯語言學論文集》,第 181 頁。
[②] 耿振生:《20 世紀漢語音韻學方法論》,第 48-57 頁。
[③] 耿振生:《20 世紀漢語音韻學方法論》,第 133-161 頁。
[④] 耿振生:《20 世紀漢語音韻學方法論》,第 33-48 頁。

況十分常見,倘若其音讀處理不當,就會影響到繫聯結果的真實性。王曦《〈玄應音義〉音注新探》一文對此專門進行了深入探討[①]。因此,我們在繫聯反切上字、下字時,會利用計算機輔助,先在被切字中檢索每個切語用字,其中的多音字先行標注其常讀音(該多音字常與哪些字繫聯可以通過檢索得知,並作爲參照),然後才按基本條例繫聯,並參照分析條例和補充條例,以及反切比較法所得,最後推導出較爲可靠的結論。

4. 反切上字繫聯算法舉例(反切以字母+公式表達,多音字作切暫不考慮):

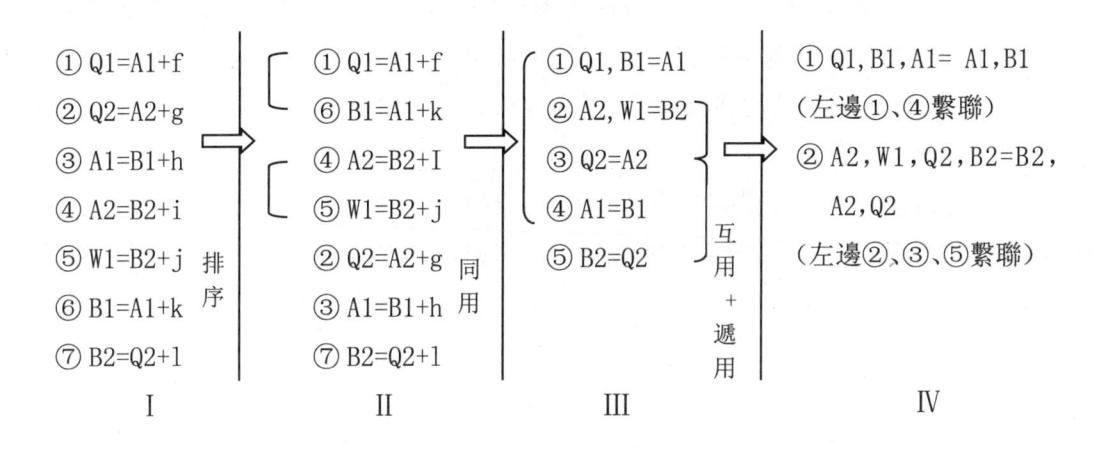

I
① $Q_1=A_1+f$
② $Q_2=A_2+g$
③ $A_1=B_1+h$
④ $A_2=B_2+i$
⑤ $W_1=B_2+j$
⑥ $B_1=A_1+k$
⑦ $B_2=Q_2+l$

排序 ⇒

II
① $Q_1=A_1+f$
⑥ $B_1=A_1+k$
④ $A_2=B_2+I$
⑤ $W_1=B_2+j$
② $Q_2=A_2+g$
③ $A_1=B_1+h$
⑦ $B_2=Q_2+l$

同用 ⇒

III
① $Q_1, B_1=A_1$
② $A_2, W_1=B_2$
③ $Q_2=A_2$
④ $A_1=B_1$
⑤ $B_2=Q_2$

互用+遞用 ⇒

IV
① $Q_1, B_1, A_1 = A_1, B_1$
(左邊①、④繫聯)
② $A_2, W_1, Q_2, B_2 = B_2, A_2, Q_2$
(左邊②、③、⑤繫聯)

第III步通過公式逐條以左邊的字在所有右邊的字中檢索,如果右邊字在左邊出現,則可以繫聯,①、④爲互用關係,②、③、⑤爲遞用關係。最後我們得出兩類反切上字組。

5. 建模檢索法

建模檢索法從原理上講,即根據材料統計分析的具體要求,建立起一定的邏輯或過程模型(即算法),編寫成程序代碼,並在計算機上運行,對錄入的數據及材料進行預設的統計分析,以提高統計分析的效率和準確性。具體來說,就是按設定的條件,嵌套循環地對數據庫進行檢索、排序等,通過設定的程序比較材料間的差異或挑出最合適的部分,然後自動統計數據和輸出所得數據。這種方法有利於我們快速地比較《集韻》《廣韻》之間的異同,迅速檢索到所需的材料和數據,也更有利於我們進一步探討語言演變的規律及歷時語音層次。這種建模檢索法將在本書比對韻書材料和相關數據時大量使用。

值得注意的是,通過計算機語言編寫的代碼(或程序)只是外在的表達形式,而算法才是靈魂。因此,本書所謂建模檢索法也只是方法論的概括,不同的材料統計分析需求必須具體分析,即分析材料與其要求不同,需要的算法也不同。

---

① 王曦:《〈玄應音義〉音注新探》,南京大學博士學位論文(指導教師:劉曉南),2009年。

五、文字研究方法

　　《集韻》異體字研究的理論依據是漢字構形學理論以及漢字語用學理論。漢字構形學是"探討漢字的形體依一定的理據構成和演變的規律。包括個體字符的構成方式和漢字構形的總體系統中所包含的規律","在共時歷史層面上的漢字總體,應當有自己的構形元素,這些元素應當有自己的組合層次與組合模式,因而,漢字的個體字符既不是孤立的,也不是散亂的,而是互相關聯的、内部呈有序性的符號系統"[①]。構形學分析的目的就是要弄清漢字形體結構及變化的規律,通過總結其在漢字系統中的地位,考察漢字構形系統的發展。漢字語用學則主要考察字詞之間的關係以及相應的字際關係與詞際關係,其目的是要弄清漢字記詞職能的發展變化[②]。

　　在上述理論指導下,我們既注重合理利用文獻考證及前人所總結的有關文字、訓詁方面的學科研究方法,還充分發揮了字料庫漢字字形屬性統計分析的作用。下面再簡單提及幾個構形學分析涉及的方面。

(一) 字表整理

　　1. 字際關係的認同以及字表整理

　　在《集韻》數據庫的基礎上,整理出字形表,對各字形的記詞功職能進一步分析,考察字頭之間的字際關係,最終通過程序設計提取所需的各種字表。

　　2. 字形結構分析與整理

　　在各字表的基礎上,依據字理對字形結構進行拆分,編寫程序比較並統計異體字之間的結構差異。

(二) 分析方法

　　1. 構形分析

　　漢字的構形有較强的理據性。根據漢字字形的内在理據,合理地拆分其結構元素,分析構字部件的層次、功能及組合模式,並聯繫整個漢字構形系統,歸納相同功能的構件,總結結構組合模式的規律性。根據功能與作用的不同,一般把構字部件分爲象形、表義、示音、標誌、記號等五大類,而對漢字的結構分析也基本建立在對這五大類之間不同層次的組合模式的認識之上。

[①] 王寧:《漢字構形學講座》,第 10-18 頁。
[②] 李運富:《漢字語用學論綱》,《勵耘學刊(語言卷)》2005 年第 1 輯,第 43-50 頁。

2. 構形比較

對異體字（主要是異構字）間的構件元素、構件數量、結構層次及組合模式（或結構關係）等多個方面綜合比較，並分析其差異，總結其構形規律。特別針對異體字表中的形聲字，統計歸納形符通用、聲符換用的情況，以及分析整理成字聲符所涉及的韻部通用情況。

3. 歷時比較分析

對構件元素形體及功能的歷時比較分析。在漢字的演變過程中，構件的筆畫、形體、功能（即構件義）等也會因各種原因發生變化，通過歷時的比較分析也能揭示漢字構形的演變過程。

4. 字體比較分析

對異體字（主要是異寫字）間的筆畫、體式以及結構佈局等多個方面綜合比較，並分析其差異，總結字形變異規律。

第二章 《集韻》《廣韻》小韻異同及考索(上)

第一節 引 論

北宋四次官修韻書的前三次,其詔令或牒文多用"詳定"、"刊正"、"刊修"等詞,即對前代韻書予以質正、增損①。《集韻·韻例》亦言詔宋祁、鄭戩、賈昌朝、王洙等對《廣韻》加以刊修,而金州本《集韻》卷十所載牒文却云:"欲乞朝廷差官重撰定《廣韻》,使知適從。"那麽,"重撰定"到底是指另起爐灶,還是只對《廣韻》進行刊修?

《集韻》引經據典,博采先儒名家之音,據筆者的統計,其較之《廣韻》實際新增28536字,並新增672個小韻,則《集韻》是如何把這些來源不同的音讀添入韻書的?《集韻》仍以《廣韻》206韻爲框架,在添入這些不同來源的音讀後,是否引起了音類的混同與分化,從而又導致音系結構的變化?自本章起我們將深入探討上述相關問題。

一、字音來源與小韻分合

邱榮鐊《集韻研究》分經、史、子、集開列《集韻》所引據書目百餘種,又歸納出《集韻》所引先儒舊音以及未注出處的唐以後衆經師音數十家。邱氏還認爲《集韻》甚至收有叶韻讀音,如唐韻"郎"小韻(盧當切)所收之"羹"字,注:"腫也。《魯頌》《楚辭》《急就篇》與房、漿、穅爲韻。"②

《集韻》字音增加了大量的異讀,張渭毅認爲《集韻》異讀的來源有:①經典中的先儒之音,其中多部分來自《經典釋文》;②中唐以後韻書、字書中的名家音切;③先秦古音,采自叶韻、異文、聲訓、假借、押韻等材料的字音都有;④時音,既有通語音,也有方音,有的在《集

---

① 雷勵:《〈集韻〉成書摭談》,《北方論叢》2012年第3期,第43-46頁。
② 邱榮鐊:《集韻研究》,第31-42頁。

韻》釋文中注出處,有的通過對照宋人筆記、詩詞用韻等材料也可以看出①。張文主要根據材料反映的歷時語音層次給《集韻》異讀的來源進行分類。

我們分析歸納了《集韻》字音的來源,同時參考張文的分類,認爲《集韻》字音來源基本可分爲以下四類:①承襲《切韻》《廣韻》等前代韻書,②輯錄其他文獻所載經籍舊音等,③增補宋初通語俗音,④收錄宋初方言土語。下面再以這四類爲綱,具體審視《集韻》所錄不同來源的音讀在該韻書中的地位及影響。

(一)承襲《切韻》《廣韻》等前代韻書

一般在判斷某韻書對前代韻書的音系是否有繼承時:一是要看各韻部内的小韻分、合是否與前代韻書一致;二是要看小韻的反切有沒有切語用字音類相混的情況。我們就《集韻》《廣韻》在這兩方面的情況,做個簡要的討論分析。

1. 據我們統計,《集韻》與《廣韻》同韻部間對應的小韻有 3703 個,占《廣韻》總小韻數(3875 個)的 95.56%,占《集韻》總小韻數(4486 個)的 82.55%。二書各韻所收小韻數及同韻部對應小韻數見表 2-1。

(1)《集韻》新增小韻 672 個:

① 有 423 個是填補《廣韻》音系中的音節空格,占《集韻》新增小韻的 62.95%($423 \div 72 \times 100\%$),詳本章第二節;②有 149 個與同韻其他小韻重出(共 130 組對立小韻),這些小韻中又以重紐韻攝的脣、牙、喉音小韻爲主,占《集韻》新增小韻的 22.17%($149 \div 672 \times 100\%$),詳本章第三節;③有 100 個聲韻拼合關係不合《廣韻》音系的小韻,占《集韻》新增小韻的 14.88%($100 \div 672 \times 100\%$),詳本章第四節。

(2)《集韻》刪併《廣韻》原有小韻共 61 個:

①刪除小韻 20 個,合併小韻 41 個;②從被刪併小韻的性質來看,有重紐小韻 5 個,非重紐重出小韻 18 個,通用韻同聲母及等呼小韻 14 個,聲母演變而混併類小韻 11 個,刪除類隔音切小韻 3 個,刪除《廣韻》訛誤小韻 3 個,其他類小韻 7 個;③僅有 1 處因小韻刪除而造成《廣韻》聲母、韻母拼合關係的刪除,即昔韻"菓"字之役切。詳見第三章"刪併小韻"小節。

(3)《集韻》在通用韻間轉移《廣韻》小韻 111 個,其中屬開合分立通用韻的共 102 個。這些小韻被轉移後沒有因此而造成小韻重出。詳第三章"轉移小韻"小節。

---

① 張渭毅:《〈集韻〉異讀研究》,《中古音論》,第 49-60 頁。

表 2-1 《廣韻》《集韻》各韻所收小韻及對應小韻數目表

韻目	廣韻	集韻	對應	韻目	廣韻	集韻	對應	韻目	廣韻	集韻	對應	韻目	廣韻	集韻	對應
東	34	39	34	董	14	16	13	送	27	29	27	屋	46	47	46
冬	10	12	10					宋	5	8	5	沃	15	18	15
鍾	24	28	24	腫	22	23	21	用	17	19	17	燭	22	28	22
江	18	18	18	講	7	12	7	絳	9	13	9	覺	19	19	19
支	57	67	56	紙	51	52	49	寘	47	54	47				
脂	42	46	42	旨	35	39	34	至	54	60	54				
之	25	24	24	止	25	32	25	志	24	27	24				
微	15	18	15	尾	13	18	12	未	16	19	16				
魚	24	25	24	語	27	26	26	御	25	25	25				
虞	28	29	28	麌	23	24	23	遇	26	29	26				
模	19	20	19	姥	18	18	18	暮	19	22	19				
齊	26	29	26	薺	17	20	17	霽	23	24	23				
								祭	38	44	35				
								泰	31	32	30				
佳	17	21	17	蟹	15	24	14	卦	19	21	18				
皆	24	33	24	駭	4	11	4	怪	19	26	19				
								夬	18	20	17				
灰	19	19	19	賄	17	23	16	隊	19	22	18				
咍	18	21	18	海	21	22	19	代	16	20	16				
								廢	7	13	7				
真	33	26	22	軫	18	5	4	震	23	4	4	質	38	53	36
諄	18	39	17	準	15	42	14	稕	7	38	7	術	14	13	12
臻	3	4	3									櫛	3	4	3
文	9	12	9	吻	8	4	4	問	9	4	4	物	11	4	4
殷	5	6	5	隱	8	12	7	焮	5	16	5	迄	5	15	5
元	14	18	14	阮	15	22	15	願	17	19	17	月	16	22	16
魂	19	21	19	混	17	19	17	慁	18	6	6	沒	20	22	19
痕	5	4	4	很	3	6	3	恨	4	21	4				
寒	14	16	14	旱	11	4	4	翰	15	6	6	曷	15	15	14
桓	18	19	18	緩	17	30	17	換	19	28	19	末	18	18	17
刪	15	17	14	潸	14	15	14	諫	17	19	17	黠	21	25	21
山	21	25	21	產	10	13	10	襇	9	11	9	鎋	21	24	21
先	23	23	23	銑	17	22	17	霰	21	26	21	屑	24	25	24
仙	50	54	50	獮	45	57	45	線	42	50	41	薛	49	54	47
蕭	10	13	10	篠	12	14	12	嘯	11	13	11				

续表

韻目	廣韻	集韻	對應	韻目	廣韻	集韻	對應	韻目	廣韻	集韻	對應	韻目	廣韻	集韻	對應
宵	29	30	28	小	23	26	21	笑	22	28	22				
肴	19	21	19	巧	14	15	14	效	18	18	18				
豪	19	19	19	晧	18	19	18	号	17	21	17				
歌	14	6	6	哿	14	14	14	箇	12	14	11				
戈	27	37	27	果	19	20	18	過	22	21	19				
麻	39	43	37	馬	36	42	35	禡	34	37	34				
陽	32	34	32	養	32	32	29	漾	32	34	32	藥	30	33	30
唐	24	26	24	蕩	23	23	23	宕	21	23	21	鐸	26	27	26
庚	28	30	28	梗	22	30	22	映	23	30	23	陌	30	33	29
耕	19	20	18	耿	5	6	5	諍	6	6	5	麥	23	28	23
清	23	29	23	靜	16	22	16	勁	18	22	18	昔	23	36	22
青	15	25	15	迥	21	23	21	徑	12	18	12	錫	22	24	21
蒸	23	28	23	拯	4	9	4	證	16	20	16	職	31	32	31
登	17	22	17	等	4	11	4	嶝	12	14	12	德	21	21	21
尤	31	31	30	有	28	30	28	宥	30	31	30				
侯	17	18	17	厚	19	21	19	候	18	18	18				
幽	11	15	11	黝	3	4	3	幼	4	6	3				
侵	27	28	27	寑	28	29	26	沁	19	27	19	緝	30	30	30
覃	15	18	15	感	15	18	15	勘	14	18	14	合	17	16	15
談	12	20	12	敢	13	14	12	闞	10	13	10	盍	16	16	16
鹽	25	28	25	琰	19	24	17	豔	15	12	12	葉	21	29	21
添	9	11	9	忝	10	12	10	㮇	10	10	10	帖	13	13	12
咸	10	15	10	豏	14	15	13	陷	10	11	9	洽	13	16	13
銜	8	13	8	檻	7	8	6	鑑	9	11	9	狎	6	8	6
嚴	4	9	4	儼	3	6	3	釅	4	11	3	業	7	9	7
凡	3	5	3	范	6	9	6	梵	5	3	2	乏	6	7	6

（4）我們隨機選取魚韻系爲例進一步說明《集韻》《廣韻》同韻部小韻對應的情況。

《廣韻》魚韻共 24 個小韻，《集韻》保留了其所有小韻的分立（見表 2-2）。又《廣韻》御韻共 25 個小韻，《集韻》也全部保留了其所有小韻（限於篇幅，暫不列御、語韻小韻對應表）。《廣韻》語韻共 27 個反切，《集韻》承襲了其中的 26 個。《廣韻》語韻"紓"小韻／神與切，屬船母三等（《廣韻》魚韻系船母小韻僅此一個），在《集韻》中被併入禪母三等上與切之"墅"

小韻中。《王三》語韻"紓"字署與反,禪母三等,在"墅"小韻。《集韻》同《王三》[①]。

表 2-2 《廣韻》《集韻》魚韻對應小韻表

《廣韻》		《集韻》		《廣韻》		《集韻》		《廣韻》		《集韻》	
袽	女余	絮	女居	除	直魚	除	陳如	如	人諸	如	人余
臚	力居	臚	凌如	葅	側魚	葅	臻魚	居	九魚	居	斤於
苴	子魚	苴	子余	初	楚居	初	楚居	虛	去魚	虛	丘於
疽	七余	疽	千余	鉏	士魚	鉏	牀魚	渠	強魚	渠	求於
胥	相居	胥	新於	疏	所葅	疏	山於	魚	語居	魚	牛居
徐	似魚	徐	詳余	諸	章魚	諸	專於	虛	朽居	虛	休居
豬	陟魚	豬	張如	書	傷魚	書	商居	於	央居	於	衣虛
攄	丑居	攄	抽居	蜍	署魚	蜍	常如	余	以諸	余	羊諸

說明:上表分三欄,所列均係小韻首字及其反切。

2.《集韻》《廣韻》反切對比。

(1)《廣韻》《集韻》同韻對應且切語相同的小韻有 1174 個,占《廣韻》總小韻數的 30.30%。

例如,東韻"忡"小韻/敕中切、"窮"小韻/渠弓切,冬韻"冬"小韻/都宗切、"炵"小韻/他冬切,鍾韻"松"小韻/祥容切、"舂"小韻/書容切。

(2) 反切上字或下字不同,但改用後無音類相混的小韻共 2419 個,占《廣韻》總小韻數的 62.43%。

例如,《廣韻》江韻初母開口二等"囱"小韻切語作"楚江切",《集韻》改作"初江切";模韻曉母合口一等"呼"小韻切語作"荒烏切",《集韻》改作"荒胡切";《廣韻》哈韻來母開口一等"來"小韻切語作"落哀切",《集韻》改作"郎才切"。這些小韻在《廣韻》音系中的音韻地位沒變,切語用字也無音類間混用的情況。

以上數據説明,一方面《廣韻》(或《切韻》)的音系結構在《集韻》中基本上得以保留,另一方面《集韻》大量吸收《廣韻》(或《切韻》)的音切,一千多個同韻部對應小韻的相同反切,足以證明《集韻》是建立在對前代韻書刊修的基礎上的。我們另外再舉個例子以支持以上觀點,《廣韻》紙韻有船母開口三等神旨切"舓"小韻和禪母開口三等承紙切"是"小韻,《集

---

① 又《經典釋文·毛詩音義中·甫田之什第二十一》卷第六"以紓,音舒。何常汝反",常字爲禪母字,則紓字亦爲禪母字。按,《切三(S2071)》《王一》《王二》語韻"紓"小韻均作神與反,船母三等,與禪母三等"野"(俗作墅)小韻分立。《廣韻》與《切三》《王一》《王二》同。

韻》改紙韻"舓"小韻的反切作"甚尒切",改紙韻"是"小韻的反切作"上紙切"。甚、上二字均爲禪母字,《集韻》"舓"小韻以禪母字切船母,船、禪相混,但紙韻"舓、是"二小韻又各自獨立,並没有合併,這反過來也説明《集韻》對《廣韻》的音系結構是接納的。

(二)輯録其他文獻所載經籍舊音

《集韻》博收經籍文獻所載先儒、名家的音讀,其所引文獻不一而足。我們僅舉《集韻》引據《經典釋文》(後文簡稱"釋文")所載音讀數例如下,並作簡要説明。

1.《集韻》非新增小韻例

例(1) 窾,東韻枯公切,注:"空也。《莊子》:'導,大窾。'向秀讀。"

按,《釋文·莊子音義·養生主第三》卷第二十六:"大窾,徐苦管反,又苦禾反。崔、郭、司馬云:'空也。'向音空。"《集韻》"窾"字枯公切音與向秀音讀同。

《廣韻》東韻本有"空"小韻/苦紅切,溪母合口一等;《集韻》東韻"空"小韻作"枯公切",其音韻地位與《廣韻》同。《廣韻》"窾"字無東韻溪母合口一等之音,《集韻》收"窾"字向秀所注讀音,折合入東韻"空"小韻中。不過,這也僅是增加了"窾"字的讀音,没有新增小韻(或者説音節)。《集韻》中此類情況甚多,較爲常見,故不一一列舉。

2.《集韻》新增小韻例

根據增收字音的實際情況,還可以根據新增小韻對音系結構的具體影響,繼續分爲填補音系空格類小韻、同韻重出小韻、特殊小韻三類,我們舉例説明如下[①]。

(1)填補音系空格類

例(2) 䰝,蒸韻即凌切,注:"《爾雅》䰝謂之鬵。"

按,《釋文·爾雅·釋器第六》卷二十九:"䰝,本或作甑。即凌反,又子孕反。"《集韻》"䰝"字即凌切與《釋文》同。

《廣韻》蒸韻無精母開口三等小韻,《集韻》蒸韻新增"䰝"小韻/即凌切。《集韻》蒸韻精母開口三等僅有"䰝"小韻,不與同韻内其他小韻重出。又《廣韻》平聲蒸韻有"繒"小韻/疾陵切,從母開口三等,《集韻》蒸韻"繒"小韻作"慈陵切"。《廣韻》去聲證韻"甑"小韻/子孕切,精母開口三等,《集韻》證韻"甑"小韻亦作"子孕切",與《廣韻》同。《集韻》所增"䰝"小韻/即凌切有去聲相承小韻,又有"繒"小韻與之拼合關係相近,屬填補音系空格性質。

---

① 張渭毅也把新增小韻分爲三類:"甲類小韻跟《廣韻》已有的小韻反切的音韻地位相同,形成重出小韻;乙類小韻《廣韻》没有,但可以填補《廣韻》聲韻調配合的空檔,爲《廣韻》音節結構所容納;丙類小韻《廣韻》没有,溢出《廣韻》音節結構之外,没有相應的聲韻調配合的空檔可供填空。"張文没有展開討論。具體參見其《〈集韻〉的反切上字所透露語音信息(上)》,《南陽師範學院學報》2000年第1期,第22頁。

(2) 同韻内新增重出小韻類

例(3) 趙,筱韻起了切,注:"刺也。《詩》'其鎛斯趙',沈重讀。"

按,《釋文·毛詩音義下·閔予小子之什第二十八》卷第七:"趙,徒了反。刺也。又如字。沈起了反,又徒少反。"《集韻》筱韻"趙"字起了切音與《釋文》所載沈重切語同。

《廣韻》筱韻本有"磽"小韻/苦皎切,溪母開口四等,《集韻》筱韻亦有"磽"小韻,作"輕皎切"。《集韻》又新增溪母開口四等"趙"小韻/起了切。邵榮芬認爲:"這種保留前人反切原貌,不加改動的態度,就有存疑的意思。"①且邵氏認爲這種小韻對立不表示語音上的對立。我們對比《集韻》《釋文》此類音注材料後,認爲還可以對該類重出小韻做進一步的分析研究。今舉例説明如下。

A.《集韻》紆,虞韻匈于切,注:"曲也。《周禮》:'連行、紆行。'李軌讀。"

按,《釋文·周禮音義下·冬官考工記下》卷第九:"紆行,乙俱反。李又香于反。"《集韻》虞韻"紆"字匈于切音韻地位與李軌香于反同。

B.《集韻》鮍,脂韻貧悲切,注:"魚名。《爾雅》:'鱊、鮍、鱖、鯢。'施乾讀。"

按,《釋文·爾雅音義下·釋魚第十六》卷第三十:"鮍,郭音步。《字林》'丘於反'。施蒲悲反。"《集韻》脂韻"鮍"字貧悲切音韻地位與施乾蒲悲反同。

同樣來源於《釋文》,《集韻》却並未於虞韻另立"紆"小韻/香于切與"籲"小韻/匈于切(《廣韻》作況于切)重出對立,以及於脂韻另立"鮍"小韻/蒲悲切與"邳"小韻/貧悲切(《廣韻》作符悲切)重出對立。因此前文所列"趙"小韻/起了切音,只有在《集韻》編著者讀來與"磽"小韻/輕皎切音確有不同,才會另立小韻,否則就會置"趙"字入筱韻"磽"小韻中,或者不必收"趙"字起了切音。

(3) 不合《切韻》音系結構類

例(4) 巢,肴韻徂交切,注:"《爾雅》:'大笙謂之巢。'孫炎讀。"

按,《釋文·爾雅音義上·釋樂第七》卷第二十九:"巢,孫、顧並仕交、莊交二反。孫又徂交反。巢,高也,言其聲高。"《集韻》肴韻新增的"巢"字徂交切與孫炎切語同。

徂字係從母字,《集韻》却以之爲開口二等小韻的切上字,於《切韻》音系結構不合。邵榮芬認爲此徂交切係精、莊組聲母互切,《集韻》把這類"反切或讀音引入自己的體系而不加折合,當然就顯得有點格格不入了"②。

《集韻》用從母字作開口二等切上字的還有"虓"小韻/昨閑切、"鲰"小韻/才咸切、"獮"小韻/在銜切、"谼"小韻/才瘵切、"傪"小韻/才鑒切等5個小韻,而《廣韻》此類小

---
① 邵榮芬:《〈集韻〉音系簡論》,《邵榮芬音韻學論集》,第368頁。
② 邵榮芬:《〈集韻〉音系簡論》,《邵榮芬音韻學論集》,第539頁。

韻僅"虦"小韻/昨閑切。余迺永認爲《廣韻》昨閑切係"士山切之類隔切也,當删"①。

按,《集韻》看韻"巢"小韻/鋤交切音韻地位同《廣韻》鉏交切,亦與《釋文》所載之仕交切同,鋤、鉏、仕三字均爲崇母字。《集韻》看韻既立"巢"小韻/鋤交切,又保留了孫炎所注"巢"字徂交切。不論徂交切是否屬於從、崇類隔,或爲衍文,又或係作者存疑而保留原切,都實際反映了《集韻》編著者認爲"徂交切"與"鋤交切"有所不同,换句話説,亦即反映崇、從母的對立。

(三)輯録宋初通語俗字音

1. 注文有標記類

例(5) 汽,質韻億姞切,注:"水涸。今謂去飯水爲汽。"

按,《釋文·爾雅音義上·釋詁第一》卷第二十九:"汽,古愛反。施音既。樊、孫虚乞反。"通檢《釋文》汽字音注,其中没有與億姞切相應的讀音,《廣韻》亦無汽字。"今謂"即云宋初之通語。

例(6) 嬸,寑韻式荏切,注:"俗謂叔母曰嬸。"

按,元陶宗儀《南村輟耕録·卷十七》記載:"宋張文潛《明道雜志》云:'經傳中無嬸、妗二字。嬸字乃世母字,二合呼;妗字乃舅母字,二合呼也。二合,如真言中合兩字音爲一。'"②魏了翁《鶴山先生大全文集·跋吴正憲公帖》云:"則余亡友宋正仲之説已得之,猶恨有闕遺者。如謂壻爲郎,謂叔父爲叔,叔母爲嬸等語,皆漢魏以後流俗稱道,求其義而不得者。雖士大夫亦不免襲訛踵陋,當並出之以識世變云。"

綜合這兩則材料,我們推測,《集韻》汽字所注"今謂"、嬸字所注"俗謂"可能來源於當時的口語,而俗語詞可入官韻,又説明這些俗語詞的地位正在上升。

當然,並非所有注"今謂"、"俗謂"之類的字都來源於通語或基礎方言。例如:

A.《集韻》梯,齊韻田黎切,注:"桑也。今俗呼桑樹小而條長者爲女桑。"

按,《爾雅·釋木第十四》"女桑、梯桑"郭璞注云:"今俗呼桑樹小而條長者爲女桑樹。"《集韻》與《爾雅》郭注同,此"今俗"並非一定真是北宋時的俗語詞。

B.《集韻》動,董韻覩動切,注:"振動,拜也,以兩手相擊而拜。一曰:今倭人拜以兩手相擊,蓋古之遺法。"

按,《釋文·周禮音義上·宗伯下》卷八:"振動,如字。李依大夫音董。杜徒弄反。今倭人拜以兩手相擊,如鄭大夫之説,蓋古之遺法。"振動乃古代九拜之一。

---

① 余迺永:《新校互注宋本廣韻定稿本》,第652頁。
② 據《明道雜志》載,此爲宋王聖美所言。

2. 注文無標記類

（1）就筆者目力所及，《集韻》新增小韻中無明確標注"今謂"、"俗謂"之類的字，當然，我們不能反過來說無明確標注的新增小韻沒有來源於當時通語音的。

（2）《集韻》改用《廣韻》切語用字而造成音類有差異，其中一部分也很有可能是受當時通語的影響。例如：

例（7）　A.《廣韻》止韻"士"小韻／鉏里切，《集韻》改作上史切；

B.《廣韻》洽韻"箑"小韻／士洽切，《集韻》改作實洽切。

崇母與禪母、船母混切。周祖謨《宋代汴洛語音考》考證出宋代汴洛語音崇、禪母不分①，而"洛邑之音，亦即當時中州之恒言"②。那麼，《集韻》崇、禪混用就是當時通語或基礎方言的表現③。同時《集韻》中也有不少船、禪母混切的例子，如，《廣韻》葉韻"涉"小韻／時攝切，《集韻》改作"實攝切"，可看作當時通語或基礎方言的表現④。

（四）收錄宋初方言土語

《集韻》還收錄了不少方言土語詞，且大多標注通行區域⑤。僅以吳語為例，據筆者統計，《集韻》注"吳俗"者6條，"吳人謂"或"吳人……謂之"者21條。我們同樣以是否影響到音系結構或音類為標準，對這部分材料加以說明。

1.《集韻》非新增小韻例

（1）所收的這些方言土語詞中，一部分標注通行區域而引自揚雄《方言》。例如：

例（8）　盲，宕韻莫浪切，注："耄昏不知兒。一曰：凡使人不荅曰盲。沅湘間語。"

按，《方言》卷十："諫，不知也。沅澧之間，凡相問而不知荅曰諫，使之而不肯荅曰盲。"《集韻》所錄與《方言》同。

（2）有些標通行區域，而《方言》又不載；還有一些在《集韻》注文中沒有標注通行區域。其中有部分字音，筆者據手頭的文獻，暫未搜得有其記錄的材料，若日後有新的發現，再行論證，今例證數條能找到旁證的條目，以茲說明。

例（9）《集韻》宥韻如又切下收"肉、揉"二字，肉字注："錢璧之體。"

《廣韻》肉字僅屋韻如六切一音。按，《釋文·爾雅音義上·釋器第六》卷第二十九："肉倍，如字。又如授反。璧邊也。注及下同。"如又切與如授反音韻地位同。又周祖謨《宋代方音》引北宋沈括《夢溪筆談》卷一：

---

① 周祖謨：《問學集》，第595頁。
② 周祖謨：《問學集》，第582頁。
③ 蔣紹愚：《近代漢語研究概況》，北京大學出版社，1994年，第58頁。
④ 周祖謨：《問學集》，第659頁。
⑤ 關於《集韻》方言詞研究，有馮慶莉《〈廣韻〉和〈集韻〉方言詞比較研究》。

如"壁有肉好",肉音揉者,北人音也。……至今河朔人謂肉爲揉。①

則《集韻》肉音如又切既可能是對《釋文》所載讀音的引用,又可能是北宋河朔方言的反映。

例(10) 胝,模韻東徒切,注:"胍胝,大腹皃。一曰椎之大者。故俗謂仗頭大爲胍胝。關中語訛爲胍櫥。"

《廣韻》"櫥"字音麻韻陟瓜切,《集韻》"櫥"字有二音:麻韻張瓜切、麻韻莊華切。又《集韻》"胝"字另有麻韻陟加切一音,注:"胍胝,腹大。今謂杖頭大者曰胍胝。"

《集韻》編著者在模韻"胝"字的注釋中,明確指出關中"胝"訛"櫥",這就給了我們一條信息,宋初關中方言可能存在模韻與麻韻相通的情況,與通語或基礎方言有所不同,而《集韻》胝字有麻韻音也是方言中模韻與麻韻相通的反映。今陝西乾縣及漢中西部等地今尤言"姑婆"爲"瓜婆"②。

儲泰松《唐五代關中文人的用韻特徵》一文在考察唐五代關中文人用韻後,得關中文人歌戈部、家麻部與魚模部通押者三例③:

白居易五古《效陶潛古體詩十六首之八》叶"酤何佳過多花斜華歌"。
杜光庭五古《真人贊六首之二》叶"波柯羅俎遐他霞家多"。
白居易《履道新居二十韻》叶"池通淺沮溝","沮"下注:秋夜反。

劉曉南先生在考察宋代四川詩人用韻後,得魚模部與麻車部通押者共 7 例,又引宋趙彥衛《雲麓漫抄》卷三④:

韓退之《祭女挐文》,自稱曰"阿爹"、"阿八",豈唐人又稱母爲阿八?今人則曰媽。按《詩》:"來朝走馬,率西水滸。"馬音姆,豈中國之人,因西音而小轉耶?

按,《集韻》姆又讀姥韻滿補切。綜合以上多則材料,可輔證宋初關中方言模韻與麻韻相通,實與中原不同。

---

① 周祖謨:《問學集》,第 658 頁。
② 按,漢中方音由鄧强博士(漢中人)提供,謹此致謝。另,清俞樾撰《春在堂隨筆·卷九·乙酉夏日》載:"唐宋婦人每稱其姑,曰阿家。以曹大家例之,似阿家亦應讀姑。然馬令《南唐書·李家明傳》注曰:'江浙謂舅爲官,謂姑爲家。'"(見《春在堂隨筆》,江蘇人民出版社,1984 年,第 149 頁)
③ 儲泰松:《唐五代關中文人的用韻特徵》,《安徽師範大學學報》2002 年第 3 期,第 354 頁。
④ 劉曉南、羅雪梅:《宋代四川詩人陰聲韻入聲韻通押中的方音現象》,《古漢語研究》2007 年第 3 期,第 11 頁。

下面我們再列舉一些標注通行區域而《方言》未載的材料：

松,鍾韻思恭切,注："木也。關內語。"
稻,晧韻土晧切,注："秔也。關西語。"
㳦,旨韻之誄切,注："之誄切。閩人謂水曰㳦。"
囝,獮韻九件切,注："閩人呼兒曰囝。"
㛇,蟹韻奴解切,注："奴解切。楚人謂女曰㛇。"
䇳,馬韻側下切,注："炭籠。長沙語。"
鱵,脂韻才資切,注："魚名。鯰也。江東語。"
㕦,御韻陟慮切,注："吳俗謂盛物於器曰㕦。"
嘮,姥韻籠五切,注："嘮嘮。吳俗呼猪聲。"
襻,桓韻逋潘切,注："衣表也。吳俗語。"
䓀,阮韻窘遠切,注："艸名。葦也。巴蜀語。"
能,等韻奴等切,注："奴等切。夷人語。多也。"

2.《集韻》新增小韻例
與《廣韻》比較,《集韻》收入的某些方言土語詞使該韻部又新增了小韻。
（1）填補音系空格類
　　例（11）　耳,拯韻仍拯切,注："耳也。關中、河東語。"
《廣韻》平聲蒸韻有"仍"小韻／如乘切,日母三等,《集韻》蒸韻"仍"小韻作如蒸切,音韻地位同《廣韻》。《廣韻》去聲證韻有"認"小韻／而證切,日母三等,《集韻》證韻"認"小韻作如證切,音韻地位與《廣韻》同。《廣韻》上聲拯韻無日母三等小韻。《集韻》所增"耳"小韻／仍拯切有平、去聲相承小韻,屬填補音系空格性質。
（2）同韻內新增重出小韻類
　　例（12）　挼,麻韻儒邪切,注："揉也。關中語。"
《廣韻》麻韻本有"若"小韻／人賒切,日母開口三等,《集韻》麻韻亦有"若"小韻,作人奢切。《集韻》又新增日母開口三等"挼"小韻／儒邪切。兩個音韻地位相同的反切並列於同一韻部內,本應該合併,但如上例（4）所論,關中方言麻韻與模韻通,則"挼"小韻／儒邪切與"若"小韻／人賒切分立,有可能就是關中方言與通語音有差異的體現。
（3）不合《切韻》音系結構類
　　例（13）　頤、臣,咍韻曳來切,注："曳來切。頷也。關中語。或省。文二。"
《廣韻》以母與開口一等拼合的小韻只有兩例,即海韻以改切（收"䑁"、"脜二字）、夷在切（收"佁"字）①，《集韻》海韻"脮、脌"二字併入影母倚亥切之"欸"小韻，而"佁"字仍爲以母夷在切，這又說明編著者對以母與開口一等拼合是承認的。《集韻》以母與一等拼合的小韻還有談韻"㽼"小韻／與甘切、賄韻"阮"小韻／俞罪切。

例（14） 㛋，勘韻辱紺切，注："辱紺切。淮南呼母。一曰媞也。文一。"

《廣韻》日母與一等拼合的小韻有海韻"疓"小韻／如亥切②。《集韻》此類反切還有咍韻"荋"小韻／汝來切、魂韻"䏶"小韻／儒昆切、談韻"姌"小韻／汝甘切、海韻"疓"小韻／汝亥切、感韻"㭆"小韻／如坎切、暮韻"𢞫"小韻／儒互切。

（五）小結

通過以上材料的分析，我們對《集韻》大致有這樣一個印象，其音系結構主要承自《廣韻》（或《切韻》），而其編著者對新增的字音，儘量地折合入原有的音系框架內，通俗地講，即填入原有小韻中，也有小部分通過新增小韻的形式來體現。這些新增小韻在音系內有不同的表現，有的佔據音系空格，有的或因其讀音實有不同而與同韻內其他小韻重出，還有的不符合《切韻》音系結構，係特殊小韻。那麼，我們又應該如何去解讀這樣的一種刊修方式？

二、《集韻》的編著

上文我們總結了《集韻》所收不同來源的字音在音系中的表現形式，並具體討論了《集韻》的刊修方式，接下來我們就如何解讀《集韻》編著的原理以及如何解構《集韻》的音系或音類兩個方面，繼續深入探討。

（一）《集韻》編著的原理

儲泰松《隋唐音義反切研究觀念與方法之檢討》一文指出："不管真實情況如何，作者心目中都有一個取音標準，並以其準則注音。至於後來所作之音與所據之音出現參差，那是作者在執行取音標準的過程中遵守謹嚴的程度不一造成的，並不能以此否定取音標準的存在。"③儘管這是對隋唐音義書的討論，但這個觀點同樣適用於《集韻》的編著。承前所論，《集韻》就是以它之前的韻書——《廣韻》（或《切韻》）音系爲其音系結構準則的。

---

① 《說文解字·人部》卷八："佁，癡皃。从人台聲，讀若騃。夷在切。"騃字在《廣韻》中有牀史切（崇母止韻）、五駭切（疑母駭韻）二音。《集韻》騃字另有海韻五亥切一讀。余迺永認爲上古喻四歸定，夷在切應併入海韻徒亥切"駘"字處，見《新校互注宋本廣韻定稿本》，第747頁。

② 余迺永認爲如亥切應併入海韻奴亥切"乃"小韻處，見《新校互注宋本廣韻定稿本》，第747頁。

③ 儲泰松：《隋唐音義反切研究觀念與方法之檢討》，《復旦學報》2002年第4期，第135-136頁。

《集韻·韻例》所反映的必有所據、務求全面、體例規整、精準簡潔等四個方面的要求或者説原則,也都是當今我們編纂辭書字典時應該堅持的[①]。但問題也隨之而來了,對於有着不同來源的音讀,《集韻》對它們的收録就需要采取一些措施。

　　面對所收録的音讀材料,《集韻》編著者根據自己的拼讀或理解,先去找與之同音的原有小韻,這就是折合。其中有些可能不合於《廣韻》(或《切韻》)的音系結構,即没有這種拼合關係的音節,或者儘管有這種拼合關係,但《廣韻》(或《切韻》)音系中相應拼合有音無字——眾所周知,語言符號是音義的結合體,二者缺一不可,而編著者又爲了不失其真,只得另立小韻,並保留原來的音切(參見上文例子)。

　　客觀結果上,這些新增的小韻有的填補了音系中的空格,有的在同韻内小韻重出,有的以不合音系結構的面目出現(主要體現於反切)。

　　我們可以再用現代辭書的編纂爲例進一步説明。現代漢語字、詞典多依音序編排,即以普通話音節爲最小編排單位,與《廣韻》《集韻》等韻書類似。

　　《現代漢語詞典(第5版)》(商務印書館,2006年)中也收有不少方言詞,例如:

① 第763頁:

　　閌　kāng　[閌閬](kāngláng)〈方〉❺建築物中空廓的部分:這井下面的～這么大啊! 也叫閌閬子。

② 第905頁:

　　姆　m̄　[姆媽](m̄·mā)〈方〉❺①母親。②尊稱年長的已婚婦女:張家～。

③ 第983頁:

　　孬　nāo　〈方〉❺①壞,不好:這個牌子的電器最～。②怯懦;没有勇氣:～種。

④ 第991頁:

　　妮　nī　[妮子](nī·zi)〈方〉❺女孩兒。也説妮兒。

[①] 雷勵:《〈集韻〉〈廣韻〉體例之比較》,《勵耘學刊(語言卷)》2011年第2輯,第221-232頁。

以上列舉的都是《現代漢語詞典（第5版）》中所收的方言詞。《現代漢語詞典》所依據的是現代漢語普通話音系，我們根據詞典中記錄的這些方言詞所在音節的性質，具體也可以把它們分爲三類：

（1）填入現有音節類

例①屬填入現有音節類。現代漢語普通話音節有 kāng 這樣的音節，如"康_{健~}、糠_{米~}"都讀 kāng，《現代漢語詞典（第5版）》中也都有收錄。

（2）填補音系空格類

例③、④屬於占用空格類。現代漢語普通話音系中有 nao、ni 這种聲母、韻母組合，如"腦_{電~}"讀 nǎo，"你"讀 nǐ，只是它們的聲調與例③、④不同。現代漢語普通話中，一般不說 nāo、nī 這樣的音节（按，我們僅以《現代漢語詞典》《新華字典》所收錄的爲標準），所以在 nao、ni 等讀阴平時就出現了音系中的空档，引入的方言音節就補充了這個空格。

（2）新增特殊音節類

例③爲自成音節的輔音，屬新增特殊音節類。筆者曾在《湖南安化方言中的自成音節ŋ略論》一文中討論過普通話自成音節的情況，並提道："普通話中自成音節一般是語氣詞，如'嗯'等，且數量相當少。一般講普通話音系的書上都沒有涉及自成音節，《漢語拼音方案》中也没有講自成音節的情況。"①

普通話中没有 m̄ 音節，而《現代漢語詞典（第5版）》采取另立收錄的辦法，類似於上文提到的所謂"另立小韻"。

（二）對《集韻》音系解讀方法的思考

徐通鏘在《歷史語言學》中強調："差異，這是語言史研究的客觀基礎，而對差異的比較則是語言史研究的主要方法。"②《集韻》是在《廣韻》基礎上刊修而成的一部大型韻書，只有通過二書的全面比較，才能更好地解讀《集韻》音系，以總結《集韻》的語音史研究價值。由此，如何比較並總結出二書的差異，是有效解讀《集韻》音系的關鍵。下面就比較的內容、步驟及亟需重視的相關問題，談談筆者看法。

1.《集韻》《廣韻》比較的內容及步驟

一方面，要全面詳細地比較二書的小韻及反切，歸納小韻及反切的增、删、併、改、轉等情況，分析音類的衍變與混同，探討《集韻》是如何把來源於不同時代、不同地域的音讀材

---

① 參看拙文《湖南安化方言中的自成音節ŋ略論》，《懷化學院學報》2010年第1期，第95-97頁。
② 徐通鏘：《歷史語言學》，商務印書館，2008年，第415頁。

料納入其音系中的,總結《集韻》編者所做修改的語音史價值。另一方面,要全面詳細地比較二書的字音,考察增、刪字音對聲韻配合關係及音系結構的影響,利用字音異讀的增刪變化建構歷時語音層次。爲了優質、高效地完成好二書的小韻、反切比較,我們設計了如下基本步驟:

(1) 從《廣韻》《集韻》數據庫中檢索出小韻首字及反切,分別編製二書反切表。

(2) 以韻部爲單位,創建以韻目爲文件名的數據表,複製二書反切表中各韻部所有小韻記録到相應的數據表裏,在各數據表中標記每條記録來自哪個反切表。

(3) 逐一打開所創建的以韻目命名的表,排序後逐一比較該韻部中二書各小韻,分別標記二書能對應的小韻(甲類),以及不能對應的小韻——即二韻書中有一方缺席者。根據缺席方的不同,又把不能對應的小韻區別爲《廣韻》無對應小韻(乙類)和《集韻》無對應小韻(丙類)兩類。爲確保比較的準確性,可以采用人工核對所有韻部的比較材料。

(4) 再次逐一打開所創建的以韻目命名的表,把每個數據表中的小韻按不同的標記複製到甲類、乙類、丙類三個表中。

(5) 對比乙類、丙類表中的小韻,標記二書不同韻部間對應的小韻。篩選並剪切二書不同韻部間對應的小韻記録到"《集韻》轉移小韻表"。

(6) 所得乙類表,即"《集韻》新增小韻表"。其下又可分新增小韻爲三類:填補音系空格類、新增重出小韻類、新增特殊小韻類(即不合《切韻》音系結構者)。

(7) 所得丙類表,即"《廣韻》被刪併小韻表"。

(8) 所得甲類表,即"《廣韻》《集韻》共有小韻表"。

全文所有的音系比較研究就是建立在此基礎上的。附例 Excel 宏代碼如下:

例① 創建數據庫,並複製小韻

```
Sub chuangjian()
Dim ss, yun As String
Dim gg, jj As Integer
ss = ""
yun = ""
For i = 1 To 206
Windows("ybsm").Activate        // 韻部信息統計表
yun = Trim(Cells(i + 1, 2).Text)    // 讀取韻目
gg = Cells(i + 1, 4).Value + Cells(i + 1, 5).Value
jj = Cells(i + 1, 6).Value
```

```
If i< 100 Then
ss = "0" + Trim(Str(i)) + Cells(i + 1, 2).Text + "韻.xlsm"
Else
ss = Trim(Str(i)) + Cells(i + 1, 2).Text + "韻.xlsm"
End If
Workbooks.Add
ActiveWorkbook.Sheets("Sheet1").Name = "guangyun"  // 創建工作表
ActiveWorkbook.Sheets("Sheet2").Name = "jiyun"
ActiveWorkbook.Sheets("Sheet3").Name = "bijiao"
ActiveWorkbook.SaveAs Filename:="C:\Users\Administrator\Desktop\ 小韻比較 \"
& ss, FileFormat:=xlOpenXMLWorkbookMacroEnabled, CreateBackup:=False  // 創建數
據表
ActiveWindow.Close
Workbooks.Open Filename:="C:\Users\Administrator\Desktop\ 小韵比较 \" & ss
Windows("gyfq").Activate
Sheets("gyfq").Select
Selection.AutoFilter
ActiveSheet.Range("$A$1:$V$3893").AutoFilter Field:=7, Criteria1:=yun
Cells.Select
Selection.Copy  // 從《廣韻》反切表內篩選並複製該韻所有小韻記錄
Windows(ss).Activate
Sheets("guangyun").Select
Range("A1").Select
ActiveSheet.Paste
Sheets("bijiao").Select
Range("A1").Select
ActiveSheet.Paste      // 粘貼複製的小韻記錄
Columns("B:B").Select
Selection.Insert Shift:=xlToRight, CopyOrigin:=xlFormatFromLeftOrAbove
Range("B2").Select
ActiveCell.FormulaR1C1 = "g"    // 標記反切表來源
Selection.AutoFill Destination:=Range("B2:B" & Trim(Str((gg + 1)))),
```

```
Type:=xlFillDefault
    Windows("jyfq").Activate    // 以下從《集韻》反切表複製小韻記錄
    Sheets("jyfq").Select
    Selection.AutoFilter
    ActiveSheet.Range("$A$1:$V$4487").AutoFilter Field:=7, Criterial:=yun
    Cells.Select
    Selection.Copy
    Windows(ss).Activate
    Sheets("jiyun").Select
    Range("A1").Select
    ActiveSheet.Paste
    Sheets("jiyun").Select
    Range("B2").Select
    Range(Selection, Selection.End(xlToRight)).Select
    Range(Selection, Selection.End(xlDown)).Select
    Selection.Copy
    Sheets("bijiao").Select
    Range("C" & Trim(Str(gg + 2))).Select
    ActiveSheet.Paste
    Application.CutCopyMode = False
    Range("B" & Trim(Str((gg + 2)))).Select
    ActiveCell.FormulaR1C1 = "j"
    Selection.AutoFill Destination:=Range("B" & Trim(Str((gg + 2))) & ":B" &
Trim(Str((gg + 1 + jj)))), Type:=xlFillDefault
    Range("A2").Select
    ActiveCell.FormulaR1C1 = "1"
    Range("A3").Select
    ActiveCell.FormulaR1C1 = "2"
    Range("A2:A3").Select
    Selection.AutoFill Destination:=Range("A2:A" & Trim(Str(gg + jj + 1))),
Type:=xlFillDefault
    Columns("R:R").Select
```

```
Selection.Insert Shift:=xlToRight,
CopyOrigin:=xlFormatFromLeftOrAbove
For j = 2 To gg + jj + 1
Cells(j, 18).Value = Asc(Trim(Cells(j, 17).Value))
Next
Range("A2").Select
ActiveWorkbook.Save
Windows(ss).Close
Next
End Sub
```

例② 從各韻數據表中複製不能對應的小韻

```
Sub fuzhi()
Dim ss, yun As String
Dim gg, jj, kk, bc As Integer
ss = ""
yun = ""
bc = 0
For i = 1 To 206
Windows("ybsm.xlsm").Activate
Sheets("ybsm").Select
yun = Trim(Cells(i + 1, 2).Text)    // 讀取韻部信息統計表中韻目
If i< 10 Then
ss = "00" + Trim(Str(i)) + Cells(i + 1, 2).Text + "韻.xlsm"
Else
  If i< 100 Then
    ss = "0" + Trim(Str(i)) + Cells(i + 1, 2).Text + "韻.xlsm"
  Else
    ss = Trim(Str(i)) + Cells(i + 1, 2).Text + "韻.xlsm"
  End If
End If
gg = Cells(i + 1, 4).Value + Cells(i + 1, 5).Value
jj = Cells(i + 1, 6).Value
```

```
kk = gg + jj
Workbooks.Open Filename:="E:\ 材料整理 \ 小韻比較 \" & ss // 打開數據庫表
Sheets("bijiao").Select
Range("A2:X" & Trim(Str((kk + 1)))).Select
Selection.Copy
Windows("fqtj2.xlsm").Activate
Sheets("tmp").Select
Range("A2").Select
Selection.Insert Shift:=xlDown
Application.CutCopyMode = False
Range("A2").Select
ActiveCell.FormulaR1C1 = bc + 1
Range("A3").Select
ActiveCell.FormulaR1C1 = bc + 2
Range("A2:A3").Select
Selection.AutoFill Destination:=Range("A2:A" & Trim(Str((kk + 1)))), Type:=xlFillDefault
bc = bc + kk
Windows(ss).Activate
Windows(ss).Close
Windows("ybsm.xlsm").Activate
Next
End Sub
```

2.《集韻》承襲音系結構的問題

（1）可分爲兩個層面來説明：第一，《集韻》繼承了《廣韻》音系的韻部劃分，二書均分爲四聲 206 韻；第二，二書同韻部對應小韻占《集韻》全書的主體，而各韻所收小韻間的對立就是音系結構的體現，如東韻"蓬"、"蒙"小韻的對立體現了聲母並、明的不同，又如東韻"公"、"弓"小韻的對立體現了韻類一、三等的區别，《集韻》承襲了《廣韻》東韻中各小韻的對立，也就是接納了《廣韻》東韻所體現的音類區别及音系結構。二書東韻小韻的具體情況見表 2-3。

表 2-3　《廣韻》《集韻》東韻所收小韻、字數比較表

《廣韻》			《集韻》			《廣韻》			《集韻》		
首字	反切	字數	首字	反切	字數	首字	反切	字數	首字	反切	字數
			徟	樸蒙滂合一	1	豐	敷空滂合三	8	豐	敷馮滂合三	12
蓬	薄紅並合一	10	蓬	蒲蒙並合一	31	馮	房戎並合三	7	馮	符風並合三	16
蒙	莫紅明合一	27	蒙	謨蓬明合一	55	瞢	莫中明合三	6	瞢	謨中明合三	11
東	德紅端合一	17	東	都籠端合一	25	隆	力中來合三	6	隆	良中來合三	17
通	他紅透合一	9	通	他東透合一	25	嵩	息弓心合三	9	嵩	思融心合三	16
同	徒紅定合一	45	同	徒東定合一	72	中	陟弓知合三	4	中	陟隆知合三	6
籠	盧紅來合一	27	籠	盧東來合一	42	忡	敕中徹合三	3	忡	敕中徹合三	7
葼	子紅精合一	21	葼	祖叢精合一	39	蟲	直弓澄合三	8	蟲	持中澄合三	12
怱	倉紅清合一	15	怱	麤叢清合一	30	崇	鋤弓崇合三	4	崇	鉏弓崇合三	6
叢	徂紅從合一	5	叢	徂聰從合一	15	終	職戎章合三	15	終	之戎章合三	27
檧	蘇公心合一	3	檧	蘇叢心合一	11	充	昌終昌合三	7	充	昌嵩昌合三	7
			雔	蚩工昌合一	1	戎	如融日合三	9	駥	而融日合三	16
公	古紅見合一	13	公	沽紅見合一	26	弓	居戎見合三	6	弓	居雄見合三	13
空	苦紅溪合一	14	空	枯公溪合一	21	穹	去宮溪合三	7	穹	丘弓溪合三	15
崆	五東疑合一	1	崆	五公疑合一	3	窮	渠弓群合三	3	窮	渠弓群合三	9
烘	呼東曉合一	6	烘	呼公曉合一	15				殼	火宮曉合三	1
			谼	戇公匣合一	1	雄	羽弓云合三	2	雄	胡弓匣合三	8
洪	户公匣合一	23	洪	胡公匣合一	45				碽	於宮影合三	2
翁	烏紅影合一	8	翁	烏公影合一	15	融	以戎以合三	4	融	余中以合三	7
風	方戎幫合三	7	風	方馮幫合三	12						

(2) 我們假設《集韻》《廣韻》均有 X、Y 韻，X 韻下有 A、B 小韻，Y 下有 C、D、E 小韻，通過二韻書韻部間的比較，其間的關係可抽象為：第一，《集韻》《廣韻》同具 X 韻（含小韻 A、小韻 B）與 Y 韻（含小韻 C、小韻 D、小韻 E），即《集韻》繼承了《廣韻》的音系；第二，《集韻》X 韻或 Y 韻內各小韻中增加收字並不影響音系結構的變化，這好比我們把 A、B、C、D、E 小韻的容量繼續擴大，但並沒有改變 X 中 A 與 B，以及 Y 中 C、D 與 E 之間的關係一樣。《集韻》增收字音的主要形式是在已有的小韻內增收，如某字在《廣韻》只有 A 音，其字只在小韻 A 中出現，而《集韻》中該字有 A、B、C 三音，則該字同時出現在 X 韻的小韻 A、小韻 B 以及 Y 韻的小韻 C 中。

3.《集韻》字音的共時與歷時問題

一字多音大多是具有語音的演變關係的，其音往往有共時、歷時的原因。《集韻》所收多音字，既有在同一韻部的兩個（或以上）小韻中被同時收錄的情況，也有在兩個（或以上）韻

部中被同時收錄的情況。如果 X 韻中 A 小韻的字又經常出現在 B 小韻中,就顯示出這兩個小韻的關係密切;X 韻中的字經常出現在 Y 韻中的話,説明這兩個韻部的關係密切。理論上,它們的關係親密度與小韻或韻部間多次出現的字次所占相關小韻或韻部總字次數的比例成正比,即比例越高,相關小韻或韻部的關係就越密切。

音切材料的不同來源反映的是不同時空的語音層次;《集韻》的音系結構反映的是共時的語音系統。我們在對《集韻》進行研究時,應以《集韻》的音系結構或音類特徵爲綱,對所收異讀字引起的音類間親疏關係程度的差異進行比較分析,對音切材料代表的歷時層次和地域關係進行考察,才能有效地還原歷時語音層次和共時層面的特徵。

4. 關於小韻與反切的問題

漢字是形音義的結合體。韻書記録的表現形式就是把漢字類聚成同音字組,一個字也可以成爲一個字組(即小韻)。而小韻存在的價值就在於對立,即擁有韻部内獨立的地位,小韻的對立意味着分音類間的差別。

反切是小韻身份的象徵之一,《集韻》小韻首字均注有音切。反切上、下字是區分音類的代表,即音類特徵。通過反切標識,我們可以建立起音類單位間的聯繫,如繫聯反切上、下字得出韻書的音類。

第二節　填補空格類小韻

關於《集韻》《廣韻》音系比較的方法及具體操作,前文都已經做了説明。通過對《集韻》和《廣韻》小韻的比較,我們發現《集韻》新增小韻的數目,大大超過了它對《廣韻》小韻的删、併。同時,對《集韻》新增小韻的考察,是我們了解《集韻》如何增補前代韻書以及了解宋初時音面貌的一個很重要的方面,所以我們先把這部分拿出來討論。又從《集韻》新增小韻的結果來看,它們有三種不同的表現:即填補了音系中的空格,同韻内小韻重出,不合《切韻》音系結構(詳見本章第一節所舉的例子)。爲方便討論新增小韻的性質,並使小節篇幅合理,我們謹按《集韻》新增小韻結果的不同表現,分成三個小節來討論。

一、填補空格

(一)什麼是空格

音系學中一般認爲語言的物質外殼——語音是個音位系統,而音位的聚合系統具有平行對稱性。空格(slot)是"封閉的對稱系統(按,即指音位的聚合系統)中出現的一種不對稱現象",如《切韻》音系中,咸攝凡韻以外的其他韻沒有合口三等,這就是所謂音系中的空格[①]。

本書所指的空格較爲寬泛些,是相對《切韻》系韻圖而言的,直觀形象地説,凡《韻鏡》圖中標爲〇者(《韻鏡》稱其爲"列圍",亦即所謂"有聲無形"與"無聲無形"者),我們都認爲是空格。如我們在本章第一節討論的"醋"小韻,嚴格意義上講,不能算作填補《切韻》音位系統中的空格,而只是填補音節的暫時性空缺。爲避免爭議及理解上的誤差,我們有必要在這裏做個説明。對於《切韻》音系,我們主要是通過對《切韻》系韻書反切的繫聯以及《切韻》系韻圖來了解的。我們在考察《集韻》填補空格類小韻時,主要以《廣韻》反切所體現出來的全部拼合關係爲參照,同時也利用了《韻鏡》《七音略》等韻圖。據我們統計,《廣韻》理論音節有 5299 個,而其中實際的音節空格有 1424 個,占理論音節總數的 26.87%(詳見表 2-4)。

(二)《集韻》填補空格類小韻概貌

1. 分佈情況簡述

(1) 據我們統計,《集韻》新增填補空格類小韻 423 個。其中平聲 103 個,上聲 148 個,去聲 115 個,入聲 57 個,分佈在 35 個聲母及 157 韻中。《集韻》填補空類小韻占所有新增小韻數(672 個)的 62.95%。

(2) 以聲類統計,牙、喉音最多(共 138 個小韻,其中見組字居多),其次爲莊組(共 62 個小韻)、幫組(共 59 個小韻)、精組(共 59 個小韻),再次爲知組(共 51 個小韻),以上各類占《集韻》全部填補空格類小韻的 87.23%。

(3) 以韻類統計,山攝所占小韻最多(共 58 個小韻,其中二、三等韻居多),其次爲咸(共 55 個小韻,其中嚴、鹽韻系三等居多)、臻(共 55 個小韻,其中諄韻系居多)、梗(共 53 個小韻)三攝,再次爲蟹(共 48 個小韻,其中二等韻居多)、止(共 29 個小韻,其中脂、微韻系居多)兩攝。以上六攝占《集韻》全部填補空格類小韻的 70.45%。

(4) 以等呼統計,一等小韻共 69 個,二等小韻共 84 個,三等小韻共 237 個,四等小韻共 33 個。除唇音小韻外,開口小韻共 220 個,合口小韻共 144 個。

2. 本類新增小韻與音系空格的關係

我們將《集韻》各韻攝新增填補空格類小韻數,與《廣韻》音系中音節空格數做了比較,發現二者大致成正比。請看表 2-4 的統計説明。

---

① 徐通鏘:《歷史語言學》,第 226 頁。

表 2-4　各攝新增填補空格類小韻數與《廣韻》音節空格數比較表

攝	《集韻》		《廣韻》			
	新增 I 類	填補率	理論音節數	實際小韻數	空格數	空格比理論數
山	58	22.66%	844	588	256	30.33%
咸	55	35.95%	504	351	153	30.36%
臻	55	41.67%	450	318	132	29.33%
梗	53	25.24%	516	306	210	40.70%
蟹	48	44.44%	476	368	108	22.69%
止	29	23.39%	528	404	124	23.48%
通	25	21.01%	355	236	119	33.52%
曾	24	28.57%	212	128	84	39.62%
效	17	42.50%	252	212	40	15.87%
宕	14	31.82%	264	220	44	16.67%
假	13	44.83%	138	109	29	21.01%
深	9	32.14%	132	104	28	21.21%
流	8	23.53%	195	161	34	17.44%
江	7	30.43%	76	53	23	30.26%
遇	5	31.25%	225	209	16	7.11%
果	3	12.50%	132	108	24	18.18%

說明：①《廣韻》理論音節數係實際各聲母與韻母組合數（含重組聲韻組合）乘以相應的聲調數所得，與《韻鏡》《七音略》等韻圖內〇數有出入；②空格數即《廣韻》各攝理論音節數減去各攝實際小韻數，空格比理論數爲各攝空格數占理論音節數的百分比；③《集韻》填補率指新增填補空格類小韻數與《廣韻》各攝空格數的比值。

二、本類小韻的分類及來源

（一）填補空格類小韻的再分類

《集韻》新增小韻所填補的空格，也有不同的性質。參照《廣韻》音系中，有無同韻系內相同聲、韻拼合關係等，填補空格類小韻還可再分爲四類。

第一，四聲相承類。即同韻系中，該小韻聲、韻組合與其他聲調實際拼合有小韻，新增小韻沒有增加音節拼合關係。如《集韻》蒸韻新增"䰜"小韻即凌切，《廣韻》證韻"䚯"小韻子孕切，䰜小韻與䚯小韻的聲母、韻母組合相同，區別僅在聲調，前者爲平聲，後者爲去聲。據我們統計,《集韻》中共有此類新增小韻 265 個,占填補空格類小韻總數(423 個)的 62.65%。

第二,同部位相承類。即四聲無相承小韻,但同韻系中相同發音部位的其他聲母與本韻類實際拼合有小韻,新增的音節在《切韻》音系允許的範圍內。如《集韻》平聲皆韻新增"硻"小韻楚懷切,初母合口二等平聲,而《廣韻》上聲駭韻與去聲怪韻都無初母合口二等小韻,但平聲皆韻崇母合口二等有"膗"小韻,初、崇母發音部位相同。《集韻》共有此類新增小韻 76 個,占填補空格類小韻總數的 17.97%。

第三,新增拼合關係類。該類是指在《廣韻》某韻系中,既無與新增小韻相同聲、韻組合的四聲相承小韻,又無同韻內同聲組其他聲母與本韻類相拼合的小韻。如《集韻》燭韻新增"娖"小韻叉足切_{初合三}、"鸀"小韻仕足切_{崇合三}、"數"小韻所錄切_{生合三},而《廣韻》鍾韻系不與莊組聲母相拼。按,《廣韻》莊組是可以與通攝入聲三等相拼的,如屋韻有琡小韻初六切,縮小韻所六切,但不和燭韻相拼。《集韻》共有此類新增小韻 51 個,占填補空格類小韻總數的 12.06%。

第四,新增轉移類。即本應屬於甲韻的新增小韻却歸入其他相通用的乙韻。如《集韻》稕韻"酳"小韻士刃切,崇母開口三等;《廣韻》刃字震韻而振切,則酳小韻應入震韻,但實際置入震韻的通用韻——稕韻中。我們稱《集韻》中此類小韻爲新增轉移小韻。《集韻》共有此類新增小韻 31 個,占填補空格類小韻總數的 7.33%。

四聲相承類完全符合《廣韻》音節結構,沒有新增音系中聲母、韻母的拼合關係,純屬占用音系中的音節空格。這類小韻占《集韻》填補空格類小韻的大部分。同部位相承類雖然增加了《廣韻》音系中的聲、韻拼合關係,但既然同聲組其他聲母與新增小韻的韻類能拼合,說明這類新增小韻也應是在《廣韻》音系結構之內的。這兩類加起來,占《集韻》填補空格類小韻總數的 80.62%。這同時是《集韻》基於《廣韻》音系框架而進行小韻增補的一個有力的證明。

下面,我們再通過這四類小韻音切材料的來源,以實例具體考察《集韻》是如何填補韻系中的空格的。

(二) 從音切來源看《集韻》如何填補音系空格

1. 四聲相承類

例(1) 《集韻》㳄有兩音:

A. 旨韻之誄切,注:"之誄切。閩人謂水曰㳄。文一。"
B. 紙韻主蘂切,注:"《說文》'二水也'。"

《廣韻》㳄字作之累切,注:"二水。又音資。"與《王二》《王三》同。

按,《說文·㳄部》收㳄字,注:"二水也。闕。"段玉裁注:"此謂闕其聲也。其讀若不傳。

今之壘切者，以意爲之。"①

段氏所説之壘切的壘，上聲旨韻合口三等，此當即《集韻》之諫切音；《廣韻》之累切的累，上聲紙韻合口三等，此即《集韻》主縈切音；資，精母平聲脂韻開口三等。《韻鏡》内轉第五合紙韻三等章照三母處列捶字，《韻鏡》内轉第七合旨韻三等章照三母處列沝字。余迺永認爲《廣韻》沝字"當音旨韻之壘切，又音當刪"②。

《集韻》紙韻主縈切收沝字，下注"《説文》"，説明段注"之壘切以意爲之"的判斷是比較合理的，因爲《集韻》編著者所據《説文》版本中無沝字注音③，因而采信《廣韻》音，收入紙韻捶小韻主縈切中。宋時通語音裏支、脂、之三韻已不分（參看《切韻指掌圖》第十九圖），照理主縈切與之壘切、之諫切無别，而《集韻》另立沝小韻之諫切豈不多此一舉？且與《集韻·韻例》所云"凡通用韻中同音再出者，既爲冗長，止見一音"也不合。

"閩人謂水曰沝"恰好從側面説明，雖然宋初通語紙、旨無别，但在閩方言中章母紙、旨合口三等字讀音有别，從而得另立反切。羅杰瑞《福建政和話的支脂之三韻》指出在現代漢語方言中，"有一些閩方言還保留支脂之的三分，分得最多的大概是閩北的政和話"，如政和話"離支開三"讀 lie²，"梨脂開三"讀 li²。閩北政和話是支脂之三分的典型④。現代廈門話（閩南方言代表）支、脂韻合口文讀一般不分，而支韻合口白讀又與脂韻合口相區别，如"髓紙合三、吹支合三、炊支合三、垂支合三"四字白讀韻母讀 e，與文讀 ui 區别，也與"追脂合三、誰脂合三、水旨合三"三字韻母 ui 相區别⑤。"誰脂合三、水旨合三"在現代廈門話裏也有文白異讀，但文白異讀的區别在聲母，其文讀爲 sui，白讀爲 tsui。現代潮州話"吹支合三、炊支合三"今讀 ts'ue，"水旨合三"今讀 tsui。

徐通鏘《歷史語言學》指出："'文'（按，指方言中的文讀音）與'白'（按，指方言中的白讀音）代表兩種不同的語音系統，大體説來，白讀代表本方言的土語，文讀則是以本方言的音系所許可的範圍吸收某一標準語（現代的或古代的）的成分，從而在語音上向這一標準語靠攏。"⑥那麽，現代廈門話的文白讀也可能反映了其早前閩方言支、脂有别的實際語音情況。

以上材料，是我們在現代漢語閩方言裏找到的主縈切、之諫切有别的實例。現代廈門話、潮州話"水"今讀爲 tsui，與支韻字相區别，亦是脂韻之諫切音的保留⑦。

再從《廣韻》聲韻拼合關係來看，章母平聲脂韻合口三等有錐小韻職追切，《韻鏡·内轉

---

① 余迺永：《新校互注宋本廣韻定稿本》，第 717 頁。
② 余迺永：《新校互注宋本廣韻定稿本》，第 246 頁。
③ 參看劉芹《〈集韻〉所引説文與徐鉉〈説文解字〉注音比對》一文。如果《集韻》所據《説文》底本與段玉裁同樣爲大徐本，那麽，《集韻》編著者也很可能沒有在《説文》中見到沝的注音。
④ ［美］羅杰瑞：《福建政和話的支脂之三韻》，《中國語文》1988 年第 1 期，第 40-43 頁。
⑤ 現代漢語閩方言記音材料來源於北京大學中文系語言學教研室編寫的《漢語方言字彙（第二版）》，語文出版社，2003 年。
⑥ 徐通鏘：《歷史語言學》，第 384 頁。
⑦ 余迺永認爲"'沝'猶'水'字或體，方言如閩南既以'水'讀之壘切，訓詁家遂用'沝'字充之，《集韻》棄《説文》而但指閩語，是其慎也。"（余迺永：《新校互注宋本廣韻定稿本》，第 718 頁）

第七合》平聲脂韻齒音清章照三母三等列有錐字。這樣，我們可以説《集韻》妝小韻之誄切在《廣韻》音系中有平聲相承關係的錐小韻職追切，没有新增聲韻拼合關係。

《集韻》新增閩方言中妝字之誄切音的例子與前文所述《現代漢語詞典》收"孬 nāo、妮 nī"類似，妝小韻剛好填補了《廣韻》（或《切韻》）音系中音節的空缺。同時值得我們注意的是，《集韻》没有以通語爲標準折合閩方言妝字之誄切音，而是以《廣韻》（或《切韻》）音系中支、脂、之三韻有别爲標準。

例（2）　駽，霰韻犬縣切，注："犬縣切。馬色。《爾雅》：'青驪駽。'謝嶠讀。文一。"

按，《釋文·爾雅音義下·釋畜第十九》卷第三十："駽，《詩》音及吕忱、顔延之、苟楷並呼縣反。郭火玄反。謝、孫犬縣反。顧胡眄反。"《集韻》駽字犬縣切音與《釋文》所載謝嶠注駽字音切同。

《廣韻》去聲霰韻無溪母合口四等小韻，但去聲綫韻有讂小韻去戰切（《集韻》作詰戰切）。又霰、綫二韻通用，且《四聲等子·山攝外四》亦云："先併入仙韻。"《切韻指掌圖·第八圖》霰、綫二韻亦被合併。則《集韻》若依宋初通語音及《集韻·韻例》有關通用韻音的條例，駽字犬縣切音完全可入綫韻讂小韻，不過《集韻》並没有這麽做，反而以《切韻》音系爲標準。

《韻鏡·外轉第二十四合》去聲霰韻牙音次清溪母四等爲〇，《七音略·外轉二十四》見母去聲四等處列駽字。説明《廣韻》去聲霰韻溪母合口四等處，屬音系中的空檔，且可以被填補。

同時，《廣韻》上聲銑韻溪母合口四等有犬小韻苦泫切，入聲屑韻溪母合口四等有闋小韻苦穴切。《韻鏡·外轉第二十四合》上聲銑韻牙音次清溪母四等列犬字，入聲屑韻溪母四等列闋字。《集韻》所增駽小韻在《廣韻》音系中與犬小韻、闋小韻有四聲相承關係，而没有新增聲韻拼合關係，亦屬占用《廣韻》音系中的音節空格。

2. 同部位相承類

例（3）　欼，廢韻去穢切，注："去穢切。欘也。齊人名麴欘曰媒。徐邈讀。文二。"欼小韻另收𣂪字，注："𣂪，𥲒，短也。"

按，《釋文·周禮音義上·地官司徒第二》卷第八："欼，魚列反。又五結反。徐去穢反。"《集韻》欼字去穢切與《釋文》所載徐邈欼字音切同。

《王三》廢韻有𣂪小韻丘吠切（按，吠原作歂，歂當爲吠字之訛）[①]。《廣韻》廢韻不收欼字，而祭韻收𣂪字丘吠切，邵榮芬認爲此係《廣韻》誤歸小韻，《集韻》改入廢韻是對《廣韻》錯誤的糾正[②]。我們認爲還可以有其他的理解。

[①] 參看李新魁：《韻鏡校證》，中華書局，2006年，第174頁。
[②] 邵榮芬：《〈集韻〉音系簡論》，《邵榮芬音韻學論集》，第419頁。

如《詩集傳·小雅·庭燎》第二章,朱注:"艾,音乂,叶如字。"《釋文·毛詩音義上·鴻鴈之什第十八》卷六:"未艾,毛五蓋反,云:'久也。'鄭音刈,云:'芟末曰艾。'"《廣韻》艾字廢韻魚肺切音及《集韻》艾字廢韻魚刈切音,均與《釋文》所載"鄭音刈"同。乂字在《廣韻》中僅廢韻魚肺切一讀,在《集韻》中乂字有牛蓋、魚刈二切,牛蓋切音又同《釋文》所載"五蓋反"。

再檢宋毛居正《增修互注禮部韻略》①,艾有倪祭、牛蓋、魚廢三切,可見朱熹所處之時"艾"字除泰、廢韻二讀外,還有祭韻的讀法。《詩集傳·小雅·庭燎》第二章"晣"字下朱注"之世反,與艾叶",《集韻》晣字有祭韻征例切(《增韻·祭韻》亦收晣字)的讀音,則艾、晣叶祭韻("世"爲祭韻開口三等字)。另《增韻》祭韻艾字下釋義爲"息也,絶也"②,《詩集傳》注"艾,盡也",二書所載艾字釋義亦合,則朱熹注艾"叶如字"應讀爲倪祭切音。這説明朱熹時代的口語中的確有一部分廢韻字讀如祭韻音。又《增韻·祭韻》祭韻倪祭切還收乂、刈字,刈字在《廣韻》《集韻》中都只有廢韻一讀,亦可證。而朱熹距《廣韻》編著百餘年,語音相去應不甚遠,可以資證《廣韻》镢字丘吠切入祭韻這個失誤或許是因爲編著者受時音的影響。

《王二》《王三》祭韻無呼吠切音,廢韻有喙小韻許穢切。《廣韻》祭韻有㩾字呼吠切,廢韻有喙小韻許穢切(其中不收㩾字)。《集韻》併祭韻㩾字呼吠切入廢韻訏濊切,這反過來也説明了《廣韻》或宋時通語中有部分廢韻字讀如祭韻音③。

同時,上述例子又告訴我們,《集韻》於此處並未以通語音爲標準,把數字去穢切折合入祭韻中,而完全是以《切韻》音系作爲折合的準繩。並且《集韻》還以《切韻》音系的標準糾正了《廣韻》的失誤。

另按,《集韻》數字廢韻去穢切全同於《釋文》所載去穢反,本書在比較二書對應小韻時,把《集韻》數字去穢切劃入新增小韻。又廢韻僅去聲,去穢切在《廣韻》音系中自然無四聲相承小韻,但《廣韻》祭韻合口三等與舌根音(牙音)相拼,如群母有犨小韻渠穢切,曉母有喙小韻訏濊切。因此,我們於此討論該例。

例(4) 續,遇韻辭屨切,注:"辭屨切。連也。《詩》:'陰靷鋈續。'徐邈讀。文一。"

按,《釋文·毛詩音義上·秦車鄰第十一》卷第五:"續,義如字。徐辭屨反。"《集韻》續字辭屨切與《釋文》所載徐邈注續字音切同。《王三》遇韻無此小韻,《韻鏡》《七音略》亦不列此字,第十二圖虞、麌韻邪母四等都爲〇,但十一圖御韻邪母四等平、上、去分別列徐、敘、屨字④。

---

① 下文有時爲行文方便,也簡稱《增韻》。
② 《增韻》泰韻艾注"草也",廢韻艾注"治也"。
③ 《集韻》灡字有2音:A. 祭韻居例切,注:"《説文》:'井一有水一無水謂之灡汋。'" B. 祭韻許罽切,注:"《爾雅》:'井一有水一無水爲灡汋。'孫炎説。"按,《釋文·爾雅音義上·釋水第十二》卷第二十九:"灡,居例反。徐許廢反。"《集韻》祭韻灡字注孫炎讀,本應與據《釋文》所載孫炎注灡字許廢反入廢韻,而《集韻》入祭韻憩小韻許罽切,這也可以佐證宋時通語音中有廢韻字讀如祭韻音。
④ 《廣韻》屨作屛。魚、虞韻系齒音精組字在《韻鏡》《七音略》等韻書中列第四等,實際爲三等字。音韻地位參照丁聲樹:《古今字音對照手册》,中華書局,1981年。

《切韻指掌圖》第三圖御、遇韻合，邪母四等去聲列屨字。《集韻》沒有把續字辝屨切附入御韻祥豫切（《廣韻》徐預切），而於遇韻另立反切，結合"辝屨切"的來源，應爲依據《釋文》徐讀而新增。

另按，辝屨切在《廣韻》音系中並沒有四聲相承的小韻，但《廣韻》遇韻中與之同等的齒音精、清、從、心四母分別有緅小韻子句切、娶小韻七句切、堅小韻才句切、尠小韻思句切（《集韻》此四母亦有反切）。

3. 新增拼合關係類

例（5） 苛，麻韻黑嗟切，注："黑嗟切。辨察也。鄭康成曰：'苛其出入。'文一。"

按，《釋文・周禮音義上・天官下》卷第八："苛，本又作呵，呼河反。又音何。徐黑嗟反。"《集韻》苛字黑嗟切與《釋文》所載徐邈注苛字音切同。

《王三》《廣韻》《增韻》《古今韻會舉要》麻韻均不收此讀，《韻鏡》（第二十九圖）、《七音略》（第二十九圖）、《切韻指掌圖》（第十一圖）麻、馬、禡韻三等都無影母、曉母字。《龍龕手鑑・草部・平聲》卷二"苛，音何。政也。煩也。怒也。又上聲"，也無黑嗟切的讀法。

《廣韻》音系裏影母、曉母可與三等韻相拼，然而黑嗟切雖合《廣韻》音系喉音可與三等韻拼合的規律，但具體到麻韻三等，却超出了其拼合範圍，新增了聲、韻拼合關係。打個比方，假設《現代漢語詞典》要收湘方言安化縣梅城話"釘子 ₌tiaŋ ·tsʅ"釘的讀音，而普通話聲母 [t] 雖與齊齒呼相拼，但不與韻母 [iaŋ] 相拼，那麼，₌tiaŋ 也可認爲是普通話音系中的異質結構。

不過，我們認爲此類新增小韻還是基於《切韻》音系結構的，因爲它們並沒有引起音位的增加，只是豐富了拼合關係。鑑於此類小韻的特殊性，我們把如麻韻苛小韻黑嗟切等另立爲一類。這類小韻在《集韻》填補空格類小韻中所占比例較小。

例（6） 旋，銑韻信犬切，注："信犬切。鍾縣謂之旋。李軌説。文一。"

按，《釋文・周禮音義下・冬官考工記第六》卷第九："之旋，如字。李信犬反。"《集韻》旋字信犬切與《釋文》所載李軌注旋字音切同。

《廣韻》先、銑、霰、屑韻合口四等不與齒音精組相拼，信犬切爲《集韻》裏新增的聲、韻拼合關係，其性質與例（5）同。

4. 新增轉移類

例（7） 慜，稕韻忙覲切，注："忙覲切。强也。鄭康成曰：'民不慜作勞。'文一。"

按，《釋文・周禮音義下・大司寇第四》卷第九："不慜，音敏。劉亡覲反。《尚書》作暋，音敏。又作昏。皆訓强。"《集韻》慜字忙覲切與《釋文》所載亡覲反，切上字微、明母類隔。它們在《廣韻》（或《切韻》）音系中讀音實際相同，而在《集韻》中屬類隔改音和例。

《廣韻》覲字入去聲震韻渠遴切僅小韻，據《廣韻》覲字音，忙覲切應該歸入震韻。查《集韻》覲字渠吝切入去聲稕韻,因而愍字忙覲切也入稕韻。《附釋文互注禮部韻略》《增韻》覲字渠吝切在震韻,二書震、稕二韻均不收愍字忙覲切音。

《韻鏡》第十七圖震韻三等、第十八圖稕韻三等唇音明母位置皆為〇。《七音略》第十七圖震韻三等唇音明母位置列愍字,與《集韻》忙覲切小韻首字同。又《七音略》第十八圖稕韻三等明母位置為〇。《切韻指掌圖》《四聲等子》《切韻指南》去聲震韻開口三等明母都沒有列字。

《切韻》《王韻》真、諄韻沒有開合分韻,儘管《集韻》同《廣韻》不合,但沒有破壞《切韻》的音系框架。

例(8) 酳,稕韻士刃切,注:"士刃切。漱酒也。文一。"

按,《釋文·儀禮音義·士昏禮第二》卷第十:"三酳,以刃反。劉士吝反。下文同。"又《士虞禮第十四》:"酳,以刃反。又士刃反。"《少牢饋食禮第十六》:"乃酳,音胤。又士刃反。"《切韻》音系中士吝反與士刃反音同。《集韻》酳字士刃切與《釋文》所載酳字士刃反、士吝反音同。

《集韻》刃字而振切在震韻,吝字良刃切在稕韻。而《廣韻》刃、吝二字都在震韻。《附釋文互注禮部韻略》酳字俟刃切在震韻。

酳字士刃反音若據切下字歸韻,則應入震韻,而《集韻》入稕韻①,與上文例⑦的性質同。

例(9) 齹鹺,果韻才可切,注:"才可切。齒不齊也。或从佐。文二。"

按,《釋文·春秋左氏音義之五·昭四第二十三》卷第二十九:"齹,才何反。《字林》才可、士知二反。《說文》作鹺,云:齒差跌也。在河、千多二反。"《集韻》齹字才可切與《釋文》所載《字林》注齹字音切同。

《集韻》可字有歌韻居何切、哿韻口我切二讀,都係開口韻。又《韻鏡》第二十七圖歌韻開口一等從母列醝字②,哿韻開口一等從母處為〇。《七音略》第二十七圖歌韻開口一等從母列醝字,哿韻開口一等從母列鬖字(按,楊軍《七音略校注》認為鬖字當删)。

齹字才可切音若據切下字歸韻,應入哿韻,而《集韻》卻置入果韻,與上文例⑦的性質同。

學者們一般把這種據其切下字應屬於甲韻而被轉移到與甲韻通的乙韻的小韻叫作轉移小韻,張渭毅對轉移小韻研究做了綜述③。邵榮芬④、張渭毅⑤把這類新增轉移小韻同《廣韻》震韻渠遴切(按,在《集韻》中被轉移到稕韻)等非新增轉移小韻放在一起討論,我們也將在相關小節做詳細的討論。

---

① 《集韻》若依士吝反,以反切下字定韻(《集韻》吝字良刃切在稕韻),則又應該入稕韻。
② 《廣韻》醝字歌韻昨何切,《集韻》醝字有2音:A. 弋韻才何切,B. 哿韻此我切。
③ 張渭毅:《〈集韻〉研究概說》,《語言研究》1999年第2期。
④ 邵榮芬:《〈集韻〉音系簡論》,《邵榮芬音韻學論集》,第393-404頁。
⑤ 張渭毅:《〈集韻〉轉移小韻新探》,《漢語新探》,崇文書局,2007,第300-350頁。

同時，我們也應注意到，這類新增轉移小韻具有雙重身份（新增小韻及轉移小韻），並且這類小韻的歸併也有可能是因爲其反切下字所在小韻的轉移而被轉移。考慮到以上諸多因素，我們在填補空格類小韻中另立一類。

三、填補空格類小韻表

表 2-5　平聲填補空格類小韻反切表　　　　　　　　　　共 103 個

韻目	小韻	反切	韻目	小韻	反切	韻目	小韻	反切	韻目	小韻	反切
東	烽	樸蒙 滂合一	諄	竣	壯倫 莊合三	麻	苛	黑嗟 曉開三	登	鞥	一憎 影開一
	殼	火宮 曉三		秊	禰因 娘開三	陽	惶	俱王 見合三	尤	慃	尼獸 娘開三
	確	於宮 影合三		苓	戾因 來開三		卬	魚殃 疑開三	侯	捊	普溝 滂開一
冬	碚	酷攻 溪合一		累	乞鄰 溪開三	唐	忹	詿王 群合三	幽	區	羌幽 溪開三
鍾	犛	鳴龍 明合三		怨	巨旬 見合三	庚	奢	口䭾 溪合二		珊	乃甘 泥開一
支	厜	才規 從合三	臻	潌	楚莘 初開三		警	乙榮 影合三	談	笞	七甘 清開一
	虀	壯隨 莊合三	文	卷	丘云 溪合三	耕	磷	力耕 來開二		玵	五甘 疑開一
	趡	巨爲 群合三		輑	虞云 疑合三		泂	古營 見合三		黯	鄔甘 影開一
脂	娶	聚惟 從合三	殷	榟	所斤 生開三	清	聘	匹名 滂開三		獱	蒲瞻 並開三
	洼	烏雖 影合三		誓	止元 章合三		穮	人成 日開三	鹽	黏	紀炎 見開三
	廷	侍夷 禪開三	元	圈	去爰 溪合三		頸	吉成 見開三		娺	火占 曉開三
微	頎	琴威 群合三	寒	錢	子干 精開一	青	屟	子坰 精合四	添	鬘	斯兼 心開四
	機	丘衣 溪開三	桓	嚷	七丸 清合一		坰	欽熒 溪合四		菱	亡咸 明二
虞	尲	乃俱 娘合三	删	扮	步還 並合二		婪	火熒 曉合四	咸	慽	湛咸 澄開二
齊	睚	扶睚 並合四		豝	呼關 曉合二		瀅	烏熒 影合四		炎	壯咸 莊開二
	覞	五圭 疑合四	山	頑	五鰥 疑合二		菁	子丁 精開四	銜	鑑	力銜 來開二
佳	摣	莊蛙 莊合二		瓣	薄閑 並開二		馨	苦丁 溪開四		諵	女監 娘開三
	詯	玉叴 疑合二	仙	山	所旃 生開三		娗	五刑 疑開四		漸	側銜 莊開二
	蔡	仄佳 莊開二		薦	普遼 滂開四		娶	於丁 影開四		汜	扶嚴 奉開三
皆	磎	楚懷 初合二	蕭	嬈	裊聊 泥開四	蒸	儜	亡冰 微開三	嚴	讕	直嚴 澄開三
	襄	所乖 生合二		穛	子么 精開四		臄	即凌 精開三		广	之嚴 章開三
	崴	匹埋 滂開二	宵	馳	稍妖 生開三		繰	息凌 心開三		黔	居嚴 見開三
	媷	直皆 澄開二	戈	嗟	遭歌 精開一	登	靰	苦弘 溪合一		黔	其嚴 群開三
真	幨	測倫 初合三		哶	彌嗟 明開三		泓	乙肱 影合三	凡	瑛	亡凡 微合三
	柣	測人 初開三	麻	儸	利遮 來開三		鄫	七曾 清開一		炎	于凡 云合三
	駰	呼隣 曉開三		䃣	七邪 清開三		俞	肯登 溪開一			

《集韻》《廣韻》比較研究

表 2-6　上聲填補空格類小韻反切表　　共 148 個

韻目	小韻	反切	韻目	小韻	反切	韻目	小韻	反切	韻目	小韻	反切
董	摐	才總從合一	駭	徥	直駭澄開二	銑	琁	信犬心合四	耿	迸	必幸幫開二
	㵽	吾蓊疑合一		㨔	師駭生開二		蜎	於泫影合四		穎	騂穎心三
腫	䢵	取勇清三		鍇	古駭見開二		覞	匹典滂開四	靜	䭴	如穎日合三
	臡	乃渾泥合三		琣	普罪滂開一		槇	子殄精開四		㹸	知領知開三
講	㨪	普講滂開二	賄	悖	必每幫合一		忏	七典清開四		悅	吁請曉開三
	㰅	匹講滂開二		崔	息罪心合一		蔓	詳兗邪開三	迥	婧	續領精開四
	慃	初講初開二		頒	沽罪見合一		腞	敕轉徹合三		鶛	呼頂曉開四
	䏶	雙講生開二		悽	布亥幫開一		腝	女軟泥合三	拯	凴	皮殑並開三
	㪁	克講溪開二	海	唉	息改心開一		蠞	茁撰莊合二		澄	直拯澄開三
紙	菙	女委泥合三		騃	五亥疑開一		翼	式撰書開三		耳	仍拯日開三
	紫	自爾從開三	軫	肙	羊忍以開三		宛	烏勉影開三		掤	步等並開一
旨	揣	丑水徹合三		蹲	趣允清合三		巁	起輦溪開三		嘖	忙肯明開一
	沝	之誄章合三		瘨	才尹從合三		剗	測展初開三		𧫦	他等透開一
	嶇	藝薩疑合三		栒	辭允邪合三	篠	磽	倪了疑開四	等	蹬	徒等定開一
	柿	側几莊開三		蓴	柱允澄合三		灗	樵小從開三		倰	朗等來開一
	唏	許几曉開三		亂	創允初合三	小	槁	祛矯溪開三		曾	子等精開一
	濗	鋪市滂開三		輑	牛尹疑合三		䚽	魚小疑開三		㝬	孤等見開一
止	薺	茨以從開三		臏	遍忍幫開三	巧	嗃	孝狡曉開二	有	䚯	牛久疑開三
	芑	巨己群開三		砏	匹忍滂開三	晧	皢	滂保滂開一	厚	鯫	才垢從開一
尾	壘	良斐來合三		凶	思忍心開三	果	蠢	才可從開一	黝	㿞	苦糺溪開三
	㠑	子尾精合三		嚫	阻引莊開三		坷	苦我溪開一	寑	頿	側踸莊開三
	佳	諸鬼章合三		亂	楚引初開三		搲	烏瓦影合二	感	妗	莫坎明開一
	恢	苦虺溪合三	隱	攏	舉蘊見三		土	片賈滂開二		厰	五敢疑開一
	儝	魚鬼疑合三		掔	九遠見合三		跥	宅下澄開二	敢	撖	胡敢匣開一
	壝	欲鬼以合三		儂	力偃來開三		笯	初雅初開二		䆃	纖琰心合三
麌	㹺	尼主泥合三	阮	睍	丑幰徹開三	馬	跙	力者來開三	琰	燄	習琰邪開三
薺	䳓	古礼見開四	混	䫤	魚懇疑開三		姐	慈野從開三		斂	初斂初開三
蟹	撮	初買初合二		洒	蘇很心開一		怪	丘往溪開三		㽉	士冉崇開三
	胯	枯買溪合二	很	穏	安很影開一	養	蔣	在兩從開三		摲	山儉生開三
	崴	烏買影合二		叀	千短清合一		磽	丘仰溪開三	忝	僭	子忝精開四
	奲	怦買滂合二	緩	輐	五管疑合一		澋	呼猛曉合三	儼	拑	章貶章開三
	扴	廣蟹莊開二		瀎	火管曉合一		静	側杏莊開三		險	希埯曉開三
	夽	楚解初開二		侒	阿侃影開一		獷	差梗初開三	豏	䭝	竹減知開二
	覬	五買疑開二	潸	㬮	丑赧徹開二	梗	俓	苦杏溪開三		顃	五減疑開二
駭	耀	蒲楷並開二		盼	匹限滂開二		䀒	虎梗曉開三	檻	淰	奴檻泥開一
	擷	洛駭來開二	產	版	蒲限並開二		愲	於杏影開三	范	拑	極范群合三
	釳	知駭知開二		軋	鷹眼影開二		㱘	盧景來開三		𭈩	五犯疑合三

·104·

表 2-7　去聲填補空格類小韻反切表　　共 115 個

韻目	小韻	反切	韻目	小韻	反切	韻目	小韻	反切	韻目	小韻	反切
送	槿	菩貢並合一	代	怖	匹代滂開一	霽	駍	犬縣溪合四	勁	䆁	女正泥開三
	蠹	丑眾徹三		倄	蒲代並合一		辯	毗眄並開四		纓	於正影開三
宋	湩	冬宋端合一	廢	㪣	去穢溪合三		怪	子眷精合三		濎	胡鎣匣合四
	瘲	奴宋泥合一		㾑	牛吠疑合三		泉	疾眷從合三	徑	跰	壁瞑幫開四
	碧	魯宋來合一		訐	九刈見合三		篡	刍眷初合三		屏	步定並開四
用	艨	忙用明合三		歇	虛乂曉開三		縛	升絹書合三		瘞	嗌寗影開四
	椎	昌用昌合三	稕	淪	倫浚來合三		韌	如戰日開三		冰	逋孕幫開三
絳	憏	龍巷明開二		壹	困閏溪合三		偐	虔彥群開三	證	䞍	七孕清開三
	矓	尼降泥開二		韻	筠昀云合三	嘯	顧	戶弔匣開四		铌	尼證泥開三
寘	鈋	式瑞書合三		慁	忙觀明合三		捎	梢嶠生開三		儜	寧鄧泥開一
至	出	敕類徹合三		酳	士刃崇開三		覞	昌召昌開三	嶝	妶	口鄧溪開一
	尉	於位影合三		阩	所陳生開三		驕	嬌廟見開三	宥	憂	於救影開三
志	子	將吏精開三		眒	式刃書開三		巊	虛廟曉開三	幼	蜩	火幼曉開三
未	窶	巨畏群合三		抻	居覲見開三	号	犢	匚到滂開一		稟	逋鴆幫開三
遇	續	辭屨邪合三		亂	恥問徹合三		鞱	叨号透開一		勸	思沁心開三
	孈	仄遇莊合三		亂	初問初合三		瘥	楚嫁初開二	沁	鐔	尋浸邪開三
	豉	昌句昌合三		趣	丘運溪合三	禡	偌	人夜日開三		稔	岑譖崇開三
霽	褂	睽桂溪合四		佗	徹靳徹三		歌	企夜溪開三		瀋	鴟禁昌開三
	惢	丑芮徹合三		酳	士靳崇開三	漾	胜	區旺溪合三		捨	丘禁溪開三
祭	啜	稱芮昌合三		掀	丘近溪開三		霜	色壯生開三		譅	火禁曉開三
	刵	牛芮疑合三	願	健	力健來開三	宕	脍	滂謗滂開一		鈂	淫沁以開三
	瘵	側例莊開三		鶱	袪建溪開三		稽	七浪清開一	勘	妳	莫紺明開一
卦	䫴	奴卦泥合二		黩	暾頓透合一	映	病	丘詠溪合三		掔	俎紺從開一
怪	𧥛	塣怪澄合二	恨	鼲	昏困曉合一		病	況病曉合三	釅	劔	七劍清開三
	揸	仕壞崇合二		痞	佗恨透開一		亨	普孟滂開三		黏	女驗泥開三
	𠍱	女夬泥合二		硍	苦恨溪開一		病	鋪病滂開三		痁	式劍書開三
夬	㵣	衰夬生合二	諫	昇	乃諫泥開二		摒	先命心開三		睑	巨欠群開三
	䁜	仕夬崇合二		屦	初莧初開二		詗	恥慶徹開三	陷	鑞	力陷來開二
隊	啐	摧內從合一	襇	羿	眼莧疑開二	諍	軯	匚迸滂開二			

表 2-8　入聲填補空格類小韻反切表　　　共 57 個

韻目	小韻	反切	韻目	小韻	反切	韻目	小韻	反切	韻目	小韻	反切
屋	嵏	仕六崇合三		黜	竹勿知合三		朒	逋約幫開三	職	日	而力日開三
	尊	匹沃滂合一	迄	肷	丑乙徹開三	藥	𩖐	方縛非合三		鵙	貶耳幫開三
沃	債	地篤透合一		乙	於乞影開三		斮	士略崇開三		妼	匹耳滂合三
	宋	才竺從合一	月	爀	丑伐徹開三	鐸	汦	當各端開一		徥	息葉心開三
	媚	某玉明合三	末	剄	先活心合一		礊	離宅來開二	葉	庿	莊輒莊開三
	傉	女足娘合三		辥	士滑崇合二	陌	碧	筆戟幫開三		舀	碜歃初開三
燭	妵	叉足初合三		晣	知戛知開二		劃	口䇲溪合二		傑	虛涉曉開三
	萬	仕足崇合三	黠	呾	瞙軋徹開二	麥	擿	治革澄開二	帖	戩	千俠清開四
	數	所錄生合三		噠	宅軋澄開二		痛	丑厄徹開二	洽	拉	力洽來開二
	貀	女律娘合三		蔓	側刮莊合二		氈	鋪亻滂合三	狎	雪	斬狎莊開三
	剎	楚律初合三	鎋	瞎	荒刮曉合二	昔	鐦	奴刺娘開三	業	堨	直業澄開三
質	繂	式聿書合三		瘵	女瞎娘開二		刏	令益來開三		磼	士劫崇開三
	苗	厥律見合三		欻	巨劣群合三		覡	紀亻見開三			
	齟	測瑟初開二	薛	督	遷薛清開三		慼	苦席溪開三			
術	顀	之出章合三		札	側列莊開三		虩	火亻曉開三			

第三節　新增重出小韻

通過對《集韻》《廣韻》小韻、反切的比較，可發現《集韻》有新增小韻與同韻內其他小韻重出的現象。例如，《廣韻》徑韻原有溪母開口四等"罄"小韻/苦定切，《集韻》徑韻的"罄"小韻作詰定切。《集韻》又新增"䃏"小韻口定切，與原"罄"小韻重出。《廣韻》篠韻本有"磽"小韻/苦皎切，溪母開口四等，《集韻》篠韻亦有"磽"小韻，作輕皎切，《集韻》又新增溪母開口四等"趬"小韻/起了切。

邵榮芬《〈集韻〉音系簡論》一文認為："這種保留前人反切原貌，不加改動的態度，就有存疑的意思。"① 邵文認爲《集韻》賄韻"磥/魯猥切"、"累/路罪切"爲"非語音對立"重出小韻，這種對立不表示語音上的對立。但筆者檢其反切下字，猥爲影母賄韻字，罪爲從母賄韻字，猥、罪二字的韻類相同，聲紐有清濁的對立，而在漢語聲調的演變過程中，上聲就曾因聲母清濁的不同產生不同的演變類型，如眾所周知的"濁上歸去"。此類"非語音對立"重出

---

① 邵榮芬：《〈集韻〉音系簡論》，《邵榮芬音韻學論集》，第 368 頁。

小韻還有很多,再如,賄韻"猥／烏賄切"與"脩／於罪切"、代韻"倅／倉愛切"與"菜／倉代切"、麻韻"觰／展賈切"與"縒／竹下切"、麻韻"若／人奢切"與"捼／儒邪切"。我們全面研究《集韻》新增重出小韻後,認爲還可以對其所反映的語音信息和在語音史上的價值做更深入的挖掘。本書着重對《集韻》所有新增小韻進行分類,並分析其在韻書音系結構的具體表現及地位。

一、重出與重紐

(一)二者的定義

重出,即依中古音韻地位(或在等韻圖上的位置)來看[1],有兩個小韻占用同一個位置,如"趙、磱"二小韻均在篠韻溪母開口四等;換個角度說,在《切韻》音系中,兩個小韻的聲類、韻類、調類等均相同,照理,聲韻調相同只有一個音節,而重出對立造成了多個小韻對應一個音節。曹述敬《音韻學辭典》認爲重出小韻即重紐[2]。

重紐,即支、脂、祭、真[3]、仙、宵、侵、鹽幾個韻系裏的喉、牙、唇音小韻從反切上來看有對立,在韻圖上被分別置於三等和四等[4]。

(二)二者的關係

重出與重紐在《切韻》系韻書中的表現形式是一樣的,都是兩個及以上小韻對應同一個音韻地位。本書把重出與重紐處理爲上下位的關係,也就是說,凡是同韻中一個音韻地位有兩個及以上小韻對應的都叫小韻重出,不僅限於唇、牙、喉音。

二、《集韻》新增重出小韻概貌

(一)據我們統計,《集韻》新增重出小韻共 149 個。其中平聲 39 個,上聲 29 個,去聲 49 個,入聲 32 個,分佈在 31 個聲母及 73 韻中。《集韻》新增重出類小韻占所有新增小韻數 672 的 22.17%,占全書總小韻數 4486 的 3.32%。

(二)以聲類統計,牙、喉音最多(共 82 個小韻,其中見組字居多),其次爲幫組(共 31 個小韻),唇、牙、喉音共占《集韻》新增重出小韻的 75.84%。

(三)以韻類統計,其中山攝(共 25 個小韻,主要屬元、阮、月、仙、獮、綫、薛韻)占小韻最

---

[1] 中古音韻地位,是"字或音節在等韻圖上所處的位置",也就是這個字或音節聲、韻、調、開合、等、攝的信息。見曹述敬:《音韻學辭典》,湖南出版社,1991 年,第 267 頁。
[2] 曹述敬:《音韻學辭典》,第 15 頁。
[3] 此處真韻係《王三》真韻,亦包括《廣韻》諄韻。
[4] 邵榮芬:《切韻研究(校訂本)》,中華書局,2008 年,第 69 頁。

多①,其次爲止攝(共 24 個小韻,主要屬支、寘韻)、臻攝(共 20 個小韻,主要屬諄、準、稕、質韻)、蟹攝(共 20 個小韻,主要屬祭、皆、怪韻)、梗攝(共 17 個小韻,主要屬清、靜、勁、昔韻),再次爲咸攝(共 10 個)。以上六攝共 116 個小韻,占全部新增重出小韻的 77.85%。《集韻》新增重出小韻在有重紐的韻攝中分佈較多。

(四)以等呼統計,一等小韻共 16 個,二等小韻共 14 個,三等小韻共 109 個,四等小韻共 10 個。除唇音小韻外,開口小韻共 77 個,合口小韻共 41 個。

三、重出小韻的分類

根據重出對象的新舊多少,《集韻》新增重出小韻可以分成四組。參照《廣韻》音系中有無同韻系內相同聲母、韻母拼合,該四組下又均可以四聲相承類、同部位相承類、新增拼合關係類、新增轉移類等四小類繼續劃分。按,此四小類是針對新增重出小韻本體而言,不指整對重出小韻有相承情況。我們分列所有新增重出小韻如下,並作簡要說明。

(一)第一組

重出小韻對中的兩個小韻均爲新增重出小韻,共有 15 對。下列該組所有小韻,"/"前後都爲《集韻》新增的小韻,前後小韻在《廣韻》(或《切韻》)音系中重出對立。

1. 四聲相承類

即同韻系中,該小韻聲、韻組合與其他聲調拼合有小韻,新增小韻沒有增加聲韻拼合關係。例如,《集韻》諄韻新增"脣"小韻/式勻切,同韻又新增了"崙"小韻/舒均切,"脣"、"崙"二小韻均爲諄韻合口三等書母。《廣韻》上聲準韻有書母"賰"小韻/式允切(《集韻》同),去聲稕韻有書母"舜"小韻/舒閏切(《集韻》作輸閏切)。

(1) 脣式勻/崙舒均 臻合三平諄書 (2) 拳己袁/裷九元 山合三平元見
(3) 顲翻阮/疲芳反 山合三上阮滂 (4) 悑尺拯/齒稱拯 曾開三上拯昌
(5) 懌赫巷/贛呼降 江開二去絳曉 (6) 俴山箭/潸刪彥 山開三去綫生
(7) 軜己幼/赳古幼 流開三去幼見 (8) 領苦紇/揭丘謁 山開三入月溪
(9) 麋麋寄/靡麋詖 止開三去寘明 (10) 踧弃役/躩虧碧 梗合三入昔溪
(11) 浥乙俠/唊於叶 咸開四入帖影

2. 同部位相承類

即四聲無相承小韻,但同韻系中相同發音部位的其他聲母與本韻類拼合有小韻,新增的聲韻拼合關係在《切韻》音系允許的範圍內。例如,《集韻》蒸韻新增"熊"小韻/矣殊切,同

---
① 括弧內爲該攝中新增重出小韻較多的韻,並非全部韻部。下同。

韻又新增了"珵"小韻/筠冰切,"熊"、"珵"二小韻均爲蒸韻開口三等云母。《廣韻》蒸韻系無云母開口三等小韻,但平聲蒸韻有以母"蠅"小韻/余陵切(《集韻》同),去聲證韻有以母"孕"小韻/以證切(《集韻》同)。

(12) 熊矣殊/珵筠冰_{曾開三平蒸云}　　(13) 䳑工役/攫俱碧_{梗合三入昔見}

3. 新增拼合關係類

該類是指在《廣韻》某韻系中,既無與新增小韻相同聲、韻組合的四聲相承小韻,又無同韻內同聲組其他聲母與本韻類相拼合的小韻。例如,《集韻》祭韻新增"欨"小韻/呼世切,同韻又新增了"憩"小韻/許罽切,"欨"、"憩"二小韻均爲祭韻開口三等曉母。《廣韻》祭韻本不與曉、匣母開口三等相拼。

(14) 欨呼世/憩許罽_{蟹開三去祭曉}

4. 新增轉移類

即本應屬於甲韻的新增小韻却歸入其他相通用的乙韻。例如,《集韻》質韻新增"屈"小韻/其述切,同韻又新增了"繘"小韻/其律切,"屈"、"繘"二小韻均爲質韻合口三等群母。按,切下字"述"、"律"二字,《廣韻》均在術韻,《集韻》同。

(15) 屈其述/繘其律_{臻合三入質群}

(二) 第二組

重出小韻對中的兩個小韻:一個爲新增重出小韻;另一個爲非新增小韻,即承自《廣韻》的小韻。本類共有108對小韻。下列該組所有小韻,括弧前爲《集韻》新增的小韻,與括弧內承自《廣韻》的小韻重出對立。括弧內有兩個小韻及反切,其中"│"後爲《廣韻》的小韻及反切,前爲《集韻》的小韻及反切,係承自《廣韻》。

1. 四聲相承類

例如,《集韻》東韻新增"舡"小韻/戇公切,同韻另有"烘"小韻/呼公切。"舡"、"烘"二小韻均爲東韻合口一等曉母,二小韻同韻重出對立。《廣韻》平聲東韻有"烘"小韻/呼東切,《集韻》"烘"小韻承自《廣韻》。又《廣韻》上聲董韻有曉母一等"嗊"小韻/呼孔切(《集韻》作虎孔切),去聲送韻有曉母一等"烘"小韻/呼貢切(《集韻》作呼貢切)。

(1) 舡戇公(烘呼公│烘呼東)_{通合一平東曉}　　(2) 涜統冬(烔他冬│烔他冬)_{通合一平冬透}

(3) 蓬蒲恭(逢符容│逢符容)_{通合三平鍾並}　　(4) 齜阻宜(齜莊宜│齜側宜)_{止開三平支莊}

(5) 𣸪髓隨(眭宣爲│眭息爲)_{止合三平支心}　　(6) 㽔汝垂①(㽔儒垂│㽔人垂)_{止合三平支日}

---

① 《廣韻》㽔字有兩切:A. 紙韻如累切、B. 旨韻如壘切。按,《經典釋文》有兩處注㽔字,《禮記音義之一·曲禮第一》卷第十一:"爲㽔,本又作䅽,如捶反。徐而媿反。"又《春秋左氏音義之六·哀上第二十九》卷第二十:"㽔兮,而捶反。又而水反。"《集韻》㽔有支韻汝垂切、紙韻乳捶切二音。

(7) 刿紀披（羈居宜｜羈居宜）止開三平支見　　(8) 觬語支（宜魚羈｜宜魚羈）止開三平支疑
(9) 脢茫歸（微無非｜微無非）止合三平微明　　(10) 貙敇居（攎抽居｜攎丑居）遇合三平魚徹
(11) 睤蘖佳（厓宜佳｜崖五佳）蟹開二平佳疑　　(12) 碩蘖皆（排蒲皆｜排步皆）蟹開二平皆並
(13) 鰲力皆（唻賴諧｜唻賴諧）蟹開二平皆來　　(14) 呝塢皆（揆英皆｜揆乙諧）蟹開二平皆影
(15) 磞旁君①（汾符分｜汾符分）臻合三平文並　　(16) 藜棧山（潺鉏山｜虥士山）山開二平山崇
(17) 艭火全（翾瓊緣｜翾許緣）山合三平仙曉　　(18) 蠻免貟②（緜彌延｜緜武延）山開三平仙明
(19) 鶱己仙（甄稽延｜甄居延）山開三平仙見　　(20) 瀌蒲嬌（瓢毗霄｜瓢符霄）效開三平宵並
(21) 捼儒邪（若人奢｜若人賒）假開三平麻日　　(22) 騂許營（䂨翾營｜䂨火營）梗合三平清曉
(23) 萌忙成（名弥并｜名武并）梗開三平清明　　(24) 更古青（經堅靈｜經古靈）梗開四平青見
(25) 彪悲幽（飍必幽｜彪甫烋）流開三平幽幫　　(26) 鸗盧動（籠魯孔｜矓力董）通合一上董來
(27) 狔直婢（豸丈尒｜豸池爾）止開三上紙澄　　(28) 禮隣以（里兩耳｜里良士）止開三上止來
(29) 啟詰以（起口己｜起墟里）止開三上止溪　　(30) 女奴解（嬭女蟹｜嬭奴蟹）蟹開二上蟹泥
(31) 累路罪（磊魯猥｜磥落猥）蟹合一上賄來　　(32) 倄於罪（猥鄔賄｜猥烏賄）蟹合一上賄影
(33) 駗知忍（辰展引｜辰珍忍）臻開三上準知　　(34) 蠢遣忍（蠢丘忍｜蠢弃忍）臻開三上準溪
(35) 冕忙晚（晚武遠｜晚無遠）山合三上阮明　　(36) 豢胡滿（緩戶管｜緩胡管）山合一上緩匣
(37) 㰱來圈（孿力轉｜孿力兖）山合三上獮來　　(38) 萹匹善（鶣披兗｜鶣披免）山開三上獮滂
(39) 羨延善（演以淺｜演以淺）山開三上獮以　　(40) 趙起了（磽輕皎｜磽苦皎）效開四上篠溪
(41) 皎吉小（矯舉夭｜矯居夭）效開三上小見　　(42) 獢巨小（驕巨夭｜驕巨夭）效開三上小群
(43) 憬孔永（䆘苦礦｜䆘苦礦）梗合二上梗溪　　(44) 頸九領（頸經郢｜頸居郢）梗開三上靜見
(45) 頵渠領（痙巨井｜痙巨郢）梗開三上靜群　　(46) 柚羊受（酉以九｜酉與久）流開三上有以
(47) 礏集荏（蕈慈荏｜蕈慈荏）深開三上寑從　　(48) 黵止染（颭職琰｜颭占琰）咸開三上琰章
(49) 㿍燮坫（稴盧忝｜稴力忝）咸開四上忝來　　(50) 隋囟恚（髓思累｜穗思累）止合三去寘心
(51) 㾕丘偽（觖窺睡｜觖窺瑞）止合三去寘溪　　(52) 紫才肆（漬疾智｜漬疾智）止開三去寘從
(53) 萺子棄（恣資四｜恣資四）止開三去至精　　(54) 繋吉棄（冀几利｜冀几利）止開三去至見
(55) 恞許異（憙許記｜憙許記）止開三去志曉　　(56) 擅伊志（意於記｜意於記）止開三去志影
(57) 猵鋪畏（費芳未｜費芳未）止開三去未滂　　(58) 倪五未（魏虞貴｜魏魚貴）止合三去未疑
(59) 跨於故（汙烏故｜汙烏路）遇合一去暮影　　(60) 毳充芮（毳初芮｜毳楚稅）蟹合三去祭初
(61) 劂九芮（劌姑衛｜劌居衛）蟹合三去祭見　　(62) 瘵吉曳（猘居例｜猘居例）蟹開三去祭見
(63) 餲乙大（薈烏外｜噲烏外）蟹合一去泰影　　(64) 䎺忙戒（眒暮拜｜眒莫拜）蟹開二去怪明

---

① 按，《釋文·春秋公羊音義·僖公第五》卷第二十一："磞然，之人反。又大年反。聲響也。一音芳君反。本或作砰，八耕反。"《集韻》磞字無滂母一讀，因此而疑"旁君"應為"滂君"切，與芳君反同。
② 按，《廣韻》《集韻》貟字多用作合口下字，延字多用作開口下字，因《廣韻》唇音不分開合口，故而列此。

第二章　《集韻》《廣韻》小韻異同及考索(上)

(65) 觟尼戒（褹女介｜褹女介）蟹開二去怪泥　　(66) 譮火界（譮許介｜譮許介）蟹開二去怪曉
(67) 炳苦對（岜苦會｜塊苦對）蟹合一去隊溪　　(68) 倅倉愛（菜倉代｜菜倉代）蟹開一去代清
(69) 鯡兵廢（廢放吠｜廢方肺）蟹合三去廢幫　　(70) 嫳普吠（肺芳廢｜肺芳廢）蟹合三去廢滂
(71) 缺窺絹（觖苦倦｜觖區倦）山合四去線溪　　(72) 獟火弔（歊馨叫｜歊火弔）效開四去嘯曉
(73) 標卑妙（裱彼廟｜裱方廟）效開三去笑幫　　(74) 超抽廟（朓丑照｜朓丑召）效開三去笑徹
(75) 儢步臥（縛符臥｜縛符臥）果合一去過並　　(76) 燹妗正（聘匹正｜聘匹正）梗開三去勁滂
(77) 高傾敻（輕牽正｜輕墟正）梗開三去勁溪　　(78) 肩肩定（徑古定｜徑古定）梗開四去徑見
(79) 絅口定（罄詰定｜罄苦定）梗開四去徑溪　　(80) 砅蒲應（凭皮孕｜凭皮證）曾開三去證並
(81) 鑑胡暫（憨下瞰｜憨下瞰）咸開二去闞匣　　(82) 獫午陷（齾五陷｜顑玉陷）咸開二去陷疑
(83) 亾甫玉（襆逋玉｜襆封曲）通合三入燭幫　　(84) 拂普密（匹僻吉｜匹譬吉）臻開三入質滂
(85) 昵乃吉（暱尼質｜暱尼質）臻開三入質泥　　(86) 佶其吉（姞極乙｜姞巨乙）臻開三入質群
(87) 鮠魚一（耴逆乙｜耴魚乙）臻開三入質疑　　(88) 婉於伐（噦於月｜嬰於月）山合三入月影
(89) 瘱五紇（钀語訐｜钀語訐）山開三入月疑　　(90) 貀女骨（豽奴骨｜豽內骨）臻合一入沒泥
(91) 扢古紇（骨古忽｜骨古忽）臻合一入沒見　　(92) 䯊敔紇（兀五忽｜兀五忽）臻合一入沒疑
(93) 鬢鋪結（擗匹蔑｜擗普蔑）山開四入屑滂　　(94) 敝便滅（別皮列｜別皮列）山開三入薛並
(95) 朅乙列（焆於列｜焆於列）山開三入薛影　　(96) 槆平碧（擗毗亦｜擗房益）梗開三入昔並
(97) 糴知亦（糴竹益｜糴竹益）梗開三入昔知　　(98) 䁱況壁（殈呼臭｜殁呼臭）梗開四入錫曉
(99) 婼丑聂（鋙勑涉｜鋙丑輒）咸開三入葉徹　　(100) 抾去笈（痵去涉｜痵去涉）咸開三入葉溪
(101) 譀五洽（䁱仡甲｜䁱仡夾）咸開二入洽疑

2. 新增轉移類

例如，《集韻》諄韻新增"蝹"小韻／一均切，同韻另有"贇"小韻／紆倫切，"蝹"、"贇"二小韻均爲諄韻合口三等影母。切下字均、倫二字，《廣韻》都在諄韻，《集韻》亦同。但《廣韻》"贇"小韻／於倫切在真韻，《集韻》移"贇"小韻至諄韻，從而造成"蝹"小韻與"贇"小韻於諄韻內重出對立。這同《集韻》新增小韻中填補空格類小韻的轉移方式有所不同，此並說明。

(102) 蝹一均（贇紆倫｜贇於倫）臻合三平諄影　　(103) 㐮姜憗（緊頸忍｜緊居忍）臻開三上準見
(104) 䵎均俊（昀九峻｜昀九峻）臻開三上準見　　(105) 隱於刃（印伊刃｜印於刃）臻開三去稕影
(106) 酳于獮（胤羊進｜胤羊晉）臻開三去稕以　　(107) 柯阿个（侉安賀｜侉安賀）果開一去箇影
(108) 玁力劍（斂力驗｜斂力驗）咸開三去釅來

説明：①《廣韻》贇小韻於倫切在真韻。②《廣韻》緊小韻居忍切在軫韻。③《廣韻》昀小韻九峻切在震韻。④《廣韻》印小韻於刃切在震韻。⑤《廣韻》胤小韻羊晉切在震韻。⑥《廣韻》侉小韻安賀切在過韻。⑦《廣韻》斂小韻力驗切在豔韻。《集韻》中這些小韻都被在通用韻間轉移。

（三）第三組

同韻中有三個同音韻地位的小韻重出對立，共有 6 組，9 個小韻。下列該組所有小韻，括弧前爲《集韻》新增的小韻，"／"前後均屬新增重出對立，同時又與括弧內承自《廣韻》的小韻重出對立。每個括弧內有兩個小韻及反切，其中"｜"後爲《廣韻》的小韻及反切，前爲《集韻》的小韻及反切，係承自《廣韻》。

這些新增重出小韻均屬四聲相承類小韻，其中有些與《廣韻》重紐小韻重出，如"訏"、"呬"、"欯"小韻。

(1) 夆匹逢／蠭匹匈（䒽匹容｜峯敷容）通合三平鍾滂
(2) 鱻步幽／淲平幽（淲皮虯｜淲皮彪）流開三平幽並
(3) 紇九傑／揭塞列（子吉列｜子居列）山開三入薛見
(4) 訏許支（犧虛宜｜犧許羈）（詑香支｜詑香支）止開三平支曉
(5) 呬許四（齂虛器｜齂虛器）（豷許利｜豷許位）止開三去至曉
(6) 欯火一（肸黑乙｜肸羲乙）（欯闃吉｜欯許吉）臻開三入質曉

（四）第四組

同韻中有四小韻重出，共有 1 組，2 個小韻。《集韻》支韻匯、跬小韻也係重紐基礎上的再重出。按，編排體例同上。

(1) 匯空爲／跬却垂（虧驅爲｜虧去爲）（闚缺規｜闚去隨）止合三平支溪

《集韻》新增重出小韻中，絕大多數屬於四聲相承小韻，僅"欥"小韻／呼世切與"憇"小韻／許罽切兩個小韻新增了聲、韻拼合關係，這也就是說新增重出小韻基本上是可以折合入《廣韻》音系中的。一般來說，韻書中同韻內小韻之間的重出對立，代表語音的差別，至少在《集韻》編著者的心中，不管出於存疑，還是其他的目的，重出對立的小韻之間是存在差別的，而重出小韻之間的實際差別就是我們研究的基礎。

四、本類小韻的來源及性質

邵榮芬《〈集韻〉音系簡論》一文把《集韻》重出小韻分爲"重紐"、"音變"、"非語音對立的重出"三類分別進行討論，又鋪陳了八條理由來闡釋如賄韻"磥／魯猥切"、"累／路罪切"等小韻之間的重出屬"非語音對立"，並不表示語音上的差別[①]。

關於《集韻》重出小韻，據筆者的統計分析，另有如下四條不同的意見。

---

① 邵榮芬：《〈集韻〉音系簡論》，《邵榮芬音韻學論集》，第 352-378 頁。

第一，《集韻》新增重出小韻共 149 個，其中脣、牙、喉音小韻 113 個，占新增重出小韻的 75.84%；三等小韻共 109 個，主要分佈於山、止、臻、蟹攝等具有重紐的韻攝中。

第二，《集韻》既然要"務從該廣，經史諸子及小學書更相參定"（《集韻·韻例》），說明《集韻》音切本身有多種來源，則其部分字反切與《釋文》等經籍文獻所載音切相同並不奇怪。邱榮鐊《集韻研究》曾分經、史、子、集列出《集韻》所引書目達百餘種，同時指出《集韻》所引先儒舊音、未注出處的唐以後眾經師音等數十家[1]。

第三，眾所周知，反切通過兩個漢字表示拼合，上字表聲，下字表韻，它能區分音類，但並不表示具體音值。因此《集韻》編著者在收集各種來源的反切音讀材料時，也不可能還原各反切原來的音值。這樣，編著者就只能依照其藍本——《廣韻》（或《切韻》）的音類，或自己口耳相傳的語言事實來辨析，同樣的道理也適用於《王三》《五音集韻》等。

第四，《集韻》的編著者明確地提到"欲乞朝廷差官重撰定《廣韻》，使知適從"（《集韻·牒文》），且《集韻》對《廣韻》有不同程度的增、刪、併、改，那麼，同樣《集韻》在同韻中另立重出小韻，也必定有其理由。

鑒於以上情況，筆者對《集韻》新增重出小韻反切上、下字做了全面的音類分析，並根據小韻重出對立的不同情況對小韻進行了分類歸納。

（一）切下字在《切韻》音系中有聲母清濁的對立

北宋初期，通語音已經有濁音清化、濁上歸去等現象，這些都得到了學界的公認。唐李涪《刊誤·切韻》卷下云："吳音乖舛，不亦甚乎！上聲為去，去聲為上。"這就是晚唐濁上歸去的例證[2]。周祖謨《宋代汴洛語音考》指出："全濁之仄聲已讀同全清，全濁之平聲已讀同次清矣。"[3]周祖謨《關於唐代方言中四聲讀法的一些資料》又引安然《悉曇藏》材料以佐證唐代平、上、去、入四聲便各分陰陽[4]。

平山久雄對《集韻》反切上字的聲調分析做過統計分析，認為"平聲反切力求採用平聲上字，上聲反切力求採用上聲上字，入聲反切力求採用入聲上字"，並認為《集韻》反切用字的選擇還在於"使反切切合全濁和次濁聲母的音值隨聲調而發生分歧的情況"[5]。

我們比照聲母清濁及聲調的關係，分析了《集韻》所有重出小韻的切下字，並認為濁上歸去等有關聲調的音變會引起"新增小韻與原有小韻重出"。請看下面的例子。

---

[1] 邱榮鐊：《集韻研究》，第 31-42 頁。
[2] 王力：《漢語語音史》，中國社會科學出版社，1985 年，第 259 頁。
[3] 周祖謨：《問學集》，第 591 頁。
[4] 參見蔣紹愚：《近代漢語研究概況》，北京大學出版社，1994 年，第 47 頁。
[5] [日]平山久雄：《〈集韻〉反切上字的聲調分佈及其在反切法上的意義》，《南大語言學》，商務印書館，2005 年，第 11 頁。

例（1）《集韻》上聲賄韻新增"累"小韻路罪（從母／全濁上）切，與同韻"磊"小韻魯猥（影母／全清上）切重出。

甲　賄韻"累"小韻共收 4 字，分別是"累（畏累，山名）"、"纇（偏頗也。《春秋傳》：刑之頗纇。徐邈讀）"、"礧（堀礧，不平兒）"、"㿗（魁㿗，木枝節盤結兒）"；

乙　賄韻"磊"小韻承自《廣韻》，收"壘礨累（峞壘，山名）"、"䃖（䃖空，小穴也。一曰小封）"、"㿗（魁㿗，本枝節盤結也）"等字，小韻內不收"纇"字。

按，《集韻》去聲隊韻有"纇"小韻／盧對切，其中收有"纇（偏也。《春秋傳》：刑之頗纇）"、"䃖（䃖空，小穴。一曰小封。李軌說）"，不收"累（畏累，峞壘）"、"㿗"。

通檢《釋文》，我們查找到以下幾條相關材料。

《釋文·周禮音義下·夏官司馬下》卷第九："累牛，力追反。劉音纇。"

《釋文·莊子音義下·莊子雜篇庚桑第二十三》卷第二十八："壘，崔本作纍，同力罪反。向良裝反。李云：'畏壘，山名也。或云在魯，又云在梁州。'"

《釋文·春秋左氏音義之五·昭四第二十三》卷第十九："纇，如字，事纇也。一音力對反，注同。徐又力猥反。"

《釋文·莊子音義中·秋水第十七》卷第二十七："壘，力罪反。向同崔音壘。李力對反。"

《釋文·爾雅音義下·釋木第十四》卷第三十："㿗，郭盧罪反。施胡罪反。"

《釋文》給"壘"字注了力罪反、音壘、力對反三個讀音，說明陸德明有意區別這三個音。《集韻》"累"、"磊"、"纇"三小韻分立則與《釋文》同。

又檢《集韻》，"猥"字有上聲賄韻鄔賄切、去聲隊韻烏潰切二音①，均釋爲"犬吠聲"。而《釋文》"猥"字作烏罪反或溫罪反②，《廣韻》"猥"字作烏賄切，《玉篇》"猥"字作於隗切，都沒有去聲隊韻的讀法。另《集韻》"賄"字有二音：一爲上聲賄韻虎猥切，一爲去聲隊韻呼內切。而《廣韻》"賄"字僅上聲賄韻呼罪切一音。又檢《釋文·儀禮音義·聘禮第八》卷第十："賄用，呼罪反。劉音誨。下同。"《集韻》"誨"字音呼內切（隊韻），《廣韻》作荒內切（隊韻）。《集韻》"猥"、"賄"字都增補了去聲韻的讀音，而"猥"、"賄"均係清聲母字，按理不應讀爲去聲，只有假設其切下字"罪"經歷了濁上歸去音變讀爲去聲後，並影響其拼讀，方可解釋此種現象。

既然罪、猥都可讀如去聲，說明路罪切、魯猥切二切音相同或相近，爲什麼還是要重出呢？我們應着眼於"罪"字，"罪"字所經歷的音變會使得力罪反（同路罪切）拼起來與魯猥切下"磊"、"蕾"等大部分字不同音，則重出即意味着區別。《釋文》"纇"字注徐邈音力猥反，

---

① 《說文》大徐音"猥"字作烏賄切。
② 《釋文·毛詩音義下·生民之什第二十四》卷第七："猥來，烏罪反。"《釋文·禮記音義之一·王制第五》卷第十一："猥卒，溫罪反。下七忽反。"

但《集韻》"磊"小韻/魯猥切中並没有收"類"字,反而在"累"小韻/路罪切中收"類"字,並注"徐邈讀",剛好從側面説明了"猥、罪"去聲讀法對《集韻》編著者折合音讀材料的影響。還有一個有意思的情況,《集韻》改《釋文》力罪反作路罪切,改《廣韻》落猥切作魯猥切,而路爲去聲暮韻字,魯爲上聲姥韻字,這是不是也在傳達某種信息?即路罪切讀如去聲,魯猥切讀如上聲。《集韻》中路罪切與魯猥切重出也不是孤例,此類現象還有賄韻"脜"小韻於罪(從/全濁上)切同"猥"小韻鄔賄(曉/全清上)切重出。

我們還可以從《集韻》中找到其他實例以輔證。如《集韻》"㹽"字有四音,其中一音上聲銑韻牽典切(注"《説文》'牛很不从牽也',一曰大兒"),一音去聲霰韻輕甸切(注"《博雅》很也")。

按,《切三(S2071)》銑韻無"㹽"字,《王二》《王三》銑、霰二韻均無"㹽"字,《博雅音·釋詁》卷三"㹽,邱殄(反)"。殄字《廣韻》《集韻》均作徒典切,即定母銑韻開口四等上聲字。

《集韻》去聲霰韻"俔"小韻/輕甸切下之"㹽"字注引自《博雅》,而《博雅音》切下字殄在上聲銑韻,㹽字邱殄反音應折合入銑韻牽典切,但《集韻》實際與此不符。不過,如果殄字經歷了濁上歸去的演變,口殄切則剛好讀同去聲霰韻之輕甸切音,於是《集韻》中的這條記録便合情合理。

由此,"累"小韻/路罪切與"磊"小韻/魯猥切重出的問題便增添了新的解釋,同時這也印證了濁上歸去會引起"新增小韻與原有小韻重出"這個命題。此外,還有一個需附帶解決的問題,即《集韻》編著者爲什麽不把"累"小韻/路罪切移入去聲隊韻?其實,《集韻》隊韻有"纇"小韻/盧對切,"纇"小韻(盧對切)中本亦收有"類"、"壘"二字,如果僅是移入,同樣會造成小韻重出。若完全併入"纇"小韻/盧對切,又難以反切再現其音切本來面目,況且不合《集韻》所録字音必有所據的要求①。《集韻》如此處理"累"小韻與"磊"小韻,既體現了對《廣韻》(或《切韻》)音系的尊重,又體現了其嚴謹求實的精神。

我們統計出重出小韻有50對小韻係切下字清濁對立。下面再舉一些例子,以補充説明上文的結論(按,例中各小韻音韻地位詳前文"小韻的分類"所列):

例(2) 有韻新增"槱"小韻/羊受切,與同韻承自《廣韻》的"酉"小韻/以九切重出。

《集韻》"受"字有四音,其中有韻作是酉切音(《廣韻》作殖酉切),禪(全濁)母開口三等。《集韻》"九"字有二音,其中有韻作己有切音(《廣韻》作舉有切),見(全清)母開口三等。羊受切與以九切的反切上字在《廣韻》音系中都是以母字,區别在於反切下字聲母有全濁與全清的對立。若"受"字受濁上歸去的規律支配,則聲調應讀與去聲相同或相近,從而與

---

① 雷勵:《〈集韻〉〈廣韻〉體例之比較》,《勵耘學刊(語言卷)》2011年第2期,第221-233頁。

"九"字不同。以母字爲次濁字,按照以反切上字定清濁、下字定聲調的反切拼合原則,如果是在平、上、去、入四聲的音系裏,那麼羊受切與以九切應是完全同音的。但如果是在平分陰陽、濁上歸去的規律發生了以後或者是與之同時,那麼"受"字與"九"字的調值與調類就會不同,這樣"羊受切"及"以九切"的拼讀音同樣也會有所不同。

按,《釋文·周禮音義上·天官冢宰第一》卷第八:"柚,羊救反。一音羊受反。或音喻。"《集韻》柚字羊受切與《釋文》所載同,《集韻》柚字余救切音則與《釋文》所載羊救反同(《集韻》柚字余救切、羊受切都釋義爲"橘,枳屬")。柚字有韻羊受切、宥韻余救切二音之同義異讀同樣從側面反映了濁上歸去的變化。

例(3) 清韻新增"甍"小韻/忙成切,與同韻承自《廣韻》的"名"小韻/弥并切重出。

《集韻》:"甍,忙成切。屋棟也。文一。"與名小韻弥并切重出。成,《集韻》時(全濁平)征切(《廣韻》作是(全濁上)征切,禪(全濁)母字,《集韻》改反切上字爲平聲字。并,《集韻》有三音,平聲清韻作卑盈切(《廣韻》作府盈切,《集韻》改反切上字"府/合三上"爲"卑/開三平",類隔改爲音和),幫母,全清母字。按,《釋文·春秋左氏音義之四·襄五第十八》卷第十八:"於甍,亡耕反。屋棟也。《字林》亡成反。"《集韻》甍字與《釋文》釋義同,音切區別在《集韻》把"亡"改爲"忙",屬類隔改音和例。忙成切和弥并切,從重出的關係來看,可以看成是平聲分陰陽造成二切在具體調值上的差別,因而編著者在收入《釋文》"甍"字亡成切時,另立小韻與弥并切對立。

例(4) 麻韻新增"捼"小韻/儒邪切,與同韻承自《廣韻》的"若"小韻/人奢切重出。

《集韻》:"捼,儒邪切。揉也。關中語。文一。"與"若"小韻/人奢切重出。邪,《韻鏡》《七音略》置於全濁音邪母列,奢,二韻圖都置於全清音書母處。儒邪、人奢二切的反切下字在聲母有清、濁對立。按,根據《集韻》注釋,儒邪切音來源於關中方言,與上文所論閩方言"柀"字之誄切一樣,儒邪切可能在關中方言中就與人奢切有實際語音的不同,這樣,編著者才會有另立反切的必要。從重出的關係來看,又可以看成是平聲分陰陽造成二切在具體調值上的差別。

(二)切上字在《切韻》音系中有開合對立

張渭毅對《集韻》麻、支、魚、虞韻系小韻反切上字的開合對立做了統計分析,他指出"除了唇音反切外,《集韻》不少反切下字的開合,是能夠從反切上字得到反映的","總的來看,開口反切的上字有讀開口的趨勢,合口反切的上字有讀合口的趨勢"[①]。雷勵《〈廣韻〉〈集韻〉反切上字的開合分佈》一文全面比較了二書非唇音小韻的反切,並指出"《集韻》趨向於改

---

① 張渭毅:《〈集韻〉的反切上字所透露的語音信息》,《中古音論》,第141-147頁。

《廣韻》反切上字與被切字同呼"①。

我們對《集韻》新增重出小韻也做了反切上字開合口對立的簡單統計,發現其中有牙音13對、喉音12對小韻反切上字呈開合口對立。下面我們舉例説明《集韻》新增重出小韻切上字開、合對立的情況。

例(5) 稕韻新增"隱"小韻/於刃切,與同韻承自《廣韻》的"印"小韻/伊刃切重出。

《集韻》稕韻於刃切"隱"字注"據也"。另檢《釋文·禮記音義之一·檀弓下第四》卷第十一:"可隱,於刃反。注同。據也。"

《集韻》稕韻伊刃切"印"字注:"《説文》:'執政所持信也。'"按,《廣韻》印字於刃切,《説文》大徐本印字亦作於刃切。又檢《釋文·春秋音義之一·隱公第一》卷第十五:"印段,因刃反。"《釋文·春秋左氏音義之三·成下第十三》卷第十七:"子印,一刃反。"

綜合隱、印二字的材料,《集韻》改《廣韻》及《説文》印字於刃切作伊刃切,而隱字於刃切與《釋文》音義皆同。按理《集韻》可以把隱字直接歸入印小韻,就算是存疑保留《釋文》所載隱字的音切,也用不着改《廣韻》印字於刃切的上字爲"伊",再另立於刃切而造成小韻重出。《集韻》稕韻"隱"小韻與"印"小韻中間只相隔了三行,編著者也不至於前後難以兼顧而疏忽。而《釋文》印字因刃反、一刃反,切上字都用開口字,那麼最有可能的是《集韻》參照《釋文》注音,並承認於刃切、伊刃切有開合的對立。

例(6) 泰韻新增"饖"小韻/乙大切,與同韻承自《廣韻》的"薈"小韻/烏外切重出。

《集韻》泰韻饖字注"食臭敗也"。乙字,《廣韻》質韻於筆切,影母開口三等;烏字,《廣韻》模韻哀都切,影母合口一等。乙大、烏外二切,其切上字呈開、合口對立。

按,《釋文·爾雅音義下·釋草第十三》卷三十:"薈,烏外反。"《廣韻》泰韻"薈"字亦作烏外切。《集韻》"薈"字音切與《釋文》《廣韻》同。又《釋文·爾雅音義中·釋器第六》卷二十九:"饖,於吠反。《説文》云:飯傷熱也。《字林》乙大反。《蒼頡篇》云:食臭敗也。"《集韻》饖字乙大切與《釋文》所載《字林》注饖字切語同。

(三)脣音幫組與非組對立小韻

《集韻》新增重出小韻中有此類小韻10組,今列於下以資參考(按,列舉體例同上):

(1) 蓬蒲恭(逢符容|逢符容)通合三平鍾並

(2) 脢茫歸(微無非|微無非)止合三平微明

(3) 磺旁君(汾符分|汾符分)臻合三平文並

(4) 冕忙晚(晚武遠|晚無遠)山合三上阮明

---

① 雷勵:《〈廣韻〉〈集韻〉反切上字的開合分佈》,《語言科學》2012年第3期,第425頁。

(5) 猵鋪畏（費芳未｜費芳未）止合三去未滂

(6) 魏兵廢（廢放吠｜廢方肺）蟹合三去廢幫

(7) 瞥普吠（肺芳廢｜肺芳廢）蟹合三去廢滂

(8) 䐈步臥（縛符臥｜縛符臥）果合一去過並

(9) 癹妨正（聘匹正｜聘匹正）梗開三去勁滂

(10) 亾甫玉（韏逋玉｜韏封曲）通合三入燭幫

《集韻·韻例》明確提到編著時："凡字之翻切，舊以武代某，以亡代茫，謂之類隔，今皆用本字。"這意味着當時的語音輕、重唇音已經分別。上面列出的這 10 組重出小韻，一方面有可能是類隔切漏改[①]；另一方面也可能是《集韻》編著者確實因幫、非組二聲母的不同而有所區別。這 10 對小韻中，有些切下字還有清、濁的對立，如第（1）對，但這 10 對間不是整齊劃一的。

（四）新增重紐小韻

邵榮芬對《集韻》重出小韻中的重紐韻做了統計分析[②]，指出《集韻》新增了重紐小韻，爲我們研究重紐小韻提供了更多的材料[③]。張渭毅《〈集韻〉重紐的特點》一文對《集韻》重紐做了更詳細的分析研究，認爲《集韻》重紐大體保留了《廣韻》的歸類標準，同時普三與重三相混、普四與重四相混，說明"《集韻》在維繫《廣韻》重紐辨類標準的同時，還採用了時音標准"，至於小韻重出，則是"爲了保留前代舊音的來源"[④]。李秀芹《中古重紐類型分析》對《集韻》重紐小韻統計分析後發現：《廣韻》重紐格局在《集韻》中基本保留[⑤]。筆者暫無新的觀點及材料補充，因此對該問題不做過多論述，具體可以參看二文。

現列舉幾組新增重紐小韻如下（括弧外爲《集韻》新增的小韻，與括弧內承自《廣韻》的小韻重出對立。括弧內有兩個小韻及反切，其中"｜"後爲《廣韻》小韻及反切，前爲《集韻》小韻及反切，係承自《廣韻》）：

(1) 觺語支（㸟魚羈｜宜魚羈）止開三平支疑

(2) 瘞吉曳（猘居例｜猘居例）蟹開三去祭見

(3) 䜷姜慭（緊頸忍｜緊居忍）臻開三上準見

---

① 邵榮芬：《〈集韻〉音系簡論》，《邵榮芬音韻學論集》，第 362 頁。
② 邵榮芬：《〈集韻〉音系簡論》，《邵榮芬音韻學論集》，第 353-357 頁。
③ 邵榮芬認爲《集韻》脂韻、之韻、清韻據韻圖列字，應都有重紐小韻，具體請參看邵榮芬《〈集韻〉音系簡論》，《邵榮芬音韻學論集》，第 357 頁。
④ 張渭毅：《〈集韻〉重紐的特點》，《中古音論》，第 108-109 頁。
⑤ 李秀芹：《中古重紐類型分析》，浙江大學 2006 年博士學位論文（指導教師：黃笑山），第 112-125 頁。

（五）其他情況

《集韻》新增重出小韻中，有一些比較特殊的對立，不能簡單地歸到以上幾類之中，因此，可把它們單獨立爲一類。例如：

例（7）　清韻新增"騂"小韻／許營切，與同韻承自《廣韻》的"䞓"小韻／翾營切重出。

《集韻》騂字有三音：（1）思營切，注"牲赤色，或从牛"；（2）翾營切，注"牲赤色"；（3）許營切，注"牲赤色"。

按，《釋文·毛詩音義中·谷風之什第二十》卷第六："以騂，息營反。《字林》許營反。"又《釋文·毛詩音義中·魚藻之什第二十二》卷第六："騂騂，息營反。調和也。沈又許營反。《説文》作觲，音火全反。"①

《字林》騂字又作火營反，如《釋文·毛詩音義下·文王之什第二十三》卷第七："騂牡，息營反。《字林》火營反。"《附釋文互注禮部韻略》《增韻》清韻都不收許營切、翾營切二音，唐五代韻書中也未收。

《廣韻》清韻有"䞓"小韻／火營切。《集韻》清韻"騂"小韻／許營切下收"䞓、騂"二字，又清韻"䞓"小韻／翾營切下收"䞓、騂、䙫、熒"四字。《廣韻》"䙫、熒"二字在青韻"熒"小韻／户扃切（該小韻亦收"䞓"字）。《王三》清韻無"䞓"字火營切音，而"䞓、䙫、熒"三字均在青韻，胡丁切。可見，"䞓、䙫、熒"三字本作青韻匣母字，《廣韻》"䞓"字火營切音以及《集韻》清韻"䞓、䙫、熒"三字翾營切音則均由青韻匣母之胡丁切音演變而來，而"騂"字許營切録自《字林》。

需要進一步解釋的是，爲什麼《集韻》改《廣韻》"䞓"小韻／火營切作翾營切，並另立許營切？《字林》"騂"字本作火營反，直接折合入《廣韻》"䞓"小韻／火營切即可。儘管《集韻》因存疑而保留《字林》所注"騂"字音，也毫無必要在清韻"騂"小韻／許營切中再收"䞓"字；又若許營切與翾營切同，則爲何"騂"小韻／許營切不收"䙫、熒"二字。該例中是否確因讀音不同而造成小韻重出，需要更多的材料來證明，暫付闕如。

（六）小結

綜上五個方面，我們不能簡單把所有在《廣韻》音系中非語音對立的重出小韻都當作讀音完全相同，而應具體分析每條小韻不同的來源以及更細的語音區别，或許這種對立就真是編著者眼中的差别，或者説這些差别就是當時語音的實際反映。

---

① 觲字《説文》段注云："騂，《説文》作'觲，音火全反'。此陸氏之偶誤，蓋角部稱'觲觲角弓'，陸當云'《説文》作觲'，而誤云'作觲'也。"

張渭毅《論〈集韻〉折合字音的雙重語音標準》一文認爲《集韻》"大多數異讀是按照《廣韻》音系標準折合的，《廣韻》音系標準占有絕對優勢"[①]。本書通過對比《集韻》與《廣韻》小韻，情況也是如此，包括《集韻》新增小韻中，大部分也都符合《廣韻》（或《切韻》）音系。

宋初距《切韻》初編時已有數百年，中間經歷兵燹無數，人口流變甚廣，語音面貌必有變化，況且《集韻》非一人之力完成，自是不能完全統一。因此，新增小韻中有反映時音的情況，並不足怪。又承本節前文所論，《集韻》編著者亦不能復原《切韻》時代傳乎口耳之音，折合不同來源的音切僅能以《廣韻》（或《切韻》）音系所體現出來的音類，或《集韻》編著者熟習之音歸併字音。其實，折合字音就是找同音字組的過程，從我們列舉的這些例子來看，亦是如此，如果找不到同音字組，或是要表現其字與同韻其他小韻之間的語音差別，就得另立小韻。這是《集韻》通常的做法，我們在後面的章節還會陸續論及。

第四節　新增特殊小韻

《集韻》有部分小韻不符合《切韻》音系結構。例如：

巢，肴韻徂交切，注："徂交切。《爾雅》：'大笙謂之巢。'孫炎讀。"

按，《釋文·爾雅音義上·釋樂第七》卷第二十九："巢，孫、顧並仕交、莊交二反。孫又徂交反。巢，高也，言其聲高。"《集韻》肴韻新增的巢字徂交切與《釋文》所載孫炎之切語同。

徂字係從母字，《集韻》却以之爲開口二等小韻的切上字，於《切韻》音系結構不合。邵榮芬認爲此徂交切係精、莊組聲母互切，《集韻》把這類"反切或讀音引入自己的體系而不加折合，當然就顯得有點格格不入了"[②]。

《集韻》用從母字作開口二等反切上字的還有"虦"小韻／昨閑切、"鯦"小韻／才咸切、"𤡗"小韻／在銜切、"𤠔"小韻／才瘵切、"儳"小韻／才鑒切等五個小韻，而《廣韻》此類小韻僅"虦"小韻昨閑切。余迺永認爲《廣韻》昨閑切係"士山切之類隔切也，當刪"[③]。《集韻》肴韻巢小韻鋤交切同《廣韻》鉏交切，亦與《釋文》所載之仕交切同，又鋤、鉏、仕三字均爲崇

[①] 張渭毅：《論〈集韻〉折合字音的雙重語音標準》，《中古音論》，第106頁。
[②] 邵榮芬：《〈集韻〉音系簡論》，《邵榮芬音韻學論集》，第539頁。
[③] 余迺永：《新校互注宋本廣韻定稿本》，第632頁。

母字。《集韻》肴韻鋤交切既收巢字,又保留了孫炎俎交切。不論俎交切是否屬於從、崇類隔,或爲衍文,又或係作者存疑而保留原切,都實際反映了《集韻》編著者認爲俎交切與鋤交切有所不同,換句話説,即崇、從母不同。我們較爲感興趣的是,《集韻》在《廣韻》的基礎上新增了多少不符合《切韻》音系的小韻?因此,我們將對這些特殊小韻進行了全面的統計與分類。

一、關於特殊小韻

(一)什麽是特殊小韻

本書所謂特殊小韻,同前文第二節所論新增拼合關係類小韻一樣,從嚴格意義上來説都不合《廣韻》(或《切韻》)的音系結構。

(二)特殊小韻的性質

特殊小韻與新增拼合關係類小韻的差別有以下兩點:

1. 新增特殊小韻是從其聲類與韻類等呼關係的角度,且相對於整個《廣韻》(或《切韻》)音系來説的,如《廣韻》(或《切韻》)音系中,精組聲母一般不與二等韻相拼,端組聲母一般不與二、三等韻相拼。

2. 第二節所論新增拼合關係類是從其聲類與韻類拼合關係的角度,相對於某個韻來説的,如《集韻》麻韻新增苛小韻黑嗟切,《廣韻》(或《切韻》)音系中曉母不同麻韻三等相拼,但曉母可以同其他三等韻相拼。

二、《集韻》新增特殊小韻概貌

(一)據我們統計,《集韻》新增特殊小韻共 100 個。其中平聲 36 個,上聲 21 個,去聲 25 個,入聲 18 個,分佈在 21 個聲母及 67 個韻中。《集韻》新增特殊小韻占所有新增小韻數(672 個)的 14.88%。

(二)以聲類統計,以定$_{13}$、群$_{10}$、日$_8$、端$_8$、云$_7$、匣$_6$、透$_6$、生$_6$母等居多[①]。

(三)以韻類統計,以咸攝、蟹攝一二等韻居多,共 40 個小韻。

(四)以等呼統計,一等小韻 37 個,二等小韻 29 個,三等小韻 24 個,四等小韻 10 個。除脣音小韻外,開口小韻共 78 個,合口小韻共 22 個。

[①] 按,右下角阿拉伯數字表示新增特殊小韻中該聲類小韻數。

三、小韻的分類及來源

(一) 小韻的分類

我們暫時沒有在新增特殊小韻中找出與《廣韻》原有小韻重出的情況。下面參照《廣韻》音系中同韻系内相同聲、韻類拼合的情況，對新增特殊小韻進行再分類（分類標準詳本章第二節的討論）。

1. 四聲相承類（共 7 個）

《集韻》	《廣韻》
① 踶 徒祁切 止開三平脂定	地 徒四切 止開三去至定
② 苬 汝來切 蟹開一平咍日	疓 如亥切 蟹開一上海日
③ 頤 曳來切 蟹開一平咍以	佁 夷在切 蟹開一上海以
④ 灑 時禮切 蟹開四上齊禪	栘 成臡切 蟹開四平齊禪
⑤ 鬠 求卦切 蟹合二去卦群	箉 求蟹切 蟹合二上蟹群
⑥ 眨 徒洽切 咸開二入洽定	湛 徒減切 咸開二上豏定
⑦ 挾 子洽切 咸開二入狎精	覱 子鑑切 咸開二去鑑精

我們先列出周祖謨《廣韻校本》、余迺永《新校互注宋本廣韻》對《廣韻》中這些特殊小韻的意見（按，《廣韻校本》未出校而《新校互注宋本廣韻》出者，以及兩書均出校且同者，本書只標《新校互注宋本廣韻》；二書意見不同者，將用腳注另外説明，下同）：

(1) 地字徒四切，二家均未出校，《廣韻》定母三等僅此一切，《韻鏡》《七音略》均列地字於定母四等；

(2) 余校本注疓字如亥切應併入海韻奴亥切（上古娘日古歸泥）；

(3) 佁字夷在切應併入海韻徒亥切（上古喻四古歸定）；

(4) 栘字成臡切係祭韻平聲字①；

(5) 箉字求蟹切係祭韻 A 類上聲字；

(6) 湛字徒減切定、澄類隔；

(7) 覱字子鑑切精、莊類隔。

2. 同部位相承類（共 11 個）

《集韻》新增特殊小韻在《廣韻》音系中無四聲相承小韻，但同韻系有同聲組其他聲母與

---

① 按，《釋文·毛詩音義上·召南鵲巢第二》卷第五："栘也，音移。一音是兮反。郭璞云：'今白栘也，似白楊。江東呼夫栘。'"是字，《廣韻》紙韻承紙切，禪母開口三等；兮字，《廣韻》齊韻胡雞切，匣母開口四等。《廣韻》栘字成臡切音同《釋文》。

本韻類拼合的小韻,下面列出部分小韻:

	《集韻》		《廣韻》	
①	隄	直兮切蟹開四平齊澄	篨	丑戾切蟹開四去霽徹
②	栘	逝來切蟹開一平咍禪	犗	昌來切蟹開一平咍昌
③	篘	市甘切咸開一平談禪	灛	賞敢切咸開一上敢書
④	緂	充甘切咸開一平談昌	譫	章盍切咸開一入盍章
⑤	獑	在銜切咸開二平銜從	覽	子鑑切咸開二去鑑精
⑥	茝	掣睨切蟹開四上薺昌	栘	成臡切蟹開四平齊禪
⑦	謅	初口切流開一上厚初	鯫	仕垢切流開一上厚崇
⑧	摻	素檻切咸開二上檻心	覽	子鑑切咸開二去鑑精
⑨	儳	蒼鑒切咸開二去鑑清	覽	子鑑切咸開二去鑑精
⑩	儳	才鑒切咸開二去鑑從	覽	子鑑切咸開二去鑑精
⑪	秩	大一切臻開三入質定	蛭	丁悉切臻開三入質端

余迺永《新校互注宋本廣韻》注:

(1) 篨字丑戾切係丑居切之誤[①];

(2) 犗字昌來切相當於尤韻赤周切(係上定韻等的例外反切),又《廣韻》上聲海韻有茝字昌紿切,余注茝字應以上字定韻及等宜讀如止韻[②];

(3) 灛字賞敢切應作式荏切或失冉切;

(4) 譫字章盍切精、照類隔或當讀之涉切;

(5) 覽字子鑑切精、莊類隔;

(6) 栘與臡兩兩互注,應另成一系三等韻類;

(7) 鯫字仕垢切從、崇類隔;

(8) 蛭字丁悉切丁、知類隔[③]。

《集韻》新增特殊小韻中大部分新添了聲、韻拼合關係,若以《廣韻》(或《切韻》)音系的角度來看待這些小韻,自是可以參照周、余校本對《廣韻》特殊小韻的意見,其中多數可以認爲是類隔切。若要悉其究竟,就得探明其來源,逐一具體分析。

---

① 按,《玉篇・角部》:"觧,丑戾切。角也。"

② 按,《釋文・禮記音義之二・内則第十二》卷第十二:"茝蘭,本又作芷,昌改反。韋昭注《漢書》云:'香草也,昌以反。'又《説文》云:'虈也。'虈,火喬反。'齊人謂之茝',昌在反。"改、在二字,《廣韻》均作上聲海韻開口一等。則《廣韻》茝字昌紿切音同《釋文》所載之音切。

③ 按,《廣韻》《集韻》丁字有中莖切音,本可作知母,《詩》云"伐木丁丁"。

（二）特殊小韻的音切來源

1. 與《釋文》所載音切相同例

《集韻》有不少新增特殊小韻的反切與《釋文》所載音切同。宋王應麟《玉海·藝文》卷三十八錄吳棫《毛詩叶韻補音序》云："《詩音》舊有九家，唐陸德明以己見定爲一家之學，《釋文》是也。"① 《集韻》原封不動地抄錄《經典釋文》的音切，可見《集韻》編著者對經學傳統的重視。張渭毅認爲《集韻》編著者之一賈昌朝所撰《群經音辨》對《集韻》有重要影響，而《經典釋文》又是《群經音辨》的主要音切來源之一②。這也從側面反映了《釋文》對《集韻》的影響。我們現列舉《集韻》與《釋文》所載音切相同的材料如下。

① 殁，都律切〔臻合三入質端〕，注："殁也。"

《釋文·毛詩音義中·曹蜉蝣第十四》卷第六："殁，都外反，殁也。又都律反。"

② 遏，湯革切〔梗開二入麥透〕，注："《爾雅》遳、遏，遠也。郭璞讀。"

《釋文·爾雅音義上·釋詁第一》卷第二十九："遏，《説文》云：'古邈字。'他歷反。郭湯革反。"

③ 踶，徒祁切〔止開三平脂定〕，注："踢也。《莊子》：'怒則分背相踶。'"

《釋文·莊子音義中·馬蹄第九》卷第二十七："相踶，大計反。又徒兮反。又徒祁反。李云：'踶，踢也。'《廣雅》《字韻》《聲類》並同。《通俗文》云：'小踢謂之踶。'"

④ 塡，徒偃切〔山開三上阮定〕，注："塡塡，質重兒。一曰詳徐兒。"

《釋文·莊子音義中·馬蹄第九》卷第二十七："塡塡，徐音田。又徒偃反。質重貌。崔云：'重遲也。'一云詳徐貌。《淮南》作'莫莫'。"

⑤ 柣，大一切〔臻開三入質定〕，注："閾也。"

《釋文·爾雅音義上·釋宮第五》卷第二十九："柣，郭千結反。顧丈乙反。吕伯雍大一反。《廣雅》云：'砌也。'"

⑥ 悌，弟，待亦切〔梗開三入昔定〕，注："易也。或省。"

《釋文·孝經音義·廣至德章》卷第二十三："悌，本又作弟。同徒禮反。一音待亦反。"

⑦ 挫，祖加切〔假開二平麻精〕，注："折也，《周禮》：'凡揉牙（外不廉而）内不挫。'李軌説。"

《釋文·周禮音義下·冬官考工記第六》卷第九："不挫，作臥反。李又祖加反。"

⑧ 挾，子洽切〔咸開二入狎精〕，注："持也。"

《釋文·毛詩音義中·南有嘉魚之什第十七》卷第六："既挾，子洽反。又子協反。又户

---

① （宋）章如愚《山堂考索·諸子百家門·韻學類》前集卷十一亦載此序。
② 張渭毅：《賈昌朝〈群經音辨〉改良反切的嘗試及其對〈集韻〉的影響》，《中古音論》，第84-96頁。

頰反。"

⑨ 儳，蒼鑒切咸開二去鑑清，注："暫也。"

《釋文·禮記音義之一·曲禮第一》卷第十一："毋儳，徐仕鑒反。又蒼鑒反。又蒼陷反。暫也。"

⑩ 簎，倉格切梗開二入麥清，注："刺取魚鼈也。"

《釋文·周禮音義上·天官冢宰第一》卷第八："簎，戚刼角反。劉倉伯反。徐倉格反。沈槍昔反。案，《莊子》云：'冬則擉鼈於江。'擉音叉角反，義與此同，今從彼讀。"

⑪ 巢，徂交切效開二平肴從，注："《爾雅》：'大笙謂之巢。'孫炎讀。"

《釋文·爾雅音義上·釋樂第七》卷第二十九："巢，孫、顧並仕交、莊交二反。孫又徂交反。巢，高也，言其聲高。"

⑫ 儳，才鑒切咸開二去鑑從，注："暫也。《周禮》：'廛人掌斂儳布。'徐邈讀。一曰輕賤兒。"

《釋文·周禮音義上·地官下》卷第八："儳布，劉音讒。徐才鑒反。"

⑬ 隄、堤，直兮切蟹開四平齊澄，注："防也。《春秋傳》：'棄諸隄下。'沈文何讀。或从土。"

《釋文·春秋左氏音義之四·襄五第十八》卷第十八："諸隄，徐丁兮反。沈直兮反。"

⑭ 芚，治本切臻合一上混澄，注："无知兒。《莊子》：'聖人愚芚。'郭象讀。"

《釋文·莊子音義上·齊物論第二》卷第二十六："芚，徐徒奔反。郭治本反。司馬云：'渾沌不分，察也。'崔云：'厚貌也。'或云束也。李丑倫反。"

⑮ 綻、袒，治見切山開四去霰澄，注："縫解也。或从衣。"

《釋文·禮記音義之二·內則第十二》卷第十二："綻，字或作袒。直莧反。徐治莧反。"

⑯ 虥，士嬾切山開二上緩崇，注："《爾雅》：'虎竊毛謂之虥貓。'施乾讀。"

《釋文·爾雅音義下·釋獸第十八》卷第三十："虥，字又作虤。謝七版反。或士簡反。施士嬾反。沈才班反。郭昨閑反。《字林》士山反。"

⑰ 縿、幓，所感切咸開一上感生，注："旌旗正幅。或从巾。"

《釋文·儀禮音義·覲禮第十》卷第十："張縿，所銜反。又所感反。本又作幓。下同。"

⑱ 趠，色到切效開二去号生，注："矢傍掉也。《周禮》：'羽殺則趠。'"

《釋文·周禮音義下·冬官考工記下》卷第九："則趠，音躁，子到反。旁掉也。沈又色到反。"

⑲ 嗾，所莟切咸開二入合生，注："唊也。"

《釋文·春秋左氏音義之二·僖下第七》卷第十六："嗾也，子荅反。又所荅反。又子甲反。"

⑳ 棟、楝，霜狄切梗開四入錫生，注："木名。《爾雅》：'棟，赤棟。'或作楝。"

《釋文·毛詩音義中·谷風之什第二十》卷第六："赤棟，所革反。《爾雅》云：'棟，赤棟。'

郭霜狄反。"

㉑ 寫,傷故切遇合二去暮書,注:"行水也。《周禮》:'以澮寫水。'劉昌宗讀。"

《釋文·周禮音義上·地官下》卷第八:"寫水,戚如字。劉殤故反。"

㉒ 頯,而銜切咸開二平銜日,注:"頰須也。《莊子》:'黑色而頯。'"

《釋文·莊子音義中·田子方第二十一》卷第二十七:"頯,而占反。郭、李而兼反。又而銜反。"

㉓ 馯,其闇切咸開一去勘群,注:"竹簍也。"

《釋文·儀禮音義·喪禮第十二》卷第十:"士馯,劉舉琴反。下同。《說文》其闇反。"按,《釋文》"士馯"之下條爲"竹簍"。

㉔ 涅,其兼切咸開四平添群,注:"《鬼谷篇》有'飛鉆涅闇'。劉昌宗說。"

《釋文·周禮音義上·宗伯下》卷第八:"涅,乃結反。劉其兼反。"

㉕ 驈,戶橘切臻合三入質匣,注:"驈馬白跨。"

《釋文·毛詩音義下·駉第二十九》卷第七:"有驈,戶橘反。阮孝緒于密反。顧野王餘橘反。郭音述。驈馬白跨曰驈。"

㉖ 棫,于昊切梗合四入錫云,注:"木名。白桵也。"

《釋文·爾雅音義上·釋木第十四》卷第二十九:"棫,音域。《字林》于昊反。"

《集韻》於《廣韻》音系之外迻錄《釋文》音切,而不是每切必折合的作法,一則說明《集韻》確實博采廣收,聊備參考,如鮑彪《戰國策注》、史炤《資治通鑑釋文》等都多徵引《集韻》音注;另一則也說明《集韻》除應試色彩之外,還帶有經學色彩。《集韻》編著者如賈昌朝等均爲宋初碩儒,那麼《集韻》富有經學色彩當然也在情理之中。在分析《集韻》音系時,我們對於這些迻錄的反切應該剝離,因爲儘管可以從等韻學或者古音學等的角度對這些特殊反切一一作出合理的解釋,但這些反切並非《集韻》編著時所創制,它們有可能還存在於宋朝的通語或方言中,也有可能不存在,所以得有足夠的證據一一證明這些反切是否在當時的語音中存在,這樣,它們才能有效地幫助我們認識宋代的語音面貌。

2. 與宋代方言相合例

還有一些反切,又可能與宋初方言有關,比如:

① 顛,典因切臻開三平諄端,注:"頂也。"

② 天,鐵因切臻開三平諄透,注:"顛也,至高無上。"

③ 田,地因切臻開三平諄定,注:"樹穀曰田。"

朱熹《詩集傳》中天叶鐵因反(《大雅·旱麓》,田叶地因反(《小雅·甫田》)。劉曉南先生利用宋代福建詩人押韻材料、朱熹《詩集傳》叶音及現代閩南話確證了宋代閩音真-先韻相通的特點①。筆者又考察《集韻》新增特殊小韻中真（諄）韻系字，發現《集韻》中這部分字不少有真（諄）、先韻（舉平以賅上去入）兩讀，均屬同義異讀。我們例出部分異讀字的音切，並加以説明：

顛　①　典因切臻開三平諄端　／　②　多年切山開四平先端②
天　①　鐵因切臻開三平諄透　／　②　他年切山開四平先透
挃　①　得悉切臻開三入質端　／　②　丁結切山開四入屑端
田　①　地因切臻開三平諄定　／　②　亭年切山開四平先定
垤　①　地一切臻開三入質定　／　②　徒結切山開四入屑定

上例五字，①、②兩音聲母皆同，其真（諄）韻系一音應爲知、端組類隔，且這些字在《王三》《廣韻》中均無與①音同的反切。《廣韻》定母與三等拼合，筆者僅在《王二》《王三》《廣韻》裏找到至韻地小韻徒四切一例（按，其本身就比較特殊，故於此節討論更合理一些），透母無與三等拼合的小韻，另質韻有蛭小韻丁悉切，職韻有魠小韻丁力切，丁字又有中莖切音，亦可認爲丁字於此用作知母。因此，嚴格來説，上例顛、天、挃、田、垤五小韻不能歸入四聲相承類及同部位相承類，實際新增了聲韻拼合關係。一般認爲，在語言的實際使用中，同義異讀不符合語言經濟的原則，而字典辭書中所收錄的同義異讀字却能反映語言中的層次。《集韻》還收有不少字，雖没有新增小韻，但同樣真（諄）、先韻兩收，釋義又同，考慮到與上例顛、天等字所反映的語音問題近似，我們不妨也羅列如下：

挋　①　丑忍切臻開三上準徹　／　②　他典切山開四上銑透
蛭　①　陟栗切臻開三入質知　／　②　丁結切山開四入屑端
喹　①　陟栗切臻開三入質知　／　②　丁結切山開四入屑端
室　①　陟栗切臻開三入質知　／　②　丁結切山開四入屑端③
姪　①　直質切臻開三入質澄　／　②　徒結切山開四入屑定

以上五字，①、②兩音聲母知、端組聲母對應，其真（諄）韻系一音爲知組，先韻系一音爲端組。喹、室二字在《王二》《王三》《廣韻》中也都有質韻陟栗切、屑韻丁結切二音，姪字在《廣韻》中有質韻直一切、屑韻徒結切二音，④均爲同義異讀。

瘍　①　之刃切臻開三去震章　／　②　丁練切山開四去霰端
怪　①　職日切臻開三入質章　／　②　丁結切山開四入屑端
䦆　①　職日切臻開三入質章　／　②　丁結切山開四入屑端

---

① 劉曉南：《朱熹與閩方言》，《方言》2001年第1期，第17-33頁。
② 顛字在《集韻》中有5音，因爲此處僅需用到相對應的反切，所以只列其中2個。又因所找例子均爲同義異讀字，而文章不用其釋義來具體説明問題，故暫不例出其在相應音切下的釋義。以下體例同。
③ 按，《集韻》室字另有得悉切，質韻端母開口三等。
④ 《王二》《王三》姪字有徒結切，而質韻無姪字。

·127·

以上三字①、②兩音聲母章、端母對應，其真韻系一音爲章母，先韻系一音爲端母。《王三》蛭字有質韻章母之日反、屑韻端母丁結反二音。《廣韻》蛭字有三音：A. 質韻章母之日切、B. 質韻知母丁悉切、C. 屑韻端母丁結切。《集韻》在《廣韻》的基礎上又增加了質韻定母地一切、屑韻定母徒結切兩音，而這兩音剛好分別在質韻、屑韻①，且均爲定母字。上例諸字都反映了真（諄）韻系與先韻系的密切關係，從聲母的對應來看，又反映了端、知、章組聲母的聯繫。另外，質、屑韻字多以"室、至"爲聲符。同時，在《集韻》同義異讀字中，我們還找到了一些質、屑韻裏以喻四母與定母相對應的例子，我們也羅列於下：

駃　①弋質切 臻開三入質以 ／②徒結切 山開四入屑定

泆　①弋質切 臻開三入質以 ／②徒結切 山開四入屑定

馱　①弋質切 臻開三入質以 ／②徒結切 山開四入屑定

軼　①弋質切 臻開三入質以 ／②徒結切 山開四入屑定

詄　①弋質切 臻開三入質以 ／②徒結切 山開四入屑定

以上五字都有共同的聲符"失"，除能反映真（諄）韻系與先韻系的密切關係外，可能還反映了上古喻四歸定這一現象。

中古先韻舌齒音上古在真部，屑韻舌齒音在上古質部②。中古知母在上古屬端母，徹母在上古屬透母，澄母在上古屬定母③。上古真部到中古分化爲真（諄）、先韻二韻，上古端組到中古分化爲端、知二組，其演變的語音條件均主要在於韻母等第洪細不同。又魯國堯先生曾對兩萬多首宋詞做過窮盡式研究，並得出宋代通語18部，中古先韻入陽聲韻寒先部，中古真（諄）韻入陽聲韻真文部，中古質韻入入聲韻德質部，中古屑韻入入聲韻月帖部，同時魯先生還指出宋代福建、江西地區存在真文部與寒先部通叶的情況④。

《集韻》通過新增字音，記錄了一批可能仍活在當時口語中的音讀，而這些字音所映的語音情況又與當今學者的研究相合，可謂相得益彰。方音存古，於漢語方言自身的發展，是保留了更古時候的漢語音系特徵，也可以說是繼承。另從共時層面說，如果漢語某方言的方音存古現象區別於其他方言，那麼，這種方音存古又成爲該方言在音系上的特點。《集韻》所記錄的這部分有真（諄）韻系、先韻系同義異讀的字音，既可以說反映或保留了上古漢語音系的特徵，同時也可以說是宋代漢語方言的反映。只有一一追查這些小韻的來源，並結合《集韻》同義異讀所映的語音層次等材料，才能使研究更加深入下去，這也是我們今後要努力的方向。

---

① 蛭　①職日切（臻開三入質章）／②陟栗切（臻開三入質知）／③丁結切（山開四入屑端）／④地一切（臻開三入質定）／⑤徒結切（山開四入屑定）。
② 參見王力：《漢語史稿》，第62頁；並見王力：《漢語語音史》，第57頁。
③ 參見王力：《漢語史稿》，第66頁；並見王力：《漢語語音史》，第26-27頁。
④ 魯國堯：《論宋詞韻及其與金元詞韻的比較》，《魯國堯自選集》，河南教育出版社，1994年，第131-176頁。

四、新增特殊小韻表

表 2-9 平聲新增特殊類小韻反切表　　　　共 36 個

韻目	小韻	反切	韻目	小韻	反切	韻目	小韻	反切	韻目	小韻	反切
東	雊	蚩工昌合一	諄	顛	典因端開三	戈	䂒	于戈云合一	談	綅	充甘昌開一
脂	踶	徒祁定開三		天	鐵因透開三	麻	挫	祖加精開一		箷	市甘禪開一
模	徛	尤孤云合一		田	地因定開三	唐	痻	碌霜初開一①		蚶	汝甘日開一
齊	隉	直兮澄開四	魂	敢	儒昆日合一	耕	宏			㽉	與甘以開一
皆	桎	都皆端開二	寒	厯	知干知開一	青	桯	餘經以開四	添	涅	其兼群開四
	徥	度皆定開二	刪	趕	巨班群合二	侵	磣	天心透開三	咸	鮭	才咸從開二
咍	杉	逝來禪開一	山	譠	託山透開二		沈	長含澄開三		沾	弋咸以開二
	荋	汝來日開一	肴	巢	徂交從開二	覃	綅	充含昌開一	銜	獅	在銜從開二
	頤	曳來以開一		猇	于包云開二		顉	常含禪開一		頹	而銜日開一

表 2-10 上聲新增特殊類小韻反切表　　　　共 21 個

韻目	小韻	反切	韻目	小韻	反切	韻目	小韻	反切	韻目	小韻	反切
止	體	天以透開三	駭	篺	徒駭定開二	獮	蜎	下兗匣合三	琰	湛	牒琰定開三
	弟	蕩以定開三	賄	阢	俞罪以合一	馬	哆	丁寫端開三	檻	摻	素檻心開二
薺	茞	掣眱昌開四	阮	塡	徒偃定開三	厚	韻	初口初開一	范	槏	胡犯匣合三
	灑	時禮禪開四	混	苊	治本澄合一	寢	姞	當審端開三			
蟹	筽	杜買定合二	很	頷	其懇群開一	感	縿	所感生開一			
	獳	都買端開二	緩	虢	士嬾崇開一		㐩	如坎日開一			

表 2-11 去聲新增特殊類小韻反切表　　　　共 25 個

韻目	小韻	反切	韻目	小韻	反切	韻目	小韻	反切	韻目	小韻	反切
寘	帝	丁易端開三	怪	猘	才瘵從開二	諫	趲	求患群合二	闞	鮎	叉濫初開一
至	系	兮肆匣開三		齛	渠介群開二	霰	綻	治見澄開四		漤	仕濫崇開一
暮	寫	傷故書合一	隊	榮	所内生合一		戀	人見日開四	鑑	儳	蒼鑒清開二
	恧	儒互日合一		鞴	巨内群合一	号	趬	色到生開一		儳	才鑒從開二
泰	癒	于外云合一	代	隑	巨代群開一		櫃	巨到群開一②			
卦	銵	求卦群合二	稕	飩	屯閏定合三	勘	姌	辱紺日開一			
	媞	得懈定開二	恨	攇	所恨生開一		靲	其闇群開一			

---

① 碌霜切切下字霜在陽韻,照理應入陽韻初良切,本文暫列於新增特殊類小韻表。
② 《集韻》各本号韻櫃字均作巨到切,另薛韻巨列切也有櫃字。《廣韻》櫃字渠列切,《玉篇》櫃字巨列切。

表 2-12　入聲新增特殊類小韻反切表　　　　共 18 個

韻目	小韻	反切	韻目	小韻	反切	韻目	小韻	反切	韻目	小韻	反切
質	狘	都律 端合三	陌	齰	實窄 船開二	昔	悌	待亦 定開三	洽	氎	徒洽 定開二
	驈	户橘 匣合三		嘴	零白 云開二	錫	槭	于昊 云合四	狎	挾	子洽 精開二
	窒	得悉 端開三	麥	遏	湯革 透開二		楝	霜狄 生開四	乏	鑑	下法 匣合三
	袟	大一 定開三		簎	倉格 清開二	合	唪	所荅 生開一			
月	紇	恨竭 匣開三	昔	剔	土益 透開三	帖	挾	尸牒 書開四①			

① 《釋文》卷第九"挾矢,子協反。一音户牒反"(《周禮音義下・夏官司馬下》),"挾輈,胡牒反。又古洽反。一音古協反"(《左氏音義之三・宣下第十一》)。《集韻》各本均作尸牒切,故而暫列於此表。

第三章 《集韻》《廣韻》小韻異同及考索(下)

第一節 删、併小韻

據我們統計,《集韻》共删除、合併《廣韻》原有小韻 61 個,其中删除小韻 20 個,合併小韻 41 個。删除、合併的《廣韻》小韻主要以删併重出小韻、通用韻同聲母及等呼小韻等情況居多。又因爲删除、合併小韻的數量比較少,其性質又較爲接近,所以本書把它們放在同一節中討論。

關於删除《廣韻》小韻的統計,我們將嚴格按照《集韻》無對應音韻地位的小韻,並且不收《廣韻》該小韻所轄字爲標準,其他如《廣韻》秙字孚法切(咸合三入乏滂),《集韻》不收秙字,但有相應語音地位的㲄小韻叵乏切,我們就没有把該例計入删除小韻類中。合併小韻,則一定是《廣韻》某個小韻所轄字合併收入《廣韻》《集韻》均有的相應小韻。

相比《廣韻》3875 個小韻來說,删除、合併小韻的數目十分微小,不能大面積地反映韻書或實際語音的音系結構,但對《廣韻》小韻的删除、合併,却又直接體現了《集韻》編著者對具體音韻問題的思考,其中有一些還可能反映了時音的面貌。因此,我們在結合音系結構和收字的雙重原則下,對《集韻》删除、合併《廣韻》原有小韻的情況一一做了仔細的對比分析,同時也希望能有一些新的發現。

一、删除小韻

邱榮鐊簡要討論了《集韻》"删音例",將"删音例"概括爲:删併《廣韻》通用韻同音再出及同韻重音例、删併《廣韻》增字衍切例、以聲變而删改《廣韻》切語例等三類[①]。邱文把删音例和併音例合在一起討論,但對《集韻》删、併小韻論之未詳。

小韻被删除、合併的情況比較複雜,由於觀察的角度不同,有些小韻既可看成删除例,又

---

① 邱榮鐊:《集韻研究》,第 55-57 頁。

可看成合併例。例如:《廣韻》之韻丘之切"抾"小韻與去其切"欺"小韻重出("欺"小韻内亦收"抾"字),《集韻》之韻録"欺"小韻而不録"抾"小韻。這可以認爲是《集韻》合併《廣韻》重出小韻,也可認爲是因不録"抾"字丘之切一音而删除《廣韻》原有小韻。故本書對此做出界定:如果《廣韻》被删併的小韻所轄之字兩收或多收,而《集韻》只録其中一音,以及《集韻》不收《廣韻》某字而造成的小韻删併,一律作爲删除小韻討論,否則將之歸於合併小韻。筆者把删除、合併小韻分成了兩部分進行探討,本节着重考察《集韻》所删《廣韻》原有小韻的情况。

根據删除小韻的性質,我們大致可以將其分爲以下六類:第一,删除重紐小韻類,即某字在《廣韻》重紐小韻中兩收,《集韻》未録該字某音而造成小韻删除;第二,删除非重紐重出小韻類,即《廣韻》非重紐韻攝内所收某字音切與其他小韻重出,《集韻》未録該字或其一音而造成小韻删除;第三,删除通用韻同聲母及等呼之小韻類,即某字在《廣韻》通用韻同聲母、等呼小韻中被兩收,《集韻》未録該字某音而造成小韻删除;第四,删除《廣韻》類隔切小韻類;第五,删除《廣韻》訛誤小韻類;第六,其他類。下面分别列舉討論。

(一)删除重紐小韻類(共 2 小韻)

例(1) 䂸小韻匹支切 / 止開三平支滂

《廣韻》"䂸"字匹支切,注"器破也",支韻重紐四等(在韻圖列於四等的唇、牙、喉音三等字);《廣韻》支韻另有"鈹"字敷羈切,支韻重紐三等(在韻圖列於三等的唇、牙、喉音三等字)。《廣韻》敷羈切"鈹"小韻也收有"䂸"字,注"器破而未離"。《王二》《王三》無匹支切"䂸"小韻,而敷羈切"鈹"小韻收有"䟸"字,注"器破"。《七音略·内轉第四》支韻平三滂位列"鈹"字,平四滂位列"䂸"字。《玉篇·支部》卷第十八:"䟸,匹之、皮美二切。器破也。"余迺永認爲:"唐人方言之混支、脂者,遂讀支韻重紐匹支切或敷羈切,而改諧入支韻之皮聲。"①

《集韻》"䂸"字共有二音:支韻攀麋切(滂母開口重紐三等)、旨韻普鄙切(滂母開口重紐三等),音韻地位均不同於《廣韻》"匹支切"。《集韻》支韻"䟸、䂸"下注:"《方言》:'南楚之間器破而未離謂之䟸。'或从皮。""䟸"、"䂸"二字爲異體關係。《集韻》支韻也没有收重紐四等滂母音。

《集韻》支韻有幫母開口重紐四等賓彌切"卑"小韻(同《廣韻》府移切"卑"小韻)、重紐三等班麋切"陂"小韻(同《廣韻》彼爲切"陂"小韻),則同韻内有同發音部位的其他聲母與本韻類拼合的小韻。上聲紙韻有滂母重紐四等普弭切"諀"小韻(同《廣韻》匹婢切"諀"小

---

① 余迺永:《新校互注宋本廣韻定稿本》,第 585 頁。

韻)、重紐三等普靡切"皷"小韻(同《廣韻》匹靡切"皷"小韻),則同韻系中另有四聲相承小韻。《集韻》刪除《廣韻》重紐四等匹支切"跛"小韻,沒有引起音系格局的變化,僅因"跛"字匹支切音的失收增加了音系中的暫時性空檔。

例(2) 抾小韻丘之切/止開三平之溪

《廣韻》"抾"字丘之切,注"挹也";《廣韻》之韻另有去其切"欺"小韻,與丘之切"抾"小韻重出,"欺"小韻內收"抾"字,注"挹也"。檢《韻鏡·內轉第八開》平三溪位列"欺"字,平四溪位列"抾"字,《七音略·內轉第八》平三溪位列"欺"字,平四溪位無字。

又《廣韻》式其切"䀢"小韻與書之切"詩"小韻重出,《韻鏡·內轉第八開》《七音略·內轉第八》平三書位列"詩"字,均無"䀢"字。《切三(S2071)》《王二》《王三》之韻均無"抾"、"䀢"二字。余迺永認爲《廣韻》之韻"抾"字丘之切應入去其切"欺"小韻,之韻"䀢"字係"詩"小韻下"眂"字的異體字,應入式其切"欺"小韻,與"眂"字併①,蔡夢麒意見同②。

《集韻》不收《廣韻》"抾"字丘之切音,故而造成丘之切"抾"小韻的刪除。《集韻》併《廣韻》之韻"詩"小韻下"眂"字入"䀢"小韻,且並列"眂"、"䀢"於同一字組中,即以"眂"、"䀢"爲異體字關係。《集韻》保留了"䀢"小韻(《集韻》作升基切)與"詩"小韻(《集韻》作申之切)的重出對立。

另外,《集韻》止韻新增了詰以切"启"小韻,注"開也",與口己切"起"小韻(《廣韻》作墟里切)重出;又志韻新增了許異切"怬"小韻,注"忻也",與許記切"憙"小韻(同《廣韻》)重出;志韻還新增了伊志切"擅"小韻,注"俯手拜也",與於記切"意"小韻(同《廣韻》)重出。《五音集韻》把"启"、"怬"、"擅"三小韻歸入重紐四等,"起"、"憙"、"意"三小韻歸入重紐三等,邵榮芬據此以爲之韻系應是有重紐的,並疑《集韻》以上三對重出小韻分別構成重紐關係③。

我們列出上述各小韻的反切及切下字所屬聲紐如下:

被切字/反切	切下字聲紐	被切字/反切	切下字聲紐
抾/丘之切	章	欺/去其切	群
詩/申之切	章	䀢/升基切	見
启/詰以切	以	起/口己切	見
怬/許異切	以	憙/許記切	見
擅/伊志切	章	意/於記切	見

---

① 余迺永:《新校互注宋本廣韻定稿本》,第587頁。
② 蔡夢麒:《廣韻校釋》,嶽麓書社,2007年,第96頁。
③ 邵榮芬:《〈集韻〉音系簡論》,《邵榮芬音韻學論集》,第354頁。

不難發現，《五韻集韻》併入重紐四等的小韻切下字均係章、以母字，併入重紐三等的小韻切下字係見母字，重出小韻切下字的分組情況與陸志韋《古音説略》所論相合①。因此，我們同意邵文觀點，暫以《集韻》平聲之韻有重紐小韻。

檢《經典釋文·春秋左氏音義之三·成下第十三》卷第十七："今擅，伊志反。揖也。《字林》云：'舉首，下手也。'"《宋本玉篇·心部》卷第八："㤅，許異切。忼也。"《集韻》志韻所收"擅"、"㤅"字音義分別與《經典釋文》《宋本玉篇》同。又《經典釋文·毛詩音義中·魚藻之什第二十二》卷第六："鏖，士其反。沬也。又尸醫反。《爾雅》云：'鏖，盝也。'盝音鹿。"醫字屬喉音影母，之字屬齒音章母，故《集韻》折合鏖字尸醫反音入升基切"瞬"小韻而不入申之切"詩"小韻。

儘管《集韻》因不録"抾"字丘之切音而删除了《廣韻》原有小韻，並取消了小韻之間的重出對立，但跟其一方面繼承《廣韻》重紐小韻，另一方面又在止韻、志韻内新增重紐小韻的做法相比，《集韻》删除丘之切"抾"小韻並不是刻意消除之韻系的重紐現象。

（二）删除非重紐重出小韻類（共 4 個小韻）

例（3）　𣝗小韻乞加切 / 假開二平麻溪

《廣韻》"𣝗"字乞加切，無訓釋。《廣韻》麻韻另有苦加切"𦮃"小韻，與"𣝗"小韻重出，另苦加切"𦮃"小韻下無"𣝗"字。《切三（S2071）》《王二》《王三》麻韻不收"𣝗"字。《韻鏡》《七音略》均不列"𣝗"字。余迺永認爲《廣韻》乞加切"𣝗"小韻應併入苦加切"𦮃"小韻中②。按，《正字通·木部》："𣝗，椵字之訛，舊注音格，木名。非。"

《集韻》麻韻有丘加切"𦮃"小韻，同《廣韻》苦加切"𦮃"小韻；麻韻不收"𣝗"字，也没有小韻與《廣韻》乞加切"𣝗"小韻同。《集韻》麻、馬、禡韻開口二等唇、牙、喉音均無重出小韻。

例（4）　跿小韻止姊切 / 止開三上旨章

《廣韻》"跿"字止姊切，無訓釋。《廣韻》旨韻另有職雉切"旨"小韻，與"跿"小韻重出，"旨"小韻中不收"跿"字。《切三（S2071）》《王二》《王三》旨韻均不收"跿"字。《韻鏡》《七音略》也不列"跿"字。余迺永認爲《廣韻》止姊切"跿"小韻應併入職雉切"旨"小韻③。

《集韻》旨韻有軫視切"旨"小韻，同《廣韻》職雉切"旨"小韻；但旨韻不收"跿"字，也没有小韻與《廣韻》止姊切"跿"小韻同。《集韻》脂、旨、至韻開口三等知、章組音均無重出小韻。

---

① 陸志韋：《古音説略》，哈佛燕京學社，1947 年，第 28 頁。
② 余迺永：《新校互注宋本廣韻定稿本》，第 661 頁。
③ 余迺永：《新校互注宋本廣韻定稿本》，第 722 頁。

例(5)　䩍小韻乙白切 / 梗合二入陌影

《廣韻》"䩍"字乙白切,注:"佩刀飾。"《廣韻》陌韻另有一虢切"擭"小韻,與"䩍"小韻重出,"擭"小韻下增收"䩍"字,注:"刀飾,把中皮也。"

《切三(S2071)》《王二》《王三》陌韻有乙白反"䩍"小韻、一虢反"擭"小韻(不收"䩍"字)。《玉篇·韋部》"䩍"字於白切。《韻鏡·外轉第三十四合》陌韻入二影位列"擭"字,入三影位列"䩍"字。《七音略·內轉三十七》陌韻入二影位列"擭"字,入三影位未列字。《廣韻》陌韻"白"字也作女白切"蹃"小韻切下字,而《韻鏡》《七音略》均列"蹃"字於開口二等,故《五音集韻》陌韻併乙白切"䩍"小韻入影母開口二等於革切"戹"小韻。

《集韻》陌韻有屋虢切"擭"小韻,同《廣韻》一虢切"擭"小韻。《集韻》"擭"小韻收"䩍"字,注"䩍靳,刀靶中韋"。又《集韻》陌韻不收"䩍"字乙白切音,也沒有小韻與《廣韻》乙白切"䩍"小韻同。《集韻》庚韻係唇、牙、喉音均無重出小韻,陌韻並無合口三等小韻。

余廼永認爲乙白切"䩍"小韻係陌韻合口三等字,切下字借用二等唇音字①。楊軍《韻鏡校箋》意見與余氏同,並指出:"若以反切論,兩小韻音當同。然韻書未併者,唐代二音實有別,擭爲二等、䩍爲三等。䩍(䩍)音乙白反者,乃以二等字爲切下字。"②蔡夢麒則認爲乙白切"䩍"小韻與一虢切"擭"小韻同音,二小韻應合併③。我們暫以《廣韻》陌韻䩍、擭二小韻係影母合口二等重出小韻。

例(6)　趝小韻七合切 / 咸開一入合清

《廣韻》"趝"字七合切④,注"裹趝"。《切三(S2071)》《王二》《王三》合韻不收"趝"字。《廣韻》合韻"趁"小韻也作七合切,小韻內不收"趝"字,"趁"小韻與"趝"小韻重出。余廼永認爲"趝"小韻、"趁"小韻宜併⑤。《韻鏡·外轉第三十九開》《七韻略·外轉三十一》合韻入一清位列"趁",無"趝"字。《五音集韻》七合切"趁"小韻收"趝"字,注:"走也,行也,與趁義同。"

《集韻》合韻不收"趝"字,也無小韻同《廣韻》七合切"趝"小韻相對應。《集韻》因不錄"趝"字七合切音而刪除了《廣韻》原有小韻,並取消了《廣韻》合韻清母開口一等小韻的重出。《集韻》合韻無重出小韻。

(三)刪除通用韻同聲母及等呼之小韻類(共 2 小韻)

例(7)　黪小韻倉敢切 / 咸開一上敢清

《廣韻》"黪"字有 2 音:

---

① 余廼永:《新校互注宋本廣韻定稿本》,第 961 頁。
② 楊軍:《韻鏡校箋》,浙江大學出版社,2007 年,第 258 頁。
③ 蔡夢麒:《廣韻校釋》,第 1203 頁。
④ 《廣韻》澤存堂本作"士合切",今據周祖謨校本、余廼永校本正。
⑤ 余廼永:《新校互注宋本廣韻定稿本》,第 977 頁。

① 敢韻倉敢切。注："日暗色。"
② 感韻七感切。注："暗色。《説文》曰：'淺青黑也。' 又倉敢切。"

敢韻倉敢切"黲"小韻與感韻七感切"憯"小韻均屬清母開口一等，而《廣韻》《集韻》敢、感二韻同用，所以《廣韻》的這兩個小韻讀音相同或相近。另"黲"字倉敢切、七感切二音屬同義異讀。《切三（S2071）》《王二》《王三》感韻七感切"憯"小韻内收"黲"字，注"暗色。又倉敢反"，《切三（S2071）》《王三》敢韻另收倉敢反"黲"小韻，注"日暗色"。

《集韻》"黲"字僅感韻七感切一讀，注："《説文》：'淺青黑也。' 一曰敗也。"按，《説文》大徐本注七感切。《集韻》敢韻無清母開口一等小韻。但《集韻》入聲盍韻承襲《廣韻》倉雜切"囃"小韻（《集韻》作七盍切），平聲談韻又新增七甘切"笘"小韻，則《集韻》談、盍韻均有小韻與敢韻"黲"小韻相承。《集韻》不錄"黲"字倉敢切音，刪除了"黲"小韻，但並没引起音系結構的調整，僅增加了暫時的音節空檔。

例（8）　顩小韻丘檻切／咸開二上檻溪

《廣韻》"顩"字有5音，其中檻韻有丘檻切音，注"長面兒"，豏韻有苦減切音，注"面長"。檻韻丘檻切"顩"小韻與豏韻苦減切"㾕"小韻均爲溪母開口二等。《廣韻》《集韻》檻、豏二韻同用，則顩字丘檻切、苦減切音同或近，且該字二音屬同義異讀。《王二》檻韻有丘檻反"顩"小韻，"顩"字注"長面兒，又五減反、苦減反"，另豏韻苦減反"㾕"小韻内也收有"顩"字，注"長面兒"。《切三（S2071）》檻韻有丘檻反"顩"小韻，"顩"字注"長面兒"，而豏韻無"顩"字。《王三》豏韻苦減反"㾕"小韻内收"顩"字，注"長面兒"，但檻韻無"顩"小韻。

《集韻》豏韻苦減反"槏"小韻收"顩"字，注"醜兒"，而檻韻不收"顩"字丘檻切音，且刪除了檻韻"顩"小韻，同《王三》。《集韻》平聲銜韻承襲《廣韻》溪母開口二等口銜切"嵌"小韻（《集韻》作丘銜切），並没有併之入咸韻苦咸切"鵮"小韻（《集韻》作丘咸切）。檻韻"顩"小韻的刪除没有造成音系結構的變化，只是增加了暫時的音節空檔。

（四）刪除《廣韻》類隔切（共3小韻）

例（9）　𪓰小韻雌瓦切／假合二上馬莊

《廣韻》"𪓰"字雌瓦切，注："𪓰𪓰，好兒。"《廣韻》"雌"字，戈韻子戈切，精母字。按，《切三（S2071）》《王三》馬韻不收"𪓰"字雌瓦切，《韻鏡·外轉第三十合》《七音略·外轉三十》平二莊位列"𪓰"字。《廣韻》《集韻》馬韻均別無精母合口二等小韻。余迺永認爲雌瓦切以精母切莊母，爲類隔切①。

---

① 余迺永：《新校互注宋本廣韻定稿本》，第780頁。

《集韻》馬韻無"䖳"字,也無小韻同《廣韻》鯭瓦切"䖳"小韻。《集韻》麻韻有莊華切"髽"小韻(同《廣韻》),馬韻有楚瓦切"䃧"小韻(《廣韻》作叉瓦切)。《集韻》删除《廣韻》䖳小韻,只是暫時增加了音系中的音節空檔。

例(10)　驃小韻毗養切／宕開三上養並

《廣韻》"驃"字毗養切,注"姓也"。《切三(S2071)》《王三》養韻不收"驃"字,永禄本《韻鏡》養韻不列"驃"字,《七音略·外轉三十四》上四並位列"驃"字。《玉篇·馬部》卷二十三:"驃,毗兩切,人姓也。"楊軍疑"今本《玉篇》切下字有誤,《廣韻》乃據誤本《玉篇》收此字及毗養切一音"①。

《集韻》養韻無"驃"字,也無小韻同《廣韻》毗養切"驃"小韻。《集韻》陽韻有符方切"房"小韻(同《廣韻》),漾韻有符訪切"防"字(《廣韻》作符況切)。陽韻系字應本無四等唇音,毗養切應係類隔切,且"驃"小韻本應與"房"小韻、"防"小韻共同經歷重唇變輕唇,而《七音略》或讀爲重唇音,即不與陽韻系房、防小韻同。

例(11)　菓小韻之役切／梗合三入昔章

《廣韻》"菓"字之役切,注"菓卷"。《切三(S2071)》《王二》《王三》昔韻不收"菓"字,《韻鏡·外轉第三十四合》昔韻入四精位列"菓"字,《七音略》昔韻入四精位無字。《集韻》昔韻均別無精母、章母合口三等小韻。余迺永認爲《韻鏡》"菓"字列精母四等乃精照類隔②,蔡夢麒意見同③。《廣韻》清韻系章組合口三等僅昔韻"菓"小韻。

《集韻》昔韻不收菓字,也沒有小韻與《廣韻》之役切"菓"小韻同。《集韻》清、靜、勁韻均無章組聲母合口三等小韻。《集韻》不録"菓"字之役切音,故删除了《廣韻》"菓"小韻,同時,也意味着《集韻》删除了一條聲韻拼合關係。

(五)删除《廣韻》訛誤小韻(共3小韻)

例(12)　叐小韻土骨切／臻合一入没透

《廣韻》"叐"字有2音④:

① 没韻土骨切。注:"入水又出皃。"

② 没韻莫勃切。注:"《説文》曰:'入水有所取也。'"

其土骨切"叐"小韻與没韻他骨切"突"小韻重出。按,"突"小韻無"叐"字。余迺永認爲土骨切係亡骨切之訛,亡骨切猶言莫勃切⑤。則《廣韻》不審訛字訛音,誤立没韻

---

① 楊軍:《七音略校注》,上海辭書出版社,2003年,第138頁。
② 余迺永:《新校互注宋本廣韻定稿本》,第967頁。
③ 蔡夢麒:《廣韻校釋》,第1225頁。
④ 周祖謨《廣韻校本》認爲叐應作叟。《説文》也作叟,即叐字篆文的隸定。
⑤ 余迺永:《新校互注宋本廣韻定稿本》,第929頁。

土骨切"叉"小韻,因而與他骨切"突"小韻重出,因此土骨切"叉"小韻本應删去。《切三(S2071)》没韻無"叉"字。《王二》《王三》没韻莫勃切"没"小韻收"叉"字,但均無"叉"字土骨切音。

《集韻》没韻莫勃切"没"小韻下收"叉"字,而没韻他骨切"突"小韻同《廣韻》,小韻内不收"叉"字,且没韻内也無小韻與《廣韻》土骨切"叉"小韻同。《集韻》更正《廣韻》錯訛,不録"叉"字土骨切音而删除了《廣韻》原有小韻。

例(13) 砟小韻作可切 / 果合一上果精

《廣韻》"砟"字有3音:

① 麻韻所加切。注:"砟石,地名,見《漢書》。"
② 哥韻千可切。注:"砟石,地名。"
③ 果韻作可切。注:"砟石,地名。"

《切三(S2071)》《王三》麻韻、哥(果)韻均無"砟"字,"砟"字爲《廣韻》所新增。《王三》哥(果)韻有倉果反"硰"小韻、千可反"瑳"小韻,且哥(果)韻内無小韻音同作可切。

《集韻》不收《廣韻》"砟"字作可切音,且果韻内也無小韻與《廣韻》作可切"砟"小韻同。按,《漢書·周勃傳》卷四十顔注:"應劭曰:砟音沙。孟康曰:地名也。齊恭曰:砟音赤坐反。師古曰:齊音是也。"又《漢書·灌嬰傳》卷四十一顔注:"師古曰:砟音千坐反。"《廣韻》據《漢書》顔注録"砟"字所加切(音沙)、千可切(千坐反)音。

疑"砟"字作可切係《廣韻》據錯訛版本誤録所致,"千"字形訛爲"子"字習見,"子"、"作"均屬精母字,《廣韻》又改子坐反爲作可切。今將該例歸入删除《廣韻》訛誤小韻。

例(14) 摐小韻職勇切 / 通合三上腫章

《廣韻》職勇切"摐"小韻收有"摐"、"㐞"二字。"摐"字注:"《説文》曰:輝也。""㐞"字注:"上同。又且勇切。"《廣韻》腫韻另有之隴切"腫"小韻,音韻地位同職勇切"摐"小韻,"腫"小韻内不收"摐"、"㐞"二字。《切三(S2071)》腫韻無"摐"、"㐞"二字,《王二》《王三》腫韻有且勇反"㐞"小韻,"㐞"字釋作"禪"。《説文解字》小徐本注"摐"字之松反,大徐本注職茸切,松、茸二字均爲鍾韻字,則"摐"字本應入鍾韻職容切"鍾"小韻,《集韻》即從是。此外,《集韻》腫韻且勇切"㠙"小韻亦收"摐"、"㐞"二字,同《王二》《王三》。

《集韻》腫韻不收"摐"、"㐞"職勇切音,主勇切"腫"小韻内也不收"摐"、"㐞"二字。余迺永疑職勇切音乃誤"茸"爲"勇"之故。今仍將此例歸入删除《廣韻》訛誤小韻。

(六)其他情况(共6小韻)

例(15) 啜小韻殊雪切 / 山合三入薛禪

《廣韻》"啜"字殊雪切,注:"《説文》曰:'嘗也。'《爾雅》曰:'茹也。'《禮》曰:'啜菽,飲水。'"①《切三(S2071)》《王二》薛韻"啜"字作樹雪反,《王三》薛韻"啜"字作處雪反,均釋爲"嘗也"。

按,《經典釋文·爾雅音義上·釋言第二》卷第二十九:"啜,常悅反。郭音銳。顧豬芮反。施丑衛、尺銳二反。《説文》云:'啜,嘗也。'《廣雅》云:'食也。'"又《玉篇·口部》卷第五:"啜,昌悅、常悅二切。茹也。又音輟。《詩》:'啜其泣。'哭,啜泣皃。"

《集韻》"啜"字有薛韻昌悅切音,同《廣韻》,亦與《王三》"啜"字處雪反音同。《廣韻》"啜"字殊雪切音同《切三(S2071)》《王二》樹雪反及《釋文》常悅反,均屬禪母薛韻合口三等。《集韻》薛韻不收"啜"字殊雪切音,薛韻也無禪母小韻②。

疑《集韻》或以"殊"爲"姝",而不收"啜"字殊雪切音。《集韻》删除《廣韻》啜小韻殊雪切,只是暫時增加了音系中的空檔。

例(16) 啜小韻嘗芮切 / 蟹合三去祭禪

《廣韻》"啜"字嘗芮切,注"嘗也"。《王二》《王三》祭韻"啜"字作市芮反,《王三》注"嘗",《王二》注"嘗也,又市雪反"。切上字"市"與"嘗"均爲禪母字,《廣韻》"啜"字嘗芮切與《王二》《王三》音義同。

按,通檢《經典釋文》"啜"字無禪母嘗芮切或市芮切音,《集韻》也不錄"啜"字嘗芮切音。《廣韻》"啜"字另有祭韻陟衛切音,注"嘗也",《集韻》作株衛切,注"泣兒。一曰茹也",與《經典釋文》[見例(15)]、《廣韻》同,屬知母合口三等小韻。《王二》《王三》"啜"字則無此音。今未明《集韻》因何而去《廣韻》嘗芮切音,頗疑《集韻》誤以《王三》"市"爲"中",故仍承"啜"字陟衛切音而删"啜"字市芮切音。《集韻》删除了祭韻禪母合口三等小韻,但祭韻禪母開口三等仍有"誓"小韻 / 時制切。

另還有4個小韻或因《集韻》正訛,或因其他原因而不收這些字音,從而使得小韻被删除,具體原因一併待考。今暫列如下:

a.《廣韻》董韻繷小韻奴動切;

b.《廣韻》蟹韻箉小韻求蟹切;

c.《廣韻》隱韻嶙小韻仄謹切;

d.《廣韻》質韻齜小韻仕叱切。

通過對以上删除小韻的考察,我們不難發現,《集韻》主要删除了《廣韻》後增小韻,而這些被删除的小韻,收字較少,多數僅收小韻首字本身,故當《集韻》不錄某字或其某音時,則造成了小韻被删除的事實。這些删除並非韻系間整齊劃一的變動,只是少量增加了《廣韻》音

---

① 澤存堂本"殊雪切"作"姝雪切",據《鉅宋廣韻》、巾箱本《廣韻》及周祖謨校本、余迺永校本正。
② 《廣韻》薛韻禪母開口三等有常列切"折"小韻,《集韻》併之入食列切"舌"小韻,禪、船母相混。

系中的音節空檔,也不改變音系結構的面貌。被删除的小韻中僅有一條,即菓字之役切,删減了《廣韻》音系中的一條聲韻拼合關係。我們認爲,《集韻》删除《廣韻》原有小韻的原因主要在以下三個方面:

(一)《集韻》在體例上有必有所據、務求全面、體例規整、精準簡潔等四個方面的要求與特點①。《集韻》删疑正訛是導致《廣韻》原有小韻删除的主要原因,這同時也體現了《集韻》編著者的嚴謹學風。如"㮈"、"跡"等字不見諸經典,今亦難考《廣韻》新增之所由,另如"叉"字土骨切音,顯係《廣韻》編著者抄録訛誤所致,《集韻》則未收"㮈"、"跡"、"叉"等字。

(二)《集韻·韻例》云:"凡通用韻中同音再出者,既爲冗長,止見一音。"如"黟"、"頛"等字,若在《廣韻》通用韻間被同聲母、等第、開合的兩個小韻同時收入,《集韻》則只録其一音,因而造成小韻删除。據筆者的統計,這同時也是《集韻》合併《廣韻》原有小韻的重要原因。

(三)據蔣冀騁②、蔣紹愚③等學者的研究,近代漢語的上限在晚唐五代,則唐末至宋初即爲中古漢語向近代漢語的過渡時期,同時在這一時期,漢語語音發生了較大的變化,則《集韻》在編著時也難免會受時音的局限。如《集韻》改類隔切爲音和切便是受時音的影響④,或以爲"粗"、"驫"、"菓"等小韻的删除即删除不合時音的類隔切小韻。

當然,《集韻》的刊修距離現今也將近千年了,其編者早已作古,我們只能參考前代韻書及其他材料來推斷其删除小韻的原由。

二、合併小韻

邵榮芬《〈集韻〉音系簡論》一文曾指出《集韻》合併了《廣韻》部分重紐小韻、非語音對立重出小韻,並更正和移併了《廣韻》少量誤置小韻⑤。趙宏濤在分析《集韻》合併《廣韻》同韻或通用韻中同聲母小韻後,提出"同音小韻的合併,正反映了《集韻》在收字歸音上遵照時音的特點"⑥。我們認爲:要真正認清《集韻》合併《廣韻》原有小韻的本質,則應具體深入每個小韻的微觀層面,追根溯源,辯證地分析其所反映的語音問題的特殊性與系統性。因此,筆者一一考察了這些合併小韻,以期從中挖掘出有價值的漢語語音史材料。

根據《集韻》所併《廣韻》原有小韻的性質,我們大致可以將其分爲以下五類:第一類,合併《廣韻》重紐小韻;第二類,合併《廣韻》非重紐重出小韻;第三類,合併《廣韻》通用韻

---

① 雷勵:《〈集韻〉〈廣韻〉體例之比較》,《勵耘學刊(語言卷)》2011年第2期,第221-232頁。
② 蔣冀騁:《論近代漢語的上限(上)》,《古漢語研究》1990年第4期,第68-75頁。
③ 蔣紹愚:《近代漢語研究概要》,北京大學出版社,2005年,第5頁。
④ 雷勵:《〈集韻〉〈廣韻〉體例之比較》,《勵耘學刊(語言卷)》2011年第2期,第251頁。
⑤ 邵榮芬:《〈集韻〉音系簡論》,《邵榮芬音韻學論集》,首第417-420頁。
⑥ 趙宏濤:《〈廣韻〉〈集韻〉反切比較研究》,陝西師範大學2005年碩士學位論文(指導教師:胡安順),第11-15頁。

中同聲母及等呼的小韻；第四類，因通語音變而合併小韻，如濁音清化、韻部相混等造成小韻歸併；第五類，其他特殊情況。下面，我們分類列舉並加以説明：

（一）合併重紐小韻類（共 3 小韻）

例（1） 趫小韻起囂切 / 效開三平宵溪

《廣韻》"趫"小韻 / 起囂切，收"趫、嶠、橋、轎"四字，宵韻開口三等重紐 B 類（在韻圖列於三等的唇、牙、喉音三等字）。宵韻另有"蹻"小韻 / 去遥切，收"蹻、繑、趬、墝、頍、焦"六字，宵韻開口三等重紐 A 類（在韻圖列於四等的唇、牙、喉音三等字）。

《王三》宵韻有"蹻"小韻 / 去遥反，宵韻末尾又有"趫"小韻 / 去遥反。《廣韻》"喬"小韻 / 巨嬌切所收"趫"字亦注"又去遥切"。余迺永根據《玉篇》《説文》"趫"字反切下字均用宵韻 B 類字，《説文》"蹻"字切下字用宵韻 A 類字，及《七音略》《韻鏡》把二字分列三、四等證明：《廣韻》"訂正《王韻》韻末'趫'音之'去遥反'爲'起囂反'"，而"趫"小韻 / 起囂切、"蹻"小韻 / 去遥切爲宵韻的一對重紐小韻[①]。

《集韻》併《廣韻》宵韻"趫"小韻 / 起囂切入"蹻"小韻 / 去遥切，並且韻部中没有與《廣韻》"趫"小韻 / 起囂切相對應的小韻。按，《集韻》宵韻"蹻"小韻作"丘袄切"，《廣韻》"趫"小韻所收四字已全部併入。《集韻》平聲宵韻群母及影母開口三等、上聲小韻見母及群母開口三等、去聲笑韻群母開口三等都有重紐小韻；但宵、小、笑韻溪母開口三等均無重紐小韻。《集韻》合併宵韻溪母開口三等重紐小韻，但没有改變宵韻牙、喉音有重紐韻的格局。因此，我們認爲這是《集韻》在《王三》"蹻"、"趫"二小韻同反切的基礎上，合併了這兩個小韻。按，《廣韻》語韻"紓"小韻 / 神與切，《集韻》將其併入"墅"小韻 / 上與切中，檢《王三》語韻"紓"字署與反，在"墅"小韻，《集韻》同《王三》，亦爲《集韻》循《王三》之例。

例（2） 闃小韻於小切 / 效開三上小影

《廣韻》"闃"字於小切，注"隔也"，小韻影母開口三等重紐 A 類。上聲小韻另有"夭"小韻 / 於兆切，影母開口三等重紐 B 類，"夭"小韻 / 於兆切下不收"闃"字。《廣韻》"闃"字僅有於小切一讀。又檢《韻鏡·外轉第二十五》小韻開口上三影位列"妖"字，《七音略·外轉第二十五》小韻上三影位列"夭"字；《韻鏡·外轉第二十六》小韻開口上四影位列"闃"字，《七音略》同。

《集韻》"闃"字有三讀，分别爲：①篠韻伊鳥切，注"隔也"。②小韻以紹切，注"《廣雅》遮也"。③小韻於兆切，注"隔也"。《集韻》併《廣韻》"闃"小韻 / 於小切入"夭"小韻 / 於兆切，並且韻部中没有與《廣韻》"闃"小韻 / 於小切相對應的小韻。邵榮芬認爲"這種合併當

[①] 余迺永：《新校互注宋本廣韻定稿本》，第 647 頁。

是《集韻》對少數重紐分辨不清的結果"[1]。

《集韻》雖然合併了上聲小韻影母開口三等重紐小韻,但同時韻部內又新增了見母"叫"小韻/吉小切及群母"猶"小韻/巨小切,分別與"矯"小韻/舉夭切和"驕"小韻/巨夭切重出對立,係新增重紐小韻。檢《韻鏡·外轉第二十五》小韻上三見位列"矯"字,《七音略》同;又《韻鏡·外轉第二十六》小韻上四見位列"叫"字,《七韻略》此位未列字。由此可見,《集韻》並沒有改變上聲小韻牙喉音有重紐小韻的格局。

例(3) 顑小韻欽錦切/深開三上寢溪

《廣韻》"顑"字欽錦切,注"顄顑,醜皃",屬寢韻溪母開口三等重紐A類,與"坅"小韻/丘甚切爲溪母重紐小韻[2];"顑"小韻/欽錦切另收"頜"字,注"曲頤之皃"。《廣韻》寢韻所收"坅"字丘甚切,注"坎也",屬溪母開口三等重紐B類。《韻鏡·內轉第三十八》寢韻開口上三溪位列"坅"字,《七音略·內轉四十一》寢韻上三溪位同;又《韻鏡·內轉第三十八》寢韻開口上四溪位列"顑"字,《七韻略》此位未列字。

《切三(S2071)》《王一(P2011)》《王三》寢韻均有"坅"小韻/丘甚反,又《王一(P2011)》寢韻收"顑"字,仕瘮反,注"顄顑,醜皃"。《王三》寢韻亦收"顑"字,仕瘮反,注"醜皃"。按,龍宇純校箋云:"仕或士字與牛字形近,疑顑或顄字讀床二者即疑母之誤。"[3]另《王三》寢韻又收"顄"字,卿飲反,注"容皃醜",與"坅"小韻重出。按,《廣韻》寢韻有"顑"字士瘮切,注"顄顑,醜皃";《集韻》同。《玉篇·頁部》:"顑,丘飲切,醜皃。顄,牛飲切,顄顑,醜皃。"

《集韻》寢韻"顑"字入"鈝"小韻/牛錦切,注"顄顑,醜皃","顑"字入"坅"小韻/丘甚切,同《王韻》《玉篇》;又"頜、頜"二字亦入"坅"小韻/丘甚切,注:"頤曲上曰頜。或从金。"《集韻》把《廣韻》"顑"小韻/欽錦切併入了"坅"小韻/丘甚切中。《集韻》侵韻系牙音已無重紐小韻,但平聲侵韻、入聲緝韻仍保留了《廣韻》重紐小韻,即侵韻"音"小韻/於金切與"愔"小韻/伊淫切,緝韻"邑"小韻/乙及切與"揖"小韻/一入切。

(二)合併非重紐重出小韻類(共14小韻)

例(4) 豻小韻可顏切/山開二平刪溪

《廣韻》平聲刪韻"豻"小韻/可顏切下收有2字頭:①"豻"字,注:"胡地野犬,似狐而小,黑喙。"②髡,注:"鬢禿皃。"《廣韻》刪韻另有"馯"小韻/丘姦切。

按,"馯"字下注:"姓也。《漢書》有江東馯臂,字子弓,傳《易》。"《廣韻》刪韻僅有"馯"

---

[1] 邵榮芬:《〈集韻〉音系簡論》,《邵榮芬音韻學論集》,第418頁。
[2] 余迺永:《新校互注宋本廣韻定稿本》,第797頁。
[3] 龍宇純:《唐寫全本王仁昫刊謬補缺切韻校箋》,香港中文大學,1968年,第597頁。

小韻/丘姦切與"豻"小韻/可顔切一對重出小韻。

《切三(S2071)》《王三》删韻不收"豻"小韻/可顔切和"馯"小韻/丘姦切,删韻無溪母開口二等小韻。《七音略・外轉二十三》《韻鏡・外轉第二十三》删韻開口平二溪位列"馯"字。余迺永詳細論證了《廣韻》豻字可顔切、馯字丘姦切同音,二小韻應該合併①。《集韻》把删韻"豻"小韻/可顔切、"馯"小韻/丘姦切合併爲"馯"小韻/丘顔切,小韻内收"馯"、"豻"、"髨"、"搟"四字。按,《字彙・彡部》:"髨,同髵。"又《正字通・彡部》:"髨,俗髵字。"

檢《釋文・爾雅音義下・釋獸第十八》卷第三十:"豻,郭音岸。《字林》下旦反,云:'胡地野狗。'本又作犴。《説文》或豻字。陳國武音《子虚賦》苦姦反,解云:'胡地野犬,似狐黑喙。'"又《釋文・周禮音義下・冬官考工記下》卷第九:"爲髵,劉苦顔反。吕忱同云:'鬢秃也。'或苦瞎反。一音枯曷反。"《廣韻》若以切下字"姦"、"顔"有別,則不應以"豻"、"髵"同小韻;又若以切上字有別,《釋文》切上字"苦"爲合口,則《廣韻》不應以開口"可"字作切上字。

又檢《釋文・條例》:"子庸授江東馯(户旦反。徐廣音寒)臂子弓。"《釋文・尚書音義下・周官第二十二》卷第四:"馯,户旦反。《地理志》音寒。"筆者未檢出《釋文》"馯"字有平聲删韻音。《玉篇・馬部》"馯"字作何旦切,亦無删韻音。《龍龕手鑒・馬部》:"馯,苦姦、胡旦二反。人姓也。"《廣韻》《集韻》《龍龕手鑒》三者所録"馯"字音義同。

例(5) 皵小韻七外切/蟹合一去泰清

《廣韻》"皵"小韻/七外切僅收本字,並注:"皵,小舂也。"《廣韻》泰韻另有"襊"小韻/麤最切,與"皵"小韻/七外切重出,"襊"小韻内亦無"皵"字。《廣韻》去聲泰韻所收重出小韻僅此例。

《王三》泰韻有"竁"字千外反,注"塞"。按,《廣韻》"竁"字麤最切,注"塞外道也"②。又《王三》泰韻另收"襊"字七會反,注"衣遊縫"。按,《廣韻》泰韻"襊"字亦音麤最切,注"衣遊縫也"。《龍龕手鑒・衣部》:"襊、襊,麁最、子外二反,衣遊縫也。二同。"

《廣韻》併《王三》"竁"小韻/千外反入"襊"字小韻/七會反(《廣韻》作麤最切),另新增"皵"小韻/七外切。《韻鏡・外轉第十六合》《七音略・外轉第十六》泰韻去一清位列"襊"字,無"皵"字,可證"皵"小韻/七外切理與"襊"小韻/麤最切音同而應合併。

《集韻》把《廣韻》"皵"小韻/七外切併入"襊"小韻/麤最切(《集韻》作取外切),却又於泰韻新增"饖"小韻/乙大切,"饖"字注"食臭敗也",與"藹"小韻/於蓋切重出。按,

---

① 余迺永:《新校互注宋本廣韻定稿本》,第629頁。余氏認爲髵同顀,而髨又由顀所孳乳,所以《集韻》髨實同髵。又《説文・頁部》顀字段注:"髵者,鬢秃也。此音義皆同。蓋實一字矣。而以顀从頁,故云頭鬢。謂頭上及鬢夾也。髨从彡,故單言鬢。"

② 《説文》"竁"作"窥"。

《釋文·爾雅音義上·釋器第六》卷第二十九:"饐,於吠反。《說文》云:'飯傷熱也。'《字林》乙大反。《蒼頡篇》云:'食臭敗也。'"則《集韻》"饐"字乙大切與《字林》切語同,而義與《蒼頡篇》同。

例(6)　唈小韻烏荅切／咸開一入合影

《廣韻》"唈"字有2音:①緝韻於汲切,注:"嗚唈,短氣。"②合韻烏荅切,注:"《爾雅》云:'僾,唈也。'"《廣韻》入聲合韻另有"姶"小韻／烏合切,與"唈"小韻／烏荅切重出,"姶"小韻內不收"唈"字。

《切三(S2071)》《王二》《王三》入聲合韻有"姶"小韻／烏合反,但合韻無"唈"字。《韻鏡·外轉第三十九開》《七音略·外轉第三十一》合韻開口入一影位均列"姶"字,無"唈"字。則《廣韻》"唈"小韻／烏荅切本係新增小韻。檢《釋文·毛詩音義下·蕩之什第二十五》卷第七云:"唈,烏合反。"如據《釋文》注音,"唈"字應入"姶"小韻／烏合切。

《集韻》唈字也有2音:①緝韻乙及切,注:"嗚唈,短氣。"②合韻遏合切,注:"嗚唈,短氣。"按,《爾雅·釋言第二》:"僾,唈也。"郭璞注:"嗚唈,短氣。皆見《詩》。"《集韻》唈字釋義與《爾雅》郭注同,合韻"唈"字與《廣韻》"唈"字爲同一字。《集韻》併《廣韻》合韻"唈"小韻／烏荅切入"姶"小韻／烏合切(《集韻》作遏合切)。

此類還有:

(1)《廣韻》尤韻䰍小韻／去秋切與丘小韻／去鳩切重出,《集韻》併爲㞳小韻／祛尤切;
(2)《廣韻》海韻啡小韻／匹愷切與俖小韻／普乃切重出,《集韻》併爲啡小韻／普亥切;
(3)《廣韻》海韻腇小韻／與改切與佁小韻／夷在切重出,《集韻》併腇小韻／入欸小韻／倚亥切;
(4)《廣韻》準韻蝡小韻／而允切與稐小韻／而尹切重出,《集韻》併爲蝡小韻／乳尹切;
(5)《廣韻》養韻獷小韻／居往切與䁻小韻／俱往切重出,《集韻》併爲䁻小韻／俱往切;
(6)《廣韻》養韻䩄小韻／初丈切與磢小韻／初兩切重出,《集韻》併爲䩄小韻／楚兩切;
(7)《廣韻》豏韻喊小韻／呼豏切與闞小韻／火斬切重出,《集韻》併爲欦小韻／火斬切;
(8)《廣韻》卦韻𡏳小韻／方賣切與㡀小韻／方卦切重出,《集韻》併爲㡀小韻／卜卦切;
(9)《廣韻》隊韻虺小韻／胡輩切與憒小韻／胡對切重出,《集韻》併爲憒小韻／胡對切;
(10)《廣韻》㮇韻趝小韻／紀念切與兼小韻／古念切重出,《集韻》併爲兼小韻／吉念切;
(11)《廣韻》帖韻䚉小韻／先頰切與燮小韻／蘇協切重出,《集韻》併爲燮小韻／悉協切。

(三)合併通用韻同聲母及等呼之小韻類(共12小韻)

例(7)　絫小韻力委切／止合三上紙來

《廣韻》上聲紙韻"絫"小韻／力委切共收有六字:絫、累、㔣、篓、厽、垒;又上聲旨韻有

"壘"小韻/力軌切,共收"壘"、"蜼"、"誄"、"櫐"、"藟"、"灅"、"累"、"輺"等十四字。

《王二》《王三》紙韻有"累"小韻/力委反,旨韻有"壘"小韻/力軌反。《廣韻》《集韻》支、脂、之三韻通用。《集韻》把《廣韻》上聲紙韻"絫"小韻/力委切併入上聲旨韻"壘"小韻力軌切(《集韻》作魯水切),《廣韻》紙韻"絫"小韻所收六字亦全部收入"壘"小韻,以致《集韻》紙小韻無來母合口三等小韻。《禮部韻略》《增韻》同《集韻》。

《集韻》合併《廣韻》支、脂二韻系之小韻者僅此一例①,而《集韻》支韻有"羸"小韻/倫爲切,沒有併入脂韻"藟"小韻/倫追切;又寘韻有"累"小韻/良僞切,也沒有合併到至韻"類"小韻/力遂切中去。

按,《釋文·儀禮音義·喪服經傳第十一》卷十:"壘,劣委反。又力水反。"《說文》大徐本"厽"字音力軌切。《玉篇·厽部》:"壘,力揆切,累也。亦作壨。"《群經音辨·辨字同音異》"厽"、"絫"(注"增也")二字讀爲力軌切。

《說文·厽部》"垒"字段注:"今本垒皆訛壘,《急就篇》墼垒,亦當作垒。蓋俗字厽、晶之不分者多矣。"或疑《集韻》合併"絫"、"壘"小韻即"厽"、"晶"不分,聲符混亂所致,又如《集韻》"礧"字或作"壘、礨、塁、礯"。

例(8) 犗小韻古喝切/蟹開二去夬見

《廣韻》"犗"字古喝切,注"犍牛"。又"犗"小韻/古喝切內收"褐"字,注:"衣上也。亦作襛。"《廣韻》"犗"、"褐"二字均只有夬韻古喝切一音。

《集韻》"犗"字僅入怪韻"戒"小韻/居拜切,注:"《說文》:'騬牛也。'"另,"褐、襛"也讀居拜切,注:"上衣也。或從蓋。"《集韻》"犗"、"褐"、"襛"三字均僅怪韻居拜切一讀。

檢《釋文·莊子音義下·外物第二十六》卷第二十八:"犗,郭古邁反,云:'犍牛也。'徐音界。《說文》云:'騬也。'司馬云:'犧牛也。'騬音繩。犍,紀言反。"而"犗"字郭象音"古邁反",在《廣韻》《集韻》中應入夬韻,徐邈"音界"則入怪韻。按,《說文》大徐本"犗"字音古拜切,衣部無"褐、襛"二字。

《王三》"犗"字夬韻古邁反,注"犍牛";"褐"字怪韻古拜反,注"衣上"。《王二》"犗"字亦夬韻古邁反,注"犍牛";但怪、夬韻沒有收"褐"字。又《王二》《王三》夬韻"夬"小韻(收夬、獪二字)、"犗"小韻(收犗、駖、犗三字)均注古邁反。而《廣韻》"犗"、"駖"二字在怪韻"誡"小韻/古拜切,唯留"犗"字在夬韻。

《廣韻》《集韻》卦、怪、夬三韻同用,《集韻》把《廣韻》夬韻"犗"小韻/古喝切(同《王

---

① 《廣韻》上聲紙韻"絫"小韻/如累切,及旨韻"蕊"小韻/如壘切同收"蕊、甤、䋎"三字,而此三字在《集韻》中僅留紙韻乳捶切一讀。另《集韻》旨韻有䏡字汝水切,注"㒶旭,短皃",音韻地位同《廣韻》如壘切。邱榮鐊《集韻研究》(第55頁)把這類歸入刪音例。我們認爲,此爲《集韻》不錄《廣韻》某字音例,但這種不錄並沒有引起小韻的刪除或合併,因而在本書中不作合併例討論。

二》《王三》夬韻"芥"小韻／古邁反）徹底併入了怪韻"戒"小韻／居拜切。

例（9）　繚小韻力小切／效開三上小來

《廣韻》上聲小韻有"繚"小韻／力小切，收九字：繚、燎、敹、璙、憭、镽、僚、醪、嫽；篠韻有"了"小韻／盧鳥切，收十四字：了、蓼、瞭、鄝、翏、繚、憭、舮、嫽、幒、磟、撩、蟟、衦。其中"繚"、"憭"、"嫽"三字於"繚"小韻、"了"小韻中兩收。

《王三》上聲小韻有"了"小韻／力小反，篠韻有"繚"小韻／盧鳥反，而僅"憭"字在"了"、"繚"二小韻中均被收入。《集韻》上聲小韻無來母小韻，篠韻有"了"小韻／朗鳥切。《廣韻》上聲小韻"繚"小韻中有"繚、燎、璙、憭、镽、僚、醪、嫽"等八字在《集韻》中被收入"了"小韻，其釋義亦同。

《廣韻》《集韻》蕭、宵二韻通用，《集韻》併《廣韻》小韻"繚"小韻／力小切入篠韻"了"小韻／盧鳥切，但《集韻》平聲宵韻有"燎"小韻／離昭切，去聲笑韻有"尞"小韻／力照切，宵韻和笑韻所立來母開口三等小韻沒有併入通用韻相對應的小韻中。

此類還有：

（1）《廣韻》琰韻顩小韻／魚檢切，《集韻》併入儼韻儼小韻／魚埯切（《集韻》作魚檢切）；

（2）《集韻》併《廣韻》過韻譜小韻／千過切入過韻磋小韻／七過切，並改《廣韻》七過切爲七个切，又移入箇韻；

（3）《廣韻》幼韻謬小韻／靡幼切，《集韻》併入宥韻莓小韻／亡救切（《集韻》作眉救切）；

（4）《廣韻》豔韻驗小韻／魚窆切，《集韻》併入釅韻釅小韻／魚欠切（《集韻》作魚窆切）；

（5）《廣韻》㮇韻醋小韻／漸念切，《集韻》併入豔韻潛小韻／慈豔切（《集韻》作慈豔切）；

（6）《廣韻》陷韻儳小韻／仕陷切，《集韻》併入鑑韻鑱小韻／士懺切（《集韻》作仕懺切）；

（7）《廣韻》梵韻欠小韻／去劒切，《集韻》併入釅韻攽小韻／丘釅切（《集韻》作去劒切）；

（8）《廣韻》梵韻俺小韻／於劒切，《集韻》併入豔韻愴小韻／於驗切（《集韻》作於贍切）；

（9）《廣韻》術韻䬾小韻／許聿切，《集韻》併入質韻獝小韻／况必切（《集韻》作休必切）。

（四）因通語音變而引起的小韻合併（共 11 小韻）

例（10）　隨小韻隨婢切／止合三上紙邪

《廣韻》"隨"字隨婢切，注"牸豚，或作隨"，全濁音邪母字。《王二》《王三》紙韻不收"隨"字。《集韻》紙韻"隨、𧱏"二字讀作選委切，注"牸豚。或不省"，屬全清音心母合口三等。《集韻》紙韻已無全濁音邪母小韻。按，"隨、𧱏"與"隨"爲異體字關係。又《廣韻》紙韻全清音心母"髓"小韻／息委切不收"隨"或"隨、𧱏"。

《集韻》併《廣韻》全濁音邪母"隨"小韻入全清音心母"髓"小韻／息委切（《集韻》作選委切），此亦可證濁擦音聲母已清化成同部位的清擦音。宋初語音濁聲母清化，已經得到學界的公認，無須贅論。

例（11） 紓小韻神與切／遇合三上語船

《廣韻》上聲語韻有"紓"小韻／神與切，收"紓"、"抒"、"杼"三字，船母合口三等小韻。又語韻另有"野"小韻／承與切，禪母合口三等小韻，收"野"、"墅"二字。

《集韻》併《廣韻》"紓"小韻／神與切入"野"小韻／承與切（《集韻》作"墅"小韻／上與切），語韻無船母小韻，此係船、禪相混之例。

按，《王三》語韻"紓"字署與反，禪母三等，在墅小韻。《集韻》同《王三》。又《釋文•毛詩音義中•甫田之什第二十一》卷第六："以紓，音舒。何常汝反。"常字亦爲禪母字。另按，《切三（S2071）》《王一》《王二》語韻"紓"小韻均作神與反，船母三等，與禪母三等"野"（俗作墅）小韻分立。《廣韻》與《切三》《王一》《王二》同。

例（12） 蛇小韻食遮切／假開三平麻船

《廣韻》"蛇"小韻／食遮切，收"蛇"、"虵"、"荼"三字。又麻韻另有"闍"小韻／視遮切，禪母開口三等小韻，收"闍"、"佘"、"鉈"、"鏑"、"狏"五字。

《集韻》併《廣韻》"蛇"小韻／食遮切入"闍"小韻／視遮切（《集韻》作時遮切），麻韻無船母小韻，此亦係船、禪相混之例。按，《顏氏家訓•音辭》："南人以錢爲涎，以石爲射，以賤爲羨，以是爲舐。"是例亦常用以說明隋唐時南方語音便有船禪母相混的情況。

另檢《釋文•毛詩音義中•南有嘉魚之什第十七》卷第六："維蛇，市奢反。"《釋文•毛詩音義上•鄭緇衣第七》卷第五："闍，鄭、郭音都，城臺也。孫炎云：'積土如水渚，所以望氣祥也。'徐止奢反。又音蛇。"又"市"字在《切韻》系韻書中常用作禪母小韻的切上字，則《釋文》"闍"、"蛇"同音，亦船禪母混之明證。邵榮芬《〈經典釋文〉音系》統計出船禪母混切30字，51字次[①]。

《集韻》因船禪母相混例而合併小韻例還有：

（1）《廣韻》寑韻甚小韻／常枕切，《集韻》併入寑韻甚小韻／食荏切（《集韻》作食荏切）；

（2）《廣韻》薛韻折小韻／常列切，《集韻》併入薛韻舌小韻／食列切（《集韻》作食列切）；

從以上四例來看，《集韻》船、禪母相混一方面可能是承襲《釋文》等所載之音切，另一方面也可能是宋初語音的真實反映。除邪心母混、船禪母混外，《集韻》還有云影母混、云匣母混等情況，今亦列於下：

（3）《廣韻》尾韻磈小韻／於鬼切，《集韻》併入尾韻蘬小韻／于鬼切（《集韻》作羽鬼切）；

（4）《廣韻》曷韻藹小韻／予割切，《集韻》併入曷韻遏小韻／烏葛切（《集韻》作阿葛切）；

（5）《廣韻》賄韻痏小韻／于罪切，《集韻》併入賄韻瘣小韻／胡罪切（《集韻》作戶賄切）；

---

① 邵榮芬：《〈經典釋文〉音系》，學海出版社，1995年，第107頁。

(6)《廣韻》錫韻殼小韻／丑歷切，《集韻》併入錫韻逖小韻／他歷切（《集韻》作他歷切）。

例（13）　毇小韻呼吠切／蟹合三去祭曉

《廣韻》祭韻有"毇"小韻／呼吠切，"毇"字注"短兒"。其反切下字"吠"在廢韻，則"毇"小韻／呼吠切亦當入廢韻。《廣韻》廢韻另有"喙"小韻／許穢切，又"喙"小韻內不收"毇"字。

《王二》《王三》祭韻無呼吠切音，而廢韻有"喙"小韻許穢反。《廣韻》既有祭韻"毇"小韻／呼吠切，又有廢韻"喙"小韻／許穢切（小韻內不收"毇"字）。《集韻》併《廣韻》祭韻"毇"小韻／呼吠切入廢韻"喙"小韻／許穢切（《集韻》作訏濊切）。此因宋初通語音中部分廢韻字讀如祭韻音而合併。魯國堯《論宋詞韻及其與金元詞韻的比較》一文歸納宋通語十八部時即以《廣韻》祭、廢韻入陰聲韻支微部①。

又《集韻》灕字有二音：①祭韻居例切，注："《說文》：'井一有水一無水謂之灕汋。'"②祭韻許劌切，注："《爾雅》：'井一有水一無水爲灕汋。'孫炎說。"檢《釋文·爾雅音義上·釋水第十二》卷第二十九："灕，居例反。孫許廢反。"《集韻》祭韻"灕"字注孫炎讀，據孫注許廢反當入廢韻，而《集韻》却入祭韻"憩"小韻／許劌切中。此例亦可佐證宋時通語音祭、廢韻同部。

例（14）　毳小韻丘吠切／蟹合三去祭溪

《廣韻》祭韻有"毳"字丘吠切，注："毳毇，短兒。"《王三》廢韻有"毳"小韻／丘吠切。龍宇純認爲"吠當是吠字之誤"，《廣韻》誤歸"毳"字入祭韻②。李新魁《韻鏡校證》所持意見同③。

《集韻》廢韻新增"藂"小韻／去穢切，又併《廣韻》"毳"小韻／丘吠切入"藂"小韻中（《廣韻》廢韻無溪母小韻）。按，《釋文·周禮音義上·地官司徒第二》卷第八："藂，魚列反。又五結反。徐去穢反。"《集韻》廢韻"藂"字去穢切與《釋文》所載徐邈"藂"字音切同。邵榮芬亦認爲《廣韻》"毳"小韻係誤歸小韻，而《集韻》改之入廢韻是對《廣韻》錯誤的糾正④。此例即《廣韻》因宋初通語音廢、祭同部而誤歸小韻，《集韻》乃移正。

（五）其他情況（共 1 小韻）

例（15）　浜小韻布耕切／梗開二平耕幫

《廣韻》耕韻"浜"小韻／布耕切，收"浜"、"垹"二字。耕韻另有"繃"小韻／北萌切（《集韻》作悲萌切），與"浜"小韻重出。《廣韻》庚韻有"閍"小韻／甫盲切，"閍"小韻內無"浜"、"垹"二字。余迺永認爲"浜"、"垹"從"兵"聲得聲，當入庚韻，讀庚韻二等甫盲切⑤。蔡夢麒

---

① 魯國堯：《論宋詞韻及其與金元詞韻的比較》，《魯國堯語言學論文集》，第 392 頁。
② 龍宇純：《唐寫全本王仁昫刊謬補缺切韻校箋》，香港中文大學，1968 年，第 489 頁。
③ 李新魁：《韻鏡校證》，中華書局，2006 年，第 174 頁。
④ 邵榮芬：《〈集韻〉音系簡論》，《邵榮芬音韻學論集》，第 419 頁。
⑤ 余迺永：《新校互注宋本廣韻定稿本》，第 670 頁。

認爲《廣韻》"浜"小韻／布耕切與"繃"小韻北萌切音同,當併入①。

《集韻》併《廣韻》耕韻"浜"小韻／布耕切入庚韻"閍"小韻／甫盲切(《集韻》作哺橫切),即移正《廣韻》誤置小韻。然庚、耕二韻通用,宋初耕韻"浜"小韻／布耕切與庚韻"閍"小韻／甫盲切二小韻時音或同②。

《王二》《王三》耕韻有"繃"小韻／逋萌反,庚韻有"繃"小韻／逋盲反,耕、庚二韻均不收"浜"、"埁"二字。則"浜"、"埁"本係《廣韻》新增字。此例既是取消重出小韻,又係合併通用韻之間同聲母及等呼小韻,亦爲訂正《廣韻》誤置小韻。

(六) 小結

綜合來看,《集韻》合併《廣韻》小韻,一方面因《廣韻》重出小韻的分立不是很合理,因此加以合併,或者不錄某些字的音;另一方面也因時音的影響。重出小韻、通用韻同聲母及等呼小韻的合併,以及因通語音變所引起小韻合併在《集韻》合併小韻例中所有較大的比例。又北宋初年通語音相對《切韻》時代,已經產生了不小的變化,而《集韻》編著亦當不免於時音的影響,如,濁聲母清化、船禪母小韻相混等不合《切韻》音系的特殊現象,這說明合併也帶有時音的印迹。當然其中也有像上文所舉絫小韻力委切等這樣的特殊情況,不完全是音同或音近而合併。不過小韻的合併沒有在四聲之間整齊劃一地展開,儘管《集韻·韻例》有云合併通用韻中同音再出者,但也並不是徹底的,還沒有足夠影響到音系格局的變化,只能反映一些具體的音類及拼合問題。

第二節 轉移小韻

《集韻》有某小韻與其切下字所在小韻分別收入兩韻的現象。如《廣韻》"因"小韻於真切在真韻;《集韻》"因"小韻伊真切,被移入諄韻,而《集韻》"真"字之人切在真韻。再如《廣韻》"運"小韻王問切在問韻,《集韻》將"運"小韻王問切移入焮韻,而《集韻》"問"字文運切在問韻。其實《廣韻》也有這種現象,如"困"小韻去倫切在真韻,而切下字"倫"字力迍切在諄韻,只不過《集韻》數量較多,規模較大。我們在已有研究成果的基礎上,重新梳理《集韻》轉移小韻的研究,旨在對《集韻》轉移小韻的本質有更深刻的認識。

---

① 蔡夢麒:《廣韻校釋》,第397頁。
② 《廣韻》耕韻"浜"注"又布耿切",而其字入梗韻,音布梗切。《集韻》亦入梗韻炳小韻／百猛切。

一、對已有研究成果的探討

（一）王力的研究

王力對《集韻》韻中所收之音與《廣韻》做了比較，並把"歧異之處"總結爲十條分佈規律[①]：

第一、諄準稕魂混緩換戈果九韻，《廣韻》僅有合口呼，《集韻》兼有開口呼。

第二、隱焮迄恨四韻，《廣韻》僅有開口呼，《集韻》兼有合口呼。

第三、《集韻》軫震二韻僅有正齒三等及半齒音；其他各紐在《廣韻》屬軫震者，在《集韻》則屬準稕。

第四、《廣韻》平聲真韻影喻兩母及見系開口四等，在《集韻》屬諄（《禮部韻略》與《集韻》同）。

第五、《廣韻》吻問物三韻之喉牙音，在《集韻》屬隱焮迄。故《集韻》吻問勿僅有唇音字。

第六、《廣韻》痕很兩韻之疑母字，在《集韻》屬魂混。

第七、《集韻》圂韻僅有喉牙音，其他各紐在《廣韻》屬恩韻者，在《集韻》則屬恨韻。

第八、《廣韻》旱翰兩韻之舌音，齒音，半舌音，在《集韻》盡入緩換。

第九、《集韻》平聲歌韻僅有喉牙音；其他各紐在《廣韻》屬歌者，在《集韻》則屬戈。

第十、《廣韻》諄韻無舌頭音，《集韻》諄韻有舌頭古音（如"顛天田年"），屬開口呼。

張渭毅認爲王力的研究主要解答這種小韻移易現象"是否客觀存在"及"其根據是什麼"[②]。筆者以爲，張文的看法是不全面的，其實王先生所總結的十條規律就是對該現象分佈情況的總結[③]。

但王力又在《中國語言學史》中提到《集韻》真諄、痕魂、旱緩、歌戈等韻系歸字混亂，開合雜亂無章，這些韻中小韻切語下字與被切字不同韻，以及違反四聲相配的原則；他還指出"《集韻》的作者不至於糊塗到這個地步，想來必有錯簡"，而"這種訛誤的本子大概在南宋或

[①] 王力：《漢語音韻學》，第 467-468 頁。

[②] 張渭毅：《〈集韻〉研究概說》，《語言研究》1999 年第 2 期，第 129-153 頁。

[③] 張渭毅《〈集韻〉轉移小韻新探》一文寫道："王力先生在他的《中國音韻學》裏，列舉了《集韻》跟《廣韻》不同的開合歸字的情形，並看做《集韻》與《廣韻》的'歧異之處'。"見氏著《漢語新探》，崇文書局，2007 年，第 307 頁。據筆者查驗，王力《中國音韻學》（上海商務印書館 1936 年版）一書並未列舉《集韻》跟《廣韻》不同的開合歸字，而王力的列舉最早見於其所著《漢語音韻學》（中華書局 1956 年版，係《中國音韻學》修訂版）一書。

稍後就存在了"①。

張渭毅把王力所説"想來必有錯簡"的觀點提爲"錯簡説"②。王力没有在《中國語言學史》中提及他先前總結的《集韻》與《廣韻》歸字收音歧異之處的分佈規律。《中國語言學史》是王力1962年在北京大學的講義,他在序裏面説第一次擔任這門課,對寫出的講義並不滿意,有機會將再次修訂或重寫。教科書貴乎深入淺出,因而王力没有在《中國語言學史》中對這種小韻移易現象的分佈規律繼續深入探討和闡述,僅從常理上對此做了一個大致判斷。特別要提到的是王力在表述時用了"想來"兩個字,這也説明他所謂"錯簡"並非是深入研究後的結論,因此,張文把王先生觀點上升到"錯簡説"似乎也不是非常恰當。

《集韻》現存三個宋刻本——潭州本、明州本、金州本,自20世紀80年代末已陸續影印出版,這三個本子裏都大量存在這種小韻移易的現象,王力"想來必有錯簡"的論點缺乏更多的證據來證明。

(二) 邱榮鐥的研究

邱榮鐥《集韻研究》一文對《集韻》小韻移易做了更詳細的分析,並對王力《漢語音韻學》所歸納的十條分佈規律作了補正③:

(一) 諄準稕魂混緩換戈果過没十一韻,《廣韻》止有合口呼,《集韻》兼有開口呼。

(二) 隱焮迄恨質五韻,《廣韻》止有開口呼,按,質韻止有開口,據陳氏《切韻考外篇》,《集韻》兼有合口呼。

(三) 《集韻》真韻止唇齒舌音,餘喉牙音《廣韻》在真韻者,《集韻》歸於諄;軫韻止照系及日喻二組音,餘《廣韻》屬軫韻之齒舌喉牙音《集韻》歸於準;震韻止照系及日紐音,餘《廣韻》屬震韻之唇齒舌喉牙音《集韻》悉歸於稕。

(四) 《集韻》吻問物三韻止有唇音,餘屬《廣韻》吻韻之喉牙、問韻之正齒舌喉牙、物韻之舌喉牙音,《集韻》歸於隱焮迄。

(五) 《集韻》痕韻止喉牙及透紐吞字,很韻止喉牙及心紐㾓字,而痕很《廣韻》之疑母字,《集韻》則歸於魂混。囡韻止有喉牙音,《廣韻》恩韻之唇舌齒音,《集韻》歸於恨。

(六) 《集韻》旱翰兩韻止喉牙音,餘《廣韻》旱翰之齒舌音,《集韻》則歸於緩換。然增加字影紐開口侒字乃入於緩,不入旱韻,何也?

(七) 《集韻》歌韻止有喉牙音,餘《廣韻》屬歌韻之齒、舌音,《集韻》悉歸入戈。

---

① 王力:《中國語言學史》,山西人民出版社,1981年,第72-73頁。
② 張渭毅:《〈集韻〉研究概説》,《語言研究》1999年第2期,第144頁。
③ 邱榮鐥:《集韻研究》,第408-410頁。

(八)《廣韻》過韻磋七過切,合口,《集韻》更爲千个切開口入於箇韻。然增加字挱,他佐切,以箇韻字切,則入於過韻。《集韻》果韻增加字坷、舸,以哿韻字"我"、"可"切,而入於果韻。哿箇兩韻皆具有喉牙齒舌四音,與歌韻止有喉牙音異。

(九)《廣韻》諄韻無舌頭音,《集韻》諄韻有舌頭古音顛、年、蝻等。

邱文提出四個假設來解釋這種小韻移易現象:

其一,由於開口、合口呼之變;其二,或由排列韻中聲組使其劃一;其三,或由於《集韻》所依據韻書與《廣韻》略異,故韻字之歸屬與《廣韻》不盡相同;其四,或由通用韻有漸趨併合之傾向。

然後,他分別對此四種假設作了分析。現轉述如下:

第一,《集韻》小韻移易後沒有改易反切下字,《切韻指掌圖》的開合處理與《集韻》相同,即被切字雖與切下字分收兩韻,但《切韻指掌圖》仍以切下字定開合。另,移易小韻開合亦不由切上字決定。開、合口之變不能作爲移易的成因。

第二,移易小韻中同韻系同聲組者不能四聲相承而轉移劃一,殊有違音變之理。再者,同編著者的《禮部韻略》又不似《集韻》歸字混亂。因而也非係由聲組使然。

第三,《廣韻》所據底本爲《唐韻》,真、寒、歌韻系另立合口韻,而《集韻》真(諄)、寒(桓)、痕(魂)、歌(戈)韻系通用韻之間有混同、併合趨勢。故有可能所據韻書底本不同,雖具體底本未知,但此推論爲斷論。

邱文並論"唐代以降,通用韻流行,致凡通用韻間兩兩音近,遂漸令開合口字併於一韻,《集韻》開合韻混同固因前有所承,其外則通用韻之漸趨合併"①。此外,《集韻》通用韻間切下字有通用,通用韻同音小韻有合併(見《集韻·韻例》),都證明了《集韻》通用韻歸字移易混同系由通用韻音近混同所致。

張渭毅認爲:"邱先生一方面采取黃、潘之說,另一方面又主張《集韻》轉移小韻是出於反映時音的需要,即帶有人爲的因素。這種看法實質上是對黃(侃)、潘(重規)之說的反動,是自相矛盾的。從邱先生對轉移小韻的具體方案看,他是傾向於後一種見解的。"②

其實,邱先生所論,一方面說,《切韻》真與諄、寒與桓、歌與戈韻系本來不分,而《唐韻》真與諄、寒與桓、歌與戈韻系開合對立,則《廣韻》真與諄、寒與桓、歌與戈韻系開合分立,所承自《唐韻》,而《集韻》上述諸韻混同,則有《切韻》、慧琳《一切經音義》等作佐證,這是同黃侃、潘重規的一方面;另一方面說,《集韻》通用韻互用切語及通用韻小韻合併說明通用韻音

---

① 邱榮鐊:《集韻研究》,第426頁。
② 張渭毅:《〈集韻〉研究概說》,《語言研究》1999年第2期,第145頁。

同或音近,這又是時音的反映。而這兩方面並不十分矛盾。

同時,邱先生指出:"痕(韻)等所存字多止限與韻目同部位之紐(如痕歌韻爲喉牙,其所收者但限於喉牙音,餘視此)。"①

筆者不揣冒昧,斗膽以爲邱先生此説是指,《集韻》編著者本想併合通用韻,但又不能完全破壞《廣韻》206韻的系統,因而只把與韻目同部位之紐留了下來②。這樣看來,邱先生還發展了黄、潘之説,並提供了新的思路。

(三) 邵榮芬的研究

邵榮芬《〈集韻〉音系簡論》稱《集韻》小韻移易爲混置,他把這種混置現象分爲三種情況:痕魂、歌戈爲一類,寒桓爲一類,真諄、欣文爲一類。

邵文在討論魂、歌韻系時前後有些矛盾,他前文説"可以看出,除了少數例外,魂韻系移入開口和歌韻系移入合口的小韻都是端精組字。這跟現代很多方言的讀音相一致"③,後文又説"不過由於移動的不盡是端精組字,而端精組字移動的又基本上限於平聲,四聲上不一貫,這都説明這種混置不一定是自覺的安排,而是受方音影響無意中錯置的結果"④。其實《集韻》把恩韻所有的唇音小韻都移入了恨韻,另魂韻系被移動的8個端精組小韻,全部都屬於去聲恩韻,而魂韻、混韻、没韻端精組小韻均没有被移易。這樣,邵文"受方音影響無意中錯置"這個結論就失去了它的支柱。

寒桓韻系旱韻、翰韻開口端精組小韻分别移入緩韻、换韻合口。閩方言區建甌、廈門、潮州等地方言有寒韻字讀爲合口韻的現象,正與《集韻》合。但這與《集韻》編著者里籍不合,不過也不能"絶對排斥寒桓韻系混置有受方音影響的可能性"⑤。

《廣韻》真諄韻系既有開口置合口的小韻,也有合口置開口的小韻。而《廣韻》真諄韻系開合混置是受《切韻》開合同韻的影響,不反映語音上的變化。《集韻》真諄韻系雖然開合混置小韻增加,但和《廣韻》一樣,移置小韻不能從聲母上找到分化條件,也没有現代方言的音變與之類似。因此,《集韻》真諄韻系混置與音變無關,只是承《廣韻》之舊。《集韻》文韻系上去入喉牙韻移入欣韻系,合口置開口,較爲整齊,但也没找到現代方言的音變實例。邵文還提出:"《集韻》的作者既然承認真與諄,欣與文開合可以混置,説明在他們心目中這兩對開合的區别不在於主要元音,而在於有没有介音 -u-。"⑥

---

① 邱榮鐠:《集韻研究》,第425頁。
② 與韻目同部位之紐,即爲本韻與韻目字聲母同發音部位、韻類同開合等第的小韻。
③ 邵榮芬:《〈集韻〉音系簡論》,《邵榮芬音韻學論集》,第400頁。
④ 同上注。
⑤ 邵榮芬:《〈集韻〉音系簡論》,《邵榮芬音韻學論集》,第401頁。
⑥ 邵榮芬:《〈集韻〉音系簡論》,《邵榮芬音韻學論集》,第404頁。

而張渭毅認爲"現代方音的開合特點不能作爲衡量《集韻》轉移小韻（即混置小韻）的性質是否有同一性的標準"①，即不能因爲現代方音沒有這方面的實例，就説《集韻》轉移小韻與實際語音或音變影響無關。另外，《集韻》合理的調整和轉移《廣韻》小韻②，也"排除了《集韻》承襲《廣韻》開合混置舊規的可能性"③。

（四）張渭毅的研究

張渭毅撰長文《〈集韻〉轉移小韻新探》討論了《集韻》真諄、痕魂、寒桓、歌戈等韻系中小韻移易的問題，並稱此類移易（或混置）小韻爲轉移小韻。

張文統計《集韻》轉移小韻 164 個，根據被切字與切下字所在韻的開合，把轉移小韻分爲兩大類四小類，並總結了轉移小韻的四個特點。這實際上是對《集韻》轉移小韻的範圍作了明確的限定，轉移小韻的討論也是建立在與《廣韻》的比較基礎上的。

《集韻》轉移小韻並不是版本間訛誤及錯簡造成的，《集韻》對《廣韻》歸韻不合理的小韻進行了合理的調整，張渭毅指出，"大多數轉移小韻按照同類聲組轉移，呈現出有規律的轉移傾向"④，則表明《集韻》對歸韻收字進行了人爲的有序的調整。目前，暫未發現開合分立的通用韻間歸韻收字與《集韻》完全符合的韻書。

張文還花大力氣闡述了《集韻》與《禮部韻略》的關係，證明《禮部韻略》由《集韻》未定稿縮簡和修訂而來。《禮部韻略》有部分轉移小韻，説明《集韻》未定稿就有轉移小韻了，今本《集韻（定稿）》擴大了未定稿的轉移小韻範圍。因而，《集韻》轉移小韻是人爲的、有意識地有始有終的舉措。

張文又説："邵榮芬先生聯繫現代方音的開合特點論證《集韻》的開合混置現象，這是他超越前人的地方……邵先生的方法對我們很有啓發意義，它提醒我們只根據現代方音論證轉移小韻的成因還不夠，還應發掘和考察北宋或早期語音的開合系統特點。"⑤張渭毅將目光聚焦在《集韻》轉移小韻所依據的開合系統上，他將《集韻》開合系統與北宋時期前後的語音的開合系統做了比照。

張文首先詳細介紹了與《切韻》音系開合系統不同的南唐朱翱反切材料的開合系統及其特點⑥。然後又比較了《集韻》與朱翱反切材料的開合系統，並認爲"《集韻》轉移小韻的開合歸韻狀況跟朱翱反切的開合有相合之處，也有不合之處，不合之處多於相合之處。《集韻》在

---

① 張渭毅：《〈集韻〉研究概説》，《語言研究》1999 年第 2 期，第 146 頁。
② 例如，《廣韻》真韻囷字去倫切，切下字在諄韻，《集韻》囷小韻被移入諄韻，作去倫切。
③ 張渭毅：《〈集韻〉研究概説》，《語言研究》1999 年第 2 期，第 146 頁。
④ 張渭毅：《集韻〉轉移小韻新探》，《漢語新探》，第 311 頁。
⑤ 張渭毅：《集韻〉轉移小韻新探》，《漢語新探》，第 325 頁。
⑥ 張文認爲與《切韻》音系開合系統相同的北宋語音代表有邵雍《皇極經世聲音倡和圖》。

開合韻之間轉移小韻,並沒有采納朱翱的開合系統,而依據的是既不同於邵雍音又不同於朱翱的另一方音的開合系統"①。

張文提出:"兩個通用韻的主要元音相同,是轉移小韻能夠進行的語音前提……《集韻》在開合韻之間轉移小韻,其實質是根據《廣韻》的開合系統和時音的開合系統,對開合韻小韻所作的必要調整。"② 轉移小韻不改變《廣韻》反切或音韻地位,與移入韻同聲母小韻構成時音上的同音重出,這是遷就《廣韻》的開合框架,同時,轉移小韻反映了時音的開合系統,又是折合時音的結果。文章最後爲《集韻》轉移小韻構擬了兩套韻值,一套體現《廣韻》開合系統,一套體現時音開合系統。

我們總結一下張文的思路:《集韻》轉移小韻是客觀存在的,而這種轉移又是發生在開合分立的通用韻之間的;這裏還有一個前提,那就是通用韻的主要元音相同,而其區別在於介音的開合;這樣,討論《集韻》轉移小韻的開合系統便是解決問題的關鍵,《集韻》的開合系統不同於《切韻》音系開合系統和朱翱反切材料的開合系統,是北宋初期的第三種語音開合系統,《集韻》保留轉移小韻在《廣韻》中的反切或音韻地位,體現了在《廣韻》音系框架下的兩種不同語音開合系統的迭置。

不過,我們認爲還有進一步討論的必要。《廣韻》開合分韻,但其小韻的開合在各韻系間也並不是整齊劃一的,《廣韻》的開口韻裏也有合口小韻,如真韻裏有"囷"小韻去倫切,合口韻裏也有開口韻(如諄韻有"玢"小韻普巾切),也就是説在《廣韻》框架下,真、諄韻系也不是絕對的開合分立。那同樣的道理也適用於《集韻》,也就是説,把真韻的開口小韻移入諄韻,絕非一定是變成了合口韻,況且《王三》等《切韻》系韻書也沒有完全把真與諄、寒與桓、歌與戈韻系分立。《集韻》轉移小韻保留《廣韻》反切或音韻地位,當然也可以作爲僅是轉移而非合併的證據。

(五)董建交等學者的研究

董建交《〈集韻〉寒桓韻系開合混置的語音性質》一文,在邵榮芬研究的基礎上,考察了寒、桓二韻系在相關歷史文獻中的表現,並結合現代漢語方言的實際情況,探討了《集韻》寒、桓韻系轉移小韻所反映的語音性質,認爲寒桓韻轉移小韻與寒韻鈍/鋭分化有關③。舌頭音(端系)與牙音(見系)即屬於鋭音與鈍音的對立。邵榮芬所論寒桓韻系旱韻、翰韻開口端精組小韻分別移入緩韻、換韻合口與閩方言區建甌、廈門、潮州等地方言合,但實際這些地方的方言中,寒韻系喉牙音與端精組字都讀爲合口,這又與《集韻》寒韻系端、精組移入桓韻系而

---

① 張渭毅:《〈集韻〉轉移小韻新探》,《漢語新探》,第 342 頁。
② 同上注。
③ 董文同邵文,稱《集韻》轉移小韻爲開合韻混置。

與寒韻系喉、牙音字分兩組不合。董文還提出:"寒韻喉牙音字主元音受聲母影響產生了後低圓唇元音變體,《集韻》的編者意識到這個音位變體與舌齒音字主元音音值有所不同,於是把旱、翰韻喉牙音字分出單獨成韻。而《集韻》把寒韻舌齒音字移入桓韻,而不併入二等韻,這可能是《集韻》遷就《廣韻》等第框架的結果,也可能反映了寒韻分化的早期階段。"①

董文僅論寒桓韻,沒有對其他韻系的轉移小韻情況做全面的考察。儘管董文寒韻系鈍銳分化說不無道理,但其論寒韻系舌齒韻移入桓韻,而不併入二等韻是遷就《廣韻》等第就有些勉強。《集韻·韻例》第四條說"凡通用韻中同音再出者,既爲冗長,止見一音",則爲何寒韻系舌齒音小韻轉移入桓韻而不併入與之音同的刪韻或山韻,而沒有任何說明?筆者考查了旱韻7個轉移入緩韻的小韻,其所有收字均無刪韻或山韻異讀,此外,還有寒韻轉移入桓韻的端精組小韻也一般用寒韻喉牙音字作反切下字。另外,讓筆者疑惑的是,按董文考證,《集韻》編著者既然意識到了寒韻系牙喉音主元音高化後同桓韻系,而舌齒音與山攝二等韻同,那又爲什麼不是把寒韻系牙喉音轉移到桓韻系,讓舌齒音獨立出來?

劉芹《〈集韻〉歌戈、痕魂韻系開合混置語音性質說》一文思路基本同於邵榮芬《〈集韻〉音系簡論》,並認爲《集韻》歌、戈韻系的混置反映了時音,而痕、魂韻系混置反映了方音的變化,二者的性質不同②。

王爲民《北宋寒韻系字的銳鈍分化與元代北方方言"寒山"與"桓歡"分韻之間的關係》一文同董文認爲轉移小韻爲以寒韻系字的銳鈍分化造成的,並以《聲音倡和圖》以及與現代吳、客家、贛、粵、晉等方言及元代北方方爲參照,指出其將寒韻"安"字(牙喉音平聲)列入一等("開"行),將"丹"字(舌齒音平聲)和"山"字(二等)列入二等("發"行),造成寒韻舌齒音音節與牙喉音音節的分等,並指出"這是歷史文獻中寒韻系字韻母因聲母銳鈍分化的源頭","《集韻》將'寒'上聲和去聲的舌齒音字移入'桓'韻是其編纂者對當時正在發生的音變的反映"③。

二、本書所持的觀點

綜合上述學者的研究,筆者基本同意邱榮鍚先生的思路,但不采納其《集韻》轉移小韻緣於與《廣韻》所據底本不同的觀點。《集韻》編著者有意合併開合分立的通用韻(即真諄、寒桓、痕魂、歌戈、殷文等韻系),不過在合併過程又考慮到206韻的框架,所以沒有貫徹到底。邱文列表附出了上述韻部所存小韻聲母情況④。現我們照錄《集韻》部分被轉移韻部的所有存留小韻如下,以供參考:

---

① 董建交:《〈集韻〉寒桓韻系開合混置的語音性質》,《語言研究》2009年第4期,第53-56頁。
② 劉芹:《〈集韻〉歌戈、痕魂韻系開合混置語音性質說》,《廣西社會科學》2011年第4期,第133-136頁。
③ *The Journal of Chinese Linguistics* vol. 44, no. 2(June 2016):415-450.
④ 邱榮鍚:《集韻研究》,第425頁。

歌韻：歌／居見何、珂／丘溪何、訶／虎曉何、阿／於影河、何／寒匣歌、莪／牛疑河

軫韻：軫／止章忍、弞／矢書忍、腎／是禪忍、忍／爾日軫、胤／羊以忍新增小韻

吻韻：吻／武明粉、忿／撫滂吻、粉／府幫吻、憤／父並吻

旱韻：旱／下匣罕、罕／許曉旱、侃／可溪旱、笴／古見旱

震韻：震／之章刃、眒／試書刃、慎／時禪刃、刃／而日振

問韻：問／文明運、湓／芳滂問、糞／方幫問、分／符並問

恩韻：圂／胡匣困、惛／呼曉困、困／苦溪悶、睔／古見困、搵／烏影困、顐／吾疑困

翰韻：翰／侯匣旰、漢／虛曉旰、看／墟溪旰、軑／居見案、按／於影旰、岸／魚疑旰

物韻：勿／文明拂、拂／敷滂勿、弗／分幫物、佛／符並勿

其他被轉移韻部雖沒有如以上諸韻部徹底，如真韻牙喉音小韻全部被轉移入諄韻，而其幫組及精組小韻沒有被轉移，但同時其章組小韻也一個都沒有被轉移[①]，即轉移小韻沒有與被轉移韻部的韻目同聲組的情況。據我們觀察，僅痕韻垠字五根切轉移入魂韻屬勉強算個例外，而過韻侉字安賀切屬移正《廣韻》開合分立通用韻間誤置小韻。

爲什麼同意邱先生的思路？我們還有下面的三條理由可以佐證。

（一）除真諄韻系外，其他韻系均沒有因轉移小韻造成小韻重出或對立的情況[②]。《廣韻》諄韻砏字普巾切，《集韻》移入真韻（作砏字披巾切），《廣韻》諄韻滂母小韻僅此切，《七音略》列於真韻開口滂母三等位置，重紐 B 類。《廣韻》真韻麕字居筠切、囷字去倫切、贇字於倫切、筠字爲贇切，《韻鏡》均列於諄韻合口三等，重紐 B 類，《集韻》移入諄韻，分別作麕字俱倫切、囷字區倫切、贇字紆倫切、筠字于倫切。有些是一對重紐小韻一起被轉移，如《廣韻》軫韻湣字眉殞切、泯字武盡切，《韻鏡》分別列於軫韻開口三等、四等，明母重紐小韻，《集韻》二小韻都移入準韻，分別作湣字美隕切、泯字弭盡切。據筆者統計，《集韻》中真諄韻系這些因轉移小韻造成的對立都是重紐小韻，而其他沒有造成重出或對立的轉移小韻，在開合對立韻中處於互補分佈狀態。那麼，也可以說如果《集韻》按照《切韻》框架，以上通用韻不開合分立，而各通用韻分別合併爲一韻，這些轉移小韻也不會影響通用韻開合系統或整個音系框架。

（二）《集韻》真韻新增了"幡"小韻測倫切、"杚"小韻測人切，另所新增的"竣"小韻壯倫切却在諄韻；《廣韻》"榲"小韻初覲切在《集韻》中被移入稕韻，但四聲並不相承。這兩條也可說明開口小韻既可在開口韻，又可以在合口韻，而合口小韻同理。再如《集韻》緩韻新增"侒"小韻阿侃切，並沒有歸入旱韻，與旱韻喉牙音小韻一起；恨韻新增"鼱"小韻昏困切，也

---

① 《廣韻》真字聲紐屬章母。
② 《集韻》箇韻新增"柯"小韻阿个切，與"侉"小韻安賀切重出，醴韻新增"獩"小韻力劒切，與醴韻"斂"小韻力驗切重出。案：《釋文·爾雅音義下·釋畜第十九》卷第三十："獩，力驗反。《字林》力劒反。呂力冉反。郭九占、沈儉二反。"《集韻》獩字力劒切同《釋文》，我們暫未找到柯字阿个切的來源。本書認爲，這兩對重出小韻主要是新增小韻引起的，主要原因不在於轉移小韻。

沒有同恩韻喉牙音一起。

（三）吻、旱、震、翰、問、恩等韻都被移得只餘與韻目字同聲母的小韻,都可以佐證《集韻》合併開合分立的通用韻的意圖。而四聲不相承,甚至真諄韻系之間有相反的轉移,這可能是由於《集韻》編著者分工有不同,標準沒有完全統一造成的。

附　轉移小韻表

（一）開合分立韻轉移小韻

1.《廣韻》真韻→《集韻》諄韻,共 11 個小韻（"→"表示轉移,下文同）。

(1) 麎字居筠切_{真三合見}→麎字俱倫切_{諄三合見}　(2) 囷字去倫切_{真三合溪}→囷字區倫切_{諄三合溪}

(3) 贇字於倫切_{真三合影}→贇字紆倫切_{諄三合影}　(4) 筠字爲贇切_{真三合云}→筠字于倫切_{諄三合云}

(5) 巾字居銀切_{真三開見}→巾字居銀切_{諄三開見}　(6) 䢷字巨巾切_{真三開群}→蘄字渠巾切_{諄三開群}

(7) 銀字語巾切_{真三開疑}→銀字魚巾切_{諄三開疑}　(8) 礥字下珍切_{真三開匣}→礥字下珍切_{諄三開匣}

(9) 因字於真切_{真三開影}→因字伊真切_{諄三開影}　(10) 鬻字於巾切_{真三開影}→咽字於巾切_{諄三開影}

(11) 寅字翼真切_{真三開以}→寅字夷真切_{諄三開以}

2.《廣韻》諄韻→《集韻》真韻,共 1 個小韻。

(1) 砏字普巾切_{諄三開滂}→砏字披巾切_{真三開滂}

3.《廣韻》軫韻→《集韻》準韻,共 14 個小韻。

(1) 窘字渠殞切_{軫三合群}→窘字巨隕切_{準三合群}　(2) 殞字于敏切_{軫三合云}→磒字羽敏切_{準三合云}

(3) 牝字毗忍切_{軫三開並}→牝字婢忍切_{準三開並}　(4) 泯字武盡切_{軫三開明}→泯字弭盡切_{準三開明}

(5) 愍字眉殞切_{軫三開明}→愍字美隕切_{準三開明}　(6) 嶙字良忍切_{軫三開來}→嶙字里忍切_{準三開來}

(7) 㯱字即忍切_{軫三開精}→㯱字子忍切_{準三開精}　(8) 笉字七忍切_{軫三開清}→笉字此忍切_{準三開清}

(9) 盡字慈忍切_{軫三開從}→盡字在忍切_{準三開從}　(10) 辴字丑忍切_{軫三開徹}→辴字丑忍切_{準三開徹}

(11) 紖字直引切_{軫三開澄}→紖字丈忍切_{準三開澄}　(12) 緊字居忍切_{軫三開見}→緊字頸忍切_{準三開見}

(13) 釿字宜引切_{軫三開疑}→釿字擬引切_{準三開疑}　(14) 引字余忍切_{軫三開以}→引字以忍切_{準三開以}

4.《廣韻》震韻→《集韻》稕韻,共 19 個小韻。

(1) 呁字九峻切_{震三合見}→呁字九峻切_{稕三合見}　(2) 儐字必刃切_{震三開幫}→儐字必仞切_{稕三開幫}

(3) 𥘦字匹刃切_{震三開滂}→𣐼字匹刃切_{稕三開滂}　(4) 遴字良刃切_{震三開來}→吝字良刃切_{稕三開來}

(5) 晉字即刃切_{震三開精}→晉字即刃切_{稕三開精}　(6) 親字七遴切_{震三開清}→親字七刃切_{稕三開清}

(7) 信字息晉切_{震三開心}→信字思晉切_{稕三開心}　(8) 賮字徐刃切_{震三開邪}→敻字徐刃切_{稕三開邪}

(9) 鎮字陟刃切_{震三開知}→鎮字陟刃切_{稕三開知}　(10) 疢字丑刃切_{震三開徹}→疢字丑刃切_{稕三開徹}

(11) 陣字直刃切_{震三開澄}→陣字直刃切_{稕三開澄}　(12) 櫬字初覲切_{震三開初}→櫬字初覲切_{稕三開初}

(13) 廞字去刃切$_{震三開溪}$→廞字去刃切$_{稕三開溪}$　(14) 釁字羌印切$_{震三開溪}$→釁字羌刃切$_{稕三開溪}$

(15) 僅字渠遴切$_{震三開群}$→僅字渠吝切$_{稕三開群}$　(16) 憖字魚覲切$_{震三開疑}$→猌字魚僅切$_{稕三開疑}$

(17) 衅字許覲切$_{震三開曉}$→衅字許慎切$_{稕三開曉}$　(18) 印字於刃切$_{震三開影}$→印字伊刃切$_{稕三開影}$

(19) 胤字羊晉切$_{震三開以}$→胤字羊進切$_{稕三開以}$

5.《廣韻》術韻→《集韻》質韻，共1個小韻。

(1) 鉥字側律切$_{術三合莊}$→鉥字側律切$_{質三合莊}$

6.《廣韻》吻韻→《集韻》隱韻，共4個小韻。

(1) 趣字丘粉切$_{吻三合溪}$→趣字丘粉切$_{隱三合溪}$　(2) 齳字魚吻切$_{吻三合疑}$→齳字牛吻切$_{隱三合疑}$

(3) 惲字於粉切$_{吻三合影}$→惲字委隕切$_{隱三合影}$　(4) 抎字云粉切$_{吻三合云}$→抎字羽粉切$_{隱三合云}$

7.《廣韻》問韻→《集韻》焮韻，共5個小韻。

(1) 攈字居運切$_{問三合見}$→攈字俱運切$_{焮三合見}$　(2) 郡字渠運切$_{問三合群}$→郡字具運切$_{焮三合群}$

(3) 訓字許運切$_{問三合曉}$→訓字吁運切$_{焮三合曉}$　(4) 醞字於問切$_{問三合影}$→醞字紆問切$_{焮三合影}$

(5) 運字王問切$_{問三合云}$→運字王問切$_{焮三合云}$

8.《廣韻》物韻→《集韻》迄韻，共7個小韻。

(1) 亥字九勿切$_{物三合見}$→孑字九勿切$_{迄三合見}$　(2) 屈字區勿切$_{物三合溪}$→屈字曲勿切$_{迄三合溪}$

(3) 倔字衢物切$_{物三合群}$→倔字渠勿切$_{迄三合群}$　(4) 崛字魚勿切$_{物三合疑}$→崛字魚屈切$_{迄三合疑}$

(5) 颭字許勿切$_{物三合曉}$→颭字許勿切$_{迄三合曉}$　(6) 鬱字紆物切$_{物三合影}$→鬱字紆勿切$_{迄三合影}$

(7) 颶字王勿切$_{物三合云}$→颶字王勿切$_{迄三合云}$

9.《廣韻》痕韻→《集韻》魂韻，共1個小韻。

(1) 垠字五根切$_{痕一開疑}$→垠字五斤切$_{魂一開疑}$

10.《廣韻》恩韻→《集韻》恨韻，共12個小韻。

(1) 奔字甫悶切$_{恩一合幫}$→奔字補悶切$_{恨一合幫}$　(2) 噴字普悶切$_{恩一合滂}$→噴字普悶切$_{恨一合滂}$

(3) 坌字蒲悶切$_{恩一合並}$→坌字蒲悶切$_{恨一合並}$　(4) 悶字莫困切$_{恩一合明}$→悶字莫困切$_{恨一合明}$

(5) 頓字都困切$_{恩一合端}$→頓字都困切$_{恨一合端}$　(6) 鈍字徒困切$_{恩一合定}$→鈍字徒困切$_{恨一合定}$

(7) 嫩字奴困切$_{恩一合泥}$→嫩字奴困切$_{恨一合泥}$　(8) 論字盧困切$_{恩一合來}$→論字盧困切$_{恨一合來}$

(9) 焌字子寸切$_{恩一合精}$→焌字祖寸切$_{恨一合精}$　(10) 寸字倉困切$_{恩一合清}$→寸字村困切$_{恨一合清}$

(11) 鐏字徂悶切$_{恩一合從}$→鐏字徂悶切$_{恨一合從}$　(12) 巽字蘇困切$_{恩一合心}$→巺字蘇困切$_{恨一合心}$

11.《廣韻》旱韻→《集韻》緩韻，共7個小韻。

(1) 亶字多旱切$_{旱一開端}$→亶字黨旱切$_{緩一開端}$　(2) 坦字他但切$_{旱一開透}$→坦字儻旱切$_{緩一開透}$

(3) 但字徒旱切$_{旱一開定}$→但字蕩旱切$_{緩一開定}$　(4) 嬾字落旱切$_{旱一開來}$→嬾字魯旱切$_{緩一開來}$

(5) 䰂字作旱切$_{旱一開精}$→䰂字子罕切$_{緩一開精}$　(6) 瓚字藏旱切$_{旱一開從}$→瓚字在坦切$_{緩一開從}$

(7) 散字蘇旱切$_{旱一開心}$→散字顙旱切$_{緩一開心}$

12. 《廣韻》翰韻→《集韻》換韻，共9個小韻。

(1) 旦字得按切翰—開端→旦字得案切換—開端　(2) 炭字他旦切翰—開透→炭字他案切換—開透
(3) 憚字徒案切翰—開定→憚字徒案切換—開定　(4) 攤字奴案切翰—開泥→難字乃旦切換—開泥
(5) 爛字郎旰切翰—開來→爛字郎旰切換—開來　(6) 贊字則旰切翰—開精→贊字則旰切換—開精
(7) 粲字蒼案切翰—開清→粲字蒼案切換—開清　(8) 攢字徂贊切翰—開從→攢字才贊切換—開從
(9) 繖字蘇旰切翰—開心→繖字先旰切換—開心

13. 《廣韻》歌韻→《集韻》戈韻，共8個小韻。

(1) 多字得何切歌—開端→多字當何切戈—開端　(2) 佗字託何切歌—開透→佗字湯河切戈—開透
(3) 駝字徒河切歌—開定→駝字唐何切戈—開定　(4) 那字諾何切歌—開泥→那字囊何切戈—開泥
(5) 羅字魯何切歌—開來→羅字良何切戈—開來　(6) 蹉字七何切歌—開清→蹉字倉何切戈—開清
(7) 醝字昨何切歌—開從→醝字才何切戈—開從　(8) 娑字素何切歌—開心→娑字桑何切戈—開心

14. 《廣韻》箇韻→《集韻》過韻，共1個小韻。

(1) 拖字吐邏切箇—開透→拕字他佐切過—開透

15. 《廣韻》過韻→《集韻》箇韻，共2個小韻。

(1) 磋字七過切過—開清→磋字千个切箇—開清　(2) 侉字安賀切過—開影→侉字安賀切箇—開影

（二）其他轉移小韻（共9個小韻）

(1) 貶字方斂切琰三開幫→貶字悲檢切儼三開幫　(2) 徧字方見切線三開幫→徧字卑見切霰三開幫
(3) 鞕字五諍切諍二開疑→鞕字魚孟切映二開疑　(4) 殮字力驗切豔三開來→斂字力驗切豓三開來
(5) 劒字居欠切梵三合見→劒字居欠切釅三合見　(6) 窆字方驗切豓三開幫→窆字陂驗切釅三開幫
(7) 菱字亡劒切釅三合明→菱字亡梵切梵三合明　(8) 剌字初栗切質三開初→剌字測乙切櫛三開初
(9) 鬒字姊末切末一合精→鬒字子末切曷一合精

第三節　改動反切

綜合《集韻》《廣韻》各韻的收字收音情況，我們統計分析了二韻書都有的3702個小韻①。其中二書同韻同反切的小韻有1174個，改動切上字的小韻共2253個②，改動切下字的小韻

---

① 《廣韻》《集韻》同韻對應的小韻本應是3703個，因拯韻的拯小韻二書均注爲音蒸上聲，我們沒有將其計入統計分析，又鑑韻黷小韻，因《廣韻》注音黯去聲，而《集韻》注乙鑒切，我們將其計入了《集韻》的反切統計分析。所以，我們總的統計小韻爲3702個。

② 此處所統計"改動切上字"包含同時改動下字的小韻。"上822/下327"表示上字改動822處，下字改動327處，均含同時改動下字或上字的小韻。

共 961 個,同時改動切上字與切下字的小韻共 686 個;平聲共改動 899(上 825/ 下 324)處,上聲改動 674 處(上 622/ 下 273),去聲改動 491 處(上 387/ 下 200),入聲改動 464 處(上 419/164)。切上字的改動明顯多於切下字的改動。

究竟這些反切用字的不同是做了哪些方面的改動?有没有反映音類上的區别或者混同?有没有時音的影響?改動的性質又如何?以上幾問都是我們需要弄清楚的。我們以《廣韻》音系爲參照,徹查了這 3702 個小韻的切上字和切下字在《廣韻》中的反切及音韻地位,然後把二韻書的切上字及切下字的反切及音韻地位都逐一進行了對比,看出《集韻》除對《廣韻》有繼承之外,也有不少革新之處。下面,我們對《集韻》的這兩個方面都做個剖析,以期挖掘其中的内涵,並把《集韻》反切改動分兩節來討論,本節討論音類更易的問題,下節討論反切改良的問題。

一、韻類混同

我們討論"韻類混同",主要目的在於通過比較《集韻》對《廣韻》小韻切下字的承襲和改動,考察小韻對韻類繼承與變易的情況。

《廣韻》有不少錯亂反切,《集韻》對此予以修訂,邵榮芬列舉過一些實例,如"脂韻'尸'《廣韻》'式之切',誤以之切脂,《集韻》换用'升脂切','脂'屬脂韻",另找出兩例《集韻》承襲《廣韻》的誤切:"即送韻'鳳,馮貢切',以一等切三等,凡韻'凡,符咸切',以咸切凡。這是《集韻》不徹底的表現。"① 一方面,《廣韻》誤用同韻他等字切本等字,如"豐"字《廣韻》"敷空切",本爲東韻合口三等,而空字《廣韻》東韻只有苦紅切一讀,合口一等,《廣韻》用一等切三等;《集韻》"豐"字改作"敷馮切",《廣韻》東韻馮字作房戎切,合口三等,則《集韻》以本等字作切。另一方面,《廣韻》用通用韻或鄰韻字切本韻字,如"囃"字《廣韻》"倉雜切",盍韻開口一等,而其切下字雜字《廣韻》徂合切,合韻開口一等,《廣韻》合盍通用,並以合韻字切盍韻字;《集韻》"雜"字改作"七盍切",盍字《廣韻》盍韻胡臘切,盍韻開口一等,以本韻字作切。

邵榮芬又立"個别混切"小節討論《集韻》通用韻或鄰韻字切本韻字,如《廣韻》脂韻有"姨"字以脂切,《集韻》"姨"字在脂韻夷小韻,改作延知切,而知字《廣韻》陟離切,支韻開口三等,《集韻》支脂之三韻通用,而該處以支韻字切脂韻字②。

邵文分別討論了《集韻》"更正和承襲《廣韻》的誤切"③和"個别混切"④。雖討論範圍不同

---

① 邵榮芬:《〈集韻〉音系簡論》,《邵榮芬音韻學論集》,第 419 頁。
② 邵榮芬:《〈集韻〉音系簡論》,《邵榮芬音韻學論集》,第 429-430 頁。
③ 邵榮芬:《〈集韻〉音系簡論》,《邵榮芬音韻學論集》,第 419 頁。
④ 邵榮芬:《〈集韻〉音系簡論》,《邵榮芬音韻學論集》,第 429 頁。

(前者主要討論《廣韻》誤而《集韻》正),後者主要討論《廣韻》正而《集韻》誤),但實際這兩個論題性質相同,討論對象又有同一性,都是在《切韻》音系框架下,討論二書韻類混同而誤用切下字的小韻。我們當然也可以把邵文所討論的這兩個方面合在一起進一步探討,這樣更利於把握問題的實質。

同時,邵文所論的這兩個小節均屬綱目性質,僅舉證其條例,"個别混切"小節只羅列了部分例子,既無分類,也沒有展開討論。又或因邵文未全面比較,以致有些例子並未統計到,如邵文指出"《集韻》承襲《廣韻》誤切的只有兩例"[①],即鳳字馮貢切和凡字符咸切,而實際我們找出了5例(詳見下文)。

因此,我們十分有必要全面比較《集韻》《廣韻》的切下字情況,徹底清查二者的異同之處。下面,我們就以《集韻》對《廣韻》切下字繼承與變易爲綱,全面考察涉及韻類層面的情況。

(一)同韻他等字切本等字

據我們統計,《廣韻》該3702個小韻中以同韻異等字切本等字有6處,《集韻》糾正了其中的4處。今分列如下。

1.《廣韻》誤而《集韻》正(《廣韻》/《集韻》)[②]

(1) 東韻三等:豐字敷空切下字一等 / 豐字敷馮切下字三等

(2) 戈韻一等:侳字子脆切下字三等 / 侳字臧戈切下字一等

(3) 陌韻二等:栅字測戟切下字三等 / 䇺字測窄切下字二等

(4) 陌韻二等:索字山戟切下字三等 / 索字色窄切下字二等

《王二》《王三》東韻豐字敷隆反,切下字隆字作力中反,合口三等字;歌(戈)韻侳字子過反,切下字過作古和反(《王二》過字古禾反),合口一等;陌韻栅字側戟反,索字所戟反,切下字戟字作几劇反,開口三等;陌韻窄字側陌反,開口二等。《韻鏡》《七音略》豐字列來母三等,侳字列精母一等,栅字列初母二等,索字列生母二等。《説文》大徐音栅作楚革切,索作所責切,《廣韻》革、責都在麥韻,開口二等。

"豐、侳"二字反切,《王二》《王三》本不誤,《廣韻》誤用他等字切本等字,《集韻》改作本等字爲切下字,與《王二》《王三》同。《廣韻》栅、索字係二等字用三等字作切下字,同《王二》《王三》,《集韻》改用陌韻二等字,《韻鏡》《七音略》與《集韻》合。

2.《廣韻》《集韻》同誤(《廣韻》/《集韻》)

(1) 梗韻二等:省字所景切下字三等 / 䁘字所景切下字三等

---

① 邵榮芬:《〈集韻〉音系簡論》,《邵榮芬音韻學論集》,第419頁。
② "/"前所列爲《廣韻》小韻及反切,後爲《集韻》小韻及反切,本節下文同。

（2）送韻三等：鳳字馮貢切下字一等 / 鳳字馮貢切下字一等

《王三》梗韻省字所景反，切下字景作几影反。《王二》《王三》送韻鳳字馮貢反，切下字貢作古送反。《韻鏡》《七音略》梗韻生母二等列省字，送韻並母三等列鳳字。《説文》大徐音省作所景切，鳳亦作馮貢切。按，《廣韻》庚韻生字所庚切，鎗字楚庚切，均以二等字作切下字，《廣韻》陌韻生母索小韻亦以三等字爲切下字，《集韻》改爲二等字（詳見上文），故疑《廣韻》省字所景切係誤用他等字爲切下字。

《集韻》"省、鳳"二字承襲《王韻》《廣韻》《説文》大徐音反切，用他等字切本等字。

（二）通用韻或鄰韻字切本韻字

據我們統計，《廣韻》該 3702 個小韻中以通用韻或鄰韻字切本韻字有 10 處，《集韻》有 23 處（按，其中有 3 處係承《廣韻》之誤），今分列於下。

1.《廣韻》誤而《集韻》正（《廣韻》/《集韻》）

（1）脂韻三等：尸字式之切下字之韻 / 尸字升脂切

澤存堂本、鉅宋本、巾箱本《廣韻》脂韻尸字作式之切，《廣韻》支脂之三韻通用，此處以之韻字切脂韻字。《王二》《王三》《説文》大徐音及《玉篇》均作式脂切，《集韻》尸字改用脂韻字作切下字。按，周、余、蔡校本均認爲此係《廣韻》誤。

（2）旨韻三等：崣字徂累切下字紙韻 / 崣字粗誄切下字旨韻

巾箱本、鉅宋本《廣韻》亦作徂累切。《王二》《王三》旨韻崣字徂壘反，旨韻壘字作力軌反，累字作力委反在紙韻。《廣韻》誤以紙韻字切旨韻字。《集韻》將《廣韻》紙韻累小韻力委切併入旨韻壘小韻（參見本章第一節），一則紙、旨韻音近，另一則也可能因形近而混，這反過來說明《廣韻》也可能因上兩條原因而誤用反切。誄字《廣韻》旨韻力軌切，與壘字同小韻，《集韻》誄字亦與壘同在旨韻魯水切。《集韻》崣字改用旨韻誄字作切下字，切上字雖改徂作粗，粗也作從母上字，其音韻地位未變。按，周、蔡校本未出校，余校本認爲《廣韻》累當作壘。

（3）夬韻二等：夬字古賣切下字卦韻 / 夬字古邁切下字夬韻

澤存堂本、巾箱本《廣韻》正文夬字古賣切，韻目作古邁切。切下字"賣"字卦韻莫懈切，《廣韻》以卦韻字切夬韻字。《廣韻》去聲韻目夬字注古邁切，《王二》《王三》亦作古邁反。《説文》大徐音夬作古賣切。

《廣韻》去聲卷正文夬字誤以卦韻字切夬韻，卦、怪、夬三韻通用，此誤可能係賣、邁音近故，也可能來自《説文》大徐音。《集韻》改《廣韻》夬字作古邁切，不從《説文》大徐音，是爲正。按，周、余、蔡均認爲正文夬字應作古邁切。

（4）刪韻二等：頑字五還切下字刪韻 / 頑字五鰥切下字山韻

巾箱本、鉅宋本《廣韻》刪韻頑字均作五還切，《王三》頑字吴鰥反、鰥字古頑反均在山韻,《説文》大徐音頑字作五還切,《玉篇》頑字作五環切,《韻鏡》《七音略》頑字在山韻疑母開口二等處。按,周、余、蔡校本均認爲頑字應入山韻。

《廣韻》頑字在删韻瘝小韻五還切下,山韻無疑母合口二等小韻。《集韻》並没有删併删韻瘝小韻(《集韻》删韻瘝小韻作吾還切,不收頑字),而在山韻增頑小韻五鰥切,從《王三》《説文》大徐音及《玉篇》。同時,《集韻》改《廣韻》山韻爐字力頑切作盧鰥切,䆖字墜頑切作除鰥切,爈字跪頑切作渠鰥切,湲字獲頑切作胡鰥切。

(5) 盍韻一等：囃字倉雜切_{下字合韻} / 囃字七盍切_{下字盍韻}

該反切改動上文已作説明,此不再贅述。

另外,《廣韻》還有一些以鄰近韻(非通用韻)字切本韻字,我們也試論如下：

(6) 未韻三等：䑕字扶涕切_{下字霽韻} / 屝字父沸切_{下字未韻}

澤存堂本、巾箱本《廣韻》未韻䑕字扶涕切,涕字《廣韻》有薺韻他禮切、霽韻他計切二音,邵文以爲《廣韻》以霽韻字切未韻字①。《王二》《王三》䑕字扶沸切,《玉篇》父沸切。《説文》大徐音符未切;《廣韻》《集韻》䑕字同小韻屝字,《説文》大徐本音扶沸切。《集韻》正扶涕切爲父沸切。按,周、余、蔡校本均校作扶沸切,三家都認爲《廣韻》扶涕切之"涕"字係"沸"字形訛。

(7) 代韻一等：慨字苦蓋切_{下字泰韻} / 慨字口溉切_{下字代韻}

巾箱本《廣韻》代韻慨字亦作苦蓋切。《王二》《王三》慨字苦愛反。《説文》大徐音古溉切,段玉裁校爲苦溉切。《廣韻》愛、溉字均在代韻。按,周校本據《王三》改作苦愛切②;蔡校本據《唐韻》改作苦摡切③。余校本亦列出《王三》《唐韻》慨字切語④。

《廣韻》代韻慨字苦蓋切,切下字蓋字有泰韻古太切、盍韻胡臘切、盍韻古盍切三音,無代韻讀音,泰韻獨用,《廣韻》誤以泰韻字切代韻字,余迺永認爲北宋初有方言代、泰合韻,因方言影響而致⑤。魯國堯先生所證宋代通語18部中陰聲韻皆來部,其中泰韻多數字就與咍韻系(代韻)通押而同部⑥。此例既與魯先生所證相合,則表明極可能是當時通語泰韻與代韻就有通用情況,而《廣韻》編著者把通語音帶進了韻書。

《集韻》代韻慨字改作口溉切(《廣韻》溉字代韻古代切),從《王二》《王三》及《説文》大徐音。

2.《廣韻》《集韻》同誤(《廣韻》/《集韻》)

---

① 邵榮芬：《〈集韻〉音系簡論》,《邵榮芬音韻學論集》,第419頁。
② 周祖謨：《廣韻校本》,第392頁。
③ 蔡夢麒：《廣韻校釋》,第878頁。
④ 余迺永：《新校互注宋本廣韻定稿本》,第390頁。
⑤ 余迺永：《新校互注宋本廣韻定稿本》,第854頁。
⑥ 魯國堯：《論宋詞韻及其與金元詞韻的比較》,《魯國堯自選集》,第139頁。

(1) 凡韻三等：凡字符咸切下字凡韻 / 凡字符咸切下字咸韻

《王二》《王三》凡韻凡字作符芝反，芝字凡韻匹凡切，芝凡兩兩互用。《説文》大徐音凡字作浮芝切，《玉篇》凡字作扶嚴切。《廣韻》卷二下平聲末《新添類隔今更音和切》凡字注符芝切，同《王二》《王三》。按，周校本校符咸切爲符芝切。

《集韻》凡字亦作符咸切。咸字《廣韻》咸韻胡讒切，開口二等。余迺永認爲《廣韻》凡韻僅凡、芝、欼三組字，"《廣韻》或以'芝'與'欼'生僻，切下字遂改用'咸'"，而凡字的等列由其上字可得①。蔡校本意見同。我們覺得這個解釋説服力還不夠，因爲《玉篇》凡字扶嚴切，切下字用同等的嚴韻字，爲何《廣韻》《集韻》既以"芝"與"欼"生僻，但又不采用與凡韻更近的嚴韻字？且爲何卷末《新添類隔今更音和切》凡字又注符芝切？

《廣韻》嚴、凡二韻通用。《集韻》咸、銜、凡三韻通用，銜韻蹠字注皮咸切，以咸韻字切銜韻字。《廣韻》咸、銜、凡三韻在宋代通語18部中都屬監廉部②。這説明，《廣韻》《集韻》凡字注符咸切，以咸韻切凡韻亦應是受通語音的影響。

(2) 産韻二等：懴字初縮切下字潸韻 / 懴字揣縮切下字潸韻

《王三》産韻懴字與醆字同小韻，作側限切，莊母開口二等，産韻懴字下注"又色産反，有令德"，産韻無初母小韻。《廣韻》醆字産韻阻限切，懴字産韻有所簡切、初限切、初縮切三音，所簡切懴字下注"全德。又音剗"，剗字初限切，又音沒有注出初縮切音，産韻莊母醆小韻沒有收懴字。《集韻》懴字共有五音，其中産韻三音爲所簡切、楚限切、揣縮切，分別同前面所列《廣韻》産韻懴字音。《玉篇》懴字只收叉限切一音（音與初限切同），《龍龕手鑑》懴字疎簡、初簡二反，不收初縮切音。

初縮切、揣縮切切下字同。縮字《王三》作烏板反，《廣韻》作鄔版切，均在潸韻。《廣韻》《集韻》都以潸韻合口二等字切産韻合口二等字。余迺永認爲此係《廣韻》産韻合口另無他字爲切，故借潸韻字③。邵榮芬以縮字是潸韻字，"《韻鏡》列入潸韻"④，而把懴字初縮切移入潸韻⑤。此二説皆有可能，《廣韻》《集韻》潸、産二韻通用，潸韻初母無合口二等小韻，《集韻》編著者既然承襲懴字《廣韻》反切及歸韻，我們也不妨同樣暫繼續把懴字初縮切寄入産韻。

(3) 迄韻三等：訖字居乙切下字質韻 / 訖字居乙切下字質韻

巾箱本、鉅宋本《廣韻》訖字均作居乙切。《切三（S2071）》《王二》迄韻訖字作居乞反，用本韻字作切下字。《王三》迄韻訖字居乙反，《廣韻》《集韻》同《王三》，以質韻字切迄韻字。按，周、余、蔡校本都校作居乞切。

---

① 余迺永：《新校互注宋本廣韻定稿本》，第705頁。
② 魯國堯：《論宋詞韻及其與金元詞韻的比較》，《魯國堯自選集》，第140頁。
③ 余迺永：《新校互注宋本廣韻定稿本》，第763-764頁。
④ 按，此《韻鏡》應作《七音略》，《韻鏡》潸韻無懴字，《七韻略》潸韻初母二等處列懴字。
⑤ 邵榮芬：《〈集韻〉音系簡論》，《邵榮芬音韻學論集》，第420、481、530頁。

余迺永疑此係因宋代質韻乙字讀如迄韻而誤①。《廣韻》質、迄二韻在宋代通語18部中同屬德質部②，質韻字讀如迄韻字可能受宋代通語影響。

3.《廣韻》正而《集韻》誤(《廣韻》/《集韻》)

(1) 脂韻三等：姨字以脂切下字脂韻 / 夷字延知切下字支韻 (《王三》以脂反)

(2) 宵韻三等：翹字渠遥切下字宵韻 / 翹字祁堯切下字蕭韻 (《切三》(S2071)》渠遥反，《王三》去遥反)

(3) 庚韻二等：盲字武庚切下字庚韻 / 盲字眉耕切下字耕韻 (《王三》武庚反)

(4) 庚韻二等：鎗字楚庚切下字庚韻 / 鎗字楚耕切下字耕韻 (《王三》楚庚反)

(5) 侯韻一等：呣字亡侯切下字侯韻 / 謀字迷浮切下字尤韻③ (《王二》《王三》侯韻不收呣字)

(6) 銜韻二等：䜎字白銜切下字銜韻 / 蹉字皮咸切下字咸韻 (《王二》《王三》銜韻不收䜎字)

(7) 黝韻三等：糾字居黝切下字黝韻 / 糾字吉酉切下字有韻 (《王三》居黝反)

(8) 至韻三等：位字于愧切下字至韻 / 位字于累切下字寘韻 (《王三》洧冀反)

(9) 霰韻四等：縣字黃絢切下字霰韻 / 縣字熒絹切下字線韻 (《王二》玄絢反，《王三》黃練反)

(10) 霰韻四等：䴼字烏縣切下字霰韻 / 䴼字縈絹切下字線韻 (《王三》烏縣反)

(11) 映韻三等：慶字丘敬切下字映韻 / 慶字丘正切下字勁韻 (《王三》綺映反)

(12) 鎋韻二等：刷字數刮切下字鎋韻 / 刷字數滑切下字黠韻 (《王二》《王三》鎋韻不收刷字)

(13) 陌韻三等：構字弼戟切下字陌韻 / 構字弼碧切下字昔韻 (《王二》《王三》陌韻不收構字)

(14) 洽韻二等：䀹字五夾切下字洽韻 / 䀹字仡甲切下字狎韻 (《王二》《王三》洽韻不收䀹字)

以上諸小韻，呣、䜎、刷、構、䀹等5小韻《王二》《王三》不收，姨、翹、盲、鎗、糾、位、縣、䴼、慶等7小韻《廣韻》切下字所在韻部，與《切三》《王二》《王三》同小韻切下字所在韻部相同。這12個小韻在《廣韻》中，均以本韻同等字作切下字，而《集韻》改用通用或鄰韻字作切下字，這說明通用韻可能在北宋初通語中有相同或十分接近的語音性質。

其中還有一個值得注意的現象：翹、絹小韻，《韻鏡》《七音略》均列於四等，係重紐A類，這兩個小韻或以通用韻字作切下字，或用作通用韻同聲母小韻切下字。愧字《廣韻》至韻俱位切，在媿小韻，《韻鏡》《七音略》列於三等，重紐B類；累字《廣韻》寘韻良偽切，來母三等，而《集韻》以累替愧作至韻位小韻切下字。這給我們一個模糊的印象，章組與重紐A類同類，來母與重紐B類同類，剛好與陸志韋《古音説略》相合④。不過，由於這樣的例證太少，難以

---

① 余迺永：《新校互注宋本廣韻定稿本》，第928頁。
② 魯國堯：《論宋詞韻及其與金元詞韻的比較》，《魯國堯自選集》，第140頁。
③ 關於《集韻》侯、尤、幽三韻系的唇音字，邵榮芬《〈集韻〉音系簡論》已有詳細討論，他認爲《集韻》尤韻唇音字變入侯韻一等，幽韻部分明母字又變入尤韻，而這部分幽韻字混入尤韻又在唇音分化之後。本書同意邵先生的觀點，故不再作論述，具體請參看邵先生《〈集韻〉音系簡論》。另按，《切三》(S2071)》尤韻謀小韻莫矣反，切下字矣即一等字，浮小韻薄謀反。
④ 陸志韋：《古音説略》，哈佛燕京學社，1947年，第28頁。

定論。

另外，《集韻》還有一些以鄰近韻（非通用韻）字切本韻字，今列於下：

(15) 殷韻三等：勤字巨斤切_{下字殷韻} / 勤字渠巾切_{下字真韻}（《切三》《王三》巨斤反）

(16) 迥韻四等：脛字五到切_{下字迥韻} / 脛字研領切_{下字靜韻}（《王一》五苓反）

(17) 隊韻一等：塊字苦對切_{下字隊韻} / 由字苦會切_{下字泰韻}（《王三》苦對反）

(18) 燭韻三等：局字渠玉切_{下字燭韻} / 局字衢六切_{下字屋韻}（《王三》渠玉反）

(19) 迄韻三等：疙字魚迄切_{下字迄韻} / 疙字魚乙切_{下字質韻}（《王三》魚迄反）

以上5個小韻，《廣韻》反切承襲《王一》《王二》《王三》等，本不誤。《集韻》換用鄰韻（非通用韻）字切本韻字。宋代通語18部中，《廣韻》真、殷韻字同屬真文部，迥、靜韻字同屬庚青部，屋、燭韻字同屬屋燭部，質、迄韻字同屬德質部①。該5個小韻以鄰韻字切本韻字的情況與宋代通語18部合。

（三）互有轉移小韻的通用韻之間的混用

前節已述，《集韻》開合分立的通用韻及另少數幾個通用韻之間有小韻轉移（或稱移易和混置）的情況，因而造成被切字和切下字分別在不同的韻，這種情況在《廣韻》中也存在。這些小韻本應放在前節裏討論，但《集韻》對這些小韻的歸韻承襲《廣韻》的安排，沒有發生轉移，因而綴於此，並列於下（《廣韻》/《集韻》）。

(1) 諄韻三等：趨字渠人切_{下字真韻} / 趨字渠人切_{下字真韻}

(2) 準韻三等：麇字丘尹切_{下字準韻} / 稛字苦磒切_{下字軫韻}

(3) 準韻三等：脪字興腎切_{下字軫韻} / 脪字興腎切_{下字軫韻}

(4) 準韻三等：辰字珍忍切_{下字軫韻} / 辰字展引切_{下字軫韻}

(5) 準韻三等：濜字鉏紖切_{下字軫韻} / 濜字鉏引切_{下字軫韻}

(6) 準韻三等：蜠字弃忍切_{下字軫韻} / 蜠字丘忍切_{下字軫韻}

(7) 旱韻一等：旱字胡笴切_{下字旱韻} / 旱字下罕切_{下字翰韻}

(8) 緩韻一等：伴字蒲旱切_{下字旱韻} / 伴字部滿切_{下字緩韻}

(9) 緩韻一等：滿字莫旱切_{下字旱韻} / 滿字母伴切_{下字緩韻}

(10) 緩韻一等：攤字奴但切_{下字旱韻} / 攤字乃坦切_{下字旱韻}

(11) 果韻一等：爸字捕可切_{下字哿韻} / 爸字部可切_{下字哿韻}

(12) 儼韻三等：㒍字魚埯切_{下字儼韻} / 㒍字魚檢切_{下字琰韻}

(13) 釅韻三等：釅字魚欠切_{下字梵韻} / 驗字魚窆切_{下字豔韻}

---

① 魯國堯：《論宋詞韻及其與金元詞韻的比較》，《魯國堯自選集》，第140頁。

(14) 釅韻三等：脅字許欠切下字梵韻 / 脅字虛欠切下字梵韻
(15) 釅韻三等：妗字丘釅切下字釅韻 / 欠字去劍切下字梵韻
(16) 質韻三等：茁字徵筆切下字質韻 / 茁字莊出切下字術韻
(17) 質韻三等：率字所律切下字術韻 / 率字朔律切下字術韻
(18) 末韻一等：末字莫撥切下字末韻 / 末字莫葛切下字曷韻

二、聲母音變

《集韻》小韻切上字改動有關聲類變易的部分可分兩大類：一類是類隔改音和切，另一類是聲類（非類隔切）混同。而類隔改音和切例又主要是輕重脣類及舌音類。據我們統計：(1)《集韻》反切上字類隔改音和切共113例（其中含5例轉移小韻）①；(2) 承《廣韻》類隔切上字而未作改動者共11例；(3) 對《廣韻》類隔切上字有改動，但未改作音和切者共5例；(4) 改《廣韻》音和切爲類隔切者3例；(5) 除版本等原因外，可確認的聲類（非類隔切）混同者共16例。我們將分別就以上統計的幾個方面來討論《集韻》切上字的改動。

邵榮芬先生《〈集韻〉音系簡論》分"幫組和非組"、"端知兩組和來母"、"精組和莊組"、"章組和日母"、"見系聲母"5個小節來討論《集韻》的聲母系統②。其方法實質也是通過《集韻》與《廣韻》反切的對比，找出聲類的混同與對立，從而考證《集韻》的聲類。其目的是通過這種方法來求證《集韻》的聲母系統。

邵文雖沒有明確說明是否應該先剔除《集韻》新增小韻，然後再與《廣韻》比較，但該文實際讓《集韻》新增小韻沒有保留地參與到了比較的過程中，如"幫組和非組"小節，"朒"字逆約切就放入了比較實例中。我們在第二章已經論述了，《集韻》新增小韻有幾個方面的來源，同時，我們也找到了不少來自《經典釋文》的特殊音切。新增小韻有同質的，也有異質的，不同的來源可能會影響到音系討論的結果。因此，我們的討論主要是建立在《廣韻》《集韻》都有的小韻（或者說同韻對應小韻）的比較基礎上的。另外，邵文沒有對《集韻》類隔改音和切例子做全面統計分析。

邱榮鐋比較《集韻》《廣韻》切語上字，先論"《集韻》改《廣韻》類隔切爲音和例"，次論"《集韻》更易《廣韻》聲紐例"，再次論《集韻》反切改良③。邱文（同上）舉例分析了《集韻》脣音與舌音"類隔切改音和例"，認爲"聲有古今"之變，《集韻》編纂者既知古今聲變之理，又以時讀更易脣、舌音反切上字；而"《集韻》更易聲紐"也多以古今聲韻之理，只有少數反切別有所本。聲紐更易，因"古今聲變"而更以時讀，理所固然，但邱文只統言之"古今聲變"，

---

① 《廣韻》切上字作丁字而《集韻》改爲知母其他字者共5例。因丁字有中莖切音，所以本書沒有計入。
② 邵榮芬：《〈集韻〉音系簡論》，《邵榮芬音韻學論集》，第380-394頁。
③ 邱榮鐋：《集韻研究》，第445-657頁。

又容易錯過細節。邱文沒有統計《集韻》繼承《廣韻》類隔及改《廣韻》音和切爲類隔切等情況，又邱氏在"《集韻》更易《廣韻》聲紐例"中没有嚴格遵照小韻對應的條件來比較，以致範圍過於寬泛。如《廣韻》皆韻排小韻步皆切，《集韻》有排小韻蒲皆切與之對應，而邱氏又以《廣韻》排小韻與《集韻》新增的䪹小韻薻皆切對應。再如《廣韻》麥韻策小韻楚革切，《集韻》本有策小韻測革切與之對應，邱氏又以《廣韻》策小韻與《集韻》新增的𥬲小韻倉格切對應。正因爲《集韻》新增小韻有多種來源，所以我們必須針對《廣韻》《集韻》小韻，嚴格按一對一的方式進行比較。

張渭毅《〈集韻〉的反切上字所透露的語音信息》一文則把《集韻》反切上字的改動分爲兩大部分[①]：一是更改反切讀音，包括類隔反切改音和反切及非類隔反切上字的改動；一是反切的改良[②]，包括開合、等第洪細、聲調等方面的情況。這種將《集韻》反切上字改動分類討論的方式，白滌洲《〈集韻〉聲類考》一文就用過。不過，張文重點考慮的是反切的改良所體現的語音價值，因此，他没有更深入地討論非類隔改動的語音史價值[③]。此外，張文一方面没有全部列出類隔改音和切例，另一方面對《集韻》類隔切改音和例的統計仍有錯漏。如《廣韻》屑韻𥸸小韻方結切，《集韻》改作必結切，張文没有統計舉例。再如澤存堂本、巾箱本《廣韻》寘韻縋小韻均作馳僞切，張氏誤作地僞切而計入舌音類隔改音和例。這樣，張文數據與筆者所做的統計稍有差異。

下面我們分門別類，全部開列比較所得的小韻及統計數據，並試做進一步探討。

（一）類隔改音和

1. 唇音類隔切改音和例

《集韻·韻例》："凡字之翻切，舊以武代某，以亡代茫，謂之類隔，今皆用本字。""武、亡"二字聲母係輕唇音（唇齒音）微母，"某、茫"二字聲母爲重唇音（雙唇音）明母。清錢大昕《十駕齋養新録·古無輕唇音》卷五云："凡輕唇之音，古讀皆爲重唇。"又云："古人製反切，皆取音和，如方、甫、武、符等古人皆讀重唇，後儒不識古音謂之類隔，非古人意也。"（《十駕齋養新録·舌音類隔之説不可信》）則《集韻·韻例》即是説宋初時音輕唇音聲母（非、敷、奉、微）已經從重唇音聲母（幫、滂、並、明）中分化出來了，有輕、重唇音兩組不同的聲母，以輕唇音切重唇音或以重唇音切輕唇音就成了所謂"類隔"切。《廣韻》承襲《切韻》系韻書，輕重唇不分。一般認爲，輕唇音分化的條件是唇音合口三等[④]。

[①] 張渭毅：《中古音論》，第 121-174 頁。
[②] 白滌洲《〈集韻〉聲類考》提出《集韻》更易小韻反切下字使之與被切字聲調、等第洪細等，使反切併合更和諧。參見白滌洲：《集韻聲類考》，《中研院歷史語言研究所集刊》1931 年第 3 第 2 分册，第 182 頁。
[③] 張渭毅：《〈集韻〉的反切上字所透露的語音信息》，《中古音論》，第 121-174 頁。
[④] 王力《漢語史稿》（中華書局，1980 年，第 114 頁）："雙唇音一部分字分化爲唇齒音，分化的條件是合口三等。"

據筆者統計，《廣韻》《集韻》同韻對應的唇音聲母（含重唇、輕唇音）小韻共有 524 個，其中反切上字有改動的小韻 334 個（含切下字同時有改動的小韻），平聲 126 個，上聲 108 個，去聲 50 個，入聲 50 個。

(1)《集韻》這 334 個小韻中，有 92 個唇音小韻的反切由《廣韻》類隔反切改爲音和反切，其中平聲 41 個，上聲 27 個，去聲 10 個，入聲 14 個。今按聲母分組並分列如下：

① 非母改爲幫母，共 25 個小韻。

	韻目	《廣韻》	《集韻》		韻目	《廣韻》	《集韻》
a.	支韻三等：	卑字府移切	→卑字賓彌切	n.	銑韻四等：	編字方典切	→扁字補典切
b.	脂韻三等：	悲字府眉切	→悲字逋眉切	o.	獼韻三等：	褊字方緬切	→褊字俾緬切
c.	真韻三等：	彬字府巾切	→份字悲巾切	p.	獼韻三等：	辡字方免切	→辡字邦免切
d.	山韻二等：	編字方閑切	→編字逋閑切	q.	小韻三等：	標字方小切	→標字俾小切
e.	宵韻三等：	飆字甫遥切	→猋字卑遥切	r.	厚韻一等：	掊字方垢切	→掊字彼口切
f.	宵韻三等：	鑣字甫嬌切	→鑣字悲嬌切	s.	范韻三等：	腹字府犯切	→腹字補范切
g.	庚韻二等：	閞字甫盲切	→繃字晡橫切	t.	卦韻二等：	庍字方卦切	→庍字卜卦切
h.	庚韻三等：	兵字甫明切	→兵字晡明切	u.	笑韻三等：	裱字方廟切	→裱字彼廟切
i.	清韻三等：	并字府盈切	→并字卑盈切	v.	嶝韻一等：	窆字方隥切	→堋字逋鄧切
j.	幽韻三等：	彪字甫烋切	→驫字必幽切	w.	燭韻三等：	轐字封曲切	→轐字逋玉切
k.	鹽韻三等：	砭字府廉切	→砭字悲廉切	x.	屑韻四等：	㠲字方結切	→㠲字必結切
l.	紙韻三等：	彼字甫委切	→彼字補靡切	y.	薛韻三等：	莂字方别切	→莂字筆別切
m.	旨韻三等：	鄙字方美切	→鄙字補美切				

② 敷母改爲滂母，共 12 個小韻。

	韻目	《廣韻》	《集韻》		韻目	《廣韻》	《集韻》
a.	支韻三等：	鈹字敷羈切	→鈹字攀糜切	g.	小韻三等：	標字敷沼切	→標字匹沼切
b.	脂韻三等：	丕字敷悲切	→丕字攀悲切	h.	有韻三等：	秠字芳婦切	→㕹字匹九切
c.	灰韻一等：	胚字芳杯切	→胚字鋪枚切	i.	薛韻三等：	瞥字芳滅切	→潎字匹滅切
d.	仙韻三等：	篇字芳連切	→篇字紕延切	j.	昔韻三等：	僻字芳辟切	→僻字匹辟切
e.	宵韻三等：	奰字撫招切	→漂字紕招切	k.	職韻三等：	堛字芳逼切	→堛字拍逼切
f.	庚韻二等：	磅字撫庚切	→磅字披庚切	l.	乏韻三等：	法字孚法切	→殍字叵乏切

③ 奉母改爲並母，共 24 個小韻。

	韻目	《廣韻》	《集韻》		韻目	《廣韻》	《集韻》
a.	支韻三等：	皮字符羈切	→皮字蒲糜切	m.	旨韻三等：	否字符鄙切	→否字部鄙切
b.	支韻三等：	陴字符支切	→陴字頻彌切	n.	潸韻二等：	阪字扶板切	→阪字部版切
c.	脂韻三等：	毗字房脂切	→毗字頻脂切	o.	獮韻三等：	辯字符蹇切	→辨字平免切
d.	脂韻三等：	邳字符悲切	→邳字貧悲切	p.	獮韻三等：	楩字符善切	→楩字婢善切
e.	咍韻一等：	啡字扶來切	→啡字蒲來切	q.	小韻三等：	摽字苻少切	→摽字婢小切
f.	真韻三等：	頻字符真切	→頻字毗賓切	r.	效韻二等：	鮑字防教切	→鮑字皮教切
g.	真韻三等：	貧字符巾切	→貧字皮巾切	s.	勁韻三等：	偋字防正切	→偋字毗正切
h.	仙韻三等：	便字房連切	→便字毗連切	t.	嶝韻一等：	倗字父鄧切	→倗字步鄧切
i.	宵韻三等：	瓢字符霄切	→瓢字毗霄切	u.	質韻三等：	弼字房密切	→弼字薄宓切
j.	庚韻三等：	平字符兵切	→平字蒲兵切	v.	昔韻三等：	擗字房益切	→擗字毗亦切
k.	蒸韻三等：	凭字扶冰切	→凭字皮冰切	w.	錫韻四等：	甓字扶歷切	→甓字蒲歷切
l.	旨韻三等：	牝字扶履切	→牝字並履切	x.	職韻三等：	愎字符逼切	→愎字弼力切

④ 微母改爲明母，共 28 個小韻。

	韻目	《廣韻》	《集韻》		韻目	《廣韻》	《集韻》
a.	支韻三等：	彌字武移切	→彌字民卑切	o.	旨韻三等：	美字無鄙切	→美字母鄙切
b.	脂韻三等：	眉字武悲切	→眉字旻悲切	p.	賄韻一等：	浼字武罪切	→浼字母罪切
c.	真韻三等：	珉字武巾切	→珉字眉貧切	q.	潸韻二等：	矕字武板切	→矕字母版切
d.	元韻三等：	樠字武元切	→樠字模元切	r.	獮韻三等：	免字亡辨切	→免字美辨切
e.	仙韻三等：	緜字武延切	→緜字彌延切	s.	小韻三等：	眇字亡沼切	→眇字弭沼切
f.	宵韻三等：	苗字武瀌切	→苗字眉鑣切	t.	果韻一等：	麼字亡果切	→麼字母果切
g.	庚韻二等：	盲字武庚切	→盲字眉耕切	u.	梗韻三等：	皿字武永切	→皿字眉永切
h.	庚韻三等：	明字武兵切	→朚字眉兵切	v.	耿韻二等：	猛字武幸切	→黽字母耿切
i.	清韻三等：	名字武并切	→名字弥并切	w.	靜韻三等：	眳字亡井切	→眳字母井切
j.	登韻一等：	瞢字武登切	→瞢字彌登切	x.	襉韻二等：	蔄字亡莧切	→蔄字萌莧切
k.	侯韻一等：	呣字亡侯切	→謀字迷浮切	y.	嶝韻一等：	懵字武亙切	→懜字母亙切
l.	談韻一等：	姏字武酣切	→姏字謨甘切	z.	宥韻三等：	苺字亡救切	→謬字眉救切
m.	講韻二等：	倗字武項切	→倗字母項切	aa.	薛韻三等：	滅字亡列切	→滅字莫列切
n.	紙韻三等：	靡字文彼切	→靡字母被切	bb.	職韻三等：	窅字亡逼切	→窅字密逼切

⑤ 滂母改爲敷母,共1個小韻。

問韻三等:《廣韻》溢字匹問切,《集韻》改爲溢字芳問切

⑥ 滂母改爲非母,共1個小韻。

凡韻三等:《廣韻》芝字匹凡切,《集韻》改爲芝字甫凡切

⑦ 並母改爲奉母,共1個小韻。

緝韻三等:《廣韻》魤字皮及切,《集韻》改爲鴔字匐急切

以上7組92個小韻,其中89個小韻反切上字由輕唇音字改重唇音字,這說明,《集韻》唇音類隔反切改音和例多爲輕唇改重唇,即聲母應該是重唇音的小韻,《廣韻》使用了輕唇音聲母,《集韻》改爲重唇音本類字。邵榮芬《〈集韻〉音系簡論》就認爲:"輕重唇音的一般事實告訴我們,在輕唇已經分化出來的語音系統裏,個別應該輕化的重唇字保留不變倒是不難找的,比如'蚊'字在吳語區的很多地方至今還讀重唇就是一列。但是相反的現象,即不應該輕化的重唇字變爲輕唇的現象,則是没有的。"①

另附《集韻》轉移小韻中類隔改音和切5例②。

a.《廣韻》軫韻泯字武盡切,《集韻》準韻泯字作弭盡切;

b.《廣韻》恩韻奔字甫悶切,《集韻》恨韻奔字作補悶切;

c.《廣韻》霰韻徧字方見切,《集韻》霰韻徧字作卑見切;

d.《廣韻》琰韻貶字方斂切,《集韻》儼韻貶字作悲檢切;

e.《廣韻》豔韻窆字方驗切,《集韻》釅韻窆字作陂驗切;

(2)《廣韻》中還有一些唇音小韻的類隔反切,《集韻》編著者改動了反切,但没把類隔切改爲音和切,或者還有的小韻《集韻》承襲了《廣韻》原反切,没做改動。

①《集韻》對《廣韻》類隔反切有改動,但没有改動原聲類的小韻共2個。

a. 東韻三等:《廣韻》瞢字莫中切,《集韻》改爲瞢字謨中切

b. 幽韻三等:《廣韻》繆字武彪切,《集韻》改爲繆字亡幽切

②《集韻》唇音小韻承襲《廣韻》原反切的有156個,其中類隔切小韻有5個。

a. 產韻二等: 魭字,武簡切(《集韻》魭作晚)。

b. 送韻三等: 㝱字,莫鳳切(《集韻》㝱作夢)。

c. 晧韻一等: 蓩字,武道切。

d. 過韻一等: 縛字,符卧切。

---

① 邵榮芬:《〈集韻〉音系簡論》,《邵榮芬音韻學論集》,第381頁。
② 《王一》《王二》、巾箱本《廣韻》震韻寐小韻作撫刃切,《王三》、澤存堂本《廣韻》作匹刃切,又《王一》《王三》、巾箱本《廣韻》卦韻寐字均注又匹刃反(切)(參周祖謨《廣韻校本》);《集韻》稕韻木字作匹刃切;張渭毅作撫刃切計入類隔改音和例。本書没有計入,並於此另作說明。參見張渭毅:《〈集韻〉的反切上字所透露的語音信息》,《中古音論》,第132頁。

e. 屋韻三等：目字，莫六切。

按，瞢、瘮（夢）均爲東韻合口三等字，但《韻鏡》却列夢字於合口一等的位置。《切韻指掌圖》中瞢、夢雖都列於合口三等，但沒有列於非組微母之下而列於幫組明母位置，與風、鳳等聲母不同組。

《韻鏡》《七音略》目字列於脣音三等的位置，同福、蝮、伏一組。《切韻指掌圖》中目字列於幫組明母三等，也沒有同福、蝮、伏列於非組微母下。則《廣韻》東韻系合口三等之明母小韻與東韻系合口三等之幫、滂、並母小韻在《集韻》及《切韻指掌圖》中的發展演變不同步。

目字，《説文》大徐音作莫六切；穆、睦二字，《説文》大徐音均作莫卜切，與木字同反切。《廣韻》目、穆、睦三字同小韻，屋韻合口三等，木字作莫卜切，屋韻合口一等。《玉篇》穆字亦作莫卜切，夢字莫忠切又莫貢切，貢字公送切，合口一等。

邵榮芬《〈切韻〉尤韻和東韻三等脣音聲母字的演變》一文就對此做過研究，他認爲："《切韻》尤韻和東三明母字之所以沒有變輕脣，完全是它們在脣音輕化之前已經失去前顎介音，變入一等，從而使脣音輕化規律對它們不起作用的結果，而不是別的什麼原因。"[①]

《切三》《王一》《王三》《説文》大徐音魷字均作武限反，而《切韻指掌圖》列於明母二等，根據輕重脣音分化的條件，魷也應讀重脣音，《集韻》不應以輕脣音武字作切上字。《玉篇》荔字莫老切，《切韻指掌圖》荔字也列於明母一等，都說明荔字讀重脣音明母，《集韻》也不應以輕脣音武字作切上字。幽韻繆字、過韻縛字，《切韻指掌圖》也都列於明母。因此，魷、荔、繆、縛等四小韻反切，可能是因爲《集韻》承襲《切韻》系韻書，疏忽未改。

邵榮芬認爲"《集韻》幫組四母之間沒有混切"，"非組四母之間也沒有混切"[②]。張渭毅據《集韻》改《廣韻》芝字匹凡切作甫凡切，芳婦切作俯九切，方用切作芳用切三例，認爲《集韻》非敷母有混淆[③]。

2. 舌音類隔切改音和例

《集韻·韻例》雖没有明確說明改舌音類隔爲音和，但我們考察《集韻》改動小韻的反切，可知《集韻》還有改舌音類隔切爲音和切。清錢大昕《十駕齋養新錄·舌音類隔之説不可信》卷五云："古無舌頭舌上之分。"王力《漢語史稿》說："錢大昕說'古無舌上音'，意思是說上古沒有知徹澄娘，只有端透定泥。這一個結論是絕對可信的。"[④] 所謂舌音類隔，即指舌頭音聲母（端、透、定、泥母）小韻反切用舌上音聲母（知、徹、澄、娘母）字作反切上字，或反過來，舌上音聲母小韻用舌頭音聲母字作反切上字。

---

① 邵榮芬：《切韻尤韻和東三等脣音聲母字的演變》，《邵榮芬音韻學論集》，第 208 頁。
② 邵榮芬：《〈集韻〉音系簡論》，《邵榮芬音韻學論集》，第 382 頁。
③ 張渭毅：《〈集韻〉的反切上字所透露的語音信息》，《中古音論》，第 137 頁。
④ 王力：《漢語史稿》，第 72 頁。

據筆者統計，《集韻》《廣韻》都有的舌音聲母（含舌頭、舌上音）小韻共有 582 個，其中反切上字有改動的小韻 317 個（含切下字同時有改動的小韻），平聲 115 個，上聲 85 個，去聲 53 個，入聲 64 個。

（1）上述《集韻》這 317 個小韻中，有 16 個舌音小韻的反切由《廣韻》類隔反切改爲音和反切，其中平聲 6 個，上聲 6 個，去聲 4 個。今分列如下：

① 端母改爲知母，共 3 個小韻[①]。
a. 馬韻二等：《廣韻》䗪字都賈切，《集韻》改爲䗪字展賈切
b. 效韻二等：《廣韻》罩字都教切，《集韻》改爲罩字陟教切
c. 江韻二等：《廣韻》椿字都江切，《集韻》改爲椿字株江切

② 透母改爲徹母，共 1 個小韻。
a. 映韻二等：《廣韻》牚字他孟切，《集韻》改爲牚字恥孟切

③ 定母改爲澄母，共 3 個小韻。
a. 皆韻二等：《廣韻》㯱字杜懷切，《集韻》改爲㯱字幢乖切
b. 梗韻二等：《廣韻》瑒字徒杏切，《集韻》改爲瑒字丈梗切
c. 賺韻二等：《廣韻》湛字徒減切，《集韻》改爲湛字丈減切

④ 泥母改爲娘母，共 9 個小韻。
a. 佳韻二等：《廣韻》䴚字妳佳切，《集韻》改爲䴚字尼佳切
b. 皆韻二等：《廣韻》㘈字諾皆切，《集韻》改爲㘈字尼皆切
c. 删韻二等：《廣韻》奻字奴還切，《集韻》改爲奻字尼還切
d. 庚韻二等：《廣韻》䭜字乃庚切，《集韻》改爲䭜字尼庚切
e. 蟹韻二等：《廣韻》嬭字奴蟹切，《集韻》改爲嬭字女蟹切
f. 巧韻二等：《廣韻》獳字奴巧切，《集韻》改爲橈字女巧切
g. 馬韻二等：《廣韻》絮字奴下切，《集韻》改爲絮字女下切
h. 效韻二等：《廣韻》橈字奴教切，《集韻》改爲橈字女教切
i. 沁韻三等：《廣韻》賃字乃禁切，《集韻》改爲賃字女禁切

《廣韻》舌音已分舌頭和舌上音，端、透、定、泥與知、徹、澄、娘是兩組不同的聲母。從以

[①] 丁字在《廣韻》中作切上字凡 23 見，在《集韻》中作切上字凡 17 見，而《廣韻》丁字有二音：耕韻知母中莖切、青韻端母當經切，《集韻》丁字耕韻中莖切、青韻當經切，與《廣韻》同。《集韻》有改《廣韻》其他切上字作"丁"字，如蕭韻貂字"都聊切"改作"丁聊切"，代韻戴字"都代切"改作"丁代切"等；也有改《廣韻》切上字"丁"作其他字者，如哈韻䰐字"丁來切"改作"當來切"，哿韻䩫字"丁可切"改作"典可切"；還有承襲《廣韻》"丁"字作切上字的小韻 7 個，如《廣韻》添韻𪘏字丁兼切，《集韻》𪘏字作丁兼切，《廣韻》簡韻跢字丁佐切，《集韻》作跢字丁賀切。《廣韻》以"丁"字切二、三等的小韻有 7 個，其中有 5 個小韻切上字《集韻》改作知母字，如 a.《廣韻》脂韻胝字"丁尼切"，《集韻》作"張尼切"；b.《廣韻》仙韻廛字"丁全切"，《集韻》作珍全切；c.《廣韻》語韻貯字"丁吕切"，《集韻》作展吕切；d.《廣韻》黠韻窡字"丁滑切"，《集韻》作張滑切；e.《廣韻》鎋韻鷢字"丁刮切"，《集韻》作"張刮切"。

上四組 16 個小韻看，《集韻》把端組類隔改爲音和切，無知、徹、澄母改端、透、定母。《集韻》改《廣韻》泥母一、四等切上字作娘母二、三等字，邵榮芬①和張渭毅②據此並認爲《集韻》泥、娘母應該分立。

（2）《廣韻》中還有一些舌音小韻的類隔反切，《集韻》編著者改動了反切，但没把類隔切改爲音和切，或者還有的小韻《集韻》承襲了《廣韻》原反切，没做改動。

① 《集韻》對《廣韻》類隔反切有改動，但没有改動原聲類的小韻共 3 個。
    a. 潸韻二等：《廣韻》赧字奴板切，《集韻》改爲赧字乃版切
    b. 梗韻二等：《廣韻》打字德冷切，《集韻》改爲朾字都冷切
    c. 鎋韻二等：《廣韻》獺字他鎋切，《集韻》改爲獺字逊鎋切

② 《集韻》舌音小韻中，對《廣韻》原反切上字未做改動的有 265 個，其中類隔切小韻有 6 個。
    a. 止韻三等：《廣韻》伱字乃里切，《集韻》作伱字乃里切
    b. 賄韻一等：《廣韻》鐓字陟賄切，《集韻》作鐓字陟賄切
    c. 至韻三等：《廣韻》地字徒四切，《集韻》作地字徒二切
    d. 霽韻四等：《廣韻》篟字丑戾切，《集韻》作篍字丑戾切
    e. 禡韻二等：《廣韻》䏧字乃亞切，《集韻》作䏧字乃嫁切
    f. 職韻三等：《廣韻》鵄字丁力切，《集韻》作𪄻字丁力切

邵榮芬以現代漢語方言吴語"打"字、粤語"地"字的實際讀音證《集韻》端母與二等韻拼讀並無不協調，只是這些類隔切從聲韻調的配合（韻圖舌音端組配一四等，知組配二、三等）來説有反切不合理之處③。張渭毅以韻圖與《五音集韻》的小韻分合爲參照，也認爲伱、赧、䏧、鵄、地等小韻的反切爲類隔切，《集韻》改《廣韻》舌音類隔仍有不合理之處④。

（3）《集韻》舌音小韻中，還有一些《廣韻》本來爲音和切，反而改爲類隔切。這主要是泥母字，共 3 例。
    a. 紙韻三等：《廣韻》狔字女氏切，《集韻》作柅字乃倚切
    b. 鐸韻一等：《廣韻》諾字奴各切，《集韻》作諾字匿各切
    c. 德韻一等：《廣韻》𪘁字奴勒切，《集韻》作𪘁字匿德切

以上是《集韻》泥娘混切的例證，不過，與《集韻》泥、娘母小韻總數相比而言，數量較少，加上赧、伱、䏧小韻也才 6 例，且《切韻指掌圖》狔字仍列於娘母三等處，諾、𪘁字亦列於泥母

---

① 邵榮芬：《〈集韻〉音系簡論》，《邵榮芬音韻學論集》，第 387—388 頁。
② 張渭毅：《〈集韻〉的反切上字所透露的語音信息》，《中古音論》，第 140 頁。
③ 邵榮芬：《〈集韻〉音系簡論》，《邵榮芬音韻學論集》，第 385 頁。
④ 張渭毅：《〈集韻〉的反切上字所透露的語音信息》，《中古音論》，第 138 頁。

一等處,因而不足以影響《集韻》泥、娘母分立的結論。

(二) 聲類(非類隔切)混同

《集韻》與《廣韻》均有的 3703 個小韻中,從《集韻》小韻的反切來看,其反映聲類(非類隔切)混同者只占較少比例。除開版本訛誤等因素外,筆者僅確認了 16 例聲類(非類隔切)混同的例子,這些也都是白滌洲《〈集韻〉聲類考》、邱榮鐊《〈集韻〉研究》、邵榮芬《〈集韻〉音系簡論》、張渭毅《〈集韻〉的反切上字所透露的語音信息》等文都認同的例子。今列於下:

a. 東韻三等:《廣韻》雄字羽弓切_云母_,《集韻》作雄字胡弓切_匣母_
b. 皆韻二等:《廣韻》諧字户皆切_匣母_,《集韻》作諧字雄皆切_云母_
c. 旨韻三等:《廣韻》水字式軌切_書母_,《集韻》作水字數軌切_生母_
d. 止韻三等:《廣韻》士字鉏里切_崇母_,《集韻》作士字上史切_禪母_
e. 櫛韻三等:《廣韻》齜字齜瑟切_崇母_,《集韻》作齜字食櫛切_船母_
f. 職韻三等:《廣韻》崱字士力切_崇母_,《集韻》作崱字實側切_船母_
g. 洽韻二等:《廣韻》𥵥字士洽切_崇母_,《集韻》作萐字實洽切_船母_
h. 止韻三等:《廣韻》市字時止切_禪母_,《集韻》作市字士止切_崇母_
i. 紙韻三等:《廣韻》舓字神帋切_船母_,《集韻》作舓字甚尒切_禪母_
j. 準韻三等:《廣韻》盾字食尹切_船母_,《集韻》作盾字豎尹切_禪母_
k. 稕韻三等:《廣韻》順字食閏切_船母_,《集韻》作順字殊閏切_禪母_
l. 證韻三等:《廣韻》乘字實證切_船母_,《集韻》作乘字石證切_禪母_
m. 綫韻三等:《廣韻》捵字時釧切_禪母_,《集韻》作𢴆字船釧切_船母_
n. 屋韻三等:《廣韻》熟字殊六切_禪母_,《集韻》作𩦠字神六切_船母_
o. 藥韻三等:《廣韻》妁字市若切_禪母_,《集韻》作杓字實若切_船母_
p. 葉韻三等:《廣韻》涉字時攝切_禪母_,《集韻》作𦵹字實欇切_船母_

張渭毅《〈集韻〉研究概説》綜述了前人對《集韻》聲母的研究,總結出各家《集韻》聲母研究的分歧在於泥、娘母的分立與船禪母的分立[①]。以上 16 例,總結起來就是兩個問題:(1)云_喻三_與匣母的混切;(2)照系莊組與章組的混切,主要就是崇、船、禪母混切。

邵榮芬認爲"《集韻》的匣母仍是《廣韻》的格局,洪細音並沒有分化[②]。'雄'的'胡弓切'跟《廣韻》的'羽弓切'並没有什麽不同",而《集韻》中幾處云_喻三_母與匣母的對立,如模韻㕶字"尤孤切"與胡字"洪孤切"等,都係云_喻三_母與合口一、二等相拼,很有可能音實同而《集

---

① 《集韻》泥、娘母混切具體例子請參見前文"類隔改音和"部分。參加張渭毅:《〈集韻〉研究概説》,《語言研究》1999 年第 2 期,第 135-137 頁。
② 邵榮芬:《〈集韻〉音系簡論》,《邵榮芬音韻學論集》,第 392-393 頁。

韻》編著者漏併,因而《集韻》云喻三母和匣母的對立不可靠,二母不應分立。張渭毅指出,首先,《集韻》"三等韻裏的匣母小韻增至7個",《五音集韻》又承認了《集韻》這些匣母三等小韻;其次,《五音集韻》還承認云喻三母一、二等(其切下字爲一等或二等韻,切上字爲云喻三母字)與匣母同等小韻的重出,因而云喻三母應與匣母分立①。

　　白滌洲認爲《集韻》船禪母不分②。邱榮鍚③、邵榮芬④都從剖析白滌洲《〈集韻〉聲類考》船禪母字切上字繫聯的方法論上出發,認爲《集韻》雖然有船、禪母相混的情況,但是這些相混的小韻並不能反過來說明《集韻》船禪母對立的情況。邱文還指出⑤,《集韻》某些船禪母相混的小韻,是因爲所據韻書不同,或《廣韻》反切用字不當,而《集韻》對《廣韻》予以糾正,如上例稕韻"順"字,《王二》震韻脣閏切禪母,《王三》震韻食閏切船母,《廣韻》《集韻》"順"字反切分別與《王三》《王二》同。我們認爲,邱文所述《廣韻》《集韻》反切來源不同的情況,確實不好正面回答《集韻》船禪母相混的問題,但如果反過來思考,我們也可以有另外的結論。稕韻"順"字並非生僻字,《廣韻》《集韻》又各有承襲,這提供了三種可供選擇的情況:要麽是《廣韻》船禪母相混而《集韻》不混,要麽是《廣韻》船禪母相混而《集韻》不混,要麽《廣韻》《集韻》船禪母都相混。這三種情況,必居其一。《廣韻》《集韻》編著相距不到三十年,如果《廣韻》船禪母相混,我們沒有理由說《集韻》船禪母不混。一般認爲《廣韻》承《切韻》音系,船禪母分立。如此,推論《集韻》確實有某些小韻船禪母相混就比較合理。

(三) 聲類(非類隔切)混同與音切性質

　　通過對《集韻》聲類(非類隔切)混同小韻反切的全面考察,我們認爲,首先應承認這些材料所反映的混切事實;其次,一方面要考慮這些反切的來源,或者說搞清楚這些音切的來龍去脈,以便形成正確的認識;另一方面又要考慮這些混切的涉及面,能反映多少問題,是個體變易還是整個音類的行爲。下面分別舉例說明。

　　1. 個別音切的聲類變更

　　例(1)《廣韻》雄字羽弓切,《集韻》改作胡弓切,匣母一等作三等小韻切上字。另,《集韻》諧字作雄皆切。

　　查《釋文·禮記音義之一·月令第六》卷第十一:"熊,乎弓反。"《廣韻》乎字模韻戶吳切,匣母字。而《廣韻》《集韻》"熊"字與"雄"字同小韻,則《集韻》雄小韻胡弓切則與《經典釋文》同。

---

① 張渭毅:《〈集韻〉研究概說》,《語言研究》1999年第2期,第136頁。
② 白滌洲:《集韻聲類考》,《中研院歷史語言研究所集刊》1931年第3本第2分册,第174-175頁。
③ 邱榮鍚:《集韻研究》,第101-120頁。
④ 邵榮芬:《〈集韻〉音系簡論》,《邵榮芬音韻學論集》,第390-392頁。
⑤ 邱榮鍚:《集韻研究》,第108頁。

《切三》《王三》《廣韻》"諧"字均作戶皆反,又查《釋文·尚書音義上·堯典第一》卷第三:"諧,戶皆切。"《四聲等子》雄列匣母三等。《集韻》"諧"字雄皆切,切上字改作雄,則又添一《集韻》雄字宋初實際語音可能讀作匣母的證據①。不過,據筆者目力所及,《廣韻》《集韻》均有的3703個小韻中只找到這兩例,因而暫作個別字的讀音改變爲好。

例(2) 《廣韻》水字式軌切,《集韻》作數軌切,改書母字作生母字。

邱榮鐋認爲此係"正齒音照系與莊系之變"②,《韻鏡》水字入審母三等,"至《集韻》則變疏紐作數軌切矣"。邱文又論其原因爲唐人三十字母有照組無莊組,不辨照、莊而致偶誤,《集韻》辨之甚晰③。按,《切三》《王一》《王二》《王三》"水"字均作式軌反,書母三等。又《釋文·爾雅音義上·釋水第十二》卷第二十九"水"字作尸癸反,式、尸二字均書母字。《類篇》水字作式軌切。邱文所論似不通。

張渭毅據周祖謨《宋代汴洛語音考》④所考宋初時音書、生二母應合,而論《集韻》水字書母作生母係宋初時音的反映⑤。可備一説。但《切韻指掌圖》《四聲等子》水列書母處,又《廣韻》"疨"字釋類切_{至合三書},《集韻》改作式類切_{至合三書},與張説不合。筆者查得《集韻》《廣韻》都有的3703個小韻中,書_{照三}母小韻61個,生_{照二}母小韻79個,而書、生母混切者僅此1條,不足以斷論此條一定是書、生母相混而致。

我們認爲還有一種可能,《集韻》改旨韻"水"字切上字作合口,本意取虞韻書母合口三等,但《廣韻》《集韻》無此音韻地位小韻,因而借用附近生母合口三等數字。查《集韻》脂、旨韻合口三等小韻切上字多改爲合口字,如脂韻籥字改爲倫追切,倠字改爲朱惟切,旨韻壘字改爲魯水切,趡字改爲取水切,洧字改爲羽軌切,唯字改作愈水切。而旨韻合口三等切上字偏用模韻或虞韻字⑥,上例趡、洧、唯等小韻切上字便作虞韻字,再如《廣韻》軌字居洧切,居字在魚韻⑦,《集韻》改作矩鮪切,矩字在虞韻。《集韻》旨韻揆、郁二小韻切上字用語韻字巨,則是因爲虞韻群母合口三等小韻係"窶、貗"等生僻字,不宜作反切用字。《集韻》至韻反切用字偏好稍與脂、旨韻不同,如類字力遂切,醉字將遂切,與《廣韻》同,另媿字作基位切,基係開口字,而《廣韻》切上字用合口字俱,這又剛好能解釋爲何《集韻》去聲"疨"字與"水"

---

① 《集韻》新增小韻"驕"字戶橘切,匣母一等作三等小韻切上字。查《釋文·毛詩音義下·駉第二十九》卷第七:"有驕,戶橘反。阮孝緒于密反。顧野王餘橘反。郭音述。驕馬白跨曰驕。"是《集韻》新增小韻反切亦有來源於其他文獻資料的情況。
② 邱榮鐋:《集韻研究》,第459頁。
③ 邱榮鐋:《集韻研究》,第475頁。
④ 周祖謨:《宋代汴洛語音考》,《問學集》,第581-655頁。
⑤ 張渭毅:《〈集韻〉的反切上字所透露的語音信息》,《中古音論》,第131頁。
⑥ 《廣韻》紙韻蕊字如累切,"如"字平聲在魚韻,《集韻》蕊小韻改作乳捶切,"乳"字上聲在虞韻。《韻鏡》第十一圖魚韻系作開,另陸志韋、周法高、李榮等諸先生亦擬《切韻》音系中魚韻爲開口韻。見李新魁:《漢語音韻學》,北京出版社,1986年。
⑦ 《廣韻》居字有兩音,一在之韻,作居之切;一在魚韻,作九魚切。

切上字不同時改作合口三等字。

關於這一問題,我們對《集韻》《廣韻》止攝同韻對應的小韻做了簡單的統計,止攝對應小韻中除去唇音小韻,凡 345 個,其中:(1)《集韻》開口小韻切上字用虞、模韻系字者凡 3 小韻,而用魚、語韻字者凡 61 個;(2)合口小韻切上字用虞、模韻系字者凡 46 小韻,其中有 38 個是他韻字(含 17 個魚韻系字)改爲虞、模韻系字,而用魚、語韻字者凡 21 個,其中 13 個承自《廣韻》,5 個是魚韻字改爲語韻字或語韻字改魚韻字,另有揆、鄔、貙三小韻爲他韻字改用魚韻字(詳上文);(3)止攝有 24 個合口小韻的反切上字由魚、語韻字改爲他韻字。

2. 音類的混同

例(3) 《廣韻》準韻"盾"字食尹切,《集韻》改作豎尹切,以禪母字切船母。

《切三》軫韻盾字作食允反,《王二》《王三》軫韻盾字作食尹反,均船母字。另查《釋文·周禮音義下·夏官司馬第四》卷第九:"戈盾,常允反。又音允。"常,禪母字。又《釋文·禮記音義之一·檀弓下第四》卷第十一:"戈盾,食允反。又音允。"食,船母字。《經典釋文》"盾"字一音禪母,一音船母[①]。《集韻》"盾"字豎尹切與《釋文》"常允反"聲韻同。

例(4) 《集韻》茬、時、士、市、事、侍等小韻切上字可繫聯爲一類,而上例中"士"字聲母崇母改禪母,"市"字聲母禪母改崇母,剛好"換了個兒"。

周祖謨先生《宋代汴洛語音考》通過考察邵雍《皇極經世書》認爲宋初汴洛語音莊組照二與章組照三聲母合流,崇、船、禪等全濁音聲母清化與相應的清聲母合併[②]。《切韻指掌圖》《四聲等子》船禪母有相混之處,如"神"字列於船母三等處。又《切韻指掌圖》"涉"字列於禪母三等處;而《四聲等子》"涉"字列於禪母二等處,"順"字列於船母三等處;《切韻指掌圖》"順"字列於禪母三等處。李紅將《切韻指掌圖》與《廣韻》《集韻》《禮部韻略》《韻鏡》《四聲等子》等韻書、韻圖做了詳細比較,並通過《切韻指掌圖》聲母混併情況的考察,得出《切韻指掌圖》莊組照二、章組照三聲母合流,船禪母混併[③]。從這兩個與《集韻》同時代的音韻材料來看,宋初時音崇、船、禪母混併應是實際存在的,那麼,如果我們對《集韻》崇、船、禪母混切的情況視而不見,也未免太過"生硬"。

據筆者統計,《集韻》《廣韻》都有的崇、船、禪母小韻共 140 個,《集韻》崇、船、禪三母之間混切的小韻 13 個,混切比例達 9.29%,而泥母小韻共 119 個,混切小韻 6 個,比例爲 5.04%。僅從數據來看,《集韻》崇、船、禪三母確有合流的趨勢。

前文的這麼多材料都證明,《集韻》確實繼承了《廣韻》音韻框架,同時承襲了《廣韻》

---

① 邵榮芬《〈經典釋文〉音系》認爲《釋文》船禪母混切,船禪母應合併,見邵榮芬:《〈經典釋文〉音系》,學海出版社,1995 年,第 103-108 頁。
② 周祖謨:《宋代汴洛語音考》,《問學集》,第 581-655 頁。
③ 李紅:《〈切韻指掌圖〉研究》,吉林大學 2006 年博士學位論文(指導教師:李無未),第 460-464 頁。

較大數目的反切,所以《集韻》主體上反映了《切韻》及《廣韻》的音系,而各家的《集韻》研究結論都與《切韻》《廣韻》相近似。但是我們也不能忽視這麼多《集韻》所體現出來的異於《廣韻》的語音特點,應該從兩個方面來了解《集韻》,不能片面化。

第四節 關於反切改良的問題

綜合《廣韻》《集韻》所收字音的情況,我們統計分析了二韻書都有的 3702 個小韻[①]。其中二書同韻同反切的小韻有 1174 個,改動切上字的小韻共 2253 個,改動切下字的小韻共 961 個,同時改動切上字與切下字的小韻共 686 個。《集韻》小韻被改反切中,還有一部分儘管切語用字有改動,但沒有改變被切字的音韻地位,那麼這部分反切改動的原因是什麼?是有序的改動,還是無序的改動?我們再看一組數據(表 3-1):

表 3-1 《集韻》承襲《廣韻》切上字統計表

	平聲	上聲	去聲	入聲	合計
保留	303	260	635	251	1449
總數	1128	882	1022	670	3702
百分比	26.86%	29.48%	62.13%	37.46%	39.14%

說明:"保留"是指《集韻》沒有改動《廣韻》反切上字的小韻數,"總數"是指《集韻》《廣韻》都有的 3702 個小韻中平、上、去、入各自小韻總數。

據上表,《集韻》去聲小韻保留《廣韻》切上字較多,因而改動切上字少,入聲次之。相比而言,平、上聲小韻保留較少,反過來說,也就是改動《廣韻》切上字最多。然則四聲改動不均衡的差別及原因又在哪裏?本着這些問題,我們將再次全面比較《集韻》《廣韻》同韻對應小韻的反切。

一、什麼是反切改良

唐釋慧琳《一切經音義·大般若波羅密多經》卷二"次音梵文"條注云[②]:

此經有三十二梵字。有與梵音輕重訛舛不同者,蓋爲此國文字難爲敵對,自通

[①] 《廣韻》《集韻》同韻對應的小韻本應是 3703 個,因拯韻的"拯"小韻二書均注爲音蒸上聲,我們沒有將其計入統計分析,又鑒韻"瞰"小韻,因《廣韻》注音黯去聲,而《集韻》注乙鑒切,我們將其計入了《集韻》的反切統計分析。所以,總的統計小韻爲 3702 個。

[②] 見徐時儀校注:《〈一切經音義〉三種校本合刊本》,上海古籍出版社,2008 年,第 540 頁下欄。

達梵漢兩國文字兼善聲韻音方能審之耳。今以雙聲疊韻反之，即與梵音乖失不爲切音也。讀者悉之也。

慧琳既説時以雙聲疊韻爲反切以譯梵音。又宋董南一《切韻指掌圖序》云："同歸一母則爲雙聲（和會切會），同出一韻則爲疊韻（商量切商）。"清錢大昕《十駕齋養新録·字母》卷五亦曰："古人因雙聲疊韻而製翻切，以兩字切一音。上一字必同聲，下一字必同韻。"反切法是建立在雙聲疊韻的基礎上的，上字表聲，下字表韻（包含聲調）。又因爲反切是用兩個漢字來注音，切上字僅需"聲"的信息，切下字僅需"韻"（含聲調）的信息，則切上字、切下字都有信息的冗餘。

但以兩個漢字爲反切並用來注音，也有其局限性。漢字有超時代性、方言性，隨着漢語的發展，不同時代或不同方言中，同一字的讀音可能不一樣，這就會造成反切拼合與被切字不同音，或者反切拼合不和諧的情況，也就有了調整改換反切用字的需要。另一方面，反切的基礎是雙聲疊韻，反切上、下字本身有冗餘信息，如欲使反切更容易拼合，則需儘量讓這些冗餘信息不干擾拼合。比如，除使切上字能表示被切字聲母外，還儘量使切上字的"開合、洪細"（主要是介音）及聲調與被切字相合，切上字最好是開音節，上文所述《集韻》紙、旨韻合口三等字偏向於選取龘韻字便是此理；同時使切下字除表示被切字"韻"（韻基＋聲調，即主元音＋韻尾＋聲調）的信息外，還儘量使切下字的"開合、洪細"（主要是介音）與被切字相合。

《集韻》在這些方面做了一些努力，我們將分別從切上字、切下字的角度來討論《集韻》反切的改良。據我們的統計，《集韻》反切改良的重心在小韻的切上字，即主要調整小韻反切上字的開合、洪細、聲調等方面，使反切拼合更加和諧。

二、反切上字的改良

（一）開合

《集韻》在改動小韻反切上字時，有一部分切上字被調整得與被切字同呼，即開口字改用開口切上字，合口字改用合口切上字。關於《集韻》反切上字與被切字同呼的情況（即反切上字開合分佈），也有學者做過研究。

邱榮鐍分析論證了《集韻》改用反切上字有同呼同等、以求介音和諧的趨勢[①]。邱文統計了《集韻》全書反切上字改用的情況，指出《集韻》切上字選取多用與被切字同等呼的字，尤其平、上聲卷；而去聲、入聲稍有不同，其切上字多同用平、上聲卷之切上字，此則因編著者

---

① 邱榮鐍：《集韻研究》，第551-656頁。

不願過多增加切上字。邱文還認爲《集韻》切上字改用與被切字等呼不同者,原因是"《集韻》時等韻之學方興未久,韻學知識因較前代爲進步,而等第之辨析未臻精審,致有偶疏"。

張渭毅主要從《集韻》被切字與切上字同呼的角度,討論《集韻》上字反映被切字開合口的現象①。張文對比了《集韻》麻、支、魚、虞等韻系被切字與切上字開合情況,並得出三點認識:

(1)《集韻》除唇音外,切下字的開合與切上字開合相合;

(2) 開口、合口韻切上字的對立與開合同韻裏開口與合口小韻切上字對立的性質相同,即有合口介音的區別,魚韻與虞韻同麻韻開、合口反切一樣,在於介音的對立;

(3) 從麻、支、魚、虞等韻系情況來看,喉牙音切上字反映被切字開合最多,其次爲舌齒音,再次爲章、日、來、精、知組聲母,莊組最少。

張文沒有對《集韻》所有韻攝的情況做統計分析,也沒有全面對比《集韻》與《廣韻》二書小韻切上字的開合情況,僅憑此四韻被切字及切上字開合的對比就做出推論,論據顯得不是很充分。

我們把《集韻》被切字與切上字同呼的情況跟《廣韻》做了對比,並全面統計分析了對比的情況。本書關注和探討的主要方面在於《集韻》改的是什麽,下面將對此加以論述(按,《廣韻》《集韻》唇音不分開合口,因此開合統計不涉及唇音小韻)。

1. 平聲

平聲 623 個開口小韻中,《廣韻》有 281 個小韻用開口切上字,《集韻》改《廣韻》原合口切上字爲開口字者 123 處,改原開口切上字作合口字者 39 處,經改動後,《集韻》平聲開口小韻切上字與被切字同呼的小韻共 365(281+123-39)個。

平聲 352 個合口小韻中,《廣韻》有 201 個小韻用合口切上字,《集韻》改《廣韻》原開口切上字作合口字者 91 處,改原合口切上字爲開口字者 13 處,經改動後,《集韻》平聲合口小韻切上字與被切字同呼的小韻共 279(201+91-13)個。

《集韻》平聲小韻中,切上字與被切字同呼的小韻增長 16.61%(66.05%-49.44%)。請看表 3-2。

表 3-2　平聲小韻被切字與切上字同呼對比表

	《廣韻》被切字			《集韻》被切字		
	開口	合口	合計	開口	合口	合計
切上字同呼	281	201	482	365	279	644
小韻總數	623	352	975	623	352	975
所占百分比	45.10%	57.10%	49.44%	58.59%	79.26%	66.05%

---

① 張渭毅:《〈集韻〉的反切上字所透露的語音信息》,《中古音論》,第 141-147 頁。

另有 5 點説明：

（1）《集韻》平聲改開口切上字作合口字的開口小韻中，有 28 個系改其他開口韻字作魚、語韻字。如《廣韻》佳韻"柴"小韻士佳切，《集韻》改作鉏佳切；《廣韻》麻韻"邪"小韻以遮切，《集韻》改作余遮切；《廣韻》陽韻"詳"小韻似羊切，《集韻》改作徐羊切；《廣韻》尤韻"囚"小韻似由切，《集韻》改作徐由切。

（2）《集韻》平聲改合口切上字爲開口字的合口小韻中，有 11 個爲三等小韻，而其切上字系改魚韻系字作其他開口三等韻字者凡 9 處。如《廣韻》魚韻"虛"小韻去魚切，《集韻》改作丘於切；《廣韻》魚韻"魚"小韻語居切，《集韻》改作牛居切；《廣韻》東韻"穹"小韻去宮切，《集韻》改作丘弓切；《廣韻》鍾韻"銎"小韻曲恭切，《集韻》改作丘恭切。

（3）《集韻》平聲卷承襲《廣韻》切上字的 276 個小韻裏，有 70 個開口小韻，其切上字《廣韻》用魚、語韻字，而《集韻》對此未作改動。如《廣韻》之韻"姬"小韻居之切，《集韻》亦作居之切；《廣韻》麻韻"叉"小韻初牙切，《集韻》麻韻"叉"小韻反切與《廣韻》同；另外，《廣韻》魚韻中一些小韻反切，其切上字爲開口字，《集韻》也沒有作改動，如《廣韻》"且"小韻子魚切，《集韻》作子余切，《廣韻》"如"小韻人諸切，《集韻》作子余切。

（4）《廣韻》平聲合口小韻中，本以魚韻系字作切上字而又改作其他韻合口字者共 28 處。如《廣韻》支韻"虧"小韻去爲切，《集韻》改作驅爲切；《廣韻》文韻"君"小韻舉云切，《集韻》改作拘云切；《廣韻》庚韻"兄"小韻許榮切，《集韻》改作呼榮切。

（5）《集韻》改江韻莊組開口二等小韻切上字爲合口字。如《廣韻》江韻"㠉"小韻宅江切，《集韻》改作傳江切。又《集韻》改合口小韻的切上字爲江韻莊組開口二等字。如《廣韻》脂韻"衰"小韻所追切，《集韻》改作雙佳切；《廣韻》虞韻"䅳"小韻測隅切，《集韻》改作窗俞切；《廣韻》虞韻"毹"小韻山芻切，《集韻》改作雙雛切；《廣韻》皆韻"𤞏"小韻杜懷切，《集韻》改作㠉乖切。

2. 上聲

上聲 497 個開口小韻中，《廣韻》有 238 個小韻用開口切上字，《集韻》改《廣韻》原合口切上字爲開口字者 107 處，改原開口切上字作合口字者 22 處，經改動後，《集韻》上聲開口小韻切上字與被切字同呼的小韻共 323（238+107-22）個。

上聲 249 個合口小韻中，《廣韻》有 134 個小韻用合口切上字，《集韻》改《廣韻》原開口切上字作合口字者 73 處，改原合口切上字爲開口字者 10 處，經改動後，《集韻》上聲合口小韻切上字與被切字同呼的小韻共 197（134+73-10）個。

《集韻》上聲小韻中，切上字與被切字同呼的小韻增長 19.84%（69.71%-49.87%）。請看表 3-3。

表 3-3　上聲小韻被切字、切上字同呼對比表

	《廣韻》被切字			《集韻》被切字		
	開口	合口	合計	開口	合口	合計
切上字同呼	238	134	372	323	197	520
小韻總數	497	249	746	497	249	746
所占百分比	47.89%	53.82%	49.87%	64.99%	79.12%	69.71%

另有 5 點説明：

（1）《集韻》上聲改開口切上字作合口字的開口小韻中，有 15 個系改其他開口韻字作語韻字。如《廣韻》隱韻"近"小韻其謹切，《集韻》改作巨謹切；《廣韻》蟹韻"解"小韻佳買切，《集韻》改作舉蟹切；《廣韻》馬韻"灑"小韻砂下切，《集韻》改作所下切；《廣韻》豏韻"斬"小韻側減切，《集韻》改作阻減切。

（2）《集韻》上聲改合口切上字爲開口字的 10 個合口小韻，其切上字全部係魚語韻字改作其他開口三等字，而這 10 個小韻中又有 8 個是語韻字。如《廣韻》語韻"敍"小韻徐吕切，《集韻》改作象吕切；《廣韻》語韻"與"小韻余吕切，《集韻》改作演女切；《廣韻》語韻"許"小韻虛吕切，《集韻》改作喜語切；《廣韻》語韻"舉"小韻居許切，《集韻》改作苟許切。

（3）《集韻》上聲卷承襲《廣韻》切上字的 232 個小韻裏，有 38 個開口小韻，其切上字《廣韻》用魚、語韻字，而《集韻》對此未作改動。如蟹韻"灑"小韻，二韻書均作所蟹切；小韻"夭"小韻，二韻書同用於兆切；儼韻"儼"小韻，《廣韻》作魚埯切，《集韻》作魚檢切，切上字未改。

（4）《廣韻》語韻有 18 個小韻的切上字本爲開口字，《集韻》或保留原切語上字，或改作其他開口韻字，無一改作合口字者。如《廣韻》"楮"小韻丑吕切，《集韻》仍作丑吕切；又《廣韻》"吕"小韻力舉切，《集韻》改作兩舉切；《廣韻》"汝"小韻人渚切，《集韻》改作忍與切；《廣韻》"去"小韻羌舉切，《集韻》改作口舉切。

（5）《廣韻》上聲合口小韻中，本以魚韻系字作切上字而又改作其他韻合口字者共 23 處。如《廣韻》紙韻"跪"小韻去委切，《集韻》改作苦委切；《廣韻》尾韻"鬼"小韻居偉切，《集韻》改作矩偉切；《廣韻》養韻"怳"小韻許昉切，《集韻》改作翃往切。

3. 去聲

去聲 557 個開口小韻中，《廣韻》有 279 個小韻用開口切上字，《集韻》改《廣韻》原合口切上字爲開口字者 93 處，改原開口切上字作合口字者 11 處，經改動後，《集韻》去聲開口小韻切上字與被切字同呼的小韻共 361（279+93-11）個。

去聲 320 個合口小韻中，《廣韻》有 182 個小韻用合口切上字，《集韻》改《廣韻》原開口切上字作合口字者 74 處，改原合口切上字爲開口字者 4 處，經改動後，《集韻》去聲合口小韻切上字與被切字同呼的小韻共 252（182+74-4）個。

《集韻》去聲小韻中，切上字與被切字同呼的小韻增長 17.33%（69.90%-52.57%）。請看表 3-4。

表 3-4　去聲小韻被切字、切上字同呼對比表

	《廣韻》			《集韻》		
	開口	合口	合計	開口	合口	合計
切上字同呼	279	182	461	361	252	613
小韻總數	557	320	877	557	320	877
所占百分比	50.09%	56.88%	52.57%	64.81%	78.75%	69.90%

另有 6 點說明：

（1）《集韻》去聲改開口切上字作合口字的開口小韻中，有 10 個系改其他開口韻字作語韻字。如《廣韻》代韻"傺"小韻海愛切，《集韻》改作許代切；《廣韻》效韻"抓"小韻側教切，《集韻》改作阻教切；《廣韻》勁韻"夐"小韻休正切，《集韻》改作虛政切；《廣韻》宥韻"鍒"小韻人又切，《集韻》改作如又切。

（2）《集韻》去聲開口小韻中，仍有 196 個以合口字作切上字，但這其中魚、語、御韻字有 149 個。按，《廣韻》去聲開口小韻本以魚韻系字作切上字者，無一例改作他韻系開口字。如寘韻"企"小韻，二書均作去智切；《廣韻》漾韻"狀"小韻鋤亮切，《集韻》改作助亮切；《廣韻》夬韻"䬠"小韻所犗切，《集韻》改作所邁切，其上字未變。

（3）《廣韻》去聲有 38 個開口小韻本以模姥韻字作切上字，《集韻》改作魚韻字。如《廣韻》翰韻"岸"小韻五旰切，《集韻》改作魚旰切；《廣韻》諫韻"諫"小韻古晏切，《集韻》改作居晏切；《廣韻》效韻"孝"小韻呼教切，《集韻》改作許教切。

（4）《廣韻》去聲合口小韻中，有 46 個本以魚韻系字作切上字，其中 21 個《集韻》保留原反切，未作改動，其餘部分中有 24 個改作其他韻合口字。如《廣韻》未韻"魏"小韻魚貴切，《集韻》改作虞貴切；《廣韻》祭韻"稅"小韻舒芮切，《集韻》改作輸芮切；《廣韻》稕韻"閏"小韻如順切，《集韻》改作儒順切。

（5）《集韻》去聲御韻小韻中有 18 個小韻的切上字承襲《廣韻》，仍以開口字為切上字。如《廣韻》"箸"小韻遲倨切，《集韻》改作遲據切，其上字未改動。

（6）從《集韻》改良反切後，被切字與切上字開合同呼的統計説明，《集韻》去聲切上字改動後，在被切字與切上字同呼這方面，其百分比並不亞於平、上聲。

4. 入聲

入聲 387 個開口小韻中，《廣韻》有 194 個小韻用開口切上字，《集韻》改《廣韻》原合口切上字為開口字者 146 處，改原開口切上字作合口字者 4 處，經改動後，《集韻》入聲開口小

韻切上字與被切字同呼的小韻共 336（194+146-4）個。

入聲 202 個合口小韻中,《廣韻》有 114 個小韻用合口切上字,《集韻》改《廣韻》原開口切上字作合口字者 40 處,改原合口切上字爲開口字者 9 處,經改動後,《集韻》入聲合口小韻切上字與被切字同呼的小韻共 145（114+40-9）個。

《集韻》入聲小韻中,切上字與被切字同呼的小韻增長 29.83%（82.93%-53.10%）。請看表 3-5。

表 3-5　入聲小韻被切字、切上字同呼對比表

	《廣韻》被切字			《集韻》被切字		
	開口	合口	合計	開口	合口	合計
切上字同呼	194	114	308	336	145	481
小韻總數	378	202	580	378	202	580
所占百分比	51.32%	56.44%	53.10%	88.89%	71.78%	82.93%

另有 5 點說明:

(1)《廣韻》入聲開口小韻中,有 85 個小韻的切上字本爲模姥韻字,《集韻》改作其他韻開口字。如《廣韻》覺韻"覺"小韻古岳切,《切韻》改作訖岳切;《廣韻》陌韻"客"小韻苦格切,《集韻》改作乞格切。

(2)《廣韻》入聲合口小韻中,有 23 個小韻切上字《集韻》改作虞、模韻系字。如《廣韻》燭韻"促"小韻七玉切,《集韻》改作趨玉切;《廣韻》末韻"捋"小韻郎括切,《集韻》改作盧活切。另有 7 個小韻的切上字《集韻》改作鐘韻系字。如《廣韻》燭韻"錄"小韻力玉切,《集韻》改作龍玉切;《廣韻》薛韻"悅"小韻弋雪切,《集韻》改作欲雪切。

(3)《廣韻》入聲開口小韻的反切上字,其用魚、語韻字者,《集韻》有 19 處承襲切上字,如迄韻"迄"小韻,二韻書均作許訖切,狎韻"甲"小韻,二書同用古狎切。

(4)《廣韻》入聲合口小韻中,本以魚韻系字作切上字而又改作其他韻合口字者共 16 處。如《廣韻》燭韻"束"小韻書玉切,《集韻》改作輸玉切;《廣韻》術韻"橘"小韻居聿切,《集韻》改作訣律切;《廣韻》鐸韻"霍"小韻虛郭切,《集韻》改作忽郭切。

(5)《廣韻》入聲屋、沒、薛三韻中部分合口小韻切上字用開口字。其中有《集韻》承襲《廣韻》切上字者,如屋韻"族"小韻,二書同用昨木切;沒韻"卒"小韻,二書同用臧沒切;薛韻"絶"小韻,二書均作情雪切。也有改合口切上字作開口字者,如《廣韻》屋韻"熟"小韻殊六切,《集韻》改作神六切;《廣韻》屋韻"曲"小韻驅匊切,《集韻》改作丘六切。

5. 小結

綜合以上材料,《集韻》開口小韻中,改《廣韻》原合口切上字作開口字者 469 處,改《廣韻》原開口切上字作合口字者 76 處;《集韻》合口小韻中,改《廣韻》原開口切上字作合口字

者278處，改《廣韻》原合口切上字作開口字者36處。《廣韻》被切字與其切上字同呼的小韻共1623個，占我們所有統計的3178小韻（不含唇音小韻）的51.07%，《集韻》被切字與其切上字同呼的小韻共2258個，占所有統計小韻的71.05%，新增同呼小韻635（469+278-76-36）個，增長19.98%。不容置疑的是《集韻》在被切字與切上字同呼方面所做的努力。

據筆者統計，《集韻》魚韻系75個與《廣韻》同韻對應的非唇音小韻中，切上字用開口字者凡67個，語韻、御韻中除唇音外的小韻，其切上字均爲開口字；切上字仍用魚語韻字者凡7個，如御韻"茹"小韻如倨切，其切上字"如"係魚韻字；僅有一個例外小韻，即魚韻"諸"小韻，《集韻》改《廣韻》章魚切爲專於切。按，《廣韻》《集韻》虞韻系對應的65個非唇音小韻中，《廣韻》有49個小韻的切上字係開口字，而《集韻》僅有9個（其中又有5個系改爲江、陽韻系莊組字，如虞韻"䅳"小韻莊俱切、"芻"小韻窻俞切、"䴝"小韻雙雛切，麌韻"數"小韻爽主切，遇韻"數"小韻雙遇切）；虞韻的這65個小韻中，《集韻》用魚韻系字作切上字者僅"儒"小韻汝朱切。

又《集韻》開口小韻中，有53個小韻的切上字由其他韻開口字改作魚韻系字，占76個開口小韻切上字開口改合口者的69.74%。《廣韻》《集韻》同韻對應的2055個非唇音開口小韻中，《廣韻》有487個小韻的切上字用魚韻系字，《集韻》有456個小韻的切上字用魚韻系字；同韻對應的1123個非唇音合口小韻中，《廣韻》有186個小韻的切上字用魚韻系字，《集韻》只有89個小韻的切上字用魚韻系字。

《集韻》魚、虞韻系字用作反切上字以及其反切用字的分野，可證魚、虞韻系之韻類實有不同。《七音略》《韻鏡》魚韻在第十一圖，《七音略》標爲"重中重"（即開口），《韻鏡》標爲"開"；而虞、模韻相配，同在第十二圖，《七韻略》標爲"輕中輕"（即合口），《韻鏡》標爲"開合"①。《七音略》《韻鏡》魚、虞韻系分圖而立與《集韻》合。李榮《切韻音系》據不同時期的對音材料，證魚、虞韻均爲獨韻②；模韻與虞韻相配，擬音爲[o]與[io]，主要元音偏合，而魚韻主要元音圓唇程度、舌位高度不如虞，並擬音爲[iɑ]。邵榮芬同意李榮《切韻音系》的觀點，並擬模韻爲[o]、虞爲[io]、魚爲[iɔ]③。另《切韻指掌圖》第三圖魚、虞韻系合併，《四聲等子》"遇攝內三"圖中魚、虞韻系亦混，與《集韻》不合。魯國堯《〈盧宗邁切韻法〉述論》錄盧書中知照同呼圖列"豬魚、株虞、朱虞、諸魚"爲同音字，亦論魚、虞實合一④。

---

① 孔仲温（孔仲温：《韻鏡研究》，臺灣學生書局，1987年，第74頁）、楊軍（楊軍：《韻鏡校箋》，浙江大學出版社，2007年，第9頁）等學者認爲此"開合"應作"合"。
② 李榮《切韻音系》，科學出版社，1956年，第132頁）認爲獨韻沒有開合口的對立，[u]（或[w]）介音可以取消。參見李榮：《切韻音系》，科學出版社，195年，第145-149頁。
③ 邵榮芬：《切韻研究（校訂本）》，中華書局，2008年，第154頁。劉曉南認爲："魚韻的主元音爲[ɔ]，以圓唇而爲合口，可是江攝是開口獨韻，其主元音也爲[ɔ]。同一個[ɔ]，在江攝中爲合口，在遇攝中爲合口，這恐怕是構擬中的一個矛盾。"（劉曉南：《漢語音韻研究教程》，北京大學出版社，2007年，第102頁）
④ 魯國堯：《〈盧宗邁切韻法〉述論》，《魯國堯語言學論文集》，第366頁。

由此，一方面我們須承認《集韻》在同呼方面的調整，同時也就不能否認《集韻》有意區分魚、虞韻系；另一方面也可以認爲《集韻》之所以有意區分魚、虞韻系，亦有可能是承襲了《切韻》音系中魚、虞韻系的分野。

（二）洪細

學者們研究《集韻》切上字洪細特徵的文章不少，張渭毅《〈集韻〉研究概説》一文所論甚詳，因此本書不再一一介紹，張文中"對《集韻》反切上字分佈規律的考察"這部分主要綜述了《集韻》切上字洪細特徵的研究，並總結出幾條規律：

其一，《集韻》一二四等與三等無分組趨勢，但三、四等保持對立；
其二，開口二等喉牙音細音化；
其三，重組三等與普通三等同組，重組四等與四等同組[①]。

我們僅就《集韻》改用切上字中相關等的部分做具體討論，關注和探討的方面主要還是在於《集韻》改的是什麼。下面按小韻的分等逐一說明（按，小韻切上字洪細統計部分，計入了所有兩韻書同韻一一對應的小韻）。

1. 一等小韻

《廣韻》《集韻》同韻對應的一等小韻共 917 個，《集韻》改用《廣韻》一等小韻切上字情況見表 3-6。《集韻》一等小韻切上字用三等字者，較《廣韻》有所增加，但主體部分還是以一等字作切上字。

表 3-6　一等小韻切上字各等分佈統計表

《廣韻》 \ 《集韻》		一等	二等	三等	四等
一等	808	660	12	121	15
二等	4	1	3		
三等	81	35		43	3
四等	24	13		2	9
合計	917	709	15	166	27

説明：表格左部《廣韻》欄係各等字作一等小韻切上字的情況統計；表格右部《集韻》欄係保留與改動《廣韻》各等切上字的情況統計。

---

① 張渭毅：《〈集韻〉研究概説》，《語言研究》1999 年第 2 期，第 137-141 頁。

關於《集韻》一等小韻切上字改用的情況，有下列 6 條説明：

（1）《廣韻》開口一等小韻的切上字係模韻系合口一等字，而《集韻》却改作三等字。其中：

① 50 個牙喉音小韻的切上字，《集韻》改作魚、語韻字。如唐韻岡字，《廣韻》作古郎切，《集韻》改作居郎切；厚韻口字，《廣韻》作苦后切，《集韻》改作去厚切；代韻漑字，《廣韻》作古代切，《集韻》改作居代切。

② 14 個牙音小韻的切上字，《集韻》改作尤韻開口三等字。如豪韻尻字，《廣韻》作苦刀切，《集韻》改作丘刀切；泰韻艾字，《廣韻》作五蓋切，《集韻》改作牛蓋切；候韻偶字，《廣韻》作五遘切，《集韻》改作牛遘切。

③ 12 個精組聲母小韻的切上字，《集韻》改作其他開口三等字①，如宕韻喪字，《廣韻》作蘇浪切，《集韻》改作四浪切②；鐸韻索字，《廣韻》作蘇各切，《集韻》改作昔各切；登韻僧字，《廣韻》作蘇增切，《集韻》改作思登切。據筆者觀察，①②在切上字使用上，見母字常用"居"，溪母字多用"丘"，疑母字用"魚"、"語"或"牛"。

（2）《廣韻》合口一等小韻的切上字係三等字，其中有 17 個小韻的切上字，《集韻》改作模韻系合口一等字，這主要爲精組字，另有少量牙喉音字。如冬韻鬆字，《廣韻》作私宗切，《集韻》改作蘇宗切；隊韻晬字，《廣韻》作子對切，《集韻》改作祖對切；蕩韻懭字，《廣韻》作丘晃切，《集韻》改作苦晃切。

（3）《廣韻》還有部分一等小韻，切上字爲三等字"子"或"七"，其中：

① 有 12 個小韻《集韻》承襲《廣韻》用"子"或"七"字作切上字③。

② 少數小韻因被切字爲合口而改切上字作合口三等字，如《廣韻》隊韻倅字七内切，《集韻》改作取内切；又《廣韻》换韻窾字七亂切，《集韻》作取亂切。

（4）《廣韻》合口一等小韻的切上字本爲屬開口四等的"先心母"或"丁端母"字，《集韻》改爲模韻合口一等的"都"字或"蘇"字。如泰韻祋字，《廣韻》作丁外切，《集韻》改作都外切；沃韻渎字，《廣韻》作先篤切，《集韻》改作蘇篤切。

（5）《廣韻》開口一等小韻的切上字本作端、心母一等字，而《集韻》改爲屬先、青、錫韻開口四等字。如代韻戴字，《廣韻》作都代切，《集韻》改作丁代切；号韻喿字，《廣韻》作蘇到切，《集韻》作先到切。

---

① 另外還有 14 個開口一等小韻，《廣韻》切上字作開口一等字，而《集韻》中這些小韻的切上字被改作開口三等字。如哈韻"栽"字，《廣韻》作昨哉切，《集韻》改作牆來切；唐韻"臧"字，《廣韻》作則郎切，《集韻》改作兹郎切；海韻"采"字，《廣韻》作倉宰切，《集韻》此宰切；鐸韻"昨"字，《廣韻》作在各切，《集韻》改作疾各切。

② 但也有相反的情況，如唐韻"桑"字，《廣韻》作息郎切，《集韻》改作蘇郎切。

③ 據筆者統計，《集韻》一等小韻中，有 29 個小韻的切上字承襲《廣韻》同小韻反切，用三等字作切上字。如厚韻"鯫"字，二書同作仕垢切；感韻"墋"字，二書均爲七感切。再如厚韻"走"字，《廣韻》作子苟切，《集韻》改作子口切；嶝韻"䁁"字，《廣韻》思贈切，《集韻》思鄧切，切上字相同，切下字有改動，但均爲嶝韻開口一等。

(6)《廣韻》另有 11 個開口一等小韻，其切上字用模、姥韻字，而《集韻》改作開口二等字。如海韻亥字，《廣韻》作胡改切，《集韻》改作下改切；《廣韻》晧字胡老切，《集韻》改作下老切。此外，我們做了一個統計（統計範圍爲《廣韻》《集韻》均有的對應小韻），《集韻》各等小韻中，以二等字作切上字者共 84 個；又《集韻》以二等字作一等小韻切上字者，共 15 次，其中以匣母二等字（如"下"字）作一等小韻切上字者凡 12 次。《集韻》以二等字作三等小韻切上字者，共 27 次，其中知、莊組小韻達 22 個。

2. 二等小韻

《廣韻》《集韻》同韻對應的二等小韻共 611 個，《集韻》改用《廣韻》二等小韻切上字情況見表 3-7。《廣韻》二等小韻，主要以一等字作切上字，三等字次之，而《集韻》二等小韻切上字用三等字者明顯增多，占主要地位，一等字居其次。

表 3-7　二等小韻切上字各等分佈統計表

《廣韻》\《集韻》		一等	二等	三等	四等
一等	313	193	20	99	1
二等	44	10	15	19	
三等	250	18	5	229	
四等	2			2	
合計	611	221	40	349	1

說明：表格左部《廣韻》欄係各等字作二等小韻切上字的情況統計；表格右部《集韻》欄係保留與改動《廣韻》各等切上字的情況統計。

《集韻》對二等小韻的切上字的調整，可以歸納成以下 4 點：

(1)《廣韻》匣母開口二等小韻的切上字爲模韻系合口一等字，《集韻》改作開口二等字，主要是將"胡"字改爲"下"字。如怪韻械字，《廣韻》作胡介切，《集韻》改作下介切；黠韻點字，《廣韻》作胡八切，《集韻》改作下八切。

(2)《廣韻》見、溪、疑母開口二等小韻的切上字爲一等字，而《集韻》改作開口三等字。其中：

① 二書對應的 36 個見母開口二等小韻中，《集韻》有 18 個改模韻一等字作魚、語韻三等字，如佳韻佳字，《廣韻》古膎切，《集韻》改作居膎切；刪韻姦字，《廣韻》古顏切，《集韻》改作居顏切；卦韻懈字，《廣韻》古隘切，《集韻》改作居隘切；映韻更字，《廣韻》作古孟切，《集韻》改作居孟切。

② 二書對應的 27 個溪母開口二等小韻中，《集韻》有 13 個改一等切上字作尤韻三等字，如皆韻揩字，《廣韻》作口皆切，《集韻》改作丘皆切；肴韻敲字，《廣韻》作口交切，《集韻》

改作丘交切；銜韻嵌字，《廣韻》作口銜切，《集韻》改作丘銜切。

③ 二書對應的 26 個疑母開口二等小韻中，A.《集韻》有 9 個改一等切上字作魚、語韻三等字，如駭韻駥字，《廣韻》作五駭切，《集韻》改作語駭切；産韻眼字，《廣韻》作五限切，《集韻》改作語限切；B.《集韻》有 7 個改一等切上字作尤韻三等字，肴韻聱字，《廣韻》作五交切，《集韻》改作牛交切；卦韻睚字，《廣韻》作五懈切，《集韻》改作牛解切。同上所總結的情况一樣，①②在使用切上字時，見母字多用"居"，溪母字多用"丘"，而疑母字多用"魚"、"語"或"牛"。

(3)《集韻》二等小韻中的三等切上字，主要是知、莊組曾入、通入、臻入、流攝、遇攝、止攝三等字。《集韻》二等韻中，改《廣韻》三等切上字作一等字的部分，主要是唇音與喉音，如山韻䆑字，《廣韻》作方閑切，《集韻》改作逋閑切；襉韻盼字，《廣韻》作匹莧切，《集韻》改作普莧切；皆韻崴字，《廣韻》作乙皆切，《集韻》改作烏乖切；覺韻㖕字，《廣韻》作許角切，《集韻》改作黑角切。

(4) 據筆者統計，《集韻》《廣韻》均有的見、溪、疑母二等小韻共 126 個，其中《集韻》見組合口二等小韻多用模、姥韻字作切上字，今查有 32 條；見組開口二等小韻用一等字作切上字者有 28 條，多用姥、厚、模韻一等字[①]，而用三等字作切上字者有 60 個，多用魚、語、尤、迄韻字。

3. 三等小韻

《廣韻》《集韻》同韻對應的三等小韻共 1880 個，《集韻》改用《廣韻》三等小韻切上字情况見表 3-8。《集韻》三等小韻的切上字中一、二、四等字都有所增加，但其中三等字還是占絕大多數，是一、二、四等切上字數之和的 10 倍。

表 3-8　三等小韻切上字各等分佈統計表

《廣韻》＼《集韻》	一等	二等	三等	四等
一等	34	19		15	
二等	13		6	7	
三等	1827	86	21	1689	31
四等	6			3	3
合計	1880	105	27	1714	34

說明：表格左部《廣韻》欄係各等字作三等小韻切上字的情况統計；表格右部《集韻》欄係保留與改動《廣韻》各等切上字的情况統計。

[①] 姥韻字多用承襲《廣韻》所用"古、苦"等字，如巧韻巧字，《廣韻》《集韻》均作苦絞切，狎韻甲字，二韻書同爲古狎切；厚韻字多用口字，係改合口一等"苦"字作開口一等"口"字，如馬韻跒字，《廣韻》作苦下切，《集韻》改作口下切；效韻敲字，《廣韻》作苦教切，《集韻》改作口教切。

我們簡要地介紹下三等小韻的情況：

（1）據筆者統計，《廣韻》《集韻》均有的從母三等小韻共 48 個。

① A. 一部分以一等字作切上字的小韻，《集韻》沒有改用切上字或改作其他一等字，如有韻湫字，《廣韻》《集韻》均作在九切；綫韻賤字，二韻書同爲才綫切；獮韻雋字，《廣韻》作徂兖切，《集韻》改作粗兖切。B. 而另一部分小韻，《集韻》改切上字爲三等字，如陽韻牆字，《廣韻》作在良切，《集韻》改作慈良切；遇韻堅字，《廣韻》作才句切，《集韻》改作從遇切。

② 一部分以三等字作切上字的小韻，《集韻》又改作一等切上字，如語韻咀字，《廣韻》慈吕切，《集韻》改作在吕切；麌韻聚字，《廣韻》作慈庾切，《集韻》改作在庾切；獮韻踐字，《廣韻》作慈演切，《集韻》改作在演切。

（2）《廣韻》合口三等小韻的切上字係三等字，而《集韻》改作合口一等字，如獮韻卷字，《廣韻》作居轉切，《集韻》改作古轉切；祭韻劌字，《廣韻》作居衛切，《集韻》改作姑衛切；旨韻歸字，《廣韻》作丘軌切，《集韻》改作苦軌切；紙韻硊字，《廣韻》作魚毀切，《集韻》改作五委切。

（3）一部分脣牙喉音及清母三等小韻，《廣韻》本以三等字作其切上字，而《集韻》又改爲四等字。

① 脣牙喉音重紐四等小韻，《廣韻》多以魚、語韻字作三等小韻的切上字，而《集韻》又改用四等字，查此類共 22 條，如支韻闚字，《廣韻》作去隨切，《集韻》改作缺規切；祭韻藝字，《廣韻》作魚祭切，《集韻》改作倪祭切；質韻吉字，《廣韻》作居質切，《集韻》改作激質切。

② 清母小韻，主要是改《廣韻》切上字"七"作"千"，如魚韻疽字，《廣韻》作七余切，《集韻》改作千余切；鹽韻籤字，《廣韻》作七廉切，《集韻》改作千廉切；其他如脂韻郪字，《廣韻》作取私切，《集韻》改作千咨切[①]。

4. 四等小韻

《廣韻》《集韻》同韻對應的四等小韻共 294 個，《集韻》改用《廣韻》四等小韻切上字情況見表 3-9。《集韻》四等小韻的切上字中三、四等字都有所增加。

表 3-9　四等小韻切上字各等分佈統計表

《廣韻》\《集韻》		一等	二等	三等	四等
一等	235	118	2	45	70
二等					
三等	37	6		26	5

[①] 此亦有相反的情況，如旨韻趡字，《廣韻》作千水切，《集韻》改作取水切。

续 表

《廣韻》＼《集韻》	一等	二等	三等	四等
四等	22	1	4	17
合計	294	125	2	75	92

說明：表格左部《廣韻》欄係各等字作四等小韻切上字的情況統計；表格右部《集韻》欄係保留與改動《廣韻》各等切上字的情況統計。

具體內容請看下例各條：

（1）據筆者統計，①《集韻》有80個四等小韻的切上字承襲《廣韻》，以一等字作切上字，如先韻玄字，《廣韻》《集韻》均作胡涓切；青韻青字，二韻書同爲倉經切。②《廣韻》部分開口四等小韻，其切上字用模韻系合口一等，其中有53個小韻的切上字《集韻》改作四等開口字，如齊韻梯字，《廣韻》作土雞切，《集韻》改作天黎切；先韻堅字，《廣韻》作古賢切，《集韻》改作經天切；蕭韻貂字，《廣韻》作都聊切，《集韻》改作丁聊切；迥韻醒字，《廣韻》作蘇挺切，《集韻》改作銑挺切；霰韻硯字，《廣韻》作吾甸切，《集韻》改作倪甸切。

（2）重紐四等字作四等小韻切上字。①《廣韻》四等小韻有以重紐四等字爲切上字者，如齊韻磏字匹迷切、銑韻摵字彌殄切、霽韻媲字匹詣切，《集韻》分別作篇迷切、弥殄切、匹計切，磏、摵二小韻切上字雖有改動，但"篇、弥"仍係重紐四等字。此外，《集韻》改四等小韻中普通三等切上字作重紐四等字，如蕭韻幺字，《廣韻》作於堯切，《集韻》改作伊堯切；迥韻謦字，《廣韻》作去挺切，《集韻》改作棄挺切；屑韻抉字，《廣韻》作於決切，《集韻》改作一決切。"於、去"屬普通三等字，而"伊、棄、一"字係重紐四等字。②《廣韻》以一等字作四等小韻切上字，而《集韻》改作重紐四等字，筆者查此類共有38條，如齊韻迷字，《廣韻》作莫兮切，《集韻》改作緜批切；先韻眠字，《廣韻》作莫賢切，《集韻》改作民堅切；銑韻繭字，《廣韻》作古典切，《集韻》改作吉典切；霽韻契字，《廣韻》作苦計切，《集韻》改作詰計切；屑韻噎字，《廣韻》作烏結切，《集韻》改作一結切。

總的來說，《集韻》切上字在各等中的分佈大致與《廣韻》相近（各等整體比例參見表3-10）。

表3-10 《廣韻》《集韻》各等切上字數統計表

	一等		二等		三等		四等	
	數目	百分比	數目	百分比	數目	百分比	數目	百分比
《廣韻》	1390	37.55%	61	1.65%	2195	59.29%	56	1.51%
《集韻》	1160	31.33%	84	2.27%	2304	62.24%	154	4.16%
對比	-230	-6.21%	23	0.62%	109	2.94%	98	2.65%

《集韻》切上字中一等字的減少，主要是因爲《廣韻》見、精組開口一二等小韻的切上字多用模韻系合口一等字，而《集韻》在調整反切上字的過程中，把這部分切上字改成魚、語韻字以及尤韻等其他開口韻字。如《廣韻》《集韻》同韻對應的 3703 個小韻中，《廣韻》切上字用"古"者 135 處，《集韻》切上字用"古"者 55 處，《集韻》改"古"作"居"者凡 32 處；《廣韻》切上字用"苦"者 86 處，《集韻》切上字用"苦"者 38 處，《集韻》改"苦"作其他三等字者凡 27 處；《廣韻》切上字用"五"者 79 處，《集韻》切上字用"五"者 24 處，《集韻》改"五"作"魚、語、牛"者凡 30 處。我們當然不能僅憑此而判斷爲《集韻》一二四等與三等無分組趨勢，因爲也有可能是《集韻》較爲關心被切字與切上字同呼，而洪細的和諧則放在其次的位置。不過，從以上具體材料的分析中，我們也得知《集韻》重紐四等與四等關係密切，《集韻》重紐四等字作四等字的切上字，四等字也作重紐四等字的切上字。這可能對認識重紐的性質有一定幫助。

（三）聲調

白滌洲指出《集韻》與《廣韻》的反切比較，發現《集韻》"反切上字也顧及聲調"，"平聲字反切上字用平聲，上聲字反切上字用上聲"，並指出"反切上字改用同聲調的字，平聲最多，上聲次之，入聲又次之，去聲幾乎沒有"；又白文認爲《集韻》各聲改用不平衡的情況則因多人編著《集韻》故而，意見不統一①。

邱榮鐊列詳表對《集韻》改反切上字與被切字同聲調者做了統計分析，所得切上字與被切字同聲調的情況與白文同②。邱先生既同意白文《集韻》非成於一人之手的結論，同時又認爲去、入聲韻的切上字用本調字者較少，還可能是因《集韻》"既重視用同等呼之原則，若再求聲調之一致，則切語上字，於平上聲韻所用者之外，須另增去聲韻之上字，必致增益太繁"③。

平山久雄《〈集韻〉反切上字的聲調分佈及其在反切法上的意義》一文結合等呼以韻爲單位詳細分析了《集韻》反切上字的聲調分佈④。《集韻》去聲部分韻的小韻切上字用了平聲字，如遇韻，僅閏字丑注切一個小韻用上聲字作切上字，其餘小韻全用平聲字；再如願韻，17 個小韻中有 15 個小韻用平聲字作切上字，而《集韻》選平聲字作切上字，可能並不一定基於語音上的考慮，"平聲字多，如果他需要一個合乎等第、開合等語音要求的反切上字，不妨先在平聲裏尋找，這是很自然的"（同上書，頁 19）。《集韻》入聲韻根據采用不同聲調切上字的

---

① 白滌洲：《集韻聲類考》，《中研院歷史語言研究所集刊》第 3 本第 2 分冊，第 182 頁。
② 邱榮鐊：《集韻研究》，第 481—550 冊。
③ 邱榮鐊：《集韻研究》，第 589 頁。
④ [日] 平山久雄：《〈集韻〉反切上字的聲調分佈及其在反切法上的意義》，《南大語言學》（第二編），商務印書館，2005 年，第 11—23 頁。

情況,大致可分爲三類:甲類用入聲字,乙類用平聲字,丙類較少調整(同上書,頁20)。入聲字采用平聲字作切上字,則因爲平、入聲陰陽兩調除韻尾引起的舒促不同,其調值無別,所以《集韻》用平聲字(同上書,頁22)。《集韻》改用同聲調切上字,有一個重要的功用便是"可以使人正確地求出全濁聲字和次濁聲母字的讀音"(同上書,頁21)。

張渭毅則以聲調改良各卷不均衡,特別以入聲上半卷多用平聲字作切上字,入聲下半卷多用入聲字作切上字的具體事例,爲"《集韻》編寫分工不同"内證①。張文還認爲《集韻》上、去聲卷全濁聲母小韻改用反切上字的事實,有對時音濁上歸去音變的影子,但這在《集韻》上、去聲卷裏未成規模,其主體反映的還是濁上未變去聲,而這種現象只能説明《集韻》未能變革《切韻》(《廣韻》)的聲調格局,"《集韻》反映了北宋時期讀書音的聲調系統"②。

以上所引,各家已經陳述了《集韻》平上去入各卷小韻改用同聲調切上字的情況,其因編著者各有分工、意見不統一而引致各卷改用不平衡之結論也爲各家采信,我們認爲,邱榮鐊、平山久雄二位先生所議《集韻》去入聲卷爲不過多增加反切用字,而多用平、上聲字的推論也可成立,同時這與前面的結論也並不矛盾。

我們對《集韻》小韻切上字改用同聲調字也做了統計分析,下面按平、上、去、入四聲逐一列表説明(按,小韻切上字聲調統計計入了所有同韻一一對應的小韻)。

1. 平聲

《廣韻》《集韻》同韻對應的平聲小韻共1128個,《集韻》改用《廣韻》平聲小韻切上字情況見表3-11。《集韻》平聲小韻的切上字中平聲字大量增加。

表3-11 平聲小韻切上字各調分佈統計表

《廣韻》	《集韻》	平聲	上聲	去聲	入聲
平聲	387	379	6	1	1
上聲	442	386	49	1	6
去聲	32	24	4	4	
入聲	267	240	4	1	22
合計	1128	1029	63	7	29

説明:表格左部《廣韻》欄係各聲調字作平聲小韻切上字的情況統計;表格右部《集韻》欄係保留與改動《廣韻》各聲調切上字的情況統計。

---

① 張渭毅:《〈集韻〉的反切上字所透露的語音信息》,《中古音論》,第124-125頁。
② 見《中古音論》,第173頁。張渭毅《〈集韻〉的反切上字所透露的語音信息》原文連載於《南陽師範學院學報(社會科學版)》2002年第1、3、5期上,張先生在《中古音論》中注此文又做了修改。因而,我們在引用時以《中古音論》中所收錄爲準。

2. 上聲

《廣韻》《集韻》同韻對應的上聲小韻共 882 個,《集韻》改用《廣韻》上聲小韻切上字情況見表 3-12。《集韻》上聲小韻的切上字中上聲字大量增加。

表 3-12　上聲小韻切上字各調分佈統計表

《廣韻》\《集韻》	《集韻》	平聲	上聲	去聲	入聲
平聲	551	134	393	8	16
上聲	199	5	185	5	4
去聲	16	2	12	1	1
入聲	116	2	79	1	34
合計	882	143	669	15	55

說明：表格左部《廣韻》欄係各聲調字作上聲小韻切上字的情況統計；表格右部《集韻》欄係保留與改動《廣韻》各聲調切上字的情況統計。

3. 去聲

《廣韻》《集韻》同韻對應的去聲小韻共 1022 個,《集韻》改用《廣韻》去聲小韻切上字情況見表 3-13。《集韻》去聲小韻的切上字經其編著者調整後格局仍與《廣韻》相同,另二書小韻切上字作去聲字者都較少。

表 3-13　去聲小韻切上字各調分佈統計表

《廣韻》\《集韻》	《集韻》	平聲	上聲	去聲	入聲
平聲	572	490	49	11	22
上聲	276	72	180	5	19
去聲	7	1		6	
入聲	167	23	13	5	126
合計	1022	586	242	27	167

說明：表格左部《廣韻》欄係各聲調字作去聲小韻切上字的情況統計；表格右部《集韻》欄係保留與改動《廣韻》各聲調切上字的情況統計。

4. 入聲

《廣韻》《集韻》同韻對應的入聲小韻共 670 個,《集韻》改用《廣韻》入聲小韻切上字情況見表 3-14。《集韻》入聲小韻的切上字中入聲字增加。另《集韻》沃韻切上字全部改用平聲模韻合口一等字,燭韻除楝字丑玉切外,切上字全作平聲字。

表 3-14　入聲小韻切上字各調分佈統計表

《廣韻》\《集韻》		平聲	上聲	去聲	入聲
平聲	351	161	11	9	170
上聲	193	30	59	3	101
去聲	12	3	1	1	7
入聲	114	13		3	98
合計	670	207	71	16	376

説明：表格左部《廣韻》欄係各聲調字作入聲小韻切上字的情況統計；表格右部《集韻》欄係保留與改動《廣韻》各聲調切上字的情況統計。

以上的統計説明，《集韻》相比《廣韻》而言，對平、上聲小韻切上字與被切字同調的調整較爲明顯，這與邱棨鐊、平山久雄等先生所做的調查相同。《集韻》對去聲小韻切上字與被切字同調的調整較小，《集韻》去聲小韻切上字用去聲字者也比較少。而《集韻》入聲小韻切上字改《廣韻》原平、上、去聲字作入聲字者凡 278（170+101+7）處，占所統計的 670 個入聲小韻的 41.49%，可見《集韻》對入聲小韻切上字與被切字同調的調整是做了努力的。

三、反切下字的改良

《集韻》切下字的改動僅切上字改動的 2/5 强[①]，就筆者目力所及，討論《集韻》《廣韻》反切下字異同的文章比討論切上字的也明顯少得多。關於《集韻》通用韻之間互切等問題，我們在上節也討論過了，因此我們只就《集韻》切下字較《廣韻》改動的 751 處簡要地做一些探討。按，《集韻》實際更改小韻切下字作不同音韻地位的其他字而不涉及韻類者只有 751 處，如《集韻》改《廣韻》東韻蓬字薄紅切作蒲蒙切，切下字"紅"爲匣母合口一等，"蒙"爲明母合口一等。《集韻》改動《廣韻》小韻反切下字有 179 處改動係取同音韻地位字作切下字，如《廣韻》德韻則字子德切，《集韻》改作即得切，《廣韻》德、得二字同在德小韻，這部分改動無所謂改良，因此不在本節討論；還有 31 處切下字改動涉及韻類的混同，如《廣韻》迥韻䀼字五到切（下字迥韻），而《集韻》迥韻䀼字改作研領切（下字靜韻），我們已經在本章第三節討論過該問題（詳見前文），因此這部分改動也沒有計入本節反切下字改良的統計中。

（一）邱棨鐊的研究

邱棨鐊通過《廣韻》《集韻》的反切對比，對於切下字改動的情況總結出兩個條例：1. 取同聲組字爲下字例；2. 試圖統一下字用字例[②]。具體如下：

[①] 以《集韻》反切與《廣韻》相較，《集韻》切上字改動 2253 處，切下字改動 961 處，請參看上節的統計。
[②] 邱棨鐊:《集韻研究》，第 659-681 頁。

1. 邱文以東韻爲例,先證東韻內各小韻以聲組爲次,説明《集韻》編著者應懂聲韻之學,然後列《集韻》取同聲組的字作切下字例,證明這是《集韻》編著者有意爲之①。其例有:

　　　　　《廣韻》　　　　　　《集韻》
（1）蓬小韻,薄紅切　　蓬小韻,蒲蒙切
（2）蒙小韻,莫紅切　　蒙小韻,謨蓬切
（3）風小韻,方戎切　　風小韻,方馮切
（4）豐小韻,敷空切　　豐小韻,敷馮切

《集韻》東韻34小韻中,唯融字,《廣韻》以戎切,而《集韻》改作余中切,中字係知母字,其餘小韻切下字均改作與小韻首字同聲組的字。邱文指出《集韻》取同聲組字爲切下字例集中在少數韻中,全書並不均衡,又《集韻》各韻切下字七音分而有別,必使切下字愈繁,並不實用。

2.《集韻》諄、幽、談、腫、海、證等韻切下字較《廣韻》有所減少,《集韻》切下字有統一簡省的趨勢,有改一二見之切下字爲多見者,有統一切下字之異體字者,有以常用字替換生僻字者,不一而足(爲免行文繁蕪,具體參見邱文)。邱文又指出,切下字統一簡省與取同聲組字作切下字實爲矛盾,也是此二條例不能全書貫徹的緣由之一。

（二）關於取同聲組字爲下字例

筆者通過二書切下字的比較,亦證實了邱文所列舉的條例不虛,當然相反的例證固然存在。邱文所謂"同聲組"實際比較寬松,如《集韻》改《廣韻》東韻嵩字息弓切爲思融切,若以"七音"論,嵩字屬齒音心母字,融屬喉音以喻四母字,實不應計入"同聲組"例。

爲了得出更客觀的結論,我們參照中國社會科學院語言研究所重新審定的《方言調查字表》以及唇舌齒牙喉五音兩種分組,以韻爲單位對《廣韻》《集韻》小韻取同聲組字作切下字例做了全面的統計。

從絕對數字看,《集韻》小韻切下字改動較多的韻有:支$_{25}$、東$_{24}$、紙$_{23}$、齊$_{18}$、陌$_{17}$、脂$_{17}$、腫$_{17}$、模$_{16}$、魚$_{16}$、姥$_{15}$、有$_{14}$、止$_{14}$、語$_{13}$、潸$_{12}$、鐸$_{12}$、尤$_{12}$、真$_{12}$、職$_{12}$等韻②。

從改動切下字所占本韻小韻數的比例來看③,占50.00%以上的有24韻,依次爲:潸85.71%(12/14)、模84.21%(16/19)、姥83.33%(15/18)、腫80.95%(17/21)、絳77.78%(7/9)、物75.00%(3/4)、東70.59%(24/34)、齊69.23%(18/26)、魚66.67%(16/24)、釅66.67%(2/3)、勁66.67%(2/3)、陌58.62%(17/29)、鐸57.14%(12/21)、

---

① 邱榮鐋:《集韻研究》,第660-673頁。
② 韻後所標數字爲改動切下字數,如"支25"即指支韻切下字改動25處。
③ "潸85.71%(12/14)"意爲潸韻改動切下字12處,所占潸韻小韻數14的85.71%。另需注明的是所統計的小韻總數是《集韻》《廣韻》該韻均有的小韻。

廢 57.14%(4/7)、止 56.00%(14/25)、鑑 55.56%(5/9)、真 54.55%(12/22)、幽 54.55%(6/11)、有 50.00%(14/28)、語 50.00%(13/26)、哈 50.00%(9/18)、賄 50.00%(8/16)、術 50.00%(6/12)、歌 50.00%(3/6)。

而《集韻》實際改作同聲組切下字者，綜合兩種不同分組的對比數據，東、模、支、齊、紙、止等韻較多，前已列舉東韻改用情況，此不再一一詳論。

統觀《廣韻》《集韻》，切下字同聲組的小韻數占所在韻小韻總數比例等於或超過 30% 的韻之數目説明，《集韻》取同聲組字爲切下字的條例貫徹確實不能全書奉一（參看表 3-15 的統計），且《廣韻》《集韻》兩相比較，相差並不懸殊。

表 3-15 切下字同聲組小韻占該韻小韻總數比例超 30% 的韻部統計表

	按《調查字表》分組	按唇舌齒牙喉五音分組
《廣韻》	59	106
《集韻》	63	104

兩書切下字聲母兩兩同聲組的小韻數（與上面的切下字與小韻首字同聲組的統計不同，此處即指《廣韻》小韻切下字與《集韻》同小韻切下字之聲母比較）占該韻的對應小韻總數比例等於或超過 50% 的韻按上述兩種分組統計，分別爲 201、201 韻，等於或超過 90% 的韻分別爲 91、99 韻，這説明《集韻》並没有大量換用《廣韻》切下字作其他聲組的字。舉例如下：

《廣韻》《集韻》送韻對應的小韻共 27 個，《集韻》未對《廣韻》送韻切下字做改動，因此送韻切下字兩兩同聲母小韻數所占該韻對應小韻總數比例爲 100%。再如清韻，二書對應的小韻共 23 個，《集韻》僅改動切下字一處，即清字七情切被改作親盈切，情字屬齒音從母，而盈字屬喉音以母，聲母不同聲組，則清韻兩兩同聲母小韻爲 22，占清韻總對應小韻總數的 95.65%。

另外，我們還統計了《廣韻》《集韻》均有的 3702 個小韻中，其切下字在各聲組裏的分佈，結果二書的情况也比較接近（參看表 3-16 及表 3-17 統計數字）。

表 3-16 切下字在各聲組裏的分佈表一

	唇	舌	齒	牙	喉
《廣韻》	351	759	545	1149	898
《集韻》	358	725	582	1131	906

《廣韻》《集韻》各聲組字作切下字的比重大致接近。表 3-16 還説明，切下字用牙喉音字最多，其中又以見組字最多。另據我們統計，《集韻》切下字用來母字的小韻共有 425 個，占泥來組總數的 94.24%（425÷451×％）。《集韻》237 個唇音小韻用幫組字作切下字，即幫組字主要用作唇韻小韻的切下字。《集韻》有 156 齒音小韻用章組字作切下字。

表 3-17　切下字在各聲組裏的分佈表二

	幫組	端組	泥來	精組	知組	莊組	章組	日	見組	曉匣	影云以
《廣韻》	351	204	473	174	82	38	261	72	1149	465	433
《集韻》	358	202	451	175	71	51	267	89	1131	450	457

《集韻》對《廣韻》切下字的改動畢竟不占多數，特別是取同聲組字爲切下字例在切下字改動例中又只是其中的一部分。比如咸、送、蕩、屑、未等 50 多個韻的小韻反切，《集韻》承襲《廣韻》没有改動切下字或者雖有改動而没有改變切下字的聲組，其有些韻切下字與小韻首字同聲組的比例高一些，如蕩韻、未韻等，也有一些比例稍低，如送韻等。

（三）關於統一下字用字例

有一些切下字改動比較多的韻，如《廣韻》腫韻有 22 個小韻，《集韻》除甈字方勇切承《廣韻》之外，改《廣韻》腫韻捧、奉等 16 小韻的切下字作勇，該韻的改動以統一切下字爲主要原則。

還有一些韻，比如魚韻，《廣韻》本來多個小韻共用同一個切下字，而《集韻》改作不同的切下字，且不與切上字同聲組。請看下面的例子：

　　　　　　《廣韻》　　　　　　《集韻》
（1）且小韻，子魚切　　　苴小韻，子余切
（2）徐小韻，似魚切　　　徐小韻，詳余切
（3）豬小韻，陟魚切　　　豬小韻，張如切
（4）除小韻，直魚切　　　除小韻，陳如切
（5）諸小韻，章魚切　　　諸小韻，專於切
（6）書小韻，傷魚切　　　書小韻，商居切
（7）蜍小韻，署魚切　　　蜍小韻，常如切
（8）居小韻，九魚切　　　居小韻，九於切
（9）虛小韻，去魚切　　　虛小韻，丘於切
（10）渠小韻，强魚切　　　渠小韻，求於切

按，也有承《廣韻》而切下字未改者：如葅小韻，《廣韻》作側魚切，《集韻》作臻魚切；鉏小韻，《廣韻》作士魚切，《集韻》作牀魚切。上面的 10 個例子，與統一下字用字例相比，完全是反其道而行之。或許《集韻》編著者如此安排有其深意，而筆者未能悟得。

關於《集韻》切下字有統一簡省趨勢這一條例，既有支持此條例的材料，如腫韻切下字多改作"勇"，也有不支持的材料，如上例魚韻的例子。筆者還統計了《廣韻》《集韻》同韻部對應小韻所用的切下字，《廣韻》共 1160 個，《集韻》共 1126 個，總數上只相差 34，二書均用的

切下字有 910 個,《集韻》新增"紹、叢、五"等 216 個切下字,《廣韻》"隴、雨、武"等 250 個切下字,在《集韻》中被改作其他字。

綜合上述材料來看,《集韻》取同聲組字作切下字及統一簡省切下字均係編著者非自覺改良,即此改良既未立條例於《韻例》,《集韻》編著者也沒有形成統一的認識,同時全書並未貫徹此條例,這樣的現象沒有形成一定的規模。

我們認爲,在反切改良的過程中,若要利於拼切,或即拼即得的話,切下字最好選用喉音影喻母字,如《集韻》魚韻有 9 小韻切下字改爲"余"或"於",尤韻有 7 個小韻的切下字改作"尤",腫韻有 16 個小韻的切下字改作"勇"。選用同聲組切下字最大的功效僅爲提示聲母的信息,而該信息已經由切上字提供,切下字再求一致,也只是信息的冗餘,並且《集韻》各韻已按聲組排列小韻,所以確無必要使切下字與切上字聲組一致,這可能也是《集韻》切下字沒有大規模改用同聲組字的原由。至於切下字的統一簡省,這是反切法所追求的,也是反切法無法真正克服的弊病,《集韻》切下字相對《廣韻》而言,雖有統一簡省,但同時也有不少新增。

本節我們對《集韻》切上字在開合、洪細、聲調分佈和改良,以及《集韻》取同聲組字爲切下字和切下字簡省等問題做了簡要的分析。

總的來說,《集韻》在反切法的改進上確實做出了努力,如《集韻》在小韻反切上字與被切字同呼、同調等方面所做的調整。其中也有一些特別的現象,如魚韻系小韻用開口字作切上字,且魚韻系字又多用爲開口小韻的切上字,而虞韻系的情況剛好相反;再如,《集韻》改《廣韻》江韻莊組開口二等小韻切上字作合口字,又改合口小韻的切上字作江韻莊組開口二等字,等等。

也有一些小韻的反切,經《集韻》的改動後,反而不一定比《廣韻》原來的好拼。如一等小韻的切上字,《廣韻》本爲一等字,以同等字相切較爲和諧,而《集韻》改作三等字,洪細不同,則不一定更好拼(具體實例詳前文)。

《集韻》所做的這些改動,都不影響《集韻》所承襲的《切韻》(《廣韻》)音系的格局。《集韻》對小韻切上字的改良,首重其與被切字同呼,其次爲同調,再次爲同等;小韻切下字的改動較少,我們對《集韻》《廣韻》切下字在各聲組裏的分佈的統計,也說明《集韻》與《廣韻》的切下字情況是相近的。同時,我們還要強調的是,《集韻》對《廣韻》反切改良是有限的,反切用字的改動並不等同於改良。

第五節 關於《集韻》異讀的研究

漢字異讀的積累,也是語音信息保存的一種途徑。筆者據數據庫統計,《集韻》共 12425

字有兩個或兩個以上的讀音[①]，學界常稱這種一字多音的現象爲異讀、又音等，其他稱謂不一而足。《集韻》的這些異讀之間在音類上具有什麼樣的關係？《集韻》異讀的研究，對漢語語音史研究有什麼樣的價值？這些都是不可回避的問題。

又通過前文《集韻》引《博雅音》的例子，我們得知《集韻》新增字音有的體現了宋初時音的變化。因此，我們有必要解剖《集韻》的這部分材料，考察以上兩個問題，同時也期待能更多地了解宋初通語及方言的語音面貌。

本節主要從方法論上對《集韻》異讀研究做新的探討，同時對今後《集韻》異讀研究工作的開展做一些構想和設計。

一、異讀的界定

"名不正則言不順，言不順則事不成"（《論語·子路》）。名以求實，也就是讓能指與所指的關係固定，一個嚴密的邏輯系統，首先需要一套嚴密的術語或指稱符號系統。因此，我們應該對《集韻》異讀及異讀研究的對象和範圍有一個明確的界定。爲了避免爭議，本書的界定不涉及學界術語的統一規範。

（一）什麼是異讀

李榮先生曾指出："所謂又音是説同一個字形有不同的讀音，意義或同或異。"[②] 又補充説："嚴格的説，音不同就是字不同，又音實在是不同的字。字形倒是次要的，商賈寫成商估，縣繫的縣借爲州縣的縣，再分化出懸作懸繫的懸，都只是字形的變化而已，並不牽動語言的實際。"[③] 李文所稱"又音"同"異讀"，其文統一使用"又音"。另，"實在是不同的字"中的這個"字"，我們應理解爲"詞"，李文所説字和字形的區別等於詞與字形（或被稱爲字）的區別。其文中補充所論是對同音假借和字形分化來說的。

本書所稱"異讀"的概念類同於李先生所稱"又音"，其內涵即指同一個字形有兩個或兩個以上不同的讀音，其外延包含《集韻》裏所有意義或同、或異的相同字形。爲什麼不逕稱"又音"而取用"異讀"呢？這是因爲《廣韻》注"又音"，而《集韻》則不注，且《集韻·韻例》也對此有説明，即"凡一字之左舊注兼載它切，既不該盡，徒釀細文，況字各有訓，不煩悉著"。於是用"異讀"指稱《集韻》異讀的事實更爲合適。

[①] 張渭毅統計數字爲一萬一千多個（《中古音論》，第39頁）。
[②] 李榮：《音韻存稿》，商務印書館，1982年，第210頁。
[③] 原文作《隋代詩文用韻與〈廣韻〉的又音》，後收於《音韻存稿》。

（二）什麼是同義異讀與異義異讀

異讀字與多音字、同形字等並非同位的概念，此所謂異讀字即是通稱。對異讀字的再分類（即異讀字的次範疇）可以依據不同的標準，從而有不同的概念或術語體系。對異讀字的再分類可以字形和意義爲標準：字形相同且意義相同（或相近）者稱爲同義異讀，字形相同而意義不同者稱爲異義異讀。

（三）異讀研究的範圍

《集韻》所有字形相同而讀音不同的情況都應納入異讀研究的範圍，但因爲我們研究的視角仍是語音史，則討論主要圍繞語音方面開展。另《集韻》不注"又音"，所以需先類聚相同字形，歸納統計所有異讀情況，之後再討論各異讀字之間的關係。此外還有兩個問題需要進一步說明：

1. 關於假借字與通假字

假借字之間的異讀是否能劃入異讀字的研究範圍，我們作如下理解。《說文解字·敘》："假借者，本無其字，依聲托事，令長是也。"說明假借者與被假借者雖有意義上的差別，但它們的語音是相同的，具有相同的語音條件，本應有相同的語音演變結果，則假借字間的異讀情況從語音史的研究角度來說，是可以進入異讀研究範圍的。通假字爲本有其字的假借，應屬臨時改用，爲謹慎起見，我們擬暫不把通假字納入異讀研究範圍。

2. 關於字形分化與異體字

字形有分化後，相關字詞已各具獨立的形體，並開始區別身份，所以我們不將其置入異讀研究範圍，而這部分字可作爲同源字等問題另行研究。異體字的問題則同理。

二、前人的研究

據筆者目力所及，迄今對《集韻》異讀研究較深的是張渭毅《〈集韻〉異讀研究》（簡稱《異》）、《關於〈集韻〉的異讀的層次分析的問題》（簡稱《層》）兩篇文章[①]，其文均收在張渭毅《中古音論》中。

《異》文先以《集韻》《類篇》"疒"旁異讀字爲例，從注音上的差異、釋義上的差異、異體關係上的差異等三個方面，花較大篇幅論證了《類篇》重音字的研究不能代替《集韻》異讀字的研究。

---

① 前文原載於《中國語言學論叢（第二輯）》，北京語言文化大學出版社，1999年，第120-148頁，後文原載於《中國音韻學研究會第十一屆學術討論會、漢語音韻學第六屆國際學術研討會論文集》，香港文化教育出版社，2000年，第139-146頁。

《集韻》注文不載"又音",無法如《廣韻》通過一個字頭的注文就可以查到其異讀(或又音)的情況。張文《異》利用 1985 年上海古籍出版社影印述古堂本及 1989 年中華書局影印潭州本後的單字索引來確認異讀字,並且參考了《類篇》。這種方法使得研究者的工作量較大,且由於不是直接檢索原材料,非常容易有漏略或訛誤的情況,張文就列舉了在確認異讀字過程中所發現的索引的錯訛。如"弓"字,述古堂本後索引三見,潭州本後索引僅一見。當然,這也受到一個時期科學技術的限制。張文還做了一個工作,即限定異體字討論的範圍,去除異讀字中因訛誤等衍生的雜質。

《異》文又論述了《集韻》異讀的來源。此小節中,先據《經典釋文》區別《集韻·韻例》所謂先儒及名家,後又分異讀來源爲以下四類:

① 經典中的先儒之音,其中多部分來自《經典釋文》;

② 中唐以後韻書、字書中的"名家"音切;

③ 先秦古音,采自叶韻、異文、聲訓、假借、押韻等材料的字音都有;

④ 時音,既有通語音,也有方音,有的《集韻》注出,有的通過宋人筆記、詩詞用韻等也可以反映出來。

張文考證異讀主要是爲了通過來源而劃分《集韻》異讀的語音層次。《異》文提出"摸清了《集韻》異讀的來源,也就弄清楚了異讀的音變層次,便於從理論上解釋異讀的成因"①。《層》文就是通過異讀來源考證語音層次的一個具體實踐。例如,"鮨"字"蒸夷切",音同《字林》"止尸反",張氏認爲反映了西晉的層次;而"鮨"字"研計切",音同郭璞"鮨音詣",則反映了東晉的層次。《層》文指出,依據異讀來源劃分語音層次也有其局限性,一是現存文獻材料不足徵,二是因文獻版本的原因,文獻材料所錄字音與《集韻》有出入。正因爲以來源分層次的局限性,《層》文結尾又提出將來的研究應"以異讀的音變規律爲標準,以異讀的來源作爲參考和補充依據"②。

張氏《異》文提出:"《集韻》的異讀字可以看作反映古今語音演變的化石,呈現在我們面前的這個化石把遠自先秦近至北宋的不同時期形成的不同層次的字音壓縮到一個異讀字平面上。通過多角度地分析《集韻》異讀的來源,展示異讀演變的層次,就可以全方位地把握異讀形成的理論根據。"③張文隱含了這樣一個觀點:《集韻》把歷時的層面,即不同時期不同來源的音讀,置入了共時的層面,對異讀的分析應該逆向思維,從異讀材料的來源入手,以材料的共時層次來架構語音的歷時層面,這樣才能從共時中找出異質的東西。

其實,這裏面涉及兩個課題:一是《集韻》如何把歷時的層面置入共時的層面,二是我們

---

① 張渭毅:《〈集韻〉異讀研究》,《中古音論》,第 60 頁。
② 張渭毅:《〈集韻〉異讀研究》,《中古音論》,第 82 頁。
③ 張渭毅:《〈集韻〉異讀研究》,《中古音論》,第 60 頁。

如何從《集韻》共時層面的信息中重新建構歷時層面。後者是以前者爲研究基礎的。我們不能把目光完全聚焦在材料來源的不同時期和不同地點，重心還是應該放在《集韻》是如何處理這些來源不同的材料的。這好比漢語在每個時期都會有吸收不同來源的語言材料，我們研究的重點應該是這些語言材料對漢語的發展有哪些影響。

《異》文把《集韻》異讀的形成歸結成八個方面：①古今音變，②詞彙擴散音變，③古今音變和詞彙擴散交替作用，④語音流變，⑤錯誤的讀音，⑥詞義分化，⑦文字假借，⑧特殊讀音。其文的具體考察方法，還是先從單個異讀字的各異讀來源建構語音的層次。如古今音變例，張文列舉了《集韻》"耳"字，當耳朵講時，"耳"字有"忍止切"和"仍拯切"二音，前者代了六朝音，後者代表了宋初關中、河東方音。再如詞彙擴散音變例，也只通過"大"、"車"字均有雅俗之音來論證，認爲雅俗之音的消長就體現了詞彙擴散音變。

張氏《異》文通過《集韻》收了各個時期不同語音層次的異讀音，最後得出"《集韻》音系是疊置多種音系成分於一部韻書中的綜合音系"，並提出："運用疊置的觀念來認識《集韻》音系的性質是極爲恰當的。《集韻》異讀中有不少是同義異讀，來源和層次不同的同義異讀正好反映不同音系的同源音類的疊置。"①

據我們所知，詞彙擴散理論及疊置式音變都是研究語音演變方式的理論，應屬於解釋性的，而非預測性的，即詞彙擴散理論和疊置式音變理論，並不能預測或推斷音系或音類間的差異，也不能作爲方法論替代音系或音類比較的方法，它們一般被用來解釋音系或音類差異形成的原因以及語音演變的形式。徐通鏘先生在《歷史語言學》中明確指出："研究語言的發展，主要任務是探索語言演變的規律。"②他又說道："語言發展的規律既有預測性的，也有解釋性的，能找到語音分佈條件的演變規律是預測性的，而其他規律基本上都是解釋性的。"（同上：3）他還特別強調："我們前面不止一次地說過，差異，這是語言史研究的客觀基礎，而對差異的比較則是語言史研究的主要方法。不管是歷史比較法、內部擬測法、擴散法還是變異理論或文獻資料的考訂，都離不開'比較'兩個字。"（同上：415）

因此，我們研究《集韻》異讀首要的任務就是通過比較，找出差異，然後才是通過考證其文獻來源，來討論其語音層次的問題。同時，我們必須時刻清醒的是，異讀材料有不同的來源絕不等同於音系結構中音類的疊置。

三、研究方法新探

《集韻》不注"又音"，曾給我們的研究帶來過諸多不便，但隨着現代科學技術的發展，這

---

① 張渭毅：《〈集韻〉異讀研究》，《中古音論》，第69頁。
② 徐通鏘：《歷史語言學》，第2頁。

些問題已經迎刃而解了。我們可以利用計算機數據庫等工具來輔助《集韻》與《廣韻》的比較研究,新的技術能使得我們的研究效率和準確性大大提高。因此,我們得以在前人研究的基礎上,更好地利用新技術的發展來深化對《集韻》的研究。下面再對有關研究手段、方法等幾個方面略作說明。

(一)數據庫功能

數據庫是結構化的系統,我們可以析解每條收集到的信息,變成二維的形式(如表格)存儲起來。數據庫系統就像一個大型倉庫,其最大的優點是能高效、準確地檢索和存儲信息。數據庫技術本身以及數據庫技術輔助語言學的研究,早已不是新鮮事了,並且語言學研究中的數據庫技術(如語料庫)也正日臻完善。而如何利用數據庫技術對《集韻》異讀進行研究却是一個較新的課題。

當然,數據庫也僅僅是提供了科學的方法和工具,針對具體的研究對象,我們還得花大力氣設計最適合研究對象的數據庫實體結構。關於《集韻》數據庫的字段設計,我們在此不做詳論,而需要着重強調的有以下三點:

第一,我們在對《集韻》字音信息處理時,一定要先有標準,這就得事先分好類,哪一類如何處理要有合理的設計。比如,在對字頭信息處理時,爲了避免超大字符集裏的字不能在程序運行過程中精確對比,我們就建立一個新的字段,用於記録每個字的 UNICODE(按,每個漢字在機內的 UNICODE 是唯一的),如"好"字的 UNICODE 是 597D,"瘵"是 24DC6。同時爲了規範統一,我們另在只有四位的 UNICODE 前加 0 以補足五位。如果我們需要檢索每個字的異讀情况,就可以字頭的 UNICODE 爲條件,迅速導出所有相關的記録。

第二,我們要善於通過字段的嵌套使用,在能有效分割信息的條件下,還能最優化設計,減小數據庫的體積。如《集韻》的異體字往往以並列的方式立於字組,我們可以把這個信息存儲在頁碼及行信息等字段中,以中華書局影印潭州本爲例,"兵、偋、夞"在第 68 頁右上,第 8 行,第 2 字組,可以通過 0269HB 這個段字符來記録,0269 是頁碼信息,H 表示行號,B 表示字組,269 除以 4 餘 1,表示在右上(右上-左上-右下-左下其餘數順推爲 1-2-3-0),餘數爲 1、2、3 時,頁碼等於商加 1,餘數爲 0 時,頁碼等於商。269 除以 4,得商 67 並餘 1,則"兵"字的頁碼在 68 頁右上。兵、偋、夞的頁、行及字組信息相同,都可標爲 0269HB。而它們內部的順序又可通過每個字在數據庫中的記録號來區別,按順序輸入,則序號會自動由小到大排列。

第三,爲確保數據輸入的準確性,可以用 VB 設計輸入的界面,並通過編寫一些程序限制性、選擇性輸入。我們在前文也討論過這個問題。

（二）計算機編程

計算機程序實際是通過計算程序語言表達算法，然後交給計算機運行，得出我們需要的結果。我們以在《集韻》中檢索異讀字讀音中精一從母小韻兩收的情況爲例：

（1）在通 SQL 查詢語句，在《集韻》數據庫中檢索出精母字。

SELECT ZITOU, ZTUNI, SHENG, YUN, KH, DENG, FQ, DIAO, ID, FROM jiyun WHERE[SHENG]='精' ORDER BY ZTUNI, ID

（2）讀入數組中，逐條在《廣韻》數據庫中找相應字是否有同韻類從母音。

① 定義數據讀入函數

```
// 數據由查詢表存入數組程序
    Function Rowexport(ByVal tableset As DataSet) As Array
        Dim i, j As Integer
        Dim row As Integer = tableset.Tables(0).Rows.Count()
        Dim col As Integer = tableset.Tables(0).Columns.Count()
        Dim datasetEX(row - 1, col - 1) As String
        Dim row1 As DataRow
        i = 0
        For Each row1 In tableset.Tables(0).Rows
            Dim col1 As DataColumn
            j = 0
            For Each col1 In tableset.Tables(0).Columns
                datasetEX(i, j) = row1(col1.ColumnName).ToString()
                j = j + 1
            Next
            i = i + 1
        Next
        Return datasetEX
    End Function
```

② 定義數組，讀入數據

```
Dim jiansu (,) As String = Rowexport(data)
// data 是我們剛檢索出的《集韻》精母字數據表
```

③ 檢索《廣韻》。本項爲二韻書的比較，因此還需在《集韻》中進行數據檢索。

```
SELECT ZITOU,FQ,ZS,IDFROM guangyun WHERE ZTUNI='"&jiansu(ibc,1)&"' AND
([SHENG]='從') AND ([YUN]='"&jiansu(ibc,3)&"') ORDER BY YEMA,ID
```
// jiansu(ibc,1)爲讀入數組的《集韻》字頭UNICODE,jiansu(ibc,3)爲讀入數組的《集韻》字頭韻部信息。

(3) 得出我們需要的同韻精—從母小韻字頭、反切、注釋等信息,然後進入下一步分析研究。

（三）異讀比較研究的角度

以上所論檢索只是方便我們更有效、更準確地得出所需信息,並不能代替我們對材料進行研究和判斷。也就是説,在《集韻》異讀研究中,研究方法及工具不能同研究的對象和目的劃等號。《集韻》異讀可從如下三個角度進行研究:

第一,以某個單一的專題,具體分析《集韻》中某一組字所反映的情況。

據筆者檢索數據庫並統計,再與《廣韻》比較,《集韻》新增其聲紐爲精母的字共576個,而其中《集韻》中與之同韻的該字又作從母音者共62個。例如:

《集韻》咍韻"魝"字有將精母來切、牆從母來切二音,皆訓《方言》注"籟也"(按,《方言》作"麴")。《廣韻》咍韻"魝"字僅昨從母哉切一讀,注"麴也"。

按,《切三(S2071)》《王一》《王三》咍韻魝字都僅有昨從母來反一讀,均注"麴"。《宋本玉篇·麥部》:"魝,咀來切,麴也。"隋曹憲《博雅音·釋器》卷八:"魝,疾災(反)。"《廣韻》咀、疾均爲從母字。又《龍龕手鑒·麥部》:"魝,正音才從母咍韻,麴也。"疑《集韻》魝字將精母來切音即宋初時音全濁聲母清化的反映。

通過類似如上所列"精—從"母二讀的比較分析,又通過對其音切來源的考察,可以建立歷時語音層次的模型,並可以瞭解濁音清化的歷史。

第二,可以對比某一異讀現象分别在《集韻》《廣韻》中的情況。例如:

《廣韻》:犛(里之切/落哀切),儗(魚記切/五溉切)

《集韻》:誒(虛其切/呼來切;於記切/於代切),頤(盈之切/曳來切 領也開中語),䚡(新兹切/桑才切),犛(陵之切/郎才切),改(苟起切/己亥切),儗(魚記切/牛代切),儳(相吏切/先代切)

上列同義異讀字中,除犛、儗二字外的其他字,《廣韻》都僅有一音。中古咍韻喉舌齒音於上古時在之部[①],《集韻》之、咍韻異讀情況本就反映了上古音之、咍同部,而與《廣韻》相

---

① 王力:《漢語史稿》,第78頁。

比,《集韻》之、咍韻系間異讀又增加了不少。當然,這些異讀並不全是同一時代、同一地域的語音反映。如《廣韻》詪字僅之韻許其切(《集韻》作虛其切),而《集韻》詪字有5音,其中呼來切音與《釋文》所載李軌音詪字呼該反同。按,《釋文·莊子音義中·達生第十九》卷二十七:"詪,於代反。郭音熙。《説文》云:'可惡之辭也。'李呼該反。一音哀。"又《廣韻》頤字僅之韻與之切一音,《集韻》頤字有之韻盈之切(注:"《説文》'顄也。'")、咍韻曳來切(注:"頷也,關中語。"),《集韻》頤字咍韻曳來切音來自關中方言。

  第三,通過編製程序,檢索出《集韻》哪些韻部間的異讀現象較多,我們在這些異讀現象中,把同義異讀字集中起來討論,並通過對比現有的宋代方音研究成果,討論其是否真實反映了宋代時音的變化。

  《集韻》異讀研究是一個系統性的工程,要深入《集韻》的異讀,首先需要弄清楚《集韻》編著者是如何把歷時層面置入共時層面的,然後再解決我們將如何以共時層面的信息重構歷時層面這一問題。誠如徐通鏘先生所言,對語言規律的認識是建立在比較與差別的基礎上的,只有全面地分析《集韻》異讀之間的音類差別及其聯繫,以之與《廣韻》相比較,然後再通過異讀來源的考察,並與其他相關的語音史研究成果相參協,才能更深刻地認識《集韻》異讀的語音史價值。同時要強調的是,異讀的比較並不僅僅是單個字音的討論,而應該是建立在對語音演變條件相同的某一組字音的分析上的。以上幾個方面只是我們初步的設想,具體在研究中還可能會遇到其他没有涉及的方面,我們將繼續細化各項研究工作。

第四章 《集韻》收字概述

第一節 《集韻》收字統計

一、《集韻》總收字數

《廣韻·牒文》:"凡二萬六千一百九十四言。"《集韻·韻例》:"字五萬三千五百二十五,新增二萬七千三百三十一字。"《集韻》自述在《廣韻》基礎上增加了 27331 字。

實際上,《集韻》《廣韻》的收字還是與上文所引有出入的。根據我們對張氏澤存堂本《廣韻》的統計,其實只有 25335 個字[①]。如果根據周祖謨、余迺永等先生的考證,算上那些注了又音而在又音下並未注出的兩百多個字[②],也不夠 26194 之數。

《集韻》潭州本也有一些脫漏,如冬韻的冬字都宗切下注"文九",實際只有八字,查明州本知"笶"下"麩"上奪"苳"字,鍾韻的松字祥容切下注"文七",實際只有六字,查明州本知"淞"下"蓯"上奪"凇"字,再如隊韻佩字蒲昧切下注"文三十",但各本實際均只有二十九字[③]。我們對照《集韻》各本整理完數據庫之後,統計出 53871 個字[④],與《集韻·韻例》所標數字亦有出入。

二、《集韻》字組數

《廣韻》《集韻》都收有不少異體字。比如《廣韻》齊韻苦奚切下有"谿"字,注"《爾雅》曰:'水注川曰谿。'苦奚切。八。"其下立"嵠、溪、磎"3 字為同一字組,注"並上同","嵠、

---

① 此數據與蔡夢麒《廣韻校釋》所統計的相同(第 11、1301 頁)。
② 如紙韻"跐"字注"蹃也。又阻買切",紙韻"批"字注"捽也。又子禮、側買二切",薺韻"批"字注"殺也。又側買切",而蟹韻下無阻買切或側買切音,周校、余校均認爲應補出"跐"、"批"二字。葛信益統計有 250 餘字(葛信益:《〈廣韻〉異讀釋例》,《語言研究》1985 年第 2 期,第 69 頁)。
③ 方成珪《集韻考正·隊韻》校:"案,正文及注賮下當依《類篇》補負字,以足佩紐文三十之數。"本書在《集韻》數據庫校注字段已做說明,但在字頭未補出。
④ 潭州本《集韻》入聲薛韻"箾"小韻注"文十一",實收僅十字,而明州本"箾"小韻尾重收"箾"字,釋義同,故潭州本可能爲重字刪減。若以明州本計爲 53872 字。沈祖春統計亦爲 53872 字。見沈祖春:《〈類篇〉與〈集韻〉〈玉篇〉比較研究》,華東師大 2010 年博士學位論文(指導教師:臧克和),第 42 頁。

溪、磎"與前面的"谿"字爲異體字關係。《集韻》的處理與《廣韻》稍有不同，齊韻牽奚切下，"谿、嵠、磎、豀"4字並列爲一個字組①，注："《説文》：'山瀆無所通也。'一曰水注川曰谿。或从水，从山、石。"

再如，《廣韻》冬韻奴冬切下有"農"字，注："田農也。《説文》作：'䢉，耕也。'亦官名。《漢書》曰：'治粟内史，秦官也。景帝更名大司農。'又姓，《風俗通》云：'神農之後。'又羌複姓有蘇農氏。""農"字下又收"䢉"字，注："上同。"其下又有"𨑊"字，注："古文。"其下再有"辳"字，注："籀文。"

"農、䢉、𨑊、辳"4字本是因古今字體不同而形成的異體字，《廣韻》處理爲四個字頭。《集韻》並列"農、辳、𨑊、䢉、䢉、䢉"6字爲一個字組，注："奴冬切。《説文》：'耕也。'一曰厚也。又姓。古作辳、𨑊、䢉、䢉、䢉。"檢《説文·晨部》，可知"辳、𨑊、䢉、䢉"爲"䢉、䢉、䢉、䢉"隸定形。又《説文解字繫傳·晨部》："䢉，亦古文農。"按，"農"字《説文》小篆作"䢉"，《集韻》"䢉"與"農"字是同一小篆字形的不同隸定形，又"農"字《説文》籀文作"䢉"。《集韻》把"䢉""䢉"兩字形統注爲"古作某"，這説明《集韻》所注"古作某"並非完全對應《説文》古文，於此應是相對於隸書指示字形通行時代的遠近。

從"農"字組例可看出，《集韻》在處理異體關係時，比《廣韻》較爲明朗。按，本書在處理《集韻》數據時，通常把"農、辳、𨑊、䢉、䢉、䢉"這樣的一組字稱爲"字組"，每個字組的第一個字稱爲"字頭"。另外，《集韻》對構字部件相同而位置不同的異體字，一般不列於字組，只在釋文裏説明，常用術語"書作某"，如"桐"的異體字"枴"，《集韻》不並列"桐"與"枴"，東韻徒東切下"桐"字注"書作枴"。

《廣韻》一個字組最多並列3個字，如上例"嵠、溪、磎"。《集韻》一個字組最多的時候並列11個字，如仙韻諸延切"饘、鬻、飦、飦、饉、鬻、糕、餍、餍、饘、餳"字組，下注："《説文》：'糜也。周謂之饘，宋謂之餬。'或作鬻、飦、飦、饉、鬻、糕、餍、餍、饘、餳。"

我們對《廣韻》《集韻》字組數都做了統計②。

1．《廣韻》全書共25234個字組。其中：

① 1個字的字組25142個（此較爲常見，故不列舉）；

② 2個字的字組83個，如東韻莫紅切"霿、霚並上"，鍾韻餘封切"鷛、鱅並上"，支韻章移切"胑、肢並上"，模韻户吴切"醐、糊並俗"等；

③ 3個字的字組9個，如魂韻徒渾切"屍、脾、臀並上同《説文》"，鹽韻徐鹽切"燖、爓、腩並上同"，

---

① 並非《集韻》同一字組内的所有字形一定爲異體關係，如《集韻·支韻》渠羈切"奇"小韻下之"奇、騎、畸"字組。
② 《廣韻》的異體字並非必同爲一個字組，内部條例有不統一之處，因此本書没有合併《廣韻》的異體字而統計異體字組數，僅按《廣韻》所標立的字頭字組實際統計。葛信益先生《〈廣韻〉異讀釋例》一文統計出"又音只見於注中，而正文不重出本字"者凡250餘字（《語言研究》1985年第2期，第69頁）。

巧韻初爪切"齺、㪬、炒並上同",至韻俱位切"愧、膭、䰟並上同"等。

2.《集韻》全書共40631個字組。其中：

① 1個字的字組31338個（此較爲常見，故不列舉）；

② 2個字的字組6663個，如東韻都籠切"涷、埬",東韻他東切"䟫、恫",仙韻逡緣切"銓、硂",梗韻古杏切"哽、硬"等；

③ 3個字的字組1760個，如東韻他東切"恫、痌、悤",獼韻美辨切"冕、絻、挽",厚韻於口切"殴、敺、摳",禡韻慈夜切"藉、蒩、耤"等；

④ 4個字的字組576個，如東韻蒲蒙切"逢、夆、縫、夆",東韻謨蓬切"雺、霚、霿、霧",江韻披江切"胮、膖、𤶻、肨"等；

⑤ 5個字的字組198個，如東韻胡弓切"熊、𤠜、能、㷱、䏌",冬韻盧冬切"蠭、鳌、䃏、䃣、䃢",支韻虛宜切"樲、蠔、櫨、蛾、𢼸"等；

⑥ 6個字的字組63個，如東韻之戎切"終、暴、夅、戮、𡘬、夂",鍾韻盧鐘切"龍、竜、𩨌、龓、龕、龑",諄韻伊真切"垔、陻、堙、烟、氤、㙷"等；

⑦ 7個字的字組18個，如脂韻馨夷切"吚、㰾、𧥺、脄、屎、欯、欨",魚韻臻魚切"菹、葅、蕰、菹、葅、葅、苴"等；

⑧ 8個字的字組10個，如之韻於其切"噫、億、意、譩、譆、懿、𧪫、懭",灰韻盧回切"畾、𤴕、𡒗、𤴑、靁、𤴎、雷"等；

⑨ 9個字的字組2個，如之韻居之切"箕、其、𥫗、𠀠、𠀤、丌、𠔼、畁、箕",月韻勿發切"韤、韈、襪、襪、韎、袜、韎、袜、𡃯"；

⑩ 10個字的字組2個，如質韻薄宓切"弼、彌、弻、狒、𢕨、弼、拂、即、䟖、𢾰",錫韻狼狄切"鬲、甋、歷、鎘、䰜、䰛、䥶、䥶、歷、䥶"；

⑪ 11個字的字組1個，如"饘、饘、餰、飦、䬮、鬻、糪、餍、饜、糫、䵻"。

三、《集韻》實際字形數

（一）《廣韻》《集韻》均有不少一個字形多種讀音的情況，即一個字形多次出現，但是細分起來，情況並不一致

1. 有的是多音字，即字形相同，意義相關、相聯繫但並不全同，每個字形都有一個音讀。

如"量"字，《廣韻》《集韻》均有兩音：A. 陽韻呂張切，《廣韻》注"量度"，《集韻》注"《説文》'稱輕重也。'古作量"；B. 漾韻力讓切，《廣韻》注"合、斗、斛"，《集韻》注"斗、斛曰量"。

再如"倒"字，《廣韻》有兩音：A. 晧韻都晧切，注"仆也"；B. 号韻都導切，注"倒懸"。《集韻》"倒"字音義同《廣韻》，晧韻覩老切下"倒"字注"仆也"，号韻刀号切下"倒"字注"顛倒也"。

2. 也有不少是同形字,即兩個或兩個以上字形完全相同,而讀音和意義都不相同的字。

例如,"紅"字,《廣韻》僅東韻户公切一讀,注"色也又姓"。《集韻》紅字有三讀:A. 東韻胡公切,注"《説文》:'帛赤白色。'亦姓",與《廣韻》東韻户公切"紅"字同;B. "功"字的異體字,讀作東韻沽紅切,注"《説文》:'以勞定國也。'或作紅、紅";C. 絳韻古巷切,係絳字的異體字,注"《説文》:'大赤也。'或从工。絳,一曰地名"。《集韻》紅字三讀中,其作"功"字異體之"紅"與 A、C 是同形字。

再如,"谿"字,《廣韻》僅有一音:齊韻苦奚切,注"《爾雅》曰:水注川曰谿"。《集韻》"谿"字收有三音:A. 齊韻牽奚切,注"《説文》:山瀆無所通也。一曰水注川曰谿",與《廣韻》"谿"字音義同;B. 齊韻弦雞切,注"《爾雅》:蠑谿,蟲似蝗而小";C. 齊韻堅奚切,注"蠑谿,土螽,似蝗而小"。《集韻》"谿"字新增弦雞切、堅奚切二音,釋作"蠑谿",與《廣韻》所收"谿"字音義均不同。作"蠑谿"解之"谿"與作"山瀆無所通"解之"谿"爲同形字。

3. 另外還有一些是同義異讀字(又音字),即兩個或兩個以上字形及意義相同,讀音有別的字。

如"酢"字,《廣韻》有兩音:A. 暮韻當故切,注"奠酒爵也";B. 禡韻陟駕切,注"祭奠酒爵。又丁故切"。《集韻》"酢"字也有兩音:A. 暮韻都故切,注"《説文》:'奠爵酒也。'引《周書》'王三宿三祭三酢'。或作吒、宅、詫",同《廣韻》"酢"字當故切;B. 禡韻陟嫁切,注"《説文》:'奠爵也。'或作宅、闥。宅,一曰懲也",同《廣韻》"酢"字陟駕切。

再如"倰"字,《廣韻》有兩音:A. 屋韻桑谷切,注"偶倰又音束";B. 燭韻書玉切,注"偶倰"。《集韻》"倰"字亦有兩音:A. 屋韻蘇谷切,注"偶倰動也。一曰短兒",同《廣韻》"倰"字桑谷切;B. 燭韻輸玉切,注"偶倰動兒",同《廣韻》"倰"字書玉切。

(二) 字形統計

從以上材料看,研究《廣韻》《集韻》這種一個字形多種讀音的情況時還得考慮它的義,漢字是形、音、義的結合體,其中若有某項不同,即使其他項相同也可能是不同的現象。若我們以詞或語素爲單位,統計《廣韻》《集韻》字詞的多少,勢必難度很大,非一人一時之力可以完成,今僅依字形相別爲原則,對《廣韻》《集韻》所收字形做了簡單的統計。據筆者統計,《廣韻》有19556個不同的字形,《集韻》有30774個不同的字形[①]。

[①] 張樹錚據沈兼士《廣韻聲系》索引近似求出《廣韻》收字(按,即本書所謂字形)19648個(張樹錚《〈廣韻〉收字到底有多少》,《辭書研究》1996年第5期,第10頁)。蔡夢麒統計《廣韻》字形數爲19608個(《廣韻校釋》,第11頁)。史俊統計出《廣韻》共有異讀字5008個,其中兩讀字3975個,三讀字880個,四讀字175個,五讀字36個,六讀字5個,七讀字2個,共收字19677個(《〈廣韻〉異讀探討》,蘇州大學2005年碩士學位論文,第1頁)。趙繼根據《漢語大字典》四川大學編寫組編的《集韻通檢》統計出《集韻》應收字32381個(《〈集韻〉究竟收多少字》,《辭書研究》1986年第3期,第88頁)。本書統計基於筆者所錄《集韻》數據庫,統計方法爲先把漢字轉爲UTF-32格式的unicode碼(每個漢字在計算機裏的unicode碼是唯一的),再通過編程統計字數。張文和史文所統計的字數與本書稍有出入,但相差不大,不影響我們對《廣韻》《集韻》所收字形的大致判斷。

1.《廣韻》字形出現次數分組統計：

① 出現 1 次的字形 14888 個（此較爲常見，故不列舉）；

② 出現 2 次的字形 3736 個，如上例"量"、"篿"、"罞"等；

③ 出現 3 次的字形 782 個，如"肭"，a. 没韻內骨切，b. 黠韻女滑切，c. 薛韻如劣切；"嬔"，a. 仙韻如延切，b. 獮韻式善切，c. 霰韻奴甸切；

④ 出現 4 次的字形 125 個，如"敦"，a. 灰韻都回切，b. 魂韻都昆切，c. 桓韻度官切，d. 慁韻都困切；"㭨"，a. 支韻府移切，b. 齊韻部迷切，c. 昔韻房益切，d. 錫韻扶歷切；

⑤ 出現 5 次的字形 22 個，如"顑"，a. 覃韻口含切，b. 覃韻五含切，c. 咸韻苦咸切，d. 感韻五感切，e. 豏韻士減切；"桊"，a. 願韻去願切，b. 願韻居願切，c. 綫韻居倦切，d. 綫韻區倦切，e. 燭韻居玉切；

⑥ 出現 6 次的字形 2 個，如"揭"，a. 祭韻去例切，b. 月韻居竭切，c. 月韻其謁切，d. 薛韻渠列切，e. 薛韻丘竭切，f. 薛韻居列切；"濼"，a. 屋韻盧谷切，b. 屋韻普木切，c. 沃韻盧毒切，d. 鐸韻盧各切，e. 鐸韻匹各切，f. 錫韻郎擊切[①]；

⑦ 出現 7 次的字形 1 個，如"哆"，a. 麻韻敕加切，b. 紙韻尺氏切，c. 哿韻丁可切，d. 馬韻昌者切，e. 志韻昌志切，f. 箇韻丁佐切，g. 禡韻陟駕切。

2.《集韻》字形出現次數分組統計：

① 出現 1 次的字形 18349 個（此較爲常見，故不列舉）；

② 出現 2 次的字形 6705 個，如上例"量"、"篿"、"罞"等；

③ 出現 3 次的字形 3068 個，如"㸒"，a. 支韻魚羈切，b. 支韻虞爲切，c. 微韻語韋切；"塳"，a. 模韻通都切，b. 姥韻後五切，c. 禡韻虛訝切；

④ 出現 4 次的字形 1421 個，如"䠓"，a. 侯韻將侯切，b. 侯韻徂侯切，c. 厚韻此苟切，d. 候韻才候切；"𢘆"，a. 祭韻於例切，b. 祭韻于歲切，c. 泰韻于外切，d. 薛韻乙劣切；

⑤ 出現 5 次的字形 667 個，如"𥷴"，a. 皆韻枯懷切，b. 灰韻枯回切，c. 夬韻古邁切，d. 怪韻古壞切，e. 怪韻苦怪切；"𧆑"，a. 感韻苦感切，b. 感韻户感切，c. 敢韻口敢切，d. 闞韻苦濫切，e. 闞韻呼濫切；

⑥ 出現 6 次的字形 295 個，如"𩕿"，a. 添韻丁兼切，b. 葉韻即涉切，c. 葉韻陟涉切，d. 帖韻託協切，e. 帖韻𠀤協切，f. 帖韻即協切；"鱙"，a. 支韻翾規切，b. 旨韻愈水切，c. 果韻吐火切，d. 果韻杜果切，e. 過韻吐臥切，f. 過韻徒臥切；

⑦ 出現 7 次的字形 136 個，如"𤗚"，a. 咍韻昌來切，b. 咍韻當來切，c. 宵韻蚩招切，d. 豪韻他刀切，e. 豪韻徒刀切，f. 尤韻蚩周切，g. 有韻去久切；"儳"，a. 咸韻鋤咸切，b. 銜韻鋤銜

---

① 《廣韻》錫韻郎擊切"濼"字注"又音藥"，但藥韻以灼切下無"濼"字。

切，c. 賺韻士減切，d. 鑑韻叉鑑切，e. 鑑韻仕懺切，f. 鑑韻才鑒切，g. 鑑韻蒼鑒切；

⑧ 出現8次的字形76個，如"湫"，a. 模韻宗蘇切，b. 宵韻兹消切，c. 宵韻慈焦切，d. 尤韻雌由切，e. 尤韻將由切，f. 篠韻子了切，g. 小韻子小切，h. 有韻在九切；"塹"，a. 談韻財甘切，b. 敢韻在敢切，c. 琰韻疾染切，d. 琰韻山儉切，e. 賺韻所斬切，f. 賺韻士減切，g. 檻韻山檻切，h. 勘韻俎紺切；

⑨ 出現9次的字形33個，如"紫"，a. 支韻將支切，b. 支韻仕知切，c. 脂韻津私切，d. 紙韻淺氏切，e. 紙韻自爾切，f. 薺韻在禮切，g. 寘韻子智切，h. 寘韻疾智切，i. 寘韻才豉切；"撟"，a. 宵韻丘袄切，b. 宵韻居妖切，c. 宵韻渠嬌切，d. 篠韻吉了切，e. 小韻舉夭切，f. 小韻巨夭切，g. 晧韻苦浩切，h. 笑韻渠廟切，i. 笑韻嬌廟切；

⑩ 出現10次的字形15個，如"哆"，a. 麻韻昌遮切，b. 麻韻抽加切，c. 紙韻敞尒切，d. 哿韻典可切，e. 馬韻齒者切，f. 馬韻丁寫切，g. 志韻昌志切，h. 箇韻丁賀切，i. 禡韻陟嫁切，j. 禡韻丑亞切；"揭"，a. 祭韻去例切，b. 曷韻居曷切，c. 黠韻古滑切，d. 鎋韻丘瞎切，e. 鎋韻居轄切，f. 盇韻力盇切，g. 葉韻弋涉切，h. 葉韻益涉切，i. 葉韻力涉切，j. 狎韻直甲切。其他字形如"搢、僻、厭、幟、授、數、欿、濡、番、純、紕、繆、貢"；

⑪ 出現11次的字形3個，如"從"，a. 東韻鉏弓切，b. 鍾韻書容切，c. 鍾韻七恭切，d. 鍾韻將容切，e. 鍾韻牆容切，f. 江韻鉏江切，g. 董韻祖動切，h. 腫韻足勇切，i. 用韻足用切，j. 用韻似用切，k. 用韻才用切；"揭"，a. 元韻丘言切，b. 祭韻丑例切，c. 祭韻去例切，d. 祭韻其例切，e. 月韻語訐切，f. 月韻居謁切，g. 月韻其竭切，h. 月韻丘謁切，i. 薛韻丘傑切，j. 薛韻蹇列切，k. 薛韻巨列切；"蜎"，a. 先韻圭玄切，b. 先韻縈玄切，c. 仙韻驟緣切，d. 仙韻縈緣切，e. 銑韻於泫切，f. 獮韻馨兗切，g. 獮韻下兗切，h. 獮韻以轉切，i. 獮韻葵兗切，j. 獮韻巨卷切，k. 綫韻逵眷切；

⑫ 出現12次的字形1個，即"咦"，a. 脂韻馨夷切，b. 之韻虛其切，c. 至韻脂利切，d. 至韻丑二切，e. 至韻許四切，f. 至韻虛器切，g. 至韻陟利切，h. 未韻許既切，i. 質韻勑栗切，j. 質韻闋吉切，k. 屑韻丁結切，l. 屑韻徒結切；

⑬ 出現13次的字形3個，"卷"，a. 諄韻區倫切，b. 文韻丘云切，c. 元韻渠言切，d. 仙韻驅圓切，e. 仙韻逵員切，f. 隱韻丘粉切，g. 阮韻九遠切，h. 阮韻苦遠切，i. 阮韻窘遠切，j. 準韻巨隕切，k. 混韻古本切，l. 獮韻古轉切，m. 綫韻古倦切；"敦"，a. 灰韻都回切，b. 魂韻都昆切，c. 魂韻他昆切，d. 魂韻徒渾切，e. 桓韻徒官切，f. 蕭韻丁聊切，g. 尤韻陳留切，h. 準韻主尹切，i. 混韻杜本切，j. 晧韻杜晧切，k. 隊韻都內切，l. 恨韻都困切，m. 号韻大到切；"湛"，a. 侵韻時任切，b. 侵韻持林切，c. 侵韻夷針切，d. 覃韻都含切，e. 鹽韻將廉切，f. 寢韻丑甚切，g. 寢韻以荏切，h. 感韻徒感切，i. 琰韻牒琰切，j. 賺韻丈減切，k. 沁韻子鴆切，l. 沁韻知鴆切，m. 沁韻直禁切；

⑭ 出現 14 次的字形 2 個，"苴"，a. 魚韻千余切，b. 魚韻子余切，c. 魚韻臻魚切，d. 虞韻莊俱切，e. 模韻宗蘇切，f. 肴韻班交切，g. 麻韻咨邪切，h. 麻韻徐嗟切，i. 麻韻鋤加切，j. 語韻子與切，k. 姥韻摠古切，l. 馬韻側下切，m. 馬韻展賈切，n. 御韻將豫切；"辟"，a. 支韻貵彌切，b. 紙韻補弭切，c. 紙韻母婢切，d. 靜韻必郢切，e. 寘韻匹智切，f. 寘韻毗義切，g. 霽韻匹計切，h. 麥韻博厄切，i. 昔韻必益切，j. 昔韻匹辟切，k. 昔韻毗亦切，l. 錫韻必歷切，m. 錫韻匹歷切，n. 錫韻蒲歷切。

我們按《廣韻》《集韻》字形出現次數分段進行了統計，《廣韻》絕大多數字形只出現 1～2 次，占總字形數的 95.23%，《集韻》出現 1～2 次的字形比例大大降低，僅占其字形總數的 81.42%，下降了將近 14 個百分點。請看表 4-1。

表 4-1 《廣韻》《集韻》分段字形統計比較表

	出現1次		出現2次		出現3次		出現4次以上		合計
	字形	百分比	字形	百分比	字形	百分比	字形	百分比	字形
《廣韻》	14888	76.13%	3736	19.10%	782	4.00%	150	0.77%	19556
《集韻》	18349	59.63%	6705	21.79%	3068	9.97%	2652	8.62%	30774
比較	3461	-16.50%	2969	2.69%	2286	5.97%	2502	7.85%	11218

說明：①表中"字形"指本書所統計的《廣韻》或《集韻》字形個數；②"百分比"指字形數與《廣韻》或《集韻》字形總數的比值；③"比較"指以《集韻》在《廣韻》基礎上的增加或減少，"比較"欄統數字前，有"-"者表示減少，無符號者表示增加。

第二節　《集韻》《廣韻》收字比較

一、《集韻》新增字形

（一）新增字形統計

《廣韻》《集韻》相同的字形有 18910 個，《集韻》新增字共有 11864 個字形，占總字形數 30774 個的 38.55%，總出現字次 14412 次，占《集韻》收字總數 53871 個的 26.75%。

1. 其中以單音字或只出現一次的字形占多數，據筆者統計，有 9948 個，占新增字形總數 11864 個的 83.85%。《集韻》的這部分字中：

（1）有 5186 個字形被單獨立為字組，占總數 9948 個的 52.13%。如屑韻奚結切"纈"小韻新增"乱"字，注"乱毒，國名，身毒也"，"乱"單獨成字組，即字組內無其他異體字。再如用韻余頌切"用"小韻新增"莆"字,注"艸名","莆"也單獨成字組。

(2) 其他 4762 個係兩個或兩個以上字形並立於同一字組,占總數 9948 個的 47.87%。

例如,之韻虛其切"僖"小韻新增"嫼"字,注"婦人賤稱,或從熙","娭、嫼"並列於同一字組中(《廣韻》收"娭"字,無"嫼"字)。《説文·女部》:"娭,戲也。从女、矣聲。一曰:卑賤名也。"《玉篇·女部》:"嫼,許宜切。婦人之稱。"按,"嫼"係"娭"字聲符換用的異構字,《集韻》"熙"字本虛其切,則換用"熙"爲聲符更能體現字音。

再如,号韻魚到切"傲"小韻新增"嫩"字,注:"《説文》:'倨也。'或从心。亦作敖。古作嫩。亦書作憨。通作驁。""傲、慠、敖、嫩"四字並列於一個字組。《説文·人部》:"傲,倨也。"《説文·女部》:"嫯,侮易也。"段玉裁注:"此云嫯,侮傷也。字與傲別。今則傲行而嫯廢矣。"《玉篇·心部》:"慠,五告切。慠慢不恭也。"《龍龕手鏡·心部》"慠"爲俗體,釋:"五告反。慢也,蕩也,倨也。"《後漢書·崔駰傳》:"生而貴者慠。"《資治通鑑·肅宗孝章皇帝下》卷四十七亦引:"生而貴者慠。"則"傲、慠、嫩"三字於"倨傲"義、魚到切音可視爲異體關係,"傲、慠、嫩"係義符替換之異構字。《集韻》釋文中所錄"憨"與"慠"爲異寫字,未列於字組中。又《説文·放部》:"敖,出游也。"段注:"經傳假借爲倨傲字。"按,《詩·衛風》:"碩人敖敖。"《爾雅·釋訓》:"敖敖,傲也。"則"倨傲"義、魚到切音非"敖"之本字本用,《集韻》據文獻假借情況而把"敖"與"傲、慠、嫩"立於同一字組。

2. 其餘多次出現的 1916 個字形,占《集韻》新增字形總數 11864 個的 16.15%,總出現字次 4464 次,占新增字形出現總字次 14412 次的 30.97%。其中,有 1479 個字形單獨立爲字頭,總出現字次 2604 次,另外有 1181 個係兩個或兩個以上字形並列於同一字組,總出現字次 1840 次。因爲這部分新增的多次出現之字形中,有的字既有單獨立於字組的情況,又有與其他字形並列的情況,所以兩項字形數相加總數超過 1916 個,但字次數之和是相合的。

以上的數字統計稍微有些抽象,我們再舉幾個例子説明新增字形出現的形式。

例①《集韻》"訑"於正文字組中共出現 9 次,此係《集韻》新增字中的最高記録,兹全數列如後。A. 支韻商支切,"謻、訑多言也。或省"; B. 支韻余支切,"詑、訑、譺、訑訑訑,自得也。或作詑、譺、訑"; C. 戈韻湯河切,"詑、訑《説文》:'沇州謂欺曰訑。'故从也"; D. 戈韻唐何切,"詑、訑欺也。或作訑"; E. 戈韻土和切,"詑、訑、訑土和切。欺也。或从"; F. 哿韻他可切,"訑言不正也。一曰:欺罔,自誇兑"; G. 哿韻待可切,"詑、訑、詪欺罔也。或作訑、詪"; H. 換韻徒案切,"訑慢訑訑縱意"; I. 霰韻堂練切,"訑慢訑訑縱意"。

上例各字組中的字形,"詑、訑、詪"見於《廣韻》,《集韻》據經籍文獻而新增了"訑"字及其音義,如《釋文·莊子音義中·知北遊第二十二》卷二十七:"(慢)訑,徒旦反。徐徒見反。郭音但。"《集韻》"訑"字徒案切、堂練切分別與"音但"、"徒見反"音見,且均作慢訑解。又《釋文·周禮音義下·秋官司寇第五》卷第九:"謾誕,武諫反,一音亡半反,又免仙反,徐望山反。本或作慢誕,音但。"《洪武正韻·諫韻》:"訑,放也。《莊子》:'天知予僻陋慢訑。'又微、歌二韻。誕,同上。又大也,妄也。古作訑。又信也。"則"慢訑"亦作"慢誕",而《集韻》沒有並列"訑"、"誕",溝通此二字之用。再根據字組在音系中的地位考察這九組字,我們可分之爲三類:

第一,並列新增字形類。如A是兩個新增字形並立於字組。

第二,增列異體字形類。B、C、D、E、G均係新增字形只以"詑"(按,詑係《廣韻》已收的字形)之異體字身份出現在字組。

第三,字形單立類。F、H、I都以單個字形立爲字組。

新增字形基本以這三種形式出現,而《集韻》中只出現一次與多次出現的字形,其主要差別在於前者只以這三種類型中的一種身份出現,後者可以有兩種或以上的身份出現。例①中這9個字組都沒有使《集韻》新增小韻。

例②《集韻》"髀"於正文字組中共出現7次,茲亦全列如後。A. 脂韻篇夷切,"髀鍾形,下廣也。"; B. 佳韻蘗佳切,"髀蘗佳切。蹟髀行繚戾。文二"; C. 先韻蒲眠切,"髀下廣也"; D. 紙韻補弭切,"髀、髀、脾《説文》:'股也。'或从足,从肉"; E. 紙韻普弭切,"髀形下大也"; F. 紙韻部弭切,"髀、卑形下大也。或作卑。通作庳"; G. 旨韻補履切,"髀、髀《説文》:'股也。'或从足"。上例各字組中的字形,"髀、脾、卑"見於《廣韻》,《集韻》據《説文》而增"髀"字形。案《説文·骨部》:"髀,股也。从骨、卑聲。髀,古文髀。"則《集韻》並列"髀、髀"二字,但並未在釋文中標明"髀"即"髀"字古文字形。

如上"髀"字A、C、E屬單立字組型,D、F、G屬增列異體字型,都沒有使得《集韻》新增小韻。B也屬單立字組型,但新增的"髀"字蘗佳切使得《集韻》佳韻新增了一個小韻。

如上統計分析,《集韻》所收字形及其音義大多有來源,《集韻·韻例》也明確表示收字必有所據,但《集韻》在整理字際關係時,仍有疏忽。同時,這些新增字形造成小韻新增的只占絕對少數。又《集韻》全部新增小韻凡672個,與《集韻》11864個新增字形相差較遠,也就是說,並不是新增字形一定會引起小韻增加,反過來說,新增小韻也並不一定是新增字形引起的。下面我們再將對新增小韻與新收字形的關係做全面的統計分析。

(二)新增小韻與增收字形的關係

據我們統計,《集韻》672個新增小韻中,①有428個不收新增字形,這些小韻的增加是《集韻》新增《廣韻》所收字形的異讀而造成的,②只有98個係因增收字形而新增的,③另有146個小韻既收有新增字形,又收有《廣韻》《集韻》均有的字形。根據以上統計,我們把新增小韻與增收字形的關係分成以下三類,並舉例說明。

1. 新增小韻之新添異讀類

例①《集韻》東韻新增樸蒙切"倲"小韻,"倲"字注:"倲倲,使也。文一。"《廣韻》東韻有"佭"字敷容切,注"使也",《集韻》亦作敷容切,注"《說文》:'使也.'或從逢".《集韻》"佭"字新增樸蒙切音而造成《集韻》小韻的增加,該小韻沒有收新增的字形.相對《切韻》音系而言,此類新增又屬填補音系中的空格.據我們統計,《集韻》新添異讀類又屬填補音系空格的小韻共 247 個.

例②《集韻》元韻新增己袁切"拳"小韻,小韻內又收"犎"字.又《集韻》元韻新增九元切"棬"小韻,同"拳"小韻己袁切均爲元韻見母合口三等小韻,"拳"、"棬"二小韻重出.《廣韻》"拳"字有仙韻巨員切,"犎"字有獮韻居轉切、願韻去願切、綫韻渠卷切 3 音,"棬"有仙韻丘圓切.《集韻》元韻"拳"小韻、"棬"小韻係因新增《廣韻》已收字形之異讀而造成新增的.《集韻》新添異讀類小韻又屬新增重出者共 107 個.

例③《集韻》咍韻新增逝來切"栘"小韻,"逝"字《廣韻》禪母時制切,《集韻》"栘"字以禪母字作開口一等小韻的切上字,相對《切韻》音系而言,此反切不合聲韻拼合規律.按,《集韻》咍韻"栘"小韻僅收"栘"1 字.《廣韻》"栘"字有 3 音:A. 支韻弋支切,B. 齊韻成臡切,C. 紙韻移爾切.《集韻》咍韻新增"栘"小韻係因新增《廣韻》已收字形之異讀.《集韻》新添異讀類小韻又屬新增不合《切韻》音系拼合規律的音切類者共 74 個.

2. 新增小韻之新增字形類

例①《集韻》支韻新增許支切"訏"小韻,"訏"字注"笑聲.文一".《廣韻》不收"訏"字.《集韻》因增收字形而新增支韻"訏"小韻.據筆者統計,《集韻》新增小韻中屬新增字形類並屬單立字組型者共 81 個.

例②《集韻》唐韻新增諸王切"忹"小韻,"忹、赽"字組下注"行征忪也.或從走.文二".《廣韻》不收"忹、赽"二字.《集韻》因增收字形而新增唐韻"忹"小韻.《集韻》新增小韻中屬新增字形類並屬新增並列型者共 5 個.

例③《集韻》庚韻新增口觥切"奣"小韻,"奣"字注"大也.文二",小韻內另收"磅"字.《廣韻》不收"奣、磅"二字.《集韻》因增收字形而新增庚韻"奣"小韻.《集韻》新增小韻中屬新增字形類並且該小韻裏收有多個字頭者共 12 個.

另據我們統計,《集韻》新增字形類又屬填補空格類小韻共 70 個,如脂韻侍夷切"追"小韻;新增字形類又屬新增重出小韻共 15 個,如月韻五紇切"瘱"小韻;新增字形類又屬新增不合《切韻》音系拼合規律的音切類者共 13 個,如覃韻常含切"顉"小韻.

3. 新增小韻之既增異讀又增字形類

例①《集韻》刪韻新增呼關切"豩"小韻,"豩"字注"《說文》:'二豕也.'文二",小韻內另收"懁"字,注"性戾也".《廣韻》不收"豩"字,"懁"字有霰韻古縣切音,注"急性".《集韻》"豩"小韻既增收新字形"豩",又收有《廣韻》已有字形"懁".爲了和以上兩類相區別,我們把《集韻》中此類獨立出來.據筆者統計,《集韻》二者均收類又屬新增填的補音系空格小韻共 106 個。

例②《集韻》琰韻新增止染切"黵"小韻,"黵"字注"黑污也。文三",小韻内另收"歜、趙"二字,又琰韻"黵"小韻與職琰切"颭"小韻重出。《廣韻》"黵"字敢韻都敢切,注"大污垢黑",不收"歜、趙"二字。《集韻》"豾"小韻既增收新字形"歜、趙",又收有《廣韻》已有字形"黵"。《集韻》二者均收類又屬新增重出小韻者共 27 個。

例③《集韻》隊韻新增巨内切"鞼"小韻,"鞼、韢"字組下注"繮也。一曰繡韋也。或作韢。文三",小韻内另收"犨"字,注"舐也"。《廣韻》"巨"字群母其吕切,《集韻》"鞼"小韻以群母字作合口一等小韻的切上字,相對《切韻》音系而言,此反切不合聲韻拼合規律。《廣韻》不收"鞼、韢"二字,"犨"字有祭韻于歲切、祭韻居衛切、廢韻渠穢切 3 音。《集韻》"鞼"小韻既增收新字形"鞼、韢",又收有《廣韻》已有字形"犨"。《集韻》新添異讀類小韻又屬新增不合《切韻》音系拼合規律的音切類者共 13 個。

綜合以上材料,我們可以得出《集韻》新增小韻多因新增《廣韻》已有字形的異讀而造成的,新增收的字形並没有引起小韻相應大量的增加,也没有引起異讀的大量增加,新增字形的主要性質還是單音字,或增補在《廣韻》原有小韻裏,或以異體關係、假借通用等多種情況並列於字組中。

(三)新增字形來源及特點

趙振鐸先生主要從文獻的角度對《集韻》收字來源做了較多的論述[①]。例如,《集韻》"粃"字:

秕、粃　　穀不成也。或从米。　　　　　　　　　　　　　　　　　（《脂韻》頻脂切）

《釋文·莊子音義上·内篇第一》卷第二十六:"粃,本又作秕。徐甫姊反。又悲矣反。"另,《釋文·春秋左氏音義之六·定公下》卷第二十:"秕,音鄙。穀不成者也。《字林》音匕,又作粃。又必履反。"《玉篇·米部》"粃,補履切。不成穀也。俗秕字。"不少異體字能在前代的文獻中找到根據[②],既有來源於《説文》《爾雅》《字林》《廣雅》等經籍文獻的收字,也有來源於俗寫字,如一些所收字還可以從敦煌變文中找到用例。從筆者的觀察來説,《集韻》收字能在《經典釋文》中找到直接來源根據的爲數不少。

---

① 趙振鐸:《集韻研究》,第 29-53 頁。
② 趙振鐸:《集韻研究》,第 40 頁。

二、《集韻》未收字形

其中主要是單音字占多數,有 625 個之多,占總數 646 個的 96.75%。《廣韻》部分字形,《集韻》明確標注不收;有的係漏收;也有一些字形,究其原因,或爲訛誤,或爲構字部件不同,等等。在統計中,因無法完全做到以詞爲本位對所收字精確區分,故而凡字形有異,本文就分別統計。我們對這些《集韻》不收的字做了歸納分析,大致可以分爲以下幾類:

(一)《集韻》不收俗字例①

《集韻·韻例》云:"凡流俗用字,附意生文,既無可取,徒亂真僞,今於正之左直釋曰:俗作某,非是。"我們在本書第一章"《集韻》的體例"一節中對此做了簡要論述。下面我們分條舉例説明。

1.《廣韻》收入了某些俗字,並注"俗",即説明係其上字之俗字。《集韻》收其正字而不收俗字,且在正字下加注辨析。這些未收的俗字一般不涉及小韻的删併及音系結構的變化。例如:

例①《廣韻》東韻倉紅切"怱"小韻收"悤"字,注"俗",即"怱"字之俗體,《集韻》"怱"小韻不收"悤"字,小韻中"怱、恖"字組下注"俗作悤,非是"。但《集韻》沒有因此而删併東韻的"怱"小韻,也不涉及"悤"之本字"怱"的讀音。

2.《廣韻》裏某些字,沒有説明是否係其上字之俗字,《集韻》注"俗作某,非是",且《集韻》不收該俗字。而這些未收的俗字一般也不涉及小韻的删併及音系結構的變化。例如:

例②《廣韻》先韻都年切"顛"小韻所收"顛"字下另收有"顚"字,僅注"上同",没有明確標記"顛"、"顚"是否正、俗體關係。《集韻》先韻多年切"顛"小韻内没有"顚"字,但在"顛"字下注"俗作顚,非是"②。《集韻》不收"顚"字對先韻顛小韻以及顛字的讀音都没有影響。

3.《廣韻》裏還收有某些俗體字,注"本亦作某"以明其本字,《集韻》收其本字,不收其俗字,並於本字下注"俗作某,非是"。同上,這些未收的俗字同樣不涉及小韻的删併及音系結構的變化。例如:

例③《廣韻》模韻倉胡切"麤"小韻收"麁"字,注"疎也。大也。物不精也。本亦作麤"。

---

① 張涌泉《敦煌俗字研究》《漢語俗字研究》把俗字定義爲"漢字史上各個時期與正字相對而言的主要流行於民間的通俗字體"(上海教育出版社,1996 年,第 2 頁;商務印書館,2010 年,第 1-9 頁)。孔仲温《〈玉篇〉俗字研究》認爲張先生對俗字的定義容易"把不屬於俗字性質的文字,也囊括其中",在確定《玉篇》俗字研究範圍時"僅就《玉篇》認定爲俗字的觀念爲觀念,《玉篇》確定爲俗字的範圍爲範圍",即"純以重修《玉篇》中注明'俗'的範圍"。爲了避免爭議,我們暫從孔先生的做法,所謂《廣韻》《集韻》的俗字也限定在《集韻》或《廣韻》標注"俗"的範圍内討論(臺灣學生書局,2000 年,第 32-34 頁)。

② 潭、金州本注中"俗作顚"作"俗作顛",疑係"顚"右部"真"形訛爲"頁",今據明州本正。

《集韻》模韻聰租切"麤"小韻不收"麁"字，小韻内"麤、龘、麆"字組下注："《説文》：'行超遠也。從三鹿。'篆從土，或作麆。俗作麁、麄，皆非是。"《集韻》不收"麁"字對模韻"麤"小韻以及"麤"字的讀音都没有影響。

（二）《集韻》因字形僅構件位置不同而不重收例

《集韻·韻例》云："凡字有形義並同，轉寫或異，如坪、𡊀，叴、叺，心、忄，水、氵之類，今但注曰或書作某字。"我們在本書第一章"《集韻》的體例"中也做了簡單的討論。此條例同上文不收俗字條，這些未收的字不涉及小韻的删併及音系結構的變化。例如：

例①《廣韻》宵韻巨嬌切收"嶠"字，注"亦作峤。山鋭而高"，笑韻渠廟切又收"嶠"字，注"山道。又山鋭而高"。嵪、嶠二字均從山喬聲，構件相同，釋義亦同，前者爲上下結構，後者爲左右結構。《集韻》"嶠"字有三讀：A. 宵韻居妖切，注"山鋭而高"；B. 宵韻渠嬌切，注"《爾雅》：'山鋭而高曰嶠。'或書作嵪"；C. 笑韻渠廟切，注"山鋭而高也。一曰：石絶水。一曰：山徑"。《集韻》不另收"嵪"字。按，《説文·山部》作"嶠"。

今查《釋文·爾雅音義上·釋山第十一》卷二十九："嶠，渠驕反。郭又音驕。《字林》作嵪，云：'山鋭而長也。'巨照反。"

《廣韻》"嵪、嶠"實爲異寫字，而在宵、笑韻分別收録，很明顯《集韻》作了統一。儘管《集韻》不收"嵪"字，並在宵韻换用"嶠"字，而"或書作某"僅注於宵韻渠嬌切"喬"小韻所收"嶠"字下，也可能是針對《廣韻》而言，但這些改動都没有對小韻數量造成影響。當然，如果以字形作爲異讀字的判斷標準之一的話，那"嶠"字又因此而增加了異讀。

從我們比較的材料來看，《集韻》有規範字形結構的行爲，同時，字形結構標準多以《説文解字》大徐本爲主。也有少數例外，如《廣韻》尤韻七由切小韻首字作"秋"，注"《春秋》《説文》曰：'禾穀熟也。'又姓，宋中書舍人秋當"，其下收"烁"字，注"古文"。《集韻》尤韻雌由切小韻首字也作"秋"，注"《説文》：'禾穀孰也。'篆作烁"，該小韻不列"烁"於字組中。不過，這種統一字形結構的做法，大多也只是换用字符，或者《廣韻》同時收僅構字部件位置不同的兩個字形而《集韻》只用其中一個字形，對小韻數量和音系格局不產生影響。當然，因爲字形的規範統一，也可能造成同一字形的異讀增加，本來分作兩個字形的，在書中被合併到一起。

（三）其他原因

上文所論兩個條例，是《集韻》編著者在《韻例》中明確標立的，所以我們把相關問題提出來做了簡單的論述。餘下的《廣韻》收而《集韻》未收的字，我們總體歸在一類。其中多半是因爲漏收，《集韻》規模大大超過《廣韻》，況且編寫人手較多，出現部分字漏收的情況也十分正常。例如：

匩筐匡　曲王切。《説文》：“飯器，筥也。”或从竹，亦省。匡，一曰：正也。又地名。亦姓。　　　　　　　　　　　　　　　　　　　　　　　　　　　（《陽韻》）

《説文》小篆形作"匩"，又从竹作"筐"。《集韻》"匩"爲"匩"之隸定形，"筐"爲"筐"之隸定形，而"匡"爲"匩"隸變後之楷體字形。《集韻》以"匩"爲本字。又《經典釋文·周易音義·周易下經夬傳第五》卷二："承匡，曲亡反。鄭作筐。"《集韻》認爲作盛物竹器時，"匩"、"筐"、"匡"三字同，隨即又對"匩"、"筐"、"匡"做了字形分析。其後"一曰"句則是説明"匡"又有"匡正"義，且又用作地名，而"匩"和"筐"無此職用。《廣韻·陽韻》"匡"小韻（去王切）中"匡"、"筐"二字分列，也沒有溝通二者的字際關係。清段玉裁《説文解字注》云："匩之引申假借爲匡正。《小雅》：'王於出征。以匡王國。'傳曰：'匡，正也。蓋正其不正爲匡。'"又云："今人亦分匡、筐爲二義。"亦即"匡"爲匡正義，"筐"爲盛物竹器。

再如：

密峚　莫筆切。《説文》："山如堂者。"或省。密，一曰靜也，近也，秘也。亦州名。又姓。俗作宻，又非是。　　　　　　　　　　　　　　　　　　　（《質韻》）

《廣韻·質韻》"密"小韻（美筆切）亦收"峚"字，注："山形如堂。"《宋本玉篇·山部》："密，眉筆切。山形如堂。峚，同上。"《龍龕手鏡·山部》卷一："峚，音密。山形如堂。"《集韻》認爲作"山形如堂"義時，"密"與"峚"同，其後對"峚"字做了字形分析。所綴"一曰"句則云"密"又有靜、近、秘等義，而"峚"沒有該職用。

《集韻》注文中一些字形分析引自《説文》，亦未全遵從如上體例。例如：

垐聖　《説文》："以土增大道上。古从土、即。"引《虞書》："龍，朕聖讒説殄行。"聖，疾惡也。　　　　　　　　　　　　　　　　　　　　　　　　（《脂韻》）

該釋文整條引自《説文》，語序相同，並無新增内容。《説文·土部》"聖"之字形分析即作：古文垐，从土、即。

《集韻》所注"通作某"、"書作某"一般位於注文句末。據筆者統計，《集韻》全書無"通作某"、"書作某"位於"或作"、"或从"、"亦作"、"亦从"、"籀作"、"篆作"等術語前的書例。"書作某"位於"古作某"前者僅一例，如下：

島隝嶹隝鳥　《説文》："海中往往有山可依止曰島。"或从鳥。亦作嶹、隝。亦書

作嶋。古作鳥。　　　　　　　　　　　　　　　　　　　　　　　　（《晧韻》）

《說文》小篆作"🦀"。《集韻·鍾韻》"蚣"小韻（渠容切）之"坙碧"下注"水石之島曰坙"，字作"島"而非"嶹"，同《王二》。檢《王三》及宋刊巾箱本《廣韻》作"嶹"。又《廣韻》《集韻》正文字頭不收"島"字。《切三》《王三》晧韻"倒"小韻（都浩反）收"嶹"字，注"海中山"，上聲晧韻内無"島"、"鳥"二字。

《原本玉篇殘卷·山部》："嶹，都晈、都道二反。《尚書》：'嶹夷皮服。'孔安國曰：'海曲謂之嶹。居嶹之夷還復其服也。'《說文》：'海中往往有山可依止曰嶹。'到也，亦言鳥也，物趍謂之鳥下。野王案：《史記》'横入海，居嶹中'。是也。古文爲隝字。阜部也。"又《原本玉篇殘卷·阜部》："隝，都晈、都道二反。《聲類》古文島字也。島，海中可居者。在山部。隰，《聲類》古文島字也。"《宋本玉篇·阜部》："隝，丁了、丁老二切。今作嶹。隰，同上。"《尚書正義》："孔讀'鳥'爲'嶹'。"《群經音辨》卷二："鳥，海曲也。當老切，《書》'鳥夷'。"清阮元《十三經注疏·尚書正義》校勘記："北宋孔傳尚作'鳥'字。"又云："唐石經已作'嶹'。"

《文選·吳都賦》："島嶼縣邈。"舊鈔《文選集注》作"嶹"①，四部叢刊影印宋刊本、奎章閣本、嘉靖元年金台汪諒本、胡克家刻本均作"島"。又《文選·西京賦》："長風激於別隰。"四部叢刊影印宋刊本作"隰"，其下注："五臣作嶹。"敦煌吐魯番本（法藏 P. 2528）作"𡶀"，"隰"字已漫漶不清，其右又寫有"島"字②，該殘頁抄於唐高宗永隆二年（公元 681 年）。奎章閣本亦作"島"。《龍龕手鏡·鳥部》："隝，或作。島，正。都老反。海中有山曰島也。又音鳥。二。"

據上可知，"嶹"即爲本字，或換義符从自作"隝"，或換聲符作"嶹"，"隝"或换聲符作"隰"。又"嶹"或省作"島"，而"島"爲"嶹"之俗體自唐已然，《龍龕手鏡》則以"島"爲正字。"古作鳥"應是指《古文尚書》作"鳥"，爲文獻異文，故《集韻》將其列於字組之末，術語排列次序亦殊。

二、《集韻》收字術語的功用及分類

《集韻》與《類篇》收字術語書例幾近相同，據孔仲溫統計，《類篇》收字術語書例達六七十種之多，孔氏還對《類篇》所收古文、奇字、籀文、小篆、隸書、俗字、唐武后新字、或體等的書例及來源做了詳細的描寫分析③。我們根據《集韻》收字術語的功用功效，可以分其爲兩大類：

---

① 周勳初：《唐鈔文選集注匯存》，上海古籍出版社，2000 年，第一·一二四頁。
② 饒宗頤編：《敦煌吐魯番本文選》，中華書局，2000 年，圖版第 4 頁。
③ 孔仲溫：《類篇研究》，第 151-235 頁。

（一）溝通本字組字頭類

本類術語的主要功用在於溝通字組中字頭間的關係以及指明差別，如"或作"、"或从"、"古作"等。而《集韻》對於象形、指事字一般不分析其字形，如"象某之形"均引自《説文》，同時《集韻》"古作"所指也不一定是古文字形。

本類術語又大致可繼續分爲三類：第一類，指示字形差別類，即析形後指出或體字形與本字的差別，以分析形聲字居多，術語如"或从"、"亦从"、"或省"、"亦省"等；第二類，指示或體字形類，即其功用僅限於在注文中指出某字又作某字，術語如"或作"、"亦作"等；第三類，指示字形來源類，術語如"古作"、"篆作"、"籀作"等。下面我們分類舉例説明。

1. 指示字形差別類

  雄鳩 胡弓切。《説文》："鳥父也。"一曰牡也。一曰武稱。亦姓。或从鳥。

                     （《東韻》）

按，《説文·隹部》："雄，鳥父也。从隹、厷聲。"《正字通·鳥部》："鳩，俗雄字。"則"鳩"爲"雄"變換義符之異構字。"隹"本義爲短尾鳥，"鳥"本義爲長尾鳥，作形聲字義符時"隹"、"鳥"常通用。

  髃膈 《説文》："肩前也。"或从肉。   （《厚韻》）

按，《説文·骨部》："髃，肩前也。从骨，禺聲。"段玉裁注："膈即髃字。"①《詩·小雅·車攻》："大庖不盈。"毛傳："自左膘而射之達於右膈爲上殺。"《經典釋文·毛詩音義中·南有嘉魚之什第十七》卷第六："右膈，本亦作髃。音愚。又五厚反。謂肩前也。《説文》同。"則"膈"爲"髃"變換義符之異構字。作形聲字義符時"骨"、"月（肉）"常通用。

  蕻葒 水艸也。或从紅。   （《東韻》）

按，《玉篇·艸部》："蕻，音洪。水艸名。"又《玉篇·艸部》："葒，胡公切。葒蘆草。"《廣韻·東韻》："葒，水草。一曰蘢古。《詩》云：'隰有游龍。'傳曰：'龍，即紅草也，字或从艹。蕻，上同。"葒草又名鴻藹。明李時珍《本草綱目·草之五·葒草》卷第十六注："時珍曰：此蓼甚大而花亦繁紅，故曰葒，曰鴻。鴻亦大也。"《集韻》"葒"、"洪"、"紅"三字均有東韻胡公

---
① 段注引《儀禮·即夕禮》："即床而奠，當膈，用吉器。"

切音,則"渶"爲"菾"變換同音聲符之異構字。

鞺鞜　車被具飾。或从同。　　　　　　　　　　　　　　　　　（《東韻》）

按,《廣韻》:"鞺,鞍具飾也。"《龍龕手鏡·革部》:"鞺,音童。鞍具飾也。"據字理則"鞺"字从革、童聲。《集韻》"鞺"、"童"、"同"三字均有東韻徒東切音,"鞜"爲"鞺"變換同音聲符之異構字。

徑逕　古定切。《説文》:"步道。"一曰直也。亦从辵。　　　　　（《徑韻》）

按,《説文·彳部》:"徑,步道也。从彳、巠聲。"《莊子·徐無鬼》:"藜藋柱乎鼪鼬之徑。"《經典釋文·莊子音義下·徐無鬼第二十四》卷第二十八:"之逕,本亦作徑。司馬云:徑,道也。"《龍龕手鏡·辵部》:"逕,古定反。路也。或作徑。"則"逕"爲"徑"變換義符之異構字。"彳"、"辵"均表與行、走相關,作形聲字義符時常通用。

瓮甕　烏貢切。説文:"罌也。"亦从雍。通作罋。　　　　　　　（《送韻》）

按,《説文·瓦部》:"瓮,罌也。从瓦,公聲。"《方言》卷五:"東趙魏之郊謂之甕,或謂之甖。東齊海岱之間謂之甊。甖,其通語也。"①《莊子·天地》:"鑿隧而入井,抱甕而出灌。"《經典釋文·莊子音義中·天地第十二》卷第二十七:"甕,烏送反。字亦作瓮。"《玉篇·瓦部》:"甕,於貢切。大罌。瓮,同上。"則"甕"爲"瓮"變換同音聲符之異構字。

犨犫　蚩周切。《説文》:"牛息聲。一曰牛名。"又姓。亦地名。或不省。
（《尤韻》）

按,《説文·牛部》:"犨,牛息聲。从牛、雔聲。一曰:牛名。"段玉裁注:"今本皆作犨、雔聲。而《經典釋文》《唐石經》作犫。《玉篇》《廣韻》皆作犫,云犨同。《五經文字》且云犨作犫,訛。蓋唐以前所據《説文》無不从言者。凡形聲多兼會意,讎从言,故牛息聲之字从之。鍇、鉉本皆誤也。"《説文·雔部》:"雔,雙鳥也。从二隹。"又《説文·言部》:"讎,猶膺也。从言,雔聲。"《廣韻》"讎、雔"二字均作尤韻市流切。則"犫"爲"犨"變換同音聲符之異構字,所謂"或不省"即指"雔"、"讎"字形的差別。

---

① 段玉裁《説文解字注·瓦部》"甕"條亦引此書證,並注:"甖即罌字。"

詑訑訑　土和切。欺也。或从也,俗从他。　　　　　　　　　　　　　　　（《戈韻》）

按,《說文·言部》:"詑,沇州謂欺曰詑。从言、它聲。"《廣韻·戈韻》:"詑,欺也。《說文》曰:兖州謂俗欺曰詑。土禾切。訑,俗。"《玉篇·言部》:"詑,湯何切,又達可切。詑謾而不疑。沇州謂欺曰詑。俗作訑。"《龍龕手鏡·言部》:"訑,通。詑,正。徒何反。欺也,詑也。二。訑,土何反。欺也。《玉篇》又止支反。"《集韻》"他"、"它"均有戈韻湯何切音。"也"字馬韻以母字,上古與"它"字同屬歌部,喻四歸定,聲母亦近。則"訑"、"訑"爲"詑"變換聲符之異構字。又《集韻》注"俗从"以指字組中字頭之間的字形區別者,僅此一例。

以上諸例爲形聲字替換義符、聲符的情況,《集韻》有時用"或从某"、"亦从某"僅表示字形的區別,並不完全是析形。例如:

荎荎　枲屬,皮中索。亦从木。　　　　　　　　　　　　　　　　　　　（《麻韻》）
襬襬帔　《方言》:"帬自關而東謂之襬。"或从罷、从皮。　　　　　　　　（《支韻》）

按,《玉篇·艸部》:"荎,以遮切。枲屬,皮可以爲索。"《廣韻·麻韻》"邪"小韻(以遮切)收"荎"字,注:"木名,皮可以爲索。"又"邪"小韻另收"荎"字,注:"枲屬。"《集韻》作"亦从木"並非指从木部,而應指"荎"、"荎"二字左下部分別作"亻"和"木",僅爲區別該二字。

《方言》:"帬,陳魏之間謂之帔,自關而東或謂之襬。"郭璞注:"帔,音披。"又"襬"下注:"音碑。今西語然也。"①《玉篇·衣部》:"襬,彼皮切。關東人呼裙也。"《集韻》"襬"、"襬"、"帔"均讀支韻幫母班麋切音,因此以"襬"爲字組首字②。注文中"从罷、从皮"並非"襬、襬、帔"三字的唯一區別,"帔"字从"巾"與"襬、襬"从"衣"亦相區別,又《集韻》"罷"、"皮"均可讀支韻蒲麋切音,則"从罷、从皮"僅表示形聲字聲符形體上的差別。

從縱　將容切。東西曰衡,南北曰從。或从糸。文十七　　　　　　　　　（《鍾韻》）

---

① 《集韻》"鈹"小韻(攀麋切)收"帔"字,注:"《方言》:'帬,陳魏之間謂之帔。'一曰巾也。""帔"與"披"同在"鈹"小韻,且"鈹"小韻内無"襬"、"襬"2字。另《集韻》"襬襬帔"字組與"碑"字同位於"陂"小韻(班麋切)中。
② 《集韻》此類例子有不少。例如,《集韻·諄韻》:"麇、麇、麇,俱倫切。《說文》:麇也。或从囷,从君,亦國名。"又《集韻·文韻》:"麇、麇、麇,麇也。或从囷,从省。"而"麇、麇、麇"3字之間的區別均在聲符。《說文》:"麇,麇也。从鹿,囷省聲。麇,籀文不省。"《集韻·諄韻》"麇、麇、麇"字組承《說文》以"麇"爲首字,而文韻以"麇"爲首字,則因"麇"、"君"均音文韻拘雲切。

•229•

按，《説文·從部》："從，隨行也。从辵，从从，从亦聲。"段玉裁注："引伸爲主從，爲從横，爲操從。亦假縱爲之。"又《説文·糸部》："縱，緩也。一曰：舍也。从糸、从聲。"段玉裁注："後人以爲從衡字者，非也。"則作"南北方向"義與"衡"相對時，"從、縱"皆非本字本用。《群經音辨》卷三："從，南北也。則庸切。《詩》：衡從其畝。"又卷五："縱，南北也。子容切。"則《集韻》於此處注"或从糸"應僅指形聲字義符上的差别。

  頃顈 犬穎切。田百畝也。亦从田。   （《静韻》）

按，《説文·匕部》："頃，頭不正也。从匕、从頁。"段玉裁注："（頃）專爲俄頃、頃畝之用矣。"《廣韻·静韻》："田百畝也。去穎切。"《玉篇·頁部》："頃，去穎切。田百畝爲頃。"又《玉篇·田部》："顈，去穎切。百畝爲顈。今作頃。"然"顈"即在"頃"字左下添加義符"田"，《集韻》於該處注"亦从"應本屬此意。

 2. 指示或體字形類

  曈晍 曈曨，日欲出。或作晍。   （《東韻》）

按，《説文新附·日部》："曈，曈曨，日欲明也。从日、童聲。"《文選·文賦》："情曈曨而彌鮮。"李善注："《埤蒼》曰：曈曨欲明也。"《廣韻》"童、同"二字東韻徒紅切，則"晍"爲"曈"變换同音聲符之異構字。

若據"指示字形差别類"書例，亦可注爲"或从同"。《集韻》注"或作某"並未指出字形之間的差别，也没有説明字頭之間是何關係及字頭的來源，而字組中字頭的並列既已完成了字際關係的繫聯。所以我們認爲此類術語的功用僅限於在注文中指出某字又可作某形。從溝通字際關係的角度來説，是爲信息的冗餘。此類情况再如：

  舼艟 《博雅》：舟也。或作艟。   （《東韻》）

按，《廣韻》"艟"字讀鍾韻尺容切（注：艟艨，戰船）、絳韻直絳切（注：短船名）二音，而"舼"字讀徒紅切，在東韻，注"舩（船）也"，"舼、艟"二字關係不明。《集韻》並立該二字，本已溝通了二者之間的字際關係。

  鬤鬞 《字林》：鬤鬠，髮亂皃。或作鬞。   （《東韻》）

按,《廣韻·東韻》收"鬟"字,注:"鬟鬆,髮亂皃。"檢《廣韻》無"鬣"字。《龍龕手鏡·髟部》:"鬣鬟,二俗。鬟。正。薄紅反。鬟鬆,髮亂皃。"①《正字通·彡部》:"鬟,別作鬣,非。"又"鬟"字注:"鬟字之訛。"則《集韻》所收"鬣"字即"鬟"之俗字,"鬣"爲"鬟"變換聲符之異構字②。《集韻》並立"鬟"、"鬣"二字,已經溝通了二者之間的關係,釋文中"或作"之術語,並不能表達更多的信息。

《集韻》在釋文中還較多使用"亦作某",其功能同"或作某"。例如:

汝浟 《説文》:水也。一曰水名,在襄陽。亦作浟。　　　　　　　　　　(《東韻》)

按,《説文·水部》:"汝,水也。从水、夂聲。夂,古文終。"《説文》"汝"字小篆形作"",其隸定字形作"浟"。《廣韻·東韻》:"浟,水名,在襄陽。"《龍龕手鏡·水部》:"浟,音終。水名。"上古音端、章組音相近,如"冬"、"終"相諧。"浟"本係章母字,其聲符"夂"即古文終,亦屬章母字。"浟"字則聲符換用端母字"冬"。《集韻》並立"汝"、"浟"二字,本已溝通了二者之間的關係,釋文中"亦作"之術語,同樣不能表達更多的信息。

3. 指示字形來源類

危岌　虞爲切。《説文》:在高而懼也。古从人在山上。　　　　　　　　(《支韻》)

按,《原本玉篇·山部》:"岌,五虢反。《聲類》:人在山上也。以爲古文危字。危在危部。"《宋本玉篇·山部》作"岌",注:"五虢切。人在山上。今作危。"《王二·支韻》"危"小韻(魚爲反)收"岌"字,注:"古文。"《龍龕手鏡·山部》亦作"岌"字,注"古"。又《説文·人部》:"仚,人在山上皃。从人、山。"《廣韻》無"岌"、"岌"二字,仙韻"嗎"小韻(許延切)收"仚"字,注同《説文》。"夂"字形近"刀",疑"岌"即"岌"字之訛。則"岌"字最早見自《聲類》,《王二》《原本玉篇》則之。《集韻》注文所注"古从人在山上",即指字形來源於古文。

工玒　《説文》:巧飾也。象人有規榘。古从彡。　　　　　　　　　　　(《東韻》)

按,《説文·工部》:"工,巧飾也。象人有規榘也。與巫同意。凡工之屬皆从工。玒,古

---

① 《龍龕手鏡·髟部》以"鬆"爲正。《集韻·冬韻》蘇宗切"鬆"字又作"鬟鬆"。
② 《集韻》"逢"、"鬟"同爲東韻"蓬"小韻(蒲蒙切)字,"鬣"字換用聲符"逢"更能準確表音。

文工从彡。"《玉篇·工部》"玎"字作"㠭",注"古文"。《集韻》"工"字釋文所注"古从彡"即指"玎"來源於古文。

上列"危岙"、"工玎"兩組字均已通過字頭並列的形式溝通了字際關係。而注文中"古从某"亦即說明該字來源。

《集韻》注文所注"古作某"者,只有部分表示其字來自古文字字形。例如:

豐豊 敷馮切。《説文》:豆之豐滿者也。一曰鄉飲酒禮有豐侯者。一曰大也。亦姓。古作豊。　　　　　　　　　　　　　　　　　　　　　　　(《東韻》)

按,《説文·豐部》:"豐,豆之豐滿者也。从豆,象形。一曰:鄉飲酒有豐侯者。凡豐之屬皆从豐。豊,古文豐。"《王三》:"豐,敷隆反。多。正作豊。"《王二》:"豐,敷隆反。豆之豐者。俗作豐。"《玉篇·豐部》:"豐,芳馮切。大也。俗作豐。豊,古文。"《集韻》所收"豊"字源自《説文》《玉篇》所收"豐"古文字字形。

又如:

聰聰 《説文》:"察也。"一説耳病。晉殷仲堪父患耳聰。古作聰。　(《東韻》)

按,《説文·耳部》:"聰,察也。从耳、悤聲。"《王三》:"聰,審。正作聰。"《王二》作"聰",注"聰明"。《廣韻》亦作"聰"。《龍龕手鏡·耳部》:"聰聰,二俗。聡聰,二正。音忩。聽聞明察也。四。"《説文》小篆字形作"聰",則"聰"爲隸定形,"聰"爲隸變後通用字形。《宋元以來俗字譜》:"聰,《通俗小説》《三國志平話》等作聡。"《正字通·耳部》:"聡,俗聰字。"《集韻》所注"古作聰"爲《説文》小篆隸定形,相對於楷書指示字形通行時代的遠近。

(二) 溝通非本字組字頭類

本類術語的主要功用在於溝通字組中字頭與其他非本字組字頭之間的關係,如"書作"、"通作"①。該類情況則是因未並立相應字頭而使得術語的關聯與區別就顯得更爲重要。通過對《集韻》書例的分析,注文中"書作某"與"通作某"的性質不同。前者常注因構件元素相

---

① 《類篇》注文中"書作"需參考《集韻》才能正確認識。《類篇·山部》"崔"字注"《説文》:大高也。亦書作崔",似不合"書作"類術語書例。檢《集韻·灰韻》:"崔,崔、確,《説文》大高也。或作崔。籀又作確。"則《類篇》注文應理解爲"崔"本作"崔",又書作"崔"。《集韻》脂、灰、賄韻所收"崔"字注文均不注"書作崔"。《類篇·山部》亦收"崔"字,注"高大皃",但注文無"書作崔"。

同而構件位置不同的異寫字,後者常注文獻中通假、假借現象。

本類又可分書作類、通作類等兩小類。前文已經對這兩類在《集韻》《廣韻》內的不同情況做過探討,故不贅述,今略舉數例藉以說明其特徵。

1. 書作類

  蟆 蟲名。《説文》:"蝦蟆也。"或書作䖆。   (《麻韻》)

按,《説文·虫部》:"蟆,蝦蟆也。从虫、莫聲。"《經典釋文·爾雅音義下·釋草第十三》卷第三十:"蟆,字又作䖆。亡巴反。"《廣韻·麻韻》:"蟆,蝦蟆。亦作䖆。"《集韻》全書不立"䖆"字爲字頭,僅在注文中出現[①]。

  脅 迄業切。《説文》:"兩膀也。"或書作脇。   (《業韻》)

按,《説文·肉部》:"脅,兩膀也。从肉,劦聲。"《經典釋文·毛詩音義中·節南山之什第十九》卷第六:"脅下,許業反。本又作脇。"《集韻》全書不立"脇"爲字頭。

《集韻》還有一些異寫字於某處只在注文中標出,不立作字頭,而在另外出現的環境中原本字與該異寫字對換了位置,即異寫字立作字頭,原本字則僅在釋文中標出。例如:

  崘崑 崘嶙,山相連皃。亦从囷。或書作崙。   (《諄韻》)
  崙 嶙崙,山皃。或書作崘。   (《文韻》)

按,《文選·南都賦》卷四:"或崙嶙而纚聯。"李善注:"崙嶙,相連之貌。崙,丘貧切。"又"崙"字注"丘筠切"。《廣韻·真韻》:"崘,嶙崘,山相連皃。"《集韻》諄韻"囷"小韻(區倫切)收"崘"字,其異寫字作"崙",收於注文之中,諄韻無"崙"字頭,"崘"、"崙"於文韻情況剛好相反。《類篇·山部》不收"崙"字,"崘"字下未注"書作崙"。

  巍 巍壘,山名。   (《微韻》)
  巍巍 巍壘,山名。或省,亦書作巍。   (《賄韻》)

按,《文選·上林賦》:"崴磈嵔廆。"六臣注本云:"嵔,魚鬼切。五臣作巍。"《龍龕手

[①] 《集韻·皆韻》:"䖆,蟲名,蝦䖆也。"

鏡・山部》："峗，俗。鼡，正。於鬼反，鼡雑，山高皃。又烏賄反，鼡嶇也。"《集韻・賄韻》"猥"小韻（鄔賄切）收"鼡"字，其異寫字作"峗"，收於注文之中，據例《集韻・微韻》所收"峗壘"之"峗"應作"鼡"。《類篇・山部》"峗"、"鼡"兩收，作"鼡壘"之"鼡"下注"亦書作峗"，而"峗"字又有"山曲"之義，故未注"書作鼡"。

另外還有一些字形構件及結構相同的字，但並非記錄同詞的異寫字，《集韻》釋文中沒有注出以互見，與此"書作類"有別①。例如：

檢《玉篇・木部》《廣韻・支韻》均收"槻"字，釋作"木名"。《集韻・支韻》："槻，木名，可作弓。一曰樊槻木皮，水漬和墨，書色不脱。"《集韻・支韻》："規、槻，均窺切。《説文》有法度也。一曰正圓之器。或從木。"②則"規"從木作"槻"，規亦聲。"槻"與"槻"構字部件相同，結構也相同。"槻"、"槻"雖同音，但二字異義，記詞功能不同，因此二字分立，且不互見。

而《集韻》在處理字際關係時前後亦有差別，對異寫字有不同的意見。例如：《集韻・薛韻》："吶，言緩也。或書作呐。"又："吶，女劣切。聲不出謂之唒吶。或書作呐。"又《集韻・没韻》："訥、吶、詘，奴骨切。《説文》：'言難也。'或從口。亦作詘。"《集韻・黠韻》："呐，《説文》：'言之訥也。'"《春秋穀梁傳・序》："盛衰繼之辯訥。"《經典釋文・春秋穀梁音義》卷第二十二："辯訥，《字書》云：訥或作吶，乃骨反。《字詁》云："吶，遲於言也。包咸《論語注》云：遲鈍也。"《龍龕手鏡・口部》："吶，俗。呐，正。奴骨反。口呐也。"則"吶"、"呐"均可作"言語遲緩"解，"訥"又作"吶"，而"吶"又寫作"呐"。《説文・言部》收"訥"，注："言難也。從言，內聲。"《説文・呐部》收"呐"，注："言之訥也。從口、從內。"《龍龕手鏡》同《説文》，以"呐"爲正。《集韻》於薛韻"吶"字下注又書作"呐"，未並立字頭。《類篇》"吶"、"呐"、"訥"分立於口部、呐部、言部，三字不互見。

又如：

柔	木名。《説文》："栩也。"通作杼。	（《語韻》丈呂切）
杼筝	《説文》："機之持緯者。"或從竹。	（《語韻》丈呂切）
柔	木名，栩也。或書作杼。	（《語韻》展呂切）
杼芧	木名，栩也。或作芧。亦書作柔。	（《語韻》上與切）

按，《説文・木部》："杼，機之持緯者。從木、予聲。"又《説文・木部》："柔，栩也。從

---

① 《類篇・序》云："槻、槻異釋，而吶、呐異形，凡同音而異形者皆兩見。"
② （宋）張有《復古編・上平聲》："規，有法度也。從夫、見。別作槻、槻，並非。"

木、予聲。讀若杼。"《詩·小雅·大東》："小東大東,杼柚其空。"毛傳："杼,直吕反。《説文》云盛緯。"《康熙字典·木部》"杼"注云:"按,《説文》'柔也'係'柔'字之訓,'杼'訓'機之持緯',二字音同義别。今韻書於直吕切下依《説文》杼、柔分列,而於神與切下去'柔'存'杼',且以'柔也'爲'杼'字之訓,似應從《説文》分列爲是。然《爾雅》諸書,柔柔之柔俱書作杼,而《玉篇》'柔'注云:今作杼。"《類篇·木部》收"柔"、"杼"二字。"柔"字下注:"木名,似儲也。一曰安也。……柔也。"又"杼"字下注:"木名,柔也。……《説文》:'機之持緯。'……洩水槽也。"《類篇》"柔"、"杼"二字注文内均無"書作"類術語。

2. 通作類

藩樊　方煩切。《説文》:"屏也。"亦作樊。通作蕃。　　　　　　　　　　（《元韻》）

按,《説文·艸部》:"藩,屏也。从艸、潘聲。"《説文·艸部》:"蕃,艸茂也。从艸、番聲。"《説文·爻部》:"棥,藩也。从爻、从林。《詩》曰:'營營青蠅,止于棥。'"今《毛詩》作"止于樊",注:"樊,藩也。"段玉裁《説文解字注》云:"樊者,棥之假借。"[1] 又《左傳·僖公二十四年》:"故封建親戚,以蕃屏周。"《廣韻》又作"藩屏"[2]。

扉　父沸切。《説文》:"履也。"或通作菲。　　　　　　　　　　（《未韻》）

按,《説文·艸部》:"菲,芴也。从艸、非聲。"《説文·尸部》:"扉,履也。从尸、非聲。"段玉裁注:"杜注《左傳》曰:扉,草履也。菲者,扉之假借字。"又《禮記·曾子問》"不杖、不菲、不次",《經典釋文·禮記音義之二·曾子問第七》卷第十二:"不菲,一本作扉。扶畏反,草履。"

三、《集韻》《廣韻》收字術語比較

從《集韻·韻例》可知,《集韻》對術語進行了規範統一,相比《廣韻》而言,有了明顯的進步。據筆者統計,《集韻》標注時偏用"或作"類。《廣韻》偏用"亦作"類,但全書主要以標注"上同"來表述異體關係,《廣韻》共注"上同"1542次,《集韻》無注"上同"例。此外,《廣韻》對俗字、古文標注較多。二書常見術語的統計請參看表4-2。

---

[1] 《集韻·元韻》"棥"字注:"《説文》:藩也。引《詩》:'營營青蠅,止于棥。'通作樊。"
[2] 見《廣韻·元韻》"棥"、"藩"字注文。

表 4-2　異體字術語使用頻率統計表

	或作	或从	或省	亦作	亦从	亦省	古作	籀作	篆作
《廣韻》	163	19	/	422	5	/	235	53	12
《集韻》	4605	3551	679	384	107	114	987	137	13

説明：①爲了使表格美觀，我們没有標全所有術語，而統計時包含同類相近的術語；②《廣韻》用術語"篆文"；③"/"表示没有。

下面我們僅就《集韻》《廣韻》收字術語的用例做些比較。

（一）《廣韻》在注文中用"亦作"等術語説明的異體字，一般不在同小韻中另出字頭。例如，《廣韻·東韻》"隆"小韻（力中切）收"癃"字，注"病也。亦作癃"，東韻"癃"字下不再出字頭"癃"。而《集韻》並立"癃"、"癃"，注"或作癃"。

（二）《廣韻》最常用的方法是在異體字下注"上同"表示該字與上字之異體關係，而其上字注文中一般不再用"亦作"之類的術語標注。例如，《廣韻·東韻》德紅切"倲"字，注"上同"，其上字"倲"字注"儱倲，儜劣皃，出《字諟》"。又《廣韻》或於"上同"後又説明出處，而《集韻》無。例如，《廣韻·盍韻》徒盍切"蹋"字注"踐也"，其下又收"躢"字，注"上同。見《公羊傳》"。《集韻·盍韻》敵盍切"蹋蹹躢"下注"《説文》踐也。或作蹹、躢"。按，《公羊傳·宣公》卷十五："以足逆躢曰跋。"

（三）《廣韻》在釋文中指出某爲某之俗字，或注"俗作"、"俗从"，則該俗字常不出字頭，或在本字下出俗字字頭，注"俗"。《集韻》或並列入字頭，或單獨出字頭，一般不再注明是否爲俗字，而對不予認同的俗字常注"俗作某，非是"，且不出字頭。二書對俗字有不同認識，因而使用術語有所不同。

例如，《廣韻·支韻》即移切收"頾"，注"《説文》云：'口上須。'俗作髭"，支韻"頾"下不再出字頭"髭"。《集韻·支韻》將支切所收作"頾、髭、䫇"，注"《説文》：'口上須也。'或作髭。亦省"。按，《説文·須部》大徐本"頾"注："臣鉉等曰：今俗别作髭，非是。"慧琳《一切經音義·法藴足論第九》卷第六十六"鬆頾"條注："下音資。《文字集略》云：'脣上毛也。'亦作髭。《古今正字》：'口上須也。'从須、此聲也。"又慧琳《一切經音義·釋迦譜第九》卷第七十七"佛頾"條注云："《釋迦譜》從彡作髭，亦俗字也。"《説文》大徐本、慧琳《一切經音義》均指出"髭"係"頾"字的俗字。《廣韻》以"髭"爲"頾"字的俗體，與《説文》大徐本、慧琳《一切經音義》同。《集韻》對流俗字多有批評，於此則把"髭"字立於字組中，且沒有標記並處理爲俗體字。

（三）《集韻》所標注"古文某"、"古作某"類次數遠超《廣韻》注"古文某"、"古作某"類次數，亦幾近《説文》古文字數的兩倍。《集韻》所注古文，有源於《説文》古文者，亦有源於

《説文》篆、籀者①。據《集韻》收字術語書例分析，注文中所言"古作某"並非完全是古文字形。例如，《集韻》把"農"字小篆隸定形"農"與籀文隸定形"辳"統注爲"古作某"。《集韻》所注"古作某"並非對應《説文》古文，而多指示字形通行時代的遠近。

再如，《廣韻·小韻》苻少切"摽"字注："落也，又拊心也，《字統》云：合作此芅。"另"摽"下又收"攤"字，注："上同。見《説文》，今從票。餘同。"《集韻·小韻》亦收"摽、攤"二字，注："《説文》：擊也。一曰挈闚牡也。古作攤。"按《説文》字頭小篆形作"攤"，從手、嘦聲。"攤"爲"攤"隸定形。《集韻》注"古作攤"，與今隸變後楷體字形"摽"相對，是指字形通形時代遠近而言。

又如，《集韻·宵韻》"漂"小韻（紕招切）收"嘌"字，注："《説文》：疾也。引《詩》'匪車嘌兮。'隸作嘌。"而"漂"小韻內無"嘌"字頭。又《集韻·宵韻》"猋"小韻（卑遥切）收"嘌"字，注"疾也，聲也"，小韻內無"嘌"字，亦未注明與"嘌"字的關係。《廣韻·宵韻》"嘦"小韻（撫招切）收"嘌"字，注"疾吹之皃"，"嘦"小韻不再收"嘌"字。

《集韻》還有漏注古文的情況。例如，《廣韻·東韻》方戎切"風"字下又收"飌"字，注"古文"。《集韻·東韻》方馮切"風飌咸風"，注："《説文》：八風也。風動蟲生，故蟲八日而化。一曰諷也。又姓。或从崔，古作咸、凮。"

按，《周禮·春官》："祀飌師。"《玉篇》："飌，古文風字。"宋洪邁《容齋三筆·周禮奇字》卷十五："六經用字固亦間有奇古者，然唯《周禮》一書獨多。予謂前賢以爲此書出於劉歆，歆常從揚子云學作奇字，故用以入經。如法爲灋，……風爲飌，……皆他經鮮用。"則《集韻》應承《玉篇》《廣韻》注"飌"爲"風"之古文。

四、《集韻》收字術語規範的得失

我們可以肯定的是《集韻》在溝通字際關係方面做的努力，在形式上極力規範，與後起之《類篇》相比，亦有其可圈可點之處。不過《集韻》在術語使用上，雖做了些規範，但失之於籠統，術語使用具有不確定性，區分度較小。例如：

塓塓	《博雅》：益也。一曰：累土。或从鼏。	（《緝韻》）
塓塓	《廣雅》：益也。一曰：墊也。或作塓。	（《葉韻》）
湬濘	水自渭出爲湬。一曰：夏有水冬無水曰湬。或作濘。	（《沃韻》）
湬濘	《説文》：夏有水冬無水曰湬。一曰：水自渭出爲湬。或从學。	（《覺韻》）
湬濘	山夏有水冬無水曰湬。或不省。	（《覺韻》）

---

① 孔仲温：《類篇研究》，第154-155頁。

盎瓫	盆也。或作瓮。	（《蕩韻》）
盎瓫	於浪切。《說文》盆也。或从瓦。亦書作瓫。	（《宕韻》）
蓆簏	痺也。或从草。	（《文韻》）
蓆簏	吾還切。痺也。或作簏。	（《刪韻》）
紟衿縉	《說文》：衣系也。或作衿。䋼从金。	（《侵韻》）
紟縉衿	衣系也。或作縉、衿。	（《侵韻》）
獌貒貙	狼屬，似狸。或作貒、貙。	（《刪韻》）
獌貙貒	狼屬。或从豸。亦作貒。	（《換韻》）

很顯然，《集韻》在使用"或作"、"或从"、"或省"等術語時仍缺乏全書整體規範性。儘管如此，我們也不能因之而放棄對術語書例特點的整理、歸納。例如，我們在針對《集韻》收字術語的排序及混合使用的統計分析過程中，就發現了兩條特徵。

第一，《集韻》在收字術語的排序及使用上體現了就近原則，即使字組中體現最小差別的兩個字形排列最近。例如：

蠃裸腂倮儽　魯果切。《說文》：袒也。或从果，从身，从人，从㐺。　　（《果韻》）

按，"蠃"與"裸"的區別在聲符，"裸"、"腂"、"倮"三字區別在義符，"倮"、"儽"二字的區別又在聲符。

哲恕嚞喆　陟列切。《說文》：知也。或从心，古从三吉，亦省。　　（《薛韻》）

按，"哲"與"恕"的區別在於義符一从口、一从心，"嚞"、"喆"的區別在於構字部件的減省。

《集韻》注文中也有一些書例在區別字形時是以字組首字為參照的。例如，《集韻·覺韻》："嗀、撧、𢿛，擊也。或从手，从勺。"注文中術語分別指出"撧"、"𢿛"二字與首字"嗀"的區別。再如，《集韻·過韻》："愞、偄、懦、㒡，奴臥切。弱也。或从人，从需，亦作㒡。"注文中的術語分別指出"偄"、"懦"二字與首字"愞"的區別。

第二，《集韻》注文在溝通字際關係時，還牽涉到不同術語的混合使用，如"或从"、"亦从"、"或作"、"亦作"等之間的交換搭配。我們對全書各類術語的搭配做了統計分析，發現儘管各類術語的使用有一定的隨意性，但術語前綴"或"與"亦"仍具一定的傾向性，全書"从……作"搭配最多，特別是"或从……亦作"搭配，又"从……从"次之。"亦从"、"亦作"、

"亦省"一般不會置於術語搭配的首位。據我們統計,《集韻》全書無"或作……或從"、"亦作……或作"、"亦從……或作"、"亦作……亦省"、"亦作……或省"、"亦從……亦省"、"亦從……或省"、"或作……或省"等搭配;而"或作……或"、"亦從……或從"、"亦作……或從"均僅1條,"或從……或作"僅2條。例如:

溥霧湨霏	溥霧,露多皃。或作霏,或並省。	(《桓韻》)
瓊璃瓗琁	《說文》:赤玉也。亦從矞,從巂,或從旋省。	(《清韻》)
宛瘕㾳	《說文》:汙衺下也。亦作瘕。或從水。	(《麻韻》)
斲𣂪斮剫斱	《說文》:斫也。徐鉉曰:豎器也,斤以斲之。或從孔畫,或從斤,或作剫、斱。	(《覺韻》)

綜上所述,《集韻》字組中並出字頭已經溝通了字際關係,而其收字術語並沒有像《說文》一樣對字頭作細緻縝密的字形分析,諸如"或作某"、"亦作某"等術語,失之籠統,其功用實在有限。而我們只有對《集韻》收字術語多角度地全面深入統計、歸納,並且客觀地分析、總結,才能形成立體的認識,這項工作既要抓大,也不能放小,一方面要根據材料抽繹出術語使用的基本原則和體例,另一方面也要從細節入手,正確看待《集韻》在術語整理與使用上的得失。

第四節　所收字音比較

上節我們對《集韻》《廣韻》所收字形做了比較,本節主要對二書18910個相同字形的讀音做全面的比較,以便了解《集韻》有哪些字形新增了讀音,有哪些字形少收了讀音,或者有哪些字形又被轉移置入其他小韻;了解這些字形的新增異讀間的關係,等等。

一、字音比較

我們曾對《集韻》《廣韻》所收字的讀音做過統計,《集韻》單音字數量所占全書收字的比重下降了16.50%(見表4-1)。這意味着,《廣韻》大量單音字在《集韻》中增收了異讀。

(一)我們又統計了《廣韻》所收字在《集韻》中的讀音情況,其中二書有18110字的23055個字音的反切讀音相同,實際有8634字形增收了異讀。例如(限於篇幅,以下各條,僅舉少量實例以茲說明,後同):

1. 二書字音相同例

據我們統計,《集韻》相比《廣韻》,其字音無增減的字有 9054 個。

例①《廣韻》"䂭"字有 2 音:A. 姥韻當古切,注"美石。又音怙";B. 姥韻侯古切,注"美石。又丁古切"。《集韻》"䂭"字也有 2 音:A. 姥韻董五切,注"美石";B. 姥韻後五切,注"《説文》:'美石也'"。

董五切、當古切均係上聲姥韻端母合口一等,音同;後五切、侯古切皆上聲姥韻匣母合口一等,音亦同。二書"䂭"字釋義也都相同,而其反切上字,《集韻》上聲小韻多用上聲字,但没有改變其聲類。

《説文·厂部》大徐本"䂭"字音侯古切,《集韻》姥韻後五切"䂭"字下注引自《説文》。趙振鐸對《集韻》引《説文》大徐音做了很詳細的論述①。

例②《廣韻》"咎"字有 2 音:A. 豪韻古勞切,注"皋陶,舜臣。古作咎繇";B. 有韻其九切,注"愆也;惡也;過也;災也。從人、各。各者,相違也"。《集韻》"咎"字也有 2 音:A. 豪韻居勞切,注"姓也,通作皋";B. 有韻巨九切,注"《説文》:'災也。从人从各。各者,相違也'"。

居勞切、古勞切均係平聲豪韻見母開口一等,音同,都訓爲"皋陶";巨九切、其九切皆上聲有韻群母開口三等,音亦同,訓釋均與《説文》合。《説文·人部》大徐本"咎"字音其久切。

例③《廣韻》"隸"字有 3 音:A. 至韻力遂切,注"臨也。又力地切";B. 至韻力至切,注"臨也";C. 緝韻力入切,注"臨也"。《集韻》"隸"字也有 3 音:A. 至韻力遂切,注"臨也。或作莅";B. 至韻力至切,注"《説文》臨也。或作莅、涖、位";C. 緝韻力入切,注"臨也"。

《集韻》所録"隸"字音與《廣韻》全同,釋義亦同。《説文·立部》大徐本"隸"字音力至切。

2.《集韻》字音增收例

據筆者統計,《集韻》相比《廣韻》實際有 8364 字增收了異讀。

例①《廣韻》"頤"字之韻與之切,注"頤養也。《説文》亦上同",其上一字爲"𦣝",注"籀文",再上爲"匜"字,注"《説文》曰:'䪲也'"。則《廣韻》"頤"字一作頤養解,另也作匜字之異體,作䪲解。

《集韻》之韻盈之切作"匜、頤、𦣝",注"《説文》:'䪲也。'或作頤、𦣝",另咍韻曳來切增收"頤、匜",注"頷也。關中語。或省"。《集韻》頤字盈之切同《廣韻》,同時頤又新增了一讀,頤字之曳來切音係録自宋代關中方言②。

例②《廣韻》"剧"字僅祭韻此芮切一讀,注"小割"。《集韻》"剧"字有五讀:A. 祭韻

---

① 趙振鐸:《集韻研究》,第 33-38 頁。
② 按,《方言》卷十:"頷、頤,頷也。南楚謂之頷;秦晉謂之頷;頤,其通語也。"

此芮切,注"小傷也";B. 祭韻去例切,注"傷也";C. 祭韻居例切,注"《博雅》:'傷也'";D. 祭韻俞芮切,作"銳"之籀文異體,注"《説文》:'芒也。'亦姓籀作劂。或作挩。亦省";E. 月韻丘謁切,注"《字林》:'傷也'"。《集韻》"劂"字A音讀與《廣韻》同,同時又新增了四讀。

《王三》祭韻此芮反毳小韻收"劂"字①,《廣韻》"劂"此芮切與《王三》同。《説文·艸部》卷一:"蒻,艸之小者。从艸劂聲。劂,古文銳字。讀若芮。"②又《説文·网部》卷七:"罽,魚网也。从网劂聲。劂,籀文銳。"則《集韻》劂作銳字之籀文異體與《説文》同。

隋曹憲《博雅音·釋詁》卷四:"劂,寄衛反。《字林》音丘訏。"③《廣韻》《集韻》衛字均作祭韻于歲切,又二書祭韻居例切、月韻居謁切都收有訏字,則《集韻》"劂"字祭韻居例切、月韻丘謁切皆與《博雅音》所載相合。

例③《廣韻》"僤"字有3音:A. 仙韻市連切,注"上同",其上字為"嬗",注"態也";B. 旱韻徒旱切,注"疾也。本音去聲";C. 翰韻徒案切,注"疾也。《周禮》云:'句兵欲無僤'"。

《集韻》"僤"字收有10音:A. 仙韻時連切,作"嬗"之異體,即"嬗、僤,態也。或從單";B. 緩韻蕩旱切,注"速也";C. 換韻徒案切,注"《説文》:'疾也。'引《周禮》'句兵欲無僤'";D. 寒韻唐干切,注"疾也。明也";E. 仙韻稱延切,注"地名,在魯。《春秋傳》:'歸讙及僤'";F. 緩韻黨旱切,注"速也。動也";G. 緩韻儻旱切,注"速也,動也";H. 獮韻齒善切,注"地名,在魯。或作嘽。通作闡";I. 獮韻上演切,注"行動皃。《漢書》:'象輿婉僤。'顏師古説";J. 曷韻當割切,注"傍鷙也"。《集韻》"僤"字較《廣韻》增收了七個讀音。

上列《集韻》"僤"字之A、B、C音分別與《廣韻》A、B、C音同。二韻書B、C所在韻不同,《廣韻》開口旱、翰韻舌音小韻,在《集韻》中被轉移至合口緩、換韻,此類屬《集韻》轉移小韻例,我們在第三章已經討論過。

《漢書·司馬相如傳》卷五十七上:"輿婉僤於西清。"顏師古注"僤,音善。"《廣韻》善字獮韻常演切,《集韻》獮韻上演切。《集韻》僤字I音讀同顏注。

《釋文·毛詩音義下·生民之什第二十四》卷七:"僤,本又作癉,當但反,病也。沈本作瘅。"又《蕩之什第二十五》卷七:"僤怒,都但反。厚也。本亦作亶同。"《集韻》僤字F音讀同《釋文》當但反或都但反。另《廣韻》癉字有寒韻徒干切音,《集韻》癉字也有寒韻唐干切,皆訓"病"。

《釋文·春秋公羊音義·宣公第七》卷二十一:"十年及僤,本又作闡,昌善反。"又《哀公第十二》卷二十一:"及僤,昌善反。一音昌然反。《字林》作嘽。左氏作闡。"《集韻》僤字H音讀與《釋文》昌善反同,E音讀與昌然反同。

---

① 《王三》"毳"字注文漫漶不清,反切據《王一》《王二》。又《王一》《王二》祭韻無劂字。
② 段玉裁注:"此古字誤也,當改籀。"
③ 所據係民國二十八年(1939年)商務印書館《叢書集成初編》影印畿輔叢書本。

《博雅音·釋詁》卷四："僤，達汗（反）。"《廣韻》《集韻》寒韻、翰韻均收汗字，則《集韻》僤字D音與《博雅音》達汗切和《釋文》癉字可讀定母寒韻音合。

《集韻》僤字儻旱切、當割切，因文獻不足，不知其所出。但查《集韻》瑄、嬋、嬗、嘽、韆、壇等字均有儻旱切一音；另，憚又作怛字異體，音曷韻當割切；韆又作靼字異體，也有曷韻當割切音。《類篇·人部》僤字全收上例《集韻》僤字音。

以上材料說明，《集韻》廣泛搜羅經籍舊音及方言土音，並可資徵信，則所言"凡經典字有數讀，先儒傳授，各欲名家，今並論著以粹群說"（《集韻·韻例》）實爲不虛。同時，我們對比《集韻》增加的字音與其所引據的文獻資料，可知《集韻》對經籍舊音並非原封不動地照抄，大都折合入了相應的小韻。同時，《集韻》新增小韻也主要是因增收異讀造成的，我們在上一節也已經做了論述。

（二）《廣韻》有1492字形的1612個反切讀音，《集韻》或不收，或所在韻部不同，或反切音韻地位稍有差異。其中所在韻部不同的情況最多，約占此類總數的五分之三。

1.《集韻》不收例

（1）《集韻》因訛誤而不收

即指《集韻》或因所據材料與《廣韻》不同，或因編著時訛誤，因而不收或漏收《廣韻》某字某音。

例①《廣韻》緝韻色立切靸小韻收"儑"字，注"不及"。《集韻》緝韻色入切靸小韻不收"儑"字。《集韻》靸小韻另收"儑"字，注"行不進也"，與《廣韻》緝韻儑字訓釋不同，不應看作字訛，且《廣韻》緝韻初戢切、合韻蘇合切所收"儑"字，釋爲衆行皃，也不支持儑訛儑。

《集韻》"儑"字僅合韻悉合切一讀，注"儑嘂，疾皃"。儑嘂，《集韻》又作"譅嘂"，見緝韻色入切"譅"字注，釋作"言不止"。

《說文·人部》無"儑"字，又《說文·彳部》大徐本："儑，行皃。从彳靸聲。一曰此與駸同。穌合切。"段玉裁注："《吴都賦》：'儑嘂漎漎。'儑當从彳。《廣韻》：'儑，衆行皃。'"《文選·吴都賦》："儑嘂漎漎。"①李善注："儑，所立切。"又《文選·琴賦》："飛纖指以馳鶩，紛儑嘂以流漫。"②六臣本注："儑，蘇合（切）。"李善曰："儑嘂，聲多也。儑，不及也，師立切。"

《廣韻》緝韻"儑"字音義，與《文選·琴賦》李善所注"儑"字音義同。《集韻》合韻悉合切所收"儑"字音，與《文選·琴賦》六臣注本音同，六臣注本"儑"訛作"儑"，其所注蘇合切與《說文》大徐音穌合切音同。《集韻》正"儑嘂"作"儑嘂"③，段玉裁所注則誤矣。

---

① 胡刻本李善注《文選》（中華書局1977年影印本）作"儑嘂"，日本東方文化學院東京研究院所藏明嘉靖元年校刊本亦作"儑嘂"，四部叢刊影印《六臣注文選》影宋本訛作"濕嘂"，濕注"所立（切）"。
② 胡刻本作"儑嘂"，四部叢刊影宋本訛作"儑嘂"，明嘉靖本亦訛作"儑嘂"。
③ 《集韻》潭州本、金州本、明州本合韻悉合切"儑"均作"儑嘂，疾皃"。

《楚辭·七諫》:"言語訥譅兮。"《宋本玉篇·言部》:"譅,色立切,言甚多也。"《集韻》緝韻"譅"字音義應本自《楚辭》及《玉篇》。

從以上材料看,《廣韻》緝韻色立切"儑"字音義本自《文選》李善注,《集韻》雖正字形,但誤錄六臣注本音。此係《集韻》不辨音訛而造成《廣韻》字音失收。

例②《廣韻》禡韻慈夜切褯小韻收"鋞"字,從母開口三等,注"鏡鋞"。《集韻》"鋞"字禡韻貪謝切,在"夜"小韻,以母開口三等,注"鏡也",而禡韻慈夜切褯小韻內無"鋞"字。

《王一》《王二》《王三》禡韻慈夜反"褯"小韻均收"鋞"字,注"鏡"。《玉篇·金部》:"鋞,才夜切。鏡鋞也。"

疑《集韻》編著者受"鋞"字聲符的影響,誤置"鋞"字入貪謝切夜小韻內,而"鋞"字慈夜切音,則因編著者疏忽以致未收。

(2) 糾正《廣韻》訛誤而不收

即指《廣韻》所收某字某音有錯誤,《集韻》編著者或因考訂其訛誤,而不收《廣韻》某字某音。

例①《廣韻》陌韻宜戟切收"曮"字,注:"《說文》云:'呻也。'"又銜韻五銜切收"曮"字,注:"呻吟。"《集韻》"曮"字有2音:A. 鹽韻牛廉切,注"呻也";B. 銜韻魚銜切,注"《說文》:'呻也。'或从巖"。《集韻》"曮"字僅一音,即作"曮"字之異體,在銜韻魚銜切。《集韻》"曮"或"曮"字均無陌韻宜戟切音。

《王二》《王三》陌韻宜戟反逆小韻收"曮"字,注"呻";《王一》《王二》《王三》銜韻五銜反巖小韻所收皆作"曮",注"呻"。《切三(S2071)》陌韻宜戟反逆小韻、銜韻五銜反巖小韻均不收"曮"或"曮"字。

《說文·口部》大徐本:"曮,呻也。从口嚴聲。五銜切。"又《集韻》陌韻無从嚴、巖,或以嚴、巖為聲符者。

以上材料說明,《王韻》陌韻誤收曮字,《廣韻》承襲《王韻》之舊①。《集韻》糾正《王韻》及《廣韻》的錯誤,陌韻不收曮字;曮字銜韻魚銜切音則承自《說文》大徐本,同時《王韻》《廣韻》銜韻之曮字也作為曮之異體,並列於其後。

例②《廣韻》"懘"字有3音:A. 祭韻子例切,注"寐言";B. 祭韻于歲切,注"寐言";C. 祭韻魚祭切,注"上同",其上字為"癐"②,注"睡語"。《集韻》"懘"字有4音:A. 祭韻於例切,注"夢言不慧也";B. 祭韻于歲切,注"《說文》:'癐言不慧也。'或从言";C. 泰韻于外切,注"夢言意不慧也";D. 薛韻乙劣切,注"睡語"。《集韻》懘字祭韻于歲切(B)音與《廣韻》于

---

① 按,余迺永《新校互注宋本廣韻》未校注此條(第511頁)。
② 《廣韻》《王一》《王三》祭韻癐訛从穴作癐,據《說文》《王二》及《廣韻》余校本正。

歲切（B）同，不收《廣韻》懲字子例切（A）、魚祭切（C）音。

《王一》《王三》祭韻子例反祭小韻均收"懲"字，注"寐言"，《王二》祭小韻不收；《王一》《王二》《王三》祭韻魚祭反藝小韻裏皆有"寱"，但無"懲"字。《説文·心部》大徐本："懲，瘱言不慧也。从心衛聲。于歲切。"《釋文·春秋左氏音義之六·哀公下》卷二十"甇言"條注："（甇）《字林》作'懲'，云：'夢言意不慧也。'音于例反。"《宋本玉篇·心部》："懲，于例切，寐言也。"余迺永認爲《廣韻》祭韻子例切祭小韻"懲"字係因"于例切"訛"子例切"，當删①。

慧琳《一切經音義·四分律第三十二》第五十九卷"寱語"條注云②："音藝。《説文》：'寱，眠言也。'《聲類》：'不覺妄言也。'舊律本多作懲、甇二形。《三蒼》于歲反。誑言也。又音牛例反。《廣雅》云：'懲，寱也。'"《龍龕手鑒·心部》卷一："懲，魚祭反。睡語也。與寱同。又音衛，義同。"

據上例材料可知，《廣韻》"懲"字祭韻子例切因係訛誤所致，而《集韻》祭韻子例切祭小韻不收"懲"字，正是糾正《廣韻》訛誤所爲。另，《廣韻》"懲"字祭韻魚祭切音，疑是因《廣雅》懲、寱同義相訓而誤以二字爲異體字關係，慧琳《一切經音義》的材料也可作爲佐證。《集韻》祭韻藝小韻不收"懲"字應係正訛。

（3）《集韻》漏收

即指《集韻》未收《廣韻》某字某音，而與《集韻》差不多同時代的其他文獻中却記載了此字音。

例①《廣韻》職韻常職切收"搉"字，注"拄杖曰搉"（志韻直吏切亦收"搉"字，注"搉投"）。《集韻》"搉"字有2音：A. 止韻丈里切，注"持也"；B. 志韻直吏切，注"投也"。《集韻》直吏切所收"搉"字音義，同《廣韻》志韻直吏切所收"搉"字，漏收《廣韻》"搉"字常職切一音。

《龍龕手鑒·手部·入聲》卷二："搉，常職反，柱杖也。又俗直尼反。"《類篇·手部》"搉，丈里切，持也。又直吏切，投也。文一。重音一。"搉字不見於經典，雖然《集韻》志韻搉字與《廣韻》職韻搉字釋義有所不同，但不防礙説明其並非因搉爲俗字的原因，而不在職韻收搉字。因此我們認爲《集韻》漏收"搉"字常職切音。

例②《廣韻》"縺"字有2音：A. 獮韻去演切，注"縺縺，不相離皃；又黏也"；B. 線韻去戰切，注"又去演切"。《集韻》"縺"字有2音：A. 準韻遣忍切，注"縺縺，纏繇也"；B. 獮韻去演切，注"縺縺，不相離也"。

---

① 余迺永：《新校互注宋本廣韻定稿本》，第840頁。
② 徐時儀校注：《〈一切經音義〉三種校本合刊本》，上海古籍出版社，2008年，第1561頁上欄。按，寱應作寱，另《説文》作"瞑言"。

《集韻》"繾"字去演切（B）與《廣韻》"繾"字去演切（A）同。按，《說文·糸部》大徐本"繾"字作去演切，《集韻》"繾"字去演切亦與《說文》大徐音同。又《集韻》"繾"字新增準韻遣忍切一音；同時，漏收了《廣韻》"繾"字綫韻去戰切一音。

查《釋文·爾雅音義下·釋草第十三》卷三十："繾，弃善反，或去忍反。"《集韻》"繾"字去演切音同《釋文》所載"繾"字弃善反，"繾"字遣忍切音同《釋文》所載"繾"字去忍反。

宋史炤《資治通鑑釋文·晉紀十六》卷十："繾綣，上去戰切，下去願切。"《龍龕手鑒·糸部·上聲》卷四："繾，去演、去戰二反。繾綣，不相離兒；又黏也。"《資治通鑑釋文》《龍龕手鑒上聲》"繾"字均注有去戰切音，則《集韻》"繾"字或漏收了此音。

2. 所在韻部不同例

（1）因轉移小韻以致所在韻不同

我們在第三章"轉移小韻"中從音系的角度進行了討論，具體收字來看，就是被轉移的小韻內的字所在韻部不同。爲不重復討論，我們不對有轉移小韻的韻部一一舉例說明，請參看第三章的論述。

例①《廣韻》"駝"字歌韻徒河切，注"似羊，四耳九尾"。《集韻》"駝"字戈韻唐何切，注"羭駝，獸名，如羊，四耳而九尾"。屬《集韻》歌、戈韻轉移小韻。

例②《廣韻》"豱"字問韻居運切，注"小野豕名"。《集韻》"豱"字有 2 音：A. 文韻拘云切，注"豕也"；B. 焮韻俱運切，注"野豕小者曰豱"。屬《集韻》問、焮韻轉移小韻。

例③《廣韻》"䟸"字軫韻武盡切，注"蹄甲"。《集韻》"䟸"字有 2 音：A. 真韻眉貧切，注"踤也"；B. 準韻弭盡切，注"獸蹄甲也"。屬《集韻》軫、準韻轉移小韻。

（2）置入非轉移通用韻

即指小韻內所收字，轉入通用韻同聲母、開合及等第的小韻中。我們在第三章"合併小韻"中對影響到小韻合併的情況有詳細的討論，本條例下僅舉單個字音轉移入通用韻小韻而不影響音類分合的情況。

例①《廣韻》"匎"字被收在合韻烏合切姶小韻裏，影母開口一等，注"匎彩，婦人髻飾花也"。《集韻》"匎"字盍韻乙盍切，影母開口一等，注"飾采謂之匎。或作䫌"。《集韻》合韻有遏合切姶小韻，影母開口一等，該小韻不收"匎"字。《集韻》因合、盍韻同用，而置"匎"字入通用韻同聲母、開合及等的小韻中。

例②《廣韻》"䑫"字被收在耕韻北萌切繃小韻裏，幫母二等，注"艅䑫，舟具"。《集韻》"䑫"字庚韻哺橫切，幫母二等，注"舟名"。《集韻》耕韻有悲萌切繃小韻，幫母二等，該小韻不收"䑫"字。《集韻》因庚、耕韻同用，而置"䑫"字入通用韻同聲母、開合及等的小韻中。

例③《廣韻》"劃"字被收在麥韻呼麥切劃小韻裏，曉母合口二等，注"破聲"。《集韻》"劃"字陌韻霍虢切，曉母合口二等，注"破聲"。《集韻》麥韻有忽麥切㦰小韻，曉母合口二等，該小韻不收"刲"字。《廣韻》呼麥切"㦄"等字,《集韻》仍在忽麥切懵小韻中。《集韻》因陌、麥韻同用,而置"刲"字入通用韻同聲母、開合及等的小韻中。

不過,值得我們注意的是,以上三例中的匎、骿、刲等,《切三(S2071)》《王二》《王三》均不收,而如姶、㦄等《王二》《王三》所收的字,却沒有同匎、刲等字被移入通用韻中。在處理材料時,我們還遇到一些類似的收入通用韻小韻的例子,但是因爲《集韻》另有所本,得與此類區别對待。例如,《廣韻》"弳"字收在霰韻古縣切睊小韻中,《集韻》霰韻扃縣切睊小韻無弳字,霰、綫二韻通用,綫韻之規掾切絹小韻收弳字,注:"《博雅》:'彌、弳,䎽也。'"按,《王三》弳字霰韻古縣反。《博雅音·釋器》卷八:"弳,(音)絹。"則《廣韻》《集韻》各有所本,與上述三例情況有所不同。

3. 音韻地位有差異例

(1) 音類混同

我們在第三章"改動反切"中詳細討論過這類情況,具體來説,其中大部分小韻沒有被刪併,只是聲類或韻類有混同的情況。爲不重復討論,我們不再對因不收某字某音,而引起聲類或韻類混同的情況一一舉例説明,請參看本文第三章的論述。

例①《廣韻》"䃞"字屋韻殊六切,禪母合口三等,注"石聲"。《集韻》"䃞"字屋韻神六切,注"石名",切上字屬船母,與《廣韻》䃞字反切音異。船、禪母混切。

例②《廣韻》"泎"字陌韻鋤陌切,崇母開口二等,注"瀺泎,水落地聲"。《集韻》"泎"字陌韻實窄切,注"瀺泎,水落皃。或作瀞",切上字係船母字,與《廣韻》泎字反切音異。崇、船母混切。

例③《廣韻》"盲"字庚韻武庚切,注"目無童子",切下字庚,係庚韻開口二等字。《集韻》"盲"字庚韻眉耕切,注"《説文》:'目無眸子。'或作䁯、䀤、瘖",切下字耕,係耕韻開口二等字,與《廣韻》盲字反切音異。庚、耕韻混切。《説文·目部》大徐音"盲"字武庚切。《集韻》盲字反切音與《説文》大徐音不同,反映了時音庚、耕韻相混的情況。

(2) 個體變異

即指《集韻》個別字的讀音有異,非整個小韻的變動,這些字的讀音變異,有的可能反映了時音的面貌,有的與《集韻》所據文獻有關。

例①《廣韻》"漐"字緝韻丑入切,徹母開口三等,注"汗出皃"。《集韻》"漐"字緝韻直立切,澄母開口三等,注"汗出皃"。《廣韻》緝韻丑入切湁小韻,在《集韻》緝韻作勑立切,與直立切蟄小韻沒有合併。

《王二》《王三》緝韻無"漐"字。《玉篇》亦不收"漐"字。《廣韻》《集韻》漐字讀音的差異在於聲母的清濁,這有可能反映了宋初時音的聲母濁音清化。

按,"漐"字見於張機(仲景)著、成無己注《注解傷寒論·半夏瀉心湯方》卷四:"漐漐汗出,發作有時。"①

例②《廣韻》"鵩"字有兩音：A. 屋韻方六切,注"戴勝別名"；B. 職韻符逼切,注"鵩鵝,鳥"。《集韻》"鵩"字也有兩音：A. 屋韻方六切,注"鳥名。《爾雅》：'鸛鵾鵩鶏,如鵲短尾,射之銜矢射人'"；B. 職韻筆力切,注"鳥名似鵲"。

《集韻》"鵩"字屋韻方六切（A）同《廣韻》,又改《廣韻》符逼切愎小韻"鵩"字入筆力切逼小韻（《集韻》愎小韻沒有併入逼小韻）。符字,在《切韻》音系中屬並母字,筆字屬幫母字。《集韻》"鵩"字讀音的變化,反映了濁音的清化。

例③《廣韻》"甶"字物韻分勿切,幫母三等,注"鬼頭"。《集韻》物韻"甶"字改入敷勿切拂小韻,滂母三等。

《王三》物韻"甶"字在分勿切弗小韻,注"鬼頭"。《説文·甶部》大徐音"甶"字敷勿切。則《廣韻》"甶"字同《王三》,《集韻》同《説文》大徐音。二書"甶"字音不同,雖然反映了非、敷母相混的情況,但這本不是源自《集韻》的改動。《集韻》從《説文》大徐音大概有兩種可能：一方面是《集韻》對《説文》的認同高於《廣韻》（或《切韻》系韻書）,另一方面是宋初時音確有非、敷相混的情況。筆者傾向於後者,因爲這與《集韻》改《廣韻》用韻葑小韻方用切作芳用切,所反映的非、敷混切情況相合。同時,該情況應區別前面列舉的第①、②條。

二、語音史研究價值

王力先生曾說"每一個字都有它的歷史",又説"字史應該分三個方面去研究,就是字音的的歷史、字形的歷史和字義的歷史"②。魯國堯先生在給甯繼福先生的信中也指出："迄今（按,寫信落款時間爲1981年）對於漢語音韻的研究（包括《中原音韻》的研究）都着重於語音系統的考察,而單個字音的演變却未受到足夠的重視。……我看單個字音的研究應該重視,我寫了三篇宋詞用韻考,曾利用《廣韻》《集韻》《中原音韻》等與宋詞韻字參稽比較,考察了二十幾個字音。"③近來,姚永銘先生《應該大力提倡單字音史的研究》一文專門討論了該問題④。

《集韻》以小韻爲單位的分合,或作爲分類特徵的反切上、下字的變動,直接反映了《集韻》音類的面貌。同時,小韻又是同分類特徵的字的聚合,所以單個字音的變化,也可以從側面反映語音面貌,即所謂以管窺豹。

---

① （漢）張機著,（金）成無己注：《注解傷寒論》,人民衛生出版社,1956年,第66頁上欄。
② 參見王力：《字史》,載《王力文集》第十九卷,山東教育出版社,1990年,第151-165頁。
③ 見寧繼福：《中原音韻表稿·魯國堯同志的信》,吉林文史出版社,1985年,第354頁。
④ 姚永銘：《應該大力提倡單字音史的研究》,載於浙江大學漢語史研究中心編：《漢語史學報》第五輯,上海教育出版社,2005年,第255-263頁。

所以,若要解剖《集韻》,我們既可以從小韻的角度歸納音系,宏觀地討論音類的分合,又可以通過單個字的讀音與《廣韻》(或《切韻》)做比較,具體探討語音演變的問題,上文的比較也是我們所做的一點嘗試。下面我們就《集韻》的收字收音,主要從三個方面來具體談談其語音史研究的價值。

(一)《集韻》博收經籍舊音及方言土音,收集了豐富的語音史料

從上文的統計可知,《集韻》有18110字的23055個音與《廣韻》同,站在《廣韻》的角度,《廣韻》的字音在《集韻》中得到了較好的保存,而這些相同的字音與《集韻》的規模相比,僅占《集韻》的1/2弱。上文列舉的"頤"、"劘"、"僄"等字,都較《廣韻》新增了異讀,這些異讀有的來自經籍舊音,有的來自方言土音。《集韻》新增的異讀占到全書新增字音的一半,其中保存了不少珍貴的語音信息,也給我們提供了豐富的研究材料。

對韻書與音義等其他非韻書形式的訓詁材料的研究,雖然都注重反切的繫聯和比較,但因爲韻書與音義書等非韻書訓詁材料的文本形制不同,前者以分類的形式更直觀地反映了音類的分合,而後者通過反切等記錄更有效地保存了音類特徵。這似乎提供了一個契機,我們可以拿《集韻》中來自經籍等其他文獻資料的字音,與其出處所記錄的情況以及《廣韻》(或《切韻》)相比較,研究宋代通語或讀書音的情況,因爲《集韻》所錄經籍舊音或方言土音須折合才能置入韻書的最小直觀分類單位——小韻中,而音義等非韻書材料可以通過反切真實地保存音類特徵。當然,針對不同的情況,需要用不同的方法來進行。

1. 明確標識出處的,我們可以通過與出處的對比發現問題

舉例來説,我們從《集韻》數據庫裏檢索到注"博雅"者,凡1555條,然後可以拿這部分字音同曹憲《博雅音》進行比較。按,《集韻》注"廣雅"者凡203條,如東韻沽紅切"蚣"字,注:"蟲名。《廣雅》:'蝍蛆,蜈蚣也。'"又《舊唐書·經籍志上》卷四十六載:"《廣雅》四卷,張揖撰。《博雅》十卷,曹憲撰。"① 按,三國魏張揖撰《廣韻》,隋曹憲作《音釋》十卷,因避隋煬帝楊廣諱,《廣雅》被更名爲《博雅》。《舊唐書》及《集韻》中,《廣雅》與《博雅》並稱,我們認爲《博雅》即指曹憲《博雅音》。

《廣韻》"椑"字有3音:A. 支韻符羈切(皮小韻),並母重紐三等,注"木下支兒,又符支切";B. 支韻符支切(陴小韻),並母重紐四等,注"木下枝也";C. 齊韻邊兮切(鼙小韻),注"椑櫛,小樹。又樹栽也"。《集韻》"椑"字有5音:A. 支韻蒲糜切(皮小韻),並母重紐三等,注"《博雅》:'木下支謂之椑櫛'";B. 支韻頻彌切(陴小韻),並母重紐四等,注"《博雅》:'木下支謂之椑櫛'";C. 齊韻邊迷切(鼙小韻),注"椑櫛,小木也。一曰木下枝。通作椑";

---

① (後晉)劉昫等撰:《舊唐書》,中華書局,1975年,第1984頁。

D. 支韻賔彌切（卑小韻），注"《博雅》：'木下支謂之椑檞'"；E. 齊韻駢迷切（鼙小韻），注"椑檞，木下枝"。

按，《王二》《王三》支韻皮小韻（A）收有"椑"字①，陴小韻（B）、卑小韻（D）無"椑"字；《切三（S 2071）》《王三》齊韻𠯋小韻（C）收有"椑"字，鼙小韻（E）無"椑"字。《廣韻》"椑"字符羈切（A）、邊兮切（C）音承自《王韻》等前代韻書，新增符支切音（B）。

《集韻》"椑"字 A、B、C 三音同《廣韻》，又《集韻》"椑"字新增賔彌切（D）與駢迷切（E）二音。《集韻》"椑"字 D 音與 B 音的區別在於前者聲母爲清聲幫母字，後者爲濁聲並母字；A 音與 D 音的區別除有聲母清濁的差別外，還有重紐三等與重紐四等的不同。《集韻》"椑"字 C 音與 E 音同樣有聲母清濁的不同。

《博雅音·釋木》卷十："椑，扶支（反）。"《集韻》有 A、B、D 音"椑"字下均標注引自《博雅》，則表示：A＝扶支（反），B＝扶支（反），D＝扶支（反）；A＝B＝D②。由此，我們可以説，《集韻》編著者認爲幫母、並母清濁已經不分③，這是宋初時音濁聲母清化的反映。這又和前文所列舉的"鷗"字的情況相合。

此外，《集韻》引自《經典釋文》的字音也有不少，一般標注"某某讀（説）"，注引"徐邈讀（説）"凡 136 條，"鄭康成讀（曰、説）"凡 67 條，"劉昌宗讀（説）"凡 47 條，"李軌讀（説）"凡 39 條，"沈重讀"凡 21 條，等等，不一而足。我們也可以拿《集韻》所收錄的這些經師的讀音，與《經典釋文》所記錄的反切音做比較。《集韻》還注引《字林》音凡 153，雖《字林》久逸，但我們還是可以拿這部分字音同《經典釋文》、慧琳《一切經音義》中所錄《字林》音切做比較。

2. 沒有明確標注的，我們可以通過與《經典釋文》所載音切的對比來發現問題

《集韻》相對《廣韻》而言，所增收的一些字音，或與《廣韻》不同的字音，雖沒有像《説文》《博雅》那樣明確注引，但我們從《集韻》實際較多引自《經典釋文》獲得啟發，可以拿這部分音與《經典釋文》進行對比，或許能得到問題的答案。

《廣韻》"諉"字寘韻女恚切，泥母合口三等，注"諈諉，累也"。《集韻》"諉"字有 3 音：A. 支韻邕危切，注"《爾雅》'諈諉，累也。謝嶠讀'"；B. 寘韻而睡切，注"諈諉，煩重皃"；C. 寘韻弋睡切，注"累也"。

查《釋文·爾雅音義上·釋言第二》卷二十九："諉，郭女恚反。顧汝恚反。謝音餒。孫

---

① 各本反切及小韻首字略有不同，此處爲引述方便，統一用《集韻》椑字所在小韻首字。
② 據筆者觀察，《集韻》引自《博雅》的音一般都會標注"博雅"。如"疼"字有 6 音：A. 寒韻他干切（標注"博雅"），B. 戈韻湯河切，C. 紙韻賞是切，D. 换韻他案切（標注"博雅"），E. 箇韻丁賀切，F. 過韻他佐切（標注"博雅"）。《博雅音·釋訓》卷六："疼，吐安、吐案、吐佐三反。"《集韻》"疼"字 A、D、F 音同《博雅音》。
③ 相同的例證還有不少，限於篇幅，本書只詳解了一例。再如，《集韻》"䉤"有 3 音：A. 昔韻毗亦切；B. 錫韻必歷切（標注"博雅"），幫母；C. 錫韻蒲歷切（標注"博雅"），並母。《博雅音·釋詁》卷一："䉤，（音）甓。"《廣韻》甓字錫韻扶歷切，並母。

云：楚人曰諈，秦人曰諉。"《集韻》矮字有支韻邕危切、寘韻於僞切二音。

從材料對比來看，《集韻》改《廣韻》寘韻女恚切"諉"字入而睡切杤小韻，與《釋文》諉字所注汝恚反音相合，而邕危切諈字下注"謝嶠讀"則與《釋文》"謝音矮"同。弋，以母字；於，影母字。《集韻》又承《釋文》諉字音矮，則《集韻》諉字音除一音讀邕危切外，另一音本應讀於僞切，而《集韻》却讀弋睡切，影、以母相混。這與《集韻》併《廣韻》海韻與_{以母}改切腪小韻入倚_{影母}亥切欸小韻反映了同樣的問題。

儘管《集韻》改《廣韻》寘韻女恚切"諉"字入而睡切杤小韻是所據文獻不同的原因，但我們因此又發現了影、以母相混的問題。

3. 關於方言土音的確認，則限定在《集韻》標注通行範圍的部分較爲適宜。或通過參照其他學者對《集韻》同時代音韻文獻的研究成果，再做進一步深入探討。《集韻》收錄方言土音的實例，我們在第二章已有不少論述，因此不再重復例證。

（二）《集韻》在收字歸音時有甄別，其中部分也具有語音史研究價値

面對浩瀚的文獻材料，甄別材料的真偽在研究過程中十分重要。《集韻》的流傳過程中，版本間都有手民的誤植，我們在建立《集韻》數據庫時就校出了不少。《集韻》也有不少原始性錯誤，于建華《〈集韻〉的原始性錯誤》一文刊出了部分①。

以《集韻》所收字音同《廣韻》字音比較的過程中，我們也能發現《集韻》的一些原始性錯誤，如上文所例"僵"字，因爲所據文獻版本的不同，導致字音收入錯誤。也有一些因誤認偏旁音作正音，如上文所例"鈹"字。同時，《集韻》對《廣韻》的訛誤也有校勘。如上文所例"曝"字、"德"字例。通過二書字音的對比，我們可以過濾掉一部分雜質，同時，也能爲辭書收字收音提供參考意見。《集韻》因《廣韻》訛誤而删其所收字音，也有可能因此而删併了一個小韻。如《廣韻》沒韻收叉字土骨切，該字應係反切用字形訛而誤，同"德"字例。

當然，《集韻》中也有一些因失誤而反映了時音，這個誤是指相對於《切韻》音系而誤，或許在編著者口中是不誤的。如我們在第二章"新增重出小韻"中討論的"翠"字例，據《博雅音》邱殄切音，本應入上聲銑韻牽典切，却誤入去聲霰韻輕甸切，這可能是因下字發生了濁上歸去的音變，而誤以致此。又據《説文》大徐音喫善切，"翠"字應在獮韻，却入銑韻，這又是因爲通用韻音同或音近所致。

---

① 于建華：《〈集韻〉的原始性錯誤》，《南京師大學報（社會科學版）》2005 年第 3 期，第 145-150 頁。

（三）通過與《廣韻》字音的比較，研究宋代通語的面貌

劉曉南先生在《漢語歷史方言語音研究的幾個問題》一文中曾指出[①]：

> 立足於方言來看方言與通語或方言與方言之間的關係，可以借用哲學上共性與個性的範疇來表示，方言應當是通語共性與地域個性統一體，可圖示如下：
> 方言＝共性（符合通語部分）＋個性（地域變異部分）

具體到《廣韻》《集韻》的字音比較研究中，可以分成兩個層次：第一個層面，《集韻》繼承《廣韻》（或《切韻》）的部分是共性，我們從個體上考得的差異則是個性；第二個層面，這個性通過我們的剝離，其反映宋初時音的部分，屬於宋初通語音的部分是共性，屬於宋初方音的是個性。

這兩個層面的建立也就是我們通過對比《集韻》與《廣韻》（或《切韻》）小韻及字音，找出其異同的過程。我們在考證《集韻》小韻間的分合外，從單個字音的微觀角度出發，對比《廣韻》（或《切韻》）而考論具體字音的歷史也是一項很有意義的工作。《集韻》對《廣韻》小韻有增、刪、併、轉，二書對字音的處理不同，就造成小韻的分合等。而具體來說，這些小韻的增、刪、併，大多數又是因爲《集韻》增收字音，或者不收《廣韻》某字某音而導致的。

回顧對《集韻》《廣韻》字音的比較研究，我們發現《集韻》反映聲母的演變、體現宋初時音影響的例子主要集中在異讀中，比如上文我們討論的"椑"字，就是這種形式。而《集韻》反映韻類分合的例子又主要集中在收字收音所在韻部不同中。如上例"匌"、"舿"、"劃"字例等。宋洪邁《容齋五筆·禮部韻略非理》卷八："《禮部韻略》所分字，有絕不近人情者，如東之與冬，清之與青，至於隔韻而不通用。"[②]洪邁爲南宋初人，去《集韻》編著時不遠，他認爲東與冬、清與青通用韻本同，不應強分，可見《集韻》所反映的通用韻音同或音近情況，是有實際語音爲基礎的。

既然通過《集韻》字音能發現時音的痕跡，我們便可以各種形式和手段全面地比較所收字音，巨細無遺地找出其中的差異，更多地挖掘其中所反映的語音事實。

---

① 原載於《勵耘學刊》2005年第1輯。
② （宋）洪邁：《容齋隨筆》，中華書局，2005年，第925頁。

第五章 《集韻》字樣的提取與整理

第一節 字樣提取與字符編碼

利用計算機數據庫來研究《集韻》異體字有其特殊性，《集韻》作爲文本文獻與計算機數據庫的存在，其方式有着本質的不同。前者雖爲刻本，但仍以書寫的形式存在，而計算機數據庫是一個結構化信息模型，《集韻》數據庫就以格式化編碼的形式存在於存儲介質中。在我們的研究過程中，《集韻》便是以字符爲内容的記錄形式輸入計算機數據庫的。同時計算機字符又是以編碼的形式存在的，用單個、兩個或四個字節來記錄一個字符，所有字符編碼的集合就是字符集，根據字符集編碼的範圍、結構、方式及所含編碼字符的多寡又可以分爲不同的字符集。如，常見的字符集有 ASCII、GB2312、GBK、GB18030、ISO/IEC 10646 等。

一、數據庫字符編碼

計算機内字符是以編碼的形式存在的，用單個、兩個、三個或四個字節（Byte）來記錄一個字符（Character），所有字符編碼的集合就是字符集（Charset）。根據字符集編碼的範圍、結構、方式及所含編碼字符的多寡可以分爲不同的字符集，常見的字符集就有 GB2312、GBK、GB18030、ISO/IEC 10646 等。我們在創建《集韻》數據庫時基於 Windows 7 操作系統和 MS Access 2007 數據庫，使用 Unicode 編碼規範，以 ISO/IEC 10646 爲字符集標準。

ISO/IEC 10646 被譯爲"通用多八位編碼字符集"，該通用字符集共定義了 17 個代碼平面（Code Plane），代碼範圍由 U+000000 ～ U+10FFFF，每個平面均有 65,536（256×256）個碼點（Code Point）組成[①]，每個平面的最後兩個編碼（0xFFFE、0xFFFF）不用。00 平面（Plane 00）被定義爲基本多文種平面（Basic Multilingual Plane，簡稱 BMP），可用 UCS-2

---

① Unicode 標準指出：用來對抽象文字進行編碼的整數範圍稱爲編碼空間；這個編碼集裹的每個特定編碼叫作碼點；當一個抽象字符被映射或被分配到編碼空間中特定的碼點時，這個抽象字符就被稱爲編碼字符。參見《The Unicode Standard, Version 6.2》，Unicode Consortium，第 22 頁。

表示,即使用 16 位碼元(2 個字節),如拉丁字母大寫"A"編碼爲 U+0041。其餘 16 個平面爲輔助平面(Supplementary planes),代碼範圍 U+10000～U+10FFFF。

ISO/IEC 10646 所定義的 16 個輔助平面超出了 UCS-2 的字符編碼表示範圍,需要使用兩個 16 位碼元表示,又稱代理對(Surrogate Pair)。00 平面的 U+D800～DFFF 編碼範圍被用作 UTF-16 代理編碼段,U+D800～DBFF 被用作高位代理(或稱前導代理),U+DC00～U+DFFF 被用作低位代理(或稱後位代理),高位、低位代理組合最多能表示 400H×400H=1,024×1,024=1,048,576 個碼點,與 16 個輔助平面的編碼範圍重合(65,536×16=1,048,576)。

我們再舉例説明 Windows NT 内核系統中的字符編碼。打開 Windows 7 系統自帶文本編輯工具記事本,在文本編輯方塊中輸入"𪀊"(U+2A00A)字,以 Unicode 編碼保存,再用純文編輯工具 UltraEdit 以二進制方式打開所保存的文件(圖 5-1、5-2)。

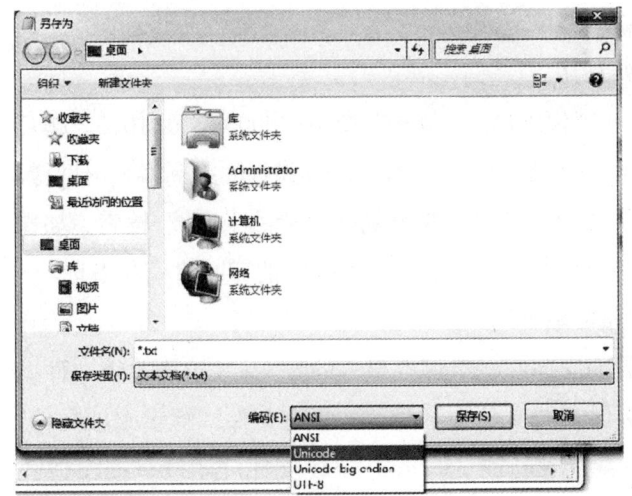

圖 5-1　文件打開圖之一　　　　　　圖 5-2　文件打開圖之二

可以得到文件中所保存"𪀊"(U+2A00A)字十六進制碼爲:

FF FE 68 D8 0A DC

FF FE 放在文件開頭,用來指示字符編碼順序,表示字符以 UTF-16 Little-endian 編碼,即稱爲字節順序標記(Byte Order Mark,簡稱 BOM)。可得"𪀊"(U+2A00A)字的 UTF-16 編碼爲:

D868 DC0A

高位代理 0xD868 轉爲二進制碼爲 1101 10**00 0110 1000**;

低位代理 0xDC0A 轉爲二進制碼爲 1101 11**00 0000 1010**。

取高位代理 0xD868 二進制碼右十位 0001101000，再取低位代理 0xDC0A 二進制碼右十位 0000001010，然後合爲二十位二進制碼 0001 1010 0000 0000 1010，轉爲十六進制爲 0x1A00A，再加上 0x10000（輔助平面起始碼點），則可得出"䨀"字 UTF-32 編碼爲 U+2A00A。

我們又以同樣的方式，在 MS Word、Excel、Access 中輸入編輯"䨀"（U+2A00A）字後存爲 97-2003 格式的 .doc、.xls、.mdb 文件後，以 UltraEdit 打開後均可檢索到 **68 D8 0A DC**，說明文件同樣以 UTF-16 格式儲存。

若以記事本輸入編輯"䨀"（U+2A00A）字，以 UTF-8 編碼格式保存文件，再用 16 進制純文編製工具 UltraEdit 打開剛才保存的文件。可以得到文件中所保存"䨀"（U+2A00A）字代碼爲：

EF BB BF F0 AA 80 8A

EF BB BF 爲 UTF-8 編碼文件前部的 BOM。可得出"䨀"（U+2A00A）字的 UTF-8 編碼爲：

F0 AA 80 8A

"䨀"字的 UTF-8 編碼轉爲二進制編碼爲：

11110*000* 10*101010* 10*000000* 10*001010*

根據 UTF-8 編碼規範，則"䨀"字二進制代碼爲：0 0010 1010 0000 0000 1010。轉爲十六制爲 0x2A00A。UTF-8 適合網絡信息交換，是 xml 文檔目前較爲通行的編碼格式。同樣，《集韻》電子文檔也可以存儲爲 UTF-8 格式，並加工成 XML 數據庫在網絡上瀏覽、檢索。如楊小衛《計算機技術在古代文獻整理和學術研究中的應用——〈集韻〉的 XML 建模和處理》一文就曾討論過如何用 XML 技術服務於古籍文獻整理[①]。

我們在 Word 2007 中輸入編輯"䨀"（U+2A00A）字保存爲 .docx 文件，並修改該文件擴展名，即在".docx"後加上".zip"，則所保存的文件顯示爲 ZIP 壓縮文件。解壓縮該文件，被解壓出來的【word】文件夾中有記錄所編輯字符的 document.xml 文件，再用 UltraEdit 工具以二進制方式打開，文件開頭標記爲 encoding="UTF-8"，得字符代碼段爲：**F0 AA 80 8A**，說明".docx"文件用 UTF-8 編碼。

我們再在 Excel 2007 中輸入編輯"䨀"（U+2A00A）字保存爲 .xlsx 文件，並以同樣的方式修改其爲 ZIP 壓縮文件。解壓縮後，被解壓出來的【xl】文件夾中有記錄所編輯字符的 sharedStrings.xml 文件，用 UltraEdit 工具以二進制方式打開，文件開頭標記同爲 encoding="UTF-8"，得字符代碼段爲：**F0 AA 80 8A**，說明 .xlsx 文件同樣用 UTF-8 編碼。

而我們在 Access 2007 中編輯輸入"䨀"（U+2A00A）字存爲 .accdb 文件後，用 UltraEdit

[①] 見《信息科技》2010 年第 10 期，第 422-423 頁。

以二進制方式打開該數據庫文件，得字符代碼段爲"**68 D8 0A DC**"，説明 Access 2007 的".accdb"文件仍是以 UTF-16 格式存儲的。

根據以上檢驗 MS office 2007 以 97-2003 格式存儲時全部采用 UTF-16 編碼。以 Access、Word、Excel 處理韻書電子文檔時，我們建議采用 97-2003 格式存儲文件，其文件名後綴通常爲.mdb、.doc、.xls 等（圖 5-3、5-4）。這樣可避免在轉換字符編碼時出現錯漏。同時使用 UTF-16 編碼，漢字字符的檢索定位比 UTF-8 編碼要快。

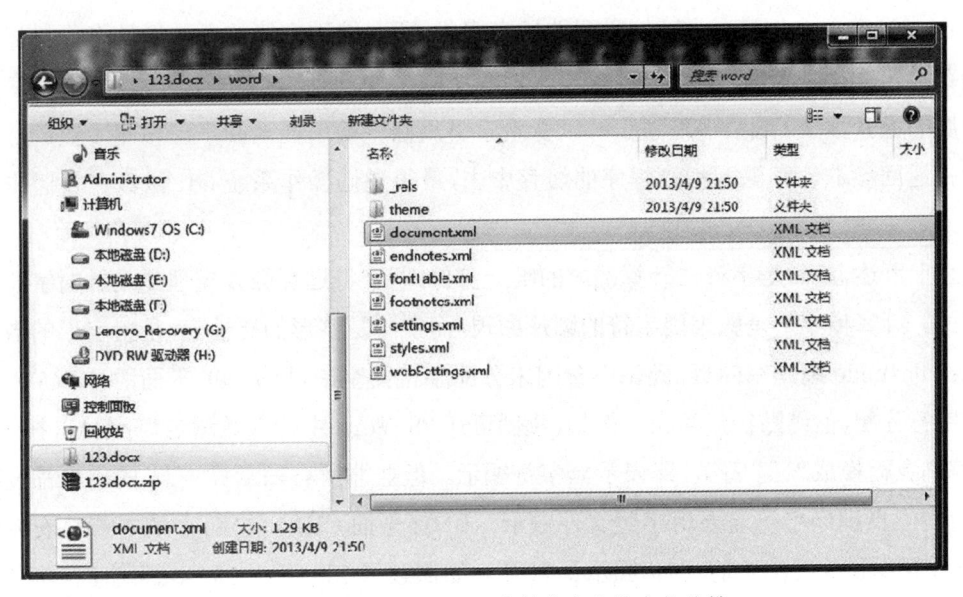

圖 5-3　WORD 2007.docx 存儲格式文件內部結構

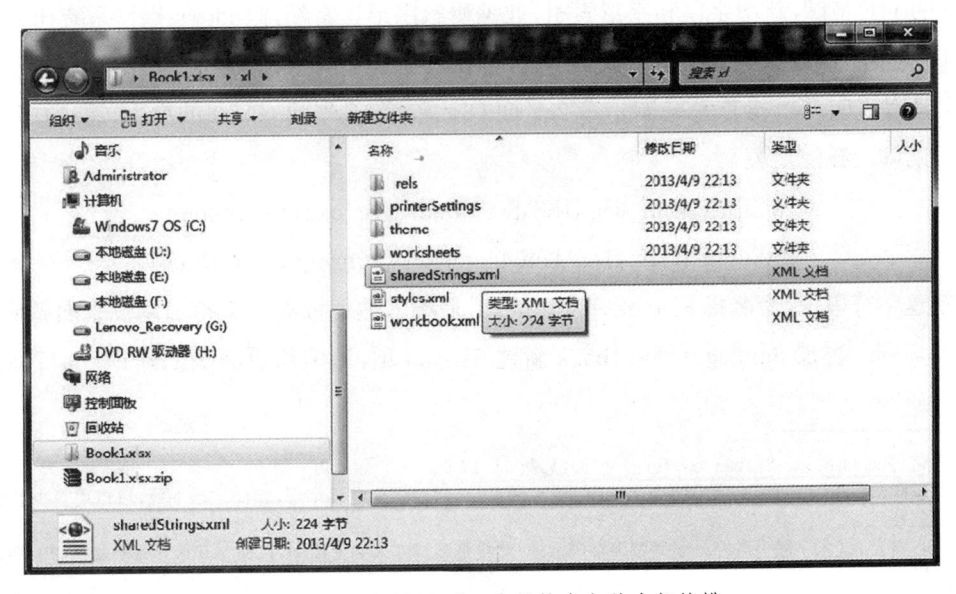

圖 5-4　Exel 2007.xlsx 存儲格式文件內部結構

Unicode 標準又指出[①]：Unicode 標準對區分了字符和字形。字符是書寫語言中具有語義價值的最小成分的抽象表現。而字形表示字符的形態，通過字形的顯現，使得字符能表達其本身應有的功能。

眾所周知，計算機是通過機內編碼進行處理、存儲、交換的，但字符編碼本身不具有形態顯示，這就需要字體文件顯示編碼字符。目前比較流行的字體是 TruetypeFont（TTF），它由 Apple 和微軟公司共同開發，是一種矢量字體，利用二次曲綫來描寫字形輪廓[②]。TTF 是由 head、cmap、glyf、loca、post 等一系列數據表構成，即對編碼字符的各種屬性進行描述。計算機在顯示編碼字符時，系統函數會讀取相應字體文件，通過其中的 cmap 表查找與字符編碼相應的像素索引（或稱字形索引），以像素索引爲條件檢出並返回字形相關參數。然後系統會把返回參數值存儲到相應程序的緩存中去，最後通過操作系統 Gdi 函數在窗體中繪出文字[③]。

綜上所述，編碼是字符在計算機內的唯一身份，對字符進行數據處理便是針對字符編碼而言的。計算機字形是對編碼字符的圖形顯現，而字體是字形的屬性表，是對字形的數據描述。在 Unicode 編碼空間裏，碼點不會因未分配字符而空缺，比如，0F 平面的 0xFAAAA 碼點暫無字符分配，但碼點仍然存在。例如，我們可在 MS Word 中輸入並選定"FAAAA"，按 Alt+X 鍵，編碼會轉換成"□"符號，即表示無字符顯示。但並非所有顯示爲"□"的碼點都沒有分配字符，因爲編碼字符需要用字體文件顯示。如 02 平面（SIP）的字，系統中若未安裝能顯示 02 平面編碼字符的字體，則仍顯示爲"□"。如需顯示 ISO/IEC 10646 編碼字符集外的字符時，也可先在 0F 平面（PUA）内指配碼點[④]，並用 FontCreator 字體軟件修改支援 0F 平面（PUA）的 TTF 字體，新增字模和字形索引，並編輯該字形。當然，Windows 操作系統在顯示 02 平面（SIP）至 0F 平面（PUA）的字編碼字符，須在注册表中關聯。

如需使 Windows 操作系統顯示第 2 平面（SIP）、第 15 平面（PUA）的字形，還須在注册表中進行關聯。在注册表

\HKEY_LOCAL_MACHINE\SOFTWARE\Microsoft\Windows

NT\CurrentVersion\LanguagePack\SurrogateFallback

項中新建字符串值，命名爲 Plane2 或 Plane15，並輸入數值數據爲支持這兩個平面編碼字符的字體名稱。再於 SurrogateFallback 新建 SimSun 項，項中新建與 SurrogateFallback 項

[①] 見《The Unicode Standard, Version 6.2》，第 11-12 頁。
[②] 微軟又和 Adobe 公司共同開發了 OpenType 字體，以三次曲綫來定義字形，相比二次曲綫，可以用更少的點來描寫同樣的曲綫。
[③] MS Word 嵌入字體保存亦是通過讀取字體數據，然後把數據寫入到文檔中，以便在其他没有相關字體的計算機上也能正常顯示。
[④] ISO/IEC10646 定義 0F、10 平面保留爲專用平面（Private Use Plane），又簡稱 PUA。

中相同的字符串值。

同時,還須在

\HKEY_LOCAL_MACHINE\SOFTWARE\Microsoft\Windows
NT\CurrentVersion\FontLink\SystemLink

項中 SimSun 的值中增加支持這兩個平面的字體文件名,然後再新建多字符串值,重命名這個字體文件名,數據值中添加"SimSun.TTC,SimSun"等內容。

二、字符認同的基本原則

王寧《計算機古籍字庫的建立與漢字的理論研究》一文曾指出:"建立一個計算機的古籍字庫,不是毫無整理地堆積漢字字形就可以完成的。"[①] 在整理漢字字形時,亟需漢字構形學理論對個體漢字進行分析,特別是應該引入字位、字樣、書寫變體、傳承變體以及形位、形素等範疇來對漢字字符節間進行共時、歷時兩個軸向的系統分析。字符集編碼空間畢竟有限,如果字形凡有差別就分配碼點,則現有的 17 個平面編碼空間仍然不夠用,這顯然不符合經濟性原則。當然,從古籍排印及漢字字符信息處理的角度來說,如需保存古籍原貌,自當體現原書字形的所有差別。

ISO/IEC 10646 字符集中各編碼字符有不同的字符來源(Sources of characters),統一的編碼字符規範是在各國、各地區文字規範標準等基礎上製定的。CJK 認同表意文字(CJK Unified Ideographs)編碼表中沒有指定編碼漢字的代表字形,但列出了中國內地、臺灣、香港、澳門,以及日本、韓國、越南、新加坡等地區各信息交換標準中所規範的字形,並標注了字形的來源參數[②]。同時在收錄整理字符時,為了避免字符重碼,ISO/IEC 10646 標準還定義了表意文字認同規則[③]。

根據該認同規則,應被認同的漢字字形只指配一個字符編碼,即認同為同一個編碼字符。對字形近似的非同源漢字(non-cognate characters)字形則分別編碼,如"士"(U+58EB)和"土"(U+571F),再如"朋"(U+6723)和"朋"(U+81A7)。認同規則還定義了兩個步聚:對構字部件間結構的分析(Analysis of component structure)、對構字部件特徵的分析(Analysis of component features)。構字部件特徵的分析又包括構件數量、相對位置、下位構件及其結構等方面的比較分析。認同規則還規定:構字部件層面的差異以及構件間的結構關係、位置關係的差異不作認同,如"崖"、"厓"、"峰"、"峯"、"夾"、"夾"等字形

[①] 王寧:《計算機古籍字庫的建立與漢字的理論研究》,《語言文字應用》1994 年第 1 期,第 54 頁。
[②] 見《ISO/IEC10646:2012 Information technology — Universal Coded Character Set (UCS)》,ISO,第 35-37 頁。
[③] 認同規則原文見 ISO/IEC 10646 Annex S (Informative) Procedure for the Unification and Arrangement of CJK Ideographs。香港又稱"漢字統一整合規則"。

之間的差别；對於同源漢字，若僅在筆畫等形素上有細微差别，則可作認同處理，認同規則中還列舉了筆畫出頭、相交、相連、帶鉤等11類實例，如"拐"、"拐"、"朱"、"朱"等。

爲保持中國大陸和臺灣地區、韓國、日本等地區信息標準交换碼的完整性，ISO/IEC 10646表意文字認同規則還列出了對所含字符不作認同的4組信息交换標準，並附有舉例説明。例如，"刃（U+5203）、刄（U+5204）、刃（U+2F81E）"在ISO/IEC 10646字符集中分别占有3個碼位，"刄、刃"爲"刃"字的字樣變體，若依認同規則，本應合併爲一個編碼字符，分别編碼主要因其分屬不同地區的標準字符集。又GB2312與CNS 11643-92部分字符的字形完全相同，但ISO/IEC 10646在02平面仍給CNS 11643-92的這部分字符分配了碼點，如"映"字就有U+4039、U+2F949兩個編碼。這些字符被分别編碼，當然不能歸類於字位層面的收録整理。編碼字符是一個二維平面的字符序列，每個編碼字符不一定都等同於字位，綫性的編碼序列如何更好地體現字位及字樣層位關係需待更深入研究。

在古籍數字化的過程中，自始至終都存在字樣提取和整理的過程。對整理程度的不同要求，也造成了字符認同程度的不同。例如，對異體字的處理便涉及是否應改换爲現行規範字形以及劃定異體字改换範圍等方面的問題。尉遲治平也認爲："爲了正確認識和處理數碼漢字的異體問題，必須引入字位的概念。"①尉遲還提出整理古籍時應先從字位的概念出發，甄選通行字作爲代表字。一般來説，對字樣的提取和整理，應該根據古籍處理的目的和學術研究的需要，製定相應的標準，針對古代韻書收字的整理研究，應該采取較嚴的標準，亦即充分體現字形的差别，尤其是對韻書中字頭的字樣提取和整理。我們提取和整理字樣時必須堅持以下兩條原則：一是字形的差别若是反映了記詞功能的區别，那麼即使是再細微的差别，也不能將之認同爲一個字符；二是在字樣提取和整理的過程中，字符的認同或區分，必須使用統一與連貫的標準，不能出現前後矛盾和不一致的情况。

三、字樣的提取與整理

韻書字樣的提取與整理是創建韻書全文數據庫的基礎，所謂字樣提取就是把字樣輸入計算機而録爲編碼字符的過程。我們按原書順序提取《集韻》字頭字樣時，常以形碼（五筆輸入法）檢索編碼字符。例如，平聲東韻的"東"字，其五筆形碼爲：GJII。通過五筆碼，可檢出"東"（U+6771）字，之後在《集韻》數據庫中輸入編碼字符"東"記録該字頭，並録入其字符編碼U+6771。

在提取《集韻》字頭字樣時，我們儘量采用字形完全相同的編碼字符録入，以保持原書字形。例如，平聲寒韻的"刊"字，《集韻》潭州本、明州本、金州本分别作"刊"、"刊"、"刊"，

---

① 尉遲治平：《電子古籍的異體文書處理研究——以電子〈廣韻〉爲例》，《語言研究》2007年第3期，第121頁。

注:"《説文》:剟也。"按,《説文·刀部》小篆形作"㓝"。《龍龕手鏡·刀部》作"刊",注"口幹反。刊定,除削也"。ISO/IEC 10646 字符集内相應的編碼字符有"刊"(U+520A)和"刋"(U+520B) 2 字,今"刊"爲通行字。我們在提取字樣時,字頭記錄爲"刊",並在相關字段中再輸入"刊",以溝通其與通行字之間的關係。再如,上聲語韻的"吕"字,《集韻》潭州本、明州本、金州本分别作"吕"、"吕"、"吕",注:"《説文》:脊骨也。昔太岳爲禹心吕之臣,封吕侯。或从肉、旅。一曰:吕,陰律。亦姓。"按,《説文·吕部》小篆作"吕",《王三》作"吕",《切三》《王二》均作"吕"。《九經字樣》云:"吕,隸省作吕。"①ISO/IEC 10646 字符集内相應的編碼字符有"吕"(U+5415)和"吕"(U+5442) 2 字。我們在提取字樣時,字頭記錄爲"吕",並在相關字段中再輸入"吕",以溝通它們的關係。

還有一些字樣,字形構件本不混同,分别有不同的來源,但《集韻》所録已經不作區别。爲保持《集韻》原書面貌,我們仍選擇與《集韻》字樣相同的編碼字符輸入。例如,平聲文韻收"頒、肦、頛" 3 字,《集韻》潭州本、明州本、金州本所收"肦"字分别作"肦"、"肦"、"肦",並注:"大首兒。一曰:衆兒。或从肉。亦作頛。"按,《正字通·肉部》"月"字下注:"肉字偏旁之文本作肉。石經改作月,中二畫連左右,與日月之月異。今俗作月以别之。"ISO/IEC 10646 字符集内相應的編碼字符有"朌"(U+670C)、"肦"(U+80A6) 2 字,我們在提取字樣時,字頭仍記録爲"朌"(U+670C)。

當然,計算機編碼字符的字形不盡與《集韻》字頭重合,如在字符集中挑不出字形完全相同的編碼字符,便以 ISO/IEC 10646 字符集標準中的表意文字認同規則爲參照,並在漢字構形學理論的指導下,通過深入分析字符間的字形、字構、字用的異同,逐一確認字樣與編碼字符的對應關係。若字形間的差别標記了記詞功能的不同,則必作區分。例如,"東"字豎筆帶鈎,而編碼字符集中的"東"字豎筆不帶鈎,而該字形差别並不影響記詞功能,根據認同規則,對此差别可以不作區分。對於 ISO/IEC 10646 字符集内無相應編碼字符的《集韻》字樣,可在 OF 平面内分配碼點,並在相應字體中新增字模。例如,《集韻》平聲齊韻收"睽、䀠" 2 字,注:"乖也。古作䀠。"我們在 OF 平面分配 U+F007C 碼點給"䀠"字,而字體中所新增的字形作"䀠"。

《集韻》有的字樣在 ISO/IEC 10646 字符集中僅有記詞功能雖相同而字形稍異的編碼字符與之對應,爲减少在系統字體中新增字模的工作量,我們一般就以本編碼字符記録《集韻》字樣,同時也在相應的備注字段中記録該差别。例如,平聲脂韻收"藈、葵" 2 字,注:"《説文》菜也。隸作葵。"按,《説文·艸部》小篆作"藈"。《集韻》"藈"乃"藈"字的隸定形體。ISO/IEC 10646 字符集内字形相近的編碼字符有"藈"(U+26B99)。而"藈"、"藈"字形差别僅在

---

① 見《隸辨·上聲·語韻》卷三"吕"字注文。

於前者从"艸"、後者从"艹"。"艸"與"艹"的構件功能本同,因此我們在提取字樣時,字頭記錄爲"蒚"(U+26B99)。再如,《集韻》平聲支韻收"爲、𢍋"2字,注:"古作𢍋。"按,《説文·爪部》:"𤓯,古文爲。象兩母猴相對形。"《字彙補·臼部》:"𦥮,古文爲字。"則"𢍋、𢍋"均可視爲"𤓯"字的隸定形體。ISO/IEC 10646字符集内字形相近的編碼字符有"𢏽"(U+223FD)、"𦥮"(U+2696E)2字,而"𢏽"與"𢍋"字形貌似更近,因此我們在提取字樣時,字頭記錄爲"𢏽"(U+223FD)。

爲準確展現《集韻》字頭原字樣,也可按《集韻》所收字頭順序建立數據表,同時截取原書字樣的字圖,並存爲位圖文件,而字樣位圖文件可按【碼點+字頭順序】的格式命名。然後再以與字樣對應的編碼字符碼點爲數據表主鍵,建立編碼字符與字圖的關聯。

字樣的提取在韻書數字化的過程中處於關鍵性地位,它直接影響到韻書相關研究成果的準確性。計算機編碼字符與原書字樣的字形總會有不同之處,誠然我們也可以修改字體數據使編碼字符的字形屬性與之契合,但編碼字符與碼點的映射以及編碼字符間所體現的區別與聯繫總是固定的。字樣提取和整理,也就是對字符進行認同與辨異。一方面,我們可利用漢字構形學理論,從字位與字樣的角度對原書字樣進行提取和整理;另一方面,我們也應該儘量保持韻書原貌。而數字化過程中所遇與原書不相符之處,應詳細記録。

第二節　字頭分佈與字組繫聯

前文我們統計出了《集韻》全書共有30774個字形,出現2次以上的共12425個,占全書總字形數的40.37%。又全書共有40631個字組(含只有一個字頭的字組),全書字組中含2個字頭及以上的共9293個,占全書字組數的22.87%。《集韻》字組數遠遠超過《廣韻》,可以看出《集韻》在溝通字際關係方面,做了很大的努力。當然,《集韻》一書中所整理的字組不盡是異體關係。例如,我們曾討論過《集韻·支韻》渠羈切"奇"小韻下"奇、觭、畸"字組,字組中的3個字頭並非異體關係。

同時《集韻》對字際關係的處理仍有前後不一致的地方。例如,文韻符分切"汾"小韻收"頒、盼、顪"3字,注:"大首皃。一曰:衆皃。或从肉。亦作顪。"又删韻逋還切"班"小韻收"頒"字,注"《説文》:'大頭也。'一曰:鬢也。引《詩》:'有頒其首。'一曰:賜也。通作盼。""盼"字一注"或从",一注"通作"。再如,文韻敷文切"芬"小韻收"氛"字,注"祥氣也。通作雰";又符分切"汾"小韻收"氛、雰、氲",注"《説文》:祥氣也。或从雨。亦作氲"。"雰"

字一注"通作",一注"或从"。

但總體來說,《集韻》的字組是繫聯字際關係的基石,通過統計分析字形的分佈環境即可大致基本考察出《集韻》所溝通的字際關係。本節我們將對《集韻》字頭的各種分佈情況做深入的梳理。

一、分佈類型定義

1. 單字單組

即某字形在全書字組中只出現一次,且所在字組均僅有一個字頭。例如,《集韻》東韻胡公切"洪"小韻收"陾"字,注:"《博雅》:陾,坑也。"而"陾"單字爲一字組。又"陾"字在《集韻》全書字組中僅出現一次。從形式上看,單字單組標明《集韻》編著者沒有溝通其字與他字之間的關係,因此對於這部分字,我們不做重點考察。

2. 單字複組

即某字形在全書字組中多次出現,但其所有出現的字組均只有一個字頭。例如,"瘖"字在《集韻》全書字組中出現 2 次:(1)咍韻囊來切,注"病也。一曰:儜劣";(2)咍韻汝來切,注"疾也"。而"瘖"字兩次所出現的字組均只有一字。像"瘖"字這種出現多次,但每次都單字成字組者,從形式上看,也沒有溝通與其他字的字際關係。這部分字也並非從學史角度研究《集韻》所收字的字際關係的重點內容。

3. 複字單組

即一個字組裹包含多個字頭,而這些字頭的字形在《集韻》中均只出現一次。例如,《集韻》東韻胡公切"洪"小韻收"粠、粰"字組,注"《説文》:陳臭米。一曰赤米。或从共",而"粠"、"粰"2字在全書字組均僅出現一次。按,《説文·米部》:"粠,陳臭米。从米、工聲。"又《龍龕手鏡·米部》:"粰,或作。粠,正。音紅。陳赤米也。二。"①則"粰"爲"粠"字變換聲符之同詞異構字。這部分字是《集韻》全書中最簡單的同記詞功能且同分佈的字組,理應作爲本課題最基本的考察、分析對象。

4. 單字包孕

即某字形在全書字組中只出現一次,而所在字組的其他字在《集韻》全書字組中多次出現。這由於一些字形同時記錄了不同的詞,因而造成字形之間的字用職能不對等,這部分字也應作爲本課題的基本考察、分析對象。

例如,《集韻》東韻徒東切"同"小韻收"瞳、眮"字組,注"瞳矓,日欲出。或作眮"。而"眮"字在全書字組中僅出現一次,字組中的"瞳"字另出現 2 次,均爲單字頭字組:

---

① 又《復古編》:"粠,陳臭米。从米、工。別作粰,非。户工切。文二。"

(1) 東韻他東切,注"曈曨,日欲明";(2) 董韻吐孔切,注"曈曨,欲曙"。按,《類篇·日部》:"曈,徒東切。曈或作晍。"又《正字通·日部》"晍"字注:"同曈。《六書統》以'晍'爲古文。"則"曈曨"之"曈"讀作徒東切時,又寫作"晍","晍"即爲"曈"字變換聲符之異構字。

再如,《集韻》準韻美隕切"愍"小韻收"湣、暋"字組,注"謚也。《史記》:齊有湣王。或作暋"。而"暋"字在全書字組中僅出現一次,字組中的"湣"字另又出現 2 次:(1) 真韻眉貧切,字組爲"湣",注"謚也。《史記》齊湣王";(2) 霰韻眠見切,字組爲"湣愍泯",注"泫湣,混合也。或作愍。亦省"。則"暋"同作謚號用字的"湣",亦同"閔";而"泫湣"之"湣"不作"暋",二者所記錄的詞並不全同。

5. 複字包孕

即某字形在全書字組中多次出現,而與其一同出現的字形還在另外的字組中出現。同單字包孕一樣,字形同時記錄了不同的詞,造成字形之間的字用職能不對等,這部分字同樣應作爲基本考察對象。

例如,《集韻》東韻沽紅切"公"小韻收"玒、珌"字組,注"玉名。或从公";又江韻古雙切江小韻收"玒、珌"字組,注"玉名。或从公"。"珌"字在全書字組中出現 2 次,字組中的"玒"字另在其他字組中出現:東韻胡公切,字組"玒、珙",注"《説文》:玉也。或从共"。《説文·玉部》:"玒,玉也。从玉、工聲。"又《玉篇·玉部》:"珙,大璧也。"唐韓愈等《會合聯句》:"朝紳鬱青綠,馬飾曜珪珙。"則"珌"係"玒"變換聲符之異構字,而"玒"字讀胡公切時,"玒"字不作"珌"。又"珙"字身兼多用,與"珌"不同。

6. 複字同分佈

即某組同記詞功能的字形在全書字組中多次出現,字組中甲字形出現之處乙字形必出現者,反之也成立。例如,《集韻》東韻他東切"通"小韻收"狪、狪、貁"字組,注"獸名。《山海經》:泰山有獸,狀如豚而有珠,其鳴自呼。或从犬从豸";又東韻徒東切"同"小韻均也收"狪、狪、貁"字組,注"野麚。或从犬,从豸"(具體可參看緒論中的論述)。與複字單組一樣,《集韻》所記錄的這部分字組同記詞功能且同分佈,若從形式上看,亦是其編著者所考定的同字用者,因此也應作爲本課題最基本的考察、分析對象。

7. 複字交叉分佈

即某字組中的字形在全書字組中多次出現,字組中的字形又各自分別與其他字形出現在另外的字組,即字組中的字形兩兩分佈不全同。例如,《集韻》蕭韻堅堯切"驍"小韻收"憿、激"字組,注:"《説文》:幸也。亦作激。通作僥、徼。"《説文》:"激,水礙衺疾波也。从水、敫聲。"則"激"讀堅堯切作"幸也"解時,非"激"字本義本用。如以同"憿"字之"激"字與表"水礙衺疾波"義之"激"字爲同形字,則《集韻》"驍"小韻之"憿、激"2 字當爲異體關係。再如，《集韻》支韻渠羈切"奇"小韻收"奇、觭、畸"字組，注："《說文》：'異也。'或作觭、畸。又姓。"又支韻居宜切"奇"字注"不耦也。或作倚。通作觭"，支韻丘奇切"攲、欹、郂、奇、敬"字組注"《說文》：攲隔也。"紙韻隱綺切"倚、奇"字組注："《說文》：依也。或作奇。通作猗。"又支韻丘奇切注："《說文》：角一俯一仰也。"寘韻居義切"觭"字注："隻也。《莊子》：觭偶不件。"又支韻居宜切"畸"注："《說文》：殘田也。通作奇。"則支韻 "奇"小韻所收"奇、觭、畸"字組中，"觭"、"畸"2字並非本字本用。

因此，對於這部分字，仍須一一考證字頭間的形、音、義、用等方面的異同，方可梳理清楚《集韻》所溝通的字際關係。限於時間、精力，我們目前暫不重點研究這部分字組。

二、分佈統計程序

《集韻》有3萬多個字形，如人工對每個字形的分佈情況做統計分析，是一項耗時耗力的大工程。因此，我們編製了計算機程序對《集韻》數據庫進行了檢索，提高了分佈統計的效率。下面我們對該程序進行解析（VB.net編寫）。

（一）定義主程序執行過程

　　Dim dataQQ As DataSet = DbConn1.DbConnImport(pathname & "\database\acpa_db.mdb", "jyzb", "select CHR,chn,fraag,id from jyzb order by chn,fraag,id ", "******", "select")

　　'打開數據庫，以【字頭unicode(chn)+字組順序(fraag)+id(字頭順序)】爲索引，從《集韻》字頭數據表中讀取所有字頭。

　　　　　　Dim mmfNum(,) As String = Rowexport(dataQQ)　'把檢索到的內容傳入數組。

　　　　　Dim ccchr As String = ""
　　　　　Dim ccchn As String = ""
　　　　　Dim ccfraag As String = ""
　　　　　Dim dfg As Integer = 0 　'定義字頭、unicode等變量。
　　　　　For ibc = 0 To dataQQ.Tables(0).Rows.Count - 1
　　　　　　　If ccchr <> mmfNum(ibc, 0) Or ccchn <> mmfNum(ibc, 1) Then
　'以變量中的值與數組中字頭、unicode數據比較。
　　　　　　　　　Dim ytzcl As Integer = ytz_2(ccchr, ccchn, ccfraag, dfg)

　　　　　'遇後字形，則調用單字複組統計函數，傳遞前字形的數值。此處亦可以調用字形分佈統計函數、字形同分佈統計函數。

        ccchr = mmfNum(ibc, 0)

        ccchn = mmfNum(ibc, 1)

        ccfraag = mmfNum(ibc, 2)

  '從數組中逐一讀取字頭、unicode 數據。

        dfg = 1

  '遇後字形則賦 dfg 變量值爲1。

    Else

        dfg = dfg + 1

  '使用 dfg 變量爲《集韻》相同的字形出現的次數進行計數。

    End If

  Next

    Dim ytzcl2 As Integer = ytz_2(ccchr, ccchn, ccfraag, dfg) '此處亦可以調用字形分佈統計函數、字形同分佈統計函數。

（二）單字複組統計函數

    Function ytz_2(ByVal ccchr As String, ByVal ccchn As String, ByVal ccfraag As String, ByVal dfg As Integer) As Integer

  '定義函數，【ccchr】、【ccchn】、【ccfraag】、【dfg】分別爲【字頭】、【字頭 unicode】、【字組順序】、【同一字形出現次數】參數。

    Dim ss As Integer = 0

    Dim ff As Integer = 0

    If dfg > 1 Then'字形出現次數大於1的情況。

      Dim datadfg As DataSet = DbConn1.DbConnImport(pathname & "\database\acpa_db.mdb", "jyzb", "select CHR,chn,fraag from jyzb where chn = '" & ccchn & "' order by fraag,id ", "******", "select")

    '以【字頭 unicode】爲檢索條件，讀取該字形所有出現的字組。並以【字組順序 + 字頭順序】爲索引排序。

      Dim mmfNum3(,) As String = Rowexport(datadfg)'把查詢數據傳入數組。

    Dim icc1 As Integer

    For icc1 = 0 To datadfg.Tables(0).Rows.Count - 1

'以字組數爲循環條件，逐一讀取字組中所有字頭。
　　　　　Dim datadfg3 As DataSet = DbConn1.DbConnImport(pathname &"\database\acpa_db.mdb", "jyzb", "select CHR,chn,fraag from jyzb where fraag = '" & mmfNum3(icc1, 2) & "' order by chn,fraag,id ", "******", "select")
　　　　　'以【字組順序】爲檢索條件，讀取該字組所有字頭。並以【字頭 unicode+字組順序+字頭順序】爲索引排序。
　　　　　Dim mmfNum4(,) As String = Rowexport(datadfg3) '把數值傳入數組。
　　　　　If datadfg3.Tables(0).Rows.Count = 1 Then
　　　　　　If mmfNum4(0, 1) = ccchn Then
　　　　'如果每個字組均只有一個字，且這個字頭的 unicode 與傳入的形參【字頭 unicode】的值相同，則給這些相同字形計數。
　　　　　　　　ss = ss + 1
　　　　　　End If
　　　　　End If
　　　　Next
　　　　If ss = dfg Then
　　　　　Dim sss As Integer = DbConn1.DbConnImport(pathname & "\database\acpa_db.mdb", "jyzb", "update jyzb SET [zizuD]='" & Trim(ccchr) & "',[zzDU]='" & ccchn & "',[zzzjgx]='單字複組',[NTzz]='本字',[zizhong]='" & Trim(ccchr) & "',[zizhU]='" & ccchn & "',[zzhzjgx]='單字複組',[NTzizh]='本字',[mark]='dz',[bz]='07' where [chn]='" & ccchn & "' ", "******", "update")
　　　　　'如果所查詢字組中的字頭數與傳入的形參【同一字形出現次數】的值相同，則對數據庫中的字表進行修改，對各字組中的相應字形均加注【單字複組】的標記。
　　　　　　　ff = ff + 1 '對修改次數進行計數，即單字複組字形的統計數。
　　　　End If
　　　　ss = 0 '對字形計數變量賦初始值 0。
　　　End If
　　　Return ff '返回單字複組字形的統計數。
　　End Function

（三）字形分佈統計函數

  Function ytz_1(ByVal ccchr As String, ByVal ccchn As String, ByVal ccfraag As String, ByVal dfg As Integer) As String
   '定義函數,【ccchr】、【ccchn】、【ccfraag】、【dfg】分別爲【字頭】、【字頭 unicode】、【字組順序】、【同一字形出現次數】參數。
     If (Len(Trim(ccchr))) <> 0 And (Len(Trim(ccchn))) <> 0 And (Len(Trim(ccfraag))) <> 0 Then
    If dfg = 1 Then
   '當形參【同一字形出現次數】值等於 1,即在《集韻》全書中出現 1 次時。
    Dim datasss As DataSet = DbConn1.DbConnImport(pathname & "\database\acpa_db.mdb", "jyzb", "select CHR,chn,fraag from jyzb where fraag = '" & ccfraag & "' order by chn,fraag,id ", "******", "select")
   '以該字形所在【字組順序】爲檢索條件,讀取該字組所有的字頭。並以【字頭 unicode+ 字組順序 + 字頭順序】爲索引排序。
    If datasss.Tables(0).Rows.Count = 1 Then
   '當字組中的字頭數等於 1 時,即説明所查詢的字形爲單字單組。
    Dim sss1 As Integer = DbConn1.DbConnImport(pathname & "\database\acpa_db.mdb", "jyzb", "update jyzb SET [mark]='dz',[bz]='01' where [chn]='" & ccchn & "' and [fraag]='" & ccfraag & "'", "******", "update")
   '對單字單組的字形在數據庫中加標記。
    Else
     If datasss.Tables(0).Rows.Count > 1 Then
   '當字組中的字頭數大於 1 時。
     Dim mmfNum2(,) As String = Rowexport(datasss)
   '把查詢數據輸入數組。
    Dim icc2 As Integer
    Dim dtss As Integer = 0
    For icc2 = 0 To datasss.Tables(0).Rows.Count - 1
   '以字頭數爲循環條件,逐一讀取數組中所有字頭。
    Dim datasss2 As DataSet = DbConn1.DbConnImport(pathname & "\database\acpa_db.mdb", "jyzb", "select

CHR, chn, fraag from jyzb where chn = '" & mmfNum2(icc2, 1) & "' order by chn, fraag, id ", "******", "select")

'以【字頭unicode】爲檢索條件，讀取該字形所有出現的字組。並以【字頭unicode+字組順序+字頭順序】爲索引排序。

  If datasss2.Tables(0).Rows.Count > 0 Then
    dtss = dtss + datasss2.Tables(0).Rows.Count()
  End If
'累加字組中所有字形在《集韻》全書字組中出現的次數。
  Next
  If (dtss / datasss.Tables(0).Rows.Count()) = 1 Then

'當上計累加次數等於所檢索字組的字形總數時，即說明被檢索的字組中的每個字形在《集韻》全書字組中都僅出現一次，也即屬複字單組。

    Dim sss2 As Integer = DbConn1.DbConnImport(pathname & "\database\acpa_db.mdb", "jyzb", "update jyzb SET [mark]='dz',[bz]='02' where [chn]='" & ccchn & "' and [fraag]='" & ccfraag & "'", "******", "update")

'對複字單組的字形在數據庫中加標記。
  Else

'當上計累加次數大於所檢索字組的字形總數時，即說明被檢索的字組中的某字形在《集韻》全書字組中不止出現一次，即屬單字包孕。

    Dim sss2 As Integer = DbConn1.DbConnImport(pathname & "\database\acpa_db.mdb", "jyzb", "update jyzb SET [mark]='by',[bz]='03' where [chn]='" & ccchn & "' and [fraag]='" & ccfraag & "'", "******", "update")

'對單字包孕的字形在數據庫中加標記。
  End If
  dtss = 0 '對累加次數變量值賦初始值0。
  End If
  End If
  Else

'以下對形參【同一字形出現次數】的值大於1的情況做統計分析。

```
            If dfg > 1 Then
                Dim dttext As String = ""
                Dim A_fraag As String = ""
                Dim dttnum As Integer = 0
                Dim dttfrag As Integer = 0
                Dim datadfg As DataSet = DbConn1.DbConnImport(pathname
& "\database\acpa_db.mdb", "jyzb", "select  CHR,chn,fraag from jyzb where chn
= '" & ccchn & "' order by fraag,id ", "******", "select")
```
　　'以形參【字頭 unicode】的值爲檢索條件,讀取該字形所有出現的字組。並以【字組順序＋字頭順序】爲索引排序。
```
                Dim mmfNum3(,) As String = Rowexport(datadfg)
```
　　'把查詢數據輸入數組。
```
                Dim icc3 As Integer
                For icc3 = 0 To datadfg.Tables(0).Rows.Count - 1
                    A_fraag = A_fraag + "," + mmfNum3(icc3, 2)
                Next
```
　　'把出現字組的【字組順序】值賦給變量 A_fraag。
```
                For icc3 = 0 To datadfg.Tables(0).Rows.Count - 1
```
　　'以字組數爲循環條件,逐一讀取數組中所有【字組順序】。
```
                    Dim datadfg3 As DataSet = DbConn1.
DbConnImport(pathname & "\database\acpa_db.mdb", "jyzb", "select  CHR,chn,fraag
from jyzb where fraag = '" & mmfNum3(icc3, 2) & "' order by chn,fraag,id ",
"******", "select")
```
　　'以【字組順序】爲檢索條件,讀取每個字組中所有的字頭。並以【字頭 unicode+字組順序＋字頭順序】爲索引排序。
```
                    If datadfg3.Tables(0).Rows.Count > 1 Then
                        Dim mmfNum4(,) As String = Rowexport(datadfg3)
```
　　'把查詢數據輸入數組。
```
                        Dim icc4 As Integer
                        For icc4 = 0 To datadfg3.Tables(0).Rows.Count - 1
```
　　'以字組中的字頭數爲循環條件,讀取【字頭 unicode】。

If mmfNum4(icc4, 1) <> ccchn Then

'逐一比對數組中的【字頭unicode】與形參中的【字頭unicode】,取與形參【字頭unicode】不同者。

Dim datadfg4 As DataSet = DbConn1.DbConnImport(pathname & "\database\acpa_db.mdb", "jyzb", "select CHR, chn, fraag from jyzb where chn = '" & mmfNum4(icc4, 1) & "' order by fraag,id ", "******", "select")

'以數組【字頭unicode】的值爲檢索條件,讀取該字形所有出現的字組。並以【字組順序+字頭順序】爲索引排序。

If datadfg4.Tables(0).Rows.Count > 1 Then

Dim mmfNum5(,) As String = Rowexport(datadfg4)

'把查詢數據輸入數組。

Dim icc5 As Integer

For icc5 = 0 To datadfg4.Tables(0).Rows.Count - 1

'以數組中的字組數爲循環條件。

If InStr(A_fraag, mmfNum5(icc5, 2)) > 0 Then

dttnum = dttnum + 1

End If

'逐一比較數組中的【字組順序】與形參【字頭】字形所出現的所有字組的【字組順序】,如果二者相符,則dttnum變量值加1。

Next

If ((dttnum / datadfg.Tables(0).Rows.Count()) = 1) And ((dttnum / datadfg4.Tables(0).Rows.Count()) = 1) Then

'對於形參【字頭】字形所有出現字組中的所有字形都同分佈時,則記錄複字同分佈。

Dim sss3 As Integer = DbConn1.DbConnImport(pathname & "\database\acpa_db.mdb", "jyzb", "update jyzb SET[mark]='xy', [bz]='04', [zizuD]='" & ccchr & "',[zzDU]='" & ccchn & "' where [chn]='" & mmfNum5(0, 1) & "'", "******", "update")' 給與形參【字頭】字形同分佈的字頭的加標記。

Else

If ((dttnum / datadfg.Tables(0).Rows.Count()) = 1) And ((dttnum / datadfg4.Tables(0).Rows.Count()) < 1) Then '複字包孕情況一。

Dim sss3 As Integer = DbConn1.

```
        DbConnImport(pathname & "\database\acpa_db.mdb", "jyzb", "update jyzb SET[mark
        ]='by',[bz]='05',[zizuD]='" & mmfNum5(0, 0) & "',[zzDU]='" & mmfNum5(0, 1) & "'
        where [chn]='" & ccchn & "'", "******", "update")
                                Else
                                    If ((dttnum / datadfg.Tables(0).Rows.Count())
        < 1) And ((dttnum / datadfg4.Tables(0).Rows.Count()) = 1) Then '複字包孕情況二。
            Dim sss3 As Integer = DbConn1.DbConnImport(pathname & "\database\acpa_
        db.mdb", "jyzb", "update jyzb SET[mark]='by',[bz]='06',[zizu]='" & ccchr &
        "',[zzDU]='" & ccchn & "' where [chn]='" & mmfNum5(0, 1) & "'", "******",
        "update")
            End If
                                                End If
                                        End If
                                        dttnum = 0
                                End If
                            End If
                        Next
                    End If
                Next
                A_fraag = ""
                End If
            End If
            End If
            Return ccchr
        End Function
```

（四）字形同分佈統計函數

以上均在字組層面上討論字形的分佈情況。但我們在課題研究中，還須找出字組中哪些字同分佈，建立同分佈字表，以茲作爲更深入研究的基礎材料。

首先，在《集韻》數據庫中創建同分佈字表的空表（表5-1）。

表 5-1 《同分佈字表》字段設計表

字段名稱	字段說明	數據類型	字段大小
ID	序號	自動編號	
ZITOU	同分佈字頭組合	文本	255
ZISHU	字形出現次數	數字	雙精度
NT	字錄字組順序	備注	雙精度

    Function ytz_3(ByVal ccchr As String, ByVal ccchn As String, ByVal ccfraag As String, ByVal dfg As Integer) As String
   ' 定義字形同分佈函數,【ccchr】、【ccchn】、【ccfraag】、【dfg】分別爲【字頭】、【字頭unicode】、【字組順序】、【同一字形出現次數】參數。
        If (Len(Trim(ccchr))) <> 0 And (Len(Trim(ccchn))) <> 0 And (Len(Trim(ccfraag))) <> 0 Then
      If dfg = 1 Then
       ' 當形參【同一字形出現次數】值等於,即在《集韻》全書中出現次時。
            Dim datasss As DataSet = DbConn1.DbConnImport(pathname & "\database\acpa_db.mdb", "jyzb", "select CHR,chn,fraag from jyzb where fraag = '" & ccfraag & "' order by chn,fraag,id ", "******", "select")
           ' 以該字形所在【字組順序】爲檢索條件,讀取該字組所有的字頭。並以【字頭unicode+字組順序+字頭順序】爲索引排序。
            If datasss.Tables(0).Rows.Count > 1 Then
           ' 當字組中的字頭數大於時。
              Dim mmfNum2(,) As String = Rowexport(datasss)
   ' 把查詢數據輸入數組。
                Dim icc2 As Integer
                Dim dtss As Integer = 0
                Dim dztext As String = ""
                Dim dzUni As String = ""
                For icc2 = 0 To datasss.Tables(0).Rows.Count - 1
                 ' 以字頭數爲循環條件,逐一讀取數組中所有字頭。
                    Dim datasss2 As DataSet = DbConn1.DbConnImport(pathname & "\database\acpa_db.mdb", "jyzb", "select CHR,chn,fraag

```
from jyzb where chn = '" & mmfNum2(icc2, 1) & "' order by chn,fraag,id ",
"******", "select")
```
            '以【字頭 unicode】爲檢索條件,讀取該字形所有出現的字組。並以【字頭 unicode+ 字組順序 + 字頭順序】爲索引排序。
```
                    If datasss2.Tables(0).Rows.Count > 0 Then
                        dtss = dtss + datasss2.Tables(0).Rows.Count()
                        dztext = dztext + mmfNum2(icc2, 0)
                        dzUni = dzUni + "," + mmfNum2(icc2, 1)
                    End If
```
                '累加字組中所有字形在《集韻》全書字組中出現的次數。
```
                Next
                If (dtss / datasss.Tables(0).Rows.Count()) = 1 Then
```
                    '當上計累加次數等於所檢索字組的字形總數時,即説明被檢索的字組中的每個字形在《集韻》全書字組中都僅出現一次,即屬複字單組。
```
                    Dim datazitou1 As DataSet = DbConn1.DbConnImport(pathname & "\database\acpa_db.mdb", "tfbzb", "select ID from tfbzb where [ztuni] = '" & Trim(dzUni) & "'", "******", "select")
                    If datazitou1.Tables(0).Rows.Count = 0 Then
                        Dim sss2 As Integer = DbConn1.DbConnImport(pathname & "\database\acpa_db.mdb", "tfbzb", "insert into tfbzb ([zitou],[ztuni],[cishu],[NT]) values('" & Trim(dztext) & "','" & Trim(dzUni) & "',1,'" & ccfraag & "')", "******", "update")
```
                        '對複字單組的字形在數據庫中加標記。
```
                    End If
                End If
                dtss = 0    '對累加次數變量值賦初始值。
                dztext = "" '對複字字符串變量值賦初始值。
            End If
        Else
```
            '以下對形參【同一字形出現次數】的值大於 1 的情况做統計分析。
```
            If dfg > 1 Then
                Dim dttext As String = ""
```

                    Dim A_fraag As String = ""
                    Dim dttnum As Integer = 0
                    Dim dttfrag As Integer = 0
                    Dim ztNum As Integer = 0
             Dim datadfg As DataSet = DbConn1.DbConnImport(pathname & "\database\acpa_db.mdb", "jyzb", "select CHR,chn,fraag from jyzb where chn = '" & ccchn & "' order by fraag,id ", "******", "select")
                        '以形參【字頭 unicode】的值爲檢索條件,讀取該字形所有出現的字組。並以【字組順序＋字頭順序】爲索引排序。
                    Dim mmfNum3(,) As String = Rowexport(datadfg)
         '把查詢數據輸入數組。
                    Dim icc3 As Integer
                    For icc3 = 0 To datadfg.Tables(0).Rows.Count – 1
                        A_fraag = A_fraag + "," + mmfNum3(icc3, 2)
                    Next
             '把出現字組的【字組順序】值賦給變量 A_fraag。
             For icc3 = 0 To datadfg.Tables(0).Rows.Count – 1
                '以字組數爲循環條件,逐一讀取數組中所有【字組順序】。
                             Dim datadfg3 As DataSet = DbConn1.DbConnImport(pathname & "\database\acpa_db.mdb", "jyzb", "select CHR,chn,fraag from jyzb where fraag = '" & mmfNum3(icc3, 2) & "' order by chn,fraag,id ", "******", "select")
                            '以【字組順序】爲檢索條件,讀取每個字組中所有的字頭。並以【字頭 unicode＋字組順序＋字頭順序】爲索引排序。
                        If datadfg3.Tables(0).Rows.Count ＞ 1 Then
                            Dim mmfNum4(,) As String = Rowexport(datadfg3)
                            '把查詢數據輸入數組。
                            Dim icc4 As Integer
                            For icc4 = 0 To datadfg3.Tables(0).Rows.Count – 1
                                '以字組中的字頭數爲循環條件,讀取【字頭 unicode】。
                                If mmfNum4(icc4, 1) ＜＞ ccchn Then
                                    '逐一比對數組中的【字頭 unicode】與形參中的

【字頭unicode】，取與形參【字頭unicode】不同者。
```
                                    Dim datadfg4 As DataSet = DbConn1.
DbConnImport(pathname & "\database\acpa_db.mdb", "jyzb", "selectCHR, chn, fraag
from jyzb where chn = '" & mmfNum4(icc4, 1) & "' order by fraag, id ", "******",
"select")
```
'以數組【字頭unicode】的值爲檢索條件，讀取該字形所有出現的字組。並以【字組順序+字頭順序】爲索引排序。
```
                        If datadfg4.Tables(0).Rows.Count > 1 Then
                                  Dim mmfNum5(,) As String =
Rowexport(datadfg4)
```
'把查詢數據輸入數組。
```
                      Dim icc5 As Integer
                      For icc5 = 0 To datadfg4.Tables(0).Rows.
Count - 1
```
'以數組中的字組數爲循環條件。
```
                             If InStr(A_fraag, mmfNum5(icc5, 2)) > 0
Then
                                    dttnum = dttnum + 1
                             End If
```
'逐一比較數組中的【字組順序】與形參【字頭】字形所出現的所有字組的【字組順序】，如果二者相符，則dttnum變量值加。
```
                       Next
   If ((dttnum / datadfg.Tables(0).Rows.Count()) = 1) And ((dttnum / datadfg4.
Tables(0).Rows.Count()) = 1) Then
                                    Dim datazt2 As DataSet = DbConn1.
DbConnImport(pathname & "\database\acpa_db.mdb", "tfbzb", "select
ID, zitou, ztuni from tfbzb where instr([ztuni],'" & ccchn & "') > 0 ", "******",
"select")'驗證字形在同分佈字表中檢索是否已經存在
                                    Dim datazt3 As DataSet = DbConn1.
DbConnImport(pathname & "\database\acpa_db.mdb", "tfbzb", "select
ID, zitou, ztuni from tfbzb where instr([ztuni],'" & mmfNum4(icc4, 1) & "') > 0 ",
"******", "select")'驗證字形在同分佈字表中檢索是否已經存在
```

```
                ztNum = datazt2.Tables(0).Rows.Count + datazt3.Tables(0).Rows.Count
                Select Case ztNum
                    Case 0
                        Dim sss3 As Integer = DbConn1.DbConnImport(pathname & "\database\acpa_db.mdb", "tfbzb", "insert into tfbzb ([zitou],[ztuni],[cishu],[NT]) values ('" & ((Trim(ccchr) + Trim(mmfNum4(icc4, 0)))) & "','" & ((Trim(ccchn) + "," + Trim(mmfNum4(icc4, 1)))) & "'," & dfg & ",'" & ccfraag & "')", "******", "update")'增加同分佈字組。
                    Case 1
                        If datazt2.Tables(0).Rows.Count > 0 And datazt3.Tables(0).Rows.Count = 0 Then'驗證字形在同分佈字表中檢索是否已經存在
                            Dim mmfNum6(,) As String = Rowexport(datazt2)
                            Dim sss4 As Integer = DbConn1.DbConnImport(pathname & "\database\acpa_db.mdb", "tfbzb", "update tfbzb SET [zitou]='" & (Trim(mmfNum6(0, 1)) + Trim(mmfNum4(icc4, 0))) & "',[ztuni]='" & (Trim(mmfNum6(0, 2)) + "," + Trim(mmfNum4(icc4, 1))) & "' where [ID]=" & Val(mmfNum6(0, 0)), "******", "update")'在字表中的同分佈字組中增加字形。
                            ztNum = 0
                        Else
                            If datazt2.Tables(0).Rows.Count = 0 And datazt3.Tables(0).Rows.Count > 0 Then'驗證字形在同分佈字表中檢索是否已經存在
                                Dim mmfNum6(,) As String = Rowexport(datazt3)
                                Dim sss4 As Integer = DbConn1.DbConnImport(pathname & "\database\acpa_db.mdb", "tfbzb", "update tfbzb SET [zitou]='" & (Trim(mmfNum6(0, 1)) + Trim(ccchr)) & "',[ztuni]='" & (Trim(mmfNum6(0, 2)) + "," + Trim(ccchn)) & "' where [ID]=" & Val(mmfNum6(0, 0)), "******", "update")'在字表中的同分佈字組中增加字形。
                                ztNum = 0
                            End If
```

```
                                    End If
                                End Select
                                ztNum = 0
                            End If
                            dttnum = 0
                        End If
                    End If
                    Next icc4
                End If
            Next icc3
            A_fraag = ""
        End If
    End If
End If
Return ccchr
End Function
```

第六章 《集韻》同分佈字組中的異體字

第一節 字組關係概説

一、引　言

　　在漢字發展史上,歷代字書對文字的整理,彙存了大量的文字材料。一般來説,字書的文字收録既有對語篇文獻用字的整理,也有對前代字書收字的傳承。而《集韻》特别針對科舉考試所出現的文字、音韻問題,對經書典籍用字、前代韻書收字進行了考校、整理(可參看前文對《集韻》成書的論述及《集韻·韻例》和《集韻·牒文》),成爲字書史上的一個高峰。但同時《集韻》的特殊用途也決定了其書的性質,我們不能把它看成完全意義上的字典辭書[①]。關於《集韻》的收字研究,一方面我們應該從字書的共性出發,利用前修時彦的字書研究理論與方法對其收字進行整理研究,如趙振鐸《集韻研究》便從文獻學的角度詳細地論述了《集韻》的收字來源[②];另一方面,我們又應該針對《集韻》自身的特點,發掘其作爲韻書的特質,要努力避免走入重複研究的困境。

　　柳建鈺認爲,若要加深對字書的研究,應該從歷代字書的層累性出發,以某字書爲立足點,將其與前代字書進行對比,並對後代字書所增補的新收字進行考辨與整理,主要涉及三個方面的内容:其一,從漢字構形理論出發,解決新收字是什麽、爲什麽如此構形的問題;其二,從字際關係出發,考辨新收字在漢字系統中的位置;其三,從字用角度出發,考察新收字在文獻中的使用情况[③]。實際上,柳文在劃定重點研究的對象時,也是對字書自身特質的提

[①] 《集韻·韻例》云:"凡一字之左,舊注兼載他切,既不該盡,徒釀細文,况字各有訓,不煩悉箸。"此條主要説明不在釋文中標注又音,其理由:一方面注又音難該盡,另一方面各字均有訓釋,無互見的必要。其實,《集韻》編著者還預設了一個前提,即《集韻》的主要用途。如果《集韻》主要用作檢字以通聲音、明訓詁之字書,則"載他切"是非常必要的。若僅爲科考場屋所用,則確無必要。舉子及判卷官僅需檢某韻下有哪些字可用,這些字可取何意,並作何用。因此,體例與韻書用途可相互發明。

[②] 趙振鐸:《集韻研究》,第29-53頁。

[③] 柳建鈺:《字書新收字整理研究芻議》,《海南大學學報》2012年第4期,第63-67頁。

取過程。

由是在對《集韻》收字進行整理研究時,我們始終要把握《集韻》所體現出的時代共性,並着眼於其自身的個性。

首先,《集韻》異體字研究的重點不應泥於共時層面上的構形系統研究。王立軍《宋代雕版楷書構形系統研究》已經從構形學的角度對宋代版刻用字做了測查和分析研究,在描寫漢字共時構形系統的基礎上,又與前後期漢字構形系統進行了對比,高度概括地總結了宋代版刻用字構形系統的基本特點[①]。

漢字發展到楷書階段,一些漢字的形體無法體現最初的構意,但從王文測查的情況來看,宋代版刻楷書漢字字符中體現原有理據的仍占絕大多數。個體字符的結構演變,可歸納爲三種結果[②]:(一)理據消失,如《集韻》諄韻所收"春"字,小篆作"萅",从日、艸、屯,屯亦聲,而"春"字"艹"與"屯"黏合成"夫",已無法從字形上分析出原有的構形理據;(二)理據重構,如《集韻》先韻所收"弦"字,小篆形作"弦",从弓,象絲軫之形,而楷書"弦"字右部件"玄"與"糸"字形相差甚遠,從楷書字形分析,"弦"字可解釋爲左形右聲的形聲字;(三)理據隱含,如《集韻》質韻所收"邨"字,小篆形作"邑",从邑、甘聲,《集韻》緝韻收"邑"字,乙及切,注:"《說文》:'國也。先王之制,尊卑有大小。'"但楷書"邑"作漢字右構件時,常寫作"阝",《集韻》字頭中不收"阝",但"阝"字仍表義,示與城鎮地名有關。

但即便楷書漢字的字符結構起了變化,但構形系統較篆、隸階段並未改變其表意的性質。宋代版刻楷書漢字表形部件少見,記號(或代號)部件增多,而表義部件參構次數遠高於表音部件,又表義部件較表音構件數量少,相對集中,平均參構次數高,因此說宋代版刻楷書漢字構形系統很重視字符的表意性[③]。此外,宋代版刻楷書漢字構形系統又表現出基礎部件基數變大,義音合體字比例擴大,構形層次集中於二層和一層等特點[④]。

《集韻》作爲宋代版刻楷書文獻的重要代表,自然不出完全超乎時代共性之上。儘管全書字頭中收有"爲"(爲)、"於"(於)、"雲"(雲)、"君"(君)等未完全隸定楷化的字形,但這部分畢竟僅占極少數,並不會給整個構形系統帶來大的影響。因此,重新對《集韻》所收字進行全面的構形系統描寫與分析研究,可能會投入很大,而對漢字構形研究的新的貢獻甚微。

其次,《集韻》異體字研究的重點也不應泥於歷時層面上的構字部件的演變研究。梁春勝《楷書部件演變研究》在吸收前人研究成果的基礎上,把對楷書部件的研究置於漢字形體源流演變的背景中,對楷書部件的歷時演變的途徑及其規律做了全面深入的探討,並對

---

① 王立軍:《宋代雕版楷書構形系統研究》。
② 字符結構演變理論及字例分析來自李運富:《漢字學新論》,第172-175頁。
③ 王立軍:《宋代雕版楷書構形系統研究》,第37-38頁。
④ 王立軍:《宋代雕版楷書構形系統研究》,第38-45頁。

楷書異體、俗體部件進行了探源。而梁文又明確説未把音符通用、義符通用例納入其研究範圍，主要是因爲這兩種情況都屬於部件的换用，部件的通用如不圈定範圍，則流於寬泛，無從下手[①]。

與梁文所論正相反，若對《集韻》構形系統中的各部件展開歷時層面的考索，則易游離於異體字研究之外。而《集韻》異體字研究的主要任務之一却剛好是通過對比所收異體字之間的構形差別，並對部件通用的典型情況進行疏理和考辨。

二、字組與字際關係的認同

前文已經論述過，本課題研究的重點是從學史的角度來考察《集韻》異體字，即主要考察《集韻》對字際關係的溝通。那麽，什麽是字際關係呢？李運富先生指出："漢字關係指的是在一定條件下或一定範圍內漢字個體與個體之間的屬性異同關係，也就是字際關係。字際關係是成組成群的。"[②]同時又提出漢字有書寫屬性、結構屬性、職能屬性，而異體字研究應該着眼於從結構屬性考察分析同字用職能的漢字組[③]。

然而，《集韻》所考證的字際關係又是如何體現的呢？《集韻·韻例》有云："凡舊韻字有別體，悉入子注，使奇文異畫湮晦難尋，今先標本字，餘皆並出，啟卷求義，爛然易曉。"也就是説，《集韻》通過字組來溝通"本字"與"別體"之間的關係，字組是《集韻》字頭關係的紐帶。

《韻例》對列入字組的字頭還做了進一步限定，字組中的"別體"不包括"假借"與"流俗用字"。《集韻·韻例》將"本字"、"別體"、"假借"、"流俗用字"等概念區別對立，但並未詳加闡釋和例證。同時《集韻》也没有給每個字都提供文獻用例，我們在考察所收字的字用職能時，僅能憑藉其所考證的音義。

從形式上講，《集韻》正文列於小韻下的字組先並立字頭，又在釋文中統一注釋，這種體例確實可使人一目了然。但《集韻·韻例》中並無對該體例的更多闡釋，如有關編排字組的方式與原則，以及同一字組中的字頭是否均記録釋文中的全部義項等方面的細節，都没有充分地説明，這就需要我們根據其形式歸納總結。除此之外，我們還可參照現代學者對相關概念的定義及區分，反觀《集韻》體例，或能從中窺探些門徑。

《集韻·韻例》所言"假借"及《集韻》釋文中所注"通作某"均主要指文獻用字中的通假關係。《集韻》字組不溝通通假關係，本有其字的通假字則業已排除在字組之外。例如：

[①] 梁春勝：《楷書部件演變研究》，復旦大學2009年博士學位論文（指導教師：裘錫圭），第5頁。
[②] 李運富：《漢字學新論》，第223頁。
[③] 參見《漢字學新論》，第224-231頁。個體漢字的字用職能主要指字符對漢語語素的記録功能。字用職能相同，即指不同字符記録的本用相同，也就是説字符本身所記録語素或詞相同，具體又表現爲字符所記録的語素或詞的音義相同。

甼早　子晧切。《説文》：晨也。从日在甲上，隸作早。通作蚤。　　　　　（《晧韻》）

　　按，此即言"蚤"爲"早"的通假字。《説文·䖵部》："蚤，齧人跳蟲。从䖵，叉聲。叉，古爪字。蚤，蠿或从虫。"則"蚤"字本義爲蟲屬，與早晨義無關。《毛詩·豳風·七月》："四之日，其蚤獻羔。"句中"其蚤"即爲"其早"。

　　《集韻·韻例》所謂"流俗用字"即指流行於民間的通俗字體。《辭源》①《辭海》②均以正、俗體區別對立，而俗字流行於民間。張涌泉《敦煌俗字研究》把"俗字"定義爲："漢字史上各個時期與正字相對而言的主要流行於民間的通俗字體。"③張氏又指出："正字和俗字是相輔相成的，俗字相對於正字而言，沒有正字，也就無所謂俗字。……正俗之間的關係並不是一成不變的，它們往往隨着時間的推移而不斷發生變化。"④我們以《集韻》增收大徐本《説文》所注俗字爲例，東韻麤叢切"怱"小韻有：

　　怱恖　麤叢切。《説文》：多遽怱怱也。古作恖。俗作忩，非是。

　　按，恖字小篆形作"恖"，从心、囱，囱亦聲，會意兼形聲，見《説文·囱部》⑤。《玉篇·囱部》："怱，千公切。怱怱，多遽也。忩，同上，俗。恖，古文。"《廣韻·東韻》："怱，速也。倉紅切。忩，俗。"《集韻》與《玉篇》同。《復古編》："恖，多遽恖恖也。从心、囱。別作忩，非。倉紅切。"《六書正譌·平聲·東韻》："恖，俗作怱、忩，並非。"據《集韻·韻例》，字組首字即爲本字。該條以俗字"怱"爲本字，承小篆形之"恖"却作別體列於"怱"字後，而"恖"字之另一俗體"忩"則不收。同爲俗字之"怱"、"忩"2字，地位殊不平等，"怱"字在宋初已取代了"恖"字的地位。

　　《集韻》字組增收了不少大徐本《説文》所注俗字。例如：

　　鐙燈　《説文》："錠也。"徐鉉曰："錠中置燭，故謂之鐙。或从火。"

　　　　　　　　　　　　　　　　　　　　　　　　　　（《登韻》都騰切）

　　按，大徐本《説文·金部》："鐙，錠也。从金、登聲。臣鉉等曰：錠中置燭，故謂之鐙。今

---

① 見《辭源》，商務印書館，1981年修訂版，第120頁。
② 見《辭海》，上海辭書出版社，1979年，第29頁。
③ 張涌泉：《敦煌俗字研究》，上海教育出版社，1996年，第2頁。
④ 張涌泉：《漢語俗字研究（增訂本）》，商務印書館，2010年，第4頁。
⑤ 段玉裁注："从囱从心者，謂孔隙既多而心亂也。故其字入囱部會意。不入心部形聲。段令入心部，則當爲心了悟之解矣。"

俗別作燈，非是。"《説文》鐙、錠互訓。《廣韻·徑韻》："豆有足曰錠，無足曰鐙。"《集韻·徑韻》："錠，《説文》：'鐙也。'一曰豆屬。有柎曰鐙，無柎曰錠。"則鐙字的義項若側重於表示實物的形制與種屬，則作"豆屬"，若側重於表示實物的功用時，則作"燈火"①，四聲別義。又《廣韻·嶝韻》："鐙，鞍鐙。"《集韻·嶝韻》："鐙，馬鞍具。一曰豆也。"鐙又作馬鞍具義。唐劉禹錫《壯士行》："壯士走馬行，鐙前彎玉弰。"正因"鐙"字身兼數職，後"燈火"義換用義符"火"作"燈"，形義更爲明白統一。

《集韻》或以大徐本《説文》所注俗體字爲本字。例如：

蟀蟋　蟋蟀，蟲名。或从帥。　　　　　　　　　　　　（《質韻》朔律切）

按，大徐本《説文·金部》："蟋，悉蟋也。从虫、帥聲。臣鉉等曰：今俗作蟀，非是。"《毛詩·唐風·蟋蟀》："蟋蟀在堂。"毛傳："蟋蟀，蛬也。"《經典釋文·毛詩音義上·唐蟋蟀第十》卷五："蟋蟀，上音悉，下所律反。蟋蟀，蛬也。《説文》蟀作蟋。"又《經典釋文·爾雅音義下·釋蟲第十五》卷三十："蟋，音悉。《説文》作'悉'。本或作蟋，音瑟。蟀，所律反。《詩》同。本或作蟋。《説文》同。"②宋洪适《隸釋·石經魯詩殘碑》亦作"蟋蟀在堂"。段玉裁《説文解字·虫部》"蟋"字下注："按，'蟋'、'蟀'皆俗字。"《集韻·質韻》朔律切"率"小韻亦收"率"、"帥"2字，則"蟀"係"蟋"字同音聲符變換之異構字。《集韻》以"蟀"爲字組首字，即以"蟀"爲本字。

《集韻》或收大徐本《説文》所注俗體字，但字頭分立，釋文不注出。例如：

紞　《説文》：冕冠塞耳者。　　　　　　　　　　　　（《感韻》都感切）
髧　髮垂皃。　　　　　　　　　　　　　　　　　　　（《感韻》都感切）

按，大徐本《説文·糸部》："紞，冕冠塞耳者。从糸、冘聲。臣鉉等曰：今俗別作髧，非是。"《左傳·桓公二年》："衡紞紘綖。"《經典釋文·春秋音義之一·桓公第二》卷十五："紞，多敢反。《字林》丁坎反。冠之垂者。"《説文》無髧字。又大徐本《説文·彡部》："髳，髮至眉也。从彡、孜聲。《詩》曰：紞彼兩髳。"今《毛詩》紞作髧。《毛詩·鄘風·柏舟》："髧彼兩髦，實維我儀。"《經典釋文·毛詩音義上·鄘柏舟第四》卷五："髧，本又作扰。徒坎反。兩髦貌。"③紞、髧均作垂貌，徐鉉以爲紞爲本字，髧爲後起俗字。而《集韻》則據《毛詩》《春秋左

---

① 《廣韻·登韻》："燈，燈火。"
② 《集韻·櫛韻》色櫛切"瑟"小韻收"蟋、蟋"字組，注："蟋蟋，蟲名，促織也。或从悉。"
③ 《集韻》感韻徒感切"禫"小韻："髧扰，髮垂皃。《詩》：髧彼兩髦。或从人。"

傳》《經典釋文》等以爲統、髼分用,各出字頭,亦不注正俗。如據徐鉉所考,則"髼"係"統"字換用義符"彡",但二字非因義符"糸"、"彡"自身通用①。

《集韻》或不收某俗字,則該字不見於字組,且釋文亦注明"俗作某,非是"。例如:

　　　　陸陸墮　翾規切。《説文》:"敗城皀曰陸。"徐鉉曰:"蓋从二左,衆力左之。"或作陸、墮。亦書作堶。俗作隳,非是。

按,大徐本《説文·金部》:"陸,敗城皀曰陸。从皀、坴聲。臣鉉等曰:《説文》無坴字,蓋二左也。衆力左之,故从二左。今俗作隳,非是。堶,篆文。"《禮記·月令》:"毋有壞墮。"《經典釋文·禮記音義之一·月令第六》卷十一:"墮,許規反。又作隳。下注同。"《王三·支韻》亦收"隳"字。《廣韻·支韻》:"陸,毁也。《説文》曰:敗城皀曰陸。許規切。九。墮,上同。隳,俗。"《龍龕手鏡·阜部》:"隳,今。陸,正。許規反。毁也。二。"《集韻》以《説文》字頭"陸"爲本字,"陸"即於"陸"字下複增義符,"墮"爲"陸"之篆文。又《集韻》從徐鉉所注,不收"隳"字。

　　　　然燃　如延切。《説文》:"燒也。"一曰如也。又姓。古作燃。通作䕍。俗作燃,非是。
　　　　　　　　　　　　　　　　　　　　　　　　　　　　　　　　(《仙韻》如延切)

按,大徐本《説文·火部》:"然,燒也。从火、肰聲。臣鉉等曰:今俗別作燃,蓋後人增加。"《王三·仙韻》:"然,如延反。是。七。燃,燒。上從火。"《玉篇·火部》:"然,如旋切。燒也,許也,如是也。燃,辱延切。俗爲燒然字。"《干祿字書·平聲》曰:"燃、然,然燒字;上通下正。"可見"然"爲"燃燒"之本字,"然"又被借表指示代詞,後人們在"然"上加意符"火"另造"燃"字,表"燃燒"義,則"然"字的職用被分化了,《王三》"然"、"燃"便分別釋義。《集韻》以"然"爲本字,全書字頭中不收"燃"字。

《集韻》沒有提出"正字"的概念,但《集韻》編纂的本意是使舉子知適從,不致被黜,則《集韻》字頭已行正字之實。如上字例表明,《集韻》字組中不乏俗字,正、俗體字也正是在漢字的發展中變動不居,如"忽"、"蟀"等本爲流俗用字,待通行後又被作爲正字。黃征在評《干祿字書》時指出:"漢語俗字是漢字史上各個時期流行於各社會階層的不規範的異體字。"②而"字又有'並正'、'並通'、'並俗'者,所以俗字固然可以異構紛陳,即是正字也可以

────────
　　① 張崇禮認爲"統"、"髼"係相近或相關形旁替換。見《〈説文解字〉大徐本俗別字研究》,《漢字文化》2006 年第 6 期,第 40-44 頁。
　　② 見黃征:《敦煌俗字典》,上海教育出版社,2005 年,第 4 頁。

不止一個。只是正字即便是有兩個並立者,都是規範異體字,俗字縱有百十並立者,都屬於不規範異體字"①。同理,《集韻》字組中所並立的字頭也可視爲規範字範疇,只是並非所有的字組均記錄異體關係,而哪些字能列入字組,哪些字不能,又體現了編著者對漢字組群關係的認識。

三、字組與字用職能的區分

《集韻》字組中的字頭又有"本字"、"別體"之分,《集韻》以字組首字爲本字,其後並立各字頭爲"別體"。李運富《漢字學新論》指出:"本字的構形是本詞的音義爲理據的。立足於某詞,根據該詞的音義而造,專用來記錄該詞的字形叫做該詞的本字;立足於某字,與該字的構形理據密切相關的語詞就是該字本來應該記錄的本詞。"②《集韻·韻例》既以"本字"、"別體"之分,則其字組又如何區別"本字"與"別體"的字用職能?所稱"本字"、"別體"之間的區別又是怎樣的?我們仍以具體字例作考察分析。

《集韻》從字形的字用職能出發,用字頭的並立以及釋形、釋義的順序等形式標記區別其字用職能。例如:

竟境　界也。或作境。　　　　　　　　　　　　　　　　　　　　(《梗韻》舉影切)
竟　　《説文》樂曲盡爲竟。　　　　　　　　　　　　　　　　　(《映韻》居慶切)

按,《説文·音部》:"竟,樂曲盡爲竟。从音、从人。"段玉裁注:"曲之所止也。引伸之凡事之所止、土地之所止皆曰竟。毛傳曰:疆,竟也。俗别製境字,非。""竟"由曲盡引申爲土地盡,"竟"字被借用表疆界義,經典多通用,後又爲疆界義重造了本字"境"。又"境"不表曲盡義,故而《集韻》釋"竟"曲盡義時,未在字組中並立"境"字。

景影　於境切。物之阴影也。葛洪始作影。或书作㬌。　　　　　　(《梗韻》於境切)
景　　舉影切。《説文》:"光也。"又姓。　　　　　　　　　　　(《梗韻》舉影切)

按,"景"本義訓爲日光,見《説文·日部》。日光所至之處,凡物皆有陰影。因此,由日光又引申出陰影義。《毛詩·邶風·二子乘舟》:"二子乘舟,泛泛其景。"《經典釋文·毛詩音義上·邶柏舟第三》卷五:"其景,如字。或音影。"段玉裁《説文解字注·日部》注"景"字

---

① 見黃征:《敦煌俗字典》,第5頁。
② 李運富:《漢字學新論》,第193頁。

云:"名光中之陰曰影。別製一字,異義異音,斯爲過矣。"《顏氏家訓·書證篇》:"至晉世葛洪《字苑》,傍始加彡,音於景反。"《集韻》釋"景"爲物之陰影時,以"景"爲本字,其後並立"影"字,而釋"景"爲光義時,未在字組中並立"影"字。

《集韻》針對字組中所列字頭的不同字用職能,在釋文中做了形式標記。例如:

須鬚　詢趨切。《説文》:"面毛也。"或从髟。徐鉉曰:"借爲所須之須。"俗作鬚,非是。　　　　　　　　　　　　　　　　（《虞韻》詢趨切）

按,"須"字从頁、从彡,見《説文·須部》。段玉裁注:"彡者,毛飾畫之文。"而"頁"者表示頭部。故"須"的本義爲下巴上的胡鬚。《易·賁》:"賁其須,與上興也。"後須被借表必須之義,於是本義另造鬚、髭等字表示。《集韻》在釋文中以"須"爲本字,其後並立"鬚"字,二字均表胡鬚義。而釋文中在釋"須"、"鬚"字形區別後（或从髟）,又注出"須"字的假借義,釋義在釋形之後,標明"鬚"字不作假借用。

在《集韻》釋文中,常注有"一曰"標示不同的義項,即說明某字讀某音有不同的字用,但並非字組內所有字頭的字用職能都相同①。例如:

斯撕所　《説文》:"析也。"引《詩》:"斧以斯之。"或从手。古作所。一曰:此也。亦姓。　　　　　　　　　　　　　　　　（《支韻》相支切》）

按,斯字从斤、其聲,見《説文·斤部》。《玉篇·斤部》:"斯,思移切。析也,此也。所,古文。"《廣韻·支韻》:"斯,此也。《説文》曰:'析也。'《詩》曰:'斧以斯之。'姓,《吳志·賀齊傳》有剡縣史斯從。"《廣韻》支韻無"撕"字。《正字通·手部》:"撕,與斯通,析也,離也。"斯字假借訓爲"此"。《詩·殷其靁》:"何斯違斯,莫敢或遑。"毛傳:"斯,此。"又《集韻·齊韻》先齊切"西"小韻收"撕"字,注:"提撕也。"《正字通·手部》:"撕,提撕,警覺也。"見《顏氏家訓·序致篇》:"業以整齊門,内提撕子孫。"《大唐西域記·三國》卷二:"提撕善誘,彫朽勵薄。"《朱文公集·答張敬夫》卷三十一:"要人提撕省察,悟得本心。"撕不假借訓作"此",故《集韻》支韻"斯撕所"釋文中"或从手"置於"一曰"前,而斯字不作"提撕"用,故齊韻"撕"字組中無"斯"。

與上例同者再如《集韻》灰韻枯回切"魁、槐"字組、錫韻倉歷切"戚、鏚"字組、錫韻丁歷

---

① 楊小衛重點分析了《集韻》《類篇》"一曰"義產生的原因,探究了其隱含的語言信息。見其文《〈集韻〉〈類篇〉"一曰"義初探》,《江漢大學學報》2012年第3期。與楊文所論不同,我們主要從釋文的形式上探討《集韻》對字頭義項的分別。

切"磧、礒、矴"字組、昔韻夷益切"易、蝪"字組等。

裘錫圭先生曾明確指出:"文字學上使用'本字'這個名稱的情況,並不是很單純的。"①現若以前文列舉的"忽㥣"、"鐙燈"、"蟀蟋"及"然爇"等字例論,則《集韻》所言"本字"與字形出現時間的早晚大體無關,而較早的書寫形式在字組中也並未作爲首字。但有時又或以小篆隸定字形作爲"本字",以隸變字形作爲"別體",如《支韻》"亙宜𡚁㝯"及《之韻》"屮之业"。同時據上所列"竟境"、"景影"等字例可知,"本字"抑或爲分化字所從出的母字,"別體"則爲相應的後起分化字形。如再以《集韻》對"流俗用字"的辨析、沿用爲例,"本字"與"別體"又體現了規範通用字形的目的,"別體"既區別於"本字",又可與"本字"同時通行,惟其地位稍次於"本字"。儘管本有其字的借用(即通假)關係不在字組中溝通,但本無其字的借用却未在字組中排除,且僅在釋文中以"一曰"等體例標明,這也意味着字組中"本字"、"別體"的字用職能有時並不等同。

綜合來說,我們把《集韻》所言"本字"看成編者所考定的通用規範字較爲適宜,而"別體"可視爲地位次於"本字"且亦可通行的並列規範字,這也符合《集韻》作爲科舉考試標準的定位。

第二節　同分佈字組分析

《集韻》所收字形在哪些字組被並立爲字頭,即字形的字組分佈,主要代表了該字形的字用職能。因此,在考察分析《集韻》所收字的字際關係時,字形的字組分佈可作爲重要的參考依據。理論上,《集韻》所收同字組分佈的字形,除釋文有別義情況的,其字用職能也相同。我們通過計算機編程對《集韻》數據庫中的同分佈字組做了窮盡性統計,共得到 1951 組,4439 個字形。其中複字單組 1678 組,3875 個字形。例如:

俁偊	《說文》:大也。引《詩》:碩人俁俁。或作偊。	(《麌韻》五矩切)
酵酘	沽也。或作酘。	(《肴韻》何交切)
鶄䳿	鳥名。《說文》:鮫鶄也。或从隹。	(《清韻》咨盈切)

以上字組所立字頭在《集韻》全書中均只出現一次,從釋義看來,也沒有對字組中各字頭別義,說明《集韻》認爲字組中相應字頭的字用職能相同。我們將這樣的字組作爲異體字組

---

① 裘錫圭:《文字學概要》,商務印書館,1988 年,第 179 頁。

再進一步考辨分析。

據我們統計,《集韻》複字同分佈字組共有273組,共564字。對於複字同分佈,我們側重於字形間的分佈情況,如果甲、乙兩字(或數字)多次出現,且出現的字組相同,又釋文中無別義,則認爲該二字爲同分佈的異體字組,但並不意味着字組中所有字形與它們都同分佈,也不作爲同一異體字組考辨分析。例如:

隝島　水中可居曰隝。或从山。　　　　　　　　　　　　　　　　（《篠韻》丁了切）
島隝嶹隝鳥　《說文》:海中往往有山可依止曰島。或从鳥。亦作嶹、隝。亦書作嶋。古作鳥。　　　　　　　　　　　　　　　　（《晧韻》覩老切）

按,"島"、"隝"在《集韻》全書中均出現兩次,且出現在相同小韻下的相同字組裏,釋文無別義,我們認爲"島、隝"爲一個異體字組。"嶹"、"隝"2字在全書中只出現一次,從形式上講,屬於"島、隝"字組的單字包孕類,我們將對這部分單字包孕類字形另外分類進行考辨分析。而"鳥"本義爲飛禽類總名,用作島嶼義時,並非本字本用,在《集韻》字組中,單獨出現在篠韻丁了切"鳥"小韻,故不能與"島、隝"作爲同一異體字組。

以上所統計的字組及字形,均是通過計算機編程從形式上檢索數據庫而得,沒有從釋文別義的角度再分析。前文已經討論過,《集韻》某字組的釋文中有多個義項,但其中的多數字組釋文不別義。例如:

遑偟　《說文》:急也。一曰暇也。或从人。　　　　　　　　　　（《唐韻》胡光切）

按,《集韻》"遑"、"偟"2字爲複字單組。"遑"从辵、皇聲,或从彳,見大徐本《說文新附·辵部》。《毛詩·召南·殷其雷》:"從政不遑,寧處其室家。"《經典釋文·毛詩音義上·召南鵲巢第二》卷第五:"不遑,本或作偟。音黃。暇也。"則"遑"一从"彳"作"徨",一从"亻"作"偟。"檢《玉篇·辵部》:"遑,胡光切。急也,又暇也。"《玉篇·彳部》:"徨,胡光切。彷徨。"《玉篇·人部》:"偟,胡光切。暇也。"又《廣韻·唐韻》胡光切"黃"小韻亦收"遑"(注:急也)、"徨"(注:彷徨)、"偟"(注:偟暇)3字。《龍龕手鏡·人部》:"偟,音皇。暇也。"《龍龕手鏡·辵部》:"遑,音皇。急也。"《龍龕手鏡·彳部》:"彷徨,上音傍,下音皇,彷徨,帳怏兒也。上又芳兩反,彷彿,似兒也。"《集韻》"遑"、"偟"並立,同《經典釋文》)。

䨮雪　《說文》:凝雨說物者。一曰除也。隸省。　　　　　　　　（《薛韻》相絕切）

第六章 《集韻》同分佈字組中的異體字

按，《集韻》"䨮"、"雪"2字爲複字單組。"䨮"字从雨、彗聲，小篆形作"䨮"，見《説文·雨部》。《玉篇·雨部》："䨮，思悅切。凝雨也。雪，同上。"《廣韻·薛韻》："雪，凝雨也。《元命包》曰：陰凝爲雪。《釋名》曰：雪，綏也，水下遇寒氣而凝，綏綏然下也。又拭也，除也，相絕切。四。䨮，上同。"《龍龕手鏡·雨部》："䨮，相絕反。今作雪。雨䨮也。"《集韻》以《説文》小篆隸定形"䨮"爲本字，同《玉篇》，而"雪"爲隸變後省形，故並立其後。

　　垼畝　耕地起土也。一曰塯也。或作畝。　　　　　　（《宥韻》力救切）
　　垼畝　耕壟中。或作畝。　　　　　　　　　　　　　（《宥韻》居又切）

按，《集韻》"垼"、"畝"2字爲複字同分佈字組。《廣韻·宥韻》："塯土曰垼。"塯即菜畦①。《玉篇·土部》："垼，力救切。塯也，畝也。"畝有耕種義。《説文·支部》："畝，平田也。从支、田聲。《周書》曰：畝尔田。"唐孔穎達《尚書正義·多方第二十》卷第十六云："今人以營田求食謂之畝食，即此畝。"《集韻》宥韻力救切"垼、畝"字組釋文中所列兩個義項與《玉篇》同。又釋文中的釋形"或作畝"位於釋義之後，則我們據此認爲"垼"、"畝"讀爲力救切音時，意義也相同。

　　甈瓯　《字林》：甕破也。一曰瓶也。或省。亦書作瓶。（《支韻》相支切）
　　甈瓶　瓦破聲。或省。　　　　　　　　　　　　　　（《齊韻》先齊切）

按，《集韻》"甈"、"瓯"2字爲複字同分佈字組。《方言》卷五："甕謂之甈。"《玉篇·瓦部》："甈，思移切。瓶名。"《廣韻·支韻》："甈，甕破。"《廣韻·齊韻》："甈，瓦破聲。"《龍龕手鏡·瓦部》："瓯、瓶、瓶，三俗。甈，正。音西。器破聲。"《集韻》"甕"同"甕"，見鍾韻於容切"邕"小韻。則《集韻》支韻"甈"字二義分別同《廣韻》《玉篇》。又"瓯、瓶"係"甈"字之俗體字。釋文中的釋形"或省"位於釋義之後，則我們據此認爲"甈"、"瓯"讀爲相支切音時，意義也相同。

當然，並非所有釋文中有多個義項的同分佈字組均不別義。據我們統計，《集韻》同分佈字組中，有24個字組（共62字）的釋文有釋形後針對字組中某字頭另列義項的情況。例如：

　　苣炬䈏　《説文》：束葦燒。或从火，从竹。一曰：苣藤，艸名。（《語韻》白許切）

按，《集韻》"苣"、"炬"、"䈏"3字爲複字單組。苣字从艸，巨聲，見《説文·艸部》。《廣

---

① 《廣韻·真韻》："塯，菜畦。"

韻·語韻》其吕切"巨"小韻有："苣,苣蕂,胡麻。"同小韻同又有："炬,火炬。"《玉篇·艸部》："苣,勤侣切。苣蕂,胡麻也。"又《玉篇·火部》："炬,其吕切。火炬。亦作苣。"則"苣"字又作"苣蕂",而"炬"、"筥"無此用法,故《集韻》釋形後再列"苣蕂"之義。

並不一定字組中的全部字頭都有所有義項。例如：

鵂舊　鳥名。《博雅》：怪鴟也。或作舊。　　　　　　　　　（《尤韻》虛尤切）
舊鵂　鳥名。《説文》：鴟舊。舊,留也。或從鳥、休。舊,一曰故也。又姓。
　　　　　　　　　　　　　　　　　　　　　　　　　　　　（《宥韻》巨救切）

按,《集韻》"舊"、"鵂"2字爲複字同分佈字組。大徐本《説文·雈部》："舊,雎舊。舊,留也。從萑、臼聲。巨救切。舊,或從鳥、休聲。"故鴟鵂（或貓頭鷹）的本字用"舊",後"舊"借爲新舊之"舊",又爲鴟鵂（或貓頭鷹）另造"鵂"字。而"鵂"字讀巨救切時,無新舊之義,故《集韻》釋形後再列"舊"之"故也"義。

我們對《集韻》同分佈字組中的字頭依部首進行了歸類,1951組字頭共涉及203個部首,我們將出現10字次以上的部首列表如下（表6-1）：

表6-1　各部首字次表

部首	字數	部首	字數	部首	字數	部首	字數	部首	字數	部首	字數
艹	180	木	138	鳥	128	竹	119	口	115	氵	114
忄	96	金	91	土	90	糸	86	虫	85	月	82
言	80	亻	77	米	71	隹	70	西	70	扌	67
王	65	火	65	禾	63	食	61	山	60	犭	54
石	53	衤	52	女	51	日	50	魚	50	阝	49
目	48	宀	47	疒	46	巾	45	革	45	足	42
馬	41	頁	40	車	39	舟	36	辶	35	阝	34
支	34	礻	33	瓦	32	刂	32	貝	32	田	32
雨	32	欠	28	广	28	牛	27	麥	26	罒	23
歹	22	弓	22	毛	21	戈	21	耳	21	羽	21
缶	21	彳	20	骨	19	豕	19	匚	18	羊	18
皿	18	尸	17	鹿	17	鬲	17	門	17	髟	16
豸	16	爿	15	鼠	15	角	15	虍	15	穴	15
見	14	臼	14	齒	13	面	13	立	13	又	13
囗	12	厂	12	鬼	12	韋	12	走	12	冫	12
大	11	身	11	黑	11	耒	11	廾	10	十	10
矢	10										

我們又對《集韻》同分佈字組內各部首的分佈情況做了統計，通過該項統計，能基本反映出各部首間的通用情況。

據我們初步統計，《集韻》各同分佈字組字頭均屬相同部首者共 1007 組（2114 個字），占全書同分佈字組數的 51.6%。表 6-2 所列爲字頭均屬相同部首的字組在各部首的分佈情況，爲節省篇幅，我們只列出含 5 個字組以上的部首。

表 6-2　字頭均屬相同部首字組分佈表

部首	字組	字頭	部首	字組	字頭	部首	字組	字頭	部首	字組	字頭
艹	67	142	氵	42	88	竹	33	69	虫	33	73
金	32	67	心	30	61	木	28	56	王	25	52
糸	23	48	魚	22	44	口	21	46	言	20	44
女	20	40	鳥	19	41	山	18	39	火	18	36
月	17	36	酉	17	37	馬	17	35	土	17	36
阝	16	32	車	15	30	广	14	29	石	14	31
禾	14	30	米	14	30	食	14	34	扌	14	28
目	13	26	足	13	28	衤	12	26	日	12	24
舟	10	23	貝	10	20	阝	10	20	亻	10	20
牛	10	20	革	9	18	弓	9	18	刂	8	17
欠	8	16	犭	8	17	瓦	8	18	耳	7	15
雨	7	16	頁	7	14	宀	7	17	髟	6	12
皿	5	10	羽	5	11	虍	5	10	辶	5	11
鹿	5	10	巾	5	10	戈	5	10			

字頭均屬於相同部首的字組多爲字形義符不變、換用聲符者。例如：

鉶銒　《說文》：器也。即《禮》盛和羹器。或从形。通作鈃。（《青韻》乎經切）

按，"鉶"字本作"鉶"，小篆形作"鉶"，从金、荊聲，見《說文·金部》。《集韻》"荊"、"刑"、"形" 3 字均有青韻乎經切一讀，與"鉶"、"銒" 2 字同音。"銒"即"鉶"換用同音聲符之異構字。

茘萂　艸名。或从和。　　　　　　　　　　　　　　（《戈韻》胡戈切）

按，"茘"字从艸、禾聲。《龍龕手鏡·草部》："萂茘，音禾。草名。又音科。二同。"《集韻》"禾"、"和"均有戈韻胡戈切一讀,與"秣"、"秾"2字同音。"秾"即"秣"換用同音聲符之異構字。

    蕓蒷　　蕓薹,胡菜。或从員。   (《文韻》王分切)

  按,"蕓"字从艸、雲聲。《玉篇·艸部》:"芸,右軍切。香艸,似苜蓿。蒷,同上。"又《龍龕手鏡·草部》:"芸蕓,音云。蕓薹,菜名也。二。"《集韻》"芸"字釋義引《説文》作香艸,亦同《玉篇》。《集韻》"員"字仙韻于權切,"雲"字文韻王分切,二字不同音。但"員"、"雲"2字上古均爲文部匣母字,二字同音。因此,"蒷"仍可視爲"蕓"字換用同音聲符之異構字。

  當然,並非字頭均屬於相同部首的所有字組全都爲字形換用聲符者。例如:

    薄䓯　　艸名。《説文》:水萹茿也。或省。   (《沃韻》徒沃切)
    薄䓯　　艸名。《韓詩》:薄,萹茿也。或省。   (《沃韻》都毒切)

  按,"薄"字从艸、从水,毒聲,見《説文·艸部》。段玉裁注:"謂萹茿之生於水者,謂之薄也。統言則曰萹茿,析言則有水陸之異,異其名因異其字。《詩·衞風》:'綠竹猗猗。'《音義》曰:'竹,《韓詩》作薄,萹茿也。'石經亦作薄。按,石經者,蓋漢一字石經,魯詩也。《西京賦》李注引:'《韓詩》綠䓯如簀。'《玉篇》曰:'䓯同薄。'"疑"**濤**"不成字,檢《集韻》全書亦不收"**濤**"字,故而"薄"省形作"䓯"。《集韻》"毒"字徒沃切,定母字,與"薄"字徒沃切音同。

    騏䮭　　《説文》:"馬青驪文,如博棊也。"古作䮭。 (《之韻》渠之切)

  按,"騏"字从馬、其聲,見《説文·馬部》。《集韻》之韻"其"字注古作"丌""亓",志韻"惎"字注古作"忈"。"其"古作"亓",亦見於出土文獻,可資佐證。例如,上博楚竹簡《孔子見季桓子》"目事亓上","其"作"**亓**"(孔5.08),又"僕此言不忈,見於君子","惎"作"**忈**"(孔13.12)。郭店楚簡"惎"又作"**忎**"(語叢2.26)、"**忎**"(語叢4.13)、"**忎**"(忠信1)①。故《集韻》所録古文"䮭"乃"騏"字聲符的不同寫法,從嚴格意義上講,不能視爲換用聲符。

---

 ① 見湯餘惠:《戰國文字編》,福建人民出版社,2005年,第716頁。

以上爲字頭均屬相同部首的情況。從前文所統計的數字可知,《集韻》各同分佈字組中字頭分屬不同部首的情況則與屬同部首的情況大致各占一半,與之不同的是,字頭分屬不同部首的字組分佈較爲分散,部首間的組合模式較多,各種組合模式所含的字組較少。

含 5 個字組以上的部首組合模式僅有 18 種,共涉及 176 個字組(382 個字頭),僅占全書同分佈字組數的 9.02%。現將這些組合模式的情況列表於下:

表 6-3　各部首組合模式統計表

部首組合	字頭	字組	部首組合	字頭	字組	部首組合	字頭	字組	部首組合	字頭	字組
隹—鳥	140	62	巾—衤	24	11	口—言	22	11	食—麥	22	10
禾—米	19	8	豸—犭	16	8	目—見	15	7	彳—辶	14	6
豕—犭	13	6	頁—骨	12	6	木—竹	12	6	糸—革	11	5
宀—穴	11	5	瓦—缶	11	5	米—食	10	5	糸—衤	10	5
土—阝	10	5	扌—攴	10	5						

字頭均屬於不同部首的字組多係聲符不變、換用意義相近的義符。例如:

1. 隹—鳥

　　鴣雊　鷓鴣,鳥名,出南越,其鳴自呼,常南飛不北。或从隹。　　　　　　(《模韻》攻乎切)
　　鴿雥　鳥名。《説文》:鳩屬。或从隹。　　　　　　　　　　　　　　　　(《合韻》葛合切)
　　鸚雦　《説文》:鸚䴏,能言鳥也。或从隹。　　　　　　　　　　　　　　(《耕韻》於莖切)

按,段玉裁《説文解字·鳥部》:"短尾名隹,長尾名鳥。析言則然,渾言則不別也。"作形聲字義符時,"隹"與"鳥"常通用。檢《集韻》所收从"鳥"、从"隹"之字共 1542 個,其中義符"鳥"、"隹"換用者占 9.08%,遠遠超過"巾—衤"通用 1.81% 的比例。

2. 食—麥

　　䴊䴂　餅屬。或从麥。　　　　　　　　　　　　　　　　　　　　　　　(《之韻》渠之切)
　　饅䴢　饅頭,餅也。或从麥。　　　　　　　　　　　　　　　　　　　　(《桓韻》謨官切)
　　䴤䴥　餅也。或从食。　　　　　　　　　　　　　　　　　　　　　　　(《戈韻》良何切)
　　餅䴗　《説文》:麵餈也。或从麥。　　　　　　　　　　　　　　　　　　(《静韻》必郢切)
　　饆䴦　饆饠,餅屬。或从麥。　　　　　　　　　　　　　　　　　　　　(《質韻》壁吉切)

䭔䴻　　餅也。或从麥。　　　　　　　　　　　　　　　（《鐸韻》白各切）

　　按，《説文·食部》："食，亼米也。从皀、亼聲。或説：亼皀也。"段玉裁注："此當爲亼米信矣。亼、集也。集衆米而成食也。引伸之人用供口腹亦謂之食。"《玉篇·食》："食，飯食。"則"䭔"、"餅"从"食"，其義表示爲食物，从"麥"則可認爲"䭔"、"餅"是用麥麵做成的。

　　3. 頁—骨

　　　髏顱　《説文》：髑髏也。或从頁。　　　　　　　　　（《侯韻》郎侯切）
　　　髑頣　《説文》：髑髏，頂也。或从頁。　　　　　　　（《屋韻》徒谷切）
　　　顱髗　《説文》：頭顱，首骨。或从骨。　　　　　　　（《模韻》龍都切）
　　　顴䯝　輔骨曰顴。或从骨。　　　　　　　　　　　　　（《仙韻》逵貞切）
　　　顋髑　顒也。或作髑。　　　　　　　　　　　　　　　（《燭韻》吁玉切）
　　　髁顒　骰顒，首動皃。或从頁。　　　　　　　　　　　（《盍韻》玉盍切）

　　按，《説文·頁部》："頁，頭也。从𦣻、从儿。"又《説文·骨部》："骨，肉之覈也。从冎有肉。"由此可見，"骨"與"頁"字義本不同，而上列6字，"骨"與"頁"通用則因其字義多與頭或頭骨有關。作形聲字義符時，"骨"還常與"月（肉）"、"身"常通用，如"髖"又作"臗"，"軆"又作"體"。

　　4. 豕—犭

　　　豨豨　豕屬。或从犬。　　　　　　　　　　　　　　　（《支韻》虛宜切）
　　　豰猵　《博雅》：豕屬。或作猵。　　　　　　　　　　（《葉韻》質涉切）
　　　豭猳　《説文》：牡豕也。或从犬。　　　　　　　　　（《麻韻》居牙切）
　　　豲猨　《博雅》：豲，豕屬。或从犬。　　　　　　　　（《元韻》愚袁切）
　　　豝犯　《説文》：牝豕也。一曰二歲能相把挐也。引《詩》：一發五豝。或从犬。
　　　　　　　　　　　　　　　　　　　　　　　　　　　　　（《麻韻》邦加切）

　　按，《集韻》字組中收錄了不少義近偏旁混用的字形：有"豕"旁寫作"犭"旁，如上例；有"豸"旁寫作"犭"旁，如"豻"又作"犴"、"貜"又作"玃"；有"牛"旁寫作"犭"旁，如"犗"又作"猲"；有"馬"旁寫作"犭"旁，如"駒"又作"狛"，"駏"又寫作"狙"；有"鹿"旁寫作"犭"旁，如"麞"又作"獐"。則表獸類的形聲字義符有寫作"犭"的趨勢。

字頭均屬於不同部首的字組中,有一些字頭的部件的換用並不常見,而這些換用主要是因爲造字時其造意的關注點不同。例如:

　　皺皺　獸皮有文皃。或从文。　　　　　　　　　　　　　　　　(《屋韻》盧谷切)

按,"皺"爲"皺"字變換義符之異構字。从"皮"表示指有文者乃獸皮本身,从"文"則表示獸皮有文貌。一指其物,一指其貌。

　　䎝鶒　飛皃。或从鳥。　　　　　　　　　　　　　　　　　　(《盍韻》力盍切)

按,"鶒"爲"䎝"字變換義符之異構字。从"羽"則表示鳥以羽飛翔,从"鳥"表示指鳥類。羽本屬禽鳥,二者爲整體與部分的關係。

　　馩䭯　香也。或从臭。　　　　　　　　　　　　　　　　　　　(《董韻》鄔孔切)

按,"䭯"爲"馩"字變換義符之異構字。从"香"本指香味,从"臭"則表示氣味。統則言臭,析則香、臭有別。

第三節　同詞異構關係

承前文論述,我們知道《集韻》同分佈字組中除 24 組釋文有別義者外,均表示同字組中的字頭字用職能相同,即是說它們的記詞功能相同。本節主要從結構屬性上對這些字組進行比較分析。

李運富《漢字學新論》指出:"漢字結構的異同取決於構件形體、構件數量、構件功能及構件功能的組合模式等構形屬性是否相同;構形屬性全同的才算結構相同(簡稱同構字),構形屬性有任一差別的就算結構不同(簡稱異構字)。"[①]而漢字構件的功能又可以分爲象形、表義、示音、標志、代號等五類,漢字的結構類型則由以上五種功能的不同組合模式劃分[②]。我們對《集韻》同分佈字組中異構字的分析,以考辨直接構件的結構功能及其組合模式的異同爲主。

---

① 李運富:《漢字學新論》,北京師範大學出版社,2012 年,第 226 頁。
② 李運富:《漢字學新論》,第 142-158 頁。

在對漢字進行構形分析時，需要對字形直接構件及間接構件進行拆分。我們在拆分構件時，始終堅持依理分析爲主、依形分析爲輔的原則，同時以字形演變過程的分析爲參照。齊元濤《隋唐五代碑志楷書研究》一文已對依理構形分析、依形構形分析做了詳細的闡述和舉例①。

一、結構類型不同

（一）獨體象形—義義合體

象形字符是通過描摹客觀事物的形體來表達詞義，而義義合體字則是通過組合字符構件義表達新的詞義。

臣恧　《説文》：牽也，事君也，象屈服之形。一曰男子賤稱。唐武后作恧。

（《真韻》丞真切）

按，《説文·臣部》："臣，牽也，事君也。象屈服之形。" 臣字甲骨文作 "𦣞"（菁三·一）、"𦣝"（甲二八五一）、"𦣝"（前四·三一·三），金文作 "𦣝"（臣辰父癸鼎）、"𦣝"（毛公鼎），楚帛書作 "𦣝"，《説文》小篆作 "臣"。郭沫若《甲骨文字研究·釋臣宰》："（甲金文）均象一豎目之形。人首俯則目豎，所以'象屈服之形'者，殆以此也。"② 即 "臣" 爲獨體象形字。宋趙與時《賓退録》卷五："《唐君臣正論》載武后改易新字，一忠爲臣。" 則 "恧" 從一、從忠，爲義義合體字。

《集韻》以 "獨體象形—義義合體" 相區別的同分佈字組十分少見。王平《〈説文〉重文研究》、朱莉碩士論文《〈廣韻〉異體字研究》（未刊）等所測查的 "象形——會意" 相區別的重文或異體字組亦非常少。這説明對象形字進行重造時，會意並不是常用的造字方法，而 "形聲結構的遞增是促使象形、指事、會意三種結構方式衰落的重要因素之一"③。

（二）獨體象形—義音合體

義音合體字是指以示義構件和示音構件組合而成。漢字隸變、楷化後，獨體象形字的象形功能減弱，而且在漢字的演變過程中，一些獨體象形字又增加了所記録的詞，於是人們在這些獨體象形字上增加表示義類的偏旁，又或因語音的變化，人們在獨體象形字上增加表示

---

①　齊元濤：《隋唐五代碑志楷書研究》，北京師範大學 2008 年博士學位論文（指導教師：王寧）。
②　見《郭沫若全集·考古編》第一卷，人民文學出版社，2002 年，第 70 頁。
③　王平：《〈説文〉重文研究》，華東師範大學出版社，2008 年，第 71 頁。

讀音的音符，甚至人們給某些獨體象形字重造了字形完全不同的義音合體字形，以上這些都成爲獨體象形字與義音合體字結構差別的原因。

　　刀釖　《説文》：兵也。或从金。　　　　　　　　　　　　（《豪韻》都勞切）

　　按，《説文·刀部》："刀，兵也。象形。"刀字甲骨文作"𠚣"（甲三〇八五）、"𠚣"（粹一一八四），《説文》小篆作"𠚣"。《龍龕手鏡·金部》："釖，音刀。"《四聲篇海·金部》亦云："釖，音刀。"則"釖"即是在"刀"字左部增添表示義類的"金"旁。

　　缶瓵　《説文》：瓦器，所以盛酒漿。秦人鼓之以節謌。象形。或从瓦。
　　　　　　　　　　　　　　　　　　　　　　　　　　　　　（《有韻》俯九切）

　　按，缶字見《説文·缶部》。《玉篇·缶部》："缶，方負切。盎也。《詩》：坎其擊缶。瓵，同上。"《孫子·行軍》："粟馬肉食，軍無懸瓵，不返其舍者，窮寇也。"《焦氏易林》："戴瓵望天，不見星辰。"缶字甲骨文作"𦈢"（乙七七五一）、"𦈢"（前八·七一），金文作"𦈢"（缶鼎），《説文》小篆作"𦈢"。欒書缶作"𦈢"，已在"缶"之右部增加"金"旁。"瓵"字係在獨體象形字"缶"之右部增添義類"瓦"旁。

　　畴𤰔疇　《説文》：耕治之田也。从田，象耕屈之形。或省。亦作疇
　　　　　　　　　　　　　　　　　　　　　　　　　　　　　（《尤韻》陳留切）

　　畴𤰔　耕治之田。象形。或省。　　　　　　　　　　　　（《尤韻》時流切）

　　按，"畴"、"𤰔"2字見《説文·田部》。甲骨文作"𤰔"（前七·三八·二）、"𤰔"（甲二六四七），睡虎地秦簡作"𤰔"，《説文》小篆作"畴"，又或作"𤰔"，隸書作"畴"（《北海相景君銘》）。則義音合體字"畴"即是在獨體象形字"𤰔"之左增添義類"田"旁。

　　矛釫鉾　《説文》：酋矛也，建於兵車，長二丈，象形。或从戈。从金。
　　　　　　　　　　　　　　　　　　　　　　　　　　　　　（《侯韻》迷浮切）

　　按，《説文·矛部》："矛，酋矛也。建於兵車，長二丈。象形。凡矛之屬皆从矛。戣，古文矛从戈。"《玉篇·釫又"矛"字《説文》小篆作"矛"，《説文》古文作"戣"。段玉裁注："《考工記》謂之刺兵，其刃當直。而字形曲其首，未聞，直者象其柲，左右蓋象其英。"矛字

金文作"🀀",象矛形。則"銰"、"釪"係分別在獨體象形字"矛"之右部、左部增添表義類的"戈"旁與"金"旁。

對在獨體象形字上增添表義類偏旁的這部分字,如從結構上分析,這些字由一個表形的構件加表義的構件組成,但又並非由形、義構件重新組合而表達新的意義,因此暫把它們作爲義音合體字處理。

琴琹鉴琹　《説文》：禁也,神農所作,洞越,練朱五弦,周加二弦。亦姓。古作琹、鉴、琹。　　　　　　　　　　　　　　　　　　　　　　　　　（《侵韻》渠金切）

按,"琴"、"鉴"2字見於《説文·琴部》,釋爲"象形"。段玉裁注："象其首身尾也。上圓下方,故象其圓。"《玉篇·琴部》亦云："琹,篆文。鉴、琹,並古文。"又"琴"字《説文》小篆作"琹",古文作"鉴"。則"鉴"、"琹"2字係在獨體象形字"琹"之下增添表音的"金"旁,而"鉴"、"琹"2字之間爲異寫關係。段玉裁亦注曰："以金形聲字也。今人所用琴字乃上從小篆,下作今聲。"故"琴"亦爲獨體象形字"琹"之下增添表音的"今"旁。《集韻》"今"、"金"2字侵韻居吟切,與"琴"字音近。

癸※　《説文》：冬時水土平,可揆度也。一曰北方之日。古作※。　　　　　　　　　　　　　　　　　　　　　　　　　　　　　　　　（《旨韻》頸誄切）

按,《説文·癸部》："癸,冬時水土平,可揆度也。象水從四方流入地中之形。"癸字甲骨文作"✕"（甲二三三七）、"✦"（存二七四二）、"✕"（鐵一五六·四）,金文作"※"（矢方彝）,侯馬盟書作"𠦜",《三體石經·僖公》作"※",《説文》小篆作"※"。癸字《説文》籀文作"※",睡虎地秦簡作"※",新始建國權作"※"。段玉裁《説文解字》注"癸"字云："癸象人足,故從𣥂、矢聲。癸本古文,小篆因之不改。故先篆後籀。"則"※"字本沿甲、金文而來,獨體象形字,而"癸"字近籀文形,從𣥂、矢聲。

吕膂　《説文》：脊骨也,昔太嶽爲禹心吕之臣,封吕侯。或從肉、旅。一曰：吕,陰律。亦姓。　　　　　　　　　　　　　　　　　　　　　　　　（《語韻》兩舉切）

按,《説文·吕部》："吕,脊骨也。象形。昔太岳爲禹心吕之臣,故封吕侯。凡吕之屬皆從吕。膂,篆文吕從肉、從旅。"段玉裁注："吕象顆顆相承,中象其繫聯也。"《玉篇·月部》："膂,力佇切。脊骨。古吕字。"《急就篇》："尻髖脊膂腎背吕。"顔師古注："膂,夾脊内肉也。

呂,脊骨也。"呂字甲骨文作"吕"(乙一九八〇),甲骨卜辭中用作地名、方國名、銅錠、祭名、宮室名等①,徐中舒《甲骨文字典》認爲呂字"《説文》説形義皆不確"②。《廣韻》旅、膂2字均作力舉切而音實同。則"呂"據甲骨文、小篆字形,爲獨體象形字,"膂"字爲義音合體字。

《集韻》雖以"呂"、"膂"並立爲字組,釋爲"脊骨",但同時釋文中又用"一曰"別義,説明"呂"、"膂"字用職能不全同,較《廣韻》在"膂"字下簡單地注"上同"要更爲準確。

(三) 獨體標志—義音合體

獨體標志字即指利用抽象的符號單獨成字,對應語言中的某個詞。標志性符號多用來指示或區別字形,獨體標志字在漢字中不多見。

、黗 《説文》:有所絶止而識之也。亦姓。或作黗。 (《虞韻》六冢庚切)

按,"丶"字見《説文·丶部》。段玉裁注:"按,此於六書爲指事。凡物有分別、事有可丶、意所存主、心識其處者皆是。非專謂讀書止,輒乙其處也。"《玉篇·黑部》:"黗,點黗也。"晉成公緩《隸書體》:"彤管電流,雨下雹散,點黗折握,捌挫安案。"又檢《集韻》"主"字有虞韻腫庚切音,與"丶"音近。《説文·黑部》:"點,小黑也。"則"黗"字應从黑、主聲。

(四) 形義合體—義音合體

形義合體字即由象形構件和表義構件組合而成。在形義合體字上增添義符後所造的新字,可看成由所添義符與原形義合體字作爲聲符共同構成的義音合體字。

胃胃腪 《説文》:穀府也。从囟,从肉,象形。亦作胃、腪。 (《未韻》于貴切)

按,胃字从肉,囟象形,見《説文·肉部》。《玉篇·肉部》:"胃,禹貴切。《白虎通》:胃,脾之腑。胃,《説文》胃。"《廣韻·未韻》:"胃,腸胃。《龍龕手鏡·肉部》:腪,俗通。胃,正。音謂。腸胃也。"《説文》作胃,穀府也。于貴切。"胃字金文作"𦙫"(吉日王舞劍),楚帛書作"𦙫",《説文》小篆作"胃"。則"胃"係小篆隸定形,"胃"爲隸變後楷體字形,二字互爲異寫字關係,而"腪"係在形義合體字"胃"之左部添加表類屬的義符"月"(肉),"胃"則亦作"腪"之形符。

---

① 參見陳濟:《甲骨文字形字典》,長征出版社,2004年,第411頁。
② 見徐中舒:《甲骨文字典》,四川辭書出版社,1989年,第835頁。

（五）義義合體——義音合體

在義義合體字上增添義符，或在義義合體字上增添音符，是造成義義合體與義音合體字差別的重要原因，當然也有部分字組中的字頭係重造會意字或形聲字。

匊掬　《說文》：在手曰匊。或从手。　　　　　　　　　　　　（《屋韻》居六切）

按，大徐本《說文·勹部》："匊，在手曰匊。从勹、米。臣鉉等曰：今俗作掬，非是。"匊字說文小篆作"匊"。段玉裁注："會意。米至散，兩手兜之而聚。居六切。三部。俗作掬。"《禮記·曲禮》："受珠玉者以掬。"《經典釋文·禮記音義之一·曲禮第一》卷第十一："以掬，九六反。手中也。兩手曰掬。"則"掬"即是在"匊"字左部增添表示義類的"扌"（手）旁。

归抑抑　《說文》：按也，从反印。或从手。隸作抑。　　　　　（《職韻》乙力切）

按，"归，按也。从反印。抑，俗从手。"徐鍇《說文解字繫傳》注："臣鍇曰：印者，外向而印之；反印爲内自抑也，會意。"又段玉裁《說文解字注》云："既从反爪矣。又从手。蓋非是。"归字甲骨文作"归"（乙一四三）、"归"（乙一〇〇）、"归"（佚六七四），金文作"归"（毛公鼎），《說文》小篆作"归"，又抑字《說文》小篆作"抑"。商承祚《殷虚文字類篇》："卜辭字从爪从人跽，象手抑人而使之跽，其誼如許書之抑。"則"抑"即是在"归"字左部增添表示義類的"扌"（手）旁，而"抑"、"抑"之間爲異寫關係。

鞭夋　《說文》：驅也。一曰扑也。亦曰馬檛。古作夋。　　　　（《仙韻》卑連切）

按，《說文·革部》："鞭，驅也。从革、便聲。夋，古文鞭。"段玉裁注："夋，从亼、攴。"《說文·亼部》："亼，三合也。从入、一，象三合之形。讀若集。"《六書正譌·緝韻》："亼，古集字。指事。"夋字从亼、攴，即手持鞭等物使馬、牛、羊等動物集於一處。則"夋"字本義義合體字，而"鞭"字从革、便聲，爲義音合體字。

看翰　《說文》：睎也，从手下目。或从倝。　　　　　　　　　（《寒韻》丘寒切）
看翰　　睎也。或从倝。　　　　　　　　　　　　　　　　　　（《翰韻》墟旰切）

按，看字見於《說文·目部》。徐鍇《說文解字繫傳》注："臣鍇曰：以手翳目而望也。宋玉賦曰：'若姣姬揚袂，障目而望所思。'此會意。翰，靬聲也。"《集韻》靬字翰韻居案切，與看字墟旰切音近。則"看"字本義義合體字，而"翰"字从目、靬聲，爲義音合體字。

邦𨛜𨞺　《説文》：國也。一説：大曰邦，小曰國。亦姓。古作𨛜、𨞺。

（《江韻》悲江切）

按，邦字从邑、丰聲。見《説文・邑部》。段玉裁注："从㞢、田。之適也。所謂往即乃封。古文封字亦从之、土。"邦字甲骨文作"𨛜"（乙六九七八）、"𨞺"（前四・一七・三），金文作"𨛜"（毛公鼎），《説文》小篆作"𨛜"，同金文形，《説文》古文作"𨛜"，同甲骨文形。丰字甲骨文作"𨛜"（甲二九〇二）、"𨞺"（明藏六三三）、"𨞺"（佚四二六），金文作"𨞺"（康矦𨞺鼎），矦馬盟書作"𨞺"。之字古文作㞢，又㞢字甲骨文"𨞺"（甲一八〇），金文作"𨞺"（毛公鼎），與丰字甲骨文近。上列邦字甲骨文的兩種寫法則上部一近㞢字，一近丰字。則𨞺字亦可能爲从田、丰聲。

轟輷軯輘　《説文》：羣車聲也。或作輷、軯、輘。　（《耕韻》呼宏切）
轟輷　　　衆車聲。或作輷。　　　　　　　　　　（《諍韻》呼迸切）

按，"轟、輷"2字爲複字同分佈字組。《説文・車部》："轟，羣車聲也。从三車。"徐鍇《説文解字繫傳》注"轟"字云："臣鍇曰：會意。"唐崔湜《野燎賦》："或霍濩以燐亂，戶轟嗝而摇拍。"檢《原本玉篇・車部》："輷，呼萌反。《史記》：輷輷殷殷，若有三軍之衆。《蒼頡篇》：輷輷，聲也。《聲類》亦轟字也。軯，《字書》亦輷字也。轟，呼萌反。《説文》羣車聲也。"又《廣韻・耕韻》："轟，群車聲。呼宏切。十。輷，上同。"《宋本玉篇・車部》："輷，呼萌切。車聲也。轟，同上。"《龍龕手鏡・車部》："軯、輘，二俗。軯、輷，二或作。輷、轟，二正。呼宏反。衆車聲。六。"《集韻》訇字有耕韻呼宏切音。則"輷"字从車、訇聲。又《説文・言部》："訇，駭言聲。"段玉裁注："（輷）引伸爲訇訇大聲。"故"輷"字亦可視作義義合體字。

二、結構類型相同而結構單位不同

（一）同爲義義合體字而構件不同

道𩔉𧗓　《説文》：所行道也，一達謂之道。古作𩔉𧗓。　（《晧韻》杜晧切）
導道𧗓　《説文》：導引也。或作道𧗓。　　　　　　　（《号韻》大到切）

按,"道"、"衟"2字爲複字同分佈字組。檢《説文·辵部》:"道,所行道也。从辵、从首。一達謂之道。衟,古文道从首、寸。"段玉裁注:"道者,人所行。故亦謂之行。道之引伸爲道理,亦爲引道。"又《説文·寸部》:"導,導引也。从寸、道聲。"道字金文作"䇂"(貉子卣)、"󰀀"(散盤)、"󰀁"(散盤)、"󰀂"(曾伯簠),石鼓文作"󰀃",侯馬盟書作"󰀄",中山王鼎作"󰀅",《説文》小篆作"䢔"。則"道"本从"行",作"衟",後又於"衟"下加"止"復表示行義。散盤銘文:"封于原道,封于周道。"其後"止"又訛爲"又"或"寸"。曾伯簠銘文:"克狄淮夷,抑燮繁湯,金道錫行,具既俾方。"石鼓文:"吾水既清,吾道既平。"文中"道"字均仍作道路解。又"行"省右部作"彳",與下部止合爲"辵",即演變成"䢔"字形,再簡化成"道"。桂馥《説文義證》:"寸部導,後人加之。《經典》導引亦作道。"則導亦本作"衟",承訛變字形而來,其意亦由道路所引申而來。

兵佣叕 《説文》:械也。从廾,持斤并力之皃。古作佣。籀作叕。

(《庚韻》晡明切)

按,《説文·収部》:"兵,械也。从収持斤,並力之皃。佣,古文兵从人、収、干。叕,籀文。"兵字甲骨文作"󰀆"(餘八·四)、"󰀇"(後下二九·六)、"󰀈"(佚七二九),金文作"󰀉"(庚壺),睡虎地秦簡作"󰀊"(一五·一〇二)。《説文·収部》小篆作"󰀋",古文作"󰀌",籀文作"󰀍"。楊樹達《積微居小學述林·釋干》卷二:"按兵从収持斤。斤,兵也。或體作佣,从人,从収持干。収持干猶収持斤也。"①通過字形比較,《説文》古文"󰀌"(佣)似在甲骨文形"󰀆"之左又增加"人"以會意。

(二)同爲義音合體字而構件不同

1. 義符不同

義音合體字之間或因構件義近而常換用其構字部件,如"隹—鳥";也或因觀照所記録詞的着眼點不同而換用不同的構字部件,如"食—麥"、"骨—頁"、"皮—文"等;其中有一些構件間的換用或成爲一個時間段内的趨勢,如"豕"、"豸"、"鹿"、"馬"等構件作形旁時,常換爲"犭",但這種趨勢到後來又中止了,並未全面演化,如"豹"字無从"犭"的寫法,又"豺"雖或有異體"犲"字,而今仍以"豺"爲正字。

眾所周知,義音合體字的義符表意義類屬,而類屬義往往流於寬泛,字形構件在表義上也不要求十分精確,因此,所表意義類屬相同或相關的構件就常通用。例如,从口之字,又多

---

① 楊樹達:《積微居小學述林》,中華書局,1983年,第69頁。

嘲謿　《説文》：謔也。或作謿。通作啁。　　　　　　　　　　（《肴韻》陟交切）

按，嘲字从口、朝聲，見大徐本《説文·口部》新附字。《後漢書·文苑列傳上·邊韶》卷第八十："韶口辯，曾晝日假臥，弟子私嘲之曰：'邊孝先，腹便便。懶讀書，但欲眠。'"《龍龕手鏡·言部》："謿，摘交反。謔也。與嘲同。"《文選·東方朔畫贊》："凌轢卿相，謿哂豪桀。"四部叢刊影宋刊本作"謿"，注："五臣從口。"舊鈔《文選集注》作"謿"，注："謿，調也，哂咲也。或爲嘲。"① 奎章閣本作"嘲"，注："善本從言。"

譍膺　答言也。或作膺。　　　　　　　　　　　　　　　　　（《蒸韻》於陵切）
譍膺應　《説文》：以言對也。或作膺、應。　　　　　　　　　（《證韻》於證切）

按，"譍"、"膺"2字爲複字同分佈字組。譍，以言對也。从言、雁聲。又檢《説文·心部》："應，當也。从心、雁聲。"段玉裁注："當，田相值也。引伸爲凡相對之偁，凡言語應對之字即用此。大徐《言部》增'譍'字，非也。'諾'下、'讎'下、'唉'下、'對'下'譍'字皆當改正。"《干禄字書》："應譍，上物相應，下言相譍。"《廣韻·證韻》："譍，以言對也。膺，上同。"《龍龕手鏡·广部》："膺，古。譍，今。於證反。以言對膺也。二。"

嘖讀　《説文》：野人之言。或从言。　　　　　　　　　　　（《質韻》職日切）

按，嘖字从口、質聲，見《説文·口部》。段玉裁注："《論語》曰：'質勝文則野。'此字會意兼形聲。"《玉篇》《廣韻》收"嘖"字，注同，無"讀"字。檢《龍龕手鏡·口部》："嘖，俗。嘖，正，音質，野人之言。"又《龍龕手鏡·言部》："**讀讀**，二俗，質、致二音。"

譀嚎　言不明。亦从口。　　　　　　　　　　　　　　　　（《東韻》謨蓬切）

按，《正字通·言部》："譀，同嚎。本借蒙。"

訶啊　訶訶，衆聲。或从口。　　　　　　　　　　　　　　（《歌韻》寒歌切）

---

① 周勳初：《唐鈔文選集注彙存》，第三·二一一頁。

按，《玉篇》《廣韻》不收詗、啊2字。《龍龕手鏡·口部》："啊，俗。音何。"

  諀喍 叱聲。或从口。   （《脂韻》篇夷切）

按，《正字通·言部》："諀，與喍同。"又《正字通·口部》："喍，俗吡字。"而《集韻》"吡"或與"諀"同，注："《博雅》：諀訾毁也。"

  唻譴 唻呝，多言。或从言。   （《帖韻》力協切）

按，《廣韻·帖韻》："唻，唻呝，多言。"明州本《集韻》字頭亦作"唻"，釋文作"唻呝"，《類篇·口部》亦作"唻"，潭州本、金州本作"㗚"。《廣韻》《集韻》帖韻均收"甂"、"甿"，二字同音，且字形亦近，則"甂"應爲"甿"字之訛。又《集韻》葉韻力涉切"巤"小韻收"讝"，注："讝讝，多言。"讝與唻、譴音近義同，疑其亦爲唻字之異體字。

此外，"口"作爲形聲字的義符還與"欠"替換，"言"作義符也與"欠"替換，不過數量較少。例如：

  嗤歑 笑也。或作歑。   （《之韻》充之切）
  嗫欨 口動皃。或从欠。   （《業韻》逆怯切）
  譤歉 聲也。或从欠。   （《麥韻》乙革切）

按，《玉篇·口部》："嗤，尺之切。笑皃。"又《玉篇·欠部》："歑，尺脂切。笑也。"《廣韻·之韻》："嗤，笑也。俗又作歑。"《龍龕手鏡·口部》："赤之反。戲笑也。"又《龍龕手鏡·欠部》："歑，尺之反。戲笑皃也。"《文選·文賦》："雖濬發於巧心，或受嗤於拙目。"四部叢刊影宋刊本作"欪"，注："五臣作嗤。"奎章閣本作"嗤"，注："善本作欪。"疑"欪"即"歑"字之訛。《説文·欠部》："欠，張口气悟也。象气从人上出之形。"欠字甲骨文作"𣢎"（甲三四）、"𣢎"（明一八八〇），即張口出氣之形，乃與口有關，笑和説話也與口有關，因此"言"、"口"、"欠"三個構件間均有通用。

再如，火與日從自然分類法來説，是兩種毫不相干的事物。但二者同均有溫度高的特點，因此，在作形聲字的義符而表示與溫度有關時，"火"則可與"日"替換。如下例：

  熯暵 乾也。或从日。   （《翰韻》居案切）
  焟晰 《博雅》：曝也。或从日   （《昔韻》思積切）

爔暿　煖也。或从日。　　　　　　　　　　　　　　　　（《葉韻》昵輒切）

　　從我們對《集韻》同分佈字組的統計分析來看,義音合體字之間義符的換用往往與類屬語義有關,所表類屬語義相近或相關的構件者往往通用。在一些不常用的構件通用上,或取其相關點或相似點。如前文所列"皾"與"皾",以及上列从火、从日之字。除此之外的構件換用較爲少見。

　　2. 聲符不同

　　義音合體字的音符,起着提示讀音的作用,而其理想的狀態是:聲符所記錄的語音與漢字所記錄的詞的語音完全一致。但漢字與漢語語音的發展演變並不能步調一致,且各漢語方言點亦有方音土語之別,因此總會不斷出現義音合體的聲符不能準確提示讀音的情況,且義音合體字在漢字系統中占絕對多數,這就使得變換義音合體字聲符的新造漢字大量出現。

　　在造義音合體字之時,選用聲符仍具有任意性的特點,同音聲符便有可能變換通用。例如:

　　媤姰　女字。或从司。　　　　　　　　　　　　　　　　（《之韻》新兹切）

　　按,《玉篇》《廣韻》不收媤、姰 2 字,此係《集韻》新收字。《集韻》思、司、媤、姰 4 字均有之韻新兹切讀音,而思、司同音不同義,是以媤、姰 2 字聲符同音,選用聲符時優先考慮其提示語音的功能,而意義不必同。

　　嫞媓　女字。亦从堂。

　　按,《玉篇》《廣韻》不收嫞、媓 2 字,該二字亦係《集韻》新收字。《集韻》唐、堂、嫞、媓 4 字讀爲唐韻徒郎切音,嫞、媓 2 字聲符同音,而唐、堂不同義。

　　嘩嗝　嘩嗝,鳥鳴也。或作嗝。　　　　　　　　　　　　（《麥韻》各核切）

　　按,《玉篇·口部》:"嗝,古厄切。雉鳴也。"《龍龕手鏡·口部》:"嘩嗝,二正,音革。口嘩,又鳥雉鳴也。"《集韻》革、鬲、嘩、嗝 4 字均有麥韻各核切音,嘩、嗝 2 字聲符同音,而革、鬲意義相差甚遠。

　　《集韻》作爲字書,貯存了前代經典文獻、字書所收錄的大量字形,於是異體字所換用的聲符就透露出各個時期的漢語語音史信息。例如：

  豦嘘　《說文》：大笑也。或作嘘。通作谷、唂、嗛。　　　　（《藥韻》極虐切）

  按，豦字从口、豦聲，見《說文·口部》。《漢書·敘傳上》卷第一百："及趙、李諸侍中皆引滿舉白，談笑大豦。"唐皮日休《吳中苦雨因書一百韻寄魯望》："入門且抵掌，大豦時硉硉。"檢《玉篇·口部》："豦，渠略切，大笑也。嘘，同上。"又《正字通·口部》則云："嘘，俗豦字。舊注同豦，誤。"

  《廣韻》豦字魚韻強魚切、御韻居御切2音，其音均與入聲藥韻極虐切音看似相去甚遠。但上古音豦字在鐸韻，魚部、鐸部字可通轉，因此豦字可从豦聲。至中古時，漢語語音面貌發生了較大改變，豦字轉入了藥韻，與魚韻豦字已難產生語音聯繫。因此，豦字便換用藥韻字"虐"作爲聲符（《廣韻》虐字藥韻魚約切）。

  耘耔耘耘　《說文》：除苗間穢也。或从芸，从云，亦作耘。通作芸。
                  （《文韻》王分切）
  耘耘耔　除艸也。《詩》：或耘或耔。或从芸，或从員。通作芸。
                  （《焮韻》王問切）

  按，《說文·耒部》："耔，除苗間穢也。从耒、員聲。耘，耔或从芸。"段玉裁注："按當云或从耒艸、云聲。今字省艸作耘。"《玉篇·耒部》："耔，禹軍切。芟除草也。耘，同上。耘，同上。"

  蕓蒷　蕓薹，胡菜。或从員。　　　　　　　　　　　　　　（《文韻》王分切）

  按，《玉篇·艸部》："芸，右軍切。香艸，似苜蓿。蒷，同上。"又《玉篇·艸部》："蕓，禹軍切。蕓薹，菜。"又《龍龕手鏡·草部》："芸蕓，音云。蕓薹，菜名也。二。"《集韻》"芸"字釋義引《說文》作香艸，亦同《玉篇》。

  韻韵　音和也。或作韵。　　　　　　　　　　　　　　　　（《稕韻》筠呁切）
  韻均韵　《說文》："和也。"裴光遠云：古與均同。或作韵。（《焮韻》王問切）

  按，韻字从音、員聲，見大徐本《說文·音部》新附字。《龍龕手鏡·音部》："韵，音韻。"《集韻》員字有于權切音，云母仙韻合口三等，又有文韻王分切音，云母文韻合口三等；

芸、云 2 字有王分切音,云母文韻合口三等。上古音中,員、芸、云均在匣母文部,三字音同,《集韻》亦保存了員字文韻音。中古文韻與仙韻並不通用,因此員字又有仙韻音。

麠麖　《説文》：大鹿也,牛尾,一角。或从京。　　　　　　（《庚韻》居卿切）

按,《説文·鹿部》："麠,大鹿也。牛尾、一角。从鹿、畺聲。麖,或从京。"《爾雅·釋獸》："麠,大麃。牛尾,一角。"《釋文·爾雅音義下·釋獸第十八》卷第三十："麠,音京。本或作麖,同。"《玉篇·鹿部》："麠,居央切。大麃。麖,同上。"《廣韻·庚韻》："麠,獸名。一角,似麋,牛尾。麖,上同。"《龍龕手鏡·鹿部》："麠,俗。麖,或作。麖,正。音京。獸名,一角,似鹿,牛尾也。"

《廣韻》畺字陽韻居良切,見母開口三等；京字庚韻舉卿切,見母開口三等。中古音畺、京不同音,但在上古音中,均見母陽部字,是以同音。又《説文·京部》："京,人所爲絶高丘也。"後引申作大。段玉裁注："凡高必大。"《玉篇》《廣韻》皆訓亦爲大。因此,"麠"字从鹿、从京,京亦聲。而"麠"、"麖"2 字聲符換用反映了庚、陽上古同部的語音事實。

笛篴　樂器。《説文》：七孔筩也。羌笛三孔。或作篴。　　　（《錫韻》亭歷切）

按,笛字从竹、由聲,見《説文·竹部》。徐鍇《説文解字繫傳》注云："《周禮》作篴,相承是古笛字。"《玉篇·竹部》："笛,徒的切。七孔筩也。篴,同上。"

《廣韻》由字尤韻以周切,上古爲餘母幽部字,餘母上古讀近定母,大徐本《説文》又注徐鍇云笛當从冐省,冐字上古亦定母幽部字。又《廣韻》逐字屋韻直六切,上古爲定母覺部字。而笛、篴上古亦定母覺韻字。故由、冐與笛、逐、篴爲陰入對轉。从由得聲的迪、苖、袖等字中古均入錫韻,而《廣韻》苖字有屋韻、錫韻兩讀,均釋作蓨草,又《集韻》逐字亦有屋韻、錫韻兩讀。至宋初時,通語音中"由、冐、逐"與"笛、篴"等字便語音相去甚遠了。但宋蜀方言中仍有遺留。如宋陸游《老學庵筆記》卷二曾載：

魯直在戎州,作樂府曰："老子平生,江南江北,愛聽臨風笛。孫郎微笑,坐來聲噴霜竹。"予在蜀見其稿。今俗本改"笛"爲"曲"以協韻,非也。然亦疑"笛"字太不入韻,及居蜀久,習其語音,乃知瀘戎間謂"笛"爲"獨"。故魯直得借用,亦因以戲之耳。

《廣韻》獨字屋韻徒谷切,與逐字音近。笛讀爲獨,爲蜀方言存古[①]。則宋蜀方言中"笛"

---

① 參劉曉南：《從歷史文獻看宋代四川方言》,《四川大學學報》2008 年第 2 期,第 40 頁。

字若以義音合體字聲符能更準確地提示語音的話,當記爲"篴"字。

　　　　俣個　《説文》：大也。引《詩》：碩人俣俣。或作個。　　　　　（《麌韻》五矩切）

　　按,俣字从人、吳聲,見《説文·人部》。
　　《廣韻》吳字模韻五乎切,疑母合口一等；俣字麌韻虞矩切音,疑母合口三等。《廣韻》《集韻》魚韻係獨用,虞、模韻係通用,爲合口一、三等之區别。又《廣韻》圄字語韻魚巨切,疑母合口三等,《集韻》偶舉切,與《廣韻》圄字音同。則麌韻"俣"字聲符换用語韻"圄"。宋初通語魚、虞韻系合併,《集韻》系韻圖代表《盧宗邁切韻法》知照同呼圖亦列魚、虞韻字爲同音字①。
　　3. 義符和聲符都不同
　　義音合體字同時替换義符、聲符,仍不出單獨變换的類型範圍,或可視作綜合變换,這種的情况較單獨變换要少。例如：

　　　　勎奊　巨力也。或作奊。　　　　　　　　　　　　　　　　（《屑韻》必結切）

　　按,《玉篇·力部》："勎,方結切。大力也。"又《玉篇·大部》："奊,方結切。大也。亦勎字。"《廣韻·屑韻》"勎,大力之皃"又同小韻另收"奊"字,注："大也。"《龍龕手鏡·力部》："勎,方結反。大力之皃。"巨力即大力也。若以義符表類屬語義,則从力；又若以義符表示所記録詞的語義特徵,則从大。
　　《集韻》毗字齊韻邊迷切,从毗之字上古多在脂部；屮字有祭韻毗祭切,从敝之字上古多在月部。以上古音、中古音來看,毗、敝似均不同音。魯國堯《論宋詞韻及其與金元詞韻的比較》一文通對兩萬首宋詞的用韻的統計分析,歸納出宋通語十八部,齊韻、祭韻合入支微部②。則毗、屮 2字在宋通語中本應音近。又《集韻》从屮之字如"徹、儆、燩、驚"等字均入屑韻,"敝、弊、幣、氅、獘"等字均有屑韻、祭韻兩音,"結"等字有霽韻、質韻、屑韻三音。宋詩中也有部分支微部與月帖部通叶的例子。如釋道生《偈頌二十二首》叶"結"屑、"絶"薛、"泄"祭、"橛"祭③。

　　　　襸愀　衣不伸也。或作愀。　　　　　　　　　　　　　　　（《宥韻》側救切）

---

① 魯國堯：《論宋詞韻及其與金元詞韻的比較》,《魯國堯語言學論文集》,第 366 頁。
② 魯國堯：《論宋詞韻及其與金元詞韻的比較》,《魯國堯語言學論文集》,第 385-424 頁。
③ 參見章江艷：《〈全宋詩〉南宋江西詩人用韻研究》,南昌大學 2008 級碩士學位論文（指導教師：李軍）,第 61 頁。

按，襡字形符换用“巾”旁。《集韻》同分佈字組中，“巾—衤”之間常通用，如“帬”又作“裠”，“袋”又作“帒”，“帙”又作“袠”，“裙”又作“帽”，等等。

《廣韻》芻字虞韻測隅切，上古初母侯部；秋字尤韻七由切，上古清母幽部。上古音幽、侯部常通用。

跽䠞 《説文》：長跪也。或作䠞。 （《旨韻》巨几切）

按，跽字从足、忌聲，見《説文·足部》。徐鍇《説文解字繫傳》注：“伸兩足而跽也。《史記·范雎傳》‘秦王跽曰’。”《龍龕手鏡·足部》：“踉、跽，二俗。跽渠几反。拜也，䠞跽也。”《玉篇》《廣韻》《龍龕手鏡》均不收“䠞”字。

《集韻》忌字有止韻巨已切音，䛴字有止韻苟起切，二字及跽、䠞音近。

塯畂 耕地起土也。一曰蹦也。或作畂。 （《宥韻》力救切）

塯畂 耕隴中。或作畂。 （《宥韻》居又切）

按，《廣韻·宥韻》：“蹦土曰塯。”蹦即菜畦[1]。《玉篇·土部》：“塯，力救切。蹦也，畂也。”畂有耕種義。《説文·攴部》：“畋，平田也。从攴、田聲。《周書》曰：畋尒田。”塯字形符换用“田”，聲符换用“久”，音亦近。

第四節 同字異寫關係

同字異寫關係與同詞異構關係一樣，仍是建立在記詞功能相同的基礎上的，主要從漢字形體的書寫層面討論字形的差别，即字形之間的結構屬性相同，如構件的組合模式、構件的功能等没有區别，但書寫單位在形態、類型、數量、交接方式、置向等有不同。

一、書寫單位的類型不同

王立軍《宋代雕版楷書構形系統研究》認爲楷書使漢字的筆畫完全定型，而筆畫是漢字真正的基本書寫單位，根據筆形的綫路、方向和筆勢，可以把筆畫分爲：横、豎、撇、捺、提、折、點[2]。

---

① 《廣韻·真韻》：“蹦，菜畦。”
② 王立軍：《宋代雕版楷書構形系統研究》，第 47-56 頁。

李運富對楷書筆畫類型進行了歸納,分爲:點、横、豎、撇、捺、折(鉤、挑)六類①。例如:

　　飛飛　《説文》:鳥翥。古作飛。通作蜚。　　　　　　　　（《微韻》匪微切）

　　按,飛爲獨體象形字,見《説文·飛部》。段玉裁注:"象舒頸展翅之狀。"飛字《説文》小篆作"飛",漢《熹平石經·易·乾文言》作"飛",晉《張朗碑》作"飛"。"飛"、"飛"的字形結構屬性相同,其區別在左上部撇筆與點筆的不同,此應係隸變過程的書寫變異所造成的。
　　但《集韻》同分佈字組中,異寫字之間書寫單位的類型差異是綜合性的,並不必如"户"、"戸"、"户"上部撇、横、點的不同一樣,僅是單純的某一個筆畫的類型差異。在具體的分析中,仍以構件作爲基本的討論單位較爲合理。

　　溗溗　凌溗,疊波。一曰:水不流也。一曰:水名。或从桼。（《蒸韻》神陵切）

　　按,"溗"、"溗"2字從結構屬上來講,均是義音合體字,左部"氵"表義類,右部"乘"、"桼"2字蒸韻神陵切,與溗、溗同,爲標音構件。乘、桼本爲同一字在漢字演變過程中的不同寫法。《説文·桀部》:"桼,覆也。从入、桀。"乘字甲骨文作"乘"(乙七四五),象从上覆下之形。金文作"乘"(公貿鼎)、"乘"(虢季子白盤)、"乘"(匽公匜)、"乘"(鄂君車節),《説文》小篆作"乘",《説文》古文作"乘",睡虎地秦簡作"乘"(二九·二七),武威秦簡作"乘"(泰射四一),景北海碑作"乘"(碑陰)。則"乘"自隸變而來,而"桼"係《説文》小篆隸定形。《集韻》蒸韻神陵切"繩"小韻亦收"乘、桼、兗"字組。因此,"溗"、"溗"的區別在於聲符"乘"、"桼"在字形的書寫演變過程中的不同變異情况,從結構屬性上看,並無差異。

　　目目　《説文》:人眼,象形,重童子也。古作目。　　　　（《屋韻》莫六切）

　　按,段玉裁注:"象形,總言之。嫌人不解二,故釋之曰重其童子也。釋名曰:瞳,重也,膚幕相裹重也。子,小稱也,主謂其精明者也,或曰眸子。眸,冒也,相裹冒也。按人目由白而盧,童而子,層層包裹,故重畫以象之。"目字甲骨文作"目"(甲二一五),金文作"目"(艹目父癸鼎),《説文》小篆作"目",《説文》古文作"目",睡虎地秦簡作"目"(八·一一),睡虎地秦簡作"目"(士相見一二)。"目"字係隸變後楷化形體,承甲骨文、金文、小篆形體而來,而《集韻》所收"目"尚未完全隸定。從字形結構屬性上分析,"目"與"目"同爲描摹人

---

① 李運富:《漢字學新論》,第125頁。

第六章 《集韻》同分佈字組中的異體字

璑瑮 《說文》：玉英華羅列秩秩也。引《逸論語》：玉粲之瑮兮，其璑猛也。或作瑮。
（《質韻》力質切）

按，璑从玉、枈聲，見《説文・玉部》。"璑"、"瑮" 2字從結構屬上來講，均是義音合體字，左部"王"表義類，右部"枈"、"栗" 2字質韻力質切，與璑、瑮同，爲標音構件。枈、栗本爲同一字在漢字演變過程中的不同寫法。《說文・木部》："枈，木也。从卥、木。其實下垂也。"枈字甲骨文作"✿"（前二・一九・三）、"✿"（後下一六・一三），金文作"✿"（牆盤），石鼓文作"✿"。象木上板栗果實之形，字形隸定作枈。《說文》小篆作"枈"，隸定作爲枈，係枈省形。"栗"爲"枈"字隸變後楷化形體。《集韻》質韻力質切"枈"小韻亦收"枈、枈、枈、栗"字組。因此，"璑"、"瑮"的區別在於聲符"枈"、"栗"在字形的書寫演變過程中的不同變異情況，從結構屬性上看，並無差異。

㞢㞢 《説文》：足剌㞢也。隸作㞢。

按，㞢字从止、屮，見《説文・㞢部》。徐鍇《説文解字繫傳》注云："兩足相背不順，故剌㞢也。"㞢字《説文》小篆作"㞢"，"㞢"爲"㞢"字隸定形，字形相離成三個部分，而"㞢"隸變後楷化形體，字形相離成兩個部分，其分別主要在於"㞢"中間的部分楷化成撇、捺以後的相交方式有所不同。

䁯眉 《説文》：目上毛也。一曰：媚也。隸作眉。通作麋。（《脂韻》旻悲切）

按，《説文・目部》："䁯，目上毛也。从目，象眉之形，上象額理也。"䁯字爲形義合體字。䁯字甲骨文作"✿"（拾一四・三）、"✿"（前六・七・四），金文作"✿"（乖伯簋）、"✿"（窒鼎），《説文》小篆作"䁯"，《孔彪碑》作"眉"。"䁯"字係"䁯"字隸定形，承甲骨文、金文、小篆形體而來，而"眉"字係隸變後楷化形體。從字形結構屬性上分析，"䁯"與"眉"同爲形義合體字，爲目上眉毛之形，於目上部分的書寫單位的置向、交接方式稍有變化。

魚奐 《説文》："水蟲也。象形。魚尾與燕尾相似。"亦姓。古作奐。
（《魚韻》牛居切）

按，魚爲獨體象形字，見《説文·魚部》。徐鍇《説文解字繫傳》注云："下火象尾而已，非水火之火字。"魚字甲骨作"🐟"（佚八一二）、"🐟"（前四·五五·七），象魚之形。金文作"🐟"（犀伯鼎）、"🐟"（穌沓妊鼎）、"🐟"（番生簋），下部已作"火"形。《石鼓文》作"🐟"，《説文》小篆作"🐟"，《縱橫家書·一九》作"🐟"，《孔宙碑》作"魚"（碑陰）。"魚"係"🐟"隸變後楷化形體，"🐟"則爲《説文》小篆"🐟"之隸定形。"魚"、"🐟"的字形結構屬性相同，均爲獨體象形，其差異在於"🐟"仍保留了魚的鱗紋及"火"尾。

二、書寫單位置向不同

| 曄熠爗暈　　暐曄，光也。或作熠、爗、暈。　　　　　　　　　　　　（《緝韻》域及切）
| 曘曄暈　　《説文》：光也。或作曄、暈。　　　　　　　　　　　　　（《葉韻》域輒切）

按，"曄"、"暈"2字係複字同分佈字組。"曘"字从日、从琴，小篆形作"曘"，見《説文·日部》。則"曄"爲"曘"字隸變後楷化形體，"曘"係"曘"字隸定形。檢《玉篇·日部》："曄，爲輒切。曄曄，震電皃。暈，同上，見《説文》。"又《龍龕手鏡·日部》："曘、曘，二俗。暈，或作。曄，正。爲輒反。曄曄，白光盛皃也。又爲立反，暐曄也。四。"段玉裁注："鍇本日在琴上。《玉篇》曰：《説文》作暈。大徐日在旁，非也。"依《集韻·韻例》，"曄"、"暈"係直接構件的位置不同，本應僅立其中一個字頭（見前文論述），此處並立屬偶然所見，疑其原因乃大、小徐本字頭直接構件位置本不統一，因此《集韻》在字頭中兩收。

衇脈脉　　《説文》血理分衺行體者。或从肉。亦作脉。　　　　　　（《麥韻》莫獲切）

按，衇字从辰、从血，或从肉，見《説文·辰部》。徐鍇《説文解字繫傳》注云："五藏六府之气血，分流四肢也。會意。"衇、脈字爲義義合體字。衇字《説文》小篆作"衇"。脈字《説文》小篆作"脈"，《五十二病方·目録》作"脈"，《武威醫簡》作"脈"，《武梁祠畫像題字》作"脈"，《朝侯小子殘碑》作"脈"。又辰字《説文》小篆作"辰"，釋"水之衺流別也。从反永"；永字《説文》小篆作"永"，釋"長也。象水巠理之長"。容庚《金文編》認爲永與辰爲同一字①。脈、脉2字均爲隸變後楷化形體，其區别亦即右部件方向不同：一朝左，一朝右。如上《五十二病方》寫法與《説文》小篆寫法，隸書寫法的區別亦見上所列材料。

袁衧　　《説文》：諸衺也。一曰大袘衣。或作衧。亦書作衧。　　　　　　（雲俱切）

---

① 見容庚：《金文編》，中華書局，1985年，第744頁。

按,袤字从衣、亏聲,小篆形作"▯",見《説文·衣部》。《龍龕手鏡·衣部》:"衧,或作。袤,今,音干。包衣,即大袖衣也。"《玉篇·衣部》:"袤,尤夫切。衣袍。衧,同上。"《集韻》若以《説文》小篆隸變形,應以"衧"爲本字,據材料則似以《玉篇》正字爲本字。"袤"、"衧"、"衧"3字結構屬性相同,前二者區別爲直接構件位置不同,因此《集韻》依例只立前者爲字頭,後二者爲字形右構件筆畫豎鉤與彎鉤的不同,"袤"、"衧"則包含這兩種不同。

以上均爲直接構件的置向不同,下列各例則是間接構件的書向不同。

電䨓　《説文》陰陽激燿。古作䨓。　　　　　　　　　　　　（《霰韻》堂練切）

按,電字从雨、从申,申亦聲,見《説文·雨部》。電字金文作"▯"(番生簋),楚帛書作"▯";《説文》小篆作"▯",《説文》古文作"▯";《漢印徵》作"▯",《趙寬碑》作"▯"。則"金"係"▯"字隸變後楷化形體,而"䨓"爲《説文》古文"▯"字之隸定形。"電"、"䨓"之別即在於下部申字書寫單位的置向不同:一作左右結構,作"申"形;一作上下結構,作"▯"形。

官宧　《説文》:"吏,事君也。从宀,从𠂤。𠂤,猶衆也。"古作宧。

（《桓韻》古丸切）

菅𦳢　《説文》:茅也。古作𦳢。亦姓。　　　　　　　　　　　（《删韻》居顔切）

按,官字見《説文·𠂤部》,爲義義合體字。段玉裁注:"𠂤不訓衆,而可聯之訓衆。以宀覆之,則治衆之意也。"菅字从艸、官聲,見《説文·艸部》,爲義音合體字。"官"、"宧"的不同即下部之"𠂤"寫法不一,而"菅"、"𦳢"的差異亦爲聲符下部之"𠂤"寫法有別。官字甲骨文作"▯"(後下四·六)、"▯"(京津四八四五),金文作"▯"(揚簋)、"▯"(師酉簋)、"▯"(師虎簋)、"▯"(平安君鼎),《説文》小篆作"▯"。"官"即隸變後楷化形體,而"宧"即承金文形體隸定而來。"官"與"宧"下部"𠂤"的置向不同:一朝右,一朝下。

三、書寫單位數量不同

金釒　《説文》:五色金也,黃爲之長,久薶不生衣,百鍊不輕,从革不違,西方之行,生於土。从土,左右注象金在土中形。又姓。亦州名。古作釒。

（《侵韻》居吟切）

按,金字从土,左右注象金在土中形,今聲,見《説文·金部》,可視作多功能合體字。金字金文作"▯"(矢令彝)、"▯"(師裏簋)、"▯"(鄂君舟節),《説文》古文作"▯",土旁或作兩

·311·

點,亦有作三點、四點。又金字《説文》小篆作"金"。陳倉成山匜作"金",婁壽碑作"金"。則"金"係"金"字隸變後楷化形體,減省了"土"上的一小橫,"金"爲"金"字之隸定形。

四、書寫單位交接不同

辻徒　《説文》:步行。一曰空也,衆也,隸也。亦姓。隸作徒。

（《模韻》同都切）

按,辻字从辵、土聲,見《説文·辵部》。段玉裁注:"辻,隸變作徒。"辻字金文作"徒"（揚簋）、"徒"（鄂君車節）,《石鼓文》作"徒",《説文》小篆作"赴"。又侯馬盟書作"徒",《睡虎地秦簡》作"徒"（一一·二〇）,《孔龢碑》作"徒"。儘管"辻"、"徒"字形差異較大,但構形理據仍没有變,即結構屬性相同。造成"辻"、"徒"字形差異的是義符"辵"下部件"止"與其他筆畫的交接問題,若與"土"相接,與"彳"相離,則成"徒"形,反之則成"赴"形,又其後因"辵"形的演變而成"辻"形。

黄灷　《説文》:地之色。又姓。亦州名。古作灷。　　（《唐韻》胡光切）

按,黄字从田、从炗,炗亦聲,見《説文·黄部》。段玉裁注:"土色黄,故从田。"黄字甲骨文作"黄"（前七·三二·三）、"黄"（甲一六四七）,金文作"黄"（師酉簋）、"黄"（召尊）、"黄"（柞鐘）、"黄"（趩曹鼎）,《睡虎地秦簡》作"黄"（秦三四）,《武威醫簡·九一乙》作"黄"。《説文》小篆作"黄",《説文》古文作"灷"。郭沫若《金文叢考·釋黄》一文認爲:"黄字實古玉佩之象形也。"[①] 則字形中部"田"或"廿"象人腰間所佩玉形,而"黄"係"黄"隸變後楷化形體,"灷"則爲《説文》小篆"灷"之隸定形。"黄"、"灷"的字形結構屬性相同,均爲獨體象形,其差異在於"灷"字中"火"形上没有貫通"廿"而象"由"形。

---

① 見郭沫若:《金文叢考》,人民出版社,1954年,第179頁。

結　語

　　《集韻》是韻書史上的一座高峰，規模宏大，内容賅博。有的學者認爲《集韻》同於《廣韻》，有的學者認爲《集韻》係《切韻》音系與時音音系疊置的産物。因此，我們對《集韻》到底有哪些與《廣韻》相同，哪些與《廣韻》有異，應該做出更明晰的解答。同時，深入了解《集韻》如何折合來源不同的音切，也是我們揭開《集韻》面紗的一個重要步驟。

　　隨着科學技術的發展，我們有了計算機——這個新的工具來對《集韻》《廣韻》進行全面細致的比較研究，又適逢《集韻》三個宋刻本的陸續影印出版，因此我們在前人研究的基礎上，有必要也有可能更新與發展《集韻》《廣韻》的比較研究。本書就是計算機技術與韻書比較研究相結合的一次嘗試，這也爲我們以後的韻書比較研究積累了一定經驗，並且有助於音韻學研究新方法這一領域的開拓。通過多層次及多角度的異同比較，論文主要梳理了以下幾個方面的問題。

一、《集韻》對《廣韻》的繼承與發展

　　周祖謨先生《〈切韻〉的性質和它的音系基礎》一文指出："這個（按，即指《切韻》）音系可以説是六世紀文學語言的語音系統。所以研究漢語語音的發展，以《切韻》作爲六世紀音的代表，是完全可以的。"① 又《廣韻》可作爲《切韻》音系的代表，已經成爲學界的共識。而《集韻》音系又基本上承自《廣韻》，據本書統計，二書有3703個小韻能完全對應，加上111個開合口通用韻間的轉移小韻，再與《廣韻》3875小韻相比，占到《廣韻》的98.4%，《集韻》新增的672個小韻裏，有423個屬填補《廣韻》音系中的音節空格，這些都是符合《廣韻》的音系結構的。不符合《廣韻》音系拼合規律的新增小韻共100個，只占《廣韻》小韻總數的2.58%，新增重出小韻又主要出現在有重紐小韻的韻攝，其中又多是喉、牙、唇音。因此，我們完全可以説《集韻》仍是在《切韻》音系的框架之内，《集韻》也是《切韻》系韻書中的重要一員，只不過其純度可能比不上《廣韻》而已。又魯國堯先生《〈盧宗邁切韻法〉述論》一文考

---

① 周祖謨：《〈切韻〉的性質和它的音系基礎》，《問學集》，第473頁。

證出宋人楊中修《切韻類例》及盧宗邁《切韻法》同是《集韻》系韻圖,而《集韻》系韻圖的四十四圖與《韻鏡》《七音略》等《廣韻》系韻圖相比,主要差別在於《集韻》系韻圖新增幽黝幼韻一圖,我們現在所見到的韻圖也都是層累的結果①。這也説明《集韻》系韻圖的骨架仍没有變(或有微調),只是所依傍的韻書不同,例字有不同,同時也可以作爲《集韻》仍以《廣韻》音系爲框架的旁證。只是宋代《集韻》系韻圖今佚未見,《切韻類例》及《盧宗邁切韻法》具體在細節上是如何處理《集韻》小韻的,我們不得而知。

當然這並不是説《集韻》完全等同於《廣韻》,《集韻》除新增小韻外,還删併了《廣韻》61個小韻,通過我們的調查,這些小韻的删併也反映了濁音清化、通用韻音同或音近等語音問題。

《集韻》又增收了11218個字形,這部分字中有9948個是單音字,而這些字形實際對小韻及音系層面影響較小,主要還是擴充小韻内收字的規模。小韻的新增主要是因《集韻》增收《廣韻》已有字形的異讀而造成的,小韻的删併又主要是因《集韻》不收《廣韻》某字某音而引起的。

同時,《集韻》編著有必有所據、務求全面、體例規整、精準簡潔等四個方面的要求,因此《集韻》在體例上比《廣韻》更嚴整。如《集韻》在其《韻例》中列有十二條凡例,用以説明其編撰時所遵循的原則。《集韻》是一部因科舉考試判卷而起,又以科考爲其服務目的的韻書,本身帶有科考考綱的性質。而《集韻》編撰時的幾大要求又使得它帶有濃厚的經學色彩,後世學者多以《集韻》爲考求字音等的依據。

二、比較研究中應區分小韻與反切

《集韻》繼承了《廣韻》的音系框架,主要是從小韻的角度來講的。對於體例完整的韻書,一般的理解,一個小韻即表示一組同音字,小韻的對立即表示讀音不同,也就是説一個韻部内的任意兩個小韻間都可以組成一對語音對立的小韻,韻書音類間的差别就體現在這些對立中。《集韻》繼承了《廣韻》的這種對立關係,也就繼承了《廣韻》的音系框架。

反切是附着於小韻上的,反切上、下字分别是聲類、韻類的代表。如《中原音韻》就不標反切,只通過小韻來區分音類。反切誕生在先,韻書在後,這已是音韻學常識,不需贅證。那爲何又説反切是附着於小韻上的呢?

這是因爲體例完整的韻書本身就是一個系統,小韻的位置就已經標明了小韻所收字的身份,而這些字一旦脱離了韻書的環境,就需要有反切來證明其身份。如《集韻》紙韻諰(甚尒切)、是(上紙切)二小韻反切上字都同爲禪母字,而這兩個小韻又没有合併,這説明小韻反

---

① 魯國堯:《〈盧宗邁切韻法〉述論》,《魯國堯語言學論文集》,第326-371頁。

切所體現的音類混同,並不影響小韻的對立。我們對比《集韻》與《廣韻》,知道《集韻》曷、是小韻的對立承自《廣韻》。《廣韻》曷小韻作神昏切,切上字"神"爲船母字,是小韻作承紙切,切上字"承"爲禪母字。假使我們把《集韻》《廣韻》曷、是二字的反切分別抄注到其他音義書中,若以《廣韻》作注,則能因曷是字的反切上字所代表的音類不同而區分這二字的音讀,若以《集韻》作注,則會因切上字音類混同而不能區分。

通過考察《集韻》新增小韻的來源,可以發現,《集韻》對不同來源的音切多有折合,即尋找同音字的過程。同時大部分新增小韻也是在《廣韻》音系結構下,利用音系中的音節空格來表現其獨立的身份。還有一些因《集韻》編著者刻意所爲,獨立於《廣韻》音系結構之外,如我們在第二章所討論的特殊小韻。

所以,我們應該把《集韻》小韻的分合與反切所體現的音類混同等問題分開來看,這樣,才能更好地把握《集韻》這類韻書的實質。

三、比較研究中應該區分小韻與字音

一般認爲,韻書反映音類的聚合、組合等關係,而不反映具體的音值。儘管依某字在韻書的位置,不一定能清楚知道該字在韻書編著年代的實際音值,而該位置所反映的聲、韻、調等音類特徵還是清晰的。《廣韻》某小韻在《集韻》中,其位置未空,但原小韻收字有轉移的情況。如《廣韻》旨韻有蕊小韻如壘切,而《集韻》旨韻有㐌小韻汝水切,據反切,應係二書同韻對應的日母合口三等小韻,但實際《廣韻》旨韻蕊小韻所收蕊、甤、䋆三字,在《集韻》中已被轉移到紙韻䋆小韻乳捶切中。僅從小韻位置及其反切來看,沒有什麼異常的情況,若進一步考察小韻內收字的情況,通過蕊、甤、䋆等字在二韻書中所在小韻的不同(韻類有差別)的情況,可以發現紙、旨二韻同聲母及等呼的小韻間字音有混同的變化。

《集韻》所收字音蘊藏着豐富的信息,通過與《廣韻》的字音比較,能發現更多的問題。異讀字問題是通過同字形多個字音的比較,考察語音的演變,也是字音比較研究的一個方面。我們正在並將繼續對《集韻》的字音深入研究。

四、《集韻》字樣提取與整理以及字際關係的溝通

通過對計算機軟件平臺與環境的分析,我們在建立計算機數據庫時,操作系統采用WINDOWS 7 SP1,數據庫軟件用ACCESS 2007,程序編寫利用MS .net 平臺及MS VISUAL STUDIO 2010, 文字編輯處理保存格式采用97-2003版的.doc及.xls格式。其原因是這些軟件及平臺的通用字符編碼方式爲UTF-16,統一編碼方式能儘量減少數據錯誤。同時我們編寫了"《廣韻》《集韻》查詢輸入軟件",以滿足數據輸入、修改及查詢的需要。對於超出ISO 10646編碼字符集的字符,我們通常在第15平面(PUA)內給分配碼點,然後用FontCreator

軟件修改支持第 15 平面（PUA）的 TTF 字體文件，新增字模、字形索引，並編輯字形。

《集韻》字頭字樣的提取是建立《集韻》全文數據庫的第一個工作，而計算機編碼字符的字形不會與《集韻》字頭的字形完全契合，在提取《集韻》字頭字樣時，我們完全按原書順序逐字輸入數據庫，並利用形碼（五筆輸入法）檢索編碼字符查重。我們儘量地保持了字書原貌，當然刻本文獻經過了謄錄、寫版、刻版等過程，即可能出現原始性錯誤，也有可能出現手民之誤，對這兩種錯誤，我們把前者納入了研究範圍，對後者進行了更正。同時本着忠於原書面貌的原則，所有與原書不符的地方，我們都在數據庫相應字段中作出了說明。

《集韻》主要通過並立字頭以字組形式來溝通字際關係，釋文中又以"或从某"、"或作某"、"亦作某"、"古作某"等術語，依字組中字頭的順序或析形並指出字形差別，或標明字形來源。《集韻》釋文沒有對字頭作細致縝密的字形分析，諸如"或作某"、"亦作某"等術語，失之於籠統，功用有限。同時《集韻》各類術語的使用有一定的隨意性，不過術語前綴"或"與"亦"仍具一定的傾向性，一般不連續重復使用。《集韻》標注時偏用"或作"類。又《集韻》所標注"古文某"、"古作某"幾近《說文》古文字數的兩倍，並非完全對應《說文》古文，部分僅指示字形通行時代的遠近。因此，《集韻》收字術語不宜用作判斷異體關係的形式標記。

《集韻》從字形的字用職能出發，在考察字際關係時，利用字組字頭的並立及釋文中釋形、釋義的順序等形式等對字用職能做了區別劃分。字形在哪些字組被並立爲字頭，即字形的字組分佈，主要代表了該字形的字用職能。如《集韻》通過對在字組中的並立情況，清晰地溝通了"竟"與"境"，以及"景"與"影"在何種情況下通用。因此在考察分析《集韻》所收字的字際關係時，字形的字組分佈可作爲重要的參考依據。理論上，《集韻》所收同字組分佈的字形，其字用職能也相同。我們通過計算機編程對《集韻》數據庫中的同分佈字組做了窮盡性統計，共得到 1951 組，4439 個字形。其中複字單組 1678 組，3875 個字形，複字同分佈字組共有 273 組，共 564 字。

五、《集韻》同分佈字組中的異體字研究

我們對《集韻》同分佈字組中的同詞異構關係及同字異寫關係進行了梳理。《集韻》異體字研究的主要任務之一便是通過對比《集韻》所收異體字之間的構形差別，並對部件通用的典型情況進行梳理和考辨。我們對《集韻》同分佈字組中的字頭依部首進行了歸類。同時又對《集韻》同分佈字組內各部首的分佈情況做了統計。據我們初步統計，《集韻》各同分佈字組字頭均屬相同部首者共 1007 組（2114 個字），占全書同分佈字組數的 51.6%。《集韻》各同分佈字組中字頭分屬不同部首的字組分佈較爲分散，部首間的組合模式較多，各種組合模式所含的字組較少。含 5 個字組以上的部首組合模式僅有 18 種，共涉及 176 個字組（382 個字頭），僅占全書同分佈字組數的 9.02%。

漢字隸變、楷化後，獨體象形字的象形功能減弱，而且在漢字的演變過程中，漢字的字用職能的分合演變不息，於是人們通過增加表示義類的偏旁，或增加表示讀音的音符，甚至新造了字形等手段不斷改變着漢字的面貌。《集韻》作爲処於某一歷史層累期的大型字書，對文獻用字進行了新的整理，貯存了更多的語言文字及文化信息，我們可以通過《集韻》所收錄的同詞異構關係研究這些現象。義音合體字之間或因構件義近而常換用其構字部件，如"隹—鳥"；也或因觀照所記錄詞的着眼點不同而換用不同的構字部件，如"食—麥"、"骨—頁"、"皮—文"等；其中有一些構件間的換用或成爲一個時間段内的趨勢，如"豕"、"豸"、"鹿"、"馬"等構件作形旁時，常換爲"犭"。義音合體字之間換用聲符的情況，還反映了漢語的演變過程，如"頛"與"耘"、"廬"與"麔"反映了上古音到中古音韻部的演變，"俁"與"偶"、"勔"與"斎"、"笛"與"篴"等反映了宋初通語及方音的面貌。在漢字的演變過程中，書寫變異是量變。如《集韻》所整理的"飛"與"飛"、"金"與"金"等字組。因此對《集韻》所整理的同字異寫關係進行研究，其意義十分重要。《集韻》還整理出了一大批屬於隸變後楷化字形與隸定形關係的字組，如"渁"與"溾"、"瓅"與"瓅"等字組。

六、《集韻》編著者的文字觀

《集韻》作爲韻書史上的高峰，不僅收錄了大量的異讀字，極具音韻研究價值，同時對漢字的收錄與整理也代表了一個時期的學術水平。例如，《集韻》以字組的形式區分字用功能，同前代字書相比，已標明其編著者對字、詞關係有了新的認識。同時《集韻》編著者以"書作某"區別漢字書寫與漢字結構功能關係，並通過術語指示字形異同，説明編著者們對漢字結構有了進一步的認識。當然，我們既不能任意拔高他們，也不能任意貶低他們。例如，在分析"荞"與"荞"時，《集韻》籠統地用"亦从木"來解釋字形差別，其編著者並没有説明是直接構件的區別，還是間接構件的區別。這樣，我們一方面不能因其區分了間接構件的差別，就理解爲《集韻》編著者已經具備了現代漢字學構形分析的萌芽，另一方面也不能因其立於直接構件的層面討論間接構件的差異就認爲《集韻》完全不具備構形分析的能力。

總之，《集韻》無論對漢語語音史研究，還是對漢字史的研究，都是極具價值的。在對《集韻》本身進行全方面整理研究的同時，還要把握它與其他相關字書的異同。差異的比較是語言史、文字史研究的客觀基礎，而特徵也是《集韻》自身存在價值的所在。因此要全面挖掘《集韻》的内在價值，所需的精力與功夫是極深的。本書僅對《集韻》收字及異體字研究做了初步的工作，限於時間精力及學識的有限，對於《集韻》研究還停留在淺薄的階段，今後力爭能對《集韻》所有字頭及字際關係進行深入考辯，使研究結果更全面、更準確。

附錄一:《集韻》同分佈字組表

序號	字　　組	音韻地位	次數	《集韻》潭州本頁碼
1	○星曡㕍	梗開四平青心	1	71 右上 5 行 1 字
2	攴丈	宕開三上養澄	1	119 左下 9 行 5 字
3	伙欠僸	咸開三去釅溪	1	181 右上 8 行 4 字
4	伳㧬	效開二去效影	1	166 右下 4 行 3 字
5	价价	蟹開二去怪見	1	150 左上 1 行 2 字
6	侚悀	通合一去送來	1	131 左下 1 行 2 字
7	偶俣	遇合三上虞疑	1	96 左下 5 行 2 字
8	貳貳	止開三去至日	1	135 右上 6 行 3 字
9	偸噏	深開三入緝曉	1	221 右上 7 行 2 字
10	僥孃	效開四上篠泥	1	113 左上 3 行 4 字
11	僟璺	蟹開二去怪匣	1	150 右下 3 行 2 字
12	僊僊	山開三平仙心	1	48 右上 7 行 1 字
13	氕㡭	止開三去未見	1	139 左上 10 行 4 字
14	仝全𠆢	山合三平仙從	1	50 右上 3 行 5 字
15	㿟𠠏釐	止開三平支來	1	9 右下 7 行 5 字
16	剮彫	效開四平蕭端	1	51 左上 3 行 2 字
17	剆斲豽斲斲	江開二入覺知	1	189 右下 10 行 3 字
18	勏斎	山開四入屑幫	1	202 右下 1 行 4 字
19	匎䴲	咸開一入盍影	1	222 左下 7 行 4 字
20	匱匱	曾開三入職以	1	218 左上 6 行 1 字
21	甴柚	流開三平尤以	1	75 左上 6 行 1 字
22	雁垍堆辠洎	蟹合一平灰端	1	31 左上 7 行 2 字
23	㕅䛅誘㸺	流開三上有以	1	124 左上 9 行 3 字
24	合睿	山合三上獼以	1	112 左上 9 行 1 字
25	噓噱	宕開三入藥群	1	207 左上 8 行 5 字
26	孴咢	宕開一入鐸疑	1	209 右下 7 行 4 字

續　表

序號	字　　組	音韻地位	次數	《集韻》潭州本頁碼
27	噁齶臄	宕開一入鐸疑	1	209 右下 8 行 2 字
28	㖧吻呅肳	臻合三上吻明	1	104 右上 8 行 1 字
29	㗉嗝	梗開二入麥見	1	212 左 5 行 4 字
30	嚌嚍	蟹開四去霽端	1	143 左下 7 行 3 字
31	㗱噈	通合三入屋精	1	184 右上 8 行 3 字
32	嚄啈	梗開二入麥匣	1	213 右上 2 行 3 字
33	㗱㰤	咸開三入業疑	1	225 左下 8 行 1 字
34	䵳吙	果合三平戈曉	1	59 左下 7 行 6 字
35	圩㠱序	遇合三上語邪	1	96 右上 2 行 1 字
36	垔堊埋陻塭㙛	臻開三平諄影	1	36 右上 2 行 4 字
37	垤呈	山開四入屑泥	1	201 左上 7 行 1 字
38	埤陛	蟹開四上薺並	1	99 右下 7 行 4 字
39	堍佟	山開四上銑透	1	109 左上 5 行 5 字
40	垶埩	梗開三平清心	1	70 右上 5 行 3 字
41	臺坣堂	宕開一平唐定	1	64 右下 9 行 5 字
42	㒽𠑊	效開四平蕭端	1	51 左上 5 行 2 字
43	妃㚻	效開一去号曉	1	167 左上 4 行 1 字
44	妚胚	蟹合一平灰滂	1	32 右上 4 行 5 字
45	姰媤	止開三平之心	1	16 右上 6 行 2 字
46	姐娘	遇合三上語來	1	96 右下 10 行 1 字
47	姲姣	山開一去換清	1	159 左上 3 行 5 字
48	嫇嫂	效開一上晧心	1	116 右上 1 行 5 字
49	婚𡡉	臻合一平魂曉	1	40 右下 3 行 1 字
50	媸媓	宕開一平唐定	1	64 左下 7 行 4 字
51	嫿宿	梗開三入昔心	1	213 左上 8 行 5 字
52	寓庌宇庽	遇合三上麌云	1	97 左上 1 行 2 字
53	㝡寢	深開三上寢清	1	126 左下 1 行 2 字
54	𡍫刓	山合一平桓疑	1	43 右上 7 行 6 字
55	㝵㝷得得	曾開一入德端	1	219 左上 3 行 3 字
56	㝹𤢪	流開一平侯泥	1	79 右下 5 行 5 字
57	屈凥	遇合三平魚見	1	19 右上 7 行 1 字
58	屘尾屄	止合三上尾明	1	94 左下 4 行 1 字
59	𡱁豚	通合一入屋端	1	183 左上 3 行 5 字
60	屑厎	止開三上旨見	1	93 右上 4 行 4 字
61	㞢之业	止開三平之章	1	15 左上 9 行 1 字

續表

序號	字　　組	音韻地位	次數	《集韻》潭州本頁碼
62	衯芬	臻合三平文滂	1	37 左上 9 行 5 字
63	嚸瀰	止開三平支明	1	10 右下 9 行 3 字
64	睴蓮	臻合三去焮云	1	155 左下 9 行 4 字
65	嶙膝	臻開三入質來	1	191 左下 9 行 4 字
66	羛隑	止開三上紙疑	1	91 左上 3 行 2 字
67	帇帝	宕合一平唐曉	1	66 左上 5 行 1 字
68	姼㝧㝰	果開一上哿泥	1	117 右上 4 行 4 字
69	琿裩褌緷	臻合一平魂見	1	40 左上 2 行 3 字
70	構搆	流開一平侯見	1	78 右下 5 行 4 字
71	幅穩	臻開三去焮影	1	155 左下 6 行 3 字
72	歌訶吪	果開一平歌見	1	57 左下 3 行 2 字
73	犴犴	山開一去翰匣	1	157 左下 2 行 2 字
74	玒工	通合一平東見	1	3 左下 3 行 1 字
75	鬷邊	通合一平東精	1	3 左上 4 行 1 字
76	忣急	深開三入緝見	1	221 右上 10 行 3 字
77	慈慈	止開三平之從	1	16 左上 4 行 1 字
78	愁勑	止開三平脂來	1	13 右下 10 行 1 字
79	悜睛	山開四上銑透	1	109 左下 4 行 3 字
80	愫愫	止合三去至心	1	135 左上 9 行 2 字
81	悿忲	蟹開一去泰透	1	147 左下 5 行 2 字
82	麻䫞顡	假開二平麻明	1	60 右上 2 行 4 字
83	憖憖	江開二入覺明	1	189 左上 4 行 2 字
84	儸邏	果開一上哿來	1	117 右上 3 行 1 字
85	戭敱	通合三入燭日	1	187 右下 1 行 1 字
86	鹹彧	通合三入屋影	1	186 左上 1 行 5 字
87	捆因闉	臻開三平諄影	1	36 右上 9 行 2 字
88	捒俲	效開三去笑幫	1	166 右上 7 行 5 字
89	捆稇	遇合一去暮見	1	143 左上 2 行 2 字
90	搣撼	咸開一上感匣	1	127 左下 3 行 6 字
91	搈擭	梗開三平清以	1	70 右下 6 行 2 字
92	摧搋	蟹合二平皆溪	1	30 左上 7 行 7 字
93	搜搜	通合三上腫心	1	88 右下 1 行 2 字
94	搚搙	咸開四入帖泥	1	225 左上 3 行 1 字
95	敿敿敿	臻合三入物並	1	193 左下 2 行 4 字
96	骸敿	臻合三平文群	1	38 左上 6 行 3 字

續　表

序號	字　　組	音韻地位	次數	《集韻》潭州本頁碼
97	教勃	臻合一入没並	1	195 右下 5 行 2 字
98	柀枝	山開一去換心	1	158 左下 10 行 3 字
99	歊㨈	效開一去号明	1	167 左下 2 行 2 字
100	敾繕	山開三去綫禪	1	163 左上 2 行 1 字
101	斛觓	通合一入屋匣	1	182 右下 4 行 3 字
102	否昬	臻開三入質明	1	191 左上 5 行 5 字
103	晙饀	效開一平豪透	1	57 右上 5 行 2 字
104	晫晭	流開三上有章	1	124 左下 7 行 2 字
105	晚睕	山合一去換曉	1	158 左上 5 行 4 字
106	暊曙	宕開一入鐸幫	1	208 右下 4 行 2 字
107	曦曦爔	止開三平支曉	1	11 右下 1 行 4 字
108	曢晊	深開三入緝溪	1	221 右上 9 行 4 字
109	㬍嘻	蟹合四去霽曉	1	145 左上 7 行 2 字
110	朜脺	臻合一平魂透	1	41 左上 4 行 3 字
111	杭綱	宕開一平唐見	1	65 左下 10 行 3 字
112	柜槞	遇合三上語來	1	96 右下 9 行 3 字
113	楒棉柌	山開三平仙明	1	49 右下 6 行 2 字
114	樈㭯	山開四入屑見	1	201 左下 3 行 2 字
115	椪栴	山開三平仙章	1	48 右下 3 行 1 字
116	㯳送㯳	通合一去送心	1	131 右下 1 行 1 字
117	槫椗	山合三去綫邪	1	163 右上 7 行 1 字
118	榛桼㮯	臻開三入質清	1	190 右下 3 行 5 字
119	蘱麓	通合一入屋來	1	183 右下 8 行 4 字
120	䅘䅩	蟹開四去霽透	1	144 右上 5 行 3 字
121	樗樏	梗開四平青來	1	71 左下 10 行 4 字
122	欐樐㯍	遇合一上姥來	1	98 左下 3 行 1 字
123	槀槀	效開一去号滂	1	168 左上 6 行 4 字
124	橀檨樇欐蠛	止開三平支曉	1	11 右下 3 行 1 字
125	欨欼	蟹開二去怪曉	1	150 左上 10 行 5 字
126	欯舤	臻合三平諄心	1	35 右下 5 行 2 字
127	歔歔	止開三平支曉	1	11 右下 1 行 2 字
128	歎鱖䑋	臻合一平魂見	1	40 左上 2 行 2 字
129	殛彌	山開一去換來	1	159 右下 1 行 2 字
130	砰砏	梗開二平庚幫	1	67 左下 1 行 4 字
131	毇𣫭	通合一平東溪	1	3 左下 1 行 1 字

續 表

序號	字　　組	音韻地位	次數	《集韻》潭州本頁碼
132	毃敨	梗開二平耕澄	1	69 右下 4 行 1 字
133	毞袋	假開二平麻生	1	60 右下 6 行 3 字
134	氉鬉	通合一入屋並	1	182 左下 8 行 3 字
135	毢氀氀	咸開三入葉來	1	224 右下 1 行 1 字
136	汃汄	曾開三入職莊	1	217 右下 5 行 5 字
137	沭流㵢	流開三平尤來	1	76 左上 3 行 3 字
138	浘洷	止開三去至滂	1	137 右下 4 行 5 字
139	潒潒	止合三去至邪	1	135 右下 10 行 2 字
140	潚潚	效開三去笑清	1	165 左上 5 行 3 字
141	濫濫濫	臻開三入質明	1	191 右上 7 行 3 字
142	潎渤	臻合一入沒並	1	195 右下 6 行 4 字
143	滉滉	曾開三入職禪	1	217 左上 9 行 4 字
144	澳潡	遇合三上語邪	1	96 右上 3 行 4 字
145	瀣潕	遇合三上麌明	1	97 左下 1 行 5 字
146	彗爈	臻開三去稕邪	1	154 左上 8 行 6 字
147	烀炦	臻合一入沒並	1	195 右下 7 行 2 字
148	煑炒爝爇爞爇	效開二上巧初	1	115 左上 1 行 4 字
149	熄㷡	蟹合一平灰透	1	31 右下 1 行 5 字
150	燹烽	通合三平鍾滂	1	6 右上 1 行 1 字
151	厡爡	梗開四入錫來	1	216 右下 5 行 2 字
152	爚曘	咸開三入葉娘	1	224 右下 7 行 3 字
153	牨犋	蟹開一去泰幫	1	148 左上 1 行 4 字
154	牞犅	梗開四平青來	1	72 右上 7 行 3 字
155	牰牰	山開二平山影	1	45 左上 1 行 2 字
156	犯切	臻開三去震日	1	153 左下 9 行 2 字
157	犕犕	梗開四入錫定	1	216 右上 9 行 3 字
158	犨犨	通合三平鍾禪	1	5 右下 6 行 3 字
159	犱牰	止開三去至心	1	135 左上 1 行 1 字
160	犫犎	宕開三平陽見	1	64 左上 2 行 5 字
161	狛駔	梗開二入陌明	1	210 左上 5 行 1 字
162	狿猻	梗開四平青定	1	71 右下 10 行 1 字
163	獢貏貏貏貏貏	效開一上皓泥	1	116 右下 4 行 2 字
164	獕獕	宕開三去漾以	1	170 左下 10 行 1 字
165	獳獳	通合三平鍾以	1	6 右下 3 行 1 字
166	獦獦	止開三平支曉	1	11 右下 4 行 3 字

续 表

序號	字　　組	音韻地位	次數	《集韻》潭州本頁碼
167	玐璞	江開二入覺滂	1	189右上3行2字
168	玗玗	遇合三平虞云	1	21右下5行1字
169	球珬	臻合三入術心	1	192右下7行1字
170	玞玞	山開三去綫並	1	164左上10行4字
171	豐圕	通三入燭溪	1	188右上1行2字
172	琜剌㦧	山開一入曷來	1	197左下7行1字
173	琪珸	遇合一平模疑	1	26右下6行4字
174	罋罋	通合三平鍾影	1	6左下4行1字
175	觚菇	遇合一平模見	1	26右上1行1字
176	瓷䂪	通合三上腫見	1	89右上1行5字
177	甋瓢	通合一平東定	1	2左上6行2字
178	甋瓺	咸開四入帖來	1	225右上9行4字
179	甄登䘯	曾開一平登端	1	73左下6行3字
180	瓻坩	咸開一平談溪	1	83左上2行4字
181	疛疛	遇合三平虞曉	1	21右上3行2字
182	痁瘤	遇合一去暮見	1	143左上1行5字
183	疕疘	臻合一入沒疑	1	196左下3行3字
184	疺痦	果開一平戈定	1	59左上3行5字
185	疿藘	通合一入屋定	1	183左上7行2字
186	寑顉	深開三上寑清	1	126左下2行3字
187	癇癇	宕開三入藥溪	1	207左上6行3字
188	瘠骱	梗開二上梗生	1	121左下9行2字
189	瘴瘴	宕合一平唐匣	1	66右下2行3字
190	癇痒	遇合一平模匣	1	25左上10行2字
191	癱癱	果開一去箇來	1	168右下7行5字
192	皽暘	宕開一上蕩透	1	120右下6行5字
193	皴脻	咸開一入盍端	1	223右上3行2字
194	㾨蒕	遇合三上語澄	1	96右下3行3字
195	蜜饛䀛	通合一平東明	1	2左下9行2字
196	蓋蓋	遇合一上姥見	1	99右上2行2字
197	䁖䀎	通合三平鍾滂	1	6右上2行3字
198	睐䅹	山開一入曷來	1	197左下6行1字
199	瞻膽晤䮝	遇合三平魚疑	1	18左上6行4字
200	瞶覯	蟹開二平佳明	1	29左下6行5字
201	矖䐓	山開四入屑明	1	202右下10行2字

续表

序号	字　　组	音韵地位	次数	《集韵》潭州本页码
202	穜種	通合三平锺昌	1	5右下4行3字
203	矺䃨	梗开二入陌生	1	211左上10行6字
204	碄硬	遇合三平虞以	1	24左上9行3字
205	磬㙳	蟹开四平齐影	1	28右下3行2字
206	磽硇洨硇	效开二平肴娘	1	55左下6行4字
207	礵壩	假开二去祃帮	1	169左上10行1字
208	祑祅	效开三平宵影	1	54右上3行2字
209	禑搗	遇合三上麌见	1	97右上6行3字
210	禮禰	梗开四平青来	1	71左下3行1字
211	秋㹳	曾开三入职以	1	218左上6行4字
212	秆䙼棗枽䎺	山开四上铣见	1	110右上6行2字
213	秳秈秈䄄	山开三平仙心	1	48右上9行4字
214	稅粳	蟹开三去祭以	1	147左上10行3字
215	稍蘜䅯	山合四平先见	1	47左下4行1字
216	梃桯	梗开四上迥定	1	123右下7行4字
217	秬秅	宕合三平阳明	1	62左下1行3字
218	穤杷	假开二去祃并	1	169右下2行5字
219	宖宏	梗合二平耕匣	1	69右上4行4字
220	㞢竢逘屎庤庺俟䙷	止开三上止崇	1	93左下10行1字
221	竬頭竭顉	遇合三平虞心	1	23左上3行1字
222	筶紅互	遇合一去暮匣	1	143右上1行7字
223	笙椹	遇合三上麌澄	1	98右上3行2字
224	笔栳	效开一上晧来	1	116左上10行1字
225	簹桓豆息	流开一去候定	1	178右上9行5字
226	箹棯	深开三去沁清	1	178右下6行3字
227	簩籧	梗开四平青来	1	72右上3行3字
228	纍縲	止合三上旨来	1	92左下6行3字
229	籛籛	山开一平寒清	1	42右上5行3字
230	粽漴	江开二去绛生	1	133右上4行1字
231	毅頿	止开三去未疑	1	139右下6行2字
232	粠粫	通合一平东匣	1	3右下1行3字
233	粑粆	止开三平支群	1	11右上7行1字
234	粙䉼粄	山合一上缓帮	1	107左上4行3字
235	秄粘糊黏䊦耖黏翻	遇合一平模匣	1	25左下8行4字
236	糁粞	臻开三平臻生	1	37左上1行1字

續　表

序號	字　　　組	音韻地位	次數	《集韻》潭州本頁碼
237	脢䀢	蟹合一平灰明	1	32 左上 7 行 2 字
238	棃𥻘	止開三平脂來	1	13 左下 1 行 8 字
239	糰䉒糫	山合一平桓定	1	44 右上 2 行 3 字
240	䊨㟋	蟹合一上賄清	1	101 左上 9 行 6 字
241	䊳罠	臻開三平真明	1	34 左下 3 行 3 字
242	䋍綱	果開一平歌影	1	57 左下 9 行 2 字
243	絰經	山開四平先見	1	47 左上 1 行 3 字
244	縋縋	止合三去寘澄	1	133 左下 6 行 5 字
245	䋫翼䋫糞	曾開三入職以	1	218 左上 2 行 3 字
246	絑𦁪	蟹開四上薺明	1	99 右上 5 行 1 字
247	繢襘	蟹合一去隊幫	1	151 右下 7 行 2 字
248	纗繩	通合三入燭章	1	187 右上 9 行 4 字
249	䪻䪻	梗開四平青來	1	71 左上 10 行 2 字
250	䇶䇶	遇合三上語知	1	96 左上 10 行 4 字
251	竮瓶缾	梗開四平青並	1	71 左上 1 行 4 字
252	翟翟	效開二去效知	1	167 右上 4 行 2 字
253	麗䚯	通合一入屋來	1	183 右下 8 行 3 字
254	罍䍂	蟹合一平灰來	1	31 左上 2 行 5 字
255	䴡䴡	梗開四入錫來	1	216 右下 4 行 1 字
256	䍻䍻	止合三上紙見	1	91 右下 1 行 1 字
257	𦉢𦉢	梗開四入錫來	1	216 右下 3 行 2 字
258	朗翱翱	宕開一入鐸滂	1	208 右下 7 行 3 字
259	誧誧	遇合三平虞滂	1	22 右下 8 行 5 字
260	腏晣	蟹開三去祭章	1	145 左下 8 行 4 字
261	䏔䏔	流開一上厚心	1	126 右上 8 行 2 字
262	朐朐	臻合三上準昌	1	103 右上 1 行 3 字
263	胋貼	咸開四平添定	1	85 左上 2 行 5 字
264	胏痣	止開三去志章	1	137 左下 6 行 1 字
265	揪脭	流開三平尤清	1	76 右下 7 行 3 字
266	豬猪豬	遇合三平魚知	1	20 左上 1 行 1 字
267	膟膈	梗開二入麥見	1	212 左下 2 行 5 字
268	膧朣	通合一上董影	1	88 右上 8 行 2 字
269	脩差饈膆	流開三平尤心	1	76 左上 10 行 2 字
270	䑞䑞	深開三去沁群	1	179 右上 6 行 2 字
271	䑘舩	咸開一入合疑	1	221 左下 9 行 3 字

續表

序號	字　　組	音韻地位	次數	《集韻》潭州本頁碼
272	訽諽	流開一平侯見	1	78右下4行2字
273	畹䩩	山合三上阮影	1	104左下8行4字
274	麒舼艇	止開三平之群	1	17左上10行5字
275	䶀艙	咸開一入盍透	1	223右上6行4字
276	䱉漿簲籰	宕開三上養精	1	119左上6行3字
277	䶅䶁	蟹開四平齊曉	1	28左上4行2字
278	茉莉	果合一平戈匣	1	58左上9行3字
279	菜朵朶	果合一上果端	1	117右下7行1字
280	苗笛䇬	通合三入燭溪	1	188右上1行3字
281	陵菱淩䕹	曾開三平蒸來	1	73右下4行1字
282	䇶䕣	遇合一去暮從	1	142右下8行1字
283	酷䕬酷	遇合一去暮溪	1	143右上8行3字
284	蕎䕫	蟹開三去祭以	1	147左上7行2字
285	蘭葋	宕開一去宕來	1	172右上10行1字
286	葛藹藀	山開一入曷匣	1	196左下8行5字
287	蠃蓥	梗開三平清以	1	70右下6行4字
288	薑葟	宕開三平陽見	1	64右上10行4字
289	彌䔉	止開三平支明	1	10右下10行1字
290	蔗蔗蔗	江開二入覺莊	1	189右下4行5字
291	蘿藝	山開三平仙日	1	48右下10行2字
292	鬱鬱鬱	臻合三入迄影	1	194左上6行1字
293	胞胚	梗開四入錫明	1	215右下8行4字
294	蹇蟆	山開一平寒匣	1	41左下2行3字
295	蠻蜒	山合三平仙邪	1	50右下1行5字
296	雌蜡	臻開三去稕精	1	154左上7行2字
297	蠱皇	流開三上有並	1	124右下10行4字
298	蠢蚊蟁蚖蟁	臻合三平文明	1	37左上8行1字
299	峪喀	梗開二入陌溪	1	210左下10行5字
300	裋褕	遇合三去遇書	1	141左下5行5字
301	褔䘰	梗開二入麥溪	1	212右下10行4字
302	襪襻袱	山開二去諫滂	1	160左下8行2字
303	覵覶	梗開四平青來	1	71左下4行5字
304	詉諰	山合三去願影	1	156左上9行4字
305	諎俉	流開三上有群	1	124左上3行4字
306	誡誡	蟹開二去怪見	1	150右上9行4字

·326·

續表

序號	字組	音韻地位	次數	《集韻》潭州本頁碼
307	詯毇	止合三上紙曉	1	91右下2行2字
308	譐靖	果合一平戈透	1	59右下7行4字
309	讀嚍	臻開三入質章	1	190右上9行3字
310	諟跂𰀛	止開三去真禪	1	133左上3行2字
311	豗䨈䨓	臻合一入没曉	1	196左上9行2字
312	狐狐獮	梗開二入麥影	1	212左下8行2字
313	𧄍𧄉	咸開三入葉章	1	224右上10行5字
314	眎跗	止開三上止澄	1	94左上4行3字
315	駏宨	遇合三平魚見	1	19右上7行2字
316	臂貴肙	止合三去未見	1	139左下4行5字
317	輕䞓頳赬	梗開三平清徹	1	70右上8行3字
318	趹狘	臻合三入術徹	1	192左下6行1字
319	跰䟾㦖	遇合三上虞明	1	97右下6行6字
320	踒䟶	江開二入覺影	1	188左下1行5字
321	躖躇躇	宕開三入藥以	1	206左上5行1字
322	躍踖	山合三平仙群	1	50左下10行1字
323	舩艂	通合三平鍾以	1	6右下2行3字
324	軕輨	山開四平先定	1	47右上2行3字
325	蜙蜙	通合三平鍾精	1	5左下4行3字
326	䚡枲	止開三上止心	1	94右上2行1字
327	迂遊迶	流開三平尤以	1	75左上10行2字
328	逎徂遽	遇合一平模從	1	25右上7行2字
329	遂述	臻合三入術船	1	192右下1行2字
330	邢鄟	山開三平仙清	1	48左上2行2字
331	鄧鄐	宕開一平唐定	1	64右下10行2字
332	酏酏	止開三上旨幫	1	93右下3行1字
333	酗酗	遇合三去遇曉	1	141右上4行2字
334	醓醓	咸開一平覃曉	1	82左上4行6字
335	智醬	止開三平支知	1	9左上5行1字
336	醹湎酳	山開三上獮明	1	111左下2行3字
337	酸醹	流開三平尤生	1	77左上9行2字
338	醳圮	止開三上旨並	1	93左上7行5字
339	醿𨣂	通合一平東明	1	2左下9行3字
340	鉼釗	梗開四平青匣	1	72右下2行2字
341	鋸穏	山開三上阮影	1	105右下3行1字

續　表

序號	字　　組	音韻地位	次數	《集韻》潭州本頁碼
342	鋺鋺	山合三平元影	1	39 左上 1 行 4 字
343	鐹剋	山開四上銑曉	1	110 右上 2 行 1 字
344	錇錘	梗開二平庚明	1	67 左下 10 行 2 字
345	鑒鋬	止開三平支明	1	10 右下 8 行 1 字
346	閞扅杲	山開二上產匣	1	108 右下 8 行 2 字
347	闋闃	山合四入屑溪	1	202 右上 6 行 4 字
348	阯郢	止開三上止來	1	94 左上 7 行 2 字
349	隟隟䶩䶩	梗開三入陌溪	1	211 右下 9 行 4 字
350	障崿壛	宕合一入鐸見	1	210 右上 6 行 4 字
351	隃塘墉蘛	通合三平鍾以	1	6 右下 1 行 4 字
352	幞幞	通合一入屋幫	1	182 右下 9 行 1 字
353	隊隓	效開一平豪匣	1	56 右上 3 行 2 字
354	雄鴣	遇合一平模見	1	26 右上 4 行 2 字
355	雉鴣	咸開一入合見	1	221 左下 3 行 2 字
356	雒鴣鶯	遇合三平魚書	1	19 右下 9 行 2 字
357	離鷞鶺雒鴣鵃	咸開一平覃影	1	82 右下 9 行 2 字
358	雖鸚	梗開二平耕影	1	68 左下 10 行 6 字
359	雷雷	咸開一平覃匣	1	82 右下 4 行 3 字
360	霅雪	山合三入薛心	1	203 右上 4 行 1 字
361	霸霣霥	蟹合一去隊定	1	151 左上 2 行 4 字
362	靧頮	蟹合一去隊曉	1	152 左上 4 行 3 字
363	靡懡䯢䯢	果合一上果明	1	117 右下 1 行 1 字
364	鞿羈羇羇	止開三平支見	1	11 左上 7 行 5 字
365	騄篆輵	通合一入屋來	1	183 右下 8 行 2 字
366	鞍鞦	流開一平侯心	1	79 左上 3 行 2 字
367	韇䪞瞉鼝	臻合三平文並	1	37 左下 2 行 4 字
368	鞹籣	山開一平寒來	1	42 右 1 行 3 字
369	鳌壼齏齏	蟹開四平齊精	1	27 左上 1 行 1 字
370	鼃薤蓋	蟹開二去怪匣	1	150 右下 2 行 2 字
371	靜竫	臻合一入沒澄	1	195 右下 2 行 5 字
372	頣膞	止開三去至並	1	137 左上 4 行 2 字
373	顀魋	止開三平之溪	1	16 左下 10 行 2 字
374	顤恩	假開二平麻匣	1	61 左上 6 行 5 字
375	顱體	流開一平侯來	1	79 左上 9 行 3 字
376	顡髑	通合一入屋定	1	183 左上 9 行 2 字

續 表

序號	字　　組	音韻地位	次數	《集韻》潭州本頁碼
377	霏霏	止合三平微滂	1	17右下7行1字
378	毊薯	遇合三去御章	1	140右下4行1字
379	馣燮	咸開四入帖泥	1	225左上4行3字
380	鰈鰈	咸開三入葉以	1	223左上9行4字
381	鑹餘	宕開三去漾以	1	170左下8行3字
382	籧噇	江開二平江澄	1	7右下9行2字
383	軆艡	山開三上獮溪	1	112左上4行2字
384	鬴麷	宕開一入鐸並	1	208左下3行3字
385	豃稽	蟹開四上薺溪	1	100右上7行5字
386	馶騏	止三平之群	1	17右下1行2字
387	䮷駙	遇合三去遇並	1	141右下5行3字
388	驢騾驘	果合一平戈來	1	59右下10行5字
389	齡鬠	梗開四平青來	1	72左上1行2字
390	麿麽	果合一上果明	1	117左上10行5字
391	驒驒	果開一上哿端	1	116左下6行1字
392	鴽賌煭鸒	遇合三上語章	1	96左上4行4字
393	魖魖	遇合一平模曉	1	26右下1行3字
394	鮀鮀	果開一平戈定	1	59左上4行1字
395	鯏鰡	流開三平尤來	1	76右上6行1字
396	鰲鰲	山開一平寒清	1	42右上5行2字
397	鯄鮇	通合三入屋書	1	184左下4行5字
398	鯗鯗	山開二上產崇	1	108右上6行1字
399	魼雎	止三平支群	1	11右上4行6字
400	鳶雀	宕開三入藥精	1	206右上7行1字
401	鮑鵁鵠锥	效開一上晧幫	1	115左下5行3字
402	鵑雎	山合四平先見	1	47左下3行3字
403	鴨鵬	梗開三平庚明	1	68左上2行1字
404	鶊凰	宕合一平唐匣	1	66右下9行2字
405	鸚鷈	效開三平宵影	1	53左下9行4字
406	鷟鷈	臻開三去震章	1	153左下1行4字
407	鴂鶑	蟹開四平齊溪	1	28左上2行2字
408	䴉鷈	效開二平肴娘	1	55左下7行2字
409	翎雒	梗開四平青來	1	72右上5行3字
410	鷚鴒	梗開四平青來	1	72右上5行2字
411	𪃹䤆	宕開一上蕩見	1	121右上7行3字

續　表

序號	字　　組	音韻地位	次數	《集韻》潭州本頁碼
412	麿麿	假開二平麻見	1	61右下7行3字
413	麨麨	臻合一入没曉	1	196左上8行4字
414	䑏䑏	果開一平戈透	1	59右上9行3字
415	䴘餠	梗開三上静幫	1	122左下5行5字
416	䅣䅣䅣	遇合三平虞滂	1	22右下3行3字
417	䥌䥌䥌	效開一平豪疑	1	56左上6行1字
418	縠縠	通合一入屋溪	1	182左上9行3字
419	蓾䓖蓎蓒	宕開三平陽書	1	63左上2行2字
420	鎦鎦	流開三平尤來	1	76左上5行1字
421	䶣䶣	蟹開四去霽端	1	144右上3行1字
422	魳魳	止開三平支澄	1	9右下1行3字
423	䶖䶖䶖	深開三去沁群	1	179右上3行3字
424	魕魕	宕開三入藥以	1	206左上7行4字
425	䰻笆䈁箷	止開三平支澄	1	9右下1行4字
426	一弌	臻開三入質影	1	192右上2行3字
427	丗丗卋	蟹開三去祭書	1	145左上3行6字
428	丣酉	流開三上有以	1	124左上8行2字
429	丶黜	遇合三上麌知	1	98右上1行3字
430	亂𤔔䜌䜌亂	山合一去换來	1	159左下1行2字
431	二弍	止開三去至日	1	135左上6行2字
432	人仌壬	臻開三平真日	1	34右上4行5字
433	仃酊	梗開四上迥端	1	123左上10行1字
434	仉仉	宕開三上養章	1	119右下9行5字
435	伊㕧	止開三平脂影	1	14左上6行2字
436	伍伍	梗開三平清章	1	70左上1行1字
437	佇竚	遇合三上語澄	1	96右下3行4字
438	個個	蟹開一平灰匣	1	31左上10行1字
439	佱法灋	咸合三入乏幫	1	227左上10行3字
440	佲酩佲	梗開四上迥明	1	123左上5行4字
441	佾佾	臻開三入質以	1	191左下3行5字
442	佥佥零霏霏	深開三平侵影	1	81左上4行2字
443	侙忒	曾開三入職徹	1	218右上2行2字
444	俅頯	流開三平尤群	1	74左下10行3字
445	俢修	流開三平尤心	1	76左上10行1字
446	俶俶欣	臻開三平殷曉	1	38左上8行1字

續　表

序號	字　　組	音韻地位	次數	《集韻》潭州本頁碼
447	偐贗	山開二去諫疑	1	159 左下 9 行 4 字
448	偟遑	宕合一平唐匣	1	66 右下 3 行 4 字
449	傎傎	山開四平先端	1	46 左下 6 行 2 字
450	傘繖	山開一去換心	1	158 左下 10 行 1 字
451	傋慃甈	江開二上講影	1	89 右上 10 行 6 字
452	偉嫜	宕開三平陽章	1	63 左上 8 行 3 字
453	傲儝	止開三平之溪	1	17 右上 1 行 1 字
454	儒傉	遇合三平虞日	1	23 左上 8 行 1 字
455	儛舞䚇	遇合三上麌明	1	97 右下 7 行 3 字
456	僀嫭	遇合三上語來	1	96 右上 8 行 3 字
457	儦儦	效開三平宵幫	1	53 右上 10 行 4 字
458	儀纏襛	宕開一去宕泥	1	172 左上 1 行 5 字
459	克亯㪣㪣㫄	曾開一入德溪	1	219 左下 5 行 5 字
460	兊兖	蟹合一去泰定	1	148 左上 7 行 3 字
461	关咲笑	效開三去笑心	1	165 左上 3 行 1 字
462	兵傓㾉	梗開三平庚幫	1	68 右上 8 行 2 字
463	冀冀	止開三去至見	1	136 右下 10 行 4 字
464	冎剮另	假合二上馬見	1	119 右上 6 行 3 字
465	胄皐	流開三去宥澄	1	176 右下 10 行 1 字
466	冖冪冪	梗開四入錫明	1	215 右下 5 行 2 字
467	冬奐㝗	通合一平冬端	1	4 左下 9 行 1 字
468	涷潄	流開一平侯心	1	79 右上 4 行 3 字
469	凌塍	曾開三平蒸來	1	73 右下 1 行 2 字
470	湮洇	臻開三平諄影	1	36 上 4 行 3 字
471	刀釖	效開一平豪端	1	57 右上 1 行 5 字
472	初鈳	遇合三平魚初	1	19 左上 10 行 1 字
473	利秚	止開三去至來	1	136 右上 7 行 8 字
474	制制𠛬	蟹開三去祭章	1	145 左下 7 行 3 字
475	剎剎	山開二入鎋初	1	200 右下 1 行 4 字
476	刻剋	曾開一入德溪	1	219 左下 7 行 2 字
477	剚錉	止開三去志莊	1	138 右上 7 行 1 字
478	剛㤜	宕開一平唐見	1	65 左下 10 行 1 字
479	剜剜	山合一平桓影	1	43 右上 5 行 1 字
480	剝㩻斀	江開二入覺知	1	189 左下 2 行 4 字
481	劍劎	咸開三去釅見	1	181 右上 9 行 6 字

續 表

序號	字　組	音韻地位	次數	《集韻》潭州本頁碼
482	劻狂	宕合三平陽溪	1	64 右下 2 行 2 字
483	匈胷肖	通合三平鍾曉	1	6 右下 8 行 3 字
484	匊掬	通合三入屋見	1	185 左下 9 行 5 字
485	化佸	假合二去禡曉	1	170 右下 10 行 2 字
486	匡匩筐	宕合三平陽溪	1	64 左上 10 行 6 字
487	匢囫	臻合一入没曉	1	196 左上 8 行 2 字
488	匧篋	咸開四入帖溪	1	225 右下 2 行 6 字
489	匱櫃鐀	止合三去至群	1	137 右上 4 行 3 字
490	匳匲奩鐱籢	咸開三平鹽來	1	84 右下 5 行 6 字
491	協叶旪	咸開四入帖匣	1	225 左上 7 行 4 字
492	南峚	咸開一平覃泥	1	82 右上 5 行 3 字
493	博轉	宕開一入鐸幫	1	208 左上 7 行 4 字
494	卜卜	通合一入屋幫	1	182 右下 8 行 1 字
495	卯非	效開二上巧明	1	115 右上 7 行 3 字
496	危厃	止合三平支疑	1	12 左上 1 行 3 字
497	厀膝膝	臻開三入質心	1	190 右下 1 行 4 字
498	厗磲	蟹開四平齊定	1	27 右下 9 行 4 字
499	厦庌	假開二去禡生	1	169 左下 6 行 1 字
500	厧巔	山開四平先端	1	46 左下 8 行 1 字
501	厬氿漸湀	止合三上旨見	1	93 左上 1 行 3 字
502	友䋤畄	流開三上有云	1	124 右上 6 行 1 字
503	叒叒	宕開三入藥日	1	207 右上 5 行 2 字
504	君凮商呰𠄊	臻合三平文見	1	38 左上 1 行 5 字
505	吝吝吆咯咯	臻開三去稕來	1	154 左下 6 行 2 字
506	吢㕱	深開三去沁清	1	178 右下 6 行 2 字
507	吰鉉	梗合二平耕匣	1	69 右上 6 行 3 字
508	吕膂	遇合三上語來	1	96 右下 6 行 6 字
509	周周	流開三平尤章	1	77 右上 3 行 3 字
510	咫䟿䎦	止開三上紙章	1	89 左上 10 行 5 字
511	哅詾	通合一平東曉	1	3 右下 7 行 4 字
512	啊訶	果開一平歌匣	1	58 右上 2 行 1 字
513	哲喆嚞悊	山開三入薛知	1	203 右下 7 行 5 字
514	哈唝	通合一入屋見	1	182 右下 2 行 3 字
515	唐啺鶶歂	宕開一平唐定	1	64 右下 8 行 1 字
516	唽啺	梗開四入錫心	1	215 右上 6 行 4 字

續　表

序號	字　　組	音韻地位	次數	《集韻》潭州本頁碼
517	啚畐	止開三上旨幫	1	93 左上 2 行 5 字
518	唵㾘	咸開一平覃疑	1	82 左下 5 行 1 字
519	㗋朡	流開一平侯匣	1	78 右上 7 行 4 字
520	嗇僑嗇㘗齹	曾開三入職生	1	217 右下 6 行 3 字
521	嗤歅	止開三平之昌	1	15 右上 7 行 1 字
522	嘒嚖嚖	蟹合四去霽曉	1	145 左上 7 行 1 字
523	嘗甞嘗	宕開三平陽禪	1	63 右上 2 行 3 字
524	嘲潮	效開二平肴知	1	55 右下 10 行 4 字
525	器器	止開三去至溪	1	136 右下 9 行 6 字
526	噩齾	宕開一入鐸疑	1	209 右下 7 行 5 字
527	囊囊	宕開一平唐泥	1	65 右上 10 行 5 字
528	固忥	遇合一去暮見	1	143 右上 10 行 6 字
529	圖圕	遇合一平模定	1	25 左上 8 行 1 字
530	址阯	止開三上止章	1	93 右上 7 行 3 字
531	坤巛輿	臻合一平魂溪	1	40 右下 6 行 3 字
532	垙㽬阬	宕合一平唐見	1	66 左上 10 行 2 字
533	埈陖	臻合三去稕心	1	154 左上 10 行 3 字
534	城䛳	梗開三平清禪	1	70 左上 3 行 4 字
535	埭埭碌	蟹開一去代定	1	152 右下 4 行 3 字
536	堅堅	遇合三去遇從	1	141 左下 3 行 7 字
537	塍塍塖塍膡	曾開三平蒸船	1	73 右上 2 行 2 字
538	堦階	蟹開二平皆見	1	30 右上 7 行 3 字
539	堭潢	宕合一平唐匣	1	66 右下 7 行 3 字
540	垮㙦壢	宕開一入鐸疑	1	209 右下 10 行 3 字
541	垚垚	效開四平蕭疑	1	52 左上 3 行 4 字
542	堺畍介堺	蟹開二去怪見	1	150 左上 1 行 5 字
543	塐塑	遇合一去暮心	1	142 右下 4 行 1 字
544	墀墀	止開三平脂澄	1	13 左上 8 行 2 字
545	墲隵鄣	宕合一入鐸見	1	210 右上 4 行 1 字
546	墡磰	山開三上獮禪	1	111 右上 8 行 4 字
547	潭壜罎甔	咸開一平覃定	1	81 左下 7 行 1 字
548	墙牆牆牆	宕開三平陽從	1	63 右上 6 行 3 字
549	壈壈	咸開一上感來	1	128 左上 10 行 3 字
550	壐壐	止開三上紙心	1	90 右上 8 行 2 字
551	壻婿壻	蟹開四去霽心	1	143 右下 3 行 5 字

續表

序號	字　　組	音韻地位	次數	《集韻》潭州本頁碼
552	夘夘开	效開四平蕭精	1	52左上5行5字
553	夙侐侐夘	通合三入屋心	1	184左上10行1字
554	櫐纍	止開三去至並	1	137右下6行2字
555	虹烘	通合一平東匣	1	3右下6行7字
556	妘嬬	臻合三平文云	1	38右上1行3字
557	姕媸	止開三平之昌	1	15右上6行4字
558	姻婣胭	臻開三平諄影	1	36右上9行3字
559	娩娩	曾開一入德溪	1	219左下6行1字
560	娬嫵	遇合三上麌明	1	97右上8行3字
561	娸婍	止開三平之溪	1	16左上9行5字
562	婂嬊	山開三平仙明	1	49右上9行3字
563	媟娱	山開三入薛心	1	202左下7行1字
564	媩媀	遇合一平模匣	1	26右上5行6字
565	嫺嫻	山開二平山匣	1	45右上2行3字
566	嫷嫁	止合三去至邪	1	135左下1行2字
567	孔孔	通合一上董溪	1	88右上2行6字
568	孡胎	蟹開一平咍透	1	32左下6行7字
569	孤㽵	遇合一平模見	1	26右上6行1字
570	孰熟鶔鶔	通合三入屋船	1	184左下10行1字
571	宄奿忿	止合三上旨見	1	93左上1行1字
572	宜宜㝋㝋	止開三平支疑	1	11左下6行1字
573	宝砡柱	遇合三上麌章	1	97右上7行1字
574	官咼	山合一平桓見	1	42左下10行2字
575	宦伱倎	山合二去諫匣	1	160右上4行2字
576	寁寧	效開二平肴曉	1	54左下7行2字
577	宰伞宰	蟹開一上海精	1	102左上5行1字
578	宲實橠	臻開三入質船	1	190左上4行5字
579	宵睄	效開三平宵心	1	52左上7行1字
580	寑寑寖寁寑	深開三上寑清	1	126右下10行1字
581	寒竷窡	山開一平寒匣	1	41右下8行1字
582	寓庽	遇合三去遇疑	1	141右上1行2字
583	寷寳琭傢	效開一上晧幫	1	115左下4行3字
584	寤害癨	遇合一去暮疑	1	143左上6行4字
585	尋尋	深開三平侵邪	1	80左上1行6字
586	對對	蟹合一去隊端	1	151左上6行6字

續　表

序號	字　　組	音韻地位	次數	《集韻》潭州本頁碼
587	允傂	宕合一平唐影	1	66 左上 1 行 2 字
588	尤忞	流開三平尤云	1	74 右下 7 行 1 字
589	就僦	流開三去宥從	1	176 左上 2 行 4 字
590	尻屍胹	效開一平豪溪	1	56 右上 5 行 4 字
591	岬砰	咸開二入狎見	1	227 右上 9 行 2 字
592	岳嶽屵崿	江開二入覺疑	1	188 左下 5 行 4 字
593	客嶺	梗開二入陌疑	1	211 右上 6 行 4 字
594	㠃阜豐自	流開三上有並	1	124 右下 9 行 1 字
595	峷硉硊	臻合一入没來	1	196 右上 8 行 2 字
596	峙偫	止開三上止澄	1	94 左上 4 行 1 字
597	峭陗	效開三去笑清	1	165 左上 4 行 3 字
598	峯峯	通合三平鍾滂	1	6 右上 2 行 2 字
599	猱巎㞜	效開一平豪泥	1	57 右下 10 行 1 字
600	峹峹	遇合一平模定	1	25 左上 5 行 2 字
601	崿𡾋	宕開一入鐸疑	1	209 右下 10 行 2 字
602	嶚嶚	效開四平蕭來	1	51 左下 2 行 1 字
603	㟶隱	臻開三上隱影	1	104 左上 8 行 5 字
604	巓巓	山開四平先端	1	46 左下 5 行 5 字
605	州𠂤劓	流開三平尤章	1	77 右上 4 行 2 字
606	巟㳩	宕合一平唐曉	1	66 右上 2 行 4 字
607	巫覡媭	遇合三平虞明	1	23 右上 8 行 2 字
608	帀迊	咸開一入合精	1	222 右上 4 行 6 字
609	恀紙	止開三上紙章	1	89 左上 9 行 1 字
610	帒袋	蟹開一去代定	1	152 右下 3 行 4 字
611	帙袠	臻開三入質澄	1	191 右下 3 行 3 字
612	帚箒	流開三上有章	1	124 左下 6 行 4 字
613	師寍帀	止開三平脂生	1	12 右下 2 行 2 字
614	帬裠	臻合三平文群	1	38 左上 5 行 1 字
615	席㡩	梗開三入昔邪	1	213 右下 7 行 5 字
616	常裳	宕開三平陽禪	1	63 右下 2 行 2 字
617	帳佚庆	流開一平侯匣	1	78 右上 4 行 1 字
618	庁矴	梗開四平青透	1	71 右上 4 行 3 字
619	床牀	宕開三平陽崇	1	63 左下 4 行 1 字
620	庎栔	蟹開二去怪見	1	150 左上 5 行 5 字
621	庤畤	止開三上止澄	1	94 左上 5 行 1 字

·335·

續　表

序號	字　　組	音韻地位	次數	《集韻》潭州本頁碼
622	廥㬜	通合三平鍾以	1	6左上8行3字
623	廟廟	效開三去笑明	1	166右上8行2字
624	廏㕑	流開三去宥見	1	175左下2行3字
625	弃棄䒑遊棄	止開三去至溪	1	136左上9行6字
626	弄挊	通合一去送來	1	131右下10行8字
627	弭弲	止開三上紙明	1	91左下9行4字
628	弱翳	宕開三入藥日	1	207右上2行2字
629	弶摾	宕開三去漾群	1	171左下3行3字
630	彌彌	效開四平蕭心	1	51右上7行2字
631	彝㚊纍鯑	止開三平脂以	1	14右上6行3字
632	征徰延	梗開三平清章	1	70右上9行3字
633	待詩	蟹開一上海定	1	102左上8行2字
634	徒迏	遇合一平模定	1	25左上4行3字
635	微徺	止合三平微明	1	17右下4行1字
636	徹㣇	山開四入屑並	1	202右下6行3字
637	徽斅	止合三平微曉	1	18右上10行3字
638	忭昪	山開三去線並	1	164左上10行2字
639	念念	咸開四去㮇泥	1	180左下8行4字
640	怖悑	遇合一去暮滂	1	142左上5行1字
641	怙悃	遇合一上姥匣	1	99左上6行1字
642	怱悤	通合一平東清	1	3右上6行2字
643	恨怩	臻開一去恨匣	1	157右上7行1字
644	恪㤽	宕開一入鐸溪	1	209右下2行4字
645	息憩	曾開三入職心	1	217左下2行2字
646	恿愑惥	通合三上腫以	1	88左下2行1字
647	悉㥦	臻開三入質心	1	190左上10行6字
648	悋悋	臻開三去稕來	1	154左下6行3字
649	悟晤憸	遇合一去暮疑	1	143左上6行2字
650	意意	曾開三入職影	1	218右下7行4字
651	悰誴	通合一平冬從	1	5右上10行3字
652	惠寭	蟹合四去霽匣	1	145左上3行4字
653	惷戇	臻合三上準昌	1	102左下10行2字
654	愐怋	山開三上獮明	1	111左下1行4字
655	愨愨	江開二入覺溪	1	188右下3行6字
656	憎惣	梗開四入錫泥	1	216左下1行2字

續 表

序號	字　　組	音韻地位	次數	《集韻》潭州本頁碼
657	慄悷	臻開三入質來	1	191 右下 7 行 1 字
658	憸悈	梗開二入麥初	1	212 左上 2 行 1 字
659	懿懿聳聳	山合一入末見	1	198 左上 4 行 5 字
660	戀孌	山合三去線來	1	163 左下 1 行 4 字
661	我㦳	果開一上哿疑	1	116 左下 3 行 2 字
662	戒戒	蟹開二去怪見	1	150 右上 9 行 3 字
663	戰戰弅	山開三去線章	1	163 右上 10 行 4 字
664	戵鸜	遇合三平虞群	1	22 左上 2 行 3 字
665	所疍	遇合三上語生	1	96 右上 7 行 4 字
666	㦿扅	止開三平支以	1	10 左下 5 行 1 字
667	扈扈戽	遇合一上姥匣	1	99 右上 7 行 2 字
668	手㧏	流開三上有書	1	124 左下 5 行 1 字
669	扽扽	臻合一去恨端	1	157 右下 1 行 2 字
670	扰抌	深開三去沁清	1	178 右下 7 行 4 字
671	抬笞	止開三平之徹	1	16 左上 6 行 5 字
672	拇胟	流開一上厚明	1	126 右上 3 行 1 字
673	拜𥬝挬擇毕	蟹開二去怪幫	1	150 右下 7 行 6 字
674	拭帜	曾開三入職書	1	217 左上 7 行 2 字
675	挾㷇	蟹合一平灰曉	1	30 左下 8 行 3 字
676	捷㨖	梗開二上梗見	1	121 右下 2 行 5 字
677	掍撊	山開四上銑見	1	110 右上 5 行 4 字
678	揚敭	宕開三平陽以	1	62 左上 4 行 3 字
679	挈梨	山開一入曷來	1	197 左下 5 行 2 字
680	搎撚	臻合一平魂心	1	41 右上 1 行 2 字
681	撊擃	山開三上阮曉	1	105 左上 1 行 5 字
682	摧掉	蟹合一平灰端	1	31 左上 6 行 2 字
683	撻擫㩉敦	山開一入曷透	1	197 右下 9 行 3 字
684	擄虜	遇合一上姥來	1	98 右下 10 行 2 字
685	攃截	山開四入屑從	1	200 左下 7 行 2 字
686	敢敦敢殷	咸開一上敢見	1	128 右下 7 行 1 字
687	敊㮈	止合三平支見	1	12 右上 7 行 3 字
688	敽敽	效開三上小見	1	114 左上 3 行 2 字
689	瀌𤄷	效開三平宵滂	1	53 右上 2 行 2 字
690	旨眉𥐟厝𣅼香	止開三上旨章	1	92 左上 2 行 1 字
691	早皁	效開一上皓精	1	116 右上 4 行 2 字

續　表

序號	字　　組	音韻地位	次數	《集韻》潭州本頁碼
692	旹時	止開三平之禪	1	15右下9行5字
693	昇隋	曾開三平蒸書	1	73右上3行4字
694	昊昇	效開一上晧匣	1	115左上7行4字
695	呤曨	梗開四平青來	1	71左下5行1字
696	昷䘒	臻合一平魂見	1	40左上1行5字
697	晝書畫	流開三去宥知	1	176右下7行5字
698	晭吃	止開三去未溪	1	139左上9行4字
699	睪燡繹	梗開三入昔以	1	214右下4行4字
700	曜耀昱	效開三去笑以	1	165右下10行3字
701	曡疊	咸開四入帖定	1	225右上3行1字
702	曶回	臻合一入沒曉	1	196左上5行2字
703	書書	遇合三平魚書	1	19左下6行3字
704	曹甕	效開一平豪從	1	56左下7行5字
705	朋䣱	曾開一平登並	1	74右上9行2字
706	本㙛	臻合一上混幫	1	106右上9行5字
707	杭航亢舡	宕開一平唐匣	1	66右下6行4字
708	杯桮盃匼𥂓𥂔	蟹合一平灰幫	1	32右上3行1字
709	枻槸	蟹合三去祭以	1	147左上6行4字
710	柨厭	果合一平戈匣	1	58左上7行3字
711	柳桺	流開三上有來	1	125左上1行5字
712	桑槡槡	宕開一平唐心	1	65右下4行2字
713	梁㯿	宕開三平陽來	1	64右上1行4字
714	梓梓	止開三上止精	1	94右上5行3字
715	椾槵	山合二去諫匣	1	160右上5行5字
716	梳柅櫢	遇合三平魚生	1	19左下3行3字
717	棊櫀碁	止開三平之群	1	17左上4行3字
718	楢槽	通合三入屋以	1	185右下10行3字
719	椙輛	宕開三上養明	1	120右上9行1字
720	樟榔碻	宕合一入鐸見	1	210右上5行1字
721	樢號	效開一平豪匣	1	56右上2行1字
722	榎櫃	假開二上馬見	1	118左下4行4字
723	檑艗舺	梗開四入錫疑	1	217右上4行2字
724	榼醠𥁃	咸開一入盍溪	1	222左下3行2字
725	槊矟鎙	江開二入覺生	1	189左上7行2字
726	橢橢	蟹開三去祭疑	1	147右下5行1字

續　表

序號	字　　組	音韻地位	次數	《集韻》潭州本頁碼
727	檟柤	假開二平麻莊	1	60 右下 10 行 6 字
728	樵藮藘	效開三平宵從	1	52 左下 1 行 4 字
729	榱槮	蟹合一平灰精	1	31 左下 10 行 4 字
730	橜橁	山合三入月云	1	194 右下 8 行 5 字
731	檖薚薢	臻合三去稕書	1	154 右上 2 行 4 字
732	橯橯	效開一去号來	1	168 左上 5 行 5 字
733	檖檖	止合三去至邪	1	135 右下 8 行 4 字
734	檣艢牅	宕開三平陽從	1	63 右上 7 行 1 字
735	櫌櫌	流開三平尤影	1	75 左上 2 行 3 字
736	櫖榹	遇合三去御以	1	140 左下 9 行 5 字
737	櫳欘	江開二平江生	1	7 右下 2 行 1 字
738	欚艣	蟹開四上薺來	1	99 左下 10 行 3 字
739	欝鬱薹	臻合三入迄影	1	194 左上 5 行 5 字
740	歲戉	蟹合三去祭心	1	145 右下 6 行 2 字
741	死𣨾茪	止開三上旨心	1	92 左上 8 行 2 字
742	殂閐殀殀殂	遇合一平模從	1	25 右上 7 行 3 字
743	殪瘱	蟹開四去霽影	1	145 右上 5 行 5 字
744	殰賡	通合一入屋定	1	183 左上 8 行 5 字
745	毠袈聚	假開二平麻見	1	61 右下 4 行 2 字
746	毨雓	山開四上銑心	1	109 右下 1 行 4 字
747	毬赇	流開三平尤群	1	75 右上 3 行 3 字
748	毰陫	蟹合一平灰並	1	32 左上 1 行 3 字
749	氅鷩	宕開三上養昌	1	119 左下 4 行 1 字
750	民兟氓	臻開三平真明	1	34 右下 3 行 1 字
751	汨湨	梗開四入錫明	1	215 右下 7 行 4 字
752	汯浤	梗合二平耕匣	1	69 右上 8 行 4 字
753	汝浟	通合三平東章	1	4 左上 3 行 2 字
754	沓㴔	山開一入曷精	1	197 右下 5 行 5 字
755	泮頖	山合一去換滂	1	158 左下 1 行 2 字
756	津津臻臻津	臻開三平真精	1	34 右上 9 行 4 字
757	洭湟	宕合三平陽溪	1	64 右下 1 行 4 字
758	派湣	臻合三平諄船	1	35 左上 10 行 1 字
759	涌湧	通合三上腫以	1	88 左下 4 行 4 字
760	浀沍洰	遇合三平魚見	1	19 右上 9 行 2 字
761	淅楜	梗開四入錫心	1	215 右上 8 行 1 字

續 表

序號	字　　組	音韻地位	次數	《集韻》潭州本頁碼
762	渌楾	遇合三平魚群	1	19左上2行2字
763	渡洀	遇合一去暮定	1	142左下3行1字
764	渼殊	蟹合一平灰明	1	32左上7行5字
765	溰滜	通合三平東來	1	4右下7行1字
766	溗溗	曾開三平蒸船	1	73右上1行4字
767	滅礠	山開三入薛明	1	204左下6行5字
768	滗潷洍	臻開三入質幫	1	191右上8行3字
769	滴滴	梗開四入錫端	1	215左下5行4字
770	漓灘	止開三平支來	1	9右下10行6字
771	潎埊	假開三上馬以	1	118左下9行3字
772	潑潹	山合一入末滂	1	198左下1行6字
773	潮湷	效開三平宵澄	1	53右下5行1字
774	澡璪	效開一上晧精	1	116右上5行3字
775	澦潊	遇合三去御以	1	140左下7行8字
776	憶滝	曾開三入職影	1	218右下9行6字
777	瀧瀧	梗開四去徑清	1	174左上6行5字
778	瀝瀝	梗開四入錫來	1	216右下5行4字
779	濲縠	通合一入屋匣	1	182右下6行5字
780	炬苣筥	遇合三上語群	1	95左下4行1字
781	烈烈	山開三入薛來	1	203左下3行4字
782	烉爝	臻合三入迄曉	1	194右上6行6字
783	焋泹	宕開三去漾莊	1	171左上5行4字
784	焙焍	蟹合一去隊並	1	151左下4行1字
785	焠暗	梗開三入昔心	1	213左上5行2字
786	焤腐	遇合三上麌並	1	97右下3行4字
787	焫爇	山合三入薛日	1	203右下2行3字
788	然爨	山開三平仙日	1	48右下9行6字
789	煛煛	梗合三上梗見	1	122右上7行6字
790	熨爩	臻合三入迄影	1	194左上8行3字
791	熾戠轚	止開三去志昌	1	137左下9行4字
792	燋醮	效開三去笑精	1	165左上7行4字
793	烤爐	梗開四平青來	1	72右上9行2字
794	爐鑪	遇合一平模來	1	25右下5行4字
795	爵鷟齎觳	宕開三入藥精	1	206右下6行2字
796	牄鴿	宕開三平陽清	1	62左下9行4字

附錄一：《集韻》同分佈字組表

續　表

序號	字　　組	音韻地位	次數	《集韻》潭州本頁碼
797	㣤箋	山開四平先精	1	46 左上 5 行 1 字
798	忼𢕚	宕開一平唐見	1	66 右上 2 行 2 字
799	犇奔踫	臻合一平魂幫	1	40 右下 10 行 4 字
800	犢㸿	通合一入屋定	1	183 左上 8 行 3 字
801	犨犫	流開三平尤昌	1	77 右上 2 行 4 字
802	犯狜	咸合三上范並	1	130 左下 5 行 3 字
803	㹱猲	梗開三入陌見	1	211 左下 4 行 1 字
804	犲豺	蟹開二平皆崇	1	30 右下 7 行 5 字
805	狒䋣䋣闈𧱠	止合三去未並	1	139 右上 8 行 5 字
806	狖㹩犹㺤	流開三去宥以	1	175 左下 6 行 1 字
807	獼獼狝	止開三平支明	1	10 右下 8 行 5 字
808	猢㺉櫪	遇合一平模匣	1	26 右上 3 行 1 字
809	猨猿蝯狿猨	山合三平元云	1	38 左下 10 行 3 字
810	猳猳	假二平麻見	1	61 右下 6 行 5 字
811	獄圖	通合三入燭疑	1	188 右上 10 行 1 字
812	獅狮	止開三平脂生	1	12 右下 4 行 1 字
813	獐麞	宕開三平陽章	1	63 右上 1 行 3 字
814	獷猩	宕合一平唐匣	1	66 右下 10 行 1 字
815	玈張黸	遇合一平模來	1	25 右下 5 行 6 字
816	玉𠫞王	通合三入燭疑	1	188 右上 8 行 7 字
817	玏㔹	曾開一入德來	1	219 左上 10 行 5 字
818	玕玕	山開一平寒見	1	41 左下 7 行 5 字
819	玠琾	蟹開二去怪見	1	150 左上 2 行 4 字
820	玩貦	山合一去換疑	1	158 右下 7 行 3 字
821	玼瑰	蟹開三去祭以	1	147 左上 6 行 1 字
822	珍鉁	臻開三平真知	1	34 左下 7 行 3 字
823	珒瑧	臻開三平真精	1	34 左上 2 行 1 字
824	琅瑯	宕開一平唐來	1	65 右上 6 行 3 字
825	琉瑠	流開三平尤來	1	76 右上 10 行 1 字
826	琔甓	山開四去霰定	1	161 左下 4 行 2 字
827	琨瑻	臻合一平魂見	1	40 左上 3 行 2 字
828	琴䒫䕓䕓	深開三平侵群	1	81 右下 4 行 8 字
829	瑙碯瑙碯	效開一上晧泥	1	116 右下 4 行 1 字
830	瑪碼	假開二上馬明	1	118 右上 5 行 2 字
831	瑮瓎	臻開三入質來	1	191 右下 7 行 2 字

續表

序號	字組	音韻地位	次數	《集韻》潭州本頁碼
832	瑤珎	效開二上巧莊	1	115 左上 3 行 3 字
833	瑂璘	止開三平之群	1	17 左上 6 行 1 字
834	璩璩渠	遇合三平魚群	1	19 左上 7 行 1 字
835	胅胅𦜕𦜕	山開四入屑定	1	201 右上 10 行 3 字
836	瓢𤬛	效開三平宵並	1	53 右上 7 行 3 字
837	瓫盆	臻合一平魂並	1	40 左下 3 行 6 字
838	瓴霝瓶	梗開四平青來	1	71 左下 10 行 3 字
839	瓷瓷	止開三平脂從	1	13 左上 2 行 1 字
840	甒甒甒	遇合三上虞明	1	97 左上 2 行 1 字
841	甙甙酨	蟹開一去代定	1	152 右下 5 行 4 字
842	用甬	通合三去用以	1	132 右下 1 行 1 字
843	甲𤰞	咸開二入狎見	1	227 右上 7 行 1 字
844	甾甾	止開三平之莊	1	15 右下 1 行 2 字
845	畀畀挊	止開三去至幫	1	137 右上 7 行 4 字
846	畊耕	梗開二平耕見	1	68 左下 3 行 1 字
847	畞畮畝	流開一上厚明	1	126 右上 3 行 4 字
848	異髲	止開三去志以	1	138 右下 1 行 6 字
849	疥蚧瘠	蟹開二去怪見	1	150 左上 3 行 1 字
850	疪瘠	止開三去至幫	1	137 右上 8 行 4 字
851	疼胗	通合一平冬定	1	5 右上 2 行 4 字
852	疾廿𤷾𤷾	臻開三入質從	1	190 右下 8 行 6 字
853	痂䯊	假開二平麻見	1	61 右下 5 行 1 字
854	痟魈	效開三平宵心	1	52 左上 8 行 4 字
855	痺瘵	止開三去至並	1	137 左上 8 行 2 字
856	瘜膒	曾開三入職心	1	217 左下 2 行 4 字
857	癇獼	山開二平山匣	1	45 右上 3 行 2 字
858	癃瘖膇	深開三去沁影	1	179 右上 7 行 3 字
859	癡促懇	止開三平之徹	1	16 左上 6 行 3 字
860	癮瘾	臻開三上隱影	1	104 左上 8 行 3 字
861	癶癶	山合一入末幫	1	198 右上 4 行 2 字
862	癸𤳷	止合三上旨見	1	92 左下 10 行 6 字
863	皆皆	蟹開二平皆見	1	30 右上 7 行 1 字
864	岭𡽬嵉巆	梗開四平青來	1	72 左上 2 行 2 字
865	皮𥏬笈	止開三平支並	1	10 右上 8 行 3 字
866	韇韇	通合一入屋定	1	183 左上 10 行 2 字

續 表

序號	字　組	音韻地位	次數	《集韻》潭州本頁碼
867	盄㿰	效開三平宵章	1	53 左上 7 行 1 字
868	盋鉢	山合一入末幫	1	198 右下 5 行 5 字
869	盧𧇊	遇合一平模來	1	25 右下 4 行 3 字
870	目囼	通合三入屋明	1	184 左上 5 行 6 字
871	眉𥄫	止開三平脂明	1	15 左上 1 行 5 字
872	真帍	臻開三平真章	1	33 右下 6 行 1 字
873	眶頣	宕合三平陽溪	1	64 右下 3 行 2 字
874	眷睠劵	山合三去綫見	1	164 右上 6 行 5 字
875	督𥈙䇾	通合一入沃端	1	186 左下 9 行 4 字
876	睦𥈭	通合三入屋明	1	184 左上 6 行 1 字
877	睹覩	遇合一上姥端	1	98 右下 3 行 6 字
878	瞎䀊	山開二入鎋曉	1	200 右上 7 行 6 字
879	矛戎舒	流開一平侯明	1	78 左下 7 行 2 字
880	矢笶矢夰	止開三上旨書	1	92 左上 4 行 5 字
881	矤矧訠敒	臻開三上軫書	1	102 左下 2 行 3 字
882	矰罾	曾開一平登精	1	74 左上 4 行 7 字
883	石𥐘	梗開三入昔禪	1	214 右上 7 行 2 字
884	矴碇𥗤	梗開四去徑端	1	174 左上 7 行 3 字
885	砱𥗼䃎	梗開四平青來	1	72 右上 8 行 4 字
886	硂銓	山合三平仙清	1	49 左下 3 行 2 字
887	硼磞	梗開二平耕滂	1	69 左下 2 行 2 字
888	確碻	江開二入覺溪	1	188 右下 4 行 1 字
889	碰砰	梗開二入陌疑	1	211 右上 7 行 1 字
890	磁礠	止開三平之從	1	16 左上 4 行 2 字
891	磐硑	山合一平桓並	1	43 左上 8 行 1 字
892	磲磲	遇合三平魚群	1	19 左上 7 行 2 字
893	磿礰	梗開四入錫來	1	216 左上 7 行 6 字
894	社社䄕	假開三上馬禪	1	118 左上 5 行 4 字
895	祖袓	遇合一上姥精	1	98 左上 10 行 5 字
896	祙髟魅录鬽	止開三去至明	1	137 右下 10 行 3 字
897	神䄠䙃	臻開三平真船	1	34 右上 3 行 7 字
898	祢禰	蟹開四上薺泥	1	100 右上 2 行 3 字
899	祇𥜿	遇合三上語來	1	96 右下 7 行 2 字
900	祧䄻	效開四平蕭透	1	51 左上 7 行 2 字
901	禍旤祸	果合一上果匣	1	117 左上 3 行 3 字

续 表

序號	字　　組	音韻地位	次數	《集韻》潭州本頁碼
902	禰禰	蟹開三去祭來	1	147 右上 3 行 1 字
903	禹俞龠	遇合三上虞云	1	97 右上 9 行 2 字
904	卨嵩	山開三入薛心	1	202 左下 7 行 3 字
905	禽禽	深開三平侵群	1	81 右下 10 行 1 字
906	禿禿	通合一入屋透	1	183 左上 5 行 1 字
907	秋穐龝	流開三平尤清	1	76 右下 3 行 1 字
908	秔稉粳	梗開二平庚見	1	67 左上 5 行 1 字
909	秦森鱻	臻開三平真從	1	34 左上 2 行 3 字
910	秪秪	止開三平脂知	1	13 左上 5 行 1 字
911	稆穭	遇合三上語來	1	96 右下 9 行 4 字
912	稕稕	臻合三去稕章	1	153 左下 10 行 1 字
913	稜稜	曾開三平蒸來	1	73 右下 3 行 1 字
914	稢稢	通合三入屋影	1	186 左上 2 行 1 字
915	穉稺犢	止開三平支影	1	11 左下 3 行 3 字
916	穅粇糠康	宕開一平唐溪	1	65 左下 5 行 6 字
917	穋數	通合三入屋明	1	184 左上 8 行 3 字
918	穗采蕵	止合三去至邪	1	135 右下 10 行 1 字
919	穛糕	江開二入覺莊	1	189 右下 5 行 2 字
920	穟秫穟	止合三去至邪	1	135 右下 9 行 3 字
921	究寂	流開三去宥見	1	175 右下 1 行 2 字
922	窟堀堀	臻合一入沒溪	1	196 左上 10 行 3 字
923	竊竊	山開四入屑清	1	200 左下 1 行 3 字
924	䜴誼誾	止開三去寘疑	1	134 左上 10 行 3 字
925	競競竸	梗開三去映群	1	173 左上 6 行 2 字
926	笁舽	通合一平東並	1	2 左下 2 行 1 字
927	竽䇶	遇合三平虞云	1	21 右下 4 行 1 字
928	笨遵	山合一去換心	1	159 右上 10 行 1 字
929	笛篴	梗開四入錫定	1	216 右上 7 行 6 字
930	笯箍	遇合一平模見	1	26 右上 10 行 2 字
931	笱苟	流開一上厚見	1	125 左下 1 行 2 字
932	筅筅	山開四上銑心	1	109 右下 1 行 2 字
933	筱篠	效開四上篠心	1	112 左下 7 行 1 字
934	篥籠	通合一入屋來	1	183 右下 7 行 5 字
935	箕㠱㠱其匧具晷箕箕	止開三平之見	1	17 右上 4 行 1 字
936	箜控	通合一平東溪	1	3 右下 9 行 5 字

續　表

序號	字　　組	音韻地位	次數	《集韻》潭州本頁碼
937	箝箝	咸開三平鹽群	1	84左下9行8字
938	箶竽	遇合一平模匣	1	26右上1行1字
939	箻箻	臻合三入術來	1	193右上2行3字
940	箽箽	通合一上董端	1	87左上8行5字
941	篘箷篓篘	流開三平尤初	1	77右下4行3字
942	篙篁	山開四入屑泥	1	201左上8行2字
943	篷笨篷	通合一平東並	1	2左下1行3字
944	箊篹篽藇馭	遇合三上語疑	1	95右下2行2字
945	簡憗憗	臻開三上準明	1	103左上7行4字
946	簬簵簬	遇合一去暮來	1	142左下6行4字
947	箊算	遇合三平魚以	1	20左下3行3字
948	籯籝	梗開三平清以	1	70右下6行1字
949	籩籩籩	山開四平先幫	1	46右下2行5字
950	粒靸	深開三入緝來	1	220左下5行3字
951	粔粔	遇合三上語群	1	95左下3行4字
952	粟稟蠹	通合三入燭心	1	187右下1行3字
953	粵噊	山合三入月云	1	194右下7行4字
954	粮糧	宕開三平陽來	1	64右上1行2字
955	粱梁	宕開三平陽來	1	64右上1行3字
956	䊚䉤	通合一入屋來	1	183左下7行3字
957	䅹䅹	止開三平之群	1	17左上7行1字
958	粽糉	通合一去送精	1	131右下2行4字
959	糇餱	流開一平侯匣	1	78右上7行5字
960	糈糈	遇合三平虞滂	1	22左下4行1字
961	糖糛餳餹	宕開一平唐定	1	64右下8行2字
962	糞黂鞼糞幣	臻合三去問幫	1	155右下3行4字
963	糁糝	山開一上緩心	1	107左上8行1字
964	糡檻	咸開二上檻匣	1	130右下10行2字
965	紂鞧	流開三上有澄	1	125左上10行2字
966	紘䥆	梗合二平耕匣	1	69右上5行4字
967	紜魰	臻合三平文云	1	38右上2行3字
968	素絮	遇合一去暮心	1	142右下1行8字
969	細綑	蟹開四去霽心	1	143右下3行2字
970	紱紼	臻合三入物幫	1	193右下5行1字
971	紳䶈	臻開三平真書	1	33左下6行1字

續表

序號	字　　組	音韻地位	次數	《集韻》潭州本頁碼
972	縧縚	效開一平豪透	1	57右上5行3字
973	絰䴈	山開四入屑定	1	201右上4行2字
974	繲繭繭	山開四上銑見	1	110右上4行1字
975	綌帹緽	梗開三入陌溪	1	211左下1行4字
976	絣絣	梗開二平耕幫	1	69右下6行4字
977	綠騄	通合三入燭來	1	187左下4行6字
978	緞鍛	山合一去換定	1	159右下10行3字
979	繅褓	效開一上晧幫	1	115左下7行4字
980	總㥬	止開三平之心	1	16右上2行2字
981	縈幤	梗合三平清影	1	70左下8行5字
982	繲絣	梗開三入陌疑	1	211左下7行3字
983	縢繼縫	曾開一平登定	1	74右上1行6字
984	縼綻	山合三去綫邪	1	163右上4行5字
985	絟䘏	臻合三入術來	1	192左下9行2字
986	繖傘夑幰	山開一上緩心	1	107左上7行3字
987	繮韁	宕開三平陽見	1	64左上2行6字
988	繸縁轛	止合三去至邪	1	135右下7行3字
989	繿襤	咸開一平談來	1	83右上6行6字
990	繩繩	曾開一入德明	1	219右下8行6字
991	纍縲	止合三平脂來	1	13左下3行2字
992	缶瓿	流開三上有幫	1	124右下4行2字
993	罏甗罏廬	遇合一平模來	1	25右下4行4字
994	罝䍡	遇合一平模見	1	26右上3行3字
995	羖牯	遇合一上姥見	1	99右上3行4字
996	羚鷣糯糯麢	梗開四平青來	1	72右上3行4字
997	羣䡝𦫳	臻合三平文群	1	38左上4行4字
998	羱莧羦	山合一平桓匣	1	42左下2行3字
999	搚翋	咸開一入合來	1	222右下6行5字
1000	翮䪗	梗開二入麥匣	1	212左下8行2字
1001	耇耈	流開一上厚見	1	125右下9行2字
1002	聖䎇䏊	梗開三去勁書	1	173左下8行5字
1003	聧䎘	咸開四入帖來	1	225左上1行1字
1004	聰聰	通合一平東清	1	3右上6行3字
1005	聵聲聲	蟹合二去怪疑	1	150右上8行2字
1006	肢胑胑䏈	止開三平支章	1	7左下3行3字

續表

序號	字　　組	音韻地位	次數	《集韻》潭州本頁碼
1007	肤朕胁	山開三平仙日	1	48右下10行3字
1008	胃䏍䏛	止合三去未云	1	139右下7行4字
1009	脈脉衇	梗開二入麥明	1	211左下9行3字
1010	脚腳	宕開三入藥見	1	207左上7行2字
1011	脰䐁	流開一去候定	1	178右上10行5字
1012	腆殄䐗	山開四上銑透	1	109左下1行8字
1013	腿骽	蟹合一上賄透	1	101右下4行5字
1014	膩䐑	止開三去至娘	1	136右上10行6字
1015	膾鱠	蟹合一去泰見	1	149左上2行5字
1016	臊羶	效開一平豪心	1	56右下8行3字
1017	臝蓏蔂	果合一上果來	1	117左下10行5字
1018	臣㒴	臻開三平真禪	1	34右上1行2字
1019	臮䃿	止開三去至群	1	136左下3行1字
1020	臺㙜坮	蟹開一平咍定	1	32左下10行3字
1021	舐䑛䑖䑟	止開三上紙船	1	89右下5行5字
1022	舲艼艫䑰	梗開四平青來	1	72右上1行3字
1023	舶䑹	梗開二入陌並	1	210右下4行1字
1024	色䛲	曾三入職生	1	217右下6行1字
1025	艷豔䪲	咸開三去豔以	1	180左上6行1字
1026	芙莢	山合四入屑見	1	202左上2行4字
1027	苠䒩	臻開三平真明	1	34左下6行2字
1028	芙蒢	山開四入屑定	1	201左上1行1字
1029	茂苽	遇合一平模見	1	26右上10行3字
1030	茜蒨	山開四去霰清	1	161右下2行2字
1031	茿蒁	通合三入屋知	1	185左上1行2字
1032	荊䪍	梗開三平庚見	1	68左上10行2字
1033	荻䵹	梗開四入錫定	1	216右上8行4字
1034	菅䕓	山開二平刪見	1	44右下1行4字
1035	菉䕍	通合三入燭來	1	187左下6行2字
1036	萜䓒	流開三平尤澄	1	76右上1行2字
1037	菓芓	止開三上止心	1	94左上2行2字
1038	蒴䒕䓧	遇合三平虞群	1	22左上7行3字
1039	葒蕻	通合一平東匣	1	3右下1行1字
1040	葧䒀	臻合一入沒並	1	195右下9行1字
1041	葵䕒	止合三平脂群	1	14右下5行1字

續　表

序號	字　　組	音韻地位	次數	《集韻》潭州本頁碼
1042	葷薰	臻合三平文曉	1	38右上10行3字
1043	眉薇	止開三平脂明	1	15左上3行5字
1044	賁雲	臻合三平文云	1	38右上3行4字
1045	蓐蓐	通合三入燭日	1	187左上9行1字
1046	菡薈	遇合一上姥來	1	98左下4行1字
1047	㵎皠	山開一上旱曉	1	106左下3行1字
1048	蔗藷蕏	假開三去禡章	1	169左下2行1字
1049	陳塵	臻開三平真澄	1	35右上2行3字
1050	尋薅	咸開一平覃定	1	81左下7行2字
1051	澫藕蕅	流開一上厚疑	1	125左下6行2字
1052	蕗露	遇合一去暮來	1	142左下7行1字
1053	蔦蔦	梗開三入昔心	1	213左上6行4字
1054	蕿蕿	臻合一平魂心	1	41右上2行3字
1055	薛薛	山開三入薛心	1	202左下5行1字
1056	薴薴	梗開二平耕娘	1	69右下5行5字
1057	毅顤顤	止開三去未疑	1	139右下6行4字
1058	齔櫬	臻開三去稕初	1	154左下1行1字
1059	蘂蘂	止合三上紙日	1	90右上6行7字
1060	蘋蘋	臻開三平真並	1	34右下1行1字
1061	蘩蘩	山合三平元並	1	39左下8行1字
1062	虅蘵蘵	曾開三入職章	1	217左上4行2字
1063	蘖蘖	山開三入薛幫	1	204左下2行3字
1064	虍虖	遇合一平模曉	1	26左上10行5字
1065	虎虛軇	遇合一上姥曉	1	98左下5行6字
1066	虐虘	宕開三入藥疑	1	207右下3行3字
1067	虤虣	效開一去号並	1	167右下9行1字
1068	蚵蛁	效開四平蕭端	1	51左上1行1字
1069	虻蝱	梗開二平庚明	1	67左下10行1字
1070	蛛鼀	遇合三平虞知	1	24右上5行2字
1071	蚚蚚	止開三平脂影	1	14左上7行2字
1072	蜈蜈	遇合一平模疑	1	26右下9行4字
1073	蜉蠹	流開三平尤並	1	77左下8行4字
1074	蜜蜜蠠	臻開三入質明	1	191右上4行7字
1075	蝒蝒	山開三平仙明	1	49右下7行5字
1076	蝢蜉	流開三上有並	1	124右下10行5字

續　表

序號	字　　組	音韻地位	次數	《集韻》潭州本頁碼
1077	蝨䖂	臻開三入櫛生	1	193 左上 3 行 3 字
1078	螌䗞蠱	流開三平尤清	1	76 右下 7 行 4 字
1079	融䗘	通合三平東以	1	4 右下 8 行 3 字
1080	螶蠹蠔	遇合一去暮端	1	142 右下 10 行 3 字
1081	螯鰲䥲	效開一平豪疑	1	56 左上 7 行 5 字
1082	蜼蝚	止合三去未影	1	139 左下 8 行 1 字
1083	蟀螕	臻合三入質生	1	190 左上 9 行 7 字
1084	蟚蜘	曾開一入德從	1	219 左下 3 行 3 字
1085	蠢戠戳䫜	臻合三上準昌	1	102 左下 9 行 4 字
1086	蠮蠮蠮	山開四入屑影	1	201 左下 7 行 3 字
1087	䗬䗸	臻開三去稕曉	1	155 右上 9 行 2 字
1088	衧袬	遇合三平虞云	1	21 右下 8 行 2 字
1089	裼裮	宕開三平陽昌	1	63 左上 6 行 3 字
1090	褋褋	咸開四入帖定	1	225 右上 5 行 1 字
1091	褢褢襐	蟹合二平皆匣	1	30 右下 1 行 2 字
1092	襋襋	曾開三入職見	1	218 右下 2 行 2 字
1093	襲襲	深開三入緝邪	1	220 左上 1 行 3 字
1094	襴襴	山開一平寒來	1	42 右下 2 行 2 字
1095	觚䚷	遇合一平模見	1	26 右上 8 行 3 字
1096	觥觵	梗合二平庚見	1	67 右下 6 行 8 字
1097	觪觪	梗合三平清心	1	70 左上 5 行 1 字
1098	觴䚇䚈	宕開三平陽書	1	63 右上 9 行 2 字
1099	訞訞	效開三平宵影	1	54 左上 4 行 2 字
1100	訝謝	遇合三去遇並	1	141 右下 6 行 1 字
1101	詞訶	止開三平之邪	1	16 左上 1 行 3 字
1102	詩訨	止開三平之書	1	15 右下 4 行 6 字
1103	誂嬥	效開四上篠定	1	113 右上 6 行 2 字
1104	誨誨	蟹合一去隊曉	1	152 左上 2 行 5 字
1105	諊䩊簕籔籟	通合三入屋見	1	186 右上 1 行 3 字
1106	諤譚	宕開一入鐸疑	1	209 右下 8 行 4 字
1107	諔譜	遇合一上姥幫	1	98 左上 7 行 1 字
1108	謔謔	宕開三入藥曉	1	207 左上 5 行 2 字
1109	證鐙	曾開三去證章	1	174 右下 9 行 1 字
1110	譓譓	蟹合四去霽匣	1	145 左上 5 行 4 字
1111	讅譟誺讕	止合三上旨來	1	92 左下 4 行 5 字

續 表

序號	字　組	音韻地位	次數	《集韻》潭州本頁碼
1112	諼諼	梗開四入錫來	1	216右下1行2字
1113	變彪彪	山開三去線幫	1	164左上7行2字
1114	讓鬤	宕開三去漾日	1	171左上3行4字
1115	韇𪔛	通合一入屋定	1	183右下1行2字
1116	豐豐	通合三平東滂	1	3左下9行4字
1117	䊼䊼	臻開三入質澄	1	191右下3行1字
1118	犯犯	假開二平麻幫	1	60右上7行1字
1119	象蒃	宕開三上養邪	1	119左上2行4字
1120	豪豪蠔	效開一平豪匣	1	55左下9行1字
1121	貂貂貂	效開四平蕭端	1	51右上9行6字
1122	貧夯	臻開三平真並	1	34右下8行4字
1123	販販	山合三去願幫	1	156右下10行7字
1124	販販	宕合三去漾曉	1	171左下9行3字
1125	賊賊	曾開一入德從	1	219左下2行1字
1126	賤賤	臻合三去稕心	1	154左下2行3字
1127	贊贊	山開一去換精	1	159右上4行4字
1128	賨悰	通合一平冬從	1	5右上10行2字
1129	賭賭	遇合一上姥端	1	98右下4行3字
1130	賴頣	蟹開一去泰來	1	148右上2行1字
1131	賵𩙿	通合三去送滂	1	132右上7行1字
1132	賾嘖	梗開二入麥崇	1	212左上8行4字
1133	起记	止開三上止溪	1	94右下4行1字
1134	趁趁	深開三上寑溪	1	127右上9行4字
1135	越趡	止開三平脂清	1	12左下10行4字
1136	趰躓	曾開三入職徹	1	218右上3行2字
1137	跎跎	果開一平戈定	1	59左上6行3字
1138	跽𦞤	止開三上旨群	1	93右上5行4字
1139	踅悠憁	通合三入屋書	1	184左下3行3字
1140	跿跿	遇合一平模定	1	25左上10行1字
1141	踊踴	通合三上腫以	1	88右下2行2字
1142	蹤蹤	通合三平鍾精	1	5左下5行1字
1143	躔躔蹮	山開三平仙心	1	48右上8行4字
1144	蹼蹼	通合一入屋幫	1	182右下10行4字
1145	踤踤	山開一入曷透	1	197右下10行1字
1146	躊躊	流開三平尤澄	1	75左下8行2字

續　表

序號	字　　組	音韻地位	次數	《集韻》潭州本頁碼
1147	躐躐	咸開三入葉來	1	224右下2行6字
1148	蘷趽	山開一入曷心	1	197左上8行5字
1149	躬躳	通合三平東見	1	4左下1行2字
1150	轎䎛	效開一去号定	1	168右上10行3字
1151	軌匦氿	止合三上旨見	1	93右上9行6字
1152	軍宭	臻合三平文見	1	38左上3行5字
1153	軓軋	咸合三上范並	1	130左下5行1字
1154	輩軰	蟹合一去隊幫	1	151右下7行4字
1155	軭軮	宕合一平唐見	1	66左上10行3字
1156	輈䡟	流開三平尤知	1	75右下10行5字
1157	輍䡱	通合三入燭以	1	187左下8行2字
1158	轂䡬	通合一入屋見	1	182右下1行3字
1159	轖䡾	曾開三入職生	1	217右下8行6字
1160	辜䛬姑	遇合一平模見	1	26右上6行2字
1161	辝辤	止開三平之邪	1	16左上2行2字
1162	辭䛐䛐	止開三平之邪	1	16左上1行4字
1163	辰辰	臻開三平真禪	1	33左下8行4字
1164	迢迢	效開四平蕭定	1	51右下1行3字
1165	逋逋	遇合一平模幫	1	24左下5行2字
1166	速遬䢤	通合一入屋心	1	183右上3行2字
1167	逸䢪	臻開三入質以	1	191左下2行6字
1168	遵䢺	臻合三平諄精	1	35左下1行4字
1169	邁䢕	蟹開二去夬明	1	151右上5行4字
1170	奴娜	遇合三平魚日	1	20右上8行2字
1171	邦峀㟃	江開二平江幫	1	7左上5行3字
1172	邱邱	流開三平尤溪	1	74左下4行2字
1173	䢵鄆	宕合三平陽溪	1	64右下1行2字
1174	郄䢼	梗開三入陌溪	1	211右下10行3字
1175	鄝鄝	效開四上篠來	1	113左上2行3字
1176	鄦䣉	遇合三上語曉	1	95右下5行1字
1177	酥酥䣳酥	遇合一平模心	1	25右上2行3字
1178	酸酸	山合一平桓心	1	43右上8行5字
1179	酺酺	遇合一平模匣	1	25左下10行1字
1180	醓醓醓醓	咸開一上感透	1	128左上3行4字
1181	醢䤈䤈	蟹開一上海曉	1	101左下10行3字

續　表

序號	字　　組	音韻地位	次數	《集韻》潭州本頁碼
1182	醬牆㸂	宕開三去漾精	1	171右上6行6字
1183	醯鼹	蟹開四平齊曉	1	28左上3行5字
1184	醱酦	山合一入末滂	1	198左下1行5字
1185	醽酃醽醽	梗開四平青來	1	71左下7行5字
1186	釀䃴䕩	止開三平支明	1	10左上2行1字
1187	金金	深開三平侵見	1	81右下2行3字
1188	釨鋅	止開三上止精	1	94右上6行4字
1189	釲鉬	止開三上止邪	1	94右上9行3字
1190	釾鎁鋣	假開三平麻以	1	61右上10行3字
1191	鈞銁	臻合三平諄見	1	36左上9行8字
1192	鉣鋤	咸開三入業見	1	226右上4行3字
1193	蚰鑪	通合一平冬定	1	5右上3行3字
1194	鋗鎭鏗	梗開二平耕溪	1	68左下3行2字
1195	錊鶻	臻合一入没並	1	195右下8行1字
1196	鋒鏠	通合三平鍾滂	1	5左下10行3字
1197	銅爥	通合三入燭見	1	188右上4行5字
1198	鋻鈚	山開二去諫滂	1	160右上8行3字
1199	鍚鐋	宕開三平陽禪	1	63右下3行4字
1200	鋸鏉	臻合一入没定	1	196右上4行5字
1201	錦鏃	蟹開四平齊定	1	27左上3行3字
1202	錫錫	宕開三平陽以	1	62左上6行4字
1203	鉤鑋	梗合二平耕曉	1	69左上2行2字
1204	鎌鐮	咸開三平鹽來	1	84右下6行6字
1205	鎖鏁	果合一上果心	1	117右下2行4字
1206	鏀鏀	遇合一上姥來	1	98左下3行4字
1207	鏍羸鑠	果合一平戈來	1	59左下3行1字
1208	鐜鐩	止合三去至邪	1	135右下5行2字
1209	鐒銲	效開一平豪來	1	57左下5行6字
1210	鑄霵	遇合三去遇章	1	141左下8行3字
1211	鑣鎑	咸開一入盍來	1	223左上1行3字
1212	鑰闚	宕開三入藥以	1	206左上8行3字
1213	開開	蟹開一平咍溪	1	32左上10行3字
1214	閈闟	梗開四平青來	1	72右上10行1字
1215	閧鬨	江開二去絳匣	1	132左下9行2字
1216	阧阧	流開一上厚端	1	126左上5行2字

續　表

序號	字　　組	音韻地位	次數	《集韻》潭州本頁碼
1217	阩陹阾	曾開三平蒸書	1	73右上4行1字
1218	陑陾	止開三平之日	1	15左上6行6字
1219	陵䧙	曾開三平蒸來	1	73左上10行5字
1220	陸䍦	通合三入屋來	1	185左上10行2字
1221	陽䧟	宕開三平陽以	1	62左上3行1字
1222	雄鳩	通合三平東匣	1	4右下9行5字
1223	集雧	深開三入緝從	1	220左上5行2字
1224	雎鴡	遇合三平魚清	1	19右下4行2字
1225	雕鵰	效開四平蕭端	1	51右上10行1字
1226	雖帷	止合三平脂心	1	12左下7行4字
1227	雝鶲	通合三平鍾影	1	6左下2行1字
1228	雞鷄	蟹開四平齊見	1	28右上8行1字
1229	雲𠄰	臻合三平文云	1	37左下9行4字
1230	電𩇓	山開四去霰定	1	161左下1行3字
1231	霝靈䨥靇䨩	梗開四平青來	1	71左下2行5字
1232	靂霳	梗開四入錫來	1	216右下5行5字
1233	靦䩄䩉䩄	山開四上銑透	1	109左下4行2字
1234	鞟鞹	宕合一入鐸溪	1	210右上1行4字
1235	鞬韃	山開三平元見	1	39左上8行1字
1236	鞭䇹	山開三平仙幫	1	49左上9行6字
1237	韉韀韉	山開四平先精	1	46左上6行1字
1238	韭韮	流開三上有見	1	124左上1行3字
1239	頟額	梗開二入陌疑	1	211右上6行2字
1240	頿髭頾	止開三平支精	1	8左下9行3字
1241	顒驣	通合三平鍾疑	1	6左下6行3字
1242	顱髗	遇合一平模來	1	25右下6行5字
1243	顴䫶	山合三平仙群	1	50左上9行1字
1244	飛飛	止合三平微幫	1	17左下1行2字
1245	飣飣	梗開四去徑端	1	174左上8行3字
1246	飥䬪𩜺	宕開一入鐸透	1	208右上4行4字
1247	飽䬺䭃䭒	效開二上巧幫	1	115右上5行7字
1248	餄䬹餄	咸開二入洽見	1	226右下3行3字
1249	餬飵	遇合一平模匣	1	25右下8行2字
1250	餘餯	蟹合三去廢曉	1	153右下5行5字
1251	餺䭯䴧	宕開一入鐸幫	1	208左上9行3字

續 表

序號	字　　組	音韻地位	次數	《集韻》潭州本頁碼
1252	餿餕	流開三平尤生	1	77左上9行4字
1253	饅䕘	山合一平桓明	1	43右下5行7字
1254	䬳䴝	臻開三入質幫	1	190左下2行2字
1255	饔饔	通合三平鍾影	1	6左下3行1字
1256	饋餅餙䬼	臻合三平文幫	1	37右下5行4字
1257	饠玀	果開一平戈來	1	59左上10行2字
1258	餕棧	山開四平先精	1	46左上6行5字
1259	馹馹	臻開三入質日	1	190左上7行5字
1260	駏狙	遇合三上語群	1	95左下3行3字
1261	駝馳	果開一平戈定	1	59左上1行1字
1262	駱騅	宕開一入鐸來	1	208左上2行2字
1263	駵騮	流開三平尤來	1	76左上4行4字
1264	騁騁	梗開三上靜徹	1	122右下6行2字
1265	驢獹	遇合三平魚曉	1	18左上10行2字
1266	驊䯁	假合二平麻匣	1	61左下7行1字
1267	骬骬	遇合三平虞云	1	21右下8行3字
1268	馘肎	曾開三入職以	1	218左上4行6字
1269	骾脛	梗開二上梗見	1	121右下1行1字
1270	髼鬘	通合一平東並	1	2左下3行1字
1271	鬩詅	梗開四入錫曉	1	216左下4行4字
1272	鬯稰	宕開三去漾徹	1	171右下1行3字
1273	鬼禩	止合三上尾見	1	95左上7行2字
1274	魖襦	遇合三平魚曉	1	19右上1行1字
1275	魚奐	遇合三平魚疑	1	18左下5行1字
1276	魴鰟	宕合三平陽並	1	62右下8行5字
1277	鮇窳	止合三去未明	1	138左下7行4字
1278	鮹鯛	效開四平蕭端	1	51左上5行5字
1279	鮍鯠	止開三平支滂	1	10右上2行5字
1280	鯉鱷	止開三上止來	1	94左上8行6字
1281	鯕魥	止開三平之群	1	17右上2行2字
1282	鯗鱶	宕開三上養心	1	119右下8行5字
1283	鰉鍠	宕合一平唐匣	1	66右下10行2字
1284	鰋鰋	山開三上阮影	1	105右下2行3字
1285	鰦鯥	止開三平之禪	1	15右下10行4字
1286	徽鱥	止合三平微曉	1	18左上3行2字

續　表

序號	字　　組	音韻地位	次數	《集韻》潭州本頁碼
1287	鳲䧹	止開三平脂書	1	12右下1行2字
1288	鳳䎖鵬	通合三去送並	1	132右上7行4字
1289	駕鳴鴚	假開二平麻見	1	61右下8行1字
1290	鴕鴮	果開一平戈定	1	59左上4行2字
1291	鴟鵄雌雎	止開三平脂昌	1	12右下7行4字
1292	鴨鶷鶻	咸開二入狎影	1	227左上1行2字
1293	鴲䧹	止開三平之日	1	15左下8行3字
1294	鴷翟	山開三入薛來	1	203左下6行1字
1295	鴽翟	遇合三平魚日	1	20右上9行6字
1296	鵌鵜	遇合一平模定	1	25右上9行4字
1297	鵐鷡雅	遇合三平虞明	1	23右上10行6字
1298	鵒雔鵐	通合三入燭以	1	187左下8行4字
1299	鵕雊	臻合三去稕心	1	154右下3行4字
1300	鵛雅	梗開四平青見	1	72右上8行3字
1301	鵝雅	果開一平歌疑	1	58右上4行1字
1302	鵟雊	宕合三平陽群	1	64右下5行3字
1303	鵱雒	通合三入屋來	1	185右下4行3字
1304	鵑雁	山開四平先見	1	47左上3行1字
1305	鵠雊	遇合一去暮透	1	142左下2行2字
1306	鴚雅	假開三去禡以	1	170右上10行3字
1307	鷤雞	蟹開四平齊清	1	27右上8行3字
1308	鶖鵮	流開三平尤清	1	76右下5行2字
1309	鶞雒	臻合三平諄徹	1	36右上3行1字
1310	鶏雜	臻合一入沒定	1	196右上5行8字
1311	鷗雔	山開三上阮影	1	105右下2行1字
1312	鶭翟	遇合一平模匣	1	26右上4行1字
1313	鶯罵	梗開二平耕影	1	69右上1行1字
1314	鯔鯺	止開三平脂生	1	12右下5行5字
1315	鶶雎	宕開一平唐定	1	64左3行6字
1316	鷏雕	臻開三平真禪	1	34右上2行4字
1317	鷙鵒	曾開三入職徹	1	218右上4行1字
1318	鷟雔	江開二入覺崇	1	189右下8行5字
1319	鶷雄	山合三平元並	1	39左下6行3字
1320	鷴鷴	山開二平山匣	1	45右上4行1字
1321	䴏雅	蟹開二上蟹明	1	100右下6行3字

續　表

序號	字　組	音韻地位	次數	《集韻》潭州本頁碼
1322	鷹廱	曾開三平蒸影	1	73 右下 6 行 4 字
1323	鷾離	止開三去志影	1	138 左下 2 行 2 字
1324	鷄雞	梗開二入陌澄	1	210 左下 3 行 2 字
1325	鸑鷟	江開二入覺疑	1	188 左下 7 行 2 字
1326	鶤鸓	蟹合一平灰來	1	31 左下 3 行 5 字
1327	麂麎	止開三上旨見	1	93 右上 5 行 2 字
1328	麖麅	梗開三平庚見	1	68 左上 10 行 4 字
1329	麪麵	山開四去霰明	1	162 右下 9 行 4 字
1330	麀麙	流開三平尤莊	1	77 右下 8 行 6 字
1331	黃夋	宕合一平唐匣	1	66 右下 2 行 2 字
1332	黻黼	臻合三入物幫	1	193 右下 4 行 2 字
1333	鼓鞁瞽瞽	遇合一上姥見	1	98 左下 10 行 1 字
1334	鼬歎	流開三去宥以	1	175 右下 7 行 3 字
1335	鼯鶚鸓	遇合一平模疑	1	26 右下 9 行 3 字
1336	觓敥	流開三平尤群	1	75 右上 4 行 5 字
1337	齤叢	山合三平仙群	1	51 右上 1 行 3 字
1338	籠鼉鼉	梗開四平青來	1	71 左下 4 行 4 字
1339	虮丸	梗開三入陌見	1	211 左下 3 行 2 字
1340	丆紅	效開四上篠端	1	113 右上 2 行 5 字
1341	侳挓	果開一平戈端	1	59 右上 7 行 1 字
1342	儱獁	蟹開二上蟹端	1	100 右下 8 行 4 字
1343	儾頾	曾合一平登曉	1	74 右下 2 行 1 字
1344	兆兜	遇合一上姥見	1	99 右上 4 行 2 字
1345	斕斕	山開一平寒來	1	42 右下 1 行 4 字
1346	厽愁	咸開一上感來	1	128 右下 2 行 4 字
1347	釗犀	效開二去效知	1	167 右上 5 行 4 字
1348	泧泧	止開三平支以	1	10 左下 4 行 4 字
1349	滐㴱	深開三上寑生	1	127 右上 5 行 7 字
1350	颰颰	臻合三入迄溪	1	194 右上 9 行 2 字
1351	剬剬	通合三平鍾昌	1	5 右下 4 行 2 字
1352	剮鐏	咸開一入盍端	1	223 右上 4 行 2 字
1353	剌剌	臻開三入質來	1	191 右下 8 行 1 字
1354	劆剾	梗開四入錫來	1	216 左上 9 行 2 字
1355	鑄豢鑾	山合三去線群	1	164 左上 3 行 4 字
1356	疓疕	止開三平之疑	1	17 左上 2 行 1 字

續　表

序號	字　　組	音韻地位	次數	《集韻》潭州本頁碼
1357	鷗䳼轝	效開一平豪透	1	57 右上 9 行 1 字
1358	𢀜巩𢀜	通合三上腫見	1	88 左下 9 行 3 字
1359	鹵𪊨	曾開三平蒸日	1	73 右上 9 行 2 字
1360	庨扁	山開四上銑幫	1	109 右上 5 行 5 字
1361	𣀨敗	山開四入屑精	1	200 左下 5 行 1 字
1362	㾄巆	果合一上果滂	1	117 左上 10 行 2 字
1363	啹噭	梗開三入陌見	1	211 右上 3 行 3 字
1364	苦䓿	山開一入曷疑	1	197 左上 6 行 1 字
1365	㙔𡑞	通合三上腫以	1	88 左下 3 行 1 字
1366	𦔓𦔐	山開三上獮溪	1	112 左上 3 行 3 字
1367	啥唪	山合二平刪見	1	44 左上 1 行 4 字
1368	毀毀毀	梗開二平庚娘	1	68 右上 7 行 1 字
1369	嚛餭	止開三平脂滂	1	14 左下 4 行 4 字
1370	噌嚖	臻合三入迄影	1	194 左上 8 行 4 字
1371	嘝嘝	山合三去願滂	1	156 右下 8 行 5 字
1372	矇謨	通合一平東明	1	3 右上 3 行 7 字
1373	㗫譅	咸開四入帖來	1	225 右上 10 行 7 字
1374	聱叡	效開一去号定	1	168 右上 9 行 1 字
1375	嘈譟	效開二去效幫	1	166 右下 8 行 1 字
1376	囥囥	宕開一去宕定	1	172 左上 4 行 6 字
1377	坍泔	咸開一平談透	1	83 右上 1 行 2 字
1378	垺坳	臻合一入没並	1	195 右下 7 行 1 字
1379	塡𡑞	通合一去送見	1	131 左下 9 行 4 字
1380	壣甋	咸開三入葉章	1	224 右上 10 行 3 字
1381	畬畬	臻合一上混幫	1	106 右上 10 行 1 字
1382	鞠䪼	通合三入屋見	1	186 右上 9 行 1 字
1383	萑萑	山合一平桓曉	1	42 左下 8 行 2 字
1384	娪娪	蟹合一平灰端	1	31 左上 10 行 6 字
1385	媒媒	遇合三平魚群	1	19 左上 10 行 1 字
1386	宋廉	效開一上晧幫	1	115 左下 6 行 1 字
1387	㙙閣	梗開二上梗生	1	122 右上 1 行 3 字
1388	歡歡	通合三入屋見	1	186 右上 2 行 5 字
1389	𡾊𡾊	山合三上獮章	1	111 左上 6 行 3 字
1390	炂燊	通合三入屋來	1	185 左上 9 行 5 字
1391	㞢㞢	曾開三入職崇	1	217 左下 1 行 2 字

續 表

序號	字　　組	音韻地位	次數	《集韻》潭州本頁碼
1392	岯嵦	蟹開二去卦影	1	149 右下 8 行 3 字
1393	峫齹	果開一平戈泥	1	59 右下 4 行 2 字
1394	嵓毒蜀	蟹合四平齊匣	1	29 右上 2 行 2 字
1395	崈嶜	通合三平東群	1	4 左下 7 行 1 字
1396	巊礦	宕開一去宕泥	1	172 左上 2 行 6 字
1397	㑧㒇	遇合三上語知	1	96 左上 10 行 3 字
1398	㛖幍	通合一平東透	1	2 左上 2 行 4 字
1399	㓷裂	蟹開三去祭來	1	147 右上 3 行 4 字
1400	㨹褯	流開三去宥莊	1	176 右下 5 行 1 字
1401	嶹頭	遇合一上姥影	1	99 左上 4 行 4 字
1402	㦗襰	蟹開二上駭來	1	100 左下 8 行 6 字
1403	㡧廧	宕開三平陽從	1	63 右上 6 行 4 字
1404	瘞瘗	蟹開三去祭影	1	146 右下 5 行 3 字
1405	廮鑗	梗開四平青來	1	72 右上 8 行 5 字
1406	羃棄薈	止合三去未云	1	139 左下 1 行 4 字
1407	慕爨	通合三入燭見	1	188 右上 5 行 2 字
1408	彷徬	宕開一平唐並	1	65 右上 10 行 3 字
1409	弶殣	流開三去宥群	1	175 左下 4 行 3 字
1410	㩋蠾	山合三平元並	1	39 左下 6 行 4 字
1411	嶢滐	效開三平宵以	1	53 左下 3 行 5 字
1412	㔾抑抲	曾開三入職影	1	218 右下 8 行 5 字
1413	㣶趉	臻合三入迄云	1	194 右上 5 行 1 字
1414	㦂㳌	山合三去綫邪	1	163 右上 4 行 3 字
1415	儋遪	咸開三去豔禪	1	180 右下 9 行 1 字
1416	鏽鴻	梗開四平青滂	1	71 右上 10 行 1 字
1417	炦愛	蟹開一去代影	1	153 右上 10 行 2 字
1418	惵㦀	江開二上講並	1	89 左上 5 行 1 字
1419	悎悼	效開一平豪見	1	56 右上 7 行 3 字
1420	悇悋	止合三去寘娘	1	134 右上 1 行 5 字
1421	㤺㥪	宕開一入鐸泥	1	208 左上 7 行 1 字
1422	㥈㥯	效開一平豪泥	1	57 右下 10 行 2 字
1423	恟惥	梗合二平耕曉	1	69 左上 1 行 3 字
1424	憹憗	止開三平支來	1	9 右下 8 行 2 字
1425	憹憹	遇合一上姥來	1	98 左下 1 行 1 字
1426	憼瀅	宕開一上蕩定	1	120 右下 2 行 4 字

續 表

序號	字　　組	音韻地位	次數	《集韻》潭州本頁碼
1427	薐薐	流開三平尤澄	1	76 右上 1 行 4 字
1428	姉姉	假合二上馬匣	1	118 左下 9 行 5 字
1429	或或	咸開一平覃溪	1	82 左上 8 行 7 字
1430	裁裁	效開一平豪疑	1	56 左上 7 行 6 字
1431	戠斮	宕開三入藥莊	1	206 左下 8 行 2 字
1432	屋圉	遇合三去遇徹	1	142 右上 5 行 5 字
1433	授敊	深開三去沁精	1	178 左下 8 行 4 字
1434	犎犎	山開二入鎋匣	1	200 右上 4 行 1 字
1435	搦㭔	曾開一去嶝定	1	175 左上 2 行 1 字
1436	撋撋	臻開三去焮影	1	155 左下 6 行 5 字
1437	搗樏	山開三平元見	1	39 左上 7 行 4 字
1438	攺攺攺	止開三平支書	1	8 右上 5 行 2 字
1439	旟欝	遇合三上語影	1	95 左下 6 行 7 字
1440	晉晉	假開二去禡影	1	170 右上 3 行 4 字
1441	骭骭	山開一去翰見	1	158 右上 1 行 4 字
1442	桐桐	梗合四上迥匣	1	123 右上 1 行 5 字
1443	梴舭	咸合三平凡並	1	86 右下 8 行 2 字
1444	桙榭	山開一上旱見	1	106 左上 8 行 3 字
1445	槓盉醢	蟹開一上海曉	1	102 右上 1 行 1 字
1446	樢瓨	咸開一平覃匣	1	82 右下 3 行 3 字
1447	槃槃	效開一平豪疑	1	56 左上 7 行 1 字
1448	榟莘	臻開三平臻生	1	37 右上 9 行 2 字
1449	檇槇	止開三平支精	1	9 右上 2 行 2 字
1450	栲笒	效開一上晧溪	1	115 右上 5 行 3 字
1451	顙顙	宕開一上蕩心	1	120 左下 9 行 3 字
1452	緅緅	流開一平侯精	1	79 右上 5 行 5 字
1453	伮欤	假合二平麻疑	1	62 左上 9 行 4 字
1454	歐嬰	曾開三入職從	1	217 左上 9 行 3 字
1455	欥炊	遇合三平虞以	1	24 左下 3 行 1 字
1456	歙歙	咸開三入業曉	1	225 右上 9 行 4 字
1457	歈歈	流開三上有以	1	124 左上 10 行 4 字
1458	欶歟	通合三入燭章	1	187 右上 9 行 1 字
1459	欶謙	梗開二入麥影	1	212 左下 9 行 5 字
1460	壔踌	通合一入沃定	1	187 右上 3 行 4 字
1461	奴䫇	山開一平寒從	1	42 右上 6 行 2 字

・359・

续 表

序號	字　　組	音韻地位	次數	《集韻》潭州本頁碼
1462	妭妭	山合一入末並	1	198左下7行6字
1463	殟鮸	效開二去效明	1	166左下6行1字
1464	殟殰	遇合一平模心	1	25右上3行5字
1465	眊毲	宕開一上蕩幫	1	120左下4行2字
1466	厀緈緈	蟹開三去祭見	1	146右下8行5字
1467	觳觳	通合三入燭心	1	187右下2行2字
1468	潵潵	咸開一平談透	1	83右上1行3字
1469	渾渾	蟹開四平齊定	1	27右下10行2字
1470	瀞瀞	梗開三平清精	1	70右上2行1字
1471	潃瀆	流開一去候定	1	178左上2行5字
1472	瀎邊	山開四平先幫	1	46右下3行1字
1473	濡瀝	梗開四平青來	1	72左上1行5字
1474	炶熒	山開四入屑幫	1	202右下1行7字
1475	燮燮	咸開四入怗心	1	225右下6行1字
1476	燹燹	止合三去至邪	1	135右下5行3字
1477	爥醧醧	梗開四入錫明	1	215右下10行1字
1478	爱爵	山合一去換來	1	159左下1行3字
1479	竛濘爧	梗開四平青來	1	72左上3行6字
1480	虥羢	山開二上產崇	1	108右下6行3字
1481	牚牚	宕開一平唐定	1	64左下4行3字
1482	獕猎	咸開一入盍透	1	223右上7行3字
1483	獱獱	止開三平支徹	1	9左上9行2字
1484	㲀 䚯	宕開三上養明	1	120右上8行2字
1485	瓵盅	通合三去用以	1	132左下1行3字
1486	甀甓	山合二入鎋娘	1	200右下7行1字
1487	鞋鞋	宕合一平唐匣	1	66右下7行1字
1488	葡葡	止開三去至並	1	137右下5行3字
1489	眜眛	通合三平鍾見	1	6右下7行1字
1490	䪥䪢䪢	遇合三去御章	1	140右下5行1字
1491	瘄瘤瘉	效開一上晧泥	1	116右下4行3字
1492	瘆瘆	曾開一平登定	1	74右上1行5字
1493	皷皷	通合一入屋來	1	183左下6行1字
1494	皷皷	咸開一入盍來	1	223左上2行3字
1495	盠臾	遇合三平虞云	1	21右下9行6字
1496	盰睭	遇合三上虞見	1	97右上3行2字

續　表

序號	字　　組	音韻地位	次數	《集韻》潭州本頁碼
1497	肥䏙	假合二平麻見	1	62 右上 6 行 2 字
1498	㻐䁙	臻合三入迄曉	1	194 右上 6 行 3 字
1499	䁘䁖䂓	流開一平侯端	1	79 右上 9 行 3 字
1500	䁯䀹	曾三平蒸影	1	73 右下 7 行 2 字
1501	䁖䁰	梗開四平青來	1	72 左上 2 行 3 字
1502	䂗磾磾	梗開四入錫端	1	215 左下 4 行 3 字
1503	祶禔	山開三上獮心	1	110 右下 3 行 2 字
1504	稅稅䅪	宕合一平唐曉	1	66 左上 3 行 1 字
1505	稨稨	流開三平尤心	1	76 右下 1 行 5 字
1506	䘸䬯	蟹開四平齊見	1	28 右上 8 行 4 字
1507	䅯稕	臻合一上混從	1	106 左上 7 行 6 字
1508	稡粹	臻合三入術來	1	192 左下 9 行 3 字
1509	䅨穋	曾開三入職以	1	218 右上 6 行 3 字
1510	䅟䅺	梗開四平青來	1	71 左下 8 行 6 字
1511	穖䅥	山開四入屑明	1	202 左下 1 行 1 字
1512	䉰䉇	江開二平江曉	1	7 右上 10 行 4 字
1513	笍節	假開三平麻以	1	61 左上 2 行 4 字
1514	箸簎	遇合一平模疑	1	26 右下 7 行 2 字
1515	箏簗	蟹開二去卦滂	1	149 左下 3 行 4 字
1516	籀筑	流開三平尤來	1	76 右上 2 行 1 字
1517	箊艉	蟹開四上薺匣	1	100 左上 1 行 1 字
1518	箉箉	果開一上哿見	1	116 右下 6 行 4 字
1519	簻簻	山合一上緩明	1	107 左上 2 行 2 字
1520	篇稿	梗開二入麥見	1	212 左下 2 行 4 字
1521	簎簎	梗開三上靜從	1	122 左上 10 行 3 字
1522	毇毇簒	止合三上紙曉	1	91 右下 4 行 4 字
1523	䊓糯	梗開四平青來	1	72 左上 4 行 5 字
1524	䊂䊒	流開三平尤精	1	76 右下 10 行 1 字
1525	縶練	遇合三平魚群	1	19 左上 6 行 4 字
1526	縡縺	止三去至澄	1	136 右上 4 行 1 字
1527	縞纊	咸開一入盍來	1	223 左上 3 行 2 字
1528	罢䍀	咸開二上豏娘	1	130 右下 6 行 4 字
1529	翀犝	通合一平東定	1	2 左上 10 行 3 字
1530	翻䨲	山開三平仙曉	1	49 右上 5 行 5 字
1531	䎍䎊	通合一上董影	1	88 右上 8 行 3 字

續　表

序號	字　　組	音韻地位	次數	《集韻》潭州本頁碼
1532	玁鸛	咸開一入盍來	1	223左上2行5字
1533	穲穲	止開三平脂來	1	13右下8行1字
1534	瑂瞴	止開三平支明	1	10右下7行1字
1535	䫜䫜	宕合一入鐸見	1	210右上7行4字
1536	璔牅	宕開一平唐端	1	64左下9行6字
1537	貯跓	遇合三上虞澄	1	98右上3行6字
1538	䏦䏝	山開四入屑心	1	200右下9行1字
1539	珊撒	山開一平寒心	1	42右上2行4字
1540	䎽䎽	蟹開三去祭章	1	145左下9行4字
1541	麻䗫	果合一平戈明	1	58右下10行5字
1542	臟臙	通合三入屋精	1	184右下8行4字
1543	厥厥	山合三入月見	1	194左下5行2字
1544	䠡䠡䠡	止開三去至澄	1	136右上6行1字
1545	䓔傅	宕開一入鐸滂	1	208右下6行6字
1546	䚱䚱䚱	效開一上晧端	1	116左上2行3字
1547	䠻䠻	假開二去禡見	1	170右下1行7字
1548	䯺䯺	山開三入月曉	1	195右上5行4字
1549	芛䒽	流開三平尤云	1	74右下9行3字
1550	荺荺	山合四平先見	1	47左下3行4字
1551	荻荼	臻開三入質清	1	190右下4行3字
1552	蒳蒳	深開三入緝娘	1	220左下10行2字
1553	葦葦	山開四入屑泥	1	201左上9行2字
1554	菁蓮	流開一去候見	1	177右下2行5字
1555	蒱蔰	效開四平蕭端	1	51左上3行5字
1556	蘛蘛	宕開三去漾徹	1	171右下2行1字
1557	鄭鄭	梗開三入昔澄	1	214左上4行5字
1558	鶵鶵	止開三平支來	1	9左下4行1字
1559	憋懲	通合三平東章	1	4左上6行2字
1560	蜼蜼	止開三去未曉	1	139左上7行3字
1561	蚸蚸	山開四入屑從	1	200左下9行2字
1562	蟀蟀	臻合三入術來	1	193右上1行1字
1563	蚕蛊	流開三平尤群	1	75右上8行6字
1564	蜂蜂	通合三平東來	1	4右下7行6字
1565	蟍蟍	通合一入屋心	1	183右上6行5字
1566	蛬蝈	遇合三上語書	1	96左上4行1字

續　表

序號	字　　組	音韻地位	次數	《集韻》潭州本頁碼
1567	蠷蠷	山開三上獼知	1	112右上1行5字
1568	褱屦	梗開四入錫來	1	216左上7行4字
1569	禥襘	蟹開二去怪見	1	150左上3行4字
1570	斲斲	江開二入覺知	1	189左下1行2字
1571	覛覛	梗開二入麥影	1	212左下7行2字
1572	覞覞	山開二平山溪	1	45右上7行1字
1573	艕醛	宕開一平唐幫	1	65左上3行2字
1574	詾詾	通合三平鍾滂	1	6右上3行4字
1575	詯誖詯	蟹合一平灰端	1	31左上9行1字
1576	谽谽	梗開四平青來	1	72左上3行1字
1577	㺜㺜	咸開二入狎生	1	227左上5行1字
1578	賈賈	流開一去候明	1	177左下6行3字
1579	赾赾	梗開二去諍幫	1	173右下2行4字
1580	趉趉	山開四入屑溪	1	201右下9行4字
1581	趩趩	蟹開三去祭徹	1	146右下1行1字
1582	趩趩	曾開三入職以	1	218左上4行2字
1583	虮䖆䖆	止開三平脂並	1	15右上3行2字
1584	軪軪軪	山合四上銑匣	1	110左上9行3字
1585	輾輾	臻開三上隱影	1	104左上9行3字
1586	鈒鈒	江開二去絳匣	1	132左下9行1字
1587	邺邺	止開三平支精	1	8左下10行5字
1588	郘郘	蟹開四平齊來	1	28右上2行1字
1589	郹郹	效開一上晧匣	1	115左上10行4字
1590	酈酈	梗開四入錫來	1	216左上6行6字
1591	酘酘	效開二平肴匣	1	54右下1行1字
1592	醉醉	蟹開四去霽並	1	143左下4行5字
1593	醜醜	通合一平東清	1	3右上9行3字
1594	醯醯	通合一平東明	1	2左下9行4字
1595	醹醹	梗開四入錫來	1	216右下1行3字
1596	鈂鐟	蟹開一上海來	1	102右下2行3字
1597	銛錫	宕開一去宕透	1	172右上6行3字
1598	陋陋	流開一去候端	1	178右上7行2字
1599	隧隧隧	蟹合一去隊定	1	151左上3行3字
1600	雊雊雊	遇合三上麌並	1	97右下5行5字
1601	雖雖鵑鵑	臻開三平真明	1	34左下4行4字

續　表

序號	字　組	音韻地位	次數	《集韻》潭州本頁碼
1602	雒鵅	梗合三入昔以	1	214 右下 10 行 2 字
1603	誚鵻	梗開三平清精	1	69 左下 9 行 5 字
1604	雔鶵	深開三入緝邪	1	220 左上 2 行 5 字
1605	鏦鏦	通合三平鍾從	1	5 左下 8 行 2 字
1606	鏞鱅	通合三平鍾以	1	6 右下 3 行 2 字
1607	雒鵅	宕開三平陽禪	1	63 右下 4 行 2 字
1608	雔鵤	流開三去宥從	1	176 左上 3 行 3 字
1609	雔鶵	深開三平侵精	1	80 右上 10 行 5 字
1610	雔鶵鸆	遇合三平魚群	1	19 左上 3 行 2 字
1611	雔鵙	遇合三去御以	1	140 左下 9 行 3 字
1612	雔鷅	山開四入屑明	1	202 左下 2 行 2 字
1613	雔鶖	蟹開一去泰清	1	148 右下 8 行 2 字
1614	雔鶩鶩	止開三平脂來	1	13 右下 8 行 2 字
1615	雔鸕	遇合一平模來	1	25 左下 2 行 1 字
1616	靈龗	梗開四平青來	1	72 左上 4 行 4 字
1617	彰凨	梗開三上靜從	1	122 左上 9 行 2 字
1618	靚靚	臻開三去稕清	1	154 左上 4 行 2 字
1619	靦醾	山開二上潸娘	1	108 右上 7 行 2 字
1620	靤類	假合二上馬生	1	118 右下 2 行 4 字
1621	靽韸	通合三平鍾滂	1	6 右上 1 行 3 字
1622	靴靴	蟹開四上薺泥	1	100 右上 6 行 1 字
1623	靴鞄	果開一平戈定	1	59 左上 2 行 4 字
1624	靹鞔	山合三上阮影	1	104 左下 8 行 3 字
1625	鞆韃	通合一平東定	1	2 右下 1 行 1 字
1626	韊韊	江開二入覺來	1	190 右上 8 行 1 字
1627	韍韍	效開二平肴見	1	54 右下 6 行 7 字
1628	韎韎	止合三平微云	1	18 右下 9 行 1 字
1629	韡韡	止合三上尾云	1	95 右上 10 行 5 字
1630	韻韻	通合一去送定	1	131 右下 8 行 5 字
1631	頄頄	流開三去宥云	1	175 右下 4 行 2 字
1632	顧顧	江開二入覺疑	1	188 左下 6 行 1 字
1633	顆顏	山開三平仙章	1	48 右下 4 行 1 字
1634	顧髗	通合三入燭曉	1	187 左下 10 行 3 字
1635	顏顏	止開三平支影	1	11 左下 3 行 2 字
1636	顮顮	梗開四上迥泥	1	123 左下 1 行 2 字

續　表

序號	字　　組	音韻地位	次數	《集韻》潭州本頁碼
1637	顡鶼	咸開一入盍疑	1	222 左下 8 行 5 字
1638	颺颺	蟹開四去霽來	1	144 右下 2 行 3 字
1639	颷颷	山開一入曷心	1	197 右下 1 行 4 字
1640	魩魩	梗開二入麥影	1	212 左下 7 行 1 字
1641	鯒鯒	通合三上腫以	1	88 左下 5 行 7 字
1642	斛觯	果開一平戈溪	1	58 左上 2 行 5 字
1643	籠鑾	通合一平東來	1	2 右下 5 行 5 字
1644	駟駟	止開三平脂生	1	12 右下 4 行 3 字
1645	駝駝	果開一平戈心	1	58 左下 2 行 1 字
1646	駾駾	宕合一平唐曉	1	66 左上 6 行 2 字
1647	騞騞	臻合一平魂幫	1	40 左下 1 行 3 字
1648	駻駻	山開二平山匣	1	45 右上 3 行 3 字
1649	髳髳	通合三入屋見	1	186 右上 5 行 3 字
1650	軨軨	梗開四平青來	1	72 左上 1 行 6 字
1651	鬌鬌	蟹開四上齊泥	1	100 右上 3 行 1 字
1652	髳髳	流開一平侯心	1	79 右上 3 行 4 字
1653	閺閺	臻合三平文滂	1	37 右下 2 行 2 字
1654	魏魏	蟹開二去怪生	1	150 左下 4 行 1 字
1655	魾魾	臻開三入質清	1	190 左下 5 行 4 字
1656	鮫鮫	梗合三入昔以	1	214 左下 1 行 1 字
1657	魱魱	止開三平脂昌	1	12 右下 8 行 2 字
1658	鮮鮮	臻開三平臻生	1	37 左上 1 行 5 字
1659	鱒鱒	宕開一入鐸並	1	208 左下 3 行 2 字
1660	䩹䩹	江開二平江匣	1	7 左上 2 行 6 字
1661	鶖鶖	臻合一入沒心	1	195 左下 3 行 4 字
1662	鵙鵙	蟹開四上齊見	1	100 左上 5 行 1 字
1663	鴯鴯	果合一平戈見	1	58 右上 10 行 4 字
1664	鵐鵐	梗開二入麥明	1	211 左下 10 行 3 字
1665	鶵鷹	效開三平宵精	1	52 右下 8 行 1 字
1666	鷗鷗	流開一平侯定	1	79 左上 6 行 3 字
1667	鹹鹹	咸開一去闞透	1	180 右上 10 行 5 字
1668	鼓鼓	咸開三平鹽澄	1	84 右下 4 行 2 字
1669	黗黗	通合一入屋滂	1	182 左下 5 行 1 字
1670	黸黸	通合一入屋來	1	183 右下 7 行 2 字
1671	皽皽	山開四去霰定	1	161 左下 5 行 3 字

續表

序號	字　　組	音韻地位	次數	《集韻》潭州本頁碼
1672	䫞覛	梗開四入錫明	1	215 右下 3 行 3 字
1673	䩭鼑	遇合三平虞羣	1	22 左上 6 行 3 字
1674	鼜鼜	蟹開四平齊明	1	29 左上 8 行 3 字
1675	鬘鬠	深開三平侵精	1	80 右上 9 行 6 字
1676	齃齃	山開一入曷來	1	197 左下 5 行 5 字
1677	靂靂	梗開四入錫來	1	216 左上 5 行 4 字
1678	岍開	山開四平先溪	1	47 左上 6 行 3 字
1679	埳畞	流開三去宥見 流開三去宥來	2	175 左下 3 行 6 字 176 左下 7 行 2 字
1680	㙅虢	效開一上晧匣 效開一去号匣	2	115 左上 10 行 5 字 167 左上 1 行 5 字
1681	嶀嵒	江開二入覺溪 江開二入覺匣	2	188 右下 4 行 3 字 188 右下 9 行 2 字
1682	巇巇	止開三平支曉 止合三平支溪	2	11 右下 2 行 1 字 12 左上 5 行 2 字
1683	夋突夋	效開四上篠影 效開四去嘯影	2	113 左上 10 行 1 字 165 右上 8 行 2 字
1684	屑屑	臻合一入沒心 山開四入屑心	2	195 左下 3 行 2 字 200 右下 8 行 1 字
1685	峻棧	山開二上產莊 山開二上產崇	2	108 右下 4 行 1 字 108 右下 5 行 4 字
1686	皀陽	效開四上篠端 效開一上晧端	2	113 右上 3 行 2 字 116 右上 10 行 3 字
1687	帆帆	宕開一平唐明 宕合一平唐曉	2	65 右下 1 行 6 字 66 左上 5 行 2 字
1688	雁庫	蟹合一平灰端 蟹合一平灰定	2	31 左上 6 行 3 字 31 右下 4 行 3 字
1689	廡障	宕開三平陽章 宕開三去漾章	2	63 左上 9 行 4 字 171 左上 1 行 7 字
1690	彆彆	蟹開三去祭幫 山開四入屑幫	2	147 左下 9 行 5 字 202 左上 10 行 4 字
1691	惛謂	遇合三平魚心 遇合三上語心	2	19 右下 1 行 2 字 95 左下 7 行 5 字
1692	樠枌桒	臻合三平文滂 臻合三平文並	2	37 右下 1 行 5 字 37 左下 5 行 1 字

續　表

序號	字　　組	音韻地位	次數	《集韻》潭州本頁碼
1693	橰篙	效開一平豪見 效開一去号見	2	56 右上 10 行 1 字 167 左上 10 行 2 字
1694	吹欪	止開三平之曉 蟹開一平咍曉	2	16 左下 4 行 4 字 32 左上 9 行 2 字
1695	軼瓞	咸開四入怗定 咸開二入洽定	2	225 右上 4 行 1 字 227 右上 2 行 5 字
1696	淀漩	山合三平仙邪 山合三去線邪	2	50 右上 1 行 4 字 163 右上 3 行 6 字
1697	尉尉	止合三去未影 臻合三入迄影	2	139 左下 5 行 5 字 194 左上 8 行 1 字
1698	煄臜	止合三平支精 山合三上獮精	2	9 右上 7 行 2 字 110 左下 6 行 4 字
1699	甋甄	梗開二平耕匣 梗開四平青匣	2	69 右上 4 行 2 字 72 左下 3 行 1 字
1700	甀愬	宕開三上養初 宕開三上養生	2	119 右下 7 行 1 字 119 左下 1 行 6 字
1701	觜斯	止開三平支心 蟹開四平齊心	2	8 右下 7 行 4 字 27 左上 5 行 5 字
1702	嫌馦	咸開三平鹽曉 咸開四平添曉	2	85 左上 7 行 2 字 85 左上 5 行 3 字
1703	鴛畹	山合三上阮影 山合三去願影	2	104 左下 9 行 3 字 156 左上 9 行 3 字
1704	唵罨	咸開一上感影 咸開三入業影	2	127 左下 9 行 3 字 226 右上 10 行 5 字
1705	瘋瘑	臻合三平文群 山合二平刪疑	2	38 左上 6 行 2 字 44 右下 4 行 1 字
1706	礣鏈	山開三平仙徹 山開三平仙來	2	48 左下 5 行 1 字 49 右上 1 行 2 字
1707	窻囪怱窗	通合一平東清 江開二平江初	2	3 右上 9 行 4 字 7 右下 3 行 5 字
1708	薇籏	止開三平脂明 止合三平微明	2	15 左上 4 行 3 字 17 右下 5 行 3 字

續　表

序號	字　　組	音韻地位	次數	《集韻》潭州本頁碼
1709	榩楗䥩䥩	山開三平元見 山開三平仙章	2	39 左上 9 行 4 字 48 右下 1 行 4 字
1710	藕糊	蟹開一去泰來 山開一入曷來	2	148 右上 3 行 1 字 197 左下 7 行 6 字
1711	倈耗	止開三平之來 蟹開一平咍來	2	16 左上 10 行 4 字 33 右上 8 行 3 字
1712	縕經	梗開三平清以 梗開四平青透	2	70 右下 7 行 1 字 71 右下 3 行 3 字
1713	罞橭	梗合二平庚見 梗合二平耕匣	2	67 右下 7 行 2 字 69 右上 8 行 3 字
1714	羋㿟	止開三平支明 蟹開四平齊明	2	10 右下 6 行 2 字 29 左上 6 行 4 字
1715	敇養	宕開三上養以 宕開三去漾以	2	119 右上 10 行 1 字 170 左下 9 行 1 字
1716	蚏䗐	蟹開三去祭以 山開三入薛心	2	147 左上 7 行 3 字 202 左下 8 行 3 字
1717	皒皒	山開一上旱曉 山開一去翰曉	2	106 右下 4 行 1 字 157 左下 7 行 2 字
1718	㠯澁	止開三平脂章 止開三平脂澄	2	12 左上 6 行 5 字 13 右下 3 行 1 字
1719	蕫薄	通合一入沃端 通合一入沃定	2	186 左下 10 行 4 字 187 右上 2 行 2 字
1720	蚴蝣	流開三平尤以 流開三平尤來	2	75 右下 7 行 3 字 76 左上 6 行 3 字
1721	蟄螊	止開三平脂來 蟹開四平齊來	2	13 右下 9 行 1 字 28 右上 6 行 2 字
1722	淞凇	通合三平鍾章 通合三上腫清	2	5 左上 8 行 4 字 88 右下 2 行 6 字
1723	熛熛	效開三平宵幫 效開三平宵滂	2	52 左下 8 行 2 字 53 右上 3 行 4 字
1724	誻誻	咸開一入合透 咸開一入合定	2	222 左上 4 行 4 字 222 左上 9 行 3 字

續　表

序號	字　組	音韻地位	次數	《集韻》潭州本頁碼
1725	齞跪	假合二上馬疑 止合三去寘見	2	119右上8行1字 134右下4行1字
1726	跿躋	蟹開四平齊精 蟹開四去霽精	2	27右上9行4字 143右下1行6字
1727	較較	效開二去效見 江開二入覺見	2	166左上10行4字 188左上7行1字
1728	䆎䆎欈	山合一平桓精 山合一平桓從	2	43右下10行4字 43左下3行2字
1729	鏦鏦	通合三平鍾清 江開二平江初	2	5左下1行4字 7右下4行3字
1730	鐉鈿	山開四平先定 山開四去霰定	2	47右上4行4字 161左下4行1字
1731	䦗寺	止開三去志禪 止開三去志邪	2	138右上3行1字 138左上3行3字
1732	颲颰	臻合三入迄曉 臻合一入没曉	2	194右上5行5字 196右上9行1字
1733	䫻䫻	效開一平豪定 流開三平尤澄	2	57左上3行3字 76右上3行1字
1734	䐈䐈	止開三平脂精 止開三平脂從	2	13右上4行2字 13左上1行2字
1735	駓駓	止開三平脂滂 止開三平脂並	2	14左下7行3字 15右上9行2字
1736	驍騁	效開一上晧端 效開一去号端	2	116左上1行5字 168右上4行6字
1737	鬏鬏	流開三平尤曉 止開三去至清	2	74左下1行3字 135左上4行2字
1738	鼓鈘	止開三上紙群 止開三上紙疑	2	91右上8行1字 91左上2行2字
1739	敔漁	遇合三平魚疑 遇合三去御疑	2	18左下5行3字 140右上4行1字
1740	鱷鯨	宕開三平陽群 梗開三平庚群	2	64左上4行3字 68右下4行4字

續　表

序號	字　　組	音韻地位	次數	《集韻》潭州本頁碼
1741	䰻䰸	曾開一平登明 曾開一去嶝明	2	74 左上 2 行 4 字 175 左上 6 行 3 字
1742	䰷䳿	宕開三上養滂 宕開三上養幫	2	120 右上 6 行 3 字 120 右上 10 行 3 字
1743	蠹蝠	止合三平脂來 止合三上旨來	2	13 左下 7 行 2 字 92 左下 5 行 3 字
1744	䬹䴫	蟹合二平皆影 蟹合二平皆匣	2	30 左上 10 行 3 字 30 右下 3 行 3 字
1745	黔䯰	咸開一平覃見 咸開一平覃匣	2	82 左上 10 行 3 字 82 右下 7 行 3 字
1746	鮙䲰	咸開一入合曉 咸開二入洽曉	2	221 右下 6 行 3 字 226 左上 7 行 1 字
1747	亮諒	宕開三平陽來 宕開三去漾來	2	64 右上 5 行 1 字 171 右下 4 行 5 字
1748	企尐	止開三上紙溪 止開三去寘溪	2	90 左下 3 行 4 字 134 右上 5 行 1 字
1749	倖婞	梗開二上耿匣 梗開四上迥匣	2	122 左上 4 行 1 字 123 右上 7 行 3 字
1750	傲敖	效開一平豪疑 效開一去号疑	2	56 左上 3 行 3 字 167 右下 3 行 7 字
1751	僶勄	臻開三上準明 山開三上獮明	2	103 左上 3 行 5 字 111 左下 2 行 1 字
1752	兇恟	通合三平鍾曉 通合三上腫曉	2	6 右下 9 行 2 字 88 左下 6 行 6 字
1753	勛勳	臻合三平文曉 臻合三去焮曉	2	38 右上 10 行 2 字 156 右上 4 行 5 字
1754	銅䥸	通合三平東溪 通合三平東群	2	4 左下 5 行 2 字 4 左下 6 行 4 字
1755	匶柩	流開三上有群 流開三去宥群	2	124 左上 5 行 6 字 175 左下 5 行 1 字
1756	唸㱃	山開四去霰端 咸開四去㮇端	2	161 右下 9 行 1 字 180 左下 6 行 2 字

續　表

序號	字　　組	音韻地位	次數	《集韻》潭州本頁碼
1757	噉噡	咸開一上敢定 咸開一去闞定	2	128左下6行3字 180右上8行1字
1758	膺譍	曾開三平蒸影 曾開三去證影	2	73右下7行4字 175右上6行1字
1759	犨懤	流開三平尤知 流開三平尤澄	2	75左下1行7字 75左下10行1字
1760	嚻敖	效開三平宵曉 效開一平豪疑	2	54右上5行3字 56右上9行2字
1761	圃圃	遇合一上姥幫 遇合一去暮幫	2	98左上7行2字 142左上7行1字
1762	扑樸	通合一入屋滂 江開二入覺滂	2	182左下4行2字 189右上4行1字
1763	坐堲	果合一上果從 果合一去過從	2	117右下6行3字 169右上4行3字
1764	垣䡔	山合三平元云 山合一平桓匣	2	38左下9行1字 42左下5行1字
1765	埽掃	效開一上晧心 效開一去号心	2	116右上2行2字 167左下8行3字
1766	塾闟闟	通合三入屋船 通合三入屋以	2	184左下10行2字 185左下2行1字
1767	堅至	止開三去未曉 蟹開一去代見	2	139左上6行2字 153右上9行4字
1768	壔壔	效開一上晧端 通合三入屋船	2	116右上2行2字 185右上2行3字
1769	俞朌	梗開二平庚幫 曾開一平登溪	2	67右下10行4字 74右下6行3字
1770	婼嫌	通合三入燭初 江開二入覺初	2	188左上2行2字 189左上10行5字
1771	㼌㼌	止合三平脂來 止合三去寘來	2	13右下6行2字 133左下10行2字
1772	孳孶	止開三平之精 止開三去志從	2	16右上7行3字 138左上5行1字

續　表

序號	字　組	音韻地位	次數	《集韻》潭州本頁碼
1773	夤鼚	止開三平脂以 臻開三平諄以	2	14右上3行3字 36左上6行1字
1774	尟尠	山開三上獮心 遇合三去遇心	2	110右下4行1字 141左下1行5字
1775	崦崝	咸開三平鹽影 咸開三上琰影	2	84左下5行2字 129左下3行2字
1776	嶫碟	深開三入緝疑 咸開一入盍疑	2	221左上10行3字 222左下8行4字
1777	幞襥襆	通合一入屋幫 通合三入燭並	2	182右下10行5字 187左下8行2字
1778	倈逨	蟹開一平咍來 蟹開一去代來	2	33右上6行1字 152右下10行4字
1779	恐忑	通合三上腫溪 通合三去用溪	2	88左下7行2字 132左下2行1字
1780	戣鍨	止合三平脂群 止合三去至群	2	14右下9行2字 137右上7行2字
1781	抌㧾	流開三平尤以 效開三上小以	2	75左上7行4字 114右上7行3字
1782	揀柬	山開二上產見 山開四去霰來	2	108右下10行2字 161左下9行4字
1783	搦㩘	江開二入覺娘 梗開二入陌娘	2	190右上5行2字 210左下4行7字
1784	摘攡	止開三平支徹 止開三平支來	2	9左上6行2字 9左下3行3字
1785	擨歋	止開三平支以 假開三平麻以	2	10左下6行3字 61左上1行4字
1786	攞擽	蟹合一平灰來 蟹合一去隊來	2	31左下3行3字 151右下1行3字
1787	於䋆	遇合三平魚影 遇合一平模影	2	18左下8行3字 26左下1行4字
1788	曄曅	深開三入緝云 咸開三入葉云	2	221右上2行3字 223右下3行2字

續　表

序號	字　　組	音韻地位	次數	《集韻》潭州本頁碼
1789	朢望	宕合三平陽明 宕合三去漾明	2	62 右下 10 行 3 字 171 右上 3 行 5 字
1790	板版	山開二上潸幫 山開二上產並	2	108 左上 3 行 5 字 108 左下 2 行 4 字
1791	某呆	蟹合一平灰明 流開一上厚明	2	32 左上 4 行 1 字 126 右上 4 行 1 字
1792	梨棃	止開三平脂來 蟹開四平齊來	2	13 右下 6 行 4 字 28 右上 6 行 5 字
1793	楑篔	止合三平支云 山合三平元云	2	12 右上 2 行 1 字 38 左下 9 行 5 字
1794	櫽隱	臻開三上隱影 臻開三去焮影	2	104 左上 10 行 2 字 155 左下 6 行 1 字
1795	菁穽	梗開三上靜從 梗開三去勁從	2	122 左上 9 行 4 字 173 左下 6 行 3 字
1796	瀁瀁	宕開三上養以 宕開三去漾以	2	119 左上 1 行 2 字 170 左下 7 行 1 字
1797	濃癑	通合一平冬泥 通合三平鍾娘	2	5 右上 7 行 3 字 6 左上 5 行 1 字
1798	瀕顰	臻開三平真幫 臻開三平真並	2	34 左上 7 行 2 字 34 左上 8 行 4 字
1799	炃燌	臻合三平文並 臻合一去恨並	2	37 左下 1 行 5 字 157 左上 2 行 5 字
1800	牽撑	山開四平先溪 山開四去霰溪	2	47 左上 5 行 2 字 162 右上 7 行 1 字
1801	狉狉	止開三平脂滂 止開三平脂並	2	14 左下 8 行 1 字 15 右上 10 行 4 字
1802	狪狪狪	通合一平東透 通合一平東定	2	2 左上 1 行 1 字 2 左上 10 行 1 字
1803	狹貁	止開三平之來 蟹開一平咍來	2	16 右下 3 行 5 字 33 右上 10 行 2 字
1804	貓貓	效開三平宵明 效開二平肴明	2	53 左上 2 行 5 字 55 左上 5 行 5 字

續表

序號	字　　組	音韻地位	次數	《集韻》潭州本頁碼
1805	獂獂	山合三平元疑 山合一平桓匣	2	38 左下 4 行 2 字 42 左下 2 行 4 字
1806	玤玤	通合一上董幫 江開二上講並	2	87 右下 9 行 2 字 89 左上 4 行 3 字
1807	琁瓊	山合三平仙邪 梗合三平清群	2	49 左下 10 行 2 字 70 左上 5 行 4 字
1808	琇璔	流開三上有以 流開三去宥心	2	124 右下 1 行 4 字 176 右上 8 行 1 字
1809	瑰瓄	蟹合一平灰見 蟹合一平灰匣	2	31 右上 7 行 1 字 31 右上 10 行 3 字
1810	甖罌	梗開二平耕影 梗開三去勁影	2	68 左下 8 行 4 字 174 右上 5 行 5 字
1811	甚㖞	深開三上寑船 深開三去沁禪	2	126 左下 10 行 6 字 178 左上 1 行 3 字
1812	畟稷	曾開三入職初 曾開三入職精	2	217 右下 10 行 2 字 217 左下 6 行 1 字
1813	瘱瘱	蟹開三去祭以 山開三入薛心	2	147 左上 5 行 3 字 202 左下 8 行 4 字
1814	皃貌	效開二去效明 江開二入覺明	2	166 左下 4 行 1 字 189 左上 4 行 4 字
1815	旰旰	山開一上旱見 山開一去翰見	2	106 左下 8 行 2 字 158 右上 2 行 4 字
1816	看翰	山開一平寒溪 山開一去翰溪	2	41 左下 3 行 5 字 157 左下 8 行 5 字
1817	眡視	止開三上旨禪 止開三去至禪	2	92 左上 6 行 2 字 135 右上 3 行 4 字
1818	䁅䁅	蟹開一平咍清 蟹開一平咍精	2	33 左上 6 行 4 字 33 左上 10 行 1 字
1819	瞲瞡	止開三平脂明 止合三平微明	2	15 左上 5 行 1 字 17 右上 5 行 5 字
1820	砭砭	咸開三平鹽幫 咸開三去豔幫	2	85 右上 5 行 4 字 181 右上 5 行 2 字

續　表

序號	字　　組	音韻地位	次數	《集韻》潭州本頁碼
1821	碾砋	山開三上獮娘 山開三去綫娘	2	112 右上 8 行 3 字 163 右下 7 行 3 字
1822	祺諶祈	止開三平之見 止開三平之群	2	17 右上 8 行 4 字 17 左上 9 行 3 字
1823	禱襑	效開一上晧端 效開一去号端	2	116 右上 10 行 2 字 168 右上 4 行 1 字
1824	篰箁	流開一上厚滂 流開一上厚並	2	125 左下 9 行 1 字 126 右上 1 行 3 字
1825	篧簎	江開二入覺知 宕合一入鐸溪	2	189 左下 6 行 3 字 210 右上 2 行 3 字
1826	籹絮	遇合三上語日 遇合三上語娘	2	96 左上 8 行 5 字 96 右下 10 行 4 字
1827	粥鬻	通合三入屋章 通合三入屋以	2	184 左下 8 行 2 字 185 右下 9 行 4 字
1828	糦餼	止開三平之曉 止開三去志昌	2	16 左下 8 行 7 字 137 左下 10 行 6 字
1829	綜繏	宕合一去宕溪 宕合一去宕見	2	172 右下 10 行 4 字 172 左下 2 行 5 字
1830	緞䋎	假開二平麻匣 山合一上緩定	2	61 左上 7 行 1 字 107 左上 9 行 1 字
1831	罋罋	通合三平鍾影 通合一去送影	2	6 左下 4 行 2 字 132 右上 2 行 1 字
1832	纍纍	止合三平脂來 蟹合一平灰來	2	13 左下 8 行 3 字 31 左下 1 行 2 字
1833	羫腔	江開二平江溪 通合一去送溪	2	7 右上 7 行 1 字 131 左下 8 行 1 字
1834	耘穮	臻合三平文云 臻合三去焮云	2	37 左下 10 行 3 字 156 右上 2 行 1 字
1835	聞䎽	臻合三平文明 臻合三去問明	2	37 左上 6 行 5 字 155 左上 9 行 2 字
1836	肎肯	蟹開一上海溪 曾開一上等溪	2	102 右上 3 行 1 字 123 左下 10 行 2 字

續　表

序號	字　　組	音韻地位	次數	《集韻》潭州本頁碼
1837	脓朣	流開三平尤曉 流開三平尤群	2	74 左下 1 行 2 字 75 右上 3 行 4 字
1838	臗髖	臻合一平魂溪 山合一平桓溪	2	40 右下 7 行 4 字 42 左下 10 行 1 字
1839	靤姂	咸開三入葉初 咸開二入洽初	2	224 右上 4 行 2 字 226 右下 9 行 6 字
1840	舊鵂	流開三平尤曉 流開三去宥群	2	74 左下 2 行 3 字 175 左下 4 行 2 字
1841	莕荅	梗開二上梗匣 咸開二上檻匣	2	121 右下 3 行 5 字 130 左下 1 行 1 字
1842	薂墊	臻開三去稕溪 山開四去霰溪	2	155 右上 6 行 4 字 162 右上 8 行 2 字
1843	菼剡	咸開一上敢透 咸開一上敢定	2	128 左下 4 行 5 字 128 左下 8 行 5 字
1844	薏蕾	止開三去志影 曾開三入職影	2	138 左下 3 行 1 字 218 右下 10 行 1 字
1845	萁萁	止開三平之見 止開三平之群	2	17 右上 7 行 1 字 17 左上 8 行 1 字
1846	蕛瓞	蟹合四平齊見 蟹合四平齊溪	2	28 左下 3 行 1 字 28 左下 7 行 2 字
1847	藻藻	效開二上巧莊 效開一上晧精	2	115 左上 4 行 5 字 116 右上 6 行 4 字
1848	蚡鼖	臻合三平文並 臻合三上吻並	2	37 右下 9 行 3 字 104 左上 4 行 5 字
1849	蝘蠱	山開三上阮影 山開四上銑影	2	105 右下 2 行 4 字 110 左上 1 行 1 字
1850	螭蝮鱅	止合三平支以 蟹合四平齊匣	2	11 右上 8 行 5 字 28 左下 10 行 2 字
1851	衒衒	山合四去霰匣 山合四去霰見	2	162 左上 7 行 5 字 162 右下 5 行 1 字
1852	衜道	效開一上晧定 效開一去号定	2	116 左上 4 行 5 字 168 右上 5 行 5 字

續　表

序號	字　　組	音韻地位	次數	《集韻》潭州本頁碼
1853	袜袾	山合三入月明 山合一入末明	2	195左上7行5字 198右上3行1字
1854	觀簺	山合一平桓見 山合一去換見	2	43右上1行2字 158左上9行2字
1855	觶脈	止開三平支章 止開三去寘章	2	7左下6行4字 133右上8行1字
1856	寋謇譧	山開三上阮見 山開三上獮見	2	105左上3行6字 112右下3行1字
1857	譶譶	咸開一入合定 咸開三入葉章	2	222右下4行4字 224右上7行5字
1858	谽谽	咸開一平覃曉 咸開二平咸曉	2	82左上4行5字 85左下4行3字
1859	豾豾	止開三去至心 止開三去至以	2	135左上2行5字 136左上7行4字
1860	賄賄	蟹合一上賄曉 蟹合一去隊曉	2	101右上2行1字 152左上5行4字
1861	啵轊	蟹合三去祭邪 蟹合三去祭云	2	145左下1行3字 146左下3行2字
1862	輡輡	咸開一上感溪 咸開一去勘溪	2	127左下1行1字 179左下6行2字
1863	鞫轟	梗合二平耕曉 梗合二去諍曉	2	69左上2行3字 173右下5行1字
1864	鄭鄒	效開一平豪心 流開三平尤生	2	56左下1行6字 77右上8行2字
1865	酢醋	遇合一去暮清 宕開一入鐸從	2	142右下6行3字 209右上9行1字
1866	醠醠	宕開一上蕩影 宕開一去宕影	2	121右上9行8字 172右下5行3字
1867	銋銋	深開三平侵日 深開三上寑娘	2	80右下7行5字 127左上7行7字
1868	閾閾	曾合三入職云 曾合三入職曉	2	218左下7行4字 218左下10行1字

續表

序號	字　組	音韻地位	次數	《集韻》潭州本頁碼
1869	阤陀	蟹開二去卦影 梗開二入麥影	2	149 右上 7 行 3 字 212 左下 6 行 5 字
1870	靏璽	咸開一上感定 咸開一去闞定	2	128 左上 7 行 5 字 180 右上 9 行 3 字
1871	戢戢	深開三入緝清 深開三入緝莊	2	220 右上 4 行 2 字 220 右下 9 行 4 字
1872	霸閄	假開二去禡幫 梗開二入陌滂	2	169 右上 9 行 3 字 210 左上 8 行 3 字
1873	靸靸	深開三入緝心 咸開一入合心	2	220 右上 4 行 3 字 222 右上 1 行 2 字
1874	艄艄	效開二平肴生 效開三去笑心	2	55 左上 9 行 2 字 165 左上 4 行 1 字
1875	韵韻	臻合三去稕云 臻合三去焮云	2	155 右上 8 行 6 字 155 左下 10 行 4 字
1876	頌頷	通合三平鍾以 通合三去用邪	2	6 左上 6 行 4 字 132 右下 4 行 5 字
1877	頤匝	止開三平之以 蟹開一平咍以	2	16 右下 6 行 2 字 33 右下 5 行 2 字
1878	飯飰餅	山合三上阮並 山合三去願並	2	105 右下 6 行 4 字 156 左下 2 行 5 字
1879	秘祕	臻開三入質並 山開四入屑並	2	191 右上 2 行 2 字 202 右下 5 行 1 字
1880	騧騧	蟹合二平佳見 假合二平麻見	2	29 右下 9 行 5 字 62 右上 5 行 1 字
1881	鶯鸝	止開三平支來 蟹開四平齊來	2	9 右下 5 行 1 字 28 右上 5 行 2 字
1882	麀麀	流開三平尤影 流開三平幽影	2	75 左上 2 行 2 字 79 右下 9 行 3 字
1883	麏麕	臻合三平諄見 臻合三平文見	2	36 左下 8 行 2 字 38 左上 3 行 4 字
1884	駸駸	臻開三平諄影 山合四平先影	2	36 右下 10 行 6 字 48 右上 3 行 3 字

續　表

序號	字　　組	音韻地位	次數	《集韻》潭州本頁碼
1885	䏨齾	蟹合三去廢並 山合一入末並	2	153左上10行5字 198左下5行4字
1886	㑊儃	山開四平先幫 山開四平先並	2	46右下4行4字 46右8行2字
1887	䫌䫌	效開四平蕭定 效開四去嘯定	2	51右下4行3字 164左下4行3字
1888	庡庡	流開三上有生 流開一上厚心	2	125右上5行3字 126左上1行4字
1889	昏昏	山合一入末見 山合二入鎋匣	2	198左上4行1字 200左上6行5字
1890	䩄䩙	蟹合二去怪見 蟹合二去怪匣	2	150右上2行4字 150右上7行1字
1891	䙦䙦	效開三平宵影 效開三去笑影	2	53左下8行2字 165左下6行5字
1892	㔼㔼	蟹開四平齊端 蟹開四平齊定	2	27左上7行2字 27右上7行3字
1893	䪼䪼	效開四平蕭透 效開三平宵清	2	51左上8行4字 52右下3行1字
1894	㔞㔞	止合三上旨來 蟹合一上賄來	2	92左下1行2字 101右下10行4字
1895	䘏䘏	蟹合一去泰精 蟹合一去隊精	2	148左下1行3字 152右上6行2字
1896	弅弅	山合三去綫見 山合三去綫群	2	164右上7行3字 164左上2行1字
1897	䳟䳟	流開三平尤澄 流開三平尤禪	2	75左下9行4字 77左上1行5字
1898	敊毅	通合一入屋端 江開二入覺知	2	183左上3行2字 189左下2行5字
1899	㶿㶿	臻合三入物滂 臻合三入物幫	2	193左上10行5字 193右下10行4字
1900	䪹䪹	蟹合四平齊見 蟹合四平齊匣	2	28右下10行2字 29右上1行3字

續　表

序號	字　　組	音韻地位	次數	《集韻》潭州本頁碼
1901	甄繟	山開三去綫昌 山開三去綫禪	2	163 右上 10 行 3 字 163 左上 4 行 2 字
1902	晱眤	蟹開四平齊定 蟹開四去霽定	2	27 右下 3 行 1 字 144 左上 2 行 3 字
1903	曜覞	效開三去笑以 宕開三入藥以	2	165 左下 1 行 1 字 206 左上 7 行 5 字
1904	穜穜	通合三平鍾滂 通合三平鍾並	2	6 右上 1 行 2 字 6 右上 7 行 1 字
1905	穇穇	山開四平先幫 山開四上銑幫	2	46 右下 3 行 4 字 109 右下 4 行 5 字
1906	莌莌	山合一入末透 山合一入末定	2	199 右上 4 行 3 字 199 右上 6 行 2 字
1907	斡蘱	山開一上旱見 山開一去翰見	2	106 左下 6 行 2 字 158 右上 1 行 2 字
1908	襜襛	通合三平鍾影 通合三去用影	2	6 左下 5 行 2 字 132 左下 5 行 1 字
1909	矩艍	遇合三上語群 遇合三去御見	2	95 左下 1 行 3 字 140 左上 1 行 2 字
1910	秅粢	止開三平脂清 止開三平脂從	2	13 右上 1 行 4 字 13 右上 3 行 2 字
1911	邪郱	山開四平先泥 梗開四平青泥	2	47 右上 7 行 3 字 72 左上 5 行 4 字
1912	鈝鐩	蟹開四平齊從 蟹開四平齊精	2	26 左下 10 行 3 字 27 左上 2 行 2 字
1913	㡉皛	流開三上有並 流開三去宥並	2	124 右下 9 行 2 字 176 右上 7 行 1 字
1914	麚賨	臻合一平魂見 臻合三上準云	2	40 左上 7 行 6 字 103 左下 6 行 4 字
1915	鼜餠	臻合三入迄影 山合三入月影	2	194 左上 9 行 3 字 195 右上 1 行 4 字
1916	騣騣	通合一平東明 通合一去送明	2	3 右上 1 行 1 字 132 右上 4 行 2 字

續 表

序號	字 組	音韻地位	次數	《集韻》潭州本頁碼
1917	墣襆	通合三入屋幫 通合三入屋滂 通合三入屋並	3	184 右上 3 行 6 字 184 右上 5 行 6 字 184 左上 2 行 3 字
1918	墲陠	遇合一平模透 遇合一上姥匣 假開二去禡曉	3	25 左上 3 行 5 字 99 右上 9 行 1 字 170 左上 3 行 5 字
1919	庑度	遇合一去暮定 宕開一入鐸定 梗開二入陌澄	3	142 左下 2 行 4 字 207 左下 7 行 2 字 210 右下 10 行 5 字
1920	魹毹	遇合三平魚生 遇合三平虞書 遇合三平虞生	3	19 左下 6 行 1 字 23 右下 1 行 2 字 23 右下 2 行 1 字
1921	灩濦	臻開三平殷影 臻開三上隱影 臻開三去焮影	3	38 右下 1 行 2 字 104 左上 9 行 1 字 155 左下 6 行 2 字
1922	袖褶	流開三平尤澄 流開三去宥澄 流開三去宥來	3	75 左下 9 行 2 字 176 左下 4 行 4 字 176 左下 6 行 1 字
1923	秫麰	止開三平之來 蟹開一平咍來 曾開三入職來	3	16 右下 1 行 1 字 33 右上 7 行 1 字 218 右上 8 行 5 字
1924	箄罩	效開二去效知 江開二入覺知 江開二入覺徹	3	167 右上 3 行 4 字 189 左下 6 行 3 字 189 左下 10 行 2 字
1925	紾紝	深開三平侵日 深開三平侵娘 深開三去沁日	3	80 右下 8 行 1 字 81 右上 7 行 6 字 178 左下 4 行 1 字
1926	稯墭	通合一平東精 江開二平江初 江開二去絳初	3	3 左上 5 行 5 字 7 右下 4 行 1 字 133 右上 1 行 3 字
1927	瓢藨	效開三平宵滂 效開三平宵並 效開三平宵明	3	53 右上 6 行 5 字 53 右上 7 行 6 字 53 右上 9 行 6 字
1928	蛩蜿	山合三平元影 山合一平桓影 山合三上阮影	3	39 右上 9 行 1 字 43 右上 6 行 4 字 104 左下 10 行 2 字

續表

序號	字　組	音韻地位	次數	《集韻》潭州本頁碼
1929	裎綻	山開二去襇澄 山開四去霰定 山開四去霰澄	3	160右下6行4字 161左下7行4字 162左下2行5字
1930	詍跇	蟹開三去祭禪 蟹開三去祭以 山開三入薛心	3	146右上6行3字 147左上4行2字 202左下8行2字
1931	籔獤	遇合三平虞崇 遇合三上虞崇 流開一上厚崇	3	23左下7行2字 97左下9行4字 126左上4行1字
1932	呞齝䶡	止開三平之書 止開三平之昌 止開三平之徹	3	15右下5行2字 15右下7行4字 16左上7行1字
1933	嘳噴	止合三去至溪 蟹合二去怪溪 蟹合二去怪曉	3	136左下10行4字 150右上4行5字 150右上6行6字
1934	庋庪攱	止開三上紙見 止合三上紙見 止合三去寘見	3	91右上4行4字 91右下8行2字 134右下5行1字
1935	鼈斃	蟹開三去祭並 山開四入屑並 山開三入薛並	3	147左下2行1字 202右下8行2字 204左下6行4字
1936	楫檝	深開三入緝精 深開三入緝從 咸開三入葉精	3	220右上9行6字 220左上6行3字 223左下3行1字
1937	每毐	蟹合一平灰明 蟹合一上賄明 蟹合一去隊明	3	32左上8行2字 101左上7行3字 151左下7行5字
1938	眱眣	止開三平脂以 蟹開四平齊定 蟹開四去霽定	3	14右上5行3字 27右下3行3字 144左上2行2字
1939	秕粃	止開三平脂並 止開三上旨幫 止開三上旨幫	3	15右上7行5字 93左上3行5字 93右下2行3字

續　表

序號	字　　組	音韻地位	次數	《集韻》潭州本頁碼
1940	窺䫥	梗開二平庚徹 梗開三平清徹 梗開三去勁徹	3	68 右上 2 行 3 字 70 左上 9 行 2 字 174 右上 1 行 5 字
1941	緎䎒䎒	通合三入屋影 曾合三入職云 曾合三入職曉	3	186 左上 4 行 4 字 218 左下 7 行 2 字 218 左下 10 行 2 字
1942	胣胣	止開三上紙書 止開三上紙徹 止開三上紙以	3	89 右下 6 行 2 字 90 右下 1 行 5 字 90 左下 1 行 4 字
1943	䵦䵻	山開四上銑曉 山開四去霰曉 山開四去霰溪	3	110 右上 1 行 1 字 162 右上 5 行 3 字 162 右上 8 行 5 字
1944	麊䳟	止開三平支明 止開三平支明 梗開四平青明	3	10 左上 4 行 4 字 10 左上 8 行 4 字 71 左上 8 行 2 字
1945	㞨㞨	通合三平鍾章 通合三上腫心 通合三上腫清	3	5 左上 8 行 4 字 88 右下 2 行 5 字 88 右下 2 行 6 字
1946	䐃䐃	通合三上腫日 臻合三上準日 山合三上獮日	3	88 左上 7 行 3 字 103 右上 4 行 4 字 111 右下 4 行 4 字
1947	澩澩	效開二上巧匣 通合一入沃曉 江開二入覺匣 江開二入覺崇	4	115 右上 3 行 1 字 186 右下 5 行 4 字 188 右下 8 行 3 字 189 右下 7 行 2 字
1948	蟎獌	山合一平桓明 山合二平刪明 山合三去願明 山合一去換明	4	43 右下 7 行 3 字 44 左下 1 行 1 字 156 左下 6 行 3 字 158 左下 8 行 5 字
1949	㦖譁	梗開二入麥溪 梗開二入麥見 曾開三入職見 曾開三入職溪	4	212 左下 1 行 2 字 212 左下 3 行 1 字 218 右下 4 行 7 字 218 左下 4 行 2 字

續 表

序號	字　　組	音韻地位	次數	《集韻》潭州本頁碼
1950	斷剶㪔	山合一上緩端 山合一上緩定 山合一去換端 山合一去換定	4	107左下6行2字 107左下8行4字 159右下5行3字 159右下9行1字
1951	汞澒	通合一上董曉 通合一上董匣 江開二上講匣 通合一去送匣	4	88右上2行1字 88右上4行2字 89左上2行3字 131左下5行6字

附録二:《集韻》小韻表

平聲一

東韻【39】

東【25】 都籠 通合一平東端 2右上4行1字
通【25】 他東 通合一平東透 2右上9行3字
同【72】 徒東 通合一平東定 2左上3行1字
籠【42】 盧東 通合一平東來 2右下4行1字
蓬【31】 蒲蒙 通合一平東並 2左下1行1字
蒙【55】 謨蓬 通合一平東明 2左下5行5字
檧【11】 蘇叢 通合一平東心 3右上4行5字
怱【30】 麤叢 通合一平東清 3右上6行2字
㝫【39】 祖叢 通合一平東精 3左上1行1字
叢【15】 徂聰 通合一平東從 3左上7行7字
洪【45】 胡公 通合一平東匣 3左上10行2字
烘【15】 呼公 通合一平東曉 3右下7行3字
空【21】 枯公 通合一平東溪 3右下9行4字
公【26】 沽紅 通合一平東見 3右下2行6字
翁【15】 烏公 通合一平東影 3左下6行6字
峒【3】 五公 通合一平東疑 3左下9行1字
䣛【1】 樸蒙 通合一平東滂 3左下9行3字
豐【12】 敷馮 通合三平東滂 3左下9行4字
風【12】 方馮 通合三平東幫 4右上2行3字

馮【16】 符風 通合三平東並 4右上4行6字
瞢【11】 謨中 通合三平東明 4右上6行6字
嵩【17】 思融 通合三平東心 4右上8行5字
充【7】 昌嵩 通合三平東昌 4左上1行3字
終【27】 之戎 通合三平東章 4左上2行6字
戎【16】 而融 通合三平東日 4左上7行3字
崇【6】 鉏弓 通合三平東崇 4左上10行3字
中【6】 陟隆 通合三平東知 4右下1行5字
忡【7】 敕中 通合三平東徹 4右下2行4字
蟲【12】 持中 通合三平東澄 4右下3行6字
隆【16】 良中 通合三平東來 4右下6行1字
融【7】 余中 通合三平東以 4右下8行3字
雄【8】 胡弓 通合三平東匣 4右下9行5字
弓【13】 居雄 通合三平東見 4左下1行1字
穹【15】 丘弓 通合三平東溪 4左下3行3字
䩨【1】 火宮 通合三平東曉 4左下5行5字
窮【9】 渠弓 通合三平東群 4左下6行1字
𥷚【2】 於宮 通合三平東影 4左下7行3字
䧳【1】 蟲工 通合一平東昌 4左下7行5字
䡦【1】 慧公 通合一平東曉 4左下8行1字

冬韻【12】

冬【9】 都宗 通合一平冬端 4左下9行1字
炵【3】 他冬 通合一平冬透 4左下10行3字
彤【33】 徒冬 通合一平冬定 4左下10行6字
賨【3】 盧冬 通合一平冬來 5右上5行6字
農【20】 奴冬 通合一平冬泥 5右上6行5字
鬆【3】 蘇宗 通合一平冬心 5右上9行1字
宗【4】 祖賨 通合一平冬精 5右上9行2字
賨【13】 祖宗 通合一平冬從 5右上10行2字
碽【7】 乎攻 通合一平冬匣 5左上2行4字
攻【3】 古宗 通合一平冬見 5左上3行5字
沆【1】 統冬 通合一平冬透 5左上4行1字
碻【1】 酷攻 通合一平冬溪 5左上4行2字

鍾韻【28】

鍾【33】 諸容 通合三平鍾章 5左上5行1字
舂【10】 書容 通合三平鍾書 5左上10行4字
衝【17】 昌容 通合三平鍾昌 5右下2行2字
鱅【11】 常容 通合三平鍾禪 5右下5行3字
茸【18】 如容 通合三平鍾日 5右下6行6字
蜙【9】 思恭 通合三平鍾心 5右下9行5字
樅【20】 七恭 通合三平鍾清 5左下1行2字
從【17】 將容 通合三平鍾精 5左下4行1字
松【7】 祥容 通合三平鍾邪 5左下6行5字
从【9】 牆容 通合三平鍾從 5左下7行5字
𨦷【35】 敷容 通合三平鍾滂 5左下8行5字
封【10】 方容 通合三平鍾幫 6右上4行1字
逢【14】 符容 通合三平鍾並 6右上6行1字
夆【1】 匹逢 通合三平鍾滂 6右上8行3字
蹱【8】 癡凶 通合三平鍾徹 6右上8行4字
重【13】 傳容 通合三平鍾澄 6右上10行1字
龍【20】 力鍾 通合三平鍾來 6左上1行7字
醲【10】 尼容 通合三平鍾娘 6左上4行6字
容【47】 餘封 通合三平鍾以 6左上6行3字
銎【3】 丘恭 通合三平鍾溪 6左下5行1字
恭【18】 居容 通合三平鍾見 6右下5行4字
匈【17】 許容 通合三平鍾曉 6右下8行3字
邕【35】 於容 通合三平鍾影 6左下1行1字
顒【8】 魚容 通合三平鍾疑 6左下6行3字
蛩【29】 渠容 通合三平鍾群 6左下8行3字
鑫【1】 匹匈 通合三平鍾滂 7右上2行6字
蓬【1】 蒲恭 通合三平鍾並 7右上3行1字
𩂿【2】 鳴龍 通合三平鍾明 7右上3行2字

江韻【18】

江【16】 古雙 江開二平江見 7右上4行1字
腔【19】 枯江 江開二平江溪 7右上7行1字
肛【9】 虛江 江開二平江曉 7右上9行4字
夅【16】 胡江 江開二平江匣 7右上1行1字
胦【2】 於江 江開二平江影 7右上3行5字
岘【2】 吾江 江開二平江疑 7左上4行2字
胮【7】 披江 江開二平江滂 7左上4行3字
邦【6】 悲江 江開二平江幫 7左上5行3字
龐【7】 皮江 江開二平江並 7左上6行3字
尨【22】 莫江 江開二平江明 7左上7行3字
雙【13】 疎江 江開二平江生 7右下1行4字
𥘉【13】 初江 江開二平江初 7右下3行5字
淙【6】 鉏江 江開二平江崇 7右下5行2字
椿【5】 株江 江開二平江知 7右下6行3字
𢄇【6】 丑江 江開二平江徹 7右下7行2字
幢【12】 傳江 江開二平江澄 7右下8行2字
瀧【2】 閭江 江開二平江來 7右下9行7字
𦗁【12】 濃江 江開二平江娘 7右下10行2字

支韻【67】

支【54】 章移 止開三平支章 7左下3行1字
䰫【3】 專垂 止合三平支章 8右上2行1字
䍧【1】 莊宜 止開三平支莊 8右上2行3字
施【32】 商支 止開三平支書 8右上2行4字
釃【19】 山宜 止開三平支生 8右上8行1字
韉【5】 山垂 止合三平支生 8右上10行5字
眵【5】 侈支 止開三平支昌 8左上1行4字
吹【4】 姝爲 止合三平支昌 8左上2行3字
差【15】 叉宜 止開三平支初 8左上3行1字
衰【4】 初危 止合三平支初 8左上5行4字
匙【34】 常支 止開三平支禪 8左上6行2字
垂【22】 是爲 止合三平支禪 8右下1行3字
兒【7】 如支 止開三平支日 8右下4行4字
痿【6】 儒垂 止合三平支日 8右下5行4字
斯【48】 相支 止開三平支心 8右下6行3字
眭【5】 宣爲 止合三平支心 8左下5行3字
雌【10】 七支 止開三平支清 8左下6行2字
貲【36】 將支 止開三平支精 8左下7行5字
厜【19】 津垂 止合三平支精 9右上4行1字
劑【13】 遵爲 止合三平支精 9右上6行7字
疵【22】 才支 止開三平支從 9右上8行4字
隨【13】 旬爲 止合三平支邪 9左上2行1字
知【10】 珍離 止開三平支知 9左上4行3字
腄【3】 株垂 止合三平支知 9左上5行4字
摘【23】 抽知 止開三平支徹 9左上6行2字
馳【33】 陳知 止開三平支澄 9左上9行4字
鬌【3】 重垂 止合三平支澄 9右下4行4字
離【69】 鄰知 止開三平支來 9右下5行1字
羸【7】 倫爲 止合三平支來 9左下6行4字
縈【1】 汝垂 止合三平支日 9左下7行4字

䕬【1】 壯隨 止合三平支莊 9左下7行5字
訑【1】 許支 止開三平支曉 9左下8行1字
觬【2】 語支 止開三平支疑 9左下8行2字
齹【6】 仕知 止開三平支崇 9左下8行4字
跬【1】 卻垂 止合三平支溪 9左下9行5字
灑【1】 髓隨 止合三平支心 9左下9行6字
鈹【21】 攀糜 止開三平支滂 9左下10行1字
陂【28】 班糜 止開三平支幫 10右上3行5字
皮【19】 蒲糜 止開三平支並 10右上8行3字
糜【28】 忙皮 止開三平支明 10左上1行2字
卑【29】 賓彌 止開三平支幫 10左上6行1字
陴【27】 頻彌 止開三平支並 10左下1行1字
彌【39】 民卑 止開三平支明 10右下5行5字
移【68】 余支 止開三平支以 10左下1行2字
訛【2】 香支 止開三平支曉 10左下10行7字
祇【44】 翹移 止開三平支群 11右上1行1字
蓷【16】 勻規 止合三平支以 11右上8行3字
隓【20】 翾規 止合三平支曉 11左上1行1字
闚【2】 缺規 止合三平支溪 11左上4行4字
規【14】 均窺 止合三平支見 11左上5行1字
羈【19】 居宜 止開三平支見 11左上7行5字
犧【38】 虛宜 止開三平支曉 11左上10行4字
敧【23】 丘奇 止開三平支溪 11左下5行4字
奇【25】 渠羈 止開三平支群 11左下9行1字
漪【21】 於宜 止開三平支影 11左下2行4字
宜【27】 魚羈 止開三平支疑 11左下6行1字
爲【9】 于嬀 止合三平支云 11左下10行3字
麾【10】 吁爲 止合三平支曉 12右上2行2字
㷯【1】 空爲 止合三平支溪 12右上4行2字
虧【8】 驅爲 止合三平支溪 12右上4行3字
嬀【10】 俱爲 止合三平支見 12右上6行2字
逶【19】 邕危 止合三平支影 12右上7行6字

危[10] 虞爲 止合三平支疑 12左上1行3字
厜[3] 才規 止合三平支從 12左上3行1字
䞤[1] 巨爲 止合三平支群 12左上3行4字
刼[1] 紀披 止開三平支見 12左上4行1字
齜[1] 阻宜 止開三平支莊 12左上4行2字

脂韻【46】

脂[18] 蒸夷 止開三平脂章 12左上5行1字
隹[11] 朱惟 止合三平脂章 12左上8行1字
尸[7] 升脂 止開三平脂書 12左上10行5字
師[20] 霜夷 止開三平脂生 12右下2行2字
衰[10] 雙佳 止合三平脂生 12右下6行1字
脽[13] 稱脂 止開三平脂昌 12右下7行4字
推[5] 川佳 止合三平脂昌 12右下9行5字
誰[7] 視佳 止合三平脂禪 12右下10行5字
狋[22] 儒佳 止合三平脂日 12左下1行6字
私[8] 相咨 止開三平脂心 12左下5行2字
綏[21] 宣佳 止合三平脂心 12左下7行2字
郪[19] 千咨 止開三平脂清 12左下10行3字
咨[37] 津私 止開三平脂精 13右上2行7字
嗺[10] 遵綏 止合三平脂精 13右上8行7字
茨[28] 才資 止開三平脂從 13右上10行2字
胝[8] 張尼 止開三平脂知 13左上4行4字
追[4] 中葵 止合三平脂知 13左上5行4字
絺[11] 抽遲 止開三平脂徹 13左上6行3字
墀[40] 陳尼 止開三平脂澄 13左上8行2字
椎[15] 傳追 止合三平脂澄 13右下4行3字
棃[42] 良脂 止開三平脂來 13右下6行4字
纍[45] 倫追 止合三平脂來 13左下2行3字
尼[18] 女夷 止開三平脂娘 13左下9行5字
夷[45] 延知 止開三平脂以 14右上2行7字
惟[16] 夷佳 止合三平脂以 14右上9行8字
帷[2] 于龜 止合三平脂云 14左上2行5字
咦[11] 馨夷 止開三平脂曉 14左上3行2字
倠[7] 呼維 止合三平脂曉 14左上4行4字
伊[13] 於夷 止開三平脂影 14左上6行2字
狋[2] 牛肌 止開三平脂疑 14左上8行4字
飢[6] 居狋 止開三平脂見 14左上9行1字
龜[8] 居逵 止合三平脂見 14左上10行2字
耆[19] 渠伊 止開三平脂群 14右下1行6字
踶[1] 徒祁 止開三平脂定 14右下4行4字
葵[14] 渠惟 止合三平脂群 14右下5行1字
馗[25] 渠龜 止合三平脂群 14右下7行5字
巋[6] 丘追 止合三平脂溪 14左下2行2字
紕[16] 篇夷 止開三平脂滂 14左下3行1字
丕[27] 攀悲 止開三平脂滂 14左下5行2字
悲[3] 逋眉 止開三平脂幫 14左下9行6字
毗[51] 頻脂 止開三平脂並 14左下10行2字
邳[25] 貧悲 止開三平脂並 15右上8行1字
鶥[35] 旻悲 止開三平脂明 15左上1行5字
遅[1] 侍夷 止開三平脂禪 15左上7行4字
洼[1] 烏雖 止合三平脂影 15左上7行5字
嫢[1] 聚惟 止合三平脂從 15左上8行1字

之韻【24】

㞢[6] 真而 止開三平之章 15左上9行1字
菑[24] 莊持 止開三平之莊 15左上10行3字
詩[6] 申之 止開三平之書 15右下4行6字
䀢[3] 升基 止開三平之書 15右下5行3字
蟲[18] 充之 止開三平之昌 15右下6行3字
輜[5] 叉緇 止開三平之初 15右下9行1字
時[19] 市之 止開三平之禪 15右下9行5字
茬[2] 仕之 止開三平之崇 15左下2行6字
漦[2] 俟甾 止開三平之崇 15左下3行2字

而[41] 人之 止開三平之日 15 左下 4 行 1 字
思[30] 新茲 止開三平之心 15 左下 10 行 8 字
茲[24] 津之 止開三平之精 16 右上 6 行 3 字
詞[13] 詳茲 止開三平之邪 16 左上 1 行 3 字
慈[15] 牆之 止開三平之從 16 左上 4 行 1 字
癡[11] 超之 止開三平之徹 16 左上 6 行 3 字
治[11] 澄之 止開三平之澄 16 左上 7 行 4 字
釐[43] 陵之 止開三平之來 16 左上 9 行 4 字
飴[46] 盈之 止開三平之以 16 右下 6 行 1 字
僖[35] 虛其 止開三平之曉 16 左下 3 行 5 字
欺[17] 丘其 止開三平之溪 16 左下 9 行 3 字
姬[43] 居之 止開三平之見 17 右上 2 行 3 字
醫[17] 於其 止開三平之影 17 右上 8 行 5 字
疑[12] 魚其 止開三平之疑 17 左上 1 行 4 字
其[57] 渠之 止開三平之群 17 左上 3 行 6 字

微韻[18]

微[16] 無非 止合三平微明 17 右下 4 行 1 字
霏[15] 芳微 止合三平微滂 17 右下 7 行 1 字
非[20] 匪微 止合三平微幫 17 右下 9 行 4 字
肥[18] 符非 止合三平微並 17 左下 3 行 5 字
機[26] 居希 止開三平微見 17 左下 7 行 4 字
歸[5] 居韋 止合三平微見 18 右上 2 行 5 字
希[26] 香依 止開三平微曉 18 右上 3 行 4 字
暉[27] 吁韋 止合三平微曉 18 右上 8 行 4 字
衣[15] 於希 止開三平微影 18 左上 4 行 3 字
威[11] 於非 止合三平微影 18 左上 7 行 3 字
沂[9] 魚衣 止開三平微疑 18 左上 9 行 3 字
巍[9] 語韋 止合三平微疑 18 左上 10 行 5 字
祈[39] 渠希 止開三平微群 18 右下 2 行 2 字
韋[21] 于非 止合三平微云 18 右下 8 行 4 字
巋[4] 區韋 止合三平微溪 18 左下 3 行 1 字

頎[1] 琴威 止合三平微群 18 左下 3 行 4 字
脢[1] 茫歸 止合三平微明 18 左下 3 行 5 字
幾[1] 丘衣 止開三平微溪 18 左下 4 行 1 字

魚韻[25]

魚[22] 牛居 遇合三平魚疑 18 左下 5 行 1 字
於[9] 衣虛 遇合三平魚影 18 左下 8 行 3 字
虛[12] 休居 遇合三平魚曉 18 左下 10 行 1 字
驅[21] 丘於 遇合三平魚溪 19 右上 1 行 5 字
居[26] 斤於 遇合三平魚見 19 右上 6 行 2 字
渠[53] 求於 遇合三平魚群 19 左上 1 行 4 字
胥[19] 新於 遇合三平魚心 19 左上 10 行 3 字
疽[28] 千余 遇合三平魚清 19 右下 3 行 6 字
苴[14] 子余 遇合三平魚精 19 右下 8 行 1 字
徐[13] 詳余 遇合三平魚邪 19 右下 10 行 6 字
疏[20] 山於 遇合三平魚生 19 左下 3 行 2 字
書[21] 商居 遇合三平魚書 19 左下 6 行 3 字
初[3] 楚居 遇合三平魚初 19 左下 10 行 1 字
葅[14] 臻魚 遇合三平魚莊 19 左下 10 行 3 字
諸[13] 專於 遇合三平魚章 20 右上 2 行 5 字
鉏[10] 牀魚 遇合三平魚崇 20 右上 5 行 1 字
蜍[6] 常如 遇合三平魚禪 20 右上 7 行 1 字
如[20] 人余 遇合三平魚日 20 右上 7 行 4 字
豬[10] 張如 遇合三平魚知 20 左上 1 行 1 字
攄[9] 抽居 遇合三平魚徹 20 左上 2 行 4 字
除[22] 陳如 遇合三平魚澄 20 左上 4 行 2 字
臚[31] 凌如 遇合三平魚來 20 左上 8 行 3 字
絮[11] 女居 遇合三平魚娘 20 右下 4 行 5 字
貙[1] 敕居 遇合三平魚徹 20 右下 7 行 2 字
余[50] 羊諸 遇合三平魚以 20 右下 7 行 3 字

平聲二

虞韻【29】

虞【32】 元俱 遇合三平虞疑 21左上5行1字
吁【37】 雲俱 遇合三平虞云 21右下2行3字
訏【51】 匈于 遇合三平虞曉 21右下10行1字
紆【20】 邕俱 遇合三平虞影 21左下8行3字
區【18】 虧于 遇合三平虞溪 22右上1行4字
拘【33】 恭于 遇合三平虞見 22右上4行5字
劬【70】 權俱 遇合三平虞群 22右上9行6字
敷【85】 芳無 遇合三平虞滂 22左上10行6字
膚【32】 風無 遇合三平虞幫 22左下4行4字
扶【36】 馮無 遇合三平虞並 22左下10行3字
無【38】 微夫 遇合三平虞明 23右上6行5字
須【24】 詢趨 遇合三平虞心 23左上2行4字
趨【6】 逡須 遇合三平虞清 23左上7行1字
諏【13】 遵須 遇合三平虞精 23左上8行3字
輸【9】 春朱 遇合三平虞書 23左上10行4字
𪓐【17】 雙雛 遇合三平虞生 23右下2行1字
樞【12】 舂朱 遇合三平虞昌 23右下5行2字
芻【6】 窻俞 遇合三平虞初 23右下6行8字
朱【14】 鍾輸 遇合三平虞章 23右下8行4字
𠌯【5】 莊俱 遇合三平虞莊 23左下1行5字
殊【14】 慵朱 遇合三平虞禪 23左下2行4字
雛【9】 崇芻 遇合三平虞崇 23左下6行2字
儒【30】 汝朱 遇合三平虞日 23左下8行1字
株【20】 追輸 遇合三平虞知 24右上3行4字
貙【5】 椿俱 遇合三平虞徹 24右上7行2字
廚【9】 重株 遇合三平虞澄 24右上8行1字

僂【29】 龍珠 遇合三平虞來 24右上9行4字
俞【69】 容朱 遇合三平虞以 24左上5行2字
𪎮【1】 乃俱 遇合三平虞娘 24右下7行4字

模韻【20】

模【21】 蒙脯 遇合一平模明 24右下8行1字
稆【20】 滂模 遇合一平模滂 24左下1行5字
逋【21】 奔模 遇合一平模幫 24左下5行2字
蒲【20】 蓬逋 遇合一平模並 24左下8行1字
蘇【13】 孫租 遇合一平模心 25右上1行3字
麤【10】 聰租 遇合一平模清 25右上4行1字
租【8】 宗蘇 遇合一平模精 25右上5行6字
徂【14】 叢租 遇合一平模從 25右上7行2字
都【12】 東徒 遇合一平模端 25右上9行1字
稌【19】 通都 遇合一平模透 25右上1行6字
廜【56】 同都 遇合一平模定 25左上4行3字
盧【44】 龍都 遇合一平模來 25右下4行3字
奴【11】 農都 遇合一平模泥 25右下2行6字
胡【62】 洪孤 遇合一平模匣 25左下4行5字
孤【48】 攻乎 遇合一平模見 26右上6行1字
枯【19】 空胡 遇合一平模溪 26左上6行1字
呼【39】 荒胡 遇合一平模曉 26左上9行3字
吾【39】 訛胡 遇合一平模疑 26右下4行8字
烏【34】 汪胡 遇合一平模影 26左下1行4字
𧥛【1】 尤孤 遇合一平模云 26左下7行4字

齊韻【29】

𪗋【20】 前西 蟹開四平齊從 26左下8行1字

附錄二:《集韻》小韻表

西[27] 先齊 蟹開四平齊心 27右上1行5字		醫[4] 希佳 蟹開二平佳曉 29右下3行4字	
妻[16] 千西 蟹開四平齊清 27右上6行2字		厓[18] 宜佳 蟹開二平佳疑 29右下4行2字	
齎[28] 賤西 蟹開四平齊精 27右上9行2字		娃[11] 於佳 蟹開二平佳影 29右下6行5字	
桋[1] 成䙆 蟹開四平齊禪 27左上3行3字		媧[11] 公蛙 蟹合二平佳見 29右下8行4字	
胒[3] 人桋 蟹開四平齊日 27左上3行4字		咼[13] 空媧 蟹合二平佳溪 29右下10行3字	
氐[41] 都黎 蟹開四平齊端 27左上3行5字		啘[1] 獲媧 蟹合二平佳匣 29左下1行6字	
梯[19] 天黎 蟹開四平齊透 27左上10行1字		䖒[1] 玉咼 蟹合二平佳疑 29左下2行1字	
題[111] 田黎 蟹開四平齊定 27右下2行6字		㩻[4] 火䵷 蟹合二平佳曉 29左下2行2字	
泥[10] 年題 蟹開四平齊泥 27左下9行2字		䵷[9] 烏蝸 蟹合二平佳影 29左下3行2字	
黎[46] 憐題 蟹開四平齊來 27左下10行5字		牌[15] 蒲街 蟹開二平佳並 29左下4行4字	
雞[21] 堅奚 蟹開四平齊見 28右上8行1字		䵷[6] 莫佳 蟹開二平佳明 29左下6行5字	
谿[17] 牽奚 蟹開四平齊溪 28左上1行3字		崽[6] 所佳 蟹開二平佳生 29左下7行5字	
醯[10] 馨奚 蟹開四平齊曉 28左上3行5字		釵[17] 初佳 蟹開二平佳初 29左下8行6字	
兮[25] 弦雞 蟹開四平齊匣 28左上5行6字		柴[13] 鉏佳 蟹開二平佳崇 30右上1行3字	
鷖[22] 煙奚 蟹開四平齊影 28左上10行5字		扠[3] 攄佳 蟹開二平佳徹 30右上4行2字	
倪[24] 研奚 蟹開四平齊疑 28右下4行3字		狋[4] 尼佳 蟹開二平佳泥 30右上4行4字	
䂓[1] 五圭 蟹合四平齊疑 28右下9行1字		摣[1] 莊蛙 蟹合二平佳莊 30右上5行3字	
圭[28] 涓畦 蟹合四平齊見 28右下9行2字		縩[1] 仄佳 蟹開二平佳莊 30右上5行4字	
睽[18] 傾畦 蟹合四平齊溪 28左下4行5字		䶕[2] 檗佳 蟹開二平佳疑 30右上5行5字	
睢[4] 翾畦 蟹合四平齊曉 28左下7行6字			
攜[38] 玄圭 蟹合四平齊匣 28左下8行4字		皆韻[33]	
娃[6] 淵畦 蟹合四平齊影 29右上5行2字		皆[28] 居諧 蟹開二平皆見 30右上7行1字	
箄[36] 邊迷 蟹開四平齊幫 29右上6行3字		揩[5] 丘皆 蟹開二平皆溪 30左上2行1字	
䫌[15] 篇迷 蟹開四平齊滂 29右上1行2字		俙[2] 休皆 蟹開二平皆曉 30左上2行5字	
鼙[19] 駢迷 蟹開四平齊並 29右上3行2字		挨[4] 英皆 蟹開二平皆影 30左上3行2字	
迷[28] 緜批 蟹開四平齊明 29右上5行7字		諧[14] 雄皆 蟹開二平皆匣 30左上3行5字	
隁[2] 直兮 蟹開四平齊澄 29右上9行5字		崖[1] 宜皆 蟹開二平皆疑 30左上6行2字	
畦[2] 扶畦 蟹合四平齊並 29左上10行1字		䨋[9] 公懷 蟹合二平皆見 30左上6行3字	
		匯[6] 枯懷 蟹合二平皆溪 30左上7行6字	
佳韻[21]		㳠[6] 呼乖 蟹合二平皆曉 30左上8行4字	
佳[2] 居膎 蟹開二平佳見 29右下1行1字		崴[10] 烏乖 蟹合二平皆影 30左上9行4字	
膎[11] 戶佳 蟹開二平佳匣 29右下1行3字		懷[21] 乎乖 蟹合二平皆匣 30右下1行1字	

崽[4] 山皆 蟹開二平皆生 30右下5行1字
差[4] 初皆 蟹開二平皆初 30右下5行5字
齋[10] 莊皆 蟹開二平皆莊 30右下6行4字
豺[6] 牀皆 蟹開二平皆崇 30右下7行5字
排[9] 蒲皆 蟹開二平皆並 30右下9行2字
薶[8] 謨皆 蟹開二平皆明 30右下10行6字
齜[3] 椿皆 蟹開二平皆知 30左下1行5字
搋[1] 忡皆 蟹開二平皆徹 30左下2行3字
搱[2] 尼皆 蟹開二平皆娘 30左下2行4字
𪗙[2] 幢乖 蟹合二平皆澄 30左下3行1字
朦[2] 盧懷 蟹合二平皆來 30左下3行3字
碩[2] 蘗皆 蟹開二平皆並 30左下3行5字
膗[3] 崇懷 蟹合二平皆崇 30左下4行1字
䶃[2] 塢皆 蟹開二平皆影 30左下4行3字
嶏[1] 匹埋 蟹開二平皆滂 30左下4行5字
硱[1] 楚懷 蟹合二平皆初 30左下5行1字
襄[2] 所乖 蟹合二平皆生 30左下5行2字
唻[1] 賴諧 蟹開二平皆來 30左下5行4字
徥[5] 度皆 蟹開二平皆定 30左下6行1字
䔆[1] 力皆 蟹開二平皆來 30左下6行6字
婕[3] 直皆 蟹開二平皆澄 30左下7行1字
㮆[1] 都皆 蟹開二平皆端 30左下7行4字

灰韻[19]

灰[16] 呼回 蟹合一平灰曉 30左下8行1字
恢[14] 枯回 蟹合一平灰溪 30左下10行4字
隈[22] 烏回 蟹合一平灰影 31右上2行6字
傀[21] 姑回 蟹合一平灰見 31右上6行3字
回[27] 胡隈 蟹合一平灰匣 31右上9行3字
鮠[15] 吾回 蟹合一平灰疑 31右上3行3字
塠[45] 都回 蟹合一平灰端 31右上5行3字
鮔[14] 通回 蟹合一平灰透 31右下1行2字

穨[35] 徒回 蟹合一平灰定 31右下4行1字
㞎[7] 奴回 蟹合一平灰泥 31右下8行5字
雷[36] 盧回 蟹合一平灰來 31右下9行5字
膗[16] 穌回 蟹合一平灰心 31左下4行9字
崔[15] 倉回 蟹合一平灰清 31左下7行1字
嗺[10] 祖回 蟹合一平灰精 31左下9行3字
摧[14] 昨回 蟹合一平灰從 31左下10行5字
桮[13] 晡枚 蟹合一平灰幫 32右上3行1字
胚[26] 鋪枚 蟹合一平灰滂 32右上4行5字
裴[27] 蒲枚 蟹合一平灰並 32右上8行6字
枚[30] 謀杯 蟹合一平灰明 32左上3行4字

咍韻[21]

哈[8] 呼來 蟹開一平咍曉 32左上9行1字
開[12] 丘哀 蟹開一平咍溪 32左上10行3字
該[34] 柯開 蟹開一平咍見 32右下1行9字
咳[15] 何開 蟹開一平咍匣 32右下8行2字
哀[9] 於開 蟹開一平咍影 32右下10行3字
皚[26] 魚開 蟹開一平咍疑 32左下2行1字
𪘏[6] 當來 蟹開一平咍端 32左下6行1字
胎[21] 湯來 蟹開一平咍透 32左下6行7字
臺[24] 堂來 蟹開一平咍定 32左下10行3字
能[4] 囊來 蟹開一平咍泥 33右上5行2字
來[41] 郎才 蟹開一平咍來 33右上6行1字
鰓[12] 桑才 蟹開一平咍心 33右上4行1字
猜[7] 倉才 蟹開一平咍清 33右上6行1字
哉[22] 將來 蟹開一平咍精 33左上7行3字
裁[10] 牆來 蟹開一平咍從 33左上10行3字
𣧑[1] 昌來 蟹開一平咍昌 33右下2行5字
姭[4] 鋪來 蟹開一平咍滂 33右下2行6字
倍[5] 蒲來 蟹開一平咍並 33右下3行2字
荋[6] 汝來 蟹開一平咍日 33右下4行3字

移【1】 逝來 蟹開一平咍禪 33右下5行1字
頤【2】 曳來 蟹開一平咍以 33右下5行2字

真韻【26】

真【35】 之人 臻開三平真章 33右下6行1字
申【26】 升人 臻開三平真書 33左下2行6字
瞋【10】 稱人 臻開三平真昌 33左下7行4字
辰【25】 丞真 臻開三平真禪 33左下8行4字
神【6】 乘人 臻開三平真船 34右上3行7字
人【11】 而鄰 臻開三平真日 34右上4行5字
辛【9】 斯人 臻開三平真心 34右上6行6字
親【7】 雌人 臻開三平真清 34右上8行6字
津【17】 資辛 臻開三平真精 34右上9行4字
秦【9】 慈鄰 臻開三平真從 34左上2行3字
繽【12】 紕民 臻開三平真滂 34左上3行7字
賓【22】 卑民 臻開三平真幫 34左上5行4字
頻【27】 毗賓 臻開三平真並 34左上8行4字
民【10】 彌鄰 臻開三平真明 34下3行1字
砏【3】 披巾 臻開三平真滂 34右下4行2字
份【20】 悲巾 臻開三平真幫 34右下4行5字
貧【2】 皮巾 臻開三平真並 34右下8行4字
珉【57】 眉貧 臻開三平真明 34右下8行5字
珍【6】 知鄰 臻開三平真知 34左下7行3字
獜【13】 癡鄰 臻開三平真徹 34左下8行4字
陳【17】 池鄰 臻開三平真澄 34左下10行5字
鄰【33】 離珍 臻開三平真來 35右上3行3字
幁【1】 測倫 臻合三平真初 35右上9行4字
杻【1】 測人 臻開三平真初 35右上9行5字
鵀【2】 呼隣 臻開三平真曉 35右上9行6字
紉【1】 尼鄰 臻開三平真娘 35右上10行2字

諄韻【39】

諄【13】 朱倫 臻合三平諄章 35左上1行1字
䑞【10】 樞倫 臻合三平諄昌 35左上2行5字
䫐【1】 式勻 臻合三平諄書 35左上4行3字
純【31】 殊倫 臻合三平諄禪 35左上4行4字
脣【22】 船倫 臻合三平諄船 35左上9行3字
犉【6】 濡純 臻合三平諄日 35右下2行4字
荀【30】 須倫 臻合三平諄心 35右下3行2字
迿【18】 七倫 臻合三平諄清 35右下8行3字
遵【8】 蹤倫 臻合三平諄精 35左下1行4字
旬【41】 松倫 臻合三平諄邪 35左下2行4字
鷷【1】 從倫 臻合三平諄從 35左下9行2字
屯【8】 株倫 臻合三平諄知 35左下9行3字
杶【19】 敕倫 臻合三平諄徹 36右上1行3字
䡅【2】 重倫 臻合三平諄澄 36右上4行4字
倫【26】 龍春 臻合三平諄來 36右上4行6字
因【42】 伊真 臻開三平諄影 36右上9行2字
寅【12】 夷真 臻開三平諄以 36左上6行1字
礥【3】 下珍 臻開三平諄匣 36左上8行2字
勻【8】 俞倫 臻合三平諄以 36左上8行5字
鈞【16】 規倫 臻合三平諄見 36左上9行8字
巾【6】 居銀 臻開三平諄見 36右下2行5字
堇【14】 渠巾 臻開三平諄群 36右下3行5字
趣【1】 渠人 臻開三平諄群 36右下5行3字
鏧【1】 乞鄰 臻開三平諄溪 36右下5行4字
銀【30】 魚巾 臻開三平諄疑 36右下5行5字
咽【9】 於巾 臻開三平諄影 36右下10行6字
贇【8】 紆倫 臻合三平諄影 36左下2行2字
筼【9】 于倫 臻合三平諄云 36左下3行4字
囷【17】 區倫 臻合三平諄溪 36左下5行2字
麕【14】 俱倫 臻合三平諄見 36左下8行2字

䚈[1] 舒均 臻合三平諄書 36 左下 10 行 2 字
蜦[3] 一均 臻合三平諄影 36 左下 10 行 3 字
䞣[3] 壯倫 臻合三平諄莊 36 左下 10 行 6 字
㩒[2] 巨旬 臻合三平諄群 37 右上 1 行 2 字
天[1] 鐵因 臻開三平諄透 37 右上 1 行 4 字
年[1] 禰因 臻開三平諄娘 37 右上 1 行 5 字
苓[1] 戾因 臻開三平諄來 37 右上 2 行 1 字
顛[1] 典因 臻開三平諄端 37 右上 2 行 2 字
田[1] 地因 臻開三平諄定 37 右上 2 行 3 字

臻韻[4]

臻[17] 緇詵 臻開三平臻莊 37 右上 3 行 1 字
莘[34] 疏臻 臻開三平臻生 37 右上 6 行 5 字
榛[8] 鋤臻 臻開三平臻崇 37 右上 2 行 2 字
溙[1] 楚莘 臻開三平臻初 37 右上 3 行 4 字

文韻[12]

文[31] 無分 臻合三平文明 37 左上 4 行 1 字
岎[30] 敷文 臻合三平文滂 37 左上 9 行 5 字
分[24] 方文 臻合三平文幫 37 右下 4 行 4 字
汾[71] 符分 臻合三平文並 37 右下 7 行 6 字
雲[36] 王分 臻合三平文云 37 左下 9 行 4 字
熅[17] 於云 臻合三平文影 38 左上 5 行 3 字
燻[22] 許云 臻合三平文曉 38 左上 8 行 1 字
君[18] 拘云 臻合三平文見 38 左上 1 行 5 字
羣[13] 衢云 臻合三平文群 38 左上 4 行 4 字
輑[1] 虞云 臻合三平文疑 38 左上 7 行 1 字
卷[2] 丘云 臻合三平文溪 38 左上 7 行 2 字
磌[1] 旁君 臻合三平文並 38 左上 7 行 4 字

殷韻[6]

欣[15] 許斤 臻開三平殷曉 38 左上 8 行 1 字
殷[8] 於斤 臻開三平殷影 38 左上 10 行 6 字
斤[10] 舉欣 臻開三平殷見 38 右下 2 行 2 字
勤[18] 渠巾 臻開三平殷群 38 右下 4 行 1 字
䖐[25] 魚斤 臻開三平殷疑 38 右下 6 行 4 字
樺[1] 所斤 臻開三平殷生 38 右下 10 行 1 字

元韻[18]

元[39] 愚袁 山合三平元疑 38 左下 1 行 1 字
袁[30] 于元 山合三平元云 38 左下 7 行 6 字
煖[40] 許元 山合三平元曉 39 右上 2 行 4 字
鴛[31] 於袁 山合三平元影 39 右上 8 行 5 字
言[8] 魚軒 山開三平元疑 39 左上 3 行 5 字
嘕[6] 丘言 山開三平元溪 39 左上 4 行 7 字
軒[9] 虛言 山開三平元曉 39 左上 5 行 6 字
搙[25] 居言 山開三平元見 39 左上 7 行 4 字
焉[2] 依言 山開三平元影 39 左上 10 行 6 字
籚[10] 渠言 山開三平元群 39 右下 1 行 2 字
翻[32] 孚袁 山合三平元滂 39 右下 2 行 6 字
藩[13] 方煩 山合三平元幫 39 右下 7 行 6 字
煩[63] 符袁 山合三平元並 39 右下 9 行 4 字
樠[9] 模元 山合三平元明 40 右上 1 行 1 字
拳[2] 己袁 山合三平元見 40 右上 2 行 2 字
圈[1] 去爰 山合三平元溪 40 右上 2 行 4 字
𦈢[1] 止元 山合三平元章 40 右上 2 行 5 字
楗[1] 九元 山合三平元見 40 右上 3 行 1 字

魂韻[21]

㼈[46] 胡昆 臻合一平魂匣 40 右上 4 行 1 字
昆[44] 公渾 臻合一平魂見 40 左上 1 行 4 字
溫[25] 烏昆 臻合一平魂影 40 左上 8 行 3 字
昏[23] 呼昆 臻合一平魂曉 40 右下 2 行 4 字
坤[14] 枯昆 臻合一平魂溪 40 右下 6 行 3 字

㐰[7] 吾昆 臻合一平魂疑 40右下8行3字
垠[6] 五斤 臻開一平魂疑 40右下9行5字
奔[14] 逋昆 臻合一平魂幫 40右下10行4字
歕[4] 鋪䰟 臻合一平魂滂 40左下3行2字
盆[10] 步奔 臻合一平魂並 40左下3行6字
門[28] 謨奔 臻合一平魂明 40左下5行3字
孫[16] 蘇昆 臻合一平魂心 40左下10行4字
村[5] 麤尊 臻合一平魂清 41右上3行2字
錞[12] 租昆 臻合一平魂精 41右上4行1字
存[11] 徂尊 臻合一平魂從 41右上6行4字
敦[25] 都昆 臻合一平魂端 41右上8行1字
暾[21] 他昆 臻合一平魂透 41左上1行6字
屯[41] 徒渾 臻合一平魂定 41左上5行2字
論[11] 盧昆 臻合一平魂來 41右下1行1字
䎡[1] 儒昆 臻合一平魂日 41右下2行5字
黁[2] 奴昆 臻合一平魂泥 41右下2行6字

痕韻[4]

痕[9] 胡恩 臻開一平痕匣 41右下4行1字
根[5] 古痕 臻開一平痕見 41右下5行3字
恩[6] 烏痕 臻開一平痕影 41右下6行3字
吞[3] 他根 臻開一平痕透 41右下7行1字

寒韻[16]

寒[28] 河干 山開一平寒匣 41右下8行1字
頇[3] 虛干 山開一平寒曉 41左下3行2字
看[10] 丘寒 山開一平寒溪 41左下3行5字
干[29] 居寒 山開一平寒見 41左下5行5字
安[8] 於寒 山開一平寒影 41左下10行3字
豻[6] 俄干 山開一平寒疑 42右上1行5字
跚[13] 相干 山開一平寒心 42右上2行4字
餐[9] 千安 山開一平寒清 42右上4行5字

殘[15] 財干 山開一平寒從 42右上5行5字
單[16] 多寒 山開一平寒端 42右上8行4字
灘[21] 他干 山開一平寒透 42左上1行4字
壇[30] 唐干 山開一平寒定 42左上4行6字
蘭[25] 郎干 山開一平寒來 42左上9行5字
難[8] 那肝 山開一平寒泥 42右下3行3字
籛[1] 子干 山開一平寒精 42右下4行2字
驙[1] 知干 山開一平寒知 42右下4行3字

桓韻[19]

桓[50] 胡官 山合一平桓匣 42右下6行1字
歡[27] 呼官 山合一平桓曉 42右下5行4字
寬[4] 枯官 山合一平桓溪 42右下9行5字
官[25] 古丸 山合一平桓見 42左下10行2字
剜[14] 烏丸 山合一平桓影 43右上5行1字
岏[23] 吾官 山合一平桓疑 43右上7行1字
潘[10] 鋪官 山合一平桓滂 43右上10行3字
䅨[9] 逋潘 山合一平桓幫 43左上1行7字
槃[42] 蒲官 山合一平桓並 43左上3行5字
瞞[51] 謨官 山合一平桓明 43右下1行2字
酸[9] 蘇官 山合一平桓心 43右下8行5字
鑚[8] 祖官 山合一平桓精 43右下9行5字
爨[5] 七丸 山合一平桓清 43左下1行2字
欑[16] 徂丸 山合一平桓從 43左下2行3字
耑[16] 多官 山合一平桓端 43左下4行4字
湍[9] 他官 山合一平桓透 43左下7行4字
團[34] 徒官 山合一平桓定 43左下8行4字
渜[2] 奴官 山合一平桓泥 44右上4行1字
鸞[22] 盧丸 山合一平桓來 44右上4行2字

刪韻[17]

刪[8] 師姦 山開二平刪生 44右上9行1字

關[13] 姑還 山合二平刪見 44右上10行4字
彎[12] 烏關 山合二平刪影 44左上2行4行
櫏[2] 數還 山合二平刪生 44左上4行4字
還[30] 胡關 山合二平刪匣 44左上4行6字
跧[1] 阻頑 山合二平刪莊 44左上10行3字
奻[1] 尼還 山合二平刪娘 44左上10行4字
姦[9] 居顏 山開二平刪見 44右下1行1字
馯[4] 丘顏 山開二平刪溪 44右下2行3字
顏[6] 牛姦 山開二平刪疑 44右下3行1字
㾓[3] 吾還 山開二平刪疑 44右下4行1字
豻[2] 呼關 山合二平刪曉 44右下4行3字
班[23] 逋還 山開二平刪幫 44右下4行5字
扳[9] 披班 山開二平刪滂 44右下8行6字
蠻[16] 謨還 山開二平刪明 44右下10行2字
趱[3] 巨班 山合二平刪群 44右下2行6字
汃[1] 步還 山合二平刪並 44左下3行3字

山韻[25]

山[5] 師閒 山開二平山生 44左下4行1字
虥[1] 棧山 山開二平山崇 44左下5行1字
獑[1] 充山 山開二平山昌 44左下5行2字
潺[7] 鉏山 山開二平山崇 44左下6行1字

譠[1] 託山 山開二平山透 44左下7行3字
虦[3] 昨閑 山開二平山從 44左下7行4字
煸[8] 逋閑 山開二平山幫 44左下8行3字
斕[4] 離閑 山開二平山來 44左下9行3字
䜴[2] 知山 山開二平山知 44左下10行1字
䦒[1] 丈山 山開二平山澄 44左下10行3字
㝉[1] 除鰥 山合二平山澄 44左下10行4字
嗯[2] 尼鰥 山合二平山娘 44左下10行5字
臚[1] 盧鰥 山合二平山來 45右上1行2字
㰔[1] 渠鰥 山合二平山群 45右上1行3字
閑[19] 何閒 山開二平山匣 45右上1行4字
羴[1] 虛閑 山開二平山曉 45右上5行3字
掔[20] 丘閑 山開二平山溪 45右上5行4字
閒[13] 居閑 山開二平山見 45右上8行5字
黰[9] 於閑 山開二平山影 45右上10行5字
訮[11] 牛閑 山開二平山疑 45左上2行1字
湲[2] 胡鰥 山合二平山匣 45左上3行5字
孌[1] 逯鰥 山合二平山影 45左上4行1字
鰥[7] 姑頑 山合二平山見 45左上4行2字
瓣[1] 薄閑 山開二平山並 45左上5行5字
頑[2] 五鰥 山合二平山疑 45左上6行1字

平聲三

先韻[23]

先[8] 蕭前 山開四平先心 46左上1行1字
千[13] 倉先 山開四平先清 46左上2行4字
箋[34] 將先 山開四平先精 46左上5行1字
湔[14] 才先 山開四平先從 46左上10行1字

邊[30] 卑眠 山開四平先幫 46右下2行4字
蹁[31] 蒲眠 山開四平先並 46右下7行1字
眠[19] 民堅 山開四平先明 46右下2行1字
顛[21] 多年 山開四平先端 46右下5行4字
天[11] 他年 山開四平先透 46右下8行6字
田[37] 亭年 山開四平先定 46右下10行7字

季[7] 寧顛 山開四平先泥 47右上7行2字
蓮[14] 靈年 山開四平先來 47右上8行3字
堅[25] 經天 山開四平先見 47右上10行4字
牽[25] 輕煙 山開四平先溪 47左上5行2字
袄[3] 馨煙 山開四平先曉 47左上9行6字
賢[32] 胡千 山開四平先匣 47左上10行3字
煙[26] 因蓮 山開四平先影 47右下6行5字
妍[13] 倪堅 山開四平先疑 47右下10行5字
涓[24] 圭玄 山合四平先見 47左下2行6字
銄[12] 火玄 山合四平先曉 47左下6行3字
玄[26] 胡涓 山合四平先匣 47左下8行1字
淵[26] 縈玄 山合四平先影 48右上2行1字
狗[2] 崇玄 山合四平先崇 48右上6行3字

仙韻[54]

僊[29] 相然 山開三平仙心 48右上7行1字
遷[18] 親然 山開三平仙清 48左上1行4字
煎[10] 子仙 山開三平仙精 48左上3行5字
次[6] 徐連 山開三平仙邪 48左上5行5字
錢[6] 財仙 山開三平仙從 48左上6行5字
羴[19] 尸連 山開三平仙書 48左上7行4字
燀[6] 稱延 山開三平仙昌 48左上10行5字
饘[28] 諸延 山開三平仙章 48右下1行4字
山[1] 所嫺 山開三平仙生 48右下5行2字
鋋[15] 時連 山開三平仙禪 48右下5行3字
潺[8] 鋤連 山開三平仙崇 48右下8行3字
然[15] 如延 山開三平仙日 48右下9行6字
邅[9] 張連 山開三平仙知 48左下2行1字
脠[16] 抽延 山開三平仙徹 48左下3行3字
纏[20] 澄延 山開三平仙澄 48左下6行1字
連[24] 陵延 山開三平仙來 48左下9行2字
甄[9] 稽延 山開三平仙見 49右上3行5字

嘕[7] 虛延 山開三平仙曉 49右上5行1字
延[18] 夷然 山開三平仙以 49右上6行2字
焉[3] 尤虔 山開三平仙云 49右上9行6字
焉[9] 於虔 山開三平仙影 49右上10行3字
愆[22] 丘虔 山開三平仙溪 49左上2行5字
乾[19] 渠焉 山開三平仙群 49左上6行2字
鞭[4] 卑連 山開三平仙幫 49左上9行6字
篇[18] 紕延 山開三平仙滂 49左上10行3字
便[13] 毗連 山開三平仙並 49右下3行6字
綿[23] 彌延 山開三平仙明 49右下6行1字
鬻[2] 己仙 山開三平仙見 49右下9行4字
宣[20] 荀緣 山合三平仙心 49右下10行1字
詮[28] 逡緣 山合三平仙清 49左下3行1字
鐫[5] 遵全 山合三平仙精 49左下7行5字
旋[34] 旬宣 山合三平仙邪 49左下8行4字
全[25] 從緣 山合三平仙從 50右上3行5字
穿[9] 昌緣 山合三平仙昌 50右上7行4字
專[22] 朱遄 山合三平仙章 50右上9行1字
遄[16] 淳沿 山合三平仙禪 50左上2行3字
船[3] 食川 山合三平仙船 50左上5行2字
堧[19] 而宣 山合三平仙日 50左上6行1字
栓[3] 所員 山合三平仙生 50左上8行4字
䉵[6] 莊緣 山合三平仙莊 50左上9行2字
䝅[1] 珍全 山合三平仙知 50左上10行2字
翧[1] 火全 山合三平仙曉 50左上10行3字
㣙[4] 椿全 山合三平仙徹 50左上10行4字
椽[5] 重緣 山合三平仙澄 50右下1行3字
攣[17] 閭員 山合三平仙來 50右下2行2字
沿[21] 余專 山合三平仙以 50右下4行4字
翾[16] 鬻緣 山合三平仙曉 50右下7行8字
娟[11] 縈緣 山合三平仙影 50右下10行6字
員[8] 于權 山合三平仙云 50左下2行2字

嬽【3】 紆權 山合三平仙影 50左下3行5字
懣【2】 免負 山開三平仙明 50左下4行1字
勬【3】 拘負 山合三平仙見 50左下4行3字
卷【18】 驅圓 山合三平仙溪 50左下5行1字
權【51】 逵負 山合三平仙群 50左下7行4字

蕭韻【13】

蕭【25】 先彫 效開四平蕭心 51右上6行1字
貂【47】 丁聊 效開四平蕭端 51右上9行6字
祧【27】 他彫 效開四平蕭透 51左上7行2字
迢【48】 田聊 效開四平蕭定 51右下1行3字
聊【78】 憐蕭 效開四平蕭來 51右下9行1字
驍【29】 堅堯 效開四平蕭見 52右上1行5字
膮【16】 馨幺 效開四平蕭曉 52右上6行1字
鄡【19】 牽幺 效開四平蕭溪 52右上8行5字
幺【13】 伊堯 效開四平蕭影 52右上1行4字
堯【8】 倪幺 效開四平蕭疑 52右上3行4字
蔍【1】 普遼 效開四平蕭滂 52左上5行3字
穛【4】 子幺 效開四平蕭精 52左上5行4字
嬈【1】 裹聊 效開四平蕭泥 52左上6行1字

宵韻【30】

宵【38】 思邀 效開三平宵心 52左上7行1字
䙨【25】 千遙 效開三平宵清 52右下3行1字
鱢【30】 兹消 效開三平宵精 52右下6行2字
樵【29】 慈焦 效開三平宵從 52左下1行4字
猋【42】 卑遙 效開三平宵幫 52左下6行1字
漂【42】 紕招 效開三平宵滂 53右上1行5字
瓢【11】 毗霄 效開三平宵並 53右上7行3字
蜱【10】 彌遙 效開三平宵明 53右上8行5字
鑣【12】 悲嬌 效開三平宵幫 53右上10行2字
苗【7】 眉鑣 效開三平宵明 53左上2行3字
燒【2】 尸昭 效開三平宵書 53左上3行4字
怊【6】 蚩招 效開三平宵昌 53左上4行2字
昭【16】 之遙 效開三平宵章 53左上5行3字
韶【17】 時饒 效開三平宵禪 53左上8行2字
饒【9】 如招 效開三平宵日 53左上10行5字
超【8】 癡宵 效開三平宵徹 53右下2行3字
輎【3】 陟遙 效開三平宵知 53右下3行5字
鼂【10】 馳遙 效開三平宵澄 53右下4行1字
燎【5】 離昭 效開三平宵來 53右下6行1字
遥【67】 餘招 效開三平宵以 53右下6行6字
要【15】 伊消 效開三平宵影 53右下8行2字
翹【9】 祁堯 效開三平宵群 53左下10行4字
鴞【3】 于嬌 效開三平宵云 54右上2行3字
妖【13】 於喬 效開三平宵影 54右上3行1字
嚻【20】 虛嬌 效開三平宵曉 54右上5行3字
蹺【18】 丘祅 效開三平宵溪 54右上8行5字
驕【14】 居妖 效開三平宵見 54左上1行1字
喬【25】 渠嬌 效開三平宵群 54左上4行1字
瀌【3】 蒲嬌 效開三平宵並 54左上8行3字
㲈【1】 稍妖 效開三平宵生 54左上9行1字

肴韻【21】

爻【34】 何交 效開二平肴匣 54左上10行1字
交【30】 居肴 效開二平肴見 54右下5行4字
敲【28】 丘交 效開二平肴溪 54左下1行1字
虓【42】 虛交 效開二平肴曉 54左下4行4字
䫏【18】 於交 效開二平肴影 54左下10行4字
聱【14】 牛交 效開二平肴疑 55右上2行8字
包【13】 班交 效開二平肴幫 55右上4行5字
胞【16】 披交 效開二平肴滂 55右上8行2字
庖【34】 蒲交 效開二平肴並 55右上10行4字
茅【21】 謨交 效開二平肴明 55左上4行7字

梢【29】 師交　效開二平肴生　55左上8行2字
謙【11】 初交　效開二平肴初　55右下2行6字
璅【17】 莊交　效開二平肴莊　55右下4行4字
巢【20】 鋤交　效開二平肴崇　55右下6行6字
啁【8】 陟交　效開二平肴知　55右下10行3字
𩰚【6】 丑交　效開二平肴徹　55左下1行5字
顟【14】 力交　效開二平肴來　55左下2行5字
桃【1】 除交　效開二平肴澄　55左下4行5字
鐃【21】 尼交　效開二平肴娘　55左下4行6字
巢【1】 徂交　效開二平肴從　55左下7行6字
猇【2】 于包　效開二平肴云　55左下8行1字

豪韻【19】

豪【33】 乎刀　效開一平豪匣　55左下9行1字
蒿【14】 呼高　效開一平豪曉　56右上3行5字
尻【8】 丘刀　效開一平豪溪　56右上5行4字
高【34】 居勞　效開一平豪見　56右上6行4字
爊【7】 於刀　效開一平豪影　56左上2行3字
敖【42】 牛刀　效開一平豪疑　56左上3行3字
襃【9】 博毛　效開一平豪幫　56左上10行2字
槖【7】 普刀　效開一平豪滂　56右下1行6字
袍【6】 蒲襃　效開一平豪並　56右下2行4字
毛【25】 謨袍　效開一平豪明　56右下3行5字
騷【39】 蘇遭　效開一平豪心　56右下7行4字
操【12】 倉刀　效開一平豪清　56左下3行4字
糟【17】 臧曹　效開一平豪精　56左下5行4字
曹【24】 財勞　效開一平豪從　56左下7行5字
刀【12】 都勞　效開一平豪端　57右上1行5字
饕【50】 他刀　效開一平豪透　57右上3行5字
匋【57】 徒刀　效開一平豪定　57左上1行8字
勞【48】 郎刀　效開一平豪來　57右下1行3字
夒【19】 奴刀　效開一平豪泥　57右下8行6字

歌韻【6】

歌【21】 居何　果開一平歌見　57左下2行1字
珂【5】 丘何　果開一平歌溪　57左下5行3字
訶【12】 虎何　果開一平歌曉　57左下6行1字
阿【12】 於河　果開一平歌影　57左下8行1字
何【11】 寒歌　果開一平歌匣　57左下10行2字
莪【23】 牛河　果開一平歌疑　58右上2行4字

戈韻【37】

戈【26】 古禾　果合一平戈見　58右上7行1字
科【21】 苦禾　果合一平戈溪　58左上1行2字
倭【17】 烏禾　果合一平戈影　58左上4行3字
和【14】 胡戈　果合一平戈匣　58左上7行1字
吪【13】 吾禾　果合一平戈疑　58左上10行1字
波【16】 逋禾　果合一平戈幫　58左下2行2字
頗【14】 滂禾　果合一平戈滂　58左下4行5字
婆【18】 蒲波　果合一平戈並　58右下6行4字
摩【18】 眉波　果合一平戈明　58右下8行8字
娑【18】 桑何　果開一平戈心　58左下1行4字
蹉【12】 倉何　果開一平戈清　58左下4行1字
醝【25】 才何　果開一平戈從　58左下6行1字
莎【22】 蘇禾　果合一平戈心　58左下10行2字
莎【4】 村戈　果合一平戈清　59右上3行4字
脞【7】 臧戈　果合一平戈精　59右上4行1字
矬【9】 徂禾　果合一平戈從　59右上5行2字
多【9】 當何　果開一平戈端　59右上6行4字
佗【14】 湯河　果開一平戈透　59右上8行4字
駝【53】 唐何　果開一平戈定　59左上1行1字
羅【20】 良何　果開一平戈來　59左上9行1字
那【20】 囊何　果開一平戈泥　59右下2行4字
𡐦【7】 都戈　果合一平戈端　59右下6行2字

詑[8]	土和 果合一平戈透 59右下7行1字	髽[2]	莊華 假合二平麻莊 60左下4行4字
铊[15]	徒禾 果合一平戈定 59右下8行2字	茬[21]	鉏加 假合二平麻崇 60左下5行2字
矞[33]	盧戈 果合一平戈來 59右下10行3字	爹[1]	陟邪 假開三平麻知 60左下8行2字
捼[5]	奴禾 果合一平戈泥 59左下4行7字	夈[24]	陟加 假開二平麻知 60左下8行3字
嗟[5]	遭歌 果開一平戈精 59左下5行4字	簻[5]	張瓜 假合二平麻知 61右上2行1字
䂫[1]	于戈 果合一平戈云 59左下6行4字	侘[8]	抽加 假開二平麻徹 61右上2行4字
韡[10]	呼肥 果合三平戈曉 59左下6行5字	秅[18]	直加 假開二平麻澄 61右上3行6字
胆[2]	於靴 果合三平戈影 59左下8行1字	拏[21]	女加 假開二平麻娘 61右上6行5字
駞[1]	丘靴 果合三平戈溪 59左下8行3字	邪[26]	余遮 假開三平麻以 61右上10行1字
瘸[1]	衢韡 果合三平戈群 59左下8行4字	遐[28]	何加 假開二平麻匣 61右上4行2字
臝[1]	驢韡 果合三平戈來 59左下8行5字	煆[19]	虛加 假開二平麻曉 61左上9行2字
伽[3]	求迦 果開三平戈群 59左下9行1字	硠[10]	丘加 假開二平麻溪 61右下1行5字
胚[2]	醋伽 果開三平戈清 59左下9行4字	嘉[46]	居牙 假開二平麻見 61右下3行1字
佉[5]	去伽 果開三平戈溪 59左下9行6字	雅[18]	於加 假開二平麻影 61右下10行1字
迦[3]	居伽 果開三平戈見 59左下10行5字	牙[19]	牛加 假開二平麻疑 61左下3行1字
		華[23]	胡瓜 假合二平麻匣 61左下6行5字
麻韻[43]		譁[11]	呼瓜 假合二平麻曉 61左下9行5字
麻[15]	謨加 假開二平麻明 60右上2行1字	誇[18]	枯瓜 假合二平麻溪 62右上1行1字
葩[15]	披巴 假開二平麻滂 60右上4行3字	瓜[23]	姑華 假合二平麻見 62右上3行4字
巴[19]	邦加 假開二平麻幫 60右上6行4字	窊[18]	烏瓜 假合二平麻影 62右上6行6字
爬[9]	蒲巴 假開二平麻並 60右上9行8字	𠌯[6]	吾瓜 假合二平麻疑 62右上9行4字
些[4]	思嗟 假開三平麻心 60右上1行5字	苛[1]	黑嗟 假開三平麻曉 62右上10行3字
蕏[20]	咨邪 假開三平麻精 60右上2行2字	哶[1]	彌嗟 假開三平麻明 62右上10行4字
袤[16]	徐嗟 假開三平麻邪 60左上5行2字	捼[1]	儒邪 假開三平麻日 62左上1行1字
奢[10]	詩車 假開三平麻書 60左上7行3字	挫[1]	祖加 假開二平麻精 62左上1行2字
車[9]	昌遮 假開三平麻昌 60左上8行5字	礄[1]	七邪 假開三平麻清 62左上1行3字
遮[9]	之奢 假開三平麻章 60左上10行4字	查[1]	才邪 假開三平麻從 62左上1行4字
闍[17]	時遮 假開三平麻禪 60右下1行5字	儸[3]	利遮 假開三平麻來 62左上2行1字
若[3]	人奢 假開三平麻日 60右下4行3字		
沙[21]	師加 假開二平麻生 60右下4行6字	陽韻[34]	
叉[17]	初加 假開二平麻初 60右下8行2字	陽[56]	余章 宕開三平陽以 62左上3行1字
樝[26]	莊加 假開二平麻莊 60右下10行6字	芳[7]	敷方 宕合三平陽滂 62右下2行2字

方【24】 分房 宕合三平陽幫 62 右下 3 行 2 字
房【13】 符方 宕合三平陽並 62 右下 7 行 3 字
亡【21】 武方 宕合三平陽明 62 右下 9 行 3 字
襄【22】 思將 宕開三平陽心 62 左下 3 行 3 字
瑲【25】 千羊 宕開三平陽清 62 左下 7 行 5 字
將【13】 資良 宕開三平陽精 63 右上 1 行 6 字
詳【17】 徐羊 宕開三平陽邪 63 右上 3 行 6 字
牆【16】 慈良 宕開三平陽從 63 右上 6 行 3 字
商【43】 尸羊 宕開三平陽書 63 右上 8 行 4 字
昌【16】 蚩良 宕開三平陽昌 63 左上 5 行 3 字
章【22】 諸良 宕開三平陽章 63 左上 7 行 7 字
常【16】 辰羊 宕開三平陽禪 63 右下 2 行 2 字
穰【27】 如陽 宕開三平陽日 63 右下 5 行 1 字
霜【11】 師莊 宕開三平陽生 63 右下 9 行 4 字
刱【10】 初良 宕開三平陽初 63 左下 1 行 3 字
莊【10】 側羊 宕開三平陽莊 63 左下 2 行 5 字
牀【6】 仕莊 宕開三平陽崇 63 左下 4 行 1 字
張【7】 中良 宕開三平陽知 63 左下 5 行 1 字
募【4】 抽良 宕開三平陽徹 63 左下 6 行 3 字
長【18】 仲良 宕開三平陽澄 63 左下 7 行 2 字
良【35】 呂張 宕開三平陽來 63 左下 10 行 1 字
孃【4】 尼良 宕開三平陽娘 64 右上 5 行 5 字
香【10】 虛良 宕開三平陽曉 64 右上 6 行 4 字
羌【7】 墟羊 宕開三平陽溪 64 右上 8 行 3 字
疆【22】 居良 宕開三平陽見 64 右上 10 行 4 字
彊【12】 渠良 宕開三平陽群 64 右下 3 行 4 字
央【20】 於良 宕開三平陽影 64 右上 5 行 3 字
王【10】 雨方 宕合三平陽云 64 右上 8 行 4 字
匡【24】 曲王 宕合三平陽溪 64 右上 10 行 6 字
狂【17】 渠王 宕合三平陽群 64 右下 4 行 1 字
惟【1】 俱王 宕合三平陽見 64 右下 6 行 6 字
卬【1】 魚殃 宕開三平陽疑 64 右下 7 行 1 字

唐韻【26】

唐【66】 徒郎 宕開一平唐定 64 右下 8 行 1 字
當【18】 都郎 宕開一平唐端 64 左下 7 行 5 字
湯【23】 他郎 宕開一平唐透 64 左下 10 行 3 字
郎【38】 盧當 宕開一平唐來 65 右上 3 行 5 字
囊【11】 奴當 宕開一平唐泥 65 右上 10 行 5 字
幫【12】 逋旁 宕開一平唐幫 65 左上 2 行 3 字
滂【13】 鋪郎 宕開一平唐滂 65 左上 4 行 1 字
旁【33】 蒲光 宕開一平唐並 65 左上 5 行 5 字
芒【28】 謨郎 宕開一平唐明 65 左上 10 行 4 字
桑【14】 蘇郎 宕開一平唐心 65 右下 4 行 2 字
倉【17】 千剛 宕開一平唐清 65 右下 6 行 2 字
臧【12】 兹郎 宕開一平唐精 65 右下 8 行 6 字
藏【8】 慈郎 宕開一平唐從 65 右下 10 行 4 字
鴦【19】 於郎 宕開一平唐影 65 左下 1 行 4 字
炕【7】 虛郎 宕開一平唐曉 65 左下 4 行 4 字
穅【27】 丘岡 宕開一平唐溪 65 左下 5 行 6 字
岡【29】 居郎 宕開一平唐見 65 左下 9 行 5 字
卬【10】 魚剛 宕開一平唐疑 66 右上 4 行 3 字
航【28】 寒剛 宕開一平唐匣 66 右上 6 行 4 字
汪【8】 烏光 宕合一平唐影 66 左上 1 行 1 字
㡃【33】 呼光 宕合一平唐曉 66 左上 2 行 4 字
觥【3】 枯光 宕合一平唐溪 66 左上 7 行 7 字
光【25】 姑黄 宕合一平唐見 66 左上 8 行 3 字
黄【64】 胡光 宕合一平唐匣 66 右下 2 行 2 字
恇【2】 誑王 宕合三平唐群 66 左下 2 行 4 字
瘡【1】 磢霜 宕開一平唐初 66 左下 3 行 1 字

平聲四

庚韻[30]

庚[22] 居行 梗開二平庚見 67左上4行1字
阬[7] 丘庚 梗開二平庚溪 67左上7行4字
亨[9] 虛庚 梗開二平庚曉 67左上8行6字
行[14] 何庚 梗開二平庚匣 67左上9行6字
橫[22] 胡盲 梗合二平庚匣 67右下2行4字
諻[8] 呼橫 梗合二平庚曉 67右下5行6字
觵[11] 姑橫 梗合二平庚見 67右下6行8字
繋[22] 晡橫 梗合二平庚幫 67右下8行4字
磅[23] 披庚 梗開二平庚滂 67右下2行1字
彭[26] 蒲庚 梗開二平庚並 67左下4行6字
盲[19] 眉耕 梗開二平庚明 67左下8行6字
趟[5] 中庚 梗開二平庚知 68右上1行3字
瞠[17] 抽庚 梗開二平庚徹 68右上2行1字
根[18] 除庚 梗開二平庚澄 68右上4行1字
鬡[10] 尼庚 梗開二平庚娘 68右上6行5字
兵[3] 晡明 梗開三平庚幫 68右上8行2字
平[14] 蒲兵 梗開三平庚並 68右上8行3字
朙[13] 眉兵 梗開三平庚明 68左上1行3字
生[19] 師庚 梗開二平庚生 68左上4行1字
鎗[7] 楚耕 梗開二平庚初 68左上7行6字
傖[8] 鋤庚 梗開二平庚崇 68左上8行5字
京[10] 居卿 梗開三平庚見 68左上10行1字
卿[3] 丘京 梗開三平庚溪 68右下1行5字
擎[14] 渠京 梗開三平庚群 68右下2行3字
迎[1] 魚京 梗開三平庚疑 68右下5行2字
英[23] 於驚 梗開三平庚影 68右下5行3字

榮[10] 于平 梗合三平庚云 68右下9行5字
兄[1] 呼榮 梗合三平庚曉 68左下1行4字
謍[1] 乙榮 梗合三平庚影 68左下1行5字
䇢[2] 口觥 梗合二平庚溪 68左下2行1字

耕韻[20]

耕[2] 古莖 梗開二平耕見 68左下3行1字
鏗[29] 丘耕 梗開二平耕溪 68左下3行2字
娙[3] 魚莖 梗開二平耕疑 68左下8行2字
甖[30] 於莖 梗開二平耕影 68左下8行4字
莖[9] 何耕 梗開二平耕匣 69右上3行3字
宏[33] 乎萌 梗合二平耕匣 69右上4行4字
泓[9] 烏宏 梗合二平耕影 69右上9行4字
訇[30] 呼宏 梗合二平耕曉 69右上10行7字
琤[10] 初耕 梗開二平耕初 69左上4行5字
爭[18] 甾莖 梗開二平耕莊 69左上6行2字
崢[17] 鋤耕 梗開二平耕崇 69左上9行3字
朾[13] 中莖 梗開二平耕知 69右下1行5字
橙[15] 除耕 梗開二平耕澄 69右下3行3字
儜[9] 尼耕 梗開二平耕娘 69右下5行2字
絣[15] 悲萌 梗開二平耕幫 69右下6行4字
怦[28] 披耕 梗開二平耕滂 69右下8行5字
弸[6] 蒲萌 梗開二平耕並 69左下2行4字
甍[16] 謨耕 梗開二平耕明 69左下3行5字
竑[3] 于萌 梗開二平耕云 69左下6行3字
磷[4] 力耕 梗開二平耕來 69左下6行5字

清韻【29】

清[6]	親盈	梗開三平清清	69 左下 8 行 1 字
精[26]	咨盈	梗開三平清精	69 左下 9 行 2 字
餳[1]	徐盈	梗開三平清邪	70 右上 3 行 2 字
情[10]	慈盈	梗開三平清從	70 右上 3 行 3 字
騂[7]	思營	梗合三平清心	70 右上 5 行 1 字
并[10]	卑盈	梗開三平清幫	70 右上 6 行 1 字
名[6]	彌并	梗開三平清明	70 右上 7 行 6 字
聲[3]	書盈	梗開三平清書	70 右上 8 行 6 字
證[23]	諸盈	梗開三平清章	70 右上 9 行 3 字
成[18]	時征	梗開三平清禪	70 左上 3 行 2 字
禎[11]	知盈	梗開三平清知	70 左上 5 行 6 字
檉[18]	癡貞	梗開三平清徹	70 左上 7 行 6 字
呈[12]	馳貞	梗開三平清澄	70 左上 10 行 4 字
跉[5]	離貞	梗開三平清來	70 右下 2 行 6 字
盈[25]	怡成	梗開三平清以	70 右下 3 行 5 字
輕[9]	牽盈	梗開三平清溪	70 右下 7 行 3 字
頸[4]	渠成	梗開三平清群	70 右下 8 行 6 字
嬰[13]	伊盈	梗開三平清影	70 右下 9 行 3 字
營[18]	維傾	梗合三平清以	70 左下 1 行 4 字
賏[4]	翾營	梗合三平清曉	70 左下 4 行 1 字
傾[6]	窺營	梗合三平清溪	70 左下 4 行 4 字
瓊[25]	葵營	梗合三平清群	70 左下 5 行 4 字
縈[10]	娟營	梗合三平清影	70 左下 8 行 5 字
泂[1]	古營	梗合三平清見	70 左下 10 行 5 字
頸[2]	吉成	梗開三平清見	70 左下 10 行 6 字
穰[1]	人成	梗開三平清日	71 右上 1 行 2 字
騂[2]	許營	梗合三平清曉	71 右上 1 行 3 字
薨[1]	忙成	梗開三平清明	71 右上 1 行 5 字
聘[1]	匹名	梗開三平清滂	71 右上 1 行 6 字

青韻【25】

青[11]	倉經	梗開四平青清	71 右上 3 行 1 字
星[23]	桑經	梗開四平青心	71 右上 5 行 1 字
竮[18]	滂丁	梗開四平青滂	71 右上 8 行 5 字
餅[25]	旁經	梗開四平青並	71 左上 1 行 4 字
冥[23]	忙經	梗開四平青明	71 左上 5 行 4 字
丁[15]	當經	梗開四平青端	71 左上 9 行 5 字
聽[29]	湯丁	梗開四平青透	71 右下 2 行 4 字
庭[38]	唐丁	梗開四平青定	71 右下 6 行 5 字
靈[165]	郎丁	梗開四平青來	71 左下 2 行 5 字
寧[16]	囊丁	梗開四平青泥	72 左上 4 行 6 字
經[12]	堅靈	梗開四平青見	72 左上 7 行 5 字
馨[6]	醯經	梗開四平青曉	72 左上 10 行 1 字
形[27]	乎經	梗開四平青匣	72 右下 1 行 1 字
熒[18]	玄扃	梗合四平青匣	72 右下 5 行 6 字
扃[17]	涓熒	梗合四平青見	72 右下 8 行 2 字
姪[1]	五刑	梗開四平青疑	72 左下 1 行 2 字
菁[2]	子丁	梗開四平青精	72 左下 1 行 3 字
娙[4]	於丁	梗開四平青影	72 左下 2 行 1 字
濙[4]	烏熒	梗合四平青影	72 左下 2 行 5 字
坰[5]	欽熒	梗合四平青溪	72 左下 3 行 4 字
更[1]	古青	梗開四平青見	72 左下 4 行 1 字
屦[1]	子坰	梗合四平青精	72 左下 4 行 2 字
桯[1]	餘經	梗開四平青以	72 左下 4 行 3 字
鏧[3]	苦丁	梗開四平青溪	72 左下 4 行 4 字
燮[1]	火螢	梗合四平青曉	72 左下 5 行 3 字

蒸韻【28】

蒸[12]	諸仍	曾開三平蒸章	72 左下 6 行 1 字
承[14]	辰陵	曾開三平蒸禪	72 左下 8 行 2 字
繩[21]	神陵	曾開三平蒸船	72 左下 10 行 2 字

升【12】 書蒸 曾開三平蒸書 73右上3行3字
稱【7】 蚩承 曾開三平蒸昌 73右上5行1字
仍【19】 如蒸 曾開三平蒸日 73右上7行2字
夂【6】 悲陵 曾開三平蒸幫 73右上10行1字
淜【7】 披冰 曾開三平蒸滂 73左上1行2字
凭【8】 皮冰 曾開三平蒸並 73左上2行3字
繒【16】 慈陵 曾開三平蒸從 73左上3行6字
徵【7】 知陵 曾開三平蒸知 73左上6行3字
僜【6】 丑升 曾開三平蒸徹 73左上7行4字
澂【11】 持陵 曾開三平蒸澄 73左上8行4字
夌【34】 閭承 曾開三平蒸來 73左上10行4字
蠅【3】 余陵 曾開三平蒸以 73右下5行6字
膺【11】 於陵 曾開三平蒸影 73右下6行2字
冰【4】 魚陵 曾開三平蒸疑 73右下8行2字
興【4】 虛陵 曾開三平蒸曉 73右下8行4字
硱【1】 欺矜 曾開三平蒸溪 73右下9行4字
磳【1】 士冰 曾開三平蒸崇 73右下10行1字
兢【11】 居陵 曾開三平蒸見 73右下10行2字
儚【1】 亡冰 曾開三平蒸明 73左下2行2字
醟【1】 即凌 曾開三平蒸精 73左下2行3字
熊【1】 矣殊 曾開三平蒸云 73左下2行4字
砡【1】 篤冰 曾開三平蒸云 73左下3行1字
繰【1】 息凌 曾開三平蒸心 73左下3行2字
殑【4】 巨興 曾開三平蒸群 73左下3行3字
殊【2】 色矜 曾開三平蒸生 73左下4行1字

登韻【22】

登【24】 都騰 曾開一平登端 73左下5行1字
鼟【9】 他登 曾開一平登透 73左下8行7字
騰【25】 徒登 曾開一平登定 73左下10行2字
棱【15】 盧登 曾開一平登來 74右上4行2字
能【6】 奴登 曾開一平登泥 74右上6行3字
嵋【8】 悲朋 曾開一一平登幫 74右上7行4字
漰【3】 披朋 曾開一平登滂 74右上8行6字
㣼【10】 蒲登 曾開一平登並 74右上9行2字
瞢【19】 彌登 曾開一平登明 74左上1行1字
僧【3】 思登 曾開一平登心 74左上3行5字
增【19】 咨騰 曾開一平登精 74左上4行2字
層【14】 徂棱 曾開一平登從 74左上7行1字
揯【7】 居曾 曾開一平登見 74左上9行2字
恒【7】 胡登 曾開一平登匣 74左上10行2字
薨【8】 呼弘 曾合一平登曉 74右下1行5字
厷【5】 姑弘 曾合一平登見 74右下3行1字
㬝【2】 七曾 曾開一平登清 74右下4行1字
弘【4】 胡肱 曾合一平登匣 74右下4行3字
鞃【6】 苦弘 曾合一平登溪 74右下5行2字
泓【1】 乙肱 曾合一平登影 74右下6行1字
鞥【1】 一憎 曾開一平登影 74右下6行2字
㱫【2】 肯登 曾開一平登溪 74右下6行3字

尤韻【31】

尤【20】 于求 流開三平尤云 74右下7行1字
休【23】 虛尤 流開三平尤曉 74右下10行6字
丠【18】 祛尤 流開三平尤溪 74左下3行5字
惆【5】 尼猷 流開三平尤娘 74左下6行5字
鳩【21】 居尤 流開三平尤見 74左下7行2字
求【66】 渠尤 流開三平尤群 74左下9行6字
牛【3】 魚尤 流開三平尤疑 75右上10行4字
慐【25】 於求 流開三平尤影 75左上1行1字
由【86】 夷周 流開三平尤以 75左上5行4字
麀【1】 彌攸 流開三平尤明 75右下10行4字
輈【22】 張流 流開三平尤知 75右下10行5字
搊【20】 丑鳩 流開三平尤徹 75左下4行5字
儔【65】 陳留 流開三平尤澄 75左下7行3字

留【87】 力求 流開三平尤來 76右上6行4字
脩【21】 思留 流開三平尤心 76左上9行7字
秋【36】 雌由 流開三平尤清 76右下3行1字
揫【30】 將由 流開三平尤精 76右上8行7字
囚【20】 徐由 流開三平尤邪 76左下3行7字
酋【31】 字秋 流開三平尤從 76左下6行6字
收【6】 尸周 流開三平尤書 77右上1行4字
犨【4】 蚩周 流開三平尤昌 77右上2行4字
周【28】 之由 流開三平尤章 77右上3行3字
讎【24】 時流 流開三平尤禪 77右上8行5字
柔【34】 而由 流開三平尤日 77左上1行6字
搜【39】 疎鳩 流開三平尤生 77左上7行1字
搊【10】 初尤 流開三平尤初 77右下3行7字
鄒【34】 甾尤 流開三平尤莊 77右下5行3字
愁【2】 鋤尤 流開三平尤崇 77左下1行2字
不【13】 方鳩 流開三平尤幫 77左下1行4字
浮【53】 房尤 流開三平尤並 77右下3行4字
飍【14】 披尤 流開三平尤滂 78右上1行4字

侯韻【18】

矦【42】 胡溝 流開一平侯匣 78右上4行1字
謳【37】 烏侯 流開一平侯影 78左上1行5字
齵【4】 魚侯 流開一平侯疑 78左上7行1字
彄【25】 墟侯 流開一平侯溪 78左上7行5字
齁【5】 呼侯 流開一平侯曉 78右下1行3字
鉤【44】 居侯 流開一平侯見 78右下2行3字
抔【20】 蒲侯 流開一平侯並 78右下9行8字
謀【62】 迷浮 流開一平侯明 78左下3行1字
涑【22】 先侯 流開一平侯心 79左上2行3字
誰【1】 千侯 流開一平侯清 79右上5行4字
緅【15】 將侯 流開一平侯精 79右上5行5字
棷【4】 祖侯 流開一平侯從 79右上8行1字
兜【24】 當侯 流開一平侯端 79右上8行4字
偷【8】 他侯 流開一平侯透 79左上2行1字
頭【25】 徒侯 流開一平侯定 79左上3行1字
婁【48】 郎侯 流開一平侯來 79左上6行5字
羺【11】 奴侯 流開一平侯泥 79右下5行2字
抔【9】 普溝 流開一平侯滂 79右下6行6字

幽韻【15】

幽【14】 於虯 流開三平幽影 79右下8行1字
聱【4】 倪虯 流開三平幽疑 79右下10行5字
慘【1】 山幽 流開三平幽生 79左下1行2字
飍【5】 必幽 流開三平幽幫 79右下1行3字
飍【6】 香幽 流開三平幽曉 79左下2行2字
稵【3】 子幽 流開三平幽精 79左下3行1字
飍【1】 步幽 流開三平幽並 79左下3行3字
區【3】 羌幽 流開三平幽溪 79左下3行4字
瀌【3】 平幽 流開三平幽並 79左下4行2字
樛【20】 居虯 流開三平幽見 79左下4行5字
虯【19】 渠幽 流開三平幽群 79左下7行5字
鏐【2】 力幽 流開三平幽來 79左下10行2字
彪【4】 悲幽 流開三平幽幫 79左下10行4字
淲【4】 皮虯 流開三平幽並 80右上1行3字
繆【5】 亡幽 流開三平幽明 80右上2行3字

侵韻【28】

侵【18】 千尋 深開三平侵清 80右上4行1字
心【6】 思林 深開三平侵心 80右上7行2字
祲【23】 咨林 深開三平侵精 80右上8行3字
尋【34】 徐心 深開三平侵邪 80左上1行6字
鬵【21】 才淫 深開三平侵從 80左上7行1字
深【5】 式針 深開三平侵書 80左上10行4字
覘【1】 充針 深開三平侵昌 80右下1行3字

•405•

斟[13] 諸深 深開三平侵章 80右下1行4字
諶[13] 時任 深開三平侵禪 80右下4行2字
壬[15] 如林 深開三平侵日 80右下6行3字
森[23] 疏簪 深開三平侵生 80右下8行6字
參[13] 初簪 深開三平侵初 80左下2行3字
先[9] 緇岑 深開三平侵莊 80左下4行4字
岑[20] 鋤簪 深開三平侵崇 80左下5行5字
碪[10] 知林 深開三平侵知 80左下9行1字
琛[10] 癡林 深開三平侵徹 80左下10行3字
沈[13] 持林 深開三平侵澄 81右上2行1字
林[21] 犁針 深開三平侵來 81右上4行2字
誑[7] 尼心 深開三平侵娘 81右上7行5字
淫[27] 夷針 深開三平侵以 81右上8行4字
愔[4] 伊淫 深開三平侵影 81左上2行6字
音[19] 於金 深開三平侵影 81左上3行2字
吟[22] 魚音 深開三平侵疑 81左上6行5字
歆[5] 虛金 深開三平侵曉 81左上9行4字
欽[11] 袪音 深開三平侵溪 81左上10行4字
今[15] 居吟 深開三平侵見 81右下2行2字
琴[47] 渠金 深開三平侵群 81右下4行8字
礑[1] 天心 深開三平侵透 81左下2行2字

覃韻[18]

覃[43] 徒南 咸開一平覃定 81左下3行1字
貪[8] 他含 咸開一平覃透 81左下9行6字
耽[15] 都含 咸開一平覃端 81左下10行4字
婪[12] 盧含 咸開一平覃來 82右上3行2字
南[20] 那含 咸開一平覃泥 82右上5行3字
毿[9] 蘇含 咸開一平覃心 82右上8行3字
參[12] 倉含 咸開一平覃清 82右上9行5字
簪[11] 祖含 咸開一平覃精 82左上1行3字
蠶[7] 徂含 咸開一平覃從 82左上3行2字
㟏[22] 呼含 咸開一平覃曉 82左上4行4字
龕[17] 枯含 咸開一平覃溪 82左上7行3字
弇[21] 姑南 咸開一平覃見 82左上9行7字
含[48] 胡南 咸開一平覃匣 82右下2行5字
諳[42] 烏含 咸開一平覃影 82右下9行1字
䛡[8] 吾含 咸開一平覃疑 82左下4行4字
沈[1] 長含 咸開一平覃澄 82左下5行3字
顉[1] 常含 咸開一平覃禪 82左下5行4字
綝[1] 充含 咸開一平覃昌 82左下6行1字

談韻[20]

談[23] 徒甘 咸開一平談定 82左下7行1字
甜[17] 他甘 咸開一平談透 82左下10行6字
儋[12] 都甘 咸開一平談端 83右上3行1字
藍[25] 盧甘 咸開一平談來 83右上5行1字
三[7] 蘇甘 咸開一平談心 83右上8行5字
慙[10] 財甘 咸開一平談從 83右上9行5字
蚶[8] 呼甘 咸開一平談曉 83左上1行3字
坩[2] 枯甘 咸開一平談溪 83左上2行4字
甘[18] 沽三 咸開一平談見 83左上2行5字
玬[4] 五甘 咸開一平談疑 83左上5行3字
酣[14] 胡甘 咸開一平談匣 83左上6行1字
蹔[1] 作三 咸開一平談精 83左上8行3字
姏[2] 謨甘 咸開一平談明 83左上8行4字
㲣[1] 充甘 咸開一平談昌 83左上8行6字
笘[1] 七甘 咸開一平談清 83左上9行1字
䑙[1] 與甘 咸開一平談以 83左上9行2字
黯[2] 鄔甘 咸開一平談影 83左上9行3字
姍[3] 乃甘 咸開一平談泥 83左上9行5字
䉺[1] 市甘 咸開一平談禪 83左上10行3字
蚦[6] 汝甘 咸開一平談日 83左上10行4字

鹽韻【28】

鹽【34】 余廉 咸開三平鹽以 83右下2行1字
懕【12】 於鹽 咸開三平鹽影 83右下7行3字
銛【36】 思廉 咸開三平鹽心 83右下9行1字
籤【17】 千廉 咸開三平鹽清 83左下4行5字
笅【25】 將廉 咸開三平鹽精 83左下7行3字
燅【16】 徐廉 咸開三平鹽邪 84右上1行1字
潛【22】 慈鹽 咸開三平鹽從 84右上3行2字
襳【8】 師炎 咸開三平鹽生 84右上6行6字
苫【6】 詩廉 咸開三平鹽書 84右上7行5字
襜【25】 處占 咸開三平鹽昌 84右上9行2字
詹【16】 之廉 咸開三平鹽章 84左上2行7字
棎【8】 時占 咸開三平鹽禪 84左上6行1字
顀【23】 如占 咸開三平鹽日 84左上7行3字
霑【4】 知廉 咸開三平鹽知 84右下1行1字
覘【12】 癡廉 咸開三平鹽徹 84右下1行5字
天【4】 持廉 咸開三平鹽澄 84右下3行5字
廉【47】 離鹽 咸開三平鹽來 84右下4行3字
黏【9】 尼占 咸開三平鹽娘 84左下1行6字
炎【3】 于廉 咸開三平鹽云 84左下3行1字
淹【19】 衣廉 咸開三平鹽影 84左下3行4字
愖【9】 丘廉 咸開三平鹽溪 84左下6行5字
黔【2】 紀炎 咸開三平鹽見 84左下8行1字
麙【9】 牛廉 咸開三平鹽疑 84左下8行3字
鍼【1】 巨鹽 咸開三平鹽群 84左下9行7字
箝【33】 其淹 咸開三平鹽群 84左下9行8字
砭【3】 悲廉 咸開三平鹽幫 85右上5行4字
猈【4】 蒲瞻 咸開三平鹽並 85右上5行6字
婪【10】 火占 咸開三平鹽曉 85右上6行3字

添韻【11】

沾【11】 他兼 咸開四平添透 85右上8行1字
髻【12】 丁兼 咸開四平添端 85右上9行7字
甜【8】 徒兼 咸開四平添定 85左上1行6字
鬑【12】 勒兼 咸開四平添來 85左上3行1字
鮎【3】 奴兼 咸開四平添泥 85左上4行6字
馦【9】 馨兼 咸開四平添曉 85左上5行3字
謙【7】 苦兼 咸開四平添溪 85左上6行6字
兼【12】 堅嫌 咸開四平添見 85左上7行6字
嫌【6】 賢兼 咸開四平添匣 85左上10行1字
涅【1】 其兼 咸開四平添群 85左上10行5字
鬘【2】 斯兼 咸開四平添心 85右下1行1字

嚴韻【9】

嚴【11】 魚枕 咸開三平嚴疑 85右下2行1字
鬜【12】 虛嚴 咸開三平嚴曉 85右下3行6字
欦【7】 丘嚴 咸開三平嚴溪 85右下5行2字
醃【4】 於嚴 咸開三平嚴影 85右下6行5字
黔【3】 其嚴 咸開三平嚴群 85右下7行1字
黔【1】 居嚴 咸開三平嚴見 85右下7行4字
广【1】 之嚴 咸開三平嚴章 85右下7行5字
詷【1】 直嚴 咸開三平嚴澄 85右下8行1字
汜【1】 扶嚴 咸開三平嚴並 85右下8行2字

咸韻【15】

咸【24】 胡讒 咸開二平咸匣 85右下9行1字
歁【11】 虛咸 咸開二平咸曉 85左下3行3字
鵮【10】 丘咸 咸開二平咸溪 85左下4行5字
緘【18】 居咸 咸開二平咸見 85左下6行1字
猲【4】 於咸 咸開二平咸影 85左下9行1字
嵒【13】 魚咸 咸開二平咸疑 85左下9行5字

攕[17] 師咸 咸開二平咸生 86右上2行1字
讒[25] 鋤咸 咸開二平咸崇 86右上4行4字
詀[6] 知咸 咸開二平咸知 86右上8行1字
諵[4] 尼咸 咸開二平咸娘 86右上8行6字
姏[1] 亡咸 咸開二平咸明 86右上9行4字
鹻[1] 才咸 咸開二平咸從 86右上9行5字
姂[1] 弋咸 咸開二平咸以 86右上10行1字
諴[1] 湛咸 咸開二平咸澄 86右上10行2字
䀑[2] 壯咸 咸開二平咸莊 86右上10行3字

銜韻[13]

銜[11] 乎監 咸開二平銜匣 86左上1行1字
監[10] 居銜 咸開二平銜見 86左上2行7字
嵌[7] 丘銜 咸開二平銜溪 86左上4行4字
巖[9] 魚銜 咸開二平銜疑 86左上5行4字
衫[24] 師銜 咸開二平銜生 86左上6行5字

槧[10] 初銜 咸開二平銜初 86左上10行1字
巉[15] 鋤銜 咸開二平銜崇 86右下1行5字
儳[3] 在銜 咸開二平銜從 86右下3行7字
跜[3] 皮咸 咸開二平銜並 86右下4行3字
鑱[3] 力銜 咸開二平銜來 86右下5行1字
顲[3] 而銜 咸開二平銜日 86右下5行4字
漸[3] 側銜 咸開二平銜莊 86右下6行2字
䜑[1] 女監 咸開二平銜娘 86右下6行5字

凡韻[5]

凡[17] 符咸 咸合三平凡並 86右下7行1字
芝[8] 甫凡 咸合三平凡幫 86右下9行5字
䪲[10] 丘凡 咸合三平凡溪 86右下10行7字
炎[1] 于凡 咸合三平凡云 86左下2行1字
䒠[1] 亡凡 咸合三平凡明 86左下2行2字

上聲上

董韻[16]

董[18] 覩動 通合一上董端 87左上8行1字
侗[17] 吐孔 通合一上董透 87左上10行9字
動[21] 杜孔 通合一上董定 87右下3行3字
籠[14] 魯孔 通合一上董來 87右下6行5字
矓[1] 盧動 通合一上董來 87右下8行7字
琫[18] 補孔 通合一上董幫 87右下9行1字
蠓[17] 母摠 通合一上董明 87左下2行1字
㩢[9] 損動 通合一上董心 87左下4行5字
摠[28] 祖動 通合一上董精 87左下6行3字
嗊[13] 虎孔 通合一上董曉 88右上1行1字

孔[5] 苦動 通合一上董溪 88右上2行6字
澒[12] 戶孔 通合一上董匣 88右上4行2字
蓊[20] 鄔孔 通合一上董影 88右上5行7字
鏓[1] 才摠 通合一上董從 88右上8行6字
琫[11] 蒲蠓 通合一上董並 88右上9行1字
澭[1] 吾蓊 通合一上董疑 88右上10行6字

腫韻[23]

腫[8] 主勇 通合三上腫章 88左上1行1字
䐉[4] 蠢勇 通合三上腫昌 88左上2行4字
瘴[7] 豎勇 通合三上腫禪 88左上3行3字
宂[34] 乳勇 通合三上腫日 88左上4行3字

•408•

竦【22】 筍勇 通合三上腫心 88左上9行5字
愯【6】 取勇 通合三上腫清 88右下2行6字
縱【4】 足勇 通合三上腫精 88右下3行6字
捧【7】 撫勇 通合三上腫滂 88右下4行2字
覂【7】 方勇 通合三上腫幫 88右下5行3字
奉【4】 父勇 通合三上腫並 88右下6行2字
冢【5】 展勇 通合三上腫知 88右下6行4字
寵【3】 丑勇 通合三上腫徹 88右下7行5字
重【9】 柱勇 通合三上腫澄 88右下8行3字
隴【5】 魯勇 通合三上腫來 88右下9行4字
甬【34】 尹竦 通合三上腫以 88右下10行4字
洶【7】 詡拱 通合三上腫曉 88左下6行4字
恐【7】 丘勇 通合三上腫溪 88左下7行2字
拱【29】 古勇 通合三上腫見 88左下8行5字
槩【3】 巨勇 通合三上腫群 89右上3行4字
攤【18】 委勇 通合三上腫影 89右上4行1字
湩【3】 覩鵑 通合三上腫端 89右上6行3字
獶【4】 乃湩 通合三上腫娘 89右上6行6字
鵝【2】 母湩 通合一上腫明 89右上7行4字

講韻【12】

講【9】 古項 江開二上講見 89右上8行1字
傋【7】 虎項 江開二上講曉 89右上9行3字
慃【6】 鄔項 江開二上講影 89右上10行6字
項【6】 戶講 江開二上講匣 89左上1行4字
綁【3】 補講 江開二上講幫 89左上2行4字
棓【17】 部項 江開二上講並 89左上3行2字
傇【7】 母項 江開二上講明 89左上5行3字
㩒【4】 匿講 江開二上講娘 89左上6行4字
控【3】 克講 江開二上講溪 89左上7行3字
操【1】 普講 江開二上講滂 89左上7行6字
雙【3】 雙講 江開二上講生 89左上8行1字

憁【2】 初講 江開二上講初 89左上8行4字

紙韻【52】

紙【29】 掌氏 止開三上紙章 89左上9行1字
弛【18】 賞是 止開三上紙書 89右下4行3字
侈【24】 敞尒 止開三上紙昌 89右下7行4字
是【19】 上紙 止開三上紙禪 89右下1行6字
䩇【5】 甚尒 止開三上紙船 89右下5行5字
尒【8】 忍氏 止開三上紙日 89左下6行2字
躧【22】 所綺 止開三上紙生 89左下7行4字
批【5】 阻氏 止開三上紙莊 90右上1行6字
揣【7】 楚委 止合三上紙初 90右上2行2字
捶【14】 主繠 止合三上紙章 90右上3行3字
菙【8】 是棰 止合三上紙禪 90右上5行4字
蘂【9】 乳捶 止合三上紙日 90右上6行6字
㢼【15】 想氏 止開三上紙心 90右上8行1字
此【17】 淺氏 止開三上紙清 90右上10行1字
紫【20】 蔣氏 止開三上紙精 90左上2行6字
髓【16】 選委 止合三上紙心 90左上6行4字
觜【5】 祖委 止合三上紙精 90左上8行3字
惢【3】 聚繠 止合三上紙從 90左上9行2字
掫【5】 展氶 止開三上紙知 90左上10行1字
褫【9】 丑氶 止開三上紙徹 90左上10行6字
豸【26】 丈尒 止開三上紙澄 90右下2行1字
邐【9】 輦尒 止開三上紙來 90右下6行5字
柅【12】 乃倚 止開三上紙娘 90右下8行2字
酏【23】 演爾 止開三上紙以 90右下10行1字
企【9】 遣尒 止開三上紙溪 90左下3行4字
枳【4】 頸尒 止開三上紙見 90左下4行6字
荽【17】 尹捶 止合三上紙以 90左下5行4字
赺【13】 犬繠 止合三上紙溪 90左下8行3字
譆【3】 許倚 止開三上紙曉 90左下10行5字

綺[13] 去倚 止開三上紙溪 91右上1行3字
搋[15] 舉綺 止開三上紙見 91右上3行3字
技[14] 巨綺 止開三上紙群 91右上6行1字
倚[19] 隱綺 止開三上紙影 91右上8行2字
螘[24] 語綺 止開三上紙疑 91左上1行1字
頠[13] 五委 止合三上紙疑 91左上4行6字
委[15] 鄔毀 止合三上紙影 91左上6行6字
蔿[15] 羽委 止合三上紙云 91左上9行4字
毀[20] 虎委 止合三上紙曉 91右下1行8字
䣛[12] 苦委 止合三上紙溪 91右下5行3字
詭[33] 古委 止合三上紙見 91右下7行2字
跪[4] 巨委 止合三上紙群 91右下2行5字
俾[16] 補弭 止開三上紙幫 91左下3行2字
諀[16] 普弭 止開三上紙滂 91左下5行5字
婢[7] 部弭 止開三上紙並 91左下8行2字
弭[25] 母婢 止開三上紙明 91左下9行4字
彼[8] 補靡 止開三上紙幫 92右上3行6字
帔[7] 普靡 止開三上紙滂 92右上5行2字
被[8] 部靡 止開三上紙並 92右上6行1字
靡[15] 母被 止開三上紙明 92右上7行5字
獬[3] 直婢 止開三上紙澄 92右上10行1字
𡜊[2] 女委 止合三上紙娘 92右上10行3字
紫[1] 自爾 止開三上紙從 92左上1行1字

旨韻[39]

旨[19] 軫視 止開三上旨章 92左上2行1字
矢[11] 矧視 止開三上旨書 92左上4行5字
視[5] 善旨 止開三上旨禪 92左上6行2字
水[4] 數軌 止合三上旨書 92左上7行1字
𣺐[1] 汝水 止合三上旨日 92左上8行1字
死[3] 想姊 止開三上旨心 92左上8行2字
姊[4] 蔣兕 止開三上旨精 92左上8行3字

呬[10] 序姊 止開三上旨邪 92左上9行4字
趡[2] 取水 止合三上旨清 92右下1行1字
濢[9] 祖誄 止合三上旨精 92右下1行3字
崒[1] 粗誄 止合三上旨從 92右下3行1字
黹[15] 展几 止開三上旨知 92右下3行2字
𢒋[2] 楮几 止開三上旨徹 92右下5行4字
雉[11] 直几 止開三上旨澄 92右下5行5字
履[6] 兩几 止開三上旨來 92右下8行1字
柅[7] 女履 止開三上旨娘 92右下9行1字
壘[44] 魯水 止合三上旨來 92右下10行2字
唯[19] 愈水 止合三上旨以 92左下7行2字
䁒[2] 虎癸 止合三上旨曉 92左下10行4字
癸[3] 頸誄 止合三上旨見 92左下10行6字
揆[6] 巨癸 止合三上旨群 93右上1行2字
𪗲[2] 隱几 止開三上旨影 93右上2行4字
唏[5] 許几 止開三上旨曉 93右上3行1字
几[10] 舉履 止開三上旨見 93右上3行6字
𨂂[7] 巨几 止開三上旨群 93右上5行4字
洧[5] 羽軌 止合三上旨云 93右上6行5字
巋[6] 苦軌 止合三上旨溪 93右上8行4字
軌[19] 矩鮪 止合三上旨見 93右上9行6字
鄙[13] 補美 止開三上旨幫 93左上2行4字
嚭[16] 普鄙 止開三上旨滂 93左上4行4字
否[18] 部鄙 止開三上旨並 93左上6行4字
美[9] 母鄙 止開三上旨明 93左上9行3字
匕[24] 補履 止開三上旨幫 93右下1行1字
牝[3] 並履 止開三上旨並 93右下4行5字
柿[2] 側几 止開三上旨莊 93右下5行1字
㨨[1] 丑水 止合三上旨徹 93右下5行3字
嶷[1] 藝薙 止合三上旨疑 93右下5行4字
郩[1] 巨軌 止合三上旨群 93右下5行5字
洲[1] 之誄 止合三上旨章 93右下6行1字

附録二:《集韻》小韻表

止韻【32】

止【15】 渚市 止開三上止章 93 右下 7 行 1 字
齒【6】 醜止 止開三上止昌 93 右下 10 行 1 字
始【5】 首止 止開三上止書 93 左下 1 行 2 字
市【9】 上止 止開三上止禪 93 左下 1 行 4 字
耳【8】 忍止 止開三上止日 93 左下 3 行 3 字
滓【11】 壯仕 止開三上止莊 93 左下 4 行 6 字
剚【6】 測紀 止開三上止初 93 左下 6 行 3 字
史【8】 爽士 止開三上止生 93 左下 7 行 1 字
士【6】 上史 止開三上止崇 93 左下 8 行 3 字
俟【14】 牀史 止開三上止崇 93 左下 9 行 5 字
枲【15】 想止 止開三上止心 94 右上 2 行 1 字
子【17】 祖似 止開三上止精 94 右上 4 行 3 字
似【34】 象齒 止開三上止邪 94 右上 7 行 1 字
徵【6】 展里 止開三上止知 94 右上 2 行 2 字
恥【4】 丑里 止開三上止徹 94 右上 3 行 4 字
峙【19】 丈里 止開三上止澄 94 右上 4 行 1 字
里【15】 兩耳 止開三上止來 94 右上 6 行 6 字
目【14】 養里 止開三上止以 94 右上 9 行 3 字
矣【8】 羽已 止開三上止云 94 右下 1 行 4 字
喜【9】 許已 止開三上止曉 94 右下 2 行 6 字
起【16】 口已 止開三上止溪 94 右下 4 行 1 字
己【8】 苟起 止開三上止見 94 右下 6 行 5 字
擬【13】 偶起 止開三上止疑 94 右下 8 行 2 字
懿【5】 隱已 止開三上止影 94 右下 10 行 2 字
芑【2】 巨已 止開三上止群 94 右下 10 行 5 字
你【1】 乃里 止開三上止娘 94 左下 1 行 2 字
弟【1】 蕩以 止開三上止定 94 左下 1 行 3 字
禮【2】 隣以 止開三上止來 94 左下 1 行 4 字
體【3】 天以 止開三上止透 94 左下 2 行 2 字
啓【1】 詰以 止開三上止溪 94 左下 2 行 5 字
薺【1】 茨以 止開三上止從 94 左下 2 行 6 字
㵂【1】 鋪市 止開三上止滂 94 左下 3 行 1 字

尾韻【18】

尾【18】 武斐 止合三上尾明 94 左下 4 行 1 字
斐【15】 妃尾 止合三上尾滂 94 左下 6 行 7 字
匪【19】 府尾 止合三上尾幫 94 左下 9 行 4 字
膹【10】 父尾 止合三上尾並 95 右上 2 行 7 字
狶【7】 許豈 止開三上尾曉 95 右上 3 行 7 字
豈【2】 去幾 止開三上尾溪 95 右上 5 行 2 字
蟣【9】 舉豈 止開三上尾見 95 右上 5 行 4 字
辰【11】 隱豈 止開三上尾影 95 右上 7 行 3 字
顗【3】 語豈 止開三上尾疑 95 右上 9 行 2 字
韙【32】 羽鬼 止合三上尾云 95 右上 9 行 4 字
虫【14】 翙鬼 止合三上尾曉 95 左上 4 行 3 字
鬼【4】 矩偉 止合三上尾見 95 左上 7 行 2 字
濢【2】 子尾 止合三上尾精 95 左上 8 行 2 字
儠【1】 諸鬼 止合三上尾章 95 左上 8 行 4 字
恢【1】 苦虺 止合三上尾溪 95 左上 8 行 5 字
壘【1】 良斐 止合三上尾來 95 左上 9 行 1 字
頠【5】 魚鬼 止合三上尾疑 95 左上 9 行 2 字
壝【1】 欲鬼 止合三上尾以 95 左上 10 行 2 字

語韻【26】

語【23】 偶舉 遇合三上語疑 95 右下 1 行 1 字
許【6】 喜語 遇合三上語曉 95 右下 4 行 6 字
去【10】 口舉 遇合三上語溪 95 右下 6 行 1 字
舉【18】 苟許 遇合三上語見 95 右下 7 行 3 字
巨【43】 臼許 遇合三上語群 95 右下 10 行 2 字
敔【6】 歐許 遇合三上語影 95 左下 6 行 6 字
胥【20】 寫與 遇合三上語心 95 左下 7 行 4 字
跛【3】 此與 遇合三上語清 95 左下 10 行 3 字

•411•

苴[6] 子與 遇合三上語精 95左下10行6字
敘[26] 象呂 遇合三上語邪 96右上1行6字
咀[10] 在呂 遇合三上語從 96右上5行4字
所[11] 爽阻 遇合三上語生 96右上7行4字
阻[9] 壯所 遇合三上語莊 96右上9行2字
楚[10] 刱所 遇合三上語初 96右上10行4字
齟[6] 狀所 遇合三上語崇 96右上2行3字
暑[7] 賞呂 遇合三上語書 96左上3行1字
鬻[9] 掌與 遇合三上語章 96左上4行4字
杵[3] 敞呂 遇合三上語昌 96左上6行2字
墅[8] 上與 遇合三上語禪 96左上6行4字
汝[8] 忍與 遇合三上語日 96左上8行1字
貯[21] 展呂 遇合三上語知 96左上9行4字
楮[4] 丑呂 遇合三上語徹 96右下2行4字
宁[24] 丈呂 遇合三上語澄 96右下3行2字
呂[26] 兩舉 遇合三上語來 96右下6行6字
女[5] 碾與 遇合三上語娘 96右下10行3字
與[20] 演女 遇合三上語以 96左下1行2字

麌韻[24]

噳[8] 五矩 遇合三上麌疑 96左下5行1字
傴[10] 委羽 遇合三上麌影 96左下6行4字
詡[20] 火羽 遇合三上麌曉 96左下7行6字
斞[9] 顒羽 遇合三上麌溪 97右上1行2字
矩[27] 果羽 遇合三上麌見 97右上2行5字
窶[7] 郡羽 遇合三上麌群 97右上7行5字
羽[27] 王矩 遇合三上麌云 97右上9行1字
撫[21] 斐父 遇合三上麌滂 97左上3行5字
甫[32] 匪父 遇合三上麌幫 97左上6行6字
父[32] 奉甫 遇合三上麌並 97左下2行3字
武[47] 罔甫 遇合三上麌明 97右下6行5字
縯[6] 聳取 遇合三上麌心 97左下3行5字
取[2] 此主 遇合三上麌清 97左下4行3字
聚[3] 在庾 遇合三上麌從 97左下5行2字
數[5] 爽主 遇合三上麌生 97左下5行5字
主[10] 腫庾 遇合三上麌章 97左下6行4字
豎[9] 上主 遇合三上麌禪 97左下8行2字
𦔻[2] 撰禹 遇合三上麌崇 97左下9行4字
乳[4] 鸒主 遇合三上麌日 97左下10行1字
、[6] 冢庾 遇合三上麌知 98右上1行3字
柱[8] 重主 遇合三上麌澄 98右上3行1字
縷[19] 隴主 遇合三上麌來 98右上4行1字
庾[25] 勇主 遇合三上麌以 98右上7行5字
乳[3] 尼主 遇合三上麌娘 98左上1行5字

姥韻[18]

姥[16] 滿補 遇合一上姥明 98左上3行1字
普[7] 頗五 遇合一上姥滂 98左上5行3字
補[13] 彼五 遇合一上姥幫 98左上6行4字
簿[10] 伴姥 遇合一上姥並 98左上8行4字
蒩[6] 忖五 遇合一上姥清 98左上9行5字
祖[10] 摠古 遇合一上姥精 98左上10行5字
粗[9] 坐五 遇合一上姥從 98右下2行4字
睹[18] 董五 遇合一上姥端 98右下3行6字
土[6] 統五 遇合一上姥透 98右下6行3字
杜[16] 動五 遇合一上姥定 98右下7行4字
魯[31] 籠五 遇合一上姥來 98右下10行1字
怒[6] 暖五 遇合一上姥泥 98左下4行6字
虎[16] 火五 遇合一上姥曉 98左下5行6字
苦[3] 孔五 遇合一上姥溪 98左下8行4字
古[36] 果五 遇合一上姥見 98左下9行2字
戶[41] 後五 遇合一上姥匣 99右上5行5字
隖[15] 於五 遇合一上姥影 99左上3行3字
五[10] 阮古 遇合一上姥疑 99左上5行4字

薺韻【20】

薺【13】 在禮 蟹開四上薺從 99 左上 8 行 1 字
洗【3】 小禮 蟹開四上薺心 99 左上 10 行 3 字
泚【8】 此禮 蟹開四上薺清 99 左上 10 行 5 字
濟【13】 子禮 蟹開四上薺精 99 右下 2 行 1 字
米【12】 母禮 蟹開四上薺明 99 右下 4 行 3 字
頩【9】 普米 蟹開四上薺滂 99 右下 6 行 2 字
陛【14】 部禮 蟹開四上薺並 99 右下 7 行 4 字
邸【32】 典禮 蟹開四上薺端 99 右下 9 行 4 字
體【13】 土禮 蟹開四上薺透 99 左下 4 行 3 字
弟【14】 待禮 蟹開四上薺定 99 左下 6 行 1 字
禮【28】 里弟 蟹開四上薺來 99 左下 8 行 1 字
禰【28】 乃禮 蟹開四上薺泥 100 右上 2 行 3 字
启【16】 遣禮 蟹開四上薺溪 100 右上 6 行 4 字
傒【18】 戶禮 蟹開四上薺匣 100 右上 9 行 3 字
圯【12】 吾禮 蟹開四上薺疑 100 左上 2 行 1 字
吟【3】 杳禮 蟹開四上薺影 100 左上 4 行 1 字
埤【2】 卜礼 蟹開四上薺幫 100 左上 4 行 4 字
灑【1】 時禮 蟹開四上薺禪 100 左上 4 行 6 字
鷄【3】 古礼 蟹開四上薺見 100 左上 5 行 1 字
茝【1】 掣睨 蟹開四上薺昌 100 左上 5 行 3 字

蟹韻【24】

蠏【18】 下買 蟹開二上蟹匣 100 左上 6 行 1 字
解【6】 舉蟹 蟹開二上蟹見 100 左上 9 行 1 字
艻【3】 口蠏 蟹開二上蟹溪 100 左上 10 行 1 字
矮【5】 倚蟹 蟹開二上蟹影 100 左上 10 行 4 字
竹【7】 古買 蟹合二上蟹見 100 右下 1 行 2 字
扮【1】 虎買 蟹開二上蟹曉 100 右下 2 行 1 字
擺【5】 補買 蟹開二上蟹幫 100 右下 2 行 2 字
罷【14】 部買 蟹開二上蟹並 100 右下 3 行 2 字
買【6】 母蟹 蟹開二上蟹明 100 右下 5 行 5 字
躧【12】 所蟹 蟹開二上蟹生 100 右下 6 行 4 字
筡【2】 杜買 蟹合二上蟹定 100 右下 8 行 2 字
嬾【2】 都買 蟹開二上蟹端 100 右下 8 行 4 字
廌【10】 丈蟹 蟹開二上蟹澄 100 右下 8 行 5 字
拃【1】 柱買 蟹合二上蟹澄 100 右下 10 行 5 字
嬭【4】 女蟹 蟹開二上蟹娘 100 右下 10 行 6 字
扻【4】 仄蟹 蟹開二上蟹莊 100 左下 1 行 2 字
胯【6】 枯買 蟹合二上蟹溪 100 左下 1 行 6 字
睨【1】 五買 蟹開二上蟹疑 100 左下 2 行 5 字
撮【1】 初買 蟹合二上蟹初 100 左下 2 行 6 字
女【2】 奴解 蟹開二上蟹娘 100 左下 3 行 1 字
豺【1】 楚解 蟹開二上蟹初 100 左下 3 行 3 字
崴【1】 烏買 蟹合二上蟹影 100 左下 3 行 4 字
裹【2】 戶買 蟹合二上蟹匣 100 左下 4 行 1 字
仳【1】 怦買 蟹開二上蟹滂 100 左下 4 行 3 字

駭韻【11】

駭【7】 下楷 蟹開二上駭匣 100 左下 5 行 1 字
鍇【8】 口駭 蟹開二上駭溪 100 左下 6 行 2 字
挨【2】 倚駭 蟹開二上駭影 100 左下 7 行 4 字
騃【4】 語駭 蟹開二上駭疑 100 左下 8 行 1 字
擺【3】 洛駭 蟹開二上駭來 100 左下 8 行 5 字
鈊【1】 知駭 蟹開二上駭知 100 左下 9 行 1 字
㩋【4】 師駭 蟹開二上駭生 100 左下 9 行 2 字
箉【3】 徒駭 蟹開二上駭定 100 左下 10 行 1 字
鍇【1】 古駭 蟹開二上駭見 100 左下 10 行 3 字
徥【2】 直駭 蟹開二上駭澄 100 左下 10 行 4 字
㦬【1】 蒲楷 蟹開二上駭並 101 右上 1 行 2 字

賄韻【23】

賄【18】 虎猥 蟹合一上賄曉 101 右上 2 行 1 字

傀[15] 苦猥 蟹合一上賄溪 101右上4行4字
瘣[29] 戶賄 蟹合一上賄匣 101右上6行4字
猥[20] 鄔賄 蟹合一上賄影 101右上10行7字
頠[9] 五賄 蟹合一上賄疑 101左上3行4字
琲[9] 部浼 蟹合一上賄並 101左上5行1字
浼[11] 母罪 蟹合一上賄明 101左上6行4字
灌[16] 取猥 蟹合一上賄清 101左上8行2字
㠑[10] 祖猥 蟹合一上賄精 101左上10行6字
皋[5] 粗賄 蟹合一上賄從 101右下2行2字
脮[9] 覩猥 蟹合一上賄端 101右下3行2字
骰[12] 吐猥 蟹合一上賄透 101右下4行5字
琣[5] 普罪 蟹合一上賄滂 101右下6行2字
錞[14] 杜罪 蟹合一上賄定 101右下7行1字
磊[40] 魯猥 蟹合一上賄來 101右下9行2字
餒[15] 弩罪 蟹合一上賄泥 101左下4行2字
阮[1] 俞罪 蟹合一上賄以 101左下6行4字
累[4] 路罪 蟹合一上賄來 101左下6行5字
頜[4] 沽罪 蟹合一上賄見 101左下7行4字
悖[1] 必每 蟹合一上賄幫 101左下8行3字
崔[1] 息罪 蟹合一上賄心 101左下8行4字
偢[1] 於罪 蟹合一上賄影 101左下8行5字
䯏[1] 陟賄 蟹合一上賄知 101左下9行1字

海韻[22]

海[8] 許亥 蟹開一上海曉 101左下10行1字
愷[15] 可亥 蟹開一上海溪 102右上1行2字
改[10] 己亥 蟹開一上海見 102右上3行3字
亥[14] 下改 蟹開一上海匣 102右上5行2字
欸[16] 倚亥 蟹開一上海影 102右上8行1字
啡[4] 普亥 蟹開一上海滂 102右上10行3字
倍[8] 簿亥 蟹開一上海並 102左上1行1字
䅡[4] 母亥 蟹開一上海明 102左上2行3字

采[14] 此宰 蟹開一上海清 102左上3行1字
宰[12] 子亥 蟹開一上海精 102左上5行1字
在[1] 盡亥 蟹開一上海從 102左上7行3字
茝[1] 昌亥 蟹開一上海昌 102左上7行4字
佁[1] 夷在 蟹開一上海以 102左上7行5字
疓[1] 汝亥 蟹開一上海日 102左上8行1字
待[20] 蕩亥 蟹開一上海定 102左上8行2字
䳈[1] 布亥 蟹開一上海幫 102右下1行2字
等[1] 打亥 蟹開一上海端 102右下1行3字
噫[5] 坦亥 蟹開一上海透 102右下1行4字
鈶[4] 里亥 蟹開一上海來 102右下2行3字
乃[13] 曩亥 蟹開一上海泥 102右下2行6字
䰄[3] 息改 蟹開一上海心 102右下4行6字
騃[4] 五亥 蟹開一上海疑 102右下5行1字

軫韻[5]

軫[39] 止忍 臻開三上軫章 102右下6行1字
矧[11] 矢忍 臻開三上軫書 102左下2行3字
腎[12] 是忍 臻開三上軫禪 102左下4行1字
忍[6] 爾軫 臻開三上軫日 102左下6行2字
𦚾[1] 羊忍 臻開三上軫以 102左下7行1字

準韻[42]

準[11] 主尹 臻合三上準章 102左下8行1字
蠢[20] 尺尹 臻合三上準昌 102左下9行4字
盾[6] 豎尹 臻合三上準禪 103右上2行5字
蝡[9] 乳尹 臻合三上準日 103右上3行6字
笉[2] 此忍 臻開三上準清 103右上4行5字
㮯[4] 子忍 臻開三上準精 103右上5行2字
盡[4] 在忍 臻開三上準從 103右上5行6字
筍[19] 聳尹 臻合三上準心 103右上6行4字
䉞[5] 阻引 臻開三上準莊 103右上9行1字

齓[1]	楚引	臻開三上準初	103右上10行1字	楯[3]	勑準	臻合三上準徹	104右上7行2字
濜[1]	鉏引	臻開三上準崇	103右上10行2字		吻韻[4]		
牝[9]	婢忍	臻開三上準並	103右上10行3字				
泯[16]	弭盡	臻開三上準明	103左上2行1字	吻[19]	武粉	臻合三上吻明	104右上8行1字
愍[31]	美隕	臻開三上準明	103左上4行6字	忿[2]	撫吻	臻合三上吻滂	104右上10行5字
辴[2]	展引	臻開三上準知	103左上9行3字	粉[6]	府吻	臻合三上吻幫	104左上1行1字
辴[9]	丑忍	臻開三上準徹	103左上9行5字	憤[30]	父吻	臻合三上吻並	104左上2行3字
紖[11]	丈忍	臻開三上準澄	103右下1行2字		隱韻[12]		
嶙[19]	里忍	臻開三上準來	103右下3行1字				
稐[8]	纍尹	臻合三上準來	103右下5行7字	隱[24]	倚謹	臻開三上隱影	104左上7行1字
緊[9]	頸忍	臻合三上準見	103右下7行1字	㾊[6]	許謹	臻開三上隱曉	104右下1行1字
螼[4]	遣忍	臻開三上準溪	103右下8行2字	赾[6]	口謹	臻開三上隱溪	104右下2行1字
引[20]	以忍	臻開三上準以	103右下8行6字	謹[23]	几隱	臻開三上隱見	104右下2行7字
瘺[1]	才尹	臻合三上準從	103左下1行4字	齓[1]	初董	臻開三上隱初	104右下6行3字
尹[16]	庾準	臻合三上準以	103左下2行1字	近[3]	巨謹	臻開三上隱群	104右下6行4字
齓[1]	創允	臻合三上準初	103左下4行4字	听[3]	語近	臻開三上隱疑	104右下7行2字
釿[7]	擬引	臻開三上準疑	103左下4行5字	抎[11]	羽粉	臻合三上隱云	104右下7行5字
碩[13]	羽敏	臻合三上準云	103左下6行1字	攟[2]	舉蘊	臻合三上隱見	104右下9行2字
稇[4]	苦碩	臻合三上準溪	103左下8行3字	惲[18]	委隕	臻合三上隱影	104右下9行4字
窘[20]	巨隕	臻合三上準群	103左下8行5字	齳[9]	牛吻	臻合三上隱疑	104左下1行8字
輑[6]	牛尹	臻合三上準疑	104右上2行1字	赿[6]	丘粉	臻合三上隱溪	104左下3行2字
脪[2]	興腎	臻開三上準曉	104右上3行1字		阮韻[22]		
駗[1]	知忍	臻開三上準知	104右上3行2字				
螼[3]	丘忍	臻開三上準溪	104右上3行3字	阮[9]	五遠	山合三上阮疑	104左下5行1字
臏[2]	浦忍	臻開三上準幫	104右上4行1字	宛[34]	委遠	山合三上阮影	104左下6行5字
砏[1]	匹忍	臻開三上準滂	104右上4行3字	遠[7]	雨阮	山合三上阮云	105右上2行1字
㧎[4]	姜愍	臻開三上準見	104右上4行5字	咺[20]	火遠	山合三上阮曉	105右上3行1字
賰[3]	式允	臻合三上準書	104右上5行3字	寋[3]	九遠	山合三上阮見	105右上6行3字
囟[2]	思忍	臻開三上準心	104右上5行5字	綣[14]	苦遠	山合三上阮溪	105右上6行6字
楯[1]	辭允	臻合三上準邪	104右上6行1字	臇[14]	窘遠	山合三上阮群	105右上9行2字
蹲[4]	柱允	臻合三上準澄	104右上6行2字	幰[11]	許偃	山開三上阮曉	105左上1行3字
踳[1]	趣允	臻合三上準清	104右上7行1字	湕[20]	紀偃	山開三上阮見	105左上2行6字

言[3] 去偃 山開三上阮溪 105 左上 6 行 1 字
言[10] 語偃 山開三上阮疑 105 左上 6 行 4 字
寋[12] 巨偃 山開三上阮群 105 左上 7 行 7 字
匽[27] 隱幰 山開三上阮影 105 左上 9 行 4 字
顉[4] 翻阮 山合三上阮滂 105 右下 3 行 4 字
反[14] 甫遠 山合三上阮幫 105 右下 4 行 3 字
拳[8] 父遠 山合三上阮並 105 右下 6 行 3 字
晚[20] 武遠 山合三上阮明 105 右下 7 行 4 字
堇[1] 徒偃 山開三上阮定 105 右下 10 行 2 字
疲[1] 芳反 山合三上阮滂 105 右下 10 行 3 字
㫍[1] 丑幰 山開三上阮徹 105 右下 10 行 4 字
健[1] 力偃 山開三上阮來 105 左下 1 行 1 字
冤[1] 忙晚 山合三上阮明 105 左下 1 行 2 字

混韻[19]

混[40] 戶袞 臻合一上混匣 105 左下 2 行 1 字
惛[3] 虎本 臻合一上混曉 105 左下 8 行 3 字
梱[25] 苦本 臻合一上混溪 105 左下 8 行 6 字
袞[36] 古本 臻合一上混見 106 右上 2 行 5 字
穩[8] 鄔本 臻合一上混影 106 右上 8 行 3 字
本[6] 補袞 臻合一上混幫 106 右上 9 行 5 字
栩[2] 普本 臻合一上混滂 106 右上 10 行 4 字
獖[14] 部本 臻合一上混並 106 左上 1 行 1 字
懣[8] 母本 臻合一上混明 106 左上 2 行 8 字
損[9] 鎖本 臻合一上混心 106 左上 4 行 1 字
忖[5] 取本 臻合一上混清 106 左上 5 行 4 字
剸[8] 祖本 臻合一上混精 106 左上 6 行 1 字
鱒[10] 粗本 臻合一上混從 106 左上 7 行 4 字
黗[9] 吐袞 臻合一上混透 106 左上 9 行 1 字
笔[24] 杜本 臻合一上混定 106 左上 10 行 4 字
怨[1] 魯本 臻合一上混來 106 右下 3 行 6 字
炳[3] 努本 臻合一上混泥 106 右下 4 行 5 字

限[3] 魚懇 臻開一上混疑 106 右下 5 行 2 字
芚[1] 治本 臻合一上混澄 106 右下 5 行 5 字

很韻[6]

很[5] 下懇 臻開一上很匣 106 右下 7 行 1 字
穩[1] 安很 臻開一上很影 106 右下 8 行 2 字
懇[8] 口很 臻開一上很溪 106 右下 8 行 3 字
頎[3] 舉很 臻開一上很見 106 右下 9 行 3 字
頜[1] 其懇 臻開一上很群 106 右下 10 行 1 字
洒[1] 蘇很 臻開一上很心 106 右下 10 行 2 字

旱韻[4]

旱[13] 下罕 山開一上旱匣 106 左下 1 行 1 字
罕[16] 許旱 山開一上旱曉 106 左下 2 行 8 字
侃[3] 可旱 山開一上旱溪 106 左下 5 行 1 字
笴[21] 古旱 山開一上旱見 106 左下 6 行 1 字

緩韻[30]

緩[31] 戶管 山合一上緩匣 106 左下 9 行 1 字
盌[11] 鄔管 山合一上緩影 107 右上 3 行 5 字
款[17] 苦緩 山合一上緩溪 107 右上 5 行 2 字
管[20] 古緩 山合一上緩見 107 右上 7 行 4 字
滿[11] 母伴 山合一上緩明 107 左上 1 行 4 字
拌[4] 普伴 山合一上緩滂 107 左上 3 行 4 字
粄[9] 補滿 山合一上緩幫 107 左上 4 行 3 字
伴[8] 部滿 山合一上緩並 107 左上 5 行 4 字
散[14] 穎旱 山開一上緩心 107 左上 6 行 6 字
鬢[4] 子罕 山開一上緩精 107 左上 8 行 5 字
瓚[4] 在坦 山開一上緩從 107 左上 9 行 4 字
算[7] 損管 山合一上緩心 107 左上 10 行 3 字
纂[19] 祖管 山合一上緩精 107 右下 1 行 2 字
鄹[5] 緒纂 山合一上緩邪 107 右下 4 行 2 字

亶[22] 黨旱 山開一上緩端 107 右下 4 行 4 字
坦[13] 儻旱 山開一上緩透 107 右下 8 行 2 字
但[23] 蕩旱 山開一上緩定 107 右下 9 行 7 字
嬾[15] 魯旱 山開一上緩來 107 左下 3 行 3 字
𤴓[1] 士嬾 山開一上緩崇 107 左下 5 行 2 字
攤[2] 乃坦 山開一上緩泥 107 左下 5 行 3 字
短[9] 覩緩 山合一上緩端 107 左下 5 行 5 字
疃[9] 土緩 山合一上緩透 107 左下 7 行 2 字
斷[8] 杜管 山合一上緩定 107 左下 8 行 4 字
愊[2] 千短 山合一上緩清 107 左下 9 行 2 字
卵[2] 魯管 山合一上緩來 107 左下 9 行 4 字
侒[1] 阿侃 山開一上緩影 107 左下 10 行 2 字
輐[2] 五管 山合一上緩疑 107 左下 10 行 3 字
煗[11] 乃管 山合一上緩泥 108 右上 1 行 1 字
㒈[2] 胡滿 山合一上緩匣 108 右上 2 行 5 字
濊[2] 火管 山合一上緩曉 108 右上 3 行 1 字

潸韻[15]

潸[2] 數版 山開二上潸生 108 右上 4 行 1 字
㹻[2] 楚綰 山開二上潸初 108 右上 4 行 3 字
醆[3] 阻版 山開二上潸莊 108 右上 4 行 5 字
虥[3] 仕版 山開二上潸崇 108 右上 5 行 3 字
撰[5] 雛綰 山合二上潸崇 108 右上 6 行 2 字
赧[8] 乃版 山開二上潸娘 108 右上 7 行 1 字

嘽[1] 丑㦬 山開二上潸徹 108 右上 8 行 3 字
僩[7] 下㦬 山開二上潸匣 108 右上 8 行 4 字
齗[3] 雅版 山開二上潸疑 108 右上 9 行 6 字
睕[19] 戶版 山合二上潸匣 108 右上 10 行 2 字
綰[5] 鄔版 山合二上潸影 108 左上 2 行 5 字
版[8] 補綰 山開二上潸幫 108 左上 3 行 5 字
販[2] 普版 山開二上潸滂 108 左上 5 行 2 字
阪[8] 部版 山開二上潸並 108 左上 5 行 4 字
矕[6] 母版 山開二上潸明 108 左上 6 行 5 字

產韻[13]

產[12] 所簡 山開二上產生 108 左上 8 行 1 字
剗[13] 楚限 山開二上產初 108 左上 10 行 1 字
㒈[2] 揣綰 山合二上產初 108 右下 2 行 2 字
醆[11] 阻限 山開二上產莊 108 右下 2 行 4 字
棧[18] 仕限 山開二上產崇 108 右下 4 行 3 字
限[8] 下簡 山開二上產匣 108 右下 7 行 4 字
齦[2] 起限 山開二上產溪 108 右下 8 行 4 字
簡[13] 賈限 山開二上產見 108 右下 9 行 1 字
眼[6] 語限 山開二上產疑 108 左下 1 行 2 字
盼[1] 匹限 山開二上產滂 108 左下 2 行 2 字
晚[1] 武簡 山開二上產明 108 左下 2 行 3 小字
版[3] 蒲限 山開二上產並 108 左下 2 行 4 字
軋[2] 膺眼 山開二上產影 108 左下 3 行 2 字

上聲下

銑韻[22]

銑[19] 穌典 山開四上銑心 109 左上 10 行 1 字
匾[16] 補典 山開四上銑幫 109 右下 3 行 4 字

覒[2] 匹典 山開四上銑滂 109 右下 5 行 6 字
辮[16] 婢典 山開四上銑並 109 右下 6 行 2 字
丏[10] 弥殄 山開四上銑明 109 右下 8 行 4 字
忏[1] 七典 山開四上銑清 109 右下 10 行 2 字

典【9】 多殄 山開四上銑端 109右下10行3字
腆【36】 他典 山開四上銑透 109左下1行8行8字
殄【15】 徒典 山開四上銑定 109左下6行7字
撚【8】 乃殄 山開四上銑泥 109左下9行4字
㮌【1】 子殄 山開四上銑精 109左下10行5字
顯【14】 呼典 山開四上銑曉 109左下10行6字
窒【7】 牽典 山開四上銑溪 110右上3行1字
繭【25】 吉典 山開四上銑見 110右上4行1字
現【21】 胡典 山開四上銑匣 110右上7行7字
蝘【15】 於殄 山開四上銑影 110左上1行1字
齞【1】 研峴 山開四上銑疑 110左上3行5字
犬【2】 苦泫 山合四上銑溪 110左上3行6字
選【1】 信犬 山合四上銑心 110左上4行2字
蜎【2】 於泫 山合四上銑影 110左上4行3字
〇【16】 古泫 山合四上銑見 110左上5行2字
泫【28】 胡犬 山合四上銑匣 110左上8行1字

　　　　獮韻【57】

㝗【25】 息淺 山開三上獮心 110右下3行1字
淺【5】 此演 山開三上獮清 110右下6行5字
翦【27】 子淺 山開三上獮精 110右下7行3字
㥛【1】 似淺 山開三上獮邪 110左下2行1字
踐【13】 在演 山開三上獮從 110左下2行2字
選【11】 須兗 山合三上獮心 110左下4行2字
臇【11】 子兗 山合三上獮精 110左下6行4字
雋【11】 粗兗 山合三上獮從 110左下7行7字
燃【3】 矢善 山開三上獮書 110左下9行5字
闡【16】 齒善 山開三上獮昌 110左下10行3字
膳【27】 亯善 山開三上獮章 111右上3行4字
蕭【25】 上演 山開三上獮禪 111右上7行3字
蹨【12】 忍善 山開三上獮日 111左上1行2字
舛【10】 尺兗 山合三上獮昌 111左上3行3字
膞【12】 主兗 山合三上獮章 111左上4行6字
腨【19】 豎兗 山合三上獮禪 111左上7行1字
㮂【38】 乳兗 山合三上獮日 111左上9行5字
棧【7】 士免 山開三上獮崇 111右下4行6字
撰【17】 雛免 山合三上獮崇 111右下5行7字
𡙸【5】 式撰 山合三上獮書 111右下8行1字
褊【7】 俾緬 山開三上獮幫 111右下8行5字
楩【9】 婢善 山開三上獮並 111右下9行6字
緬【22】 彌兗 山開三上獮明 111左下1行1字
辨【6】 平免 山開三上獮並 111左下4行5字
㖚【9】 邦免 山開三上獮幫 111左下5行6字
鴘【1】 披免 山開三上獮滂 111左下7行4字
免【15】 美辨 山開三上獮明 111左下7行5字
展【14】 知輦 山開三上獮知 111左下10行1字
蕆【16】 丑展 山開三上獮徹 112右上2行3字
邅【4】 丈善 山開三上獮澄 112右上4行6字
輦【16】 力展 山開三上獮來 112右上5行2字
碾【12】 尼展 山開三上獮娘 112右上8行1字
轉【4】 陟兗 山合三上獮知 112右上9行6字
篆【12】 柱兗 山合三上獮澄 112右上10行3字
臠【8】 力轉 山合三上獮來 112左上2行2字
遣【9】 去演 山開三上獮溪 112左上3行2字
演【15】 以淺 山開三上獮以 112左上4行6字
蠉【7】 馨兗 山合三上獮曉 112左上7行4字
蜎【3】 下兗 山合三上獮匣 112左上8行4字
兖【20】 以轉 山合三上獮以 112左上9行1字
蜎【2】 葵兗 山合三上獮群 112右下2行3字
蹇【32】 九件 山開三上獮見 112右下2行5字
鍵【6】 巨展 山開三上獮群 112右下7行1字
㦰【1】 起輦 山開三上獮溪 112右下8行1字
㧕【4】 於蹇 山開三上獮影 112右下8行2字
齴【13】 語蹇 山開三上獮疑 112右下8行6字

附録二:《集韻》小韻表

卷[10] 古轉 山合三上獼見 112右下10行5字
圈[7] 巨卷 山合三上獼群 112左下2行3行3字
欒[1] 來圈 山合三上獼來 112左下3行4字
剗[1] 測展 山開三上獼初 112左下3行5字
孨[1] 茁撰 山合三上獼莊 112左下3行6字
蔿[3] 詳兗 山合三上獼邪 112左下4行1字
鬲[1] 匹善 山開三上獼滂 112左下5行1字
羨[1] 延善 山開三上獼以 112左下5行2字
赧[1] 女軟 山合三上獼娘 112左下5行3字
宛[2] 烏勉 山合三上獼影 112左下5行4字
膞[2] 敕轉 山合三上獼徹 112左下6行2字

篠韻[14]

筱[10] 先了 效開四上篠心 112左下7行1字
湫[12] 子了 效開四上篠精 112左下8行4字
鳥[18] 丁了 效開四上篠端 112左下10行8字
朓[8] 土了 效開四上篠透 113右上4行1字
窕[23] 徒了 效開四上篠定 113右上5行2字
了[29] 朗鳥 效開四上篠來 113右上8行8字
褭[15] 乃了 效開四上篠泥 113左上3行3字
晶[11] 胡了 效開四上篠匣 113左上5行6字
杳[32] 伊鳥 效開四上篠影 113左上7行4字
磽[1] 倪了 效開四上篠疑 113右下2行4字
趙[1] 起了 效開四上篠溪 113右下2行5字
曉[4] 馨鳥 效開四上篠曉 113右下3行1字
磽[4] 輕皎 效開四上篠溪 113右下3行5字
皎[26] 吉了 效開四上篠見 113右下4行3字

小韻[26]

小[4] 思兆 效開三上小心 113右下9行1字
悄[8] 七小 效開三上小清 113右下10行1字
剿[22] 子小 效開三上小精 113左下1行3字

少[3] 始紹 效開三上小書 113左下5行1字
玅[7] 齒紹 效開三上小昌 113左下5行4字
瀌[1] 樵小 效開三上小從 113左下6行4字
沼[5] 止少 效開三上小章 113左下6行5字
紹[9] 市沼 效開三上小禪 113左下7行4字
擾[16] 爾紹 效開三上小日 113左下9行2字
狢[2] 巨小 效開三上小群 114右上1行4字
巐[3] 丑小 效開三上小徹 114右上1行6字
趙[22] 直紹 效開三上小澄 114右上2行2字
溔[23] 以紹 效開三上小以 114右上7行1字
夭[13] 於兆 效開三上小影 114右上10行3字
矯[22] 舉夭 效開三上小見 114右上2行5字
趫[10] 巨夭 效開三上小群 114右上6行6字
穮[13] 俾小 效開三上小幫 114左上8行2字
𠷎[1] 吉小 效開三上小見 114右上10行2字
縹[18] 匹沼 效開三上小滂 114右上10行3字
摽[12] 婢小 效開三上小並 114右下3行3字
眇[16] 弭沼 效開三上小明 114右下4行6字
表[10] 彼小 效開三上小幫 114右下7行3字
曝[4] 滂表 效開三上小滂 114右下9行1字
殍[17] 被表 效開三上小並 114右下9行4字
槁[4] 祛矯 效開三上小溪 114右下2行3字
鼽[3] 魚小 效開三上小疑 114左下3行1字

巧韻[15]

巧[6] 苦絞 效開二上巧溪 114左下4行1字
絞[30] 吉巧 效開二上巧見 114左下5行1字
拗[12] 於絞 效開二上巧影 114左下10行2字
齩[6] 五巧 效開二上巧疑 115右上1行4字
㜈[2] 士絞 效開二上巧崇 115右上2行5字
澩[23] 下巧 效開二上巧匣 115右上3行1字
飽[5] 博巧 效開二上巧幫 115右上5行7字

鮑[7]　部巧　效開二上巧並　115右上6行5字
卯[10]　莫鮑　效開二上巧明　115右上7行3字
稍[15]　山巧　效開二上巧生　115右上9行3字
䚯[13]　楚絞　效開二上巧初　115左上1行4字
爪[14]　側絞　效開二上巧莊　115左上3行1字
㘲[2]　孝狡　效開二上巧曉　115左上5行1字
獠[3]　竹狡　效開二上巧知　115左上5行2字
橈[7]　女巧　效開二上巧娘　115左上5行3字

晧韻[19]

晧[40]　下老　效開一上晧匣　115左上7行1字
好[4]　許晧　效開一上晧曉　115右下3行2字
考[19]　苦浩　效開一上晧溪　115右下3行4字
杲[27]　古老　效開一上晧見　115右下6行5字
媪[19]　烏浩　效開一上晧影　115右下1行2字
䭹[2]　五老　效開一上晧疑　115右下4行1字
寶[26]　補抱　效開一上晧幫　115右下4行3字
裒[5]　簿晧　效開一上晧並　115右下8行3字
茒[12]　武道　效開一上晧明　115右下9行4字
嫂[8]　蘇老　效開一上晧心　116右上1行5字
艸[8]　采早　效開一上晧清　116右上2行5字
皁[19]　子晧　效開一上晧精　116右上4行2字
皂[11]　在早　效開一上晧從　116右上8行1字
倒[30]　覩老　效開一上晧端　116右上9行3字
討[5]　土晧　效開一上晧透　116左上3行7字
道[23]　杜晧　效開一上晧定　116左上4行5字
老[22]　魯晧　效開一上晧來　116左上8行3字
䐧[33]　乃老　效開一上晧泥　116右下2行1字
㩻[4]　滂保　效開一上晧滂　116右下5行4字

哿韻[14]

哿[10]　賈我　果開一上哿見　116右下6行1字

可[6]　口我　果開一上哿溪　116右下7行4字
歌[5]　許我　果開一上哿曉　116右下8行5字
荷[8]　下可　果開一上哿匣　116右下9行3字
閜[12]　倚可　果開一上哿影　116左下1行5字
我[11]　語可　果開一上哿疑　116左下3行2字
左[8]　子我　果開一上哿精　116左下4行6字
癉[10]　典可　果開一上哿端　116左下6行1字
袉[4]　他可　果開一上哿透　116左下7行5字
拕[27]　待可　果開一上哿定　116左下8行3字
砢[18]　剆可　果開一上哿來　117右上1行5字
娜[12]　乃可　果開一上哿泥　117右上3行7字
縒[6]　想可　果開一上哿心　117右上5行4字
瑳[10]　此我　果開一上哿清　117右上6行4字

果韻[20]

果[19]　古火　果合一上果見　117右上8行1字
顆[8]　苦果　果合一上果溪　117左上1行4字
火[3]　虎果　果合一上果曉　117左上3行1字
禍[11]　戶果　果合一上果匣　117左上3行3字
婐[8]　鄔果　果合一上果影　117左上5行2字
姽[6]　五果　果合一上果疑　117左上6行7字
跛[8]　補火　果合一上果幫　117左上8行1字
頗[8]　普火　果合一上果滂　117左上9行3字
爸[1]　部可　果開一上果並　117左上10行4字
麽[11]　母果　果合一上果明　117左上10行5字
貨[22]　損果　果合一上果心　117右下2行3字
脞[3]　取果　果合一上果清　117右下5行5字
坐[5]　粗果　果合一上果從　117右下6行3字
朶[32]　都果　果合一上果端　117右下7行1字
妥[22]　吐火　果合一上果透　117左下2行1字
惰[28]　杜果　果合一上果定　117左下4行9字
臝[23]　魯果　果合一上果來　117左下9行2字

姬[3] 努果 果合一上果泥 118右上3行1字
坷[1] 苦我 果開一上果溪 118右上3行3字
鹺[2] 才可 果開一上果從 118右上3行4字

馬韻[42]

馬[10] 母下 假開二上馬明 118右上5行1字
乜[2] 母野 假開三上馬明 118右上6行6字
把[3] 補下 假開二上馬幫 118右上7行1字
爬[5] 部下 假開二上馬並 118右上7行4字
寫[9] 洗野 假開三上馬心 118右上8行3字
且[5] 淺野 假開三上馬清 118右上9行6字
姐[6] 子野 假開三上馬精 118右上10行3字
灺[2] 似也 假開三上馬邪 118左上1行3字
姐[2] 慈野 假開三上馬從 118左上1行5字
捨[7] 始野 假開三上馬書 118左上2行1字
𩭇[11] 齒者 假開三上馬昌 118左上2行6字
者[6] 止野 假開三上馬章 118左上4行3字
社[3] 常者 假開三上馬禪 118左上5行4字
惹[6] 爾者 假開三上馬日 118左上6行1字
灑[1] 所下 假開二上馬生 118左上7行3字
鮺[17] 側下 假開二上馬莊 118左上7行4字
槎[10] 仕下 假開二上馬崇 118左上10行5字
㾄[5] 數瓦 假合二上馬生 118右下2行1字
硰[3] 楚瓦 假合二上馬初 118右下2行5字
鮽[5] 展賈 假開二上馬知 118右下3行3字
妊[3] 丑下 假開二上馬徹 118右下4行3字
𨁌[2] 呂下 假開二上馬來 118右下4行5字
絮[7] 女下 假開二上馬娘 118右下5行2字
綠[7] 竹下 假開二上馬知 118右下6行3字
𤟤[1] 丑寡 假合二上馬徹 118右下7行5字
野[11] 以者 假開三上馬以 118右下7行6字
丁[6] 亥雅 假開二上馬匣 118右下9行4字

閜[6] 許下 假開二上馬曉 118右下10行4字
跥[1] 宅下 假開二上馬澄 118左下1行5字
砢[3] 口下 假開二上馬溪 118左下1行6字
賈[16] 舉下 假開二上馬見 118左下2行3字
㩴[4] 烏瓦 假合二上馬影 118左下5行5字
啞[7] 倚下 假開二上馬影 118左下6行4字
雅[9] 語下 假開二上馬疑 118左下7行5字
踝[23] 户瓦 假合二上馬匣 118左下9行4字
骻[15] 苦瓦 假合二上馬溪 119右上3行3字
寡[12] 古瓦 假合二上馬見 119右上5行3字
瓦[5] 五寡 假合二上馬疑 119右上7行2字
哆[1] 丁寫 假開三上馬端 119右上8行2字
跢[2] 力者 假開三上馬來 119右上8行3字
土[1] 片賈 假開二上馬滂 119右上9行1字
笡[1] 初雅 假開二上馬初 119右上9行2字

養韻[32]

養[15] 以兩 宕開三上養以 119右上10行1字
象[16] 似兩 宕開三上養邪 119左上2行4字
獎[9] 子兩 宕開三上養精 119左上5行4字
兩[15] 里養 宕開三上養來 119左上7行1字
鞅[19] 倚兩 宕開三上養影 119左上10行2字
強[15] 巨兩 宕開三上養群 119右下3行5字
仰[5] 語兩 宕開三上養疑 119右下6行1字
䡅[12] 楚兩 宕開三上養初 119右下7行1字
想[4] 寫兩 宕開三上養心 119右下8行4字
掌[9] 止兩 宕開三上養章 119右下9行2字
爽[17] 所兩 宕開三上養生 119右下10行5字
敞[13] 齒兩 宕開三上養昌 119左下3行3字
響[15] 許兩 宕開三上養曉 119左下5行4字
繈[9] 舉兩 宕開三上養見 119左下8行2字
丈[6] 雉兩 宕開三上養澄 119左下9行5字

簹[2] 在兩 宕開三上養從 119左下10行5字
昶[2] 丑兩 宕開三上養徹 119左下10行7字
壤[19] 汝兩 宕開三上養日 120右上1行2字
賞[8] 始兩 宕開三上養書 120右上4行1字
仿[11] 撫兩 宕開三上養滂 120右上5行2字
网[21] 文紡 宕開三上養明 120右上6行5字
昉[10] 甫兩 宕開三上養幫 120右上10行1字
柱[9] 嫗往 宕合三上養影 120左上1行3字
往[6] 羽兩 宕合三上養云 120左上2行6字
怳[3] 詡往 宕合三上養曉 120左上3行4字
搶[6] 此兩 宕開三上養清 120左上4行3字
長[5] 展兩 宕開三上養知 120左上5行1字
上[3] 是掌 宕開三上養禪 120左上5行3字
彉[7] 俱往 宕合三上養見 120左上6行1字
俇[4] 求往 宕合三上養群 120左上7行4字
恇[1] 丘往 宕合三上養溪 120左上8行3字
磢[1] 丘仰 宕開三上養溪 120左上8行4字

蕩韻[23]

蕩[27] 待朗 宕開一上蕩定 120左上9行1字
黨[14] 底朗 宕開一上蕩端 120右下3行6字
曭[21] 坦朗 宕開一上蕩透 120右下6行2字
朗[21] 里黨 宕開一上蕩來 120右下9行5字
曩[5] 乃朗 宕開一上蕩泥 120左下3行1字
榜[10] 補朗 宕開一上蕩幫 120左下3行5字
髈[3] 普朗 宕開一上蕩滂 120左下5行3字
莽[20] 母朗 宕開一上蕩明 120左下5行6字
顙[11] 寫朗 宕開一上蕩心 120左下9行2字
蒼[1] 采朗 宕開一上蕩清 120左下10行6字
駔[5] 子朗 宕開一上蕩精 121右上1行1字
奘[4] 在朗 宕開一上蕩從 121右上2行1字
沆[14] 下朗 宕開一上蕩匣 121右上2行4字

沆[3] 許朗 宕開一上蕩曉 121右上4行7字
慷[12] 口朗 宕開一上蕩溪 121右上5行3字
航[12] 舉朗 宕開一上蕩見 121右上7行1字
块[17] 倚朗 宕開一上蕩影 121右上8行7字
聊[4] 語朗 宕開一上蕩疑 121左上1行2字
晄[19] 戶廣 宕合一上蕩匣 121左上1行4字
慌[19] 虎晃 宕合一上蕩曉 121左上4行4字
壙[8] 苦晃 宕合一上蕩溪 121左上6行5字
廣[8] 古晃 宕合一上蕩見 121左上7行4字
汪[3] 鄔晃 宕合一上蕩影 121左上8行7字

梗韻[30]

梗[19] 古杏 梗開二上梗見 121左上10行1字
杏[7] 下捷 梗開二上梗匣 121右下3行4字
卝[3] 胡猛 梗合二上梗匣 121右下4行3字
夥[3] 苦礦 梗合二上梗溪 121右下4行6字
礦[12] 古猛 梗合二上梗見 121右下5行3字
䁷[6] 烏猛 梗合二上梗影 121右下7行1字
䍐[2] 於杏 梗開二上梗影 121右下8行1字
猛[8] 母梗 梗開二上梗明 121右下8行3字
䰶[6] 白猛 梗開二上梗並 121右下9行5字
打[1] 都冷 梗開二上梗端 121右下10行3字
炳[4] 百猛 梗開二上梗幫 121左下1行1字
冷[2] 魯打 梗開二上梗來 121左下1行5字
盯[5] 張梗 梗開二上梗知 121左下2行1字
瑒[5] 丈梗 梗開二上梗澄 121左下2行6字
檸[1] 挐梗 梗開二上梗娘 121左下3行5字
丙[17] 補永 梗開三上梗幫 121左下4行1字
皿[6] 眉永 梗開三上梗明 121左下7行2字
省[21] 所景 梗開二上梗生 121左下8行3字
景[13] 於境 梗開三上梗影 122右上2行3字
憬[12] 舉影 梗開三上梗見 122右上4行1字

永[3] 于憬 梗合三上梗云 122右上6行1字
憬[16] 俱永 梗合三上梗見 122右上6行3字
澋[1] 呼猛 梗合二上梗曉 122右上9行2字
憬[1] 孔永 梗合三上梗溪 122右上9行3字
令[1] 盧景 梗開三上梗來 122右上9行4字
䁝[5] 苦杏 梗開二上梗溪 122右上10行1字
䒶[2] 況永 梗合三上梗曉 122右上10行6字
䟐[1] 側杏 梗開二上梗莊 122左上1行2字
㵾[1] 差梗 梗開二上梗初 122左上1行3字
䚯[1] 虎梗 梗開二上梗曉 122左上1行4字

　　　耿韻[6]

耿[5] 古幸 梗開二上耿見 122左上2行1字
莕[7] 下耿 梗開二上耿匣 122左上3行3字
鼆[6] 母耿 梗開二上耿明 122左上4行5字
皏[3] 普幸 梗開二上耿滂 122左上6行1字
倗[6] 蒲幸 梗開二上耿並 122左上6行4字
逩[4] 必幸 梗開二上耿幫 122左上7行3字

　　　靜韻[22]

靜[19] 疾郢 梗開三上靜從 122左上8行1字
省[11] 息井 梗開三上靜心 122右下1行4字
請[3] 此靜 梗開三上靜清 122右下3行2字
井[3] 子郢 梗開三上靜精 122右下3行5字
整[1] 之郢 梗開三上靜章 122右下4行2字
徎[5] 丈井 梗開三上靜澄 122右下4行3字
逞[14] 丑郢 梗開三上靜徹 122右下5行4字
領[8] 里郢 梗開三上靜來 122右下7行8字
頸[2] 經郢 梗開三上靜見 122右下9行4字
痙[2] 巨井 梗開三上靜群 122右下9行6字
廮[8] 於郢 梗開三上靜影 122右下10行1字
顈[1] 渠領 梗開三上靜群 122左下1行3字
郢[5] 以井 梗開三上靜以 122左下1行4字
潁[5] 庾頃 梗合三上靜以 122左下2行3字
頴[2] 駢穎 梗合三上靜心 122左下3行4字
頃[11] 犬穎 梗合三上靜溪 122左下4行1字
餅[16] 必郢 梗開三上靜幫 122左下5行5字
眳[3] 母井 梗開三上靜明 122左下8行1字
頸[1] 九領 梗開三上靜見 122左下8行4字
䘸[1] 知領 梗開三上靜知 122左下8行5字
悙[1] 吁請 梗開三上靜曉 122左下9行1字
䡀[1] 如穎 梗合三上靜日 122左下9行2字

　　　迥韻[23]

迥[14] 戶茗 梗合四上迥匣 122左下10行1字
詗[4] 火迥 梗合四上迥曉 123右上2行1字
褧[10] 犬迥 梗合四上迥溪 123右上2行5字
熲[17] 畎迥 梗合四上迥見 123右上4行2字
濙[7] 烏迥 梗合四上迥影 123右上6行6字
婞[17] 下頂 梗開四上迥匣 123右上7行3字
磬[13] 棄挺 梗開四上迥溪 123右上10行1字
剄[4] 古頂 梗開四上迥見 123左上1行7字
巆[3] 烟頂 梗開四上迥影 123左上2行2字
脛[3] 研領 梗開四上迥疑 123左上2行5字
鞞[1] 補鼎 梗開四上迥幫 123左上3行2字
頩[2] 普迥 梗開四上迥滂 123左上3行3字
竝[6] 部迥 梗開四上迥並 123左上3行4字
茗[17] 母迥 梗開四上迥明 123左上4行5字
醒[5] 銑挺 梗開四上迥心 123左上7行2字
頂[24] 都挺 梗開四上迥端 123左上7行7字
珽[26] 他頂 梗開四上迥透 123右上2行3字
挺[23] 待鼎 梗開四上迥定 123右下6行2字
領[8] 朗鼎 梗開四上迥來 123右下9行9字
顟[10] 乃挺 梗開四上迥泥 123左下1行2字

・423・

洴[1] 徂醒 梗開四上迥從 123左下3行1字
婧[1] 續嶺 梗開四上迥精 123左下3行2字
䴏[1] 呼頂 梗開四上迥曉 123左下3行3字

拯韻[9]

抍[9] 拯拯 曾開三上拯章 123左下4行1字
偁[1] 尺拯 曾開三上拯昌 123左下5行5字
庱[4] 丑拯 曾開三上拯徹 123左下5行6字
殑[2] 其拯 曾開三上拯群 123左下6行3字
殊[2] 色拯 曾開三上拯生 123左下6行5字
憑[1] 皮殑 曾開三上拯並 123左下7行2字
耳[1] 仍拯 曾開三上拯日 123左下7行3字
齒[1] 稱拯 曾開三上拯昌 123左下7行4字
澄[1] 直拯 曾開三上拯澄 123左下7行5字

等韻[11]

等[2] 得肯 曾開一上等端 123左下9行1字
倗[4] 普等 曾開一上等滂 123左下9行3字
肎[3] 苦等 曾開一上等溪 123左下10行2字
能[4] 奴等 曾開一上等泥 124右上1行1字
倰[1] 朗等 曾開一上等來 124右上2行1字
蠒[1] 他等 曾開一上等透 124右上2行2字
噌[1] 子等 曾開一上等精 124右上2行3字
䔀[1] 徒等 曾開一上等定 124右上2行4字
㮛[1] 步等 曾開一上等並 124右上3行1字
瞢[3] 忙肯 曾開一上等明 124右上3行2字
寙[2] 孤等 曾開一上等見 124右上3行5字

有韻[30]

有[19] 云九 流開三上有云 124右上5行1字
殧[6] 許九 流開三上有曉 124右上8行1字
糗[6] 去久 流開三上有溪 124右上8行6字

九[9] 己有 流開三上有見 124右上9行5字
臼[22] 巨九 流開三上有群 124左上2行1字
懮[15] 於九 流開三上有影 124左上6行1字
酉[36] 以九 流開三上有以 124左上8行2字
缶[20] 俯九 流開三上有幫 124右下4行2字
紑[1] 孚不 流開三上有滂 124右下7行6字
婦[22] 扶缶 流開三上有並 124右下8行1字
滫[8] 息有 流開三上有心 124右下1行7字
酒[2] 子酉 流開三上有精 124右下2行5字
湫[4] 在九 流開三上有從 124右下4行1字
䪲[10] 始九 流開三上有書 124右下4行5字
帚[7] 止酉 流開三上有章 124右下6行4字
醜[6] 齒九 流開三上有昌 124右下8行2字
受[15] 是酉 流開三上有禪 124右下9行1字
䚤[19] 忍九 流開三上有日 125右上1行3字
溲[11] 所九 流開三上有生 125右上4行2字
䩕[4] 楚九 流開三上有初 125右上5行5字
掫[6] 側九 流開三上有莊 125右上6行3字
㔌[3] 士九 流開三上有崇 125右上7行2字
肘[8] 陟柳 流開三上有知 125右上7行5字
丑[7] 敕九 流開三上有徹 125右上9行1字
紂[9] 丈九 流開三上有澄 125右上10行2字
柳[32] 力九 流開三上有來 125左上1行5字
紐[30] 女九 流開三上有娘 125左上6行4字
㤜[6] 匹九 流開三上有滂 125左上10行5字
鱻[1] 牛久 流開三上有疑 125右下1行4字
柚[1] 羊受 流開三上有以 125右下1行5字

厚韻[21]

厚[14] 很口 流開一上厚匣 125右下2行1字
吼[11] 許后 流開一上厚曉 125右下5行3字
口[11] 去厚 流開一上厚溪 125右下7行1字

者[21] 舉后 流開一上厚見 125 右下 9 行 2 字
䞘[16] 於口 流開一上厚影 125 左下 3 行 1 字
偶[11] 語口 流開一上厚疑 125 左下 5 行 1 字
捼[4] 彼口 流開一上厚幫 125 左下 6 行 5 字
剖[15] 普后 流開一上厚滂 125 左下 7 行 3 字
部[18] 薄口 流開一上厚並 125 左下 9 行 5 字
母[37] 莫後 流開一上厚明 126 右上 2 行 5 字
叜[30] 蘇后 流開一上厚心 126 右上 7 行 5 字
趣[9] 此苟 流開一上厚清 126 左上 2 行 1 字
歪[2] 子口 流開一上厚精 126 左上 3 行 2 字
鯫[5] 仕垢 流開一上厚崇 126 左上 3 行 3 字
斗[9] 當口 流開一上厚端 126 左上 4 行 3 字
妵[17] 他口 流開一上厚透 126 左上 5 行 7 字
鋀[9] 徒口 流開一上厚定 126 左上 8 行 2 字
塿[16] 朗口 流開一上厚來 126 左上 9 行 4 字
毄[12] 乃后 流開一上厚泥 126 右下 2 行 1 字
鯫[1] 才垢 流開一上厚從 126 右下 3 行 5 字
韣[1] 初口 流開一上厚初 126 右下 3 行 6 字

黝韻[4]

黝[18] 於糾 流開三上黝影 126 右下 5 行 1 字
糾[7] 吉酉 流開三上黝見 126 右下 7 行 6 字
虯[2] 渠糾 流開三上黝群 126 右下 9 行 1 字
蟉[1] 苦糾 流開三上黝溪 126 右下 9 行 2 字

寑韻[29]

寑[20] 七稔 深開三上寑清 126 右下 10 行 1 字
罧[4] 斯荏 深開三上寑心 126 左下 2 行 5 字
䁖[9] 子朕 深開三上寑精 126 左下 3 行 3 字
蕈[1] 慈荏 深開三上寑從 126 左下 4 行 6 字
寀[29] 式荏 深開三上寑書 126 左下 5 行 1 字
瀋[4] 昌枕 深開三上寑昌 126 左下 9 行 3 字

枕[4] 章荏 深開三上寑章 126 左下 10 行 2 字
甚[10] 食荏 深開三上寑船 126 左下 10 行 6 字
飪[20] 忍甚 深開三上寑日 127 右上 2 行 4 字
瘆[7] 所錦 深開三上寑生 127 右上 5 行 6 字
墋[11] 楚錦 深開三上寑初 127 右上 6 行 5 字
䅲[5] 士痒 深開三上寑崇 127 右上 8 行 3 字
稟[3] 筆錦 深開三上寑幫 127 右上 8 行 6 字
品[1] 丕錦 深開三上寑滂 127 右上 9 行 3 字
戫[10] 陟甚 深開三上寑知 127 右上 9 行 4 字
踸[10] 丑甚 深開三上寑徹 127 左上 1 行 3 字
朕[11] 直稔 深開三上寑澄 127 左上 2 行 6 字
亩[19] 力錦 深開三上寑來 127 左上 4 行 3 字
拰[3] 尼凜 深開三上寑娘 127 左上 7 行 6 字
潭[5] 以荏 深開三上寑以 127 左上 8 行 2 字
廞[3] 義錦 深開三上寑曉 127 左上 8 行 5 字
坅[9] 丘甚 深開三上寑溪 127 左上 9 行 3 字
錦[2] 居飲 深開三上寑見 127 左上 10 行 5 字
噤[9] 渠飲 深開三上寑群 127 右下 1 行 1 字
飲[11] 於錦 深開三上寑影 127 右下 2 行 4 字
䘌[11] 牛錦 深開三上寑疑 127 右下 3 行 5 字
蕈[1] 集荏 深開三上寑從 127 右下 5 行 3 字
咁[1] 當審 深開三上寑端 127 右下 5 行 4 字
顉[1] 側踸 深開三上寑莊 127 右下 5 行 5 字

感韻[18]

感[19] 古禫 咸開一上感見 127 右下 6 行 1 字
顲[7] 虎感 咸開一上感曉 127 右下 8 行 5 字
坎[19] 苦感 咸開一上感溪 127 右下 9 行 7 字
頷[34] 戶感 咸開一上感匣 127 左下 2 行 6 字
晻[31] 鄔感 咸開一上感影 127 左下 7 行 4 字
顉[8] 五感 咸開一上感疑 128 右上 2 行 1 字
糂[15] 桑感 咸開一上感心 128 右上 3 行 4 字

憯[14] 七感 咸開一上感清 128右上5行6字
寁[10] 子感 咸開一上感精 128右上8行1字
歜[9] 徂感 咸開一上感從 128右上9行5字
黕[21] 都感 咸開一上感端 128右上10行4字
襑[13] 他感 咸開一上感透 128左上3行2字
禫[32] 徒感 咸開一上感定 128左上5行4字
壈[19] 盧感 咸開一上感來 128左上10行3字
湳[14] 乃感 咸開一上感泥 128右下3行2字
糝[4] 所感 咸開一上感生 128右下5行3字
妗[1] 莫坎 咸開一上感明 128右下5行6字
枏[1] 如坎 咸開一上感日 128右下6行1字

敢韻[14]

敢[8] 古覽 咸開一上敢見 128右下7行1字
喊[9] 虎覽 咸開一上敢曉 128右下8行3字
澉[1] 胡敢 咸開一上敢匣 128右下9行5字
顑[4] 口敢 咸開一上敢溪 128右下9行6字
黤[1] 烏敢 咸開一上敢影 128右下10行4字
姏[2] 母敢 咸開一上敢明 128右下10行5字
饏[3] 子敢 咸開一上敢精 128左下1行1字
槧[7] 在敢 咸開一上敢從 128左下1行4字
顩[2] 五敢 咸開一上敢疑 128左下2行5字
瀾[2] 賞敢 咸開一上敢書 128左下3行1字
膽[8] 覩敢 咸開一上敢端 128左下3行3字
菼[11] 吐敢 咸開一上敢透 128左下4行5字
啖[20] 杜覽 咸開一上敢定 128左下6行3字
覽[10] 魯敢 咸開一上敢來 128左下9行1字

琰韻[24]

琰[25] 以冉 咸開三上琰以 129右上1行1字
燅[4] 習琰 咸開三上琰邪 129右上5行3字
脥[3] 謙琰 咸開三上琰溪 129右上6行2字
黡[15] 於琰 咸開三上琰影 129右上6行5字
湛[1] 喋琰 咸開三上琰定 129右上9行1字
纖[2] 纖琰 咸開三上琰心 129右上9行2字
憯[6] 七漸 咸開三上琰清 129右上9行4字
𪓿[6] 子冉 咸開三上琰精 129右上10行4字
漸[18] 疾染 咸開三上琰從 129左上1行5字
閃[16] 失冉 咸開三上琰書 129左上4行6字
颭[4] 職琰 咸開三上琰章 129左上7行5字
剡[3] 時染 咸開三上琰禪 129左上8行3字
冄[15] 而琰 咸開三上琰日 129左上8行6字
掺[1] 山儉 咸開三上琰生 129右下1行2字
䁖[4] 丑琰 咸開三上琰徹 129右下1行3字
斂[13] 力冉 咸開三上琰來 129右下2行1字
險[10] 虛檢 咸開三上琰曉 129右下4行1字
顉[11] 丘檢 咸開三上琰溪 129右下5行5字
檢[9] 居奄 咸開三上琰見 129右下7行3字
儉[4] 巨險 咸開三上琰群 129右下8行5字
奄[37] 衣檢 咸開三上琰影 129右下9行2字
㰦[2] 士冉 咸開三上琰崇 129左下5行2字
醶[3] 初斂 咸開三上琰初 129左下5行4字
黵[3] 止染 咸開三上琰章 129左下6行1字

忝韻[12]

忝[13] 他點 咸開四上忝透 129左下7行1字
點[8] 多忝 咸開四上忝端 129左下9行3字
簟[8] 徒點 咸開四上忝定 129左下10行4字
稴[4] 盧忝 咸開四上忝來 130右上1行6字
淰[9] 乃玷 咸開四上忝泥 130右上2行4字
鼸[3] 下忝 咸開四上忝匣 130右上3行7字
歉[6] 苦簟 咸開四上忝溪 130右上4行3字
孂[2] 兼忝 咸開四上忝見 130右上5行4字
憸[1] 此忝 咸開四上忝清 130右上5行6字

僭[1] 子忝 咸開四上忝精 130 右上 6 行 1 字
㶘[2] 孌玷 咸開四上忝來 130 右上 6 行 2 字
㡇[2] 美忝 咸開四上忝明 130 右上 6 行 4 字

儼韻[6]

儼[21] 魚檢 咸開三上儼疑 130 右上 7 行 1 字
貶[6] 悲檢 咸開三上儼幫 130 右上 10 行 3 字
㽞[1] 章貶 咸開三上儼章 130 左上 1 行 3 字
㪍[2] 口广 咸開三上儼溪 130 左上 1 行 4 字
埯[1] 倚广 咸開三上儼影 130 左上 2 行 1 字
險[1] 希埯 咸開三上儼曉 130 左上 2 行 2 字

豏韻[15]

豏[10] 下斬 咸開二上豏匣 130 左上 3 行 1 字
㰦[3] 火斬 咸開二上豏曉 130 左上 4 行 5 字
㯳[13] 口減 咸開二上豏溪 130 左上 5 行 1 字
減[11] 古斬 咸開二上豏見 130 左上 6 行 7 字
黯[11] 乙減 咸開二上豏影 130 左上 8 行 3 字
摻[11] 所斬 咸開二上豏生 130 左上 9 行 7 字
臢[2] 楚減 咸開二上豏初 130 右下 1 行 7 字
斬[2] 阻減 咸開二上豏莊 130 右下 2 行 2 字
瀺[10] 士減 咸開二上豏崇 130 右下 2 行 4 字
儳[1] 丑減 咸開二上豏徹 130 右下 4 行 1 字
湛[5] 丈減 咸開二上豏澄 130 右下 4 行 3 字
臉[3] 兩減 咸開二上豏來 130 右下 5 行 4 字

囡[6] 女減 咸開二上豏娘 130 右下 6 行 1 字
𪗨[1] 竹減 咸開二上豏知 130 右下 6 行 6 字
顁[1] 五減 咸開二上豏疑 130 右下 7 行 1 字

檻韻[8]

檻[20] 户黤 咸開二上檻匣 130 右下 8 行 1 字
闞[3] 虎檻 咸開二上檻曉 130 左下 1 行 2 字
㺃[1] 奴檻 咸開二上檻娘 130 左下 1 行 5 字
黤[2] 倚檻 咸開二上檻影 130 左下 2 行 1 字
䑃[1] 楚檻 咸開二上檻初 130 左下 2 行 3 字
摮[2] 山檻 咸開二上檻生 130 左下 2 行 4 字
嶃[2] 仕檻 咸開二上檻崇 130 左下 3 行 2 字
摻[1] 素檻 咸開二上檻心 130 左下 3 行 4 字

范韻[9]

范[8] 父鋄 咸合三上范並 130 左下 4 行 1 字
㔄[2] 丑犯 咸合三上范徹 130 左下 6 行 1 字
㯳[1] 胡犯 咸合三上范匣 130 左下 6 行 3 字
釩[2] 峯范 咸合三上范滂 130 左下 6 行 4 字
𦟀[3] 補范 咸合三上范幫 130 左下 6 行 6 字
鋄[5] 亡范 咸合三上范明 130 左下 7 行 3 字
凵[2] 口犯 咸合三上范溪 130 左下 8 行 3 字
𨳆[1] 五犯 咸合三上范疑 130 左下 8 行 5 字
㧈[1] 极范 咸合三上范群 130 左下 8 行 6 字

去聲上

送韻[29]

送[5] 蘇弄 通合一去送心 131 右下 1 行 1 字

認[4] 千弄 通合一去送清 131 右下 1 行 4 字
糉[15] 作弄 通合一去送精 131 右下 2 行 4 字
凍[14] 多貢 通合一去送端 131 右下 4 行 6 字

痛[3] 他貢 通合一去送透 131右下6行7字
洞[21] 徒弄 通合一去送定 131右下7行3字
弄[20] 盧貢 通合一去送來 131右下10行8字
齈[4] 奴凍 通合一去送泥 131左下3行5字
哄[16] 胡貢 通合一去送匣 131左下4行2字
控[12] 苦貢 通合一去送溪 131左下6行4字
貢[22] 古送 通合一去送見 131左下8行2字
甕[8] 烏貢 通合一去送影 132右上1行7字
幪[13] 蒙弄 通合一去送明 132右上3行1行
夢[13] 莫鳳 通合三去送明 132右上4行6字
賵[3] 撫鳳 通合三去送滂 132右上7行1字
諷[2] 方鳳 通合三去送幫 132右上7行3字
鳳[3] 馮貢 通合三去送並 132右上7行4字
趥[1] 千仲 通合三去送清 132右上9行1字
銃[1] 充仲 通合三去送昌 132右上9行2字
眾[5] 之仲 通合三去送章 132右上9行5字
剽[1] 仕仲 通合三去送崇 132右上10行3字
戇[8] 呼貢 通合一去送曉 132右上10行4字
敠[5] 粗送 通合一去送從 132左上2行1字
中[3] 陟仲 通合三去送知 132左上2行6字
仲[9] 直眾 通合三去送澄 132左上3行3字
趥[3] 香仲 通合三去送曉 132左上4行5字
焪[8] 去仲 通合三去送溪 132左上5行1字
䕌[1] 丑眾 通合三去送徹 132左上6行2字
槰[2] 蒲貢 通合一去送並 132左上6行3字

宋韻[8]

宋[3] 蘇綜 通合一去宋心 132左上7行1字
綜[4] 子宋 通合一去宋精 132左上7行4字
統[2] 他綜 通合一去宋透 132左上8行4字
韸[2] 魯宋 通合一去宋來 132左上9行2字
碹[2] 胡宋 通合一去宋匣 132左上9行4字

渾[1] 冬宋 通合一去宋端 132左上9行6字
雺[2] 莫宋 通合一去宋明 132左上10行1字
癑[1] 奴宋 通合一去宋泥 132左上10行2字

用韻[19]

用[6] 余頌 通合三去用以 132右下1行1字
俸[8] 房用 通合三去用並 132右下2行2字
葑[4] 芳用 通合三去用幫 132右下3行4字
縱[5] 足用 通合三去用精 132右下4行2字
頌[8] 似用 通合三去用邪 132右下4行5字
從[2] 才用 通合三去用從 132右下6行1字
種[6] 朱用 通合三去用章 132右下6行2字
輮[5] 而用 通合三去用日 132右下7行3字
湩[6] 竹用 通合三去用知 132右下8行1字
曨[7] 良用 通合三去用來 132右下8行5字
惷[5] 丑用 通合三去用徹 132右下9行6字
搑[4] 戎用 通合三去用日 132右下10行3字
重[7] 儲用 通合三去用澄 132左下1行2字
恐[4] 欺用 通合三去用溪 132左下2行1字
供[5] 居用 通合三去用見 132左下2行4字
共[2] 渠用 通合三去用群 132左下3行3字
雍[12] 於用 通合三去用影 132左下3行4字
揰[5] 昌用 通合三去用昌 132左下5行2字
幪[1] 忙用 通合三去用明 132左下5行7字

絳韻[13]

絳[11] 古巷 江開二去絳見 132左下7行1字
巷[12] 胡降 江開二去絳匣 132左下8行7字
胖[5] 匹降 江開二去絳滂 132左下10行4字
䩟[2] 楚降 江開二去絳初 133右上1行3字
漴[4] 仕巷 江開二去絳崇 133右上1行4字
憴[1] 龍巷 江開二去絳明 133右上2行2字

戇【5】 陟降 江開二去絳知 133右上2行3字
巷【1】 赫巷 江開二去絳曉 133右上3行2字
㵮【2】 尼降 江開二去絳娘 133右上3行3字
淙【5】 朔降 江開二去絳生 133右上3行5字
䎱【5】 丑降 江開二去絳徹 133右上4行4字
𢒎【8】 丈降 江開二去絳澄 133右上5行3字
䵛【1】 呼降 江開二去絳曉 133右上6行5字

寘韻【54】

寘【14】 支義 止開三去寘章 133右上7行1字
翅【19】 施智 止開三去寘書 133右上9行3字
𠑪【5】 充豉 止開三去寘昌 133右上9行3字
豉【11】 是義 止開三去寘禪 133右上3行2字
惴【7】 之瑞 止合三去寘章 133右上4行6字
吹【6】 尺偽 止合三去寘昌 133左上5行6字
瑞【10】 樹偽 止合三去寘禪 133左上6行5字
䎡【6】 而睡 止合三去寘日 133左上8行5字
駛【9】 所寄 止開三去寘生 133左上9行6字
䘸【3】 爭義 止開三去寘莊 133右下1行1字
賜【13】 斯義 止開三去寘心 133右下1行4字
刺【23】 七賜 止開三去寘清 133右下3行5字
積【10】 子智 止開三去寘精 133右下7行3字
漬【16】 疾智 止開三去寘從 133右下9行1字
𧡴【9】 思累 止合三去寘心 133左下1行6字
智【5】 知義 止開三去寘知 133左下3行1字
詈【14】 力智 止開三去寘來 133左下3行4字
諈【5】 竹恚 止合三去寘知 133左下5行6字
縋【15】 馳偽 止合三去寘澄 133左下6行5字
累【9】 力偽 止合三去寘來 133左下9行5字
諉【8】 女恚 止合三去寘娘 134右上1行1字
傷【15】 以豉 止開三去寘以 134右上2行2字
帝【2】 丁易 止開三去寘端 134右上4行3字

企【12】 去智 止開三去寘溪 134右上5行1字
馶【9】 居企 止開三去寘見 134右上7行1字
縊【8】 於賜 止開三去寘影 134右上8行4字
恚【6】 於避 止合三去寘影 134右上9行5字
瓗【8】 弋睡 止合三去寘以 134右上10行4字
𧪐【7】 呼恚 止合三去寘曉 134左上1行7字
觖【7】 窺睡 止合三去寘溪 134左上2行4字
䀏【3】 規恚 止合三去寘見 134左上3行2字
戲【4】 香義 止開三去寘曉 134左上3行5字
掎【4】 卿義 止開三去寘溪 134左上4行4字
寄【7】 居義 止開三去寘見 134左上4行8字
芰【12】 奇寄 止開三去寘群 134左上6行3字
倚【7】 於義 止開三去寘影 134左上8行4字
義【10】 宜寄 止開三去寘疑 134左上9行5字
爲【2】 于偽 止合三去寘云 134右下1行5字
䔺【9】 於偽 止合三去寘影 134右下1行7字
𧵩【1】 縻寄 止開三去寘明 134右下3行5字
偽【1】 危睡 止合三去寘疑 134右下3行6字
賜【15】 居偽 止合三去寘見 134右下4行1字
觑【1】 丘偽 止合三去寘溪 134右下6行3字
譬【4】 匹智 止開三去寘滂 134右下6行4字
臂【5】 卑義 止開三去寘幫 134右下7行3字
避【4】 毗義 止開三去寘並 134右下8行2字
帔【9】 披義 止開三去寘滂 134右下8行4字
賁【14】 彼義 止開三去寘幫 134右下9行7字
髲【13】 平義 止開三去寘並 134右下2行3字
䚢【1】 囚恚 止合三去寘心 134右下4行5字
䬦【2】 式瑞 止合三去寘書 134右下4行6字
毀【3】 況偽 止合三去寘曉 134左下5行1字
眥【2】 才豉 止開三去寘從 134左下5行4字
靡【1】 縻詖 止開三去寘明 134左下6行1字

至韻[60]

至[25] 脂利 止開三去至章 134 左下 7 行 1 字
痓[3] 充至 止開三去至昌 135 右上 1 行 5 字
屍[3] 矢利 止開三去至書 135 右上 2 行 3 字
嗜[11] 時利 止開三去至禪 135 右上 2 行 6 字
示[11] 神至 止開三去至船 135 右上 4 行 2 字
二[7] 而至 止開三去至日 135 右上 6 行 2 字
出[2] 尺類 止合三去至昌 135 右上 7 行 4 字
疢[4] 式類 止合三去至書 135 右上 7 行 6 字
歖[1] 楚類 止合三去至初 135 右上 8 行 3 字
帥[5] 所類 止合三去至生 135 右上 8 行 4 字
四[23] 息利 止開三去至心 135 右上 9 行 4 字
次[17] 七四 止開三去至清 135 左上 3 行 3 字
恣[9] 資四 止開三去至精 135 左上 6 行 3 字
自[9] 疾二 止開三去至從 135 左上 7 行 6 字
遂[21] 雖遂 止合三去至心 135 左上 9 行 1 字
翠[6] 七醉 止合三去至清 135 右下 2 行 4 字
醉[5] 將遂 止合三去至精 135 右下 3 行 3 字
㿃[46] 徐醉 止合三去至邪 135 右下 4 行 3 字
萃[11] 秦醉 止合三去至從 135 左下 1 行 5 字
地[9] 徒二 止開三去至定 135 左下 3 行 5 字
致[37] 陟利 止開三去至知 135 左下 4 行 5 字
尿[21] 丑二 止開三去至徹 135 左下 10 行 2 字
緻[31] 直利 止開三去至澄 136 右上 3 行 3 字
利[19] 力至 止開三去至來 136 右上 7 行 8 字
膩[11] 女利 止開三去至娘 136 右上 10 行 6 字
轛[9] 追萃 止合三去至知 136 左上 2 行 1 字
墜[9] 直類 止合三去至澄 136 左上 3 行 3 字
類[10] 力遂 止合三去至來 136 左上 4 行 4 字
韡[24] 羊至 止開三去至以 136 左上 6 行 5 字
棄[10] 磬致 止開三去至溪 136 左上 9 行 6 字
遺[12] 以醉 止合三去至以 136 右下 1 行 2 字
睢[3] 香萃 止合三去至曉 136 右下 3 行 3 字
侐[3] 火季 止合三去至曉 136 右下 3 行 6 字
悸[12] 其季 止合三去至群 136 右下 4 行 2 字
季[6] 居悸 止合三去至見 136 右下 6 行 1 字
齂[19] 虛器 止開三去至曉 136 右下 6 行 7 字
器[5] 去冀 止開三去至溪 136 右下 9 行 6 字
冀[18] 几利 止開三去至見 136 右下 10 行 4 字
息[17] 巨至 止開三去至群 136 左下 3 行 1 字
懿[16] 乙冀 止開三去至影 136 左下 6 行 1 字
劓[3] 魚器 止開三去至疑 136 左下 8 行 3 字
位[2] 于累 止合三去至云 136 左下 9 行 1 字
豷[5] 許利 止開三去至曉 136 左下 9 行 3 字
尉[1] 於位 止合三去至影 136 左下 10 行 3 字
喟[15] 丘媿 止合三去至溪 136 左下 10 行 4 字
媿[10] 基位 止合三去至見 137 右上 2 行 6 字
匱[24] 求位 止合三去至群 137 右上 4 行 3 字
畀[30] 必至 止開三去至幫 137 右上 7 行 4 字
屁[13] 匹寐 止開三去至滂 137 左上 2 行 1 字
鼻[29] 毗至 止開三去至並 137 左上 3 行 6 字
寐[7] 蜜二 止開三去至明 137 左上 8 行 4 字
祕[29] 兵媚 止開三去至幫 137 左上 9 行 5 字
濞[8] 匹備 止開三去至滂 137 右下 4 行 1 字
備[27] 平祕 止開三去至並 137 右下 5 行 3 字
媚[19] 明祕 止開三去至明 137 右下 9 行 6 字
出[1] 敕類 止合三去至徹 137 左下 3 行 1 字
繫[3] 吉棄 止開三去至見 137 左下 3 行 2 字
系[1] 兮肄 止開三去至匣 137 左下 3 行 5 字
呬[3] 許四 止開三去至曉 137 左下 4 行 1 字
恣[1] 子冀 止開三去至精 137 左下 4 行 4 字

附録二:《集韻》小韻表

志韻【27】

志【20】 職吏 止開三去志章 137 左下 5 行 1 字
試【14】 式吏 止開三去志書 137 左下 7 行 5 字
熾【22】 昌志 止開三去志昌 137 左下 9 行 4 字
侍【10】 時吏 止開三去志禪 138 右上 2 行 1 字
餌【21】 仍吏 止開三去志日 138 右上 3 行 3 字
胾【16】 側吏 止開三去志莊 138 右上 6 行 6 字
駛【12】 疏吏 止開三去志生 138 右上 9 行 2 字
廁【2】 初吏 止開三去志初 138 右上 10 行 5 字
事【5】 仕吏 止開三去志崇 138 左上 1 行 2 字
笥【7】 相吏 止開三去志心 138 左上 2 行 1 字
蛓【1】 七吏 止開三去志清 138 左上 3 行 2 字
寺【9】 祥吏 止開三去志邪 138 左上 3 行 3 字
字【10】 疾置 止開三去志從 138 左上 4 行 2 字
子【3】 將吏 止開三去志精 138 左上 6 行 2 字
置【6】 竹吏 止開三去志知 138 左上 6 行 5 字
眙【8】 丑吏 止開三去志徹 138 左上 7 行 4 字
值【8】 直吏 止開三去志澄 138 左上 9 行 1 字
吏【7】 良志 止開三去志來 138 左上 10 行 4 字
異【10】 羊吏 止開三去志以 138 右下 1 行 6 字
憘【1】 許異 止開三去志曉 138 右下 3 行 3 字
憙【8】 許記 止開三去志曉 138 右下 3 行 4 字
亟【7】 去吏 止開三去志溪 138 右下 4 行 6 字
記【10】 居吏 止開三去志見 138 右下 6 行 4 字
忌【23】 渠記 止開三去志群 138 右下 8 行 1 字
意【11】 於記 止開三去志影 138 左下 2 行 1 字
檍【7】 魚記 止開三去志疑 138 左下 3 行 4 字
擡【1】 伊志 止開三去志影 138 左下 5 行 3 字

未韻【19】

未【14】 無沸 止合三去未明 138 左下 6 行 1 字
費【19】 芳未 止合三去未滂 138 左下 8 行 4 字
沸【36】 方未 止合三去未幫 139 右上 1 行 1 字
屝【49】 父沸 止合三去未並 139 右上 5 行 7 字
欷【33】 許既 止開三去未曉 139 右上 3 行 3 字
气【10】 丘既 止開三去未溪 139 右上 8 行 5 字
既【19】 居氣 止開三去未見 139 右上 10 行 2 字
譏【10】 其既 止開三去未群 139 右下 3 行 3 字
衣【5】 於既 止開三去未影 139 右下 4 行 7 字
毅【13】 魚既 止開三去未疑 139 右下 5 行 5 字
胃【29】 于貴 止合三去未云 139 右下 7 行 4 字
諱【7】 訏貴 止合三去未曉 139 左下 2 行 4 字
毇【7】 丘畏 止合三去未溪 139 左下 3 行 6 字
貴【8】 歸謂 止合三去未見 139 左下 4 行 5 字
尉【17】 紆胃 止合三去未影 139 左下 5 行 5 字
魏【7】 虞貴 止合三去未疑 139 左下 9 行 1 字
窢【4】 巨畏 止合三去未群 139 左下 10 行 3 字
倪【1】 五未 止合三去未疑 140 右上 1 行 3 字
猵【3】 鋪畏 止合三去未滂 140 右上 1 行 4 字

御韻【25】

御【12】 牛據 遇合三去御疑 140 右上 3 行 1 字
飫【17】 依據 遇合三去御影 140 右上 5 行 1 字
噓【1】 許御 遇合三去御曉 140 右上 7 行 4 字
去【10】 丘據 遇合三去御溪 140 右上 7 行 5 字
據【22】 居御 遇合三去御見 140 右上 9 行 2 字
遽【11】 其據 遇合三去御群 140 左上 3 行 2 字
絮【2】 息據 遇合三去御心 140 左上 5 行 1 字
覻【11】 七慮 遇合三去御清 140 左上 5 行 3 字
怚【9】 將豫 遇合三去御精 140 左上 7 行 3 字
疏【5】 所據 遇合三去御生 140 左上 8 行 4 字
憷【4】 創據 遇合三去御初 140 左上 9 行 4 字
詛【10】 莊助 遇合三去御莊 140 左上 10 行 1 字

•431•

助【6】 牀據 遇合三去御崇 140右下1行3字
恕【12】 商署 遇合三去御書 140右下2行2字
處【1】 昌據 遇合三去御昌 140右下3行8字
翥【14】 章恕 遇合三去御章 140右下4行1字
署【9】 常恕 遇合三去御禪 140右下6行2字
茹【6】 如倨 遇合三去御日 140右下7行4字
箸【4】 陟慮 遇合三去御知 140右下8行4字
絮【4】 楮御 遇合三去御徹 140右下9行2字
箸【10】 遲據 遇合三去御澄 140右下9行5字
慮【21】 良據 遇合三去御來 140左下1行4字
女【5】 尼據 遇合三去御娘 140左下4行3字
怚【1】 祥豫 遇合三去御邪 140左下5行3字
豫【32】 羊茹 遇合三去御以 140左下5行4字

遇韻【29】

遇【12】 元具 遇合三去遇疑 141右上1行1字
嫗【6】 威遇 遇合三去遇影 141右上2行6字
煦【14】 吁句 遇合三去遇曉 141右上3行5字
驅【7】 區遇 遇合三去遇溪 141右上5行5字
屨【23】 俱遇 遇合三去遇見 141右上6行7字
懼【10】 衢遇 遇合三去遇群 141右上10行3字
芋【13】 王遇 遇合三去遇云 141左上2行1字
裕【17】 俞戍 遇合三去遇以 141左上4行2字
赴【17】 芳遇 遇合三去遇滂 141左上7行3字
付【16】 方遇 遇合三去遇幫 141左上9行5字
附【36】 符遇 遇合三去遇並 141左下2行4字
孜【26】 亡遇 遇合三去遇明 141左下7行4字
諰【3】 宣遇 遇合三去遇心 141左下1行5字
娶【5】 逡遇 遇合三去遇清 141左下2行2字
緅【6】 遵遇 遇合三去遇精 141左下3行1字
埾【7】 從遇 遇合三去遇從 141左下3行7字
戍【15】 舂遇 遇合三去遇書 141左下5行1字

注【24】 朱戍 遇合三去遇章 141左下7行3字
樹【17】 殊遇 遇合三去遇禪 142右上1行1字
孺【7】 儒遇 遇合三去遇日 142右上3行3字
數【4】 雙遇 遇合三去遇生 142右上4行4字
簉【6】 芻數 遇合三去遇初 142右上4行8字
胊【2】 丑注 遇合三去遇徹 142右上5行5字
媰【7】 仄遇 遇合三去遇莊 142右上6行1字
駐【14】 株遇 遇合三去遇知 142右上7行1字
敊【2】 昌句 遇合三去遇昌 142右上9行2字
住【7】 廚遇 遇合三去遇澄 142右上9行4字
屢【14】 龍遇 遇合三去遇來 142右上10行4字
續【1】 辭屨 遇合三去遇邪 142左上2行3字

暮韻【22】

莫【11】 莫故 遇合一去暮明 142左上3行1字
怖【11】 普故 遇合一去暮滂 142左上5行1字
布【14】 博故 遇合一去暮幫 142左上6行4字
步【25】 蒲故 遇合一去暮並 142左上8行3字
素【23】 蘇故 遇合一去暮心 142右下1行8字
厝【7】 倉故 遇合一去暮清 142右下5行4字
作【1】 宗祚 遇合一去暮精 142右下6行4字
祚【12】 存故 遇合一去暮從 142右下7行1字
妒【23】 都故 遇合一去暮端 142右下8行5字
兔【5】 土故 遇合一去暮透 142左下1行5字
度【15】 徒故 遇合一去暮定 142左下2行4字
路【22】 魯故 遇合一去暮來 142左下4行7字
笯【9】 奴故 遇合一去暮泥 142左下8行3字
護【39】 胡故 遇合一去暮匣 142左下9行3字
謼【10】 荒故 遇合一去暮曉 143右上5行4字
庫【16】 苦故 遇合一去暮溪 143右上7行1字
顧【27】 古慕 遇合一去暮見 143右上9行4字
汙【14】 烏故 遇合一去暮影 143左上3行6字

誤【29】 五故 遇合一去暮疑 143 左上 5 行 6 字
寫【1】 傷故 遇合一去暮書 143 左上 10 行 2 字
慁【1】 儒互 遇合一去暮日 143 左上 10 行 3 字
跨【1】 於故 遇合一去暮影 143 左上 10 行 4 字

霽韻【24】

霽【13】 子計 蟹開四去霽精 143 右下 1 行 1 字
細【14】 思計 蟹開四去霽心 143 右下 3 行 2 字
切【10】 七計 蟹開四去霽清 143 右下 5 行 2 字
嚌【21】 才詣 蟹開四去霽從 143 右下 6 行 5 字
媲【18】 匹計 蟹開四去霽滂 143 右下 9 行 7 字
閉【6】 必計 蟹開四去霽幫 143 左下 2 行 3 字
薜【15】 蒲計 蟹開四去霽並 143 左下 3 行 4 字
謎【7】 彌計 蟹開四去霽明 143 左下 5 行 4 字
帝【55】 丁計 蟹開四去霽端 143 左下 6 行 5 字
替【45】 他計 蟹開四去霽透 144 右上 4 行 5 字
弟【54】 大計 蟹開四去霽定 144 左上 1 行 1 字
麗【59】 郎計 蟹開四去霽來 144 左上 9 行 2 字
泥【9】 乃計 蟹開四去霽泥 144 左下 8 行 8 字
系【31】 胡計 蟹開四去霽匣 144 右下 10 行 1 字
䚷【6】 顯計 蟹開四去霽曉 144 左下 4 行 4 字
契【20】 詰計 蟹開四去霽溪 144 左下 5 行 5 字
計【25】 吉詣 蟹開四去霽見 144 左下 8 行 5 字
医【40】 壹計 蟹開四去霽影 145 右上 2 行 6 字
詣【24】 研計 蟹開四去霽疑 145 右上 9 行 3 字
慧【27】 胡桂 蟹合四去霽匣 145 左上 3 行 3 字
嘒【9】 呼惠 蟹合四去霽曉 145 左上 7 行 1 字
桂【24】 涓惠 蟹合四去霽見 145 左上 8 行 3 字
褉【5】 睽桂 蟹合四去霽溪 145 右下 3 行 1 字
篲【2】 丑戾 蟹開四去霽徹 145 右下 3 行 5 字

祭韻【44】

祭【13】 子例 蟹開三去祭精 145 右下 4 行 1 字
歲【11】 須銳 蟹合三去祭心 145 右下 6 行 2 字
膬【15】 此芮 蟹合三去祭清 145 右下 8 行 2 字
蕝【6】 祖芮 蟹合三去祭精 145 右下 10 行 2 字
彗【20】 旋芮 蟹合三去祭邪 145 左下 1 行 1 字
世【6】 始制 蟹開三去祭書 145 左下 3 行 6 字
歠【1】 呼世 蟹開三去祭曉 145 左下 4 行 4 字
掣【20】 尺制 蟹開三去祭昌 145 左下 4 行 5 字
制【38】 征例 蟹開三去祭章 145 左下 7 行 3 字
誓【27】 時制 蟹開三去祭禪 146 右上 3 行 2 字
稅【14】 輸芮 蟹合三去祭書 146 右上 7 行 3 字
毳【12】 充芮 蟹合三去祭初 146 右上 9 行 5 字
贅【6】 朱芮 蟹合三去祭章 146 左上 1 行 5 字
啜【3】 稱芮 蟹合三去祭昌 146 左上 2 行 5 字
㑤【2】 丑芮 蟹合三去祭徹 146 左上 3 行 3 字
臬【1】 牛芮 蟹合三去祭疑 146 左上 3 行 5 字
汭【18】 儒稅 蟹合三去祭日 146 左上 3 行 6 字
瘵【1】 竹例 蟹開三去祭知 146 左上 6 行 7 字
㡜【10】 所例 蟹開三去祭生 146 左上 7 行 2 字
籤【10】 初芮 蟹合三去祭初 146 左上 8 行 4 字
啐【5】 山芮 蟹合三去祭生 146 左上 9 行 6 字
跩【22】 丑例 蟹開三去祭徹 146 左上 10 行 4 字
猲【13】 於例 蟹開三去祭影 146 右下 3 行 6 字
憩【15】 去例 蟹開三去祭溪 146 右下 5 行 6 字
猘【17】 居例 蟹開三去祭見 146 右下 7 行 6 字
瘵【1】 側例 蟹開三去祭莊 146 右下 10 行 4 字
偈【6】 其例 蟹開三去祭群 146 右下 10 行 5 字
衛【21】 于歲 蟹合三去祭云 146 左下 1 行 5 字
劌【15】 姑衛 蟹合三去祭見 146 左下 5 行 1 字
㰥【8】 許劌 蟹開三去祭曉 146 左下 7 行 2 字

滯[11] 直例 蟹開三去祭澄 146左下8行4字
例[54] 力制 蟹開三去祭來 146左下10行6字
綴[17] 株衛 蟹合三去祭知 147右上8行7字
錭[1] 除芮 蟹合三去祭澄 147左上1行4字
瘛[1] 吉曳 蟹開三去祭見 147左上1行5字
曳[65] 以制 蟹開三去祭以 147左上1行6字
叡[23] 俞芮 蟹合三去祭以 147左上10行6字
埶[13] 倪祭 蟹開三去祭疑 147右下4行1字
劂[6] 九芮 蟹合三去祭見 147右下6行2字
劓[7] 牛例 蟹開三去祭疑 147右下7行1字
蔽[13] 必袂 蟹開三去祭幫 147右下8行1字
澨[6] 匹曳 蟹開三去祭滂 147右下10行1字
𡲬[12] 毗祭 蟹開三去祭並 147左下1行1字
袂[3] 彌蔽 蟹開三去祭明 147左下3行2字

泰韻[32]

忲[15] 他蓋 蟹開一去泰透 147左下4行1字
帶[14] 當蓋 蟹開一去泰端 147左下6行3字
大[16] 徒蓋 蟹開一去泰定 147左下9行3字
賴[32] 落蓋 蟹開一去泰來 148右上2行1字
柰[7] 乃帶 蟹開一去泰泥 148右上7行6字
貝[30] 博蓋 蟹開一去泰幫 148右上9行1字
娧[11] 吐外 蟹合一去泰透 148左上4行3字
祋[4] 都外 蟹合一去泰端 148左上6行2字
兌[15] 徒外 蟹合一去泰定 148左上7行3字
酹[10] 魯外 蟹合一去泰來 148左上9行6字
霈[14] 普蓋 蟹開一去泰滂 148右下1行3字
旆[16] 蒲蓋 蟹開一去泰並 148右下3行4字
眜[11] 莫貝 蟹開一去泰明 148右下5行8字
蔡[7] 七蓋 蟹開一去泰清 148右下7行5字
䃣[3] 先外 蟹合一去泰心 148右下8行5字
襊[9] 取外 蟹合一去泰清 148右下9行1字
最[11] 祖外 蟹合一去泰精 148右下10行3字
藂[4] 祖外 蟹合一去泰從 148左下2行4字
害[8] 下蓋 蟹開一去泰匣 148左下3行1字
餀[8] 虛艾 蟹開一去泰曉 148左下4行5字
磕[26] 丘蓋 蟹開一去泰溪 148左下5行5字
蓋[10] 居太 蟹開一去泰見 148左下8行7字
藹[19] 於蓋 蟹開一去泰影 148左下10行6字
艾[7] 牛蓋 蟹開一去泰疑 149右上3行4字
會[18] 黃外 蟹合一去泰匣 149右上5行1字
誠[9] 呼外 蟹合一去泰曉 149右上7行6字
禬[7] 苦會 蟹合一去泰溪 149右上9行4字
儈[31] 古外 蟹合一去泰見 149右上10行4字
薈[11] 烏外 蟹合一去泰影 149左上6行7字
外[1] 五會 蟹合一去泰疑 149左上8行5字
𢤱[1] 于外 蟹合一去泰云 149左上9行1字
餩[1] 乙大 蟹開一去泰影 149左上9行2字

卦韻[21]

卦[11] 古賣 蟹合二去卦見 149左上10行1字
畫[15] 胡卦 蟹合二去卦匣 149右下1行6字
謞[2] 呼卦 蟹合二去卦曉 149右下4行3字
懈[7] 居隘 蟹開二去卦見 149右下4行5字
邂[4] 下解 蟹開二去卦匣 149右下5行6字
謑[1] 許懈 蟹開二去卦曉 149右下6行3字
䚻[5] 口賣 蟹開二去卦溪 149右下6行4字
䜇[18] 烏懈 蟹開二去卦影 149右下7行3字
睚[7] 牛解 蟹開二去卦疑 149右下10行2字
庍[5] 卜卦 蟹開二去卦幫 149左下1行1字
𧧮[11] 普卦 蟹開二去卦滂 149左下1行6字
粺[8] 旁卦 蟹開二去卦並 149左下3行5字
䝽[4] 莫懈 蟹開二去卦明 149左下5行1字
曬[8] 所賣 蟹開二去卦生 149左下5行4字

瘥[7]　楚懈　蟹開二去卦初　149左下6行4字
債[7]　側賣　蟹開二去卦莊　149左下7行6字
瘵[12]　仕懈　蟹開二去卦崇　149左下8行3字
腡[2]　陟卦　蟹合二去卦知　149左下10行1字
媞[1]　得懈　蟹開二去卦定　149左下10行3字
髺[1]　求卦　蟹合二去卦群　149左下10行4字
髽[1]　奴卦　蟹合二去卦娘　150右上1行1字

怪韻[26]

怪[13]　古壞　蟹合二去怪見　150右上2行1字
蒯[17]　苦怪　蟹合二去怪溪　150右上3行8字
咶[8]　呼怪　蟹合二去怪曉　150右上6行1字
壞[7]　胡怪　蟹合二去怪匣　150右上7行1字
捩[1]　仕壞　蟹合二去怪崇　150右上8行1字
聵[7]　五怪　蟹合二去怪疑　150右上8行2字
戒[54]　居拜　蟹開二去怪見　150右上9行3字
炫[9]　口戒　蟹開二去怪溪　150左上7行7字
譮[17]　許介　蟹開二去怪曉　150左上9行1字
械[24]　下介　蟹開二去怪匣　150右下1行4字
聵[6]　牛戒　蟹開二去怪疑　150右下5行4字
噫[10]　乙界　蟹開二去怪影　150右下6行3字
擇[7]　布怪　蟹開二去怪幫　150右下7行6字
湃[3]　怖拜　蟹開二去怪滂　150右下8行6字
憊[14]　步拜　蟹開二去怪並　150右下9行2字
眛[10]　暮拜　蟹開二去怪明　150左下1行3字
鎩[10]　所介　蟹開二去怪生　150左下3行2字
瘵[3]　側界　蟹開二去怪莊　150左下4行3字
褹[3]　女介　蟹開二去怪娘　150左下4行5字
聉[1]　墆怪　蟹合二去怪澄　150左下5行3字
䫄[1]　迪怪　蟹合二去怪知　150左下5行4字
䶑[1]　火界　蟹開二去怪曉　150左下6行1字
𢜵[1]　忙戒　蟹開二去怪明　150左下6行2字

獪[1]　才瘵　蟹開二去怪從　150左下6行3字
齴[1]　渠介　蟹開二去怪群　150左下7行1字
𥄎[1]　尼戒　蟹開二去怪娘　150左下7行2字

夬韻[20]

夬[7]　古邁　蟹合二去夬見　150左下8行1字
快[5]　苦夬　蟹合二去夬溪　150左下9行2字
咶[4]　火夬　蟹合二去夬曉　150左下10行2字
話[6]　戶快　蟹合二去夬匣　150左下10行6字
𦫺[4]　烏快　蟹合二去夬影　151右上1行4字
䜘[3]　許邁　蟹開二去夬曉　151右上2行2字
餲[5]　於邁　蟹開二去夬影　151右上2行5字
敗[7]　北邁　蟹開二去夬幫　151右上3行2字
敗[11]　簿邁　蟹開二去夬並　151右上3行3字
邁[7]　莫敗　蟹開二去夬明　151右上5行4字
㵿[1]　所邁　蟹開二去夬生　151右上6行4字
柴[3]　士邁　蟹開二去夬崇　151右上6行5字
嘬[11]　楚快　蟹合二去夬初　151右上7行3字
啐[1]　倉夬　蟹合二去夬清　151右上8行7字
蠆[8]　丑邁　蟹開二去夬徹　151右上8行8字
䜆[2]　除邁　蟹開二去夬澄　151右上10行1字
䐃[1]　仕夬　蟹合二去夬崇　151右上10行3字
㕟[1]　女夬　蟹合二去夬娘　151右上10行4字
瀎[1]　衰夬　蟹合二去夬生　151左上1行1字
叡[1]　何邁　蟹開二去夬匣　151左上1行2字

隊韻[22]

隊[30]　徒對　蟹合一去隊定　151左上2行1字
對[9]　都內　蟹合一去隊端　151左上6行6字
退[15]　吐內　蟹合一去隊透　151左上8行2字
纇[33]　盧對　蟹合一去隊來　151左上10行4字
內[8]　奴對　蟹合一去隊泥　151右下5行6字

背[17] 補妹 蟹合一去隊幫 151 右下 7 行 1 字
配[10] 滂佩 蟹合一去隊滂 151 右下 9 行 5 字
佩[29] 蒲昧 蟹合一去隊並 151 左下 1 行 2 字
妹[36] 莫佩 蟹合一去隊明 151 左下 5 行 7 字
碎[9] 蘇對 蟹合一去隊心 152 右上 1 行 4 字
倅[16] 取內 蟹合一去隊清 152 右上 2 行 6 字
啐[4] 摧內 蟹合一去隊從 152 右上 4 行 7 字
晬[16] 祖對 蟹合一去隊精 152 右上 5 行 4 字
潰[31] 胡對 蟹合一去隊匣 152 右上 7 行 6 字
誨[21] 呼內 蟹合一去隊曉 152 左上 2 行 5 字
凷[13] 苦會 蟹合一去隊溪 152 左上 5 行 6 字
憒[16] 古對 蟹合一去隊見 152 左上 7 行 6 字
隈[7] 烏潰 蟹合一去隊影 152 左上 9 行 7 字
磑[3] 五對 蟹合一去隊疑 152 左上 10 行 6 字
妠[1] 苦對 蟹合一去隊溪 152 右下 1 行 3 字
燊[1] 所內 蟹合一去隊生 152 右下 1 行 4 字
鞼[3] 巨內 蟹合一去隊群 152 右下 1 行 5 字

代韻[20]

代[31] 待戴 蟹開一去代定 152 右下 3 行 1 字
貸[10] 他代 蟹開一去代透 152 右下 7 行 5 字
戴[6] 丁代 蟹開一去代端 152 右下 9 行 5 字
勑[15] 洛代 蟹開一去代來 152 右下 10 行 4 字
耐[13] 乃代 蟹開一去代泥 152 左下 2 行 7 字
穤[8] 莫代 蟹開一去代明 152 左下 4 行 6 字
塞[7] 先代 蟹開一去代心 152 左下 6 行 1 字
再[13] 作代 蟹開一去代精 152 左下 7 行 3 字
菜[10] 倉代 蟹開一去代清 152 左下 9 行 5 字
在[10] 昨代 蟹開一去代從 153 右上 1 行 2 字
瀣[14] 戶代 蟹開一去代匣 153 右上 2 行 6 字
儗[2] 許代 蟹開一去代曉 153 右上 4 行 6 字
慨[13] 口漑 蟹開一去代溪 153 右上 5 行 1 字

漑[18] 居代 蟹開一去代見 153 右上 7 行 2 字
愛[17] 於代 蟹開一去代影 153 右上 10 行 1 字
礙[13] 牛代 蟹開一去代疑 153 右上 2 行 6 字
倅[1] 倉愛 蟹開一去代清 153 左上 4 行 6 字
怖[1] 匹代 蟹開一去代滂 153 左上 4 行 7 字
偝[1] 蒲代 蟹開一去代並 153 左上 5 行 1 字
隑[1] 巨代 蟹開一去代群 153 左上 5 行 2 字

廢韻[13]

廢[19] 放吠 蟹合三去廢幫 153 左上 6 行 1 字
肺[5] 芳廢 蟹合三去廢滂 153 左上 8 行 6 字
獩[4] 牛吠 蟹合三去廢疑 153 左上 9 行 4 字
吠[12] 房廢 蟹合三去廢並 153 左上 10 行 2 字
乂[11] 魚刈 蟹開三去廢疑 153 右下 1 行 6 字
歇[1] 虛乂 蟹開三去廢曉 153 右下 3 行 3 字
訐[1] 九刈 蟹開三去廢見 153 右下 3 行 4 字
薉[9] 烏癈 蟹合三去廢影 153 右下 3 行 5 字
䬘[1] 普吠 蟹合三去廢滂 153 右下 5 行 3 字
喙[10] 訏濊 蟹合三去廢曉 153 右下 5 行 4 字
䭷[2] 兵廢 蟹合三去廢幫 153 右下 7 行 1 字
𤸪[2] 逮穢 蟹合三去廢群 153 右下 7 行 3 字
𣢫[2] 去穢 蟹合三去廢溪 153 右下 8 行 1 字

震韻[4]

震[36] 之刃 臻開三去震章 153 右下 9 行 1 字
眒[5] 試刃 臻開三去震書 153 左下 4 行 4 字
慎[10] 時刃 臻開三去震禪 153 左下 5 行 2 字
刃[22] 而振 臻開三去震日 153 左下 6 行 5 字

稕韻[38]

稕[12] 朱閏 臻合三去稕章 153 左下 10 行 1 字
舜[15] 輸閏 臻合三去稕書 154 右上 1 行 6 字

•436•

附録二：《集韻》小韻表

順【7】 殊閏 臻合三去稕船 154 右上 4 行 3 字	齔【1】 所陳 臻開三去稕生 155 左上 7 行 1 字
閏【6】 儒順 臻合三去稕日 154 右上 5 行 1 字	飩【1】 屯閏 臻合三去稕定 155 左上 7 行 2 字
儐【9】 必仞 臻開三去稕幫 154 右上 6 行 5 字	醞【1】 于獄 臻開三去稕云 155 左上 7 行 3 字
朮【3】 匹刃 臻開三去稕滂 154 右上 8 行 3 字	慜【1】 忙覲 臻開三去稕明 155 左上 7 行 4 字
信【33】 思晉 臻開三去稕心 154 右上 9 行 3 字	
親【8】 七刃 臻開三去稕清 154 左上 3 行 6 字	問韻【4】
晉【22】 即刃 臻開三去稕精 154 左上 5 行 1 字	問【21】 文運 臻合三去問明 155 左上 9 行 1 字
䰞【10】 徐刃 臻開三去稕邪 154 左上 8 行 6 字	搵【8】 芳問 臻合三去問滂 155 右下 2 行 4 字
焌【38】 須閏 臻合三去稕心 154 左上 10 行 2 字	糞【27】 方問 臻合三去問幫 155 右下 3 行 4 字
俊【20】 祖峻 臻合三去稕精 154 右下 6 行 1 字	分【6】 符問 臻合三去問並 155 右下 9 行 1 字
殉【9】 徐閏 臻合三去稕邪 154 右下 9 行 2 字	
櫬【13】 初覲 臻開三去稕初 154 右下 10 行 5 字	焮韻【16】
酳【1】 士刃 臻開三去稕崇 154 左下 2 行 4 字	焮【9】 香靳 臻開三去焮曉 155 右下 10 行 1 字
鎮【6】 陟刃 臻開三去稕知 154 左下 2 行 5 字	靳【16】 居焮 臻開三去焮見 155 左下 1 行 2 字
疢【7】 丑刃 臻開三去稕徹 154 左下 3 行 5 字	近【9】 巨靳 臻開三去焮群 155 左下 4 行 1 字
陣【9】 直刃 臻開三去稕澄 154 左下 4 行 4 字	焉【18】 於靳 臻開三去焮影 155 左下 5 行 2 字
吝【46】 良刃 臻開三去稕來 154 左下 6 行 2 字	垽【3】 語靳 臻開三去焮疑 155 左下 7 行 4 字
胤【19】 羊進 臻開三去稕以 155 右上 3 行 2 字	運【34】 王問 臻合三去焮云 155 左下 8 行 2 字
靷【4】 去刃 臻開三去稕溪 155 右上 6 行 4 字	訓【16】 吁運 臻合三去焮曉 156 右上 3 行 3 字
印【6】 伊刃 臻開三去稕影 155 右上 7 行 1 字	攈【8】 俱運 臻合三去焮見 156 右上 5 行 6 字
呁【5】 九峻 臻合三去稕見 155 右上 8 行 2 字	趣【1】 丘運 臻合三去焮溪 156 右上 6 行 6 字
韻【3】 筠呁 臻合三去稕云 155 右上 8 行 6 字	郡【5】 具運 臻合三去焮群 156 右上 7 行 1 字
釁【5】 許愼 臻開三去稕曉 155 右上 9 行 2 字	齔【1】 侘靳 臻開三去焮徹 156 右上 8 行 4 字
蚓【1】 羌刃 臻開三去稕溪 155 右上 10 行 4 字	醞【13】 紆問 臻合三去焮影 156 右上 8 行 5 字
隱【1】 於刃 臻開三去稕影 155 右上 10 行 5 字	酳【1】 士靳 臻開三去焮崇 156 右上 10 行 3 字
僅【17】 渠吝 臻開三去稕群 155 左上 1 行 1 字	亂【1】 初問 臻合三去焮初 156 右上 10 行 4 字
抻【8】 居覲 臻開三去稕見 155 左上 3 行 4 字	亂【1】 恥問 臻合三去焮徹 156 右上 10 行 5 字
猌【3】 魚僅 臻開三去稕疑 155 左上 4 行 7 字	掀【2】 丘近 臻開三去焮溪 156 左上 1 行 1 字
壼【1】 困閏 臻合三去稕溪 155 左上 5 行 3 字	
韵【1】 均俊 臻合三去稕見 155 左上 6 行 1 字	願韻【19】
呻【1】 式刃 臻開三去稕書 155 左上 6 行 2 字	願【8】 虞怨 山合三去願疑 156 左上 2 行 1 字
淪【2】 倫浚 臻合三去稕來 155 左上 6 行 3 字	遠【6】 于願 山合三去願云 156 左上 3 行 5 字

•437•

楥[8] 呼願 山合三去願曉 156左上4行3字
券[11] 區願 山合三去願溪 156左上5行2字
卷[9] 俱願 山合三去願見 156左上7行1字
圈[2] 具願 山合三去願群 156左上8行4字
怨[14] 紆願 山合三去願影 156左上8行5字
獻[6] 許建 山開三去願曉 156右下1行1字
建[2] 居萬 山開三去願見 156右下2行2字
健[6] 渠建 山開三去願群 156右下3行1字
搴[1] 袪建 山開三去願溪 156右下4行1字
堰[15] 於建 山開三去願影 156右下4行2字
觝[8] 牛堰 山開三去願疑 156右下6行4字
娩[24] 孚萬 山合三去願滂 156右下7行4字
販[10] 方願 山合三去願幫 156右下10行7字
飯[9] 扶萬 山合三去願並 157左下2行5字
萬[25] 無販 山合三去願明 157左下3行5字
敽[7] 芻萬 山合三去願初 157左下7行3字
健[2] 力健 山開三去願來 156左下8行3字

恩韻[6]

圂[7] 胡困 臻合一去恩匣 156左下9行1字
惛[5] 呼困 臻合一去恩曉 156左下10行4字
困[8] 苦悶 臻合一去恩溪 157右上1行4字
睔[15] 古困 臻合一去恩見 157右上2行6字
搵[3] 烏困 臻合一去恩影 157右上4行8字
顐[6] 吾困 臻合一去恩疑 157右上5行3字

恨韻[21]

恨[3] 胡艮 臻開一去恨匣 157右上7行1字
瘩[3] 佗恨 臻開一去恨透 157右上7行3字
艮[8] 古恨 臻開一去恨見 157右上8行2字
硍[2] 苦恨 臻開一去恨溪 157右上9行6字
䭱[1] 於恨 臻開一去恨影 157右上10行2字

䬣[2] 五恨 臻開一去恨疑 157右上10行3字
𢶋[1] 所恨 臻開一去恨生 157右上10行5字
奔[1] 補悶 臻合一去恨幫 157左上1行1字
噴[9] 普悶 臻合一去恨滂 157左上1行2字
坌[9] 蒲悶 臻合一去恨並 157左上2行4字
悶[6] 莫困 臻合一去恨明 157左上3行7字
巽[12] 蘇困 臻合一去恨心 157左上4行5字
寸[2] 村困 臻合一去恨清 157左上7行2字
焌[7] 祖寸 臻合一去恨精 157左上7行4字
鐏[15] 徂悶 臻合一去恨從 157左上9行1字
頓[8] 都困 臻合一去恨端 157右下1行1字
鈍[18] 徒困 臻合一去恨定 157右下2行3字
論[8] 盧困 臻合一去恨來 157右下5行1字
圂[1] 昏困 臻合一去恨曉 157右下6行1字
𩒺[1] 暾頓 臻合一去恨透 157右下6行2字
嫩[7] 奴困 臻合一去恨泥 157右下6行3字

翰韻[6]

翰[53] 侯旰 山開一去翰匣 157右下8行1字
漢[14] 虛旰 山開一去翰曉 157左下6行5字
看[7] 墟旰 山開一去翰溪 157左下8行5字
𢨋[27] 居案 山開一去翰見 157左下9行5字
按[10] 於旰 山開一去翰影 158右上4行2字
岸[21] 魚旰 山開一去翰疑 158右上5行6字

換韻[28]

換[28] 胡玩 山合一去換匣 158右上10行1字
喚[16] 呼玩 山合一去換曉 158左上4行2字
鏾[5] 苦喚 山合一去換溪 158左上6行7字
貫[46] 古玩 山合一去換見 158左上7行5字
惋[10] 烏貫 山合一去換影 158右下6行1字
玩[9] 五換 山合一去換疑 158右下7行3字

•438•

半[9]	博漫	山合一去換幫	158 右下 9 行 1 字
判[21]	普半	山合一去換滂	158 左下 1 行 1 字
畔[11]	薄半	山合一去換並	158 左下 4 行 6 字
縵[23]	莫半	山合一去換明	158 左下 6 行 4 字
繖[12]	先旰	山開一去換心	158 左下 10 行 1 字
粲[12]	蒼案	山開一去換清	159 右上 2 行 3 字
贊[20]	則旰	山開一去換精	159 右上 4 行 4 字
攢[1]	祖畔	山合一去換從	159 右上 8 行 1 字
孅[6]	才贊	山開一去換從	159 右上 8 行 2 字
筭[6]	蘇貫	山合一去換心	159 右上 9 行 4 字
竄[10]	取亂	山合一去換清	159 左上 1 行 1 字
鑽[3]	祖筭	山合一去換精	159 左上 2 行 4 字
旦[12]	得案	山開一去換端	159 左上 3 行 2 字
炭[12]	他案	山開一去換透	159 左上 5 行 6 字
憚[21]	徒案	山開一去換定	159 左上 7 行 6 字
爛[20]	郎旰	山開一去換來	159 右下 1 行 1 字
難[11]	乃旦	山開一去換泥	159 右下 3 行 6 字
鍛[17]	都玩	山開一去換端	159 右下 5 行 2 字
彖[9]	吐玩	山合一去換透	159 右下 7 行 4 字
段[14]	徒玩	山合一去換定	159 右下 8 行 5 字
亂[12]	盧玩	山合一去換來	159 左下 1 行 2 字
偄[13]	奴亂	山合一去換泥	159 左下 3 行 3 字

諫韻[19]

諫[2]	居晏	山開二去諫見	159 左下 6 行 1 字
晏[15]	於諫	山開二去諫影	159 左下 6 行 3 字
鴈[10]	魚澗	山開二去諫疑	159 左下 9 行 1 字
骭[3]	下晏	山開二去諫匣	159 左下 10 行 5 字

摜[14]	古患	山合二去諫見	160 右上 1 行 2 字
薍[4]	五患	山合二去諫疑	160 右上 3 行 4 字
患[24]	胡慣	山合二去諫匣	160 右上 4 行 1 字
襻[8]	普患	山開二去諫滂	160 右上 8 行 2 字
慢[11]	莫晏	山開二去諫明	160 右上 9 行 3 字
訕[18]	所晏	山開二去諫生	160 左上 1 行 2 字
鏟[6]	初諫	山開二去諫初	160 左上 3 行 5 字
棧[10]	仕諫	山開二去諫崇	160 左上 4 行 4 字
綰[4]	烏患	山合二去諫影	160 左上 5 行 7 字
孿[4]	數患	山合二去諫生	160 左上 6 行 3 字
趲[5]	求患	山合二去諫群	160 左上 7 行 1 字
篡[2]	初患	山合二去諫初	160 左上 7 行 5 字
覘[1]	丑諫	山開二去諫徹	160 左上 8 行 1 字
奻[2]	乃諫	山開二去諫娘	160 左上 8 行 2 字
奻[1]	女患	山合二去諫娘	160 左上 8 行 4 字

襇韻[11]

襇[15]	居莧	山開二去襇見	160 左上 9 行 1 字
鰥[2]	古幻	山合二去襇見	160 右下 1 行 5 字
莧[5]	侯襇	山開二去襇匣	160 右下 2 行 1 字
幻[5]	胡辦	山合二去襇匣	160 右下 2 行 6 字
扮[2]	博幻	山開二去襇幫	160 右下 3 行 2 字
盼[3]	普莧	山開二去襇滂	160 右下 3 行 4 字
瓣[11]	皮莧	山開二去襇並	160 右下 4 行 3 字
蔄[1]	萌莧	山開二去襇明	160 右下 6 行 3 字
袒[4]	直莧	山開二去襇澄	160 右下 6 行 4 字
豻[1]	眼莧	山開二去襇疑	160 右下 7 行 2 字
羼[2]	初莧	山開二去襇初	160 右下 7 行 3 字

•439•

去聲下

霰韻【26】

霰[14] 先見 山開四去霰心 161 左上 10 行 1 字
蒨[19] 倉甸 山開四去霰清 161 右下 2 行 1 字
薦[4] 作甸 山開四去霰精 161 右下 5 行 4 字
荐[11] 才甸 山開四去霰從 161 右下 7 行 1 字
殿[7] 丁練 山開四去霰端 161 右下 8 行 6 字
瑱[10] 他甸 山開四去霰透 161 右下 10 行 1 字
電[42] 堂練 山開四去霰定 161 左下 1 行 3 字
練[26] 郎甸 山開四去霰來 161 左下 8 行 3 字
晛[7] 乃見 山開四去霰泥 162 右上 2 行 2 字
見[12] 形甸 山開四去霰匣 162 右上 3 行 3 字
礥[4] 馨甸 山開四去霰曉 162 右上 5 行 3 字
絤[1] 人見 山開四去霰日 162 右上 6 行 3 字
倪[18] 輕甸 山開四去霰溪 162 右上 6 行 4 字
見[4] 經電 山開四去霰見 162 右上 9 行 5 字
宴[22] 伊甸 山開四去霰影 162 右上 10 行 3 字
硯[10] 倪甸 山開四去霰疑 162 上 3 行 6 字
縣[32] 熒絹 山合四去霰匣 162 左上 5 行 4 字
絢[20] 翾縣 山合四去霰曉 162 左上 10 行 3 字
䀏[15] 扃縣 山合四去霰見 162 左下 3 行 4 字
餇[11] 縈絹 山合四去霰影 162 左下 5 行 4 字
徧[5] 卑見 山開四去霰幫 162 右下 7 行 4 字
片[7] 匹見 山開四去霰滂 162 右下 8 行 2 字
麵[23] 眠見 山開四去霰明 162 右下 9 行 4 字
綻[2] 治見 山開四去霰澄 162 左下 2 行 5 字
駽[1] 犬縣 山合四去霰溪 162 左下 3 行 2 字
辯[1] 毗眄 山開四去霰並 162 左下 3 行 3 字

線韻【50】

線[9] 私箭 山開三去線心 162 左下 4 行 1 字
箭[22] 子賤 山開三去線精 162 左下 5 行 3 字
羨[2] 似面 山開三去線邪 162 左下 8 行 6 字
賤[8] 才線 山開三去線從 162 左下 9 行 2 字
選[13] 須絹 山合三去線心 162 左下 10 行 7 字
縓[6] 取絹 山合三去線清 163 右上 2 行 4 字
淀[25] 隨戀 山合三去線邪 163 右上 3 行 6 字
扇[12] 式戰 山開三去線書 163 右上 7 行 2 字
硟[6] 尺戰 山開三去線昌 163 右上 9 行 4 字
戰[7] 之膳 山開三去線章 163 右上 10 行 4 字
繕[23] 時戰 山開三去線禪 163 左上 2 行 1 字
剸[2] 之囀 山合三去線章 163 左上 6 行 3 字
釧[10] 樞絹 山合三去線昌 163 左上 6 行 5 字
㫋[8] 船釧 山合三去線船 163 左上 8 行 1 字
瑌[7] 儒囀 山合三去線日 163 左上 9 行 3 字
輾[2] 如戰 山開三去線日 163 左上 10 行 3 字
𦔶[6] 數眷 山合三去線生 163 左上 10 行 5 字
譔[16] 雛戀 山合三去線崇 163 右下 1 行 5 字
𡐞[6] 陟扇 山開三去線知 163 右下 4 行 1 字
縛[6] 直碾 山開三去線澄 163 右下 4 行 4 字
㿗[6] 連彥 山開三去線來 163 右下 6 行 1 字
輾[4] 女箭 山開三去線娘 163 右下 7 行 2 字
囀[6] 株戀 山合三去線知 163 右下 7 行 4 字
猭[7] 寵戀 山合三去線徹 163 右下 8 行 6 字
傳[8] 柱戀 山合三去線澄 163 右下 9 行 5 字
戀[11] 龍眷 山合三去線來 163 左下 1 行 4 字

衍【20】 延面 山開三去綫以 163左下3行2字
譴【4】 詰戰 山開三去綫溪 163左下6行3字
掾【11】 俞絹 山合三去綫以 163左下7行1字
絹【10】 規掾 山合三去綫見 163左下9行2字
軀【4】 於扇 山開三去綫影 164右上1行1字
彥【12】 魚戰 山開三去綫疑 164右上1行5字
瑗【10】 于眷 山合三去綫云 164右上3行4字
絕【5】 苦倦 山合三去綫溪 164右上5行5字
眷【31】 古倦 山合三去綫見 164右上6行5字
券【21】 逯眷 山合三去綫群 164右上1行7字
鶣【3】 匹羨 山開三去綫滂 164右上4行6字
便【3】 毗面 山開三去綫並 164左上5行3字
面【4】 弥箭 山開三去綫明 164左上6行3字
變【3】 彼卷 山開三去綫幫 164左上7行2字
卞【25】 皮變 山開三去綫並 164左上7行3字
缺【2】 窺絹 山合三去綫溪 164右下1行6字
㦚【1】 山箭 山開三去綫生 164右下2行2字
泉【2】 疾眷 山合三去綫從 164右下2行3字
恮【1】 子眷 山合三去綫精 164右下3行2字
縛【1】 升絹 山合三去綫書 164右下3行3字
俊【1】 虔彥 山開三去綫群 164右下3行4字
恮【2】 莊眷 山合三去綫莊 164右下4行1字
潸【1】 刪彥 山開三去綫生 164右下4行3字
篆【2】 芻眷 山合三去綫初 164右下4行4字

嘯韻【13】

嘯【10】 先弔 效開四去嘯心 164右下5行1字
弔【16】 多嘯 效開四去嘯端 164右下6行6字
糶【22】 他弔 效開四去嘯透 164右下9行4字
調【28】 徒弔 效開四去嘯定 164左下3行1字
嫽【22】 力弔 效開四去嘯來 164左下7行4字
尿【4】 奴弔 效開四去嘯泥 165右上1行1字

歊【4】 馨叫 效開四去嘯曉 165右上1行3字
竅【9】 詰弔 效開四去嘯溪 165右上2行4字
叫【21】 吉弔 效開四去嘯見 165右上4行2字
窔【12】 一叫 效開四去嘯影 165右上8行2字
顤【12】 倪弔 效開四去嘯疑 165右上10行1字
顅【1】 戶弔 效開四去嘯匣 165左上1行6字
獢【1】 火弔 效開四去嘯曉 165左上2行1字

笑韻【28】

笑【11】 仙妙 效開三去笑心 165左上3行1字
陗【18】 七肖 效開三去笑清 165左上4行3字
醮【24】 子肖 效開三去笑精 165左上7行3字
噍【8】 才笑 效開三去笑從 165右下1行5字
少【4】 失照 效開三去笑書 165右下2行5字
照【10】 之笑 效開三去笑章 165右下3行4字
邵【8】 時照 效開三去笑禪 165右下5行1字
饒【8】 人要 效開三去笑日 165右下6行2字
召【1】 直笑 效開三去笑澄 165右下7行4字
朓【3】 丑照 效開三去笑徹 165右下7行5字
尞【12】 力照 效開三去笑來 165右下8行2字
燿【33】 弋笑 效開三去笑以 165右下10行1字
趬【9】 丘召 效開三去笑溪 165左下4行5字
翹【1】 祁要 效開三去笑群 165左下6行4字
要【10】 一笑 效開三去笑影 165左下6行5字
嶠【8】 渠廟 效開三去笑群 165左下8行1字
驕【4】 嬌廟 效開三去笑見 165左下9行4字
虩【3】 牛召 效開三去笑疑 165左下10行3字
勡【26】 匹妙 效開三去笑滂 165左下10行6字
驃【12】 毗召 效開三去笑並 166右上4行5字
妙【6】 弥笑 效開三去笑明 166右上6行4字
裱【3】 彼廟 效開三去笑幫 166右上7行4字
廟【3】 眉召 效開三去笑明 166右上8行2字

捎[2] 梢嶠 效開三去笑生 166右上8行4字
超[2] 抽廟 效開三去笑徹 166右上9行2字
魑[1] 虛廟 效開三去笑曉 166右上9行4字
覞[1] 昌召 效開三去笑昌 166右上9行5字
標[5] 卑妙 效開三去笑幫 166右上10行1字

效韻[18]

效[20] 後教 效開二去效匣 166左上2行1字
孝[9] 許教 效開二去效曉 166左上5行1字
敲[15] 口教 效開二去效溪 166左上7行1字
教[26] 居效 效開二去效見 166左上9行2字
靿[19] 於教 效開二去效影 166右下3行1字
樂[8] 魚教 效開二去效疑 166右下5行5字
豹[10] 巴校 效開二去效幫 166右下6行6字
奅[20] 披教 效開二去效滂 166右下8行4字
皰[16] 皮教 效開二去效並 166左下1行7字
皃[16] 眉教 效開二去效明 166左下4行1字
稍[21] 所教 效開二去效生 166左下6行3字
抄[15] 楚教 效開二去效初 166左下9行4字
抓[6] 阻教 效開二去效莊 167右上1行7字
巢[3] 仕教 效開二去效崇 167右上3行1字
罩[15] 陟教 效開二去效知 167右上3行4字
趠[6] 敕教 效開二去效徹 167右上6行1字
櫂[8] 直教 效開二去效澄 167右上6行6字
橈[11] 女教 效開二去效娘 167右上8行2字

号韻[21]

号[15] 後到 效開一去号匣 167左上1行1字
秏[11] 虛到 效開一去号曉 167左上3行4字
犒[14] 口到 效開一去号溪 167左上5行3字
誥[20] 居号 效開一去号見 167左上7行2字
奥[21] 於到 效開一去号影 167左上10行6字
傲[18] 魚到 效開一去号疑 167右下3行7字
報[2] 博号 效開一去号幫 167右下7行3字
暴[17] 薄報 效開一去号並 167右下7行5字
冒[33] 莫報 效開一去号明 167右下10行5字
喿[22] 先到 效開一去号心 167左下6行5字
操[11] 七到 效開一去号清 167左下9行5字
竈[6] 則到 效開一去号精 168右上1行5字
漕[5] 在到 效開一去号從 168右上2行3字
到[11] 刀号 效開一去号端 168右上3行4字
韜[3] 叨号 效開一去号透 168右上5行2字
導[37] 大到 效開一去号定 168右上5行5字
勞[25] 郎到 效開一去号來 168右上2行3字
臑[3] 乃到 效開一去号泥 168右上5行6字
㔶[5] 佪到 效開一去号滂 168左上6行3字
趮[1] 色到 效開一去号生 168左上7行2字
櫃[1] 巨到 效開一去号群 168左上7行3字

箇韻[14]

箇[5] 居賀 果開一去箇見 168左上8行1字
呵[7] 許箇 果開一去箇曉 168左上8行4字
坷[8] 口箇 果開一去箇溪 168左上10行1字
賀[7] 何佐 果開一去箇匣 168右下1行3字
侉[2] 安賀 果開一去箇影 168右下2行4字
餓[2] 牛箇 果開一去箇疑 168右下2行6字
些[2] 四箇 果開一去箇心 168右下3行2字
磋[5] 千个 果開一去箇清 168右下3行3字
左[7] 子賀 果開一去箇精 168右下4行3字
跢[8] 丁賀 果開一去箇端 168右下5行3字
馱[4] 唐佐 果開一去箇定 168右下6行5字
邏[10] 郎佐 果開一去箇來 168右下7行3字
奈[7] 乃箇 果開一去箇泥 168右下8行6字
椏[2] 阿个 果開一去箇影 168右下10行1字

•442•

過韻【21】

過【9】 古臥 果合一去過見 168左下1行1字
貨【3】 呼臥 果合一去過曉 168左下2行5字
課【7】 苦臥 果合一去過溪 168左下3行2字
和【6】 胡臥 果合一去過匣 168左下4行4字
涴【7】 烏臥 果合一去過影 168左下5行2字
臥【1】 吾貨 果合一去過疑 168左下6行4字
播【12】 補過 果合一去過幫 168左下6行5字
破【3】 普過 果合一去過滂 168左下8行5字
磨【7】 莫臥 果合一去過明 168左下9行2字
靤【3】 步臥 果合一去過並 168左下10行2字
膜【6】 蘇臥 果合一去過心 168左下10行5字
剉【6】 寸臥 果合一去過清 169右上1行6字
挫【10】 祖臥 果合一去過精 169右上2行5字
座【4】 徂臥 果合一去過從 169右上4行2字
拖【8】 他佐 果開一去過透 169右上4行5字
桗【9】 都唾 果合一去過端 169右上6行1字
唾【12】 吐臥 果合一去過透 169右上7行2字
憜【15】 徒臥 果合一去過定 169右上9行1字
羸【16】 盧臥 果合一去過來 169左上1行3字
愞【15】 奴臥 果合一去過泥 169左上3行5字
縛【1】 符臥 果合一去過並 169左上5行4字

禡韻【37】

禡【15】 莫駕 假開二去禡明 169左上6行1字
吧【6】 普駕 假開二去禡滂 169左上8行7字
霸【13】 必駕 假開二去禡幫 169左上9行3字
杷【15】 步化 假開二去禡並 169左下1行3字
卸【9】 四夜 假開三去禡心 169右下3行5字
借【3】 子夜 假開三去禡精 169右下5行1字
謝【6】 詞夜 假開三去禡邪 169右下5行3字
褯【7】 慈夜 假開三去禡從 169右下6行4字
笡【4】 七夜 假開三去禡清 169右下7行4字
舍【11】 式夜 假開三去禡書 169右下8行4字
赿【6】 充夜 假開三去禡昌 169右下10行4字
柘【16】 之夜 假開三去禡章 169左下1行4字
躽【7】 神夜 假開三去禡船 169左下4行3字
嗄【12】 所嫁 假開二去禡生 169左下5行3字
誜【3】 數化 假合二去禡生 169左下7行4字
詐【15】 側駕 假開二去禡莊 169左下8行1字
乍【16】 助駕 假開二去禡崇 169左下10行3字
吒【20】 陟嫁 假開二去禡知 170右上2行7字
詫【6】 丑亞 假開二去禡徹 170右上6行1字
蛇【5】 除駕 假開二去禡澄 170右上6行5字
吹【1】 企夜 假開三去禡溪 170右上7行5字
胮【12】 乃嫁 假開二去禡娘 170右上8行1字
夜【8】 寅謝 假開三去禡以 170右上9行6字
偌【3】 人夜 假開三去禡日 170左上1行3字
暇【11】 亥駕 假開二去禡匣 170左上2行1字
罅【18】 虛訝 假開二去禡曉 170左上3行4字
骼【13】 丘駕 假開二去禡溪 170左上6行1字
駕【27】 居迓 假開二去禡見 170左上7行7字
亞【16】 衣駕 假開二去禡影 170右下2行2字
訝【15】 魚駕 假開二去禡疑 170右下5行3字
崋【16】 胡化 假合二去禡匣 170右下7行6字
化【8】 火跨 假合二去禡曉 170右下10行2字
跨【8】 枯化 假合二去禡溪 170左下1行5字
坬【4】 古罵 假合二去禡見 170左下2行4字
窊【6】 烏化 假合二去禡影 170左下3行3字
瓦【2】 吾化 假合二去禡疑 170左下4行3字
瘥【8】 楚嫁 假開二去禡初 170左下4行4字

•443•

漾韻[34]

漾[23] 弋亮 宕開三去漾以 170 左下 7 行 1 字
訪[3] 敷亮 宕合三去漾滂 171 右上 1 行 3 字
放[7] 甫妄 宕合三去漾幫 171 右上 1 行 6 字
妄[13] 無放 宕合三去漾明 171 右上 3 行 2 字
防[2] 符訪 宕合三去漾並 171 右上 5 行 3 字
相[2] 思將 宕開三去漾心 171 右上 5 行 4 字
蹡[5] 七亮 宕開三去漾清 171 右上 6 行 2 字
醬[4] 即亮 宕開三去漾精 171 右上 6 行 6 字
匠[3] 疾亮 宕開三去漾從 171 右上 7 行 4 字
餉[18] 式亮 宕開三去漾書 171 右上 8 行 3 字
唱[7] 尺亮 宕開三去漾昌 171 右上 10 行 7 字
障[4] 之亮 宕開三去漾章 171 左上 1 行 7 字
尚[4] 時亮 宕開三去漾禪 171 左上 2 行 5 字
讓[8] 人樣 宕開三去漾日 171 左上 3 行 4 字
壯[9] 側亮 宕開三去漾莊 171 左上 5 行 1 字
霜[3] 色壯 宕開三去漾生 171 左上 6 行 5 字
創[8] 楚亮 宕開三去漾初 171 左上 7 行 2 字
狀[4] 助亮 宕開三去漾崇 171 左上 8 行 3 字
帳[9] 知亮 宕開三去漾知 171 左上 9 行 1 字
悵[14] 丑亮 宕開三去漾徹 171 左上 10 行 3 字
仗[9] 直亮 宕開三去漾澄 171 右下 3 行 2 字
諒[25] 力讓 宕開三去漾來 171 右下 4 行 5 字
釀[4] 女亮 宕開三去漾娘 171 右下 8 行 5 字
向[17] 許亮 宕開三去漾曉 171 右下 9 行 3 字
嗆[5] 丘亮 宕開三去漾溪 171 左下 2 行 4 字
畺[2] 居亮 宕開三去漾見 171 左下 3 行 2 字
強[5] 其亮 宕開三去漾群 171 左下 3 行 3 字
怏[7] 於亮 宕開三去漾影 171 左下 4 行 3 字
軵[4] 魚向 宕開三去漾疑 171 左下 5 行 5 字
雎[13] 于放 宕合三去漾云 171 左下 6 行 4 字

況[11] 許放 宕合三去漾曉 171 左下 8 行 4 字
誑[13] 古況 宕合三去漾見 171 左下 10 行 1 字
狂[5] 具放 宕合三去漾群 172 右上 1 行 6 字
䤴[1] 區旺 宕合三去漾溪 172 右上 2 行 4 字

宕韻[23]

宕[13] 大浪 宕開一去宕定 172 右上 3 行 1 字
儻[8] 他浪 宕開一去宕透 172 右上 5 行 4 字
譡[9] 丁浪 宕開一去宕端 172 右上 6 行 6 字
浪[18] 郎宕 宕開一去宕來 172 右上 8 行 2 字
儾[10] 乃浪 宕開一去宕泥 172 左上 1 行 5 字
謗[8] 補曠 宕開一去宕幫 172 左上 3 行 2 字
傍[9] 蒲浪 宕開一去宕並 172 左上 4 行 3 字
漭[8] 莫浪 宕開一去宕明 172 左上 5 行 6 字
喪[5] 四浪 宕開一去宕心 172 左上 7 行 2 字
葬[4] 則浪 宕開一去宕精 172 左上 8 行 2 字
藏[7] 才浪 宕開一去宕從 172 左上 9 行 1 字
吭[9] 下浪 宕開一去宕匣 172 左上 9 行 6 字
亢[18] 口浪 宕開一去宕溪 172 右下 1 行 2 字
鋼[3] 居浪 宕開一去宕見 172 右下 4 行 4 字
盎[14] 於浪 宕開一去宕影 172 右下 5 行 1 字
䅣[2] 七浪 宕開一去宕清 172 右下 7 行 1 字
柳[5] 魚浪 宕開一去宕疑 172 右下 7 行 3 字
潢[7] 胡曠 宕合一去宕匣 172 右下 8 行 2 字
荒[4] 呼浪 宕合一去宕曉 172 右下 9 行 3 字
曠[11] 苦謗 宕合一去宕溪 172 右下 9 行 7 字
桄[12] 古曠 宕合一去宕見 172 左下 1 行 5 字
汪[4] 烏曠 宕合一去宕影 172 左下 3 行 3 字
胱[1] 滂謗 宕開一去宕滂 172 左下 4 行 2 字

映韻[30]

映[11] 於慶 梗開三去映影 172 左下 5 行 1 字

附録二:《集韻》小韻表

敬【9】 居慶 梗開三去映見 172 左下 6 行 5 字
夏【5】 居孟 梗開二去映見 172 左下 8 行 3 字
瀴【2】 於孟 梗開二去映影 172 左下 9 行 1 字
鞕【2】 魚孟 梗開二去映疑 172 左下 9 行 3 字
行【4】 下孟 梗開二去映匣 172 左下 9 行 4 字
蝗【4】 户孟 梗合二去映匣 172 左下 10 行 4 字
榜【3】 北孟 梗開二去映幫 173 右上 1 行 3 字
孟【9】 莫更 梗開二去映明 173 右上 1 行 5 字
膨【4】 蒲孟 梗開二去映並 173 右上 3 行 1 字
䆲【1】 烏橫 梗合二去映影 173 右上 3 行 5 字
悙【3】 亨孟 梗開二去映曉 173 右上 3 行 6 字
倀【9】 豬孟 梗開二去映知 173 右上 4 行 2 字
瞠【10】 恥孟 梗開二去映徹 173 右上 5 行 4 字
鋥【8】 除更 梗開二去映澄 173 右上 7 行 2 字
柄【14】 陂病 梗開三去映幫 173 右上 8 行 1 字
病【7】 皮命 梗開三去映並 173 右上 10 行 1 字
寎【3】 況病 梗合三去映曉 173 左上 1 行 3 字
䠛【2】 丘詠 梗合三去映溪 173 左上 2 行 2 字
摒【2】 鋪病 梗開三去映滂 173 左上 2 行 3 字
摒【4】 先命 梗開三去映心 173 左上 3 行 1 字
命【3】 眉病 梗開三去映明 173 左上 3 行 4 字
生【5】 所慶 梗開三去映生 173 左上 4 行 3 字
濪【3】 楚慶 梗開三去映初 173 左上 5 行 3 字
慶【2】 丘正 梗開三去映溪 173 左上 5 行 4 字
䞓【1】 恥慶 梗開三去映徹 173 左上 6 行 1 字
競【12】 渠映 梗開三去映群 173 左上 6 行 2 字
迎【1】 魚慶 梗開三去映疑 173 左上 8 行 5 字
詠【9】 爲命 梗合三去映云 173 左上 8 行 6 字
亨【6】 普孟 梗開二去映滂 173 右下 1 行 1 字

静韻【6】

静【2】 側迸 梗開二去諍莊 173 右下 2 行 1 字

迸【8】 北諍 梗開二去諍幫 173 右下 2 行 3 字
倗【2】 蒲迸 梗開二去諍並 173 右下 3 行 5 字
䡃【4】 巨迸 梗開二去諍羣 173 右下 4 行 1 字
䌝【2】 於迸 梗開二去諍影 173 右下 4 行 5 字
䁯【2】 呼迸 梗合二去諍曉 173 右下 5 行 1 字

勁韻【22】

勁【5】 堅正 梗開三去勁見 173 右下 6 行 1 字
輕【3】 牽正 梗開三去勁溪 173 右下 6 行 5 字
䢣【2】 馨正 梗開三去勁曉 173 右下 7 行 3 字
敻【5】 虛政 梗開三去勁曉 173 右下 8 行 1 字
䐫【2】 傾夐 梗開三去勁溪 173 右下 9 行 5 字
摒【8】 卑正 梗開三去勁幫 173 右下 10 行 1 字
聘【4】 匹正 梗開三去勁滂 173 左下 1 行 3 字
偋【3】 毗正 梗開三去勁並 173 左下 2 行 1 字
詺【2】 彌正 梗開三去勁明 173 左下 2 行 4 字
性【6】 息正 梗開三去勁心 173 左下 2 行 5 字
婧【6】 七正 梗開三去勁清 173 左下 4 行 2 字
精【2】 子正 梗開三去勁精 173 左下 5 行 4 字
淨【15】 疾正 梗開三去勁從 173 左下 6 行 1 字
聖【3】 式正 梗開三去勁書 173 左下 8 行 5 字
正【12】 之盛 梗開三去勁章 173 左下 9 行 1 字
盛【6】 時正 梗開三去勁禪 173 左下 10 行 7 字
䞓【7】 丑正 梗開二去勁徹 174 右上 1 行 5 字
鄭【4】 直正 梗開二去勁澄 174 右上 2 行 6 字
䁸【1】 女正 梗開三去勁娘 174 右上 3 行 4 字
㜸【1】 妨正 梗開三去勁滂 174 右上 4 行 1 字
令【7】 力正 梗開三去勁來 174 右上 4 行 2 字
纓【6】 於正 梗開三去勁影 174 右上 5 行 2 字

徑韻【18】

徑【11】 古定 梗開四去徑見 174 右上 7 行 1 字

罄[11] 詰定 梗開四去徑溪 174 右上 9 行 1 字
脛[4] 形定 梗開四去徑匣 174 左上 1 行 4 字
鎣[8] 縈定 梗合四去徑影 174 左上 2 行 2 字
淡[4] 胡鎣 梗合四去徑匣 174 左上 3 行 5 字
艶[6] 莫定 梗開四去徑明 174 左上 4 行 4 字
腥[6] 新佞 梗開四去徑心 174 左上 5 行 5 字
艶[5] 千定 梗開四去徑清 174 左上 6 行 4 字
矴[15] 丁定 梗開四去徑端 174 左上 7 行 3 字
聽[11] 他定 梗開四去徑透 174 左上 9 行 6 字
定[10] 徒徑 梗開四去徑定 174 右下 1 行 5 字
零[6] 郎定 梗開四去徑來 174 右下 3 行 3 字
甯[12] 乃定 梗開四去徑泥 174 右下 4 行 3 字
絅[2] 口定 梗開四去徑溪 174 右下 6 行 5 字
癭[1] 噎甯 梗開四去徑影 174 右下 7 行 2 字
屏[4] 步定 梗開四去徑並 174 右下 7 行 3 字
跰[2] 壁瞑 梗開四去徑幫 174 右下 8 行 2 字
扃[3] 扃定 梗開四去徑見 174 右下 8 行 3 字

證韻[20]

證[10] 諸應 曾開三去證章 174 右下 9 行 1 字
勝[7] 詩證 曾開三去證書 174 右下 10 行 5 字
稱[4] 昌孕 曾開三去證昌 174 左下 1 行 5 字
丞[5] 常證 曾開三去證禪 174 左下 2 行 3 字
乘[16] 石證 曾開三去證船 174 左下 3 行 4 字
認[6] 如證 曾開三去證日 174 左下 6 行 3 字
甑[5] 子孕 曾開三去證精 174 左下 7 行 3 字
凭[8] 皮孕 曾開三去證並 174 左下 8 行 4 字
㲺[1] 尼證 曾開三去證娘 174 左下 9 行 6 字
覴[2] 丑證 曾開三去證徹 174 左下 10 行 1 字
眙[6] 澄應 曾開三去證澄 174 左下 10 行 2 字
䞋[1] 七孕 曾開三去證清 175 右上 1 行 3 字
餕[7] 里孕 曾開三去證來 175 右上 1 行 4 字

孕[13] 以證 曾開三去證以 175 右上 2 行 5 字
興[4] 許應 曾開三去證曉 175 右上 5 行 1 字
殑[1] 其孕 曾開三去證群 175 右上 5 行 5 字
應[5] 於證 曾開三去證影 175 右上 5 行 6 字
凝[1] 牛孕 曾開三去證疑 175 右上 6 行 3 字
冰[1] 逋孕 曾開三去證幫 175 右上 7 行 1 字
砯[4] 蒲應 曾開三去證並 175 右上 7 行 2 字

嶝韻[14]

隥[13] 丁鄧 曾開一去嶝端 175 右上 8 行 1 字
䋫[3] 台隥 曾開一去嶝透 175 右上 10 行 1 字
鄧[11] 唐亙 曾開一去嶝定 175 右上 10 行 4 字
倰[6] 郎鄧 曾開一去嶝來 175 左上 2 行 4 字
堋[7] 逋鄧 曾開一去嶝幫 175 左上 3 行 5 字
倗[1] 步鄧 曾開一去嶝並 175 左上 5 行 1 字
懜[12] 母亙 曾開一去嶝明 175 左上 5 行 2 字
㾕[1] 思鄧 曾開一去嶝心 175 左上 7 行 2 字
蹭[3] 七鄧 曾開一去嶝清 175 左上 7 行 3 字
增[3] 子鄧 曾開一去嶝精 175 左上 8 行 2 字
贈[5] 昨亙 曾開一去嶝從 175 左上 8 行 5 字
䰁[12] 居鄧 曾開一去嶝見 175 左上 9 行 4 字
䟪[1] 口鄧 曾開一去嶝溪 175 右下 1 行 4 字
鼐[1] 寧鄧 曾開一去嶝泥 175 右下 1 行 5 字

宥韻[31]

宥[27] 尤救 流開三去宥云 175 右下 2 行 1 字
齅[11] 許救 流開三去宥曉 175 右下 6 行 4 字
齂[5] 丘救 流開三去宥溪 175 右下 8 行 5 字
鼽[2] 牛救 流開三去宥疑 175 右下 9 行 4 字
捄[22] 居又 流開三去宥見 175 右下 9 行 6 字
舊[11] 巨救 流開三去宥群 175 左下 4 行 2 字
狖[30] 余救 流開三去宥以 175 左下 6 行 1 字

謬[3] 眉救 流開三去宥明 176 右上 1 行 2 字
副[16] 敷救 流開三去宥滂 176 右上 1 行 4 字
富[7] 方副 流開三去宥幫 176 右上 4 行 2 字
復[15] 扶富 流開三去宥並 176 右上 5 行 4 字
秀[14] 息救 流開三去宥心 176 右上 7 行 3 字
趡[3] 千繡 流開三去宥清 176 右上 10 行 2 字
僦[8] 即就 流開三去宥精 176 右上 10 行 4 字
岫[7] 似救 流開三去宥邪 176 左上 1 行 7 字
就[7] 疾僦 流開三去宥從 176 左上 2 行 4 字
狩[7] 舒救 流開三去宥書 176 左上 4 行 3 字
臭[3] 尺救 流開三去宥昌 176 左上 6 行 2 字
祝[9] 職救 流開三去宥章 176 左上 7 行 1 字
授[13] 承咒 流開三去宥禪 176 左上 8 行 2 字
輮[12] 如又 流開三去宥日 176 左上 10 行 3 字
瘦[11] 所救 流開三去宥生 176 右下 2 行 1 字
縐[3] 初救 流開三去宥初 176 右下 4 行 1 字
縐[12] 側救 流開三去宥莊 176 右下 4 行 4 字
驟[9] 鉏救 流開三去宥崇 176 右下 6 行 5 字
晝[8] 陟救 流開三去宥知 176 右下 7 行 5 字
畜[4] 丑救 流開三去宥徹 176 右下 9 行 1 字
胄[28] 直祐 流開三去宥澄 176 右下 9 行 4 字
溜[33] 力救 流開三去宥來 176 左下 5 行 4 字
糅[11] 女救 流開三去宥娘 177 右上 1 行 2 字
憂[1] 於救 流開三去宥影 177 右上 3 行 1 字

候韻[18]

候[28] 下遘 流開一去候匣 177 右上 4 行 1 字
詬[18] 許候 流開一去候曉 177 右上 8 行 7 字
寇[22] 丘堠 流開一去候溪 177 左上 1 行 4 字
冓[56] 居候 流開一去候見 177 左上 5 行 1 字
漚[20] 於候 流開一去候影 177 右下 3 行 5 字
偶[1] 牛遘 流開一去候疑 177 右下 6 行 3 字

仆[8] 匹候 流開一去候滂 177 右下 6 行 4 字
踣[10] 蒲候 流開一去候並 177 右下 7 行 7 字
戊[43] 莫候 流開一去候明 177 右下 9 行 2 字
漱[13] 先奏 流開一去候心 177 左下 7 行 2 字
湊[17] 千候 流開一去候清 177 左下 9 行 4 字
箤[9] 則候 流開一去候精 178 右上 2 行 3 字
剗[4] 才候 流開一去候從 178 右上 4 行 2 字
鬪[18] 丁候 流開一去候端 178 右上 5 行 2 字
透[13] 他候 流開一去候透 178 右上 7 行 5 字
豆[35] 大透 流開一去候定 178 右上 9 行 5 字
扇[20] 郎豆 流開一去候來 178 左上 5 行 1 字
槈[13] 乃豆 流開一去候泥 178 左上 9 行 1 字

幼韻[6]

幼[4] 伊謬 流開三去幼影 178 右下 2 行 1 字
觓[2] 己幼 流開三去幼見 178 右下 3 行 1 字
蹂[2] 輕幼 流開三去幼溪 178 右下 3 行 3 字
虬[4] 祁幼 流開三去幼群 178 右下 3 行 5 字
赳[4] 古幼 流開三去幼見 178 右下 4 行 4 字
烋[1] 火幼 流開三去幼曉 178 右下 5 行 4 字

沁韻[27]

沁[15] 七鴆 深開三去沁清 178 右下 6 行 1 字
浸[15] 子鴆 深開三去沁精 178 右下 8 行 3 字
枕[3] 職任 深開三去沁章 178 左下 1 行 1 字
甚[8] 時鴆 深開三去沁禪 178 左下 1 行 3 字
妊[14] 如鴆 深開三去沁日 178 左下 2 行 5 字
滲[8] 所禁 深開三去沁生 178 左下 5 行 1 字
譖[1] 楚譖 深開三去沁初 178 左下 6 行 2 字
譖[3] 側禁 深開三去沁莊 178 左下 6 行 3 字
揕[7] 知鴆 深開三去沁知 178 左下 7 行 3 字
闖[4] 丑禁 深開三去沁徹 178 左下 8 行 3 字

鴆[7] 直禁 深開三去沁澄 178左下9行2字
臨[6] 力鴆 深開三去沁來 178左下10行2字
賃[2] 女禁 深開三去沁娘 179右上1行2字
禁[7] 居廕 深開三去沁見 179右上1行3字
妗[26] 巨禁 深開三去沁群 179右上3行3字
廕[17] 於禁 深開三去沁影 179右上7行1字
稟[1] 逋鴆 深開三去沁幫 179右上9行6字
瀋[1] 鴟禁 深開三去沁昌 179右上10行1字
深[5] 式禁 深開三去沁書 179右上10行2字
搇[2] 丘禁 深開三去沁溪 179左上1行2字
吟[2] 宜禁 深開三去沁疑 179左上1行4字
諗[4] 火禁 深開三去沁曉 179左上1行6字
許[1] 于禁 深開三去沁云 179左上2行4字
鐔[2] 尋浸 深開三去沁邪 179左上3行1字
馶[1] 淫沁 深開三去沁以 179左上3行3字
稔[1] 岑譖 深開三去沁崇 179左上3行4字
勦[1] 思沁 深開三去沁心 179左上4行1字

勘韻[18]

勘[22] 苦紺 咸開一去勘溪 179左上5行1字
憾[15] 胡紺 咸開一去勘匣 179左上8行2字
顑[10] 呼紺 咸開一去勘曉 179左上10行4字
紺[16] 古暗 咸開一去勘見 179右下2行2字
暗[10] 烏紺 咸開一去勘影 179右下4行6字
儑[2] 五紺 咸開一去勘疑 179右下6行3字
俕[3] 蘇紺 咸開一去勘心 179右下6行5字
謲[10] 七紺 咸開一去勘清 179右下7行3字
㜺[3] 作紺 咸開一去勘精 179右下9行4字
馾[12] 丁紺 咸開一去勘端 179右下9行5字
僋[13] 他紺 咸開一去勘透 179左下1行5字
醰[15] 徒紺 咸開一去勘定 179左下4行1字
顲[3] 郎紺 咸開一去勘來 179左下6行4字

姏[1] 莫紺 咸開一去勘明 179左下7行1字
妠[7] 奴紺 咸開一去勘泥 179左下7行2字
䫩[1] 其闇 咸開一去勘群 179左下8行3字
㨾[1] 俎紺 咸開一去勘從 179左下8行4字
妠[1] 辱紺 咸開一去勘日 179左下8行5字

闞韻[13]

闞[14] 苦濫 咸開一去闞溪 179左下10行1字
憨[4] 下瞰 咸開一去闞匣 180右上2行2字
歛[12] 呼濫 咸開一去闞曉 180右上2行5字
䶌[6] 古蹔 咸開一去闞見 180右上4行4字
三[4] 蘇暫 咸開一去闞心 180右上5行4字
暫[5] 昨濫 咸開一去闞從 180右上6行1字
擔[6] 都濫 咸開一去闞端 180右上6行6字
憺[17] 徒濫 咸開一去闞定 180右上7行5字
䫞[12] 吐濫 咸開一去闞透 180右上10行2字
濫[17] 盧瞰 咸開一去闞來 180左上1行6字
鑑[5] 胡暫 咸開一去闞匣 180左上4行5字
渗[1] 仕濫 咸開一去闞崇 180左上5行2字
甊[2] 叉濫 咸開一去闞初 180左上5行3字

豔韻[12]

豔[20] 以贍 咸開三去豔以 180左上6行1字
厭[10] 於豔 咸開三去豔影 180左上9行1字
愔[19] 於贍 咸開三去豔影 180左上10行3字
壍[5] 七豔 咸開三去豔清 180右下3行3字
潛[4] 慈豔 咸開三去豔從 180右下4行3字
㰹[4] 子豔 咸開三去豔精 180右下4行5字
閃[9] 舒贍 咸開三去豔書 180右下5行4字
襜[12] 昌豔 咸開三去豔昌 180右下6行4字
占[5] 章豔 咸開三去豔章 180右下8行1字
贍[8] 時豔 咸開三去豔禪 180右下8行6字

染[4] 而豔 咸開三去豔日 180右下9行4字
覘[3] 敕豔 咸開三去豔徹 180右下10行2字

㮇韻[10]

䀫[15] 他念 咸開四去㮇透 180左下1行1字
店[23] 都念 咸開四去㮇端 180左下3行2字
磹[7] 徒念 咸開四去㮇定 180左下7行1字
稴[7] 歷店 咸開四去㮇來 180左下8行1字
念[7] 奴店 咸開四去㮇泥 180左下8行4字
兼[7] 吉念 咸開四去㮇見 180左下9行5字
傔[4] 詰念 咸開四去㮇溪 180左下10行5字
𩎌[2] 於念 咸開四去㮇影 181右上1行1字
䃯[3] 先念 咸開四去㮇心 181右上1行2字
僭[4] 子念 咸開四去㮇精 181右上1行5字

釅韻[11]

驗[12] 魚窆 咸開三去釅疑 181右上3行1字
窆[5] 陂驗 咸開三去釅幫 181右上4行7字
黏[1] 女驗 咸開三去釅娘 181右上5行3字
斂[12] 力驗 咸開三去釅來 181右上5行4字
脅[6] 虛欠 咸開三去釅曉 181右上7行5字
欠[7] 去劍 咸開三去釅溪 181右上8行4字
䤈[1] 巨欠 咸開三去釅群 181右上9行5字
劍[3] 居欠 咸開三去釅見 181右上9行6字
獫[1] 力劍 咸開三去釅來 181右上10行2字
㛕[1] 七劍 咸開三去釅清 181右上10行3字
痁[2] 式劍 咸開三去釅書 181左上1行1字

陷韻[11]

陷[17] 乎韽 咸開二去陷匣 181左上2行1字

嵌[5] 口陷 咸開二去陷溪 181左上4行6字
顑[4] 公陷 咸開二去陷見 181左上5行4字
韽[5] 於陷 咸開二去陷影 181左上6行1字
玁[1] 午陷 咸開二去陷疑 181左上7行1字
蘸[7] 莊陷 咸開二去陷莊 181左上7行2字
䤴[5] 陟陷 咸開二去陷知 181左上8行3字
賺[3] 直陷 咸開二去陷澄 181左上8行7字
諵[2] 尼賺 咸開二去陷娘 181左上9行2字
𪒋[1] 力陷 咸開二去陷來 181左上9行4字
𪗺[2] 五陷 咸開二去陷疑 181左上10行1字

鑑韻[11]

鑑[5] 胡懺 咸開二去鑑匣 181右下1行1字
做[6] 許鑒 咸開二去鑑曉 181右下2行1字
鑑[6] 居懺 咸開二去鑑見 181右下2行7字
䤴[1] 乙鑒 咸開二去鑑影 181右下4行1字
埿[3] 薄鑑 咸開二去鑑並 181右下4行2字
覽[7] 子鑒 咸開二去鑑精 181右下4行4字
釤[7] 所鑒 咸開二去鑑生 181右下5行2字
懺[13] 叉鑑 咸開二去鑑初 181右下6行1字
鑱[20] 仕懺 咸開二去鑑崇 181右下7行7字
儳[1] 才鑒 咸開二去鑑從 181右下10行3字
儳[1] 蒼鑒 咸開二去鑑清 181右下10行4字

梵韻[3]

梵[6] 扶泛 咸合三去梵並 181左下1行1字
泛[13] 孚梵 咸合三去梵滂 181左下2行2字
䒦[1] 亡梵 咸合三去梵明 181左下4行1字

•449•

入聲上

屋韻【47】

屋【13】 烏谷 通合一入屋影 182 左上 4 行 1 字
䫇【11】 呼木 通合一入屋曉 182 左上 6 行 4 字
哭【9】 空谷 通合一入屋溪 182 左上 8 行 4 字
穀【23】 古禄 通合一入屋見 182 左上 10 行 2 字
縠【25】 胡谷 通合一入屋匣 182 右下 4 行 2 字
卜【31】 博木 通合一入屋幫 182 右下 8 行 1 字
攴【28】 普木 通合一入屋滂 182 左下 3 行 2 字
僕【23】 步木 通合一入屋並 182 左下 6 行 7 字
木【19】 莫卜 通合一入屋明 182 左下 9 行 7 字
速【33】 蘇谷 通合一入屋心 183 右上 3 行 2 字
蔟【9】 千木 通合一入屋清 183 右上 8 行 2 字
鏃【15】 作木 通合一入屋精 183 右上 9 行 4 字
族【9】 昨木 通合一入屋從 183 左上 1 行 4 字
縠【15】 都木 通合一入屋端 183 左上 3 行 1 字
秃【8】 他谷 通合一入屋透 183 左上 5 行 1 字
牘【57】 徒谷 通合一入屋定 183 左上 6 行 6 字
禄【88】 盧谷 通合一入屋來 183 右下 5 行 4 字
福【38】 方六 通合三入屋幫 183 左下 9 行 3 字
蝮【17】 芳六 通合三入屋滂 184 右上 4 行 5 字
伏【53】 房六 通合三入屋並 184 右上 7 行 3 字
目【21】 莫六 通合三入屋明 184 左上 5 行 6 字
肅【29】 息六 通合三入屋心 184 左上 9 行 4 字
䎅【13】 七六 通合三入屋清 184 右下 4 行 3 字
蹙【33】 子六 通合三入屋精 184 右下 6 行 4 字
摵【7】 就六 通合三入屋從 184 左下 1 行 3 字
朮【24】 式竹 通合三入屋書 184 左下 2 行 2 字

俶【10】 昌六 通合三入屋昌 184 左下 6 行 1 字
祝【13】 之六 通合三入屋章 184 左下 7 行 6 字
䫩【19】 神六 通合三入屋船 184 左下 10 行 1 字
肉【6】 而六 通合三入屋日 185 右上 2 行 5 字
縮【24】 所六 通合三入屋生 185 右上 3 行 5 字
珿【13】 初六 通合三入屋初 185 右上 7 行 8 字
縬【5】 側六 通合三入屋莊 185 右上 9 行 6 字
竹【13】 張六 通合三入屋知 185 右上 10 行 3 字
蓄【21】 勑六 通合三入屋徹 185 左上 2 行 4 字
逐【18】 仲六 通合三入屋澄 185 左上 5 行 8 字
六【36】 力竹 通合三入屋來 185 左上 9 行 3 字
朒【18】 女六 通合三入屋娘 185 右下 5 行 2 字
育【37】 余六 通合三入屋以 185 右下 7 行 5 字
囿【7】 于六 通合三入屋云 185 右下 3 行 5 字
畜【21】 許六 通合三入屋曉 185 左下 4 行 5 字
䉛【16】 丘六 通合三入屋溪 185 左下 7 行 7 字
菊【64】 居六 通合三入屋見 185 左下 9 行 5 字
驧【17】 渠竹 通合三入屋群 186 右上 9 行 2 字
䋁【48】 乙六 通合三入屋影 186 左上 1 行 5 字
䟰【1】 逆菊 通合三入屋疑 186 左上 8 行 6 字
崱【3】 仕六 通合三入屋崇 186 左上 8 行 7 字

沃韻【18】

渥【15】 烏酷 通合一入沃影 186 左上 10 行 1 字
鵠【15】 胡沃 通合一入沃匣 186 右下 2 行 4 字
熇【12】 呼酷 通合一入沃曉 186 右下 5 行 1 字
酷【12】 枯沃 通合一入沃溪 186 右下 7 行 1 字
告【16】 姑沃 通合一入沃見 186 右下 9 行 1 字

瓁【5】 吾沃 通合一入沃疑 186 左下 2 行 2 字
襮【4】 逋沃 通合一入沃幫 186 左下 2 行 5 字
僕【14】 蒲沃 通合一入沃並 186 左下 3 行 3 字
瑁【10】 謨沃 通合一入沃明 186 左下 6 行 3 字
洬【2】 蘇篤 通合一入沃心 186 左下 7 行 5 字
傶【8】 租毒 通合一入沃精 186 左下 8 行 1 字
篤【17】 都毒 通合一入沃端 186 左下 9 行 2 字
毒【21】 徒沃 通合一入沃定 187 右上 1 行 5 字
傉【8】 奴沃 通合一入沃泥 187 右上 4 行 6 字
儥【1】 地篤 通合一入沃透 187 右上 5 行 6 字
尃【1】 匹沃 通合一入沃滂 187 右上 6 行 1 字
磟【2】 盧督 通合一入沃來 187 右上 6 行 4 字
宋【1】 才竺 通合一入沃從 187 右上 7 行 1 字

燭韻【28】

燭【22】 朱欲 通合三入燭章 187 右上 8 行 1 字
束【5】 輸玉 通合三入燭書 187 左上 1 行 4 字
觸【11】 樞玉 通合三入燭昌 187 左上 2 行 3 字
蜀【1】 殊玉 通合三入燭禪 187 左上 4 行 1 字
贖【4】 神蜀 通合三入燭船 187 左上 7 行 7 字
辱【16】 儒欲 通合三入燭日 187 左上 8 行 3 字
粟【11】 須玉 通合三入燭心 187 右下 1 行 3 字
促【16】 趣玉 通合三入燭清 187 右下 3 行 4 字
足【3】 縱玉 通合三入燭精 187 右下 5 行 5 字
續【8】 松玉 通合三入燭邪 187 右下 6 行 2 字
鞠【5】 逋玉 通合三入燭幫 187 右下 7 行 3 字
僕【4】 逢玉 通合三入燭並 187 右下 8 行 2 字
瘃【14】 株玉 通合三入燭知 187 右下 8 行 3 字
楝【8】 丑玉 通合三入燭徹 187 左下 1 行 1 字
躅【6】 廚玉 通合三入燭澄 187 左下 2 行 3 字
錄【23】 龍玉 通合三入燭來 187 左下 3 行 1 字
欲【14】 俞玉 通合三入燭以 187 左下 7 行 1 字

旭【8】 吁玉 通合三入燭曉 187 左下 9 行 2 字
凵【14】 區玉 通合三入燭溪 188 右上 1 行 1 字
臼【25】 拘玉 通合三入燭見 188 右上 3 行 1 字
局【10】 衢六 通合三入燭群 188 右上 6 行 5 字
玉【11】 虞欲 通合三入燭疑 188 右上 8 行 7 字
傉【2】 女足 通合三入燭娘 188 左上 1 行 4 字
屬【2】 仕足 通合三入燭崇 188 左上 1 行 6 字
數【1】 所錄 通合三入燭生 188 左上 2 行 1 字
姅【5】 叉足 通合三入燭初 188 左上 2 行 2 字
亾【3】 甫玉 通合三入燭幫 188 左上 3 行 1 字
娼【1】 某玉 通合三入燭明 188 左上 3 行 3 字

覺韻【19】

覺【35】 訖岳 江開二入覺見 188 左上 4 行 1 字
吒【18】 黑角 江開二入覺曉 188 左上 9 行 6 字
殼【33】 克角 江開二入覺溪 188 右下 2 行 4 字
敷【22】 轄覺 江開二入覺匣 188 右下 7 行 1 字
渥【32】 乙角 江開二入覺影 188 右下 10 行 7 字
嶽【18】 逆角 江開二入覺疑 188 右下 5 行 4 字
剝【30】 北角 江開二入覺幫 188 左下 8 行 5 字
璞【32】 匹角 江開二入覺滂 189 右上 3 行 2 字
雹【45】 弼角 江開二入覺並 189 右上 7 行 2 字
邈【15】 墨角 江開二入覺明 189 右上 4 行 1 字
朔【29】 色角 江開二入覺生 189 左上 6 行 3 字
妹【28】 測角 江開二入覺初 189 左上 10 行 5 字
捉【16】 側角 江開二入覺莊 189 右下 4 行 2 字
浞【24】 仕角 江開二入覺崇 189 右下 6 行 5 字
斲【54】 竹角 江開二入覺知 189 右下 10 行 3 字
逴【18】 勑角 江開二入覺徹 189 左下 8 行 3 字
濁【28】 直角 江開二入覺澄 190 右上 1 行 1 字
搦【10】 昵角 江開二入覺娘 190 右上 5 行 2 字
犖【12】 力角 江開二入覺來 190 右上 6 行 3 字

•451•

質韻[53]

質[27] 職日 臻開三入質章 190右上9行1字
失[3] 式質 臻開三入質書 190左上3行6字
叱[4] 尺栗 臻開三入質昌 190左上4行2字
實[4] 食質 臻開三入質船 190左上4行5字
日[16] 入質 臻開三入質日 190左上5行3字
率[19] 朔律 臻合三入質生 190左上8行1字
悉[18] 息七 臻開三入質心 190左上10行6字
七[14] 戚悉 臻開三入質清 190右下3行4字
堲[17] 子悉 臻開三入質精 190右下6行1字
疾[15] 昨悉 臻開三入質從 190右下8行6字
必[48] 壁吉 臻開三入質幫 190左下1行2字
匹[7] 僻吉 臻開三入質滂 190左下9行2字
邲[31] 簿必 臻開三入質並 190左下10行4字
蜜[22] 覓畢 臻開三入質明 191右上4行7字
筆[13] 逼密 臻開三入質幫 191右上8行1字
弼[23] 薄宓 臻開三入質並 191右上9行6字
密[21] 莫筆 臻開三入質明 191左上3行1字
窒[27] 陟栗 臻開三入質知 191左上6行3字
抶[13] 勅栗 臻開三入質徹 191左上10行5字
秩[23] 直質 臻開三入質澄 191右下2行4字
栗[28] 力質 臻開三入質來 191右下6行3字
暱[13] 尼質 臻開三入質娘 191右下10行5字
逸[26] 弋質 臻開三入質以 191左下2行6字
欯[7] 闃吉 臻開三入質曉 191左下7行4字
詰[8] 喫吉 臻開三入質溪 191左下8行5字
吉[16] 激質 臻開三入質見 191左下9行6字
一[7] 益悉 臻開三入質影 192右上2行3字
肸[1] 黑乙 臻開三入質曉 192右上3行4字
暨[2] 戟乙 臻開三入質見 192右上4行1字
姞[11] 極乙 臻開三入質群 192右上4行4字
乙[7] 億姞 臻開三入質影 192右上6行4字
拂[1] 普密 臻開三入質滂 192右上7行6字
耴[13] 逆乙 臻開三入質疑 192右上8行1字
颶[11] 越筆 臻開三入質云 192右上9行8字
欯[2] 火一 臻開三入質曉 192左上1行2字
茁[1] 莊出 臻合三入質莊 192左上1行3字
臺[3] 地一 臻開三入質定 192左上1行4字
茁[4] 厥律 臻合三入質見 192左上2行3字
絀[1] 式聿 臻合三入質書 192左上2行7字
窒[2] 得悉 臻開三入質端 192左上3行1字
刹[1] 楚律 臻合三入質初 192左上3行3字
祋[1] 都律 臻合三入質端 192左上3行4字
屈[5] 其述 臻合三入質群 192左上3行5字
佶[4] 其吉 臻開三入質群 192左上4行3字
驈[2] 戶橘 臻合三入質匣 192左上5行3字
昵[2] 乃吉 臻開三入質娘 192左上5行5字
矞[16] 休必 臻合三入質曉 192左上5行6字
貀[7] 女律 臻合三入質娘 192左上7行4字
繘[9] 其律 臻合三入質群 192左上8行3字
鮨[1] 魚一 臻開三入質疑 192左上9行4字
袟[1] 大一 臻開三入質定 192左上9行5字
齟[1] 測瑟 臻開三入質初 192左上10行1字
鷙[2] 側律 臻合三入質莊 192左上10行2字

術韻[13]

術[28] 食律 臻合三入術船 192右下1行1字
出[1] 尺律 臻合三入術昌 192右下5行2字
邮[22] 雪律 臻合三入術心 192右下5行3字
顝[5] 之出 臻合三入術章 192右下8行8字
焌[3] 促律 臻合三入術清 192右下9行5字
崒[8] 即聿 臻合三入術精 192右下10行1字
崒[12] 昨律 臻合三入術從 192左下1行3字

•452•

怵【16】 竹律 臻合三入術知 192左下3行3字
黜【13】 勅律 臻合三入術徹 192左下5行4字
術【8】 直律 臻合三入術澄 192左下7行3字
律【29】 劣戍 臻合三入術來 192左下8行5字
聿【32】 允律 臻合三入術以 193右上2行6字
橘【9】 訣律 臻合三入術見 193右上8行3字

櫛韻【4】

櫛【11】 側瑟 臻開三入櫛莊 193右上10行1字
瑟【17】 色櫛 臻開三入櫛生 193左上1行5字
刻【10】 測乙 臻開三入櫛初 193左上4行3字
齜【1】 食稱 臻開三入櫛船 193左上5行6字

物韻【4】

勿【12】 文拂 臻合三入物明 193左上6行1字
拂【33】 敷勿 臻合三入物滂 193左上8行4字
弗【47】 分物 臻合三入物幫 193左下3行2字
佛【21】 符勿 臻合三入物並 193左下1行3字

迄韻【15】

迄【19】 許訖 臻開三入迄曉 193左下5行1字
气【5】 欺訖 臻開三入迄溪 193左下8行4字
訖【8】 居乙 臻開三入迄見 193左下9行2字
起【6】 其迄 臻開三入迄群 193左下10行4字
乙【2】 於乞 臻開三入迄影 194右上1行3字
疙【15】 魚乙 臻開三入迄疑 194右上1行5字
颲【10】 王勿 臻合三入迄云 194右上4行4字
颭【13】 許勿 臻合三入迄曉 194右上5行5字
屈【12】 曲勿 臻合三入迄溪 194右上7行3字
孑【19】 九勿 臻合三入迄見 194右上9行4字
倔【20】 渠勿 臻合三入迄群 194右上2行5字
鬱【32】 紆勿 臻合三入迄影 194右上5行5字

崛【6】 魚屈 臻合三入迄疑 194右下1行2字
朏【1】 丑乙 臻合三入迄徹 194右下2行1字
訹【1】 竹勿 臻合三入迄知 194右下2行2字

月韻【22】

月【18】 魚厥 山合三入月疑 194右下3行1字
越【24】 王伐 山合三入月云 194右下5行6字
颰【10】 許月 山合三入月曉 194右下9行6字
闕【5】 丘月 山合三入月溪 194左下1行3字
厥【33】 居月 山合三入月見 194左下2行2字
蹶【23】 其月 山合三入月群 194左下7行6字
噦【13】 於月 山合三入月影 195右上1行2字
钀【5】 語訐 山開三入月疑 195右上2行7字
紇【5】 恨竭 山開三入月匣 195右上3行5字
疙【1】 五紇 山開三入月疑 195右上4行4字
掲【1】 苦紇 山開三入月溪 195右上4行5字
歇【9】 許竭 山開三入月曉 195右上5行1字
訐【19】 居謁 山開三入月見 195右上6行4字
竭【9】 其竭 山開三入月群 195右上9行6字
謁【11】 於歇 山開三入月影 195左上1行1字
怖【1】 拂伐 山合三入月滂 195左上2行5字
髮【10】 方伐 山合三入月幫 195左上3行1字
伐【19】 房越 山合三入月並 195左上4行4字
韈【13】 勿發 山合三入月明 195左上7行5字
揭【5】 丘謁 山開三入月溪 195左上9行2字
爡【1】 丑伐 山開三入月徹 195左上10行1字
婉【1】 於伐 山合三入月影 195左上10行2字

沒韻【22】

沒【9】 莫勃 臻合一入沒明 195右下1行1字
醅【12】 普沒 臻合一入沒滂 195右下2行5字
孛【46】 薄沒 臻合一入沒並 195右下4行3字

窣[21] 蘇骨 臻合一入没心 195 左下 1 行 5 字
猝[12] 蒼没 臻合一入没清 195 左下 4 行 5 字
卒[4] 臧没 臻合一入没精 195 左下 6 行 1 字
捽[9] 昨没 臻合一入没從 195 左下 7 行 2 字
咄[9] 當没 臻合一入没端 195 左下 8 行 5 字
突[16] 他骨 臻合一入没透 195 左下 10 行 2 字
揆[25] 陁没 臻合一入没定 196 右上 3 行 3 字
扐[13] 勒没 臻合一入没來 196 右上 6 行 6 字
訥[9] 奴骨 臻合一入没泥 196 右上 8 行 5 字
麧[7] 下扢 臻合一入没匣 196 右上 9 行 7 字
扢[1] 古紇 臻合一入没見 196 左上 1 行 1 字
搰[27] 胡骨 臻合一入没匣 196 左上 1 行 2 字
忽[35] 呼骨 臻合一入没曉 196 左上 4 行 6 字
堀[27] 苦骨 臻合一入没溪 196 左上 10 行 3 字
骨[27] 古忽 臻合一入没見 196 右下 4 行 6 字
頦[14] 烏没 臻合一入没影 196 右下 8 行 6 字
兀[32] 五忽 臻合一入没疑 196 左下 1 行 1 字
齕[1] 歡紇 臻合一入没疑 196 左下 5 行 3 字
貀[1] 女骨 臻合一入没泥 196 左下 5 行 4 字

曷韻[15]

曷[33] 何葛 山開一入曷匣 196 左下 7 行 1 字
㵵[15] 許葛 山開一入曷曉 197 右上 2 行 1 字
渴[25] 丘葛 山開一入曷溪 197 右上 4 行 1 字
葛[26] 居曷 山開一入曷見 197 右上 7 行 2 字
遏[20] 阿葛 山開一入曷影 197 左上 1 行 3 字
嶭[26] 牙葛 山開一入曷疑 197 左上 4 行 4 字
躠[24] 桑葛 山開一入曷心 197 左上 8 行 5 字
擦[5] 七曷 山開一入曷清 197 右下 2 行 4 字
鬢[19] 子末 山開一入曷精 197 右下 3 行 4 字
懴[9] 才達 山開一入曷從 197 右下 5 行 6 字
怛[15] 當割 山開一入曷端 197 右下 6 行 5 字

闥[31] 他達 山開一入曷透 197 右下 9 行 2 字
達[6] 陁葛 山開一入曷定 197 左下 3 行 3 字
剌[34] 郎達 山開一入曷來 197 左下 4 行 5 字
捺[6] 乃曷 山開一入曷泥 197 左下 9 行 4 字

末韻[18]

末[46] 莫葛 山合一入末明 198 右上 1 行 1 字
活[20] 户括 山合一入末匣 198 右上 7 行 6 字
豁[10] 呼括 山合一入末曉 198 右上 10 行 4 字
闊[10] 苦活 山合一入末溪 198 左上 2 行 3 字
括[41] 古活 山合一入末見 198 左上 3 行 6 字
斡[12] 烏括 山合一入末影 198 左上 10 行 1 字
柮[3] 攢活 山合一入末從 198 右下 2 行 1 字
捖[10] 五活 山合一入末疑 198 右下 2 行 4 字
撥[37] 北末 山合一入末幫 198 右下 4 行 1 字
鏺[29] 普活 山合一入末滂 198 右下 9 行 3 字
跋[41] 蒲撥 山合一入末並 198 左下 3 行 2 字
撮[6] 麤括 山合一入末清 198 左下 9 行 6 字
繓[7] 宗括 山合一入末精 198 左下 10 行 5 字
掇[13] 都括 山合一入末端 199 右上 1 行 6 字
侻[8] 他括 山合一入末透 199 右上 3 行 5 字
奪[14] 徒活 山合一入末定 199 右上 4 行 6 字
捋[11] 盧活 山合一入末來 199 右上 7 行 3 字
劀[2] 先活 山合一入末心 199 右上 8 行 7 字

黠韻[25]

黠[6] 下八 山開二入黠匣 199 右上 9 行 1 字
䵽[18] 丘八 山開二入黠溪 199 右上 9 行 7 字
戛[39] 訖黠 山開二入黠見 199 左上 2 行 2 字
軋[21] 乙黠 山開二入黠影 199 左上 7 行 8 字
滑[20] 户八 山合二入黠匣 199 左上 10 行 7 字
傄[9] 呼八 山合二入黠曉 199 右下 3 行 7 字

鶻[4] 苦滑 山合二入黠溪 199 右下 5 行 3 字
劀[7] 古滑 山合二入黠見 199 右下 5 行 7 字
婠[10] 烏八 山合二入黠影 199 右下 6 行 7 字
黜[4] 五滑 山合二入黠疑 199 右下 8 行 3 字
八[10] 布拔 山開二入黠幫 199 右下 9 行 1 字
汃[6] 普八 山開二入黠滂 199 右下 10 行 4 字
拔[4] 蒲八 山開二入黠並 199 左下 1 行 2 字
密[12] 莫八 山開二入黠明 199 左下 2 行 1 字
殺[18] 山戛 山開二入黠生 199 左下 3 行 6 字
察[11] 初戛 山開二入黠初 199 左下 5 行 7 字
札[9] 側八 山開二入黠莊 199 左下 7 行 6 字
齰[1] 士滑 山合二入黠崇 199 左下 9 行 2 字
茁[1] 側滑 山合二入黠莊 199 左下 9 行 3 字
窡[10] 張滑 山合二入黠知 199 左下 9 行 4 字
疧[4] 女黠 山開二入黠娘 200 右上 1 行 2 字
貀[7] 女滑 山合二入黠娘 200 右上 1 行 5 字
嚞[1] 知戛 山開二入黠知 200 右上 2 行 6 字
呾[1] 睩軋 山開二入黠徹 200 右上 3 行 1 字
噠[1] 宅軋 山開二入黠澄 200 右上 3 行 2 字

鎋韻[24]

鞨[23] 下瞎 山開二入鎋匣 200 右上 4 行 1 字
瞎[7] 許轄 山開二入鎋曉 200 右上 7 行 6 字
磍[12] 丘瞎 山開二入鎋溪 200 右上 8 行 5 字
驕[10] 居轄 山開二入鎋見 200 右上 10 行 4 字
鷻[9] 乙轄 山開二入鎋影 200 左上 2 行 1 字
瘵[2] 女瞎 山開二入鎋娘 200 左上 3 行 4 字
齾[12] 牛轄 山開二入鎋疑 200 左上 3 行 6 字
頢[19] 乎刮 山合二入鎋匣 200 左上 5 行 5 字
聒[2] 荒刮 山合二入鎋曉 200 左上 8 行 2 字
刮[9] 古剎 山合二入鎋見 200 左上 8 行 4 字
刖[5] 五刮 山合二入鎋疑 200 左上 10 行 1 字

捌[1] 百轄 山開二入鎋幫 200 左上 10 行 5 字
帓[5] 莫轄 山開二入鎋明 200 右下 1 行 1 字
刹[9] 初轄 山開二入鎋初 200 右下 1 行 4 字
剿[4] 槎轄 山開二入鎋崇 200 右下 2 行 7 字
髽[1] 而轄 山開二入鎋日 200 右下 3 行 3 字
刷[3] 數滑 山合二入鎋生 200 右下 3 行 4 字
鎋[6] 芻刮 山合二入鎋初 200 右下 4 行 2 字
哳[2] 陟轄 山開二入鎋知 200 右下 5 行 1 字
鵽[5] 張刮 山合二入鎋知 200 右下 5 行 3 字
頒[2] 丑刮 山合二入鎋徹 200 右下 6 行 3 字
妠[6] 女刮 山合二入鎋娘 200 右下 6 行 5 字
獺[1] 逖鎋 山開二入鎋透 200 右下 7 行 4 字
蔓[1] 側刮 山合二入鎋莊 200 右下 7 行 5 字

屑韻[25]

屑[19] 先結 山開四入屑心 200 右下 8 行 1 字
切[17] 千結 山開四入屑清 200 左下 1 行 1 字
節[18] 子結 山開四入屑精 200 左下 3 行 4 字
截[16] 昨結 山開四入屑從 200 左下 7 行 2 字
窒[14] 丁結 山開四入屑端 200 左下 9 行 4 字
鐵[16] 他結 山開四入屑透 201 右上 1 行 4 字
姪[75] 徒結 山開四入屑定 201 右上 3 行 5 字
㔑[18] 力結 山開四入屑來 201 左上 4 行 1 字
涅[23] 乃結 山開四入屑泥 201 左上 6 行 7 字
纈[33] 奚結 山開四入屑匣 201 左上 10 行 3 字
䫱[8] 顯結 山開四入屑曉 201 左下 6 行 1 字
猰[21] 詰結 山開四入屑溪 201 右下 7 行 3 字
結[36] 吉屑 山開四入屑見 201 左下 1 行 2 字
噎[23] 一結 山開四入屑影 201 右下 6 行 3 字
齧[23] 倪結 山開四入屑疑 201 左下 9 行 1 字
穴[6] 胡決 山合四入屑匣 202 右上 2 行 4 字
血[21] 呼決 山合四入屑曉 202 右上 3 行 3 字

関【7】 苦穴 山合四入屑溪 202右上6行3字
玦【57】 古穴 山合四入屑見 202右上7行1字
抉【13】 一決 山合四入屑影 202左上5行6字
撆【18】 匹蔑 山開四入屑滂 202左上7行5字
彆【27】 必結 山開四入屑幫 202左上10行4字
蛂【34】 蒲結 山開四入屑並 202右下4行1字
蔑【38】 莫結 山開四入屑明 202右下8行3字
瞥【1】 鋪結 山開四入屑滂 202左下4行4字

薛韻【54】

薛【46】 私列 山開三入薛心 202左下5行1字
蠽【14】 子列 山開三入薛精 203右上2行2字
雪【8】 相絕 山合三入薛心 203右上4行1字
膬【8】 促絕 山合三入薛清 203右上5行3字
蕝【13】 租悅 山合三入薛精 203右上6行3字
抴【7】 似絕 山合三入薛邪 203右上8行4字
絕【2】 情雪 山合三入薛從 203右上9行3字
譬【】 遷薛 山開三入薛清 203右上9行4字
設【6】 式列 山開三入薛書 203右上10行2字
掣【5】 尺列 山開三入薛昌 203左上1行3字
浙【21】 之列 山開三入薛章 203左上1行6字
舌【21】 食列 山開三入薛船 203左上5行1字
熱【2】 而列 山開三入薛日 203左上7行7字
説【3】 輸爇 山合三入薛書 203左上8行2字
歠【12】 姝悅 山合三入薛昌 203左上8行5字
拙【17】 朱劣 山合三入薛章 203左上10行2字
爇【9】 如劣 山合三入薛日 203右下2行3字
㯔【1】 山列 山開三入薛生 203右下3行6字
闑【5】 士列 山開三入薛崇 203右下4行1字
刷【8】 所劣 山合三入薛生 203右下4行4字
㪿【5】 測劣 山開三入薛初 203右下6行1字
茁【5】 側劣 山合三入薛莊 203右下6行6字
哲【8】 陟列 山開三入薛知 203右下7行5字
屮【15】 敕列 山開三入薛徹 203右下8行4字
轍【12】 直列 山開三入薛澄 203右下1行5字
列【38】 力蘗 山開三入薛來 203左下3行2字
發【29】 株劣 山合三入薛知 203左下8行6字
痥【3】 椿劣 山合三入薛徹 204右上3行3字
劣【18】 龍輟 山合三入薛來 204右上3行6字
吶【2】 女劣 山合三入薛娘 204右上8行1字
抴【7】 羊列 山開三入薛以 204右上8行3字
娎【2】 許列 山開三入薛曉 204右上9行5字
孑【6】 吉列 山開三入薛見 204右上10行1字
悅【14】 欲雪 山合三入薛以 204左上1行1字
曼【12】 翩劣 山合三入薛曉 204左上3行5字
缺【8】 傾雪 山合三入薛溪 204左上5行6字
妜【7】 娟悅 山合三入薛影 204左上7行2字
朅【14】 丘傑 山開三入薛溪 204左上8行3字
揭【4】 騫列 山開三入薛見 204左上10行2字
傑【24】 巨列 山開三入薛群 204左上10行6字
孽【36】 魚列 山開三入薛疑 204右下4行4字
蹶【11】 紀劣 山合三入薛見 204右下9行3字
撅【1】 巨劣 山合三入薛群 204右下10行6字
噦【3】 乙劣 山合三入薛影 204右下10行7字
鼈【16】 必列 山開三入薛幫 204左下1行3字
焆【2】 於列 山開三入薛影 204左下4行2字
孑【2】 九傑 山開三入薛見 204左下4行4字
撇【6】 匹滅 山開三入薛滂 204左下4行6字
撇【5】 便滅 山開三入薛並 204左下6行1字
滅【6】 莫列 山開三入薛明 204左下6行5字
莂【10】 筆別 山開三入薛幫 204左下7行5字
別【4】 皮列 山開三入薛並 204左下9行2字
札【1】 側列 山開三入薛莊 204左下10行1字
朅【2】 乙列 山開三入薛影 204左下10行2字

入聲下

藥韻【33】

藥【48】 弋灼 宕開三入藥以 206 左上 4 行 1 字
礴【2】 拂縛 宕開三入藥滂 206 右下 2 行 2 字
縛【1】 伏約 宕開三入藥並 206 右下 2 行 4 字
削【4】 息約 宕開三入藥心 206 右下 2 行 5 字
碏【21】 七約 宕開三入藥清 206 右下 3 行 4 字
爵【15】 即約 宕開三入藥精 206 右下 6 行 2 字
皭【10】 疾雀 宕開三入藥從 206 右下 8 行 8 字
爍【20】 式灼 宕開三入藥書 206 右下 10 行 2 字
灼【29】 職略 宕開三入藥章 206 左下 3 行 2 字
斮【2】 側略 宕開三入藥莊 206 左下 8 行 2 字
綽【12】 尺約 宕開三入藥昌 206 左下 8 行 3 字
杓【8】 實若 宕開三入藥禪 206 左下 10 行 4 字
弱【21】 日灼 宕開三入藥日 207 右上 2 行 2 字
碏【11】 陟略 宕開三入藥知 207 右上 7 行 4 字
著【4】 直略 宕開三入藥澄 207 右上 9 行 2 字
跇【14】 勑略 宕開三入藥徹 207 右上 10 行 1 字
略【16】 力灼 宕開三入藥來 207 左上 2 行 3 字
謔【3】 迄却 宕開三入藥曉 207 左上 5 行 2 字
却【10】 乞約 宕開三入藥溪 207 左上 5 行 4 字
腳【8】 訖約 宕開三入藥見 207 左上 7 行 2 字
噱【16】 極虐 宕開三入藥群 207 左上 8 行 5 字
胉【2】 逋約 宕開三入藥幫 207 右下 1 行 3 字
約【9】 乙却 宕開三入藥影 207 右下 1 行 4 字
虐【5】 逆約 宕開三入藥疑 207 右下 3 行 3 字
籰【11】 王縛 宕合三入藥云 207 右下 4 行 2 字
矆【9】 悅縛 宕合三入藥曉 207 右下 6 行 1 字
躩【4】 屈縛 宕合三入藥溪 207 右下 7 行 4 字
矍【21】 厥縛 宕合三入藥見 207 右下 8 行 2 字
戄【7】 局縛 宕合三入藥群 207 左下 1 行 7 字
䐈【12】 鬱縛 宕合三入藥影 207 左下 2 行 7 字
髆【3】 方縛 宕合三入藥幫 207 左下 5 行 2 字
逽【3】 女略 宕開三入藥娘 207 左下 5 行 4 字
斵【2】 士略 宕開三入藥崇 207 左下 6 行 2 字

鐸韻【27】

鐸【22】 達各 宕開一入鐸定 207 左下 7 行 1 字
託【42】 闥各 宕開一入鐸透 207 左下 10 行 6 字
洛【61】 歷各 宕開一入鐸來 208 右上 7 行 1 字
諾【5】 匿各 宕開一入鐸泥 208 左上 6 行 6 字
博【44】 伯各 宕開一入鐸幫 208 左上 7 行 4 字
粕【38】 匹各 宕開一入鐸滂 208 右下 5 行 1 字
泊【26】 白各 宕開一入鐸並 208 左下 1 行 1 字
莫【31】 末各 宕開一入鐸明 208 左下 6 行 1 字
索【13】 昔各 宕開一入鐸心 209 右上 1 行 1 字
錯【15】 倉各 宕開一入鐸清 209 右上 3 行 5 字
作【13】 即各 宕開一入鐸精 209 右上 6 行 4 字
昨【32】 疾各 宕開一入鐸從 209 右上 8 行 6 字
鶴【27】 曷各 宕開一入鐸匣 209 左上 4 行 2 字
臛【27】 黑各 宕開一入鐸曉 209 左上 8 行 3 字
愘【4】 克各 宕開一入鐸溪 209 右下 2 行 4 字
各【10】 剛鶴 宕開一入鐸見 209 右下 3 行 3 字
惡【11】 遏鄂 宕開一入鐸影 209 右下 5 行 5 字
䚯【46】 逆各 宕開一入鐸疑 209 右下 7 行 4 字
穫【20】 黃郭 宕合一入鐸匣 209 左下 3 行 3 字

霍[23] 忽郭 宕合一入鐸曉 209左下7行3字
廓[18] 闊鑊 宕合一入鐸溪 210右上1行1字
郭[28] 光鑊 宕合一入鐸見 210右上3行4字
臛[12] 屋郭 宕合一入鐸影 210右上8行3字
瓁[3] 五郭 宕合一入鐸疑 210右上10行2字
沰[1] 當各 宕開一入鐸端 210右上10行5字
硌[1] 盧穫 宕合一入鐸來 210右上10行7字
嗉[1] 祖郭 宕合一入鐸精 210左上1行1字

陌韻[33]

陌[27] 莫白 梗開二入陌明 210左上2行1字
拍[21] 匹陌 梗開二入陌滂 210左上7行1字
百[17] 博陌 梗開二入陌幫 210左上9行7字
白[15] 薄陌 梗開二入陌並 210右下2行5字
磔[22] 陟格 梗開二入陌知 210右下5行2字
坼[15] 恥格 梗開二入陌徹 210右下8行3字
宅[24] 直格 梗開二入陌澄 210右下10行5字
蹃[9] 昵格 梗開二入陌娘 210左下4行4字
垎[13] 轄格 梗開二入陌匣 210左下5行5字
赫[19] 郝格 梗開二入陌曉 210左下7行6字
客[6] 乞格 梗開二入陌溪 210左下10行4字
格[24] 各頟 梗開二入陌見 211右上1行4字
啞[4] 乙格 梗開二入陌影 211右上5行3字
額[11] 鄂格 梗開二入陌疑 211右上6行2字
獲[11] 胡陌 梗合二入陌匣 211右上8行1字
謋[20] 霍虢 梗合二入陌曉 211右上10行1字
蒯[4] 廓擭 梗合二入陌溪 211左上3行1字
虢[11] 郭擭 梗合二入陌見 211左上3行4字
擭[14] 屋虢 梗合二入陌影 211左上5行3字
碧[2] 筆戟 梗開三入陌幫 211左上8行2字
欂[3] 弼碧 梗開三入陌並 211左上8行4字
索[21] 色窄 梗開二入陌生 211左上9行1字

榨[2] 助伯 梗開二入陌崇 211右下2行3字
䰾[3] 測窄 梗開二入陌初 211右下2行5字
迮[21] 側格 梗開二入陌莊 211右下3行2字
齚[14] 實窄 梗開二入陌船 211右下7行1字
虩[2] 迄逆 梗開三入陌曉 211右下9行2字
隙[16] 乞逆 梗開三入陌溪 211右下9行4字
陌[1] 零白 梗開二入陌云 211左下2行2字
戟[14] 訖逆 梗開三入陌見 211左下2行3字
劇[11] 竭戟 梗開三入陌群 211左下4行4字
逆[5] 仡戟 梗開三入陌疑 211左下6行4字
𧯆[1] 離宅 梗開二入陌來 211左下7行4字

麥韻[28]

麥[18] 莫獲 梗開二入麥明 211左下8行1字
檗[16] 博厄 梗開二入麥幫 212右上1行4字
擂[8] 匹麥 梗開二入麥滂 212右上4行5字
𤲢[6] 薄革 梗開二入麥並 212右上6行2字
棟[20] 色責 梗開二入麥生 212右上7行2字
策[31] 測革 梗開二入麥初 212右上10行3字
賾[21] 側革 梗開二入麥莊 212左上5行2字
賾[15] 士革 梗開二入麥崇 212左上8行4字
摵[3] 率摑 梗合二入麥生 212左上10行6字
擂[1] 簪摑 梗合二入麥莊 212右下1行3字
赽[2] 查畫 梗合二入麥崇 212右下1行4字
摘[28] 陟革 梗開二入麥知 212右下1行5字
礐[5] 力摘 梗開二入麥來 212右下5行4字
㩧[4] 尼厄 梗開二入麥娘 212右下6行1字
覈[21] 下革 梗開二入麥匣 212右下7行1字
礊[11] 克革 梗開二入麥溪 212右下10行3字
隔[27] 各核 梗開二入麥見 212左下2行3字
厄[28] 乙革 梗開二入麥影 212左下6行4字
齺[8] 逆革 梗開二入麥疑 212左下10行1字

畫[14] 胡麥 梗合二入麥匣 213 右上 1 行 5 字
懂[21] 忽麥 梗合二入麥曉 213 右上 3 行 5 字
聝[25] 古獲 梗合二入麥見 213 右上 6 行 5 字
劃[2] 口穫 梗合二入麥溪 213 右上 9 行 6 字
趮[2] 求獲 梗合二入麥群 213 右上 10 行 1 字
䅺[2] 湯革 梗開二入麥透 213 右上 10 行 3 字
摘[4] 丑厄 梗開二入麥徹 213 右上 10 行 5 字
蹢[12] 治革 梗開二入麥澄 213 左上 1 行 4 字
簎[1] 倉格 梗開二入麥清 213 左上 3 行 3 字

昔韻[36]

昔[33] 思積 梗開三入昔心 213 左上 4 行 1 字
戚[20] 七迹 梗開三入昔清 213 左上 9 行 2 字
積[35] 資昔 梗開三入昔精 213 右下 2 行 2 字
席[15] 祥亦 梗開三入昔邪 213 右下 7 行 5 字
籍[25] 秦昔 梗開三入昔從 213 右下 10 行 4 字
釋[36] 施隻 梗開三入昔書 213 左下 4 行 1 字
尺[19] 昌石 梗開三入昔昌 213 左下 9 行 6 字
隻[23] 之石 梗開三入昔章 214 右上 3 行 5 字
石[10] 常隻 梗開三入昔禪 214 右上 7 行 2 字
軙[4] 食亦 梗開三入昔船 214 右上 10 行 3 字
貖[4] 竹益 梗開三入昔知 214 左上 1 行 2 字
彳[6] 丑亦 梗開三入昔徹 214 左上 2 行 1 字
擿[13] 直炙 梗開三入昔澄 214 左上 3 行 1 字
益[10] 伊昔 梗開三入昔影 214 左上 5 行 2 字
睪[57] 夷益 梗開三入昔以 214 左上 7 行 2 字
役[24] 營隻 梗合三入昔以 214 右下 8 行 4 字
瞁[10] 呼役 梗合三入昔曉 214 左下 2 行 1 字
辟[17] 必益 梗開三入昔幫 214 左下 3 行 3 字
僻[10] 匹辟 梗開三入昔滂 214 左下 6 行 4 字
擗[18] 毗亦 梗開三入昔並 214 左下 7 行 7 字
碧[1] 兵彳 梗合三入昔幫 214 左下 10 行 5 字

躄[1] 弃役 梗合三入昔溪 215 右上 1 行 1 字
賜[1] 工役 梗合三入昔見 215 右上 1 行 2 字
䩹[3] 令益 梗開三入昔來 215 右上 1 行 3 字
憿[2] 苦席 梗開三入昔溪 215 右上 2 行 1 字
攫[3] 俱碧 梗合三入昔見 215 右上 2 行 3 字
構[2] 平碧 梗開三入昔並 215 右上 2 行 5 字
躩[1] 虩碧 梗合三入昔溪 215 右上 3 行 2 字
覨[2] 紀彳 梗開三入昔見 215 右上 3 行 3 字
號[1] 火彳 梗開三入昔曉 215 右上 3 行 4 字
砭[1] 鋪彳 梗合三入昔滂 215 右上 4 行 1 字
𧵎[1] 知亦 梗開三入昔知 215 右上 4 行 2 字
剔[2] 土益 梗開三入昔透 215 右上 4 行 3 字
敻[2] 七役 梗合三入昔清 215 右上 5 行 1 字
悌[2] 待亦 梗開三入昔定 215 右上 5 行 3 字
䎽[1] 奴刺 梗開三入昔娘 215 右上 5 行 4 字

錫韻[24]

錫[27] 先的 梗開四入錫心 215 右上 6 行 1 字
戚[16] 倉歷 梗開四入錫清 215 右上 10 行 5 字
績[9] 則歷 梗開四入錫精 215 左上 3 行 5 字
宋[11] 前歷 梗開四入錫從 215 左上 5 行 2 字
壁[12] 必歷 梗開四入錫幫 215 左上 6 行 2 字
霹[14] 匹歷 梗開四入錫滂 215 左上 8 行 4 字
甓[15] 蒲歷 梗開四入錫並 215 左上 10 行 5 字
覛[42] 莫狄 梗開四入錫明 215 右下 3 行 2 字
旳[45] 丁歷 梗開四入錫端 215 左下 1 行 4 字
逖[42] 他歷 梗開四入錫透 215 左下 8 行 4 字
狄[56] 亭歷 梗開四入錫定 216 右上 4 行 4 字
秝[137]狼狄 梗開四入錫來 216 右上 3 行 2 字
愵[9] 乃歷 梗開四入錫泥 216 右下 10 行 8 字
檄[13] 刑狄 梗開四入錫匣 216 左下 2 行 4 字
闃[18] 馨激 梗開四入錫曉 216 左下 4 行 4 字

•459•

喫[13] 詰歷 梗開四入錫溪 216左下7行5字
激[20] 吉歷 梗開四入錫見 216左下9行3字
鶂[12] 倪歷 梗開四入錫疑 217右上3行4字
闃[3] 苦臭 梗合四入錫溪 217右上5行1字
狊[10] 扃闃 梗合四入錫見 217右上5行4字
殈[13] 呼狊 梗合四入錫曉 217右上8行1字
棭[2] 霜狄 梗開四入錫生 217右上10行1字
鹹[2] 況壁 梗合四入錫曉 217右上10行2字
棫[1] 于臭 梗合四入錫云 217左上1行1字

職韻[32]

職[21] 質力 曾開三入職章 217左上2行1字
識[17] 設職 曾開三入職書 217左上5行4字
瀷[2] 叱力 曾開三入職昌 217左上8行4字
寔[17] 丞職 曾開三入職禪 217左上9行2字
食[5] 實職 曾開三入職船 217右下2行4字
側[18] 札色 曾開三入職莊 217右下3行1字
色[22] 殺測 曾開三入職生 217右下6行1字
測[9] 察色 曾開三入職初 217右下9行5字
崱[6] 實側 曾開三入職崇 217左下1行1字
息[13] 悉即 曾開三入職心 217左下2行2字
即[26] 節力 曾開三入職精 217左下4行5字
堲[8] 疾力 曾開三入職從 217左下8行5字
陟[12] 竹力 曾開三入職知 217左下9行6字
敕[19] 蓄力 曾開三入職徹 218右上1行3字
直[9] 逐力 曾開三入職澄 218右上5行1字
力[19] 六直 曾開三入職來 218右上6行3字
匿[11] 昵力 曾開三入職娘 218右上9行4字
弋[48] 逸織 曾開三入職以 218左上1行4字
殛[33] 訖力 曾開三入職見 218左上9行4字
赩[11] 迄力 曾開三入職曉 218右下5行2字
億[32] 乙力 曾開三入職影 218右下7行5字

極[5] 竭億 曾開三入職群 218左下1行5字
嶷[7] 鄂力 曾開三入職疑 218左下2行4字
輕[6] 乞力 曾開三入職溪 218左下3行4字
或[28] 越逼 曾合三入職云 218左下4行3字
洫[32] 忽域 曾合三入職曉 218左下8行5字
堛[21] 拍逼 曾開三入職滂 219右上3行2字
逼[18] 筆力 曾開三入職幫 219右上6行2字
愎[20] 弼力 曾開三入職並 219右上8行6字
窨[1] 密逼 曾開三入職明 219右上10行8字
舴[2] 丁力 曾開三入職端 219左上1行1字
日[3] 而力 曾開三入職日 219左上1行3字

德韻[21]

德[13] 的則 曾開一入德端 219左上2行1字
忒[13] 惕德 曾開一入德透 219左上4行2字
特[15] 敵德 曾開一入德定 219左上6行1字
勒[14] 歷德 曾開一入德來 219左上8行4字
鼺[5] 匿德 曾開一入德泥 219右下1行4字
北[3] 必墨 曾開一入德幫 219右下2行4字
䎽[25] 鼻墨 曾開一入德並 219右下3行2字
墨[22] 密北 曾開一入德明 219右下6行5字
塞[7] 悉則 曾開一入德心 219右下10行3字
城[1] 七則 曾開一入德清 219左下1行2字
則[4] 即得 曾開一入德精 219左下1行3字
賊[11] 疾則 曾開一入德從 219左下2行1字
刻[2] 紇則 曾開一入德匣 219左下4行3字
黑[7] 迄得 曾開一入德曉 219左下4行5字
克[12] 乞得 曾開一入德溪 219左下5行5字
絨[4] 訖得 曾開一入德見 219左下7行5字
餩[3] 乙得 曾開一入德影 219左下8行4字
或[7] 穫北 曾合一入德匣 219左下8行7字
蒚[1] 忽或 曾合一入德曉 219左下10行1字

國[6] 骨或 曾合一入德見 219左下10行2字
蔮[3] 匹北 曾開一入德滂 220右上1行4字

緝韻【30】

緝[16] 七入 深開三入緝清 220右上2行1字
靸[13] 息入 深開三入緝心 220右上4行3字
喋[27] 即入 深開三入緝精 220右上6行3字
習[29] 席入 深開三入緝邪 220右上10行6字
集[15] 籍入 深開三入緝從 220左上5行2字
溼[3] 失入 深開三入緝書 220左上7行4字
卙[12] 叱入 深開三入緝昌 220左上8行2字
執[12] 質入 深開三入緝章 220左上8行5字
十[8] 寔入 深開三入緝禪 220左上10行6字
入[3] 日執 深開三入緝日 220右下2行3字
澀[18] 色入 深開三入緝生 220右下3行1字
届[12] 測入 深開三入緝初 220右下5行2字
戢[23] 側立 深開三入緝莊 220右下7行2字
㟷[5] 仕戢 深開三入緝崇 220右下10行3字
繄[8] 陟立 深開三入緝知 220左下1行2字
湁[4] 勑立 深開三入緝徹 220左下2行5字
蟄[12] 直立 深開三入緝澄 220左下3行3字
立[17] 力入 深開三入緝來 220左下5行2字
孨[14] 昵立 深開三入緝娘 220左下8行5字
揖[5] 一入 深開三入緝影 220左下10行3字
熠[4] 弋入 深開三入緝以 221右上1行3字
煜[12] 域及 深開三入緝云 221右上2行1字
吸[27] 迄及 深開三入緝曉 221右上3行6字
泣[14] 乞及 深開三入緝溪 221右上8行3字
忣[18] 訖立 深開三入緝見 221右上10行3字
及[17] 極入 深開三入緝群 221左上3行4字
邑[15] 乙及 深開三入緝影 221左上6行1字
岌[15] 逆及 深開三入緝疑 221左上8行3字

鵖[4] 北及 深開三入緝幫 221右下1行1字
鴔[1] 匐急 深開三入緝並 221右下2行1字

合韻【16】

合[20] 曷閤 咸開一入合匣 221右下3行1字
欱[10] 呼合 咸開一入合曉 221右下6行2字
㾹[20] 渴合 咸開一入合溪 221右下7行5字
閤[29] 葛合 咸開一入合見 221右下10行1字
姶[22] 遏合 咸開一入合影 221左下4行5字
嶭[19] 鄂合 咸開一入合疑 221左下8行1字
趿[18] 悉合 咸開一入合心 222右上1行1字
啑[1] 所荅 咸開一入合生 222右上4行1字
趨[4] 錯合 咸開一入合清 222右上4行2字
帀[21] 作荅 咸開一入合精 222右上4行6字
雜[14] 昨合 咸開一入合從 222右上7行4字
荅[19] 德合 咸開一入合端 222右上9行4字
錔[46] 託合 咸開一入合透 222左上2行3字
沓[41] 達合 咸開一入合定 222左上8行3字
拉[21] 落合 咸開一入合來 222右下4行7字
納[12] 諾荅 咸開一入合泥 222右下7行7字

盍韻【16】

盍[15] 轄臘 咸開一入盍匣 222右下10行1字
歃[3] 黑盍 咸開一入盍曉 222左下2行4字
榼[17] 克盍 咸開一入盍溪 222左下3行2字
磕[2] 居盍 咸開一入盍見 222左下5行3字
頜[12] 谷盍 咸開一入盍見 222左下5行5字
鰪[8] 乙盍 咸開一入盍影 222左下7行2字
礏[7] 玉盍 咸開一入盍疑 222左下8行4字
儑[14] 悉盍 咸開一入盍心 222左下9行3字
囃[4] 七盍 咸開一入盍清 223右上1行4字
䩞[4] 疾盍 咸開一入盍從 223右上2行3字

譜[1]　章盍　咸開一入盍章　223右上3行1字
皵[15]　德盍　咸開一入盍端　223右上3行2字
榻[27]　託盍　咸開一入盍透　223右上5行2字
蹋[16]　敵盍　咸開一入盍定　223右上8行8字
臘[22]　力盍　咸開一入盍來　223左上1行1字
魶[10]　諾盍　咸開一入盍泥　223左上3行6字

葉韻[29]

葉[24]　弋涉　咸開三入葉以　223左上6行1字
魘[21]　益涉　咸開三入葉影　223左上10行2字
曄[9]　域輒　咸開三入葉云　223右下3行2字
瘱[3]　去涉　咸開三入葉溪　223右下4行4字
紲[2]　訖葉　咸開三入葉見　223右下5行2字
极[8]　極曄　咸開三入葉群　223右下5行4字
敊[11]　憶笈　咸開三入葉影　223右下6行6字
妾[28]　七接　咸開三入葉清　223右下8行3字
接[29]　即涉　咸開三入葉精　223左下2行2字
疌[18]　疾葉　咸開三入葉從　223左下6行3字
攝[18]　失涉　咸開三入葉書　223左下9行5字
歠[9]　色輒　咸開三入葉生　224右上2行6字
甴[8]　磣歃　咸開三入葉初　224右上4行2字
謵[14]　尺涉　咸開三入葉昌　224右上5行3字
聾[25]　質涉　咸開三入葉章　224右上7行5字
楸[10]　實攝　咸開三入葉船　224左上1行4字
讘[13]　日涉　咸開三入葉日　224左上3行3字
輒[12]　陟涉　咸開三入葉知　224左上5行2字
牒[10]　直涉　咸開三入葉澄　224左上7行4字
錋[11]　勑涉　咸開三入葉徹　224左上8行6字
鼣[37]　力涉　咸開三入葉來　224左上10行5字
聂[25]　昵輒　咸開三入葉娘　224右下6行2字
抾[1]　去笈　咸開三入葉溪　224右下10行4字
庴[3]　莊輒　咸開三入葉莊　224右下10行5字
傑[10]　虛涉　咸開三入葉曉　224左下1行3字
婥[1]　丑聶　咸開三入葉徹　224左下2行4字
鴓[1]　貶耴　咸開三入葉幫　224左下3行1字
妤[1]　匹耴　咸開三入葉滂　224左下3行2字
偞[4]　息葉　咸開三入葉心　224左下3行3字

帖韻[16]

帖[26]　託協　咸開四入帖透　224左下4行1字
聑[28]　的協　咸開四入帖端　224左下7行4字
牒[49]　達協　咸開四入帖定　225右上1行3字
甄[25]　力協　咸開四入帖來　225右上9行4字
捻[32]　諾叶　咸開四入帖泥　225右上2行7字
劦[19]　檄頰　咸開四入帖匣　225右上7行3字
頰[13]　吉協　咸開四入帖見　225左上10行5字
医[17]　詰叶　咸開四入帖溪　225右下2行6字
俠[2]　呼帖　咸開四入帖曉　225右下5行3字
燮[36]　悉協　咸開四入帖心　225右下5行5字
浹[8]　即協　咸開四入帖精　225左下1行6字
薤[3]　疾協　咸開四入帖從　225左下3行2字
戢[1]　千俠　咸開四入帖清　225左下3行4字
浥[1]　乙俠　咸開四入帖影　225左下3行5字
挾[2]　尸牒　咸開四入帖書　225左下4行1字
蛺[1]　於叶　咸開四入帖影　225左下4行3字

業韻[9]

業[19]　逆怯　咸開三入業疑　225左下5行1字
殗[3]　余業　咸開三入業以　225左下8行4字
脅[19]　迄業　咸開三入業曉　225左下9行1字
狫[13]　乞業　咸開三入業溪　226右上1行6字
劫[18]　訖業　咸開三入業見　226右上3行6字
磼[1]　士劫　咸開三入業崇　226右上6行2字
跲[9]　極業　咸開三入業群　226右上6行3字

腌[32] 乙業 咸開三入業影 226 右上 7 行 5 字
堨[1] 直業 咸開三入業澄 226 左上 2 行 1 字

洽韻[16]

洽[27] 轄夾 咸開二入洽匣 226 左上 3 行 1 字
欱[9] 迄洽 咸開二入洽曉 226 左上 7 行 1 字
恰[19] 乞洽 咸開二入洽溪 226 左上 8 行 2 字
夾[33] 訖洽 咸開二入洽見 226 右下 1 行 1 字
䐹[12] 乙洽 咸開二入洽影 226 右下 6 行 2 字
眨[1] 仡甲 咸開二入洽疑 226 右下 7 行 5 字
歃[11] 色洽 咸開二入洽生 226 右下 8 行 1 字
䪫[25] 測洽 咸開二入洽初 226 右下 9 行 6 字
貶[15] 側洽 咸開二入洽莊 226 左下 3 行 4 字
萐[16] 實洽 咸開二入洽船 226 左下 5 行 5 字
劄[8] 竹洽 咸開二入洽知 226 左下 8 行 4 字
㓞[2] 敕洽 咸開二入洽徹 226 左下 9 行 6 字
図[13] 昵洽 咸開二入洽娘 226 左下 10 行 2 字
拉[1] 力洽 咸開二入洽來 227 右上 2 行 2 字
䤁[2] 五洽 咸開二入洽疑 227 右上 2 行 3 字
𧽋[2] 徒洽 咸開二入洽定 227 右上 2 行 5 字

狎韻[8]

狎[18] 轄甲 咸開二入狎匣 227 右上 4 行 1 字
甲[15] 古狎 咸開二入狎見 227 右上 7 行 1 字
押[12] 乙甲 咸開二入狎影 227 右上 9 行 7 字
呷[6] 迄甲 咸開二入狎曉 227 左上 2 行 1 字
翣[20] 色甲 咸開二入狎生 227 左上 2 行 7 字
霅[9] 直甲 咸開二入狎澄 227 左上 6 行 2 字
䕹[1] 斬狎 咸開二入狎莊 227 左上 8 行 1 字
挾[2] 子洽 咸開二入狎精 227 左上 8 行 2 字

乏韻[7]

乏[6] 扶法 咸合三入乏並 227 左上 9 行 1 字
灋[4] 弗乏 咸合三入乏幫 227 左上 10 行 3 字
貁[1] 敕法 咸合三入乏徹 227 右下 1 行 2 字
𣨳[1] 㠯乏 咸合三入乏滂 227 右下 1 行 3 字
𤜶[3] 昵法 咸合三入乏娘 227 右下 1 行 4 字
猲[4] 气法 咸合三入乏溪 227 右下 2 行 2 字
䐲[1] 下法 咸合三入乏匣 227 右下 2 行 5 字

參考文獻

（宋）陳彭年、邱　雍：《廣韻》，康熙六年符山堂刻本。
（宋）陳彭年、邱　雍：《廣韻》，《四部叢刊》宋刊巾箱本景印本。
（宋）陳彭年、邱　雍：《廣韻》，《文淵閣四庫全書》本。
（宋）陳彭年、邱　雍：《廣韻》，元至正南山書院刻本。
（宋）陳彭年、邱　雍：《覆宋本重修廣韻》（叢書集成初編本），上海：商務印書館，1936年。
（宋）陳彭年、邱　雍：《覆元泰定本廣韻》（叢書集成初編本），上海：商務印書館，1936年。
（宋）陳彭年、邱　雍：《鉅宋廣韻》，上海：上海古籍出版社，1983年。
（宋）陳彭年、邱　雍：《宋本廣韻·永祿本韻鏡》，南京：江蘇教育出版社，2002年。
（宋）丁　度：《附釋文互注禮部韻略》，《文淵閣四庫全書》本。
（宋）丁　度：《集韻》，嘉慶十九年顧廣圻本。
（宋）丁　度：《集韻》，光緒二年川東官舍本。
（宋）丁　度：《集韻》（揚州使院本），北京：中國書店，1983年。
（宋）丁　度：《集韻》（述古堂影宋鈔本），上海：上海古籍出版社，1983年。
（宋）丁　度：《集韻》（潭州本），北京：中華書局，1989年。
（宋）丁　度：《集韻》（明州本），北京：文物出版社，1996年。
（宋）丁　度：《集韻》（金州本），北京：綫裝書局，2001年。
（梁）顧野王：《原本玉篇殘卷》，北京：中華書局，2004年。
（梁）顧野王：《大廣益會玉篇》，北京：中華書局，2008年。
（唐）陸德明：《經典釋文》，北京：中華書局，1983年。
（唐）陸德明：《經典釋文》，上海：上海古籍出版社，1985年。
［日］釋空海：《篆隸萬象名義》，北京：中華書局，1995年。
（西夏）骨勒茂才：《番漢合時掌中珠》，銀川：寧夏人民出版社，1989年。
（宋）李　濤：《續資治通鑑長編》，北京：中華書局，1995年。
（宋）毛居正：《增修互注禮部韻略》，《文淵閣四庫全書》本。

(宋)毛居正:《增修互注禮部韻略》,元刻本。
(宋)司馬光:《宋本切韻指掌圖》,北京:中華書局,1986年。
(宋)司馬光:《類篇》,北京:中華書局,2003年。
(遼)釋行均:《宋本新修龍龕手鏡》,"續古逸叢書"之十五。
(遼)釋行均:《龍龕手鏡》(高麗本),北京:中華書局,2006年。
(元)黃公紹、熊　忠:《古今韻會舉要》,北京:中華書局,2000年。
(元)脫　脫:《宋史》,北京:中華書局,1977年。
(元)周德清:《中原音韻》,北京:中國書店,1978年。
(明)張自烈:《正字通》,清康熙九年刊本。
(清)陳　澧:《切韻考》,北京:中國書店,1984年。
(清)段玉裁:《説文解字注》,上海:上海古籍出版社,2006年。
(清)方成珪:《集韻考正》,光緒五年孫詒讓跋本,1879年。
(清)桂　馥:《説文解字義證》,上海:上海古籍出版社,1987年。
(清)郝懿行:《爾雅義疏》,北京:中國書店,1982年。
(清)莫友芝:《韻學源流》,北京:中華書局,1962年。
(清)錢　繹:《方言箋疏》,上海:上海古籍出版社,1984年。
(清)阮　元:《十三經注疏》,上海:上海古籍出版社,1997年。
(清)王念孫:《廣雅疏證》,南京:江蘇古籍出版社,1984年。
(清)王先謙:《釋名疏證補》,上海:商務印書館,1937年。
(清)徐　松:《宋會要輯稿》,北京:中華書局,1957年。
(清)張玉書:《康熙字典》,北京:中華書局,1958年。
佚　名:《四聲等子》(叢書集成初編本),上海:商務印書館,1937年。
蔡夢麒:《廣韻校釋》,長沙:嶽麓書社,2007年。
陳　準:《集韻考正校記》,抄本,1936年。
丁福保:《説文解字詁林》,北京:中華書局,1988年。
郭群一:《中國古籍善本書目(經部)》,上海:上海古籍出版社,1989年。
黃　侃:《廣韻校録》,上海:上海古籍出版社,1985年。
李新魁:《韻鏡校證》,北京:中華書局,2006年。
李添富:《新校宋本廣韻》,臺北:洪葉文化事業有限公司,2007年。
潘重規:《瀛涯敦煌韻輯别録》,香港:新亞研究所出版,1973年。
徐　復:《廣雅詁林》,南京:江蘇古籍出版社,1992年。
楊　軍:《七音略校注》,上海:上海辭書出版社,2003年。

楊　軍:《韻鏡校箋》,杭州:浙江大學出版社,2007年。

陽海清、褚佩瑜、蘭秀英:《文字音韻訓詁知見書目》,武漢:湖北人民出版社,2002年。

余迺永:《新校互注宋本廣韻定稿本》,上海:上海人民出版社,2007年。

照那斯圖、楊耐思:《蒙古字韻校本》,北京:民族出版社,1987年。

趙振鐸:《集韻校本》(全三册),上海:上海辭書出版社,2012年。

周祖謨:《方言校箋》,北京:中華書局,1993年。

周祖謨:《廣韻校本》,北京:中華書局,2004年。

周祖謨:《唐五代韻書集存》,北京:中華書局,2005年。

後　　記

　　自2004年考入蘭州大學，我正式踏上學術研究之路，2008年赴金陵求學，2011年再負笈北上，一晃十五年過去了。學術研究的道路既艱辛，又順利，個中滋味難以言喻。

　　袁枚曾寫道："士如魚也，釣之可得，射之可得，網之亦可得。大者蛟鼇，小者魴鯉，皆水所生，不因釣射網罟而有異焉。"雖然在學術的道路上懵懵懂懂，但我堅信：只要始終抱着對知識的信念和追求，時間會見證一個人的學術夢想。王筠亦說："人之才不一，有小才而鋒穎者，可以取快一時，終無大成就。有大才而汗漫者，須二十年功，學問既博，收攏起來，方能成就。此時則非常人所及矣，須耐煩。"十五年的坐功，攢成了這本小書。

　　學術的道路單調枯燥。幸有聽聞裘錫圭先生應對他人問其文革時期爲何仍在悶頭讀書時答："我喜歡！"很讓人唏噓不已。我希望自己也能這樣，一直保持讀書的興趣，也一直保持探新求知的欲望。

　　在我的學術路上，幸得三位恩師提點。碩導張文軒教授，領我入學術大門；博導劉曉南教授，牽我進學術殿堂；博後導師李運富教授，帶我領略學術風光。三位尊長既嚴格育人，又和藹可親；既知識廣博，又治學嚴謹，乃學問中人。他們教導我怎樣做人，怎樣做學問。只是我天資愚鈍，忝列門牆，少有長進。

　　感謝魯國堯、李開、楊軍、孫玉文、黃笑山、李國英、王立軍、齊元濤、周曉文等諸位先生對我學業、工作上的照顧，感謝他們對我博士論文、博士後出站報告所提出的寶貴意見。

　　特別感謝我的妻子歐陽，在我多年求學期間衷心陪伴，主擔育兒孝長的重任。

　　感謝國家社科基金、貴州省省長資金的資助！本書承上海古籍出版社顧莉丹老師認真審定和校閱，顧老師高度的責任心和嚴謹的學風令人感動！

　　附《和李先生謝師恩》一首，以表對恩師們的敬意。

　　武夷迭嶺嶂如林，緣岫清風撫翠琴。
　　溪曲澗鳴童子笑，雲深霧靄晦翁吟。
　　壺漿不暖單衾冷，饘朧猶寒贍墨浸。
　　精舍竹園清佚處，支頤領解墜花音。

湖南安化　雷勵　謹識
二〇一九年六月二日

圖書在版編目（CIP）數據

《集韻》《廣韻》比較研究／雷勵著．—上海：
上海古籍出版社，2019.9
ISBN 978-7-5325-9254-8

Ⅰ．①集… Ⅱ．①雷… Ⅲ．①《集韻》—對比研究—
《廣韵》 Ⅳ．① H113

中國版本圖書館 CIP 數據核字（2019）第 105914 號

《集韻》《廣韻》比較研究
雷　勵　著
上海古籍出版社出版發行
（上海瑞金二路 272 號　郵政編碼 200020）
（1）網址：www.guji.com.cn
（2）E-mail: guji1@guji.com.cn
（3）易文網網址：www.ewen.co
常熟市人民印刷廠印刷
開本 787×1092　1/16　印張 29.75　插頁 5　字數 595,000
2019 年 9 月第 1 版　2019 年 9 月第 1 次印刷
ISBN 978-7-5325-9254-8
H·208　定價：128.00 元
如有質量問題，請與承印公司聯繫